Guia Frommer's

500
lugares para amantes da boa **mesa** & do **vinho**

Tradução da 1ª Edição

por Holly Hughes
com Charlie O'Malley

ALTA BOOKS
EDITORA
Rio de Janeiro, 2011

CB072514

Sumário

Capítulo 1 Buscando a Fonte..1
  Mercados a Céu Aberto.....2
  Empórios Gourmet & Lojas Especializadas...20
  Comidinhas de Rua........ 34
  Livros de Culinária & Utensílios de Cozinha...42
  7 Lugares para se Comer em ... Vancouver, British Columbia....46
  Museus Gastronômicos... 51
  7 Lugares para se Comer em ...New Orleans, Louisiana.....56

Capítulo 2 Férias Gastronômicas................................60
  Hospedarias & Resorts Gourmet.... 61
  Cruzeiros......75
  Escolas de Culinária para Viajantes....81
  7 Lugares para se Comer em ... Miami, Florida ... 90
  7 Lugares para se Comer em ... Santa Fé, Novo México ... 98
  Pousadas de Fazenda 101

Capítulo 3 Refeições Inesquecíveis 106
  Cozinhas de Vanguarda ... 107
  7 Lugares para se Comer em ... San Sebastian, Espanha ... 110
  Templos da Gastronomia ... 118
  Mesas de Chefes ... 127
  Vegetarianos ... 136
  Estrelas Regionais Americanas ... 139
  Onde os Chefs Famosos Ficam Descontraídos ... 150
  7 Lugares para se Comer em ... São Paulo, Brasil ... 152
  Direto da fazenda ... 160
  Tradições Globais ... 172

Capítulo 4 Pé na Estrada Americana 183
  Prato da Terra Natal ... 184
  7 Lugares para se Comer ao Longo da ...Route 66 ... 196
  Pizzarias ... 200
  Paraísos do Churrasco ... 206
  Casas de Frutos do Mar ... 212
  7 Lugares para se Comer em ... Province, Rhode Island ... 216
  Delis ... 220

Tex-Mex ... 225
Jantares & Drive-ins ... 229
7 Lugares para se Comer em ... Kansas City ... 240
Chinatowns ... 242

Capítulo 5 Viagens de Degustação 246
Costa Oeste USA ... 247
7 Lugares para se Comer em ... Napa Valley... 254
7 Lugares para se Comer em ... Portland, Oregon ... 268
Costa Leste USA ... 272
Canadá ... 275
França ... 278
Itália ... 295
7 Lugares para se Comer em ... Roma ... 296
Europa ... 304
América do Sul ... 312
Hemisfério Sul ... 322
7 Lugares para se Comer em ... Sidney, Austrália ... 326

Capítulo 6 Boas Bebidas 335
Cervejarias ... 336
7 Lugares para se Comer em ... Copenhagen, Dinamarca ... 342
7 Lugares para se Comer nas ... Twin Cities ... 354
Destilarias ... 359

Capítulo 7 O zum-zum-zum da Cafeína 370
Café ... 371
7 Lugares para se Comer em ... Istambul, Turquia ... 378
7 Lugares para se Comer em ... Tóquio, Japão ... 390

Capítulo 8 Só Sobremesas 404
O Mundo do Chocolate ... 405
7 Lugares para se Comer em ... Puebla, México ... 408
O melhor da Padaria ... 419
7 Lugares para se Comer em ... Bruxelas, Bélgica ... 430
Sorveterias ... 432

Calendário de Feiras e Festivais Gastronômicos ...441
Índice Remissivo 457
Créditos Fotográficos 462

Guia Frommers 500 lugares para amantes da boa mesa & do vinho, Tradução da 1ª Edição
Copyright © 2011 da Starlin Alta Con. Com. Ltda.
ISBN 978-85-7608-524-9

Produção Editorial:
Starlin Alta Con. Com. Ltda.

Gerência de Produção:
Maristela Almeida

Supervisão de Produção:
Angel Cabeza

Tradução:
Maria Augusta Vaz

Revisão Gramatical:
Carolina Menegassi

Carla Dawidman

Revisão Técnica:
Elizabeth Olsen

Alain Jacot

Coordenador e Professor universitário no Curso de Gastronomia da Universidade Estácio de Sá – Rio de Janeiro. Consultor de gastronomia.

Diagramação:
Mauro Silva

Fechamento:
Luis Rodrigues

Translated From Original: Frommer's 500 places for food & wine lovers, 1st Edition ISBN: 978-0-470-28775-0. Original English language edition Copyright © 2009 by Wiley Publishing, Inc. by Lesley Abravanel. All rights reserved including the right of reproduction in whole or in part in any form. This translation published by arrangement with Wiley Publishing, Inc. Portuguese language edition Copyright © 2011 da Starlin Alta Con. Com. Ltda. All rights reserved including the right of reproduction in whole or in part in any form. This translation published by arrangement with Wiley Publishing, Inc.

Todos os direitos reservados e protegidos pela Lei nº 9.610/98. Nenhuma parte deste livro, sem autorização prévia por escrito da editora, poderá ser reproduzida ou transmitida sejam quais forem os meios empregados: eletrônico, mecânico, fotográfico, gravação ou quaisquer outros.

Todo o esforço foi feito para fornecer a mais completa e adequada informação; contudo, a editora e o(s) autor(es) não assumem responsabilidade pelos resultados e usos da informação fornecida.

Erratas e atualizações: Sempre nos esforçamos para entregar ao leitor um livro livre de erros técnicos ou de conteúdo; porém, nem sempre isso é conseguido, seja por motivo de alteração de software, interpretação ou mesmo quando há alguns deslizes que constam na versão original de alguns livros que traduzimos. Sendo assim, criamos em nosso site, www.altabooks.com.br, a seção *Erratas*, onde relataremos, com a devida correção, qualquer erro encontrado em nossos livros.

Avisos e Renúncia de Direitos: Este livro é vendido como está, sem garantia de qualquer tipo, seja expressa ou implícita.

Marcas Registradas: Todos os termos mencionados e reconhecidos como Marca Registrada e/ou comercial são de responsabilidade de seus proprietários. A Editora informa não estar associada a nenhum produto e/ou fornecedor apresentado no livro. No decorrer da obra, imagens, nomes de produtos e fabricantes podem ter sido utilizados e, desde já, a Editora informa que o uso é apenas ilustrativo e/ou educativo, não visando ao lucro, favorecimento ou desmerecimento do produto/fabricante.

Impresso no Brasil.

O código de propriedade intelectual de 1º de julho de 1992 proíbe expressamente o uso coletivo sem autorização dos detentores do direito autoral da obra, bem como a cópia ilegal do original. Esta prática generalizada, nos estabelecimentos de ensino, provoca uma brutal baixa nas vendas dos livros a ponto de impossibilitar os autores de criarem novas obras.

ALTA BOOKS
EDITORA

Rua Viúva Cláudio, 291 – Bairro Industrial do Jacaré
CEP: 20970-031 – Rio de Janeiro – Tels.: 21 3278-8069/8419 Fax: 21 3277-1253
www.altabooks.com.br – e-mail: altabooks@altabooks.com.br

Sobre a Autora

Holy Hughes viajou o mundo todo como uma redatora e escritora. Ex-executiva redatora da Fodor's Travel Publications, ela edita a antologia anual *Best Food Writing* e é autora do livro na lista dos mais vendidos, 500 Lugares para Levar seus Filhos antes que eles Crescem (Alta Books, 2011), *500 Places to See Before They Disappear* e *Frommer's New York City with Kids*. Ela também escreveu livros de ficção para alunos do ensino médio. A cidade de Nova Iorque demonstra ser um ponto de partida conveniente para as suas viagens com seus três filhos e marido.

Sobre o Coautor

Charlie O'Mailey mora na capital do vinho na América do Sul – Mendoza, Argentina –, onde ele administra uma revista que se chama República do Vinho e uma empresa de turismo de vinho chamada Truta & Vinho. Ele contribuiu para vários guias Frommer cobrindo a Argentina, o Uruguai, a Bolívia, a Nicarágua e El Salvador.

Mais uma Observação

Saiba que a informação a respeito de viagens está sujeita a mudanças a qualquer momento – e isto é verdade especialmente a respeito dos preços. Portanto, sugerimos que você escreva ou ligue antes para confirmar quando estiver fazendo seus planos de viagem. Os autores, redatores e a editora não se responsabilizam pelas experiências dos leitores em suas viagens. A sua segurança é importante para nós; por isto nós o encorajamos a ficar alerta com o que se passa ao seu redor. Fiquem atentos às suas câmeras fotográficas, bolsas e carteiras já que todos estes itens são alvos prediletos de ladrões e trombadinhas.

Símbolos Frommer's

Nós usamos quatro símbolos para ajudar você a encontrar rapidamente a informação que está procurando. No final de cada resenha procure:

- ⓘ   Onde conseguir mais informações
- ✈   Aeroporto mais próximo
- 🚆   Estação de trem mais próxima
- 🛏   Hotéis recomendados para estadia com crianças

Frommers.com (website em inglês)

Agora que você tem este guia para ajudá-lo a planejar uma excelente viagem, visite o nosso site em www.frommers.com para mais informações de viagem sobre mais de 4.000 destinos. Nós atualizamos os artigos regularmente para dar a você acesso instantâneo as mais recentes informações disponíveis sobre planejamento de viagem. Você pode até reservar as suas viagens on-line através de nossos parceiros confiáveis. Outras características bastante procuradas incluem:

- Atualizações on-line dos nossos guias mais famosos
- Concursos de férias e prêmios de competições
- Boletins informativos destacando as tendências mais quentes de viagens
- Podcasts, mapas interativos e listas de eventos atualizadas minuto a minuto
- Registros no blog otimizados pelo próprio Arthur Frommer!
- Quadros de mensagens de viagem incluindo debates.

Sobre Este Livro

Porque Estes 500 Lugares?

Talvez você não se considere muito chegado a "gulodices" – este é um rótulo um pouco gasto hoje. Porém, para muitos de nós viajantes, parte da alegria de sair de férias está em ganhar aquela reserva-prêmio no melhor restaurante da cidade, ou descobrir o restaurante de beira de estrada mais autêntico, ou acordar cedinho para ir bisbilhotar nos mercados a céu aberto com as pessoas da região para experimentar os sabores com a assinatura regional – desde as lagostas frescas recém saídas do barco até o legítimo hamon (presunto) ibérico espanhol, desde o queijo caseiro fresquíssimo até o whisky envelhecido do mais puro malte.

Junto com esses prazeres, nós também conhecemos a frustração de ouvir posteriormente de um daqueles amigos que conhecem tudo: "Você quer me dizer que você foi até ____ e não comeu no ____?"

Bom, admito que eu não possa prometer espantar esses amigos sabe-tudo. Quando se fala em comida e vinho, sempre haverá esse elemento de demonstração de superioridade. Mas não tema: entre estes 500 lugares sobre os quais eu escrevi nestas páginas você encontrará vários que farão a sua próxima viagem inesquecível – e talvez até alguns que vão iluminar os sabe-tudo.

Reconheço que selecionar apenas 500 destinos para destacar acabou sendo uma tarefa desanimadora. Eu poderia facilmente ter coberto uns 5.000 destes lugares, e eles todos seriam maravilhosos. Como isto é acima de tudo um guia de viagens, não só uma lista de restaurantes, tentei equilibrar as minhas escolhas para fazer um guia o mais diversificado possível. Aqui você encontrará uma ampla gama de lugares espalhados por todo o globo, desde fazendas de produtos orgânicos até empórios gastronômicos, desde refeições caseiras até restaurantes refinados de toalhas brancas na mesa, com um número considerável de padarias e cafés; e pubs especializados em cerveja acrescentados apenas por precaução. O meu colega Charlie O'Mailley acrescentou uma degustação de vinhos pelo mundo todo, com destaque para os lugares mais divertidos para se visitar. O índice geográfico no final do livro ajudará você a identificar os destinos mais próximos, para que você possa aproveitar inúmeros lugares em sua viagem de férias.

É claro que o cenário da comida é tão dinâmico que muitos destes destinos terão mudado antes de ter a oportunidade de visitá-los. Os chefes – especialmente as estrelas em ascensão – sempre estão se movimentando, os cardápios mudam a cada estação ou até diariamente, e a vida útil dos restaurantes "famosos" é quase sempre infelizmente curta (apesar de a comida continuar a ser ainda brilhante mesmo depois que os descolados se mudarem de lugar). Foi por isto que tentei escolher restaurantes com um histórico confiável para ter certeza de que eles ainda estariam servindo comida ótima quando você estiver lendo isto. Também devo ressaltar que, para cobrir o mapa o mais amplamente possível, listei um número de restaurantes onde eu não comi, baseando-me em recomendações garantidas de meus colegas que também escrevem em guias Frommer's ou de amigos que escrevem sobre gastronomia no mundo todo. Eles estão na lista selecionada de lugares para experimentar da próxima vez que eu tiver a sorte de estar por esses lados do mundo.

Uma Observação sobre Hotéis

Eu gostaria de ter tido espaço para dar a vocês uma resenha completa a respeito de hotéis, mas você pode confiar que as opções que listamos são algumas das mais confiáveis, bem localizadas e que oferecem um bom retorno pelo valor pago pela estadia na área. Em muitos casos, estes hotéis também têm seus próprios restaurantes notáveis, ou pelo menos fornecem ótimos cafés da manhã. Eu tendo a recomendar hotéis com preços moderados ao invés de indicar aqueles pontos mais exclusivos de luxo, e prefiro os independentes ao invés dos hotéis de rede (você não precisaria da minha ajuda para encontrar esses). As faixas de preço são relativas – eu considerei três faixas de preços: $$$ (caros), $$ (moderados) e $ (baratos), uma vez que estas faixas estão de acordo com o mercado local, sem equivalentes válidos para o mundo todo (por exemplo: um quarto de motel que custe $125 por noite, ao longo da Route 66 na área rural do México, pode parecer caro, mas, se você puder encontrar algo limpo e seguro por este preço em Londres ou Paris, pegue!). Para descrições mais completas e conselhos úteis de viagem, por favor, consulte o guia Frommer's correspondente para estes destinos. Observe que os números de telefone listados neste livro começam com o código internacional do país – se você estiver ligando de dentro do país, descarte o primeiro grupo de números e acrescente um 0 antes do código regional. Nos números dos EUA e Canadá, porém, não há prefixo internacional listado.

Agradecimentos

De Holy Hughes

Eu agradeço muito por todas as dicas e conselhos que vieram de todos os escritores de guias Frommer's do mundo todo – vocês são fantásticos. Eu também gostaria de acrescentar um agradecimento especial a Charlie O'Malley, Julie Duchaine, Hugh Ward, Elizabeth Brannan-Williams, Iñaki Garcia-Galera, Mathew Amster-Burton, Laura Taxel, Mary Tilghman, Jane Yager e Tania Kollia. Acima de tudo, agradeço à minha redatora maravilhosa e paciente, Maureen Clarke – te devo um jantar.

De Charlie O'Malley

Muito obrigado a todos os amigos que toleraram o meu comportamento egoísta e obsessivo enquanto eu estava terminando este livro. Em particular a Jason e Mariela Mabbet e Sony, que me emprestaram a casa deles quando o prazo estava ameaçador. Sou muito agradecido à minha colaboradora Holly Hughes e à redatora Maureen Clarke por terem sido tão compreensivas e animadoras. Por último, mas não menos importante, preciso agradecer à minha mulher Ana, por sua incrível paciência e apoio.

1 Indo na Fonte

Mercados a Céu Aberto . . . 2
Empórios Gourmet & Lojas Especializadas . . . 20
Comidinhas de Rua . . . 34
Livros de Culinária & Utensílios de Cozinha . . . 42
Museus de Gastronomia . . . 51

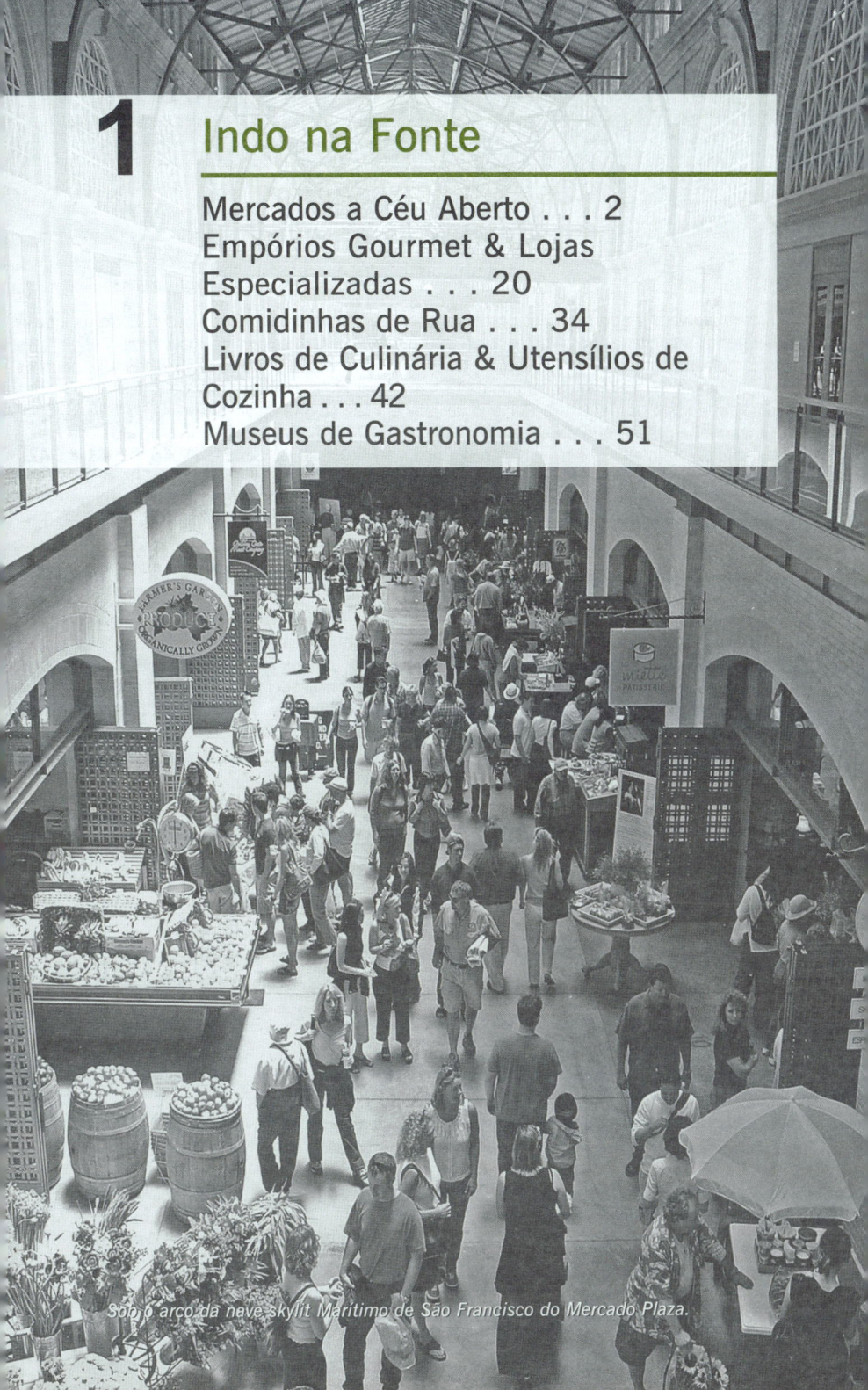

Sob o arco da nave skylit Marítimo de São Francisco do Mercado Plaza.

Indo na Fonte

Mercados a Céu Aberto 1

Ostermalms Saluhall
Smorgasbord Chic
Estocolmo, Suécia

Estocolmo vem sendo reconhecido como foco de atenções culinárias nos últimos anos, mas o seu melhor mercado de gastronomia – talvez o melhor mercado fechado de comida da Escandinávia – existe desde 1888. Por trás da presença desse prédio, que parece uma fortaleza de tijolos vermelhos em estilo neogótico, Saluhall tem, hoje em dia, um ar luxuoso chique — que combina com o elegante bairro de Old Town — no qual ele se situa.

Entre pela torre principal e você chegará ao grande átrio cheio de luz, com estruturas de ferro fundido que sustentam o teto de vidro; e às bancas emolduradas com belos pilares de madeira talhada, e dosséis com arabescos. Originalmente, havia 153 bancas, mas hoje, cerca de 20 comerciantes estão estabelecidos com lojas, cada uma ocupando um número de boxes; também muitos operam restaurantes ou cafés.

Os vendedores conquistam seu espaço por meio de um processo competitivo, para que a qualidade seja elevada. O peixe e a caça – ingredientes principais da cozinha sueca – são exibidos com destaque; se você já desejou comer carne de rena, aqui está a sua chance. Entre as pilhas de tortas suecas, filões de pão trançado, cortes de carne, montanhas prateadas de peixe, e cestos brilhantes de frutas silvestres, temos a sensação de ver uma série de pinturas, uma atrás da outra. Entre os inquilinos estabelecidos há mais tempo estão **Lisa Elmqvist** (℅ **46/8/553-404-00**), para os peixes e produtos de delicatessen, **Gerdas Fisk & Skaldjusrestaurang** (℅ **46/8/553-404-40**), restaurante de frutos do mar, **J.E.Olsson & Söner** (℅ **46/8/661-31-42**), para as frutas e verduras, e Betsy Sandberg Choklad (℅ **46/8/663-63-05**) para os chocolates artesanais. Espere preços salgados – este não é um lugar onde você faria suas compras semanais regularmente – mas vale a pena esbanjar um pouco pela luxuosa experiência.

Enquanto você estiver no bairro, caminhe até o número 55 na Nybrotan, onde uma barraca chamada Bruno's serve os melhores cachorros-quentes da Suécia, ou korvs – uma variedade de salsichas grelhadas, servidas dentro de bisnagas de pão francês.

ⓘ Nybrogatan 31 (sem número de telefone; www.saluhallen.com).

✈ Aeroporto Stockholm Arlanda (41km/25 milhas).

🛏 $$$ **Hotel Victory**, Lilla Nygatan 5 (℅ **46/8/506-400-00**; www.victory-hotel.se). $$ **Clas pä Hörnet**, Surbrunnsgatan 20 (℅ **46/8/16-51-30**; www.clasphornet.se).

O Velho Mercado Inglês
O Mercado Craic em Cork
Cork, Irlanda

Embora Cork seja hoje uma sofisticada cidade universitária, com um efervescente cenário culinário, durante séculos ela foi uma das cidades irlandesas mais oprimidas pelo poder inglês, uma importante cidade portuária mantida firmemente sob as garras britânicas. A doce ironia, porém, reside no fato de seu mercado central – fundado por um alvará de James I, em 1610, e situado em um prédio de estilo Georgiano que data de 1786 – ser conhecido ainda como o Old English Market (O Velho Mercado Inglês). Originalmente, apenas os leais colonizadores ingleses podiam comprar neste mercado. Hoje em dia, transformou-se no melhor mercado de alimentos da Irlanda, especialmente depois que um incêndio em 1980 exigiu uma reforma total – preservando, é claro, os reluzentes trabalhos em madeira e a elegante fonte multicolorida, perto da entrada. Considerado no passado um local de rotina para a compra e venda da produção, o mercado se sofisticou – foi valorizado desde meados da década de 1990 – com a inclusão de diversos estandes gastronômicos ao lado de negócios comandados pelas mesmas famílias há várias gerações.

Localizado na parte plana da montanhosa cidade de Cork, o Mercado Inglês (ninguém em Cork acrescenta o "Velho") anuncia sua entrada principal na Grand Parade, com um portão de ferro trabalhado, embora você também possa se esgueirar através dos portões laterais, a partir das ruas adjacentes repletas de um clima envolvente, ladeadas por pequenas lojas. Estandes de comidas no interior do prédio de dois andares com bordas abobadadas cheias de carnes, peixes, vegetais, frutas

O Velho Mercado Inglês em Cork, Irlanda, está no ramo há 400 anos.

Indo na Fonte

e produtos de panificação; entre as novidades estão os estandes que vendem artigos exóticos importados (massas, chocolates e doces artesanais) ou especializados em produtos orgânicos. Peixes reluzentes sobre camas de gelo na banca de pescados O'Connell, e cortes de animais recém-abatidos estão em exposição em várias bancas tradicionais de carnes e aves. Mas a atração principal são os produtos tradicionais da culinária irlandesa – tripas (estômago dos animais), enguias defumadas, morcela, soda bread (pão tradicional feito com fermento biológico), e especialidades de Cork como ovos com manteiga quente, crubbens (pés de porco) e drisheens (chouriços típicos da região). Embora haja poucas lanchonetes ou estandes de sanduíches para viagem, você pode montar seu almoço com queijos curados franceses e patês no **Pig's Back**, ou queijos irlandeses da fazenda do lago, acompanhados do crocante pão fresquinho da **Arbutus Bakery**.

Fechado aos domingos, o Mercado Inglês não abre ao alvorecer como outros mercados atacadistas. O comércio abre em horário razoável de 9h e termina às 17h30. O **Restaurante Farmgate** oferece vista panorâmica do mercado a partir de uma varanda ao ar livre, situada um andar acima do burburinho.

ⓘ Grand Parade, entre Patrick Street e Oliver Plunkett S–treet (sem número de telefone).

✈ Aeroporto Cork (122km/76milhas ao sul do Shannon International).

🛏 $$$ **Hayfield Manor Hotel**, Perrot Ave. (✆ 800/525-4800 ou 353/21/431-5600; www.hayfieldmanor.ie) $$ **The Gresham Metropole**, MacCurtain St., Tivoli (✆ **353/21/450-8122**).

Mercados a Céu Aberto — 3

Ostermalms Saluhall
O Paraíso da Comida Integral
Londres, Inglaterra

Se aparecer no filme do Harry Potter significa sucesso, então o Mercado Borough de Londres finalmente atingiu o seu ápice em 2004. Esse mercado cheio de animação – o mais velho e o maior de Londres – parece ser um cenário perfeito de filme, uma confusão de estandes ao longo de um labirinto de alamedas aninhadas, abaixo dos barrotes verdes da ponte da ferrovia. O renascimento da culinária Londrina do final do século XX certamente ajudou a levantar o perfil do Mercado Borough como um lugar para se ir às compras de comida da mais alta qualidade na capital.

Mas não foi sempre assim. Apesar do Mercado Borough ter ocupado a extremidade sul da ponte London Bridge por séculos – alguns afirmam que ele já estava estabelecido ali nos tempos Romanos –, no século XIII ele foi considerado uma perturbação porque as barracas de comida bloqueavam o trânsito pela ponte. O lado sul do rio sempre foi menos prestigiado do que a margem do lado norte, um bairro de tavernas e hospedarias (os peregrinos de Chaucer iniciaram a sua viagem rumo a Canterbury perto dali) e casas de teatro (inclusive o Globe Theatre de Shakespeare). Vários monarcas, ao longo dos anos, tentaram em vão controlar o caos e o congestionamento do mercado. Durante os últimos 250 anos, contudo, ele se manteve respeitavelmente instalado no local atual, bem ao sul da Catedral de Southwark, como um mercado atacadista de frutas e verduras, administrado de forma filantrópica por um conselho de administração, cujos membros precisavam ser moradores do bairro.

Convenientemente próximo dos ancoradouros do rio, e mais tarde da estação de trem de London Bridge, o Mercado Borough nunca foi usado exclusivamente para a produção local; fornecedores de todo o Reino Unido – e vários da Europa – despachavam seus produtos para cá. A **Orkney Rose**, por exemplo, destaca o salmão fresco, o carneiro alimentado à base de cereais, o Angus beef, e os frutos do mar das Ilhas Orkney – produtos de pequenos produtores rurais que individualmente nunca poderiam se dar ao luxo de vender em Londres. O mercado atacadista está aberto das 2h da madrugada até às 8h da manhã toda noite, exceto aos sábados, e um braço de varejo do mercado foi inaugurado com sucesso imediato em 1999 (abre apenas às quintas-feiras das 11h da manhã às 17h da tarde; sextas do meio-dia às 18h; e sábados das 9h às 16h da tarde), ao mesmo tempo em que as coisas foram ficando mais modernas do lado sul do rio. Esses varejistas vendem não só a produção, mas carne, peixe, assados, e iguarias como chocolates, café, chá e azeite. Entre os cafés, restaurantes e pubs na área do mercado estão o Roast, conhecido por seus generosos cafés da manhã, e o The Rake, um pub cujo nome lembra as famosas gravuras de Willian Hogarth, do século XVIII, da cena de desordem no Mercado Borough.

Infelizmente, vários prédios nas ruas da redondeza poderão ser demolidos para a construção de um viaduto importante da rede ferroviária; o que isto vai causar à personalidade do mercado é o que vamos ver. Os principais prédios datam do século XIX, a entrada do Borough pela High Street é uma melhoria de 1932, e o Pórtico Sul do átrio Floral foi mudado para cá em 2004, vindo da Royal Opera House, em Covent Garden – uma área também conhecida por seus vendedores de rua (lembre-se de Eliza Doolittle, do My Fair Lady). Tudo bem que seja um pouco desorganizado – mas afinal, é isto que o Mercado Borough tem sido desde o início.

4 Marché d'Aligre

Borough Market abaixo dos barrotes da estação de trem de London Bridge.

ℹ️ 8 Southwark St. (✆ **44/20-7407-1002**; www.boroughmarket.org.uk)

✈ Heathrow (24km/15milhas) ou Gatwick (40km/25milhas)

🛏 $$$ **Covent Garden Hotel**, 10 Monmouth St., Covent Garden (✆ **800/553-6674** nos E.U.A., ou 44/20/7806-1000, www.firmdale.com) $$ **B+B Belgravia**, 64-66 Ebury St, Belgravia (✆ **800/682-7808** nos E.U.A., ou 44/20/7734-2353; www.bbbelgravia.com)

Mercados a Céu Aberto

4 Marché d'Aligre
Um Toque do Souk
Paris, França

Enquanto a maior parte dos mercados está fechado aos domingos pela manhã, este é o melhor horário na semana para visitar o Marché D'Aligre. Instalado no distante 12º. arrondissement, o mercado tem um nítido sabor do Norte da África (em que outro lugar da cidade você poderia encontrar henna, água de rosas, ou o temperado molho harissa?). Apesar desse bairro do lado leste de Paris não ser chique, os hippies chegam com toda força nos domingos pela manhã, inundando as bancas do mercado a procura de pechinchas.

No centro da praça estão os estandes permanentes do Marché Couvert Beauvau-St-Antoine, construído em 1779 e um dos últimos mercados cobertos em Paris. Até os

Indo na Fonte

idos de 1800, ele tinha se expandido para incluir um mercado do produtor ao ar livre, na praça ao seu redor, e era o segundo mais importante de Paris perdendo apenas para o Les Halles. No início dos anos 1970, porém, o atmosférico Les Halles tinha fechado os seus estandes, mudando as suas operações de atacado para um local bem menos colorido no subúrbio de Rungis – o que deixou o Marche d'Aligre como um sobrevivente da grande tradição de mercados de Paris. (Existe ainda um número menos permanente de mercados a céu aberto, é claro, incluindo os estandes ao longo da Marché Buci, na rue Mouffetard no 5º. arrondissement, e na rue Motorgueil, atrás da igreja St-Eustache no 1º. arrondissement.)

As compras dentro desse mercado coberto são decididamente sofisticadas, com frango fresco, casa de frios, açougue, excelente peixaria, frutas caras, e artigos importados à venda por comerciantes estabelecidos no negócio por muitos anos, em bancas elegantemente arrumadas. Se você já duvidou alguma vez que a França produz mais de mil variedades de queijo, vai se convencer pelas seleções impressionantes nas fromageries daqui.

O cenário ao redor do mercado coberto tem uma personalidade totalmente diferente – mais multicultural, mais para os caçadores de pechinchas, e mais vibrante. Os preços são com frequência baixos, e o espírito de fuçar e regatear mantém a animação. Muitos vendedores Argelinos, Marroquinos e Tunisianos trabalham aqui, vendendo frutas e vegetais que eles compraram mais cedo no mercado atacadista Rungis. Geralmente, eles vendem todo seu estoque e se retiram até a hora do almoço, enquanto as bancas de dentro mantêm o horário comercial normal.

Graças a esses passantes descolados, logo apareceram várias lojinhas e cafés em volta da praça. Não perca as tortas francesas folhadas no **Ble du Sucre** (7 rue Antoine Vollon), os pães orgânicos no **Moisan** (5 rue d'Aligre), ou o café torrado na hora no **Cafe Aouba** (rue d'Aligre).

ⓘ entre a faubourg St-Antoine e a rue de Charenton, 12º. Arrondissement (http://marchedaligre.free.fr).

✈ DeGaulle (23km/14milhas). Orly (14km/8 2/3 de milha).

🛏 $$ **La Tour Notre Dame**, 20 rue du Sommerard, 5e (✆ **33/1/43-54-47-60**; www.la-tour-notre-dame.com). $ **Hotel de La Place des Vosges**, 12 rue de Birague, 4e (✆ **33/1/42-72-60-46** ; www.hotelplacedesvosges.com).

Mercados a Céu Aberto 5

Berlim, Alemanha
Rumo ao Ocidente
Berlim, Alemanha

Para os gastrônomos de Berlim, a queda do muro teve um significado — a praça de alimentação de KaDeWe poderia recapturar o seu status como a Meca do luxo para as iguarias internacionais. Novos proprietários até construíram todo um novo piso acima dessa imensa loja de departamentos centenária, onde as deslumbrantes comidas importadas são curadas e mostradas como se fossem obras de arte.

Apesar de o nome oficial do KaDeWe ser Kauf-haus Des Westerns (Loja de Departamentos do Ocidente), desde sua abertura, em 1907, ele ficou conhecido como KaDeWe (pronuncia-se cá-dei-vei). O "Ocidente" se referia à sua localização no bairro residencial de Berlim Ocidental, apesar de não parecer mais tão residencial. O KaDeWe quase foi massacrado, depois que um avião norte-americano caiu sobre ele durante a Segunda Guerra Mundial. Quando ele reabriu nos anos de 1950, suas novas bancas de comida foram a maior atração em uma cidade dividida e destroçada pela guerra. Depois que o muro subiu em 1961, o "ocidente" no nome se tornou ainda mais significativo – o KaDeWe

6 Victualienmarkt

tornou-se um local proibido para os alemães orientais, agora isolados das delícias dos gourmets pertencentes ao mundo livre.

Desde a reunificação, o reformado departamento de comida do sétimo andar, mais do que nunca, comemora as comidas do mundo – não há um sentimento provinciano aqui. Os balcões de queijo, por exemplo, podem estocar 200 tipos diferentes de queijos alemães, e o dobro de queijos franceses, assim como centenas vindos da Itália, da Suíça, e de muitas outras nações. Outros departamentos oferecem 120 azeites exóticos, ou 120 variedades mundiais de vinagre. A seção de produtos da fazenda exibe frutas exóticas, como: o mangostão, a cherimoia, a pitaia, o rambutan, o tamarillo, o tangelo, o caqui, e a mandioca. A ala das carnes dá ênfase à carne verde (de gado criado solto), assim como as carnes de caça da estação tal como o alce, a carne de veado e o javali. Certamente, eles vendem salsichas alemãs suculentas, mas um inventário de mais de 1.200 tipos de salsichas se expande inevitavelmente mais além. Os peixes são despachados por via aérea do Havaí, das Ilhas Seicheles e de Moçambique. Há uma evidente influência francesa – atestada pelas ostras da Bretanha, o frango de Bresse, os pães e os doces do Lenotre, a famosa padaria parisiense. Reconheço, os chocolates no departamento de confeitos são feitos no local – você pode até apreciar os confeiteiros trabalhando – mas os chocolates que eles usam são produzidos no mundo todo. Depois de todos esses anos de isolamento na cortina de ferro, não podemos mesmo culpar os berlinenses por terem abraçado a cornucópia global.

Quando bate a fome, os consumidores recorrem a um bar que serve cafés, chás e doces ou sentam em um balcão de um dos mais de 30 bares gastronômicos espalhados pelo mercado, os quais apresentam iguarias como lagosta, caviar, champanhe, ostras e sushi. A experiência clássica de um jantar no KaDeWe está no andar de baixo, o **Restaurante Silberstrasse**, com o seu interior decorado em estilo Art Nouveau sob uma cúpula de vidro elegante.

ⓘ Tauentzienstrasse 21 (U-bahn Wittenbergplatz) (✆ **49/30/21210**; www.kadewe-berlin.de). Fecha aos domingos.

✈ Berlin-Tagel (14km/8 ¾ de milha)

🛏 $$ **Hotel Hackescher Markt**, Grosse Präsidentenstrasse 8 (✆ **49/30/280030**; www.loock-hotel.com). $$ **Myers Hotel Berlin**, Betzer Strasse 26 (✆ **49/30/440140**; www.myershotel.de).

6 Mercados a Céu Aberto

Victualienmarkt
Bavário Robusto
Munique, Alemanha

Enquanto os turistas apinham-se na Marienplatz para, abismados, admirarem o Glockenspiel, o charmoso carrilhão da prefeitura, você terá uma visão melhor de Munique caminhando alguns minutos para o sudoeste, saindo do Tal, na rua mais alta do mercado da cidade. Com a torre da igreja de São Pedro em uma espiral de cobre erguendo-se acima das copas das árvores e dos guarda-sóis, o Victualienmarkt (victualen é a palavra em alemão para "comida") expressa a sensibilidade despreocupada da Bavária. O mercado espalha-se por uma ampla área com pavimento de paralelepípedo, suas barracas em forma de tendas a céu aberto são administradas por cerca de 150 comerciantes independentes que trabalham por quantas horas quiserem, quase sempre se retirando depois que o estoque do dia é vendido. É claro que há um jardim de cervejaria no estilo da Bavária montado bem no meio, abaixo das castanheiras acolhedoras.

Apesar de ser um mercado principalmente de varejo (a maior parte dos restaurantes se

Indo na Fonte

abastece no atacadista Grossmarkthalle, no distrito industrial de Thalkirchen, no sul da cidade), os verdadeiros consumidores caseiros aparecem por volta das 8h da manhã, carregando sacolas de compra espaçosas, para levar suas provisões. Às 17h da tarde, apenas os comerciantes mais persistentes ainda permanecem abertos. Porém, enquanto o cenário lembra um tipo de feira semanal, encontrada em muitas cidades da Alemanha, estes são vendedores permanentes, que oferecem não só produtos frescos, mas também vinho, carnes, queijos, sucos frescos, ervas, e temperos, bem como flores e algum artesanato. Procure especialidades da Baváría, como o Schweinshax'n (joelho de porco), o Speck (bacon) e a Weisswurst (linguiça branca).

O Victualienmarkt está localizado na Altstadt há dois séculos, originalmente fundado como um mercado de ervas, em 1807. Ao longo dos anos, ele se tornou não só um lugar para as compras, mas também um ponto de encontro do público, onde os músicos de rua tocam com frequência (procure a série de estátuas e repuxos homenageando os cantores locais e atores folclóricos). Muitas das bancas de comida vendem bratwurst (salsichão grelhado), peixe e outras refeições para viagem, e os pequenos cafés e cervejarias estão espalhados em volta. Um novo elemento bastante surpreendente fica na extremidade final: o **Schrannenhalle**, um mercado coberto, com lojas e restaurantes, construído no local onde funcionava o velho mercado de grãos da cidade, que pegou fogo em 1932. Apesar de ter sido construído com estruturas de ferro fundido, o prédio novo tem uma arquitetura agressivamente moderna, um plano de fundo estranho para essa cena tradicional de mercado Bavário.

ⓘ Centro da cidade de Munique, atrás da antiga prefeitura (sem número de telefone).

✈ Franz-Josef-Strauss International (29km/18 milhas).

🛏 $$ **Hotel St. Paul**, St-Paul-Strasse 7 (✆ **49/89/5440-7800**; www.hotel-stpaul.de). $ **Am Markt**, Helliggeistrasse 6 (✆ **49/89/22-50-14**; www.hotelinmunich.de).

Mercados a Céu Aberto

Mercat de La Boqueria
Cornucópia Catalã
Barcelona, Espanha

Bem na saída do mercado de flores de La Rambla, em uma grande avenida de pedestres, descendo a ladeira do centro da cidade de Barcelona para o porto, La Boqueria parece estar aconchegado num espaço prateado entre os prédios com colunas. Caminhe embaixo do arco dessa entrada elegante de ferro forjado, com o seu brasão de armas colorido, e você vai entrar em um imenso mercado caverna – uma expressão vibrante da cultura culinária agitada de Barcelona.

O simples número de comerciantes é surpreendente – poucos com espaço suficiente para suas mercadorias. Cada pequena banca está empilhada com os melhores produtos da cozinha catalã: pirâmides de frutas cítricas, verduras verdes fresquinhas, guirlandas brilhantes de pimentas malaguetas, carne vermelha maturada, robustos presuntos defumados, salsichas com alho, queijos brancos macios, miúdos escuros vislumbrantes. Um distinto aroma de peixe o leva até o coração do mercado, uma seção oval cheia de peixeiros mostrando a pesca do dia; as especialidades locais como as azeitonas, os legumes, os cogumelos, e as frutas secas, têm os seus próprios comerciantes. Existem algumas bancas vendendo mercadorias importadas e um especialista orgânico, mas no geral esse é um mercado do produtor ainda em funcionamento, onde as donas de casa locais – e os *chefs* dos melhores restaurantes de Barcelona – selecionam os seus ingredientes diários.

De uma maneira exuberante típica da Catalunha, os donos das bancas são conhecidos por conversar com seus clientes, portanto não espere um serviço rapidamente eficiente; por outro lado, você não vai ter que se defender de táticas agressivas de venda forçada. Você vai encontrar alguns bares de tapas pequenos e muito populares; e quiosques de comida para viagem (vale a pena procurar o **Pinoxto** e o **El Quim de la Boqueria**) espalhados ao redor do mercado, mas é expressivamente um lugar para compras de comida, e os fregueses com frequência esperam o atendimento de duas ou três pessoas antes de serem servidos nas bancas mais populares.

La Boqueria recebeu esse nome por causa dos portões da velha cidade que ficavam nesse lugar, quando os fazendeiros locais se instalaram do lado de fora dos portões da cidade para vender seus produtos. Nos anos de 1840, as estruturas permanentes do mercado começaram a tomar forma, apesar de que o teto de aço arqueado não foi instalado até 1914 – o apogeu da arquitetura Catalã –, o que explica a panaceia desse colorido arco de entrada modernístico. Fecha aos domingos.

ⓘ La Rambla 91 (✆ **34/93/318-20-17**; www.boqueria.info).

✈ El Prat (13km/8 milhas)

🛏 $$$ **Montecarlo**, Lês Ramblas 124 (✆ **34/93-421-0404**; www.montecarlobcn.com). $$ **Duques de Bergara**, Bergara 11 (✆ **34/93-301-51-51**; www.hoteles-catalonia.com).

O ponto de referência na entrada do mercado La Boqueria, perto da Rambla em Barcelona.

8 Mercados a Céu Aberto

Naschmarkt
Bazar para uma Refeição Ligeira
Viena, Áustria

Dentro do Ring (autoestrada em forma de cinturão conhecida como Ringstrasse), Viena com frequência parece uma cidade banhada na nostalgia do final do século XIX – um sonho em câmera lenta das valsas vienenses e da dureza germânica instalada em pedras cinza. Mas fora do Ring, uma Viena mais dinâmica, multicultural emerge. Enquanto Viena tem duas dúzias de mercados a céu aberto permanentes, o burburinho é palpável no Naschmarkt, uma coleção pitoresca de bancas segue ao longo de vários quarteirões da cidade, no início da Mariahilferstrasse. no 6º. distrito.

O nome soa como um lugar para uma refeição ligeira, ou um lanche (em alemão, naschen significa especificamente beliscar doces), e não há dúvida de que o Naschmarket é um ponto soberbo para o passeio dos famintos. Os historiadores, contudo, insistem que o nome foi originalmente "Aschmarkt," seja porque ele estava situado ao lado de um antigo despejo de cinzas, ou porque o leite era vendido aqui em baldes de ashwood. (Talvez não seja um aci-

Indo na Fonte

dente que os locais gradualmente deixaram o nome se transformar em algo mais apetitoso). Quaisquer que sejam as origens do nome, tem havido algum tipo de mercado ali desde o século XVI; ele tem sido oficialmente um mercado de frutas e verduras desde 1793, migrando da vizinha Karlplatz para a localização atual no final do século XIX quando o Rio Wien foi canalizado e renomeado Wienzeile.

Há uma sensação real de bazar a respeito desse mercado a céu aberto, com sua estreita rua principal alinhada com as lojas avarandadas, com seus caixotes na rua. Os vendedores empilham a produção fresca e as especialidades locais, como o Wiener schnitzel, o strudel e barris de sauerkraut, mas as prateleiras também estão estocadas com vinagres envasados, pacotes de celofane cuidadosamente embrulhados com temperos e ervas importados, caixas cheias de frutos do mar, saladas prontas, e até sushi. Quando você passeia pelas bancas, pode notar quantos vendedores vêm da Turquia ou da antiga Iugoslávia, uma lembrança do papel histórico de Viena como um caldeirão de culturas da Europa central. Um aviso: os fregueses não vêm aqui em busca de pechinchas, mas de mercadorias que são difíceis de serem encontradas e de produtos muito frescos, não há comparação.

Ao longo de uma alameda lateral, uma fileira de beisls (pequenos cafés) destacando uma gama internacional de cozinhas, desde os kebabs até a comida chinesa e os pratos tradicionais vienenses, como o Kaiseushmarrn ou Palatschinken. O toque dos bares da moda, noite adentro, sugere como o Naschmarkt foi aceito pelos que ditam a moda, assim como os turistas que procuram por um lugar com as características típicas da região. Certifique-se de caminhar pelo bairro, que tem alguns exemplos interessantes da arquitetura Jugendstil. O mercado fecha aos domingos; verifique o mercado das pulgas na região aos sábados.

ⓘ Entre a Linke e a Rechte Wienzelle da Kettenbrückengasse até a Getreidemark. (U--Bahn; Karlplatz) (sem número de telefone).

✈ Vienna International (23km/14 milhas)

🛏 $$$ **Hotel Römischer Kaiser**, Annagasse 16 (✆ **800/528-1234** ou 43/1/512775113; www.bestwestern.com). $$ **Hotel am Schubertring**, Schubertring 11 (✆ **43/1/717020**; www.schubertring.at).

Mercados a Céu Aberto 9

Központi Vásárcsarnok
Faminto na Hungria
Budapeste, Hungria

Amplo como uma estação de trem, o maior mercado coberto de Budapeste é o tipo de lugar onde você pode vagar por horas, até que a sobrecarga sensorial se instale. Apesar de ser uma parada popular de turistas – e há uma porção de estandes que vendem bonecas húngaras, roupas de cama bordadas, vidro, e outros souvenirs – muitas pessoas locais também fazem suas compras regulares de comida aqui. O andar térreo, em particular, oferece uma generosidade surpreendente de produtos frescos, queijo local, e carnes, isso sem mencionar as resmas de alho, o salame temperado, o patê aveludado de foie gras, a páprica vermelha em pó, e o açafrão amarelo, o vinho Tokay, e o caviar.

Instalado do lado do rio Danúbio, convenientemente perto da famosa ponte Chain, o Vasarcsamok foi primeiramente construído em 1897, quando as cidades rivais de Buda e Peste estavam sendo combinadas em uma grande metrópole. Com o seu telhado magnífico, a sua fachada de tijolos desenhados cor de laranja, um portal tipo catedral, e um teto de vidro sublime, esse vasto átrio foi feito com a intenção de ser uma expressão de opulência cívica. Ele foi até projetado com um canal que corria pelo centro, para que os vendedores pudessem enviar seus produtos flutuando. Muito danificado na Segunda Guerra Mundial, o átrio ficou debilitado por décadas, durante o regime comunista, até que ele teve que ser fechado no início dos anos 1990, uma restauração extensa em 1994, contudo, retornou o átrio à sua magnificência anterior.

O canal já desapareceu há muito tempo, sendo substituído por um corredor com lajotas, guarnecido por dois outros corredores que correm ao longo do piso do andar térreo do átrio, onde está a maioria dos vendedores de comida. Busque especialmente a incomparável produção húngara, tal como a raiz de salsinha e as pimentas doces brancas, e não perca os gloriosos pêssegos no verão. As coisas são um pouco mais descontraídas no andar do porão, onde você encontrará as peixarias, provedores de vegetais em conserva (outra especialidade húngara), e uma quitanda convencional. Também há uma série de bancas de comida no mezanino, junto com o restaurante Fakanál Étterem, que serve especialidades tradicionais Húngaras, como o goulash e o frango com páprica. O **Fakanál Étterem** oferece até aulas de cozinha, com um dia de duração, onde você pode aprender a utilizar todos esses ingredientes exóticos que aparecem nas bancas lá embaixo. O mercado fecha aos domingos e fica terrivelmente cheio aos sábados; programe sua visita para o início da semana para uma experiência de compras mais descontraída.

ⓘ IX. Vámház körút 1-3 (✆ **36/1/366-3300**; www.csapi.hu; estação do metrô Kálvin ter (linha azul).

✈ Budapest (20km/12 milhas).

🛏 $$ **Hotel Erzsébet**, V. Káloryi Mihály u. 11-15, Budapest (✆ **36/1/889- 3700**; www.danubiusgroup.com). $$**Hotel Papillon**, II. Rózsahegy u. 3/b (✆ **36/1/212-4750**).

10 Mercados a Céu Aberto

Khari Baoli
O Tempero da Vida
Velha Delhi, Índia

O extremo oeste do quarteirão mais envolvente da Velha Delhi – o Shahjahanabad, um labirinto de pequenas alamedas próximo do Forte Vermelho, alinhado com mansões desmoronadas do século XVII – parece um lugar adequado para se encontrar o maior mercado de temperos da Ásia, o Khari Baoli. Ele está aqui desde o tempo do imperador Mughal, Shah Jahan, quando ainda havia um portão fortificado nessa extremidade do Chandni Chowk. As cores, texturas, e aromas são, literalmente, despejados pelas ruas das lojas amontoadas que forram a larga passagem, mas você certamente gostaria de se esconder lá dentro para conseguir um efeito inebriante completo – um tipo de experiência que só pode acontecer na Índia.

Temperos, castanhas, frutas secas, arroz, feijões e ervas são vendidos em quantidades de atacado – os trabalhadores atarefados rolam sacas enormes desses produtos no meio da multidão em carrinhos de mão, portanto, olhe para frente e para trás –, mas fregueses individuais podem também comprar quantidades menores. Sementes de pimenta do reino, vagens de cardamono verde, raiz de açafrão amarela, pimenta malagueta vermelha – todos os sabores da cozinha indiana estão a seu dispor, alguns em tachos de metal, alguns em sacos de juta. Potes de picles indianos pungentes são empilhados em prateleiras de outras lojas. Os preços são razoáveis, apesar de se encontrar muito regateio para as compras maiores. O Mercado é caótico e animado, e por isso sugerimos utilizar o riquixá como meio de transporte. O mercado também é uma parada popular para turistas, só pelo aroma intoxicante e pelo clima vibrante de rua.

Quando você tiver terminado no Khari Baoli, ainda há mais compras para se fazer ao longo do Chandni Chowk, a rua principal de comércio do Shahjahanabad (o nome significa "avenida da luz da lua", referindo-se ao reflexo da lua no seu canal). Uma série de mercados coloridos estende-se do Chandni Chowk: o **Chawri Bazaar** para os ícones de latão e de cobre, e outros souvenirs, o **Churiwali Galli** para as pulseiras, o **Nai Sarak** para os artigos finos de papelaria, o **Kinari Bazaar** para o ouro barato e o artesanatos de prata e acessórios, e o **Dariba Kalan** para as joias mais valiosas. Faça uma parada final no **Karim's** (Jama Masjid; ✆ **91/11/23269880**), um

Indo na Fonte

restaurante/hotel de 100 anos aninhado em um pequeno pátio, famoso pelos seus autênticos pratos tandoori Mangai, os ensopados temperados e os kebabs assados no espeto.

ⓘ próximo ao portão Turman, rua Khari Baoli (sem número de telefone)

✈ Indira Gandhi Internacional (20km/12 milhas)

🛏 $$$ **The Imperial**, 1 Janpath (☏ **011/2334-1234**; www.theimperialindia.com). $$ **Oberoi Maidens**, 7 Sham Nath Marg, Delhi Norte (☏ **011/2397-5464**, ou central de reservas **1600 11 7070** www.maidenshotel.com).

Mercados a Céu Aberto

Mercado de Peixe Tsukiji
Frutos do Mar ao Sol Nascente
Tóquio, Japão

Não deveria ser uma surpresa que o maior e mais famoso mercado de frutos do mar fosse na capital do Japão, Tóquio – o coração de um país que é uma ilha, cujo povo sempre viveu do mar. Prepare-se para levantar-se antes do alvorecer para visitá-lo, porém, o movimento começa por volta de 3h da madrugada, e termina lá pelas 9h da manhã.

Durante a noite toda, barcos, trens e caminhões convergem para esse prédio imenso, que parece um hangar para descarregar a pescaria, não só local como aquela importada de aproximadamente 60 outros países, inclusive da África e das Américas. Sob um brilho intenso das luzes elétricas, uma variedade desconcertante de peixes – centenas de tipos, desde as pequenas sardinhas até o pesado atum, das enguias escorregadias até os polvos desajeitados, e os ouriços-do-mar espinhentos – são colocados nos paletes de madeira para a inspeção dos atacadistas autorizados. Leilões a toque de caixa acontecem em torno das 4h40min até às 6h30min da manhã (os leilões de atum foram fechados para o público desde 2005, mas você ainda pode ver esses peixes gigantescos esticados serem avaliados).

Os peixeiros atacadistas carregam o que eles compraram para suas próprias bancas no interior do mercado (jonai shijo), onde eles vendem para compradores de lojas de varejo e restaurantes. (Quase todos os frutos do mar consumidos em Tóquio – por volta de 2.000 toneladas por dia – passam por esse mercado). Enquanto o dia nasce vagarosamente lá fora, há uma cena de caos controlado, com homens marchando em redor do chão molhado com galochas pretas, rolando carrinhos de mão e plataformas por meio dos corredores. É fascinante, mesmo sendo medonho, olhar os comerciantes cortando o peixe que acabaram de comprar – um balé desempenhado ao som de moto-serras zunindo e cutelos castigando os blocos cortados. Parece ainda mais surreal se você não entende japonês ou não pode entender os caracteres desenhados dos sinais escritos à mão em cada uma das bancas, contudo, é uma visita muito popular entre turistas estrangeiros (muito poucos japoneses vêm aqui). Apesar de você não ter permissão para fotografar os leilões, sinta-se à vontade para fotografar os atacadistas em ação, os trabalhadores transbordam de orgulho se você escolhê-los para uma fotografia.

As seções exteriores do mercado (jogai shijo) são fileiras de prédios tipo barracões, divididos entre restaurantes e lojas relacionadas ao comércio de pescados. O bairro mais próximo também está cheio de pequenas lojas e bancas onde você pode comprar os frutos do mar mais frescos da cidade, assim como o peixe seco, as algas, os vegetais, as facas e outros utensílios de cozinha.

ⓘ 5-2-1 Tsukiji, Chuo-iku (ⓒ **03/3542-1111**; www.tsukiji-market.or.jp/tukiji_e.htm).

✈ Narita International (66km/44 milhas).

🛏 $$$ **Capitol Tokyu Hotel**, 2-10-3 Nagata--cho, Chiyoda-ku (ⓒ **800/888-4747** nos E.U.A. e no Canadá, ou 03/3581-4511; www.capitol-tokyu.com). $$ **Park Hotel Tokyo**, 1-7-1 Higashi Shimbashi, Minatoku, Ginza (ⓒ **03/6252-1111**; www.parkhoteltokyo.com).

⓬ Mercado Queen Victoria

Mercados a Céu Aberto

Mercado Queen Victoria
Um Clássico Oz
Melbourne, Austrália

Pode ser que o nome soe formal e afetado como um chá inglês, mas apesar dessa instituição receber o nome da monarca britânica, quando foi construída em 1878, o lugar tem improvisado desde então, e se reinventado com estilo Australiano. Hoje, ele se espalha ao longo de alguns quarteirões na extremidade norte do centro da cidade, um prolongamento de sete hectares (17 acres) com centenas de bancas. Apesar da entrada principal em estilo neoclássico, com um baixo--relevo de animais rurais sobre a porta, a maior parte do mercado é uma instalação aberta improvisada (fazer compras aqui no inverno pode ser uma experiência fria), com uma gama de mercadorias completamente eclética, desde coelhos vivos até pechinchas de roupas.

Os amantes da comida, porém, ficarão felizes por observar que mais de 50% do mercado ainda é dedicado às bancas de comida, agrupados nos prédios antigos do mercado de Queen Street. Os comerciantes recebem os locais de acordo com os grupos de alimentos – os de peixe e carne estão em uma "ala", frutas e verduras em outra, laticínios em uma terceira – o que incentiva a competição acirrada entre proprietários de bancas vizinhas. Dentro de cada seção, os comerciantes desencavaram as suas próprias especialidades – um açougueiro focando nas salsichas e outro no porco, por exemplo. A área dos peixes é definitivamente a Central dos Frutos do Mar de Melbourne, com uma variedade ampla de peixes inteiros absolutamente frescos, filés, e mariscos. Os distribuidores de frutas competem para importar as espécies mais raras vindas da Ásia e de todo o Pacífico; todo um barracão é dedicado aos produtos orgânicos e biodinâmicos.

Talvez a área mais impressionante seja a ala dos laticínios, construída em 1929, no auge do estilo Art Deco. Ela é basicamente uma delicatessen enorme, em que extensões de balcões de mármore frio (instalado para manter a comida fria naqueles dias antes da refrigeração) mostram uma seleção atraente de comidas importadas. Há muito mais do que laticínios aqui nos dias de hoje; uns 17 comerciantes vendem de tudo desde azeite e massa de fabricação caseira até a carne de crocodilo e canguru. Vários cafés, não muito caros, estão espalhados pelas instalações, e a grande praça de alimentação fechada oferece uma variedade da cozinha internacional, mas o melhor lugar do mercado para se comer pode ser sentado ao lado da ala de delicatessen, onde você pode montar o seu próprio almoço no estilo piquenique. Observe que as bancas de comida geralmente fecham no meio da tarde. O mercado, em geral, fecha às segundas, quartas e nos feriados.

Num espírito de empreendedorismo completo, o Mercado Queen Victoria recebe um fluxo constante de eventos de entretenimento para trazer as pessoas locais para o mercado; há uma **Excursão gastronômica** de duas horas quase todas as manhãs (ⓒ 03/9320 5835), e chefs de cozinha famosos dão aulas de culinária no piso superior na **Electrolux Cooking School** (ⓒ **03/9320 5830**; ligue para reservar).

13

Indo na Fonte

ⓘ esquina das rua Elizabeth e Victoria (✆ **03/9320 5822**; www.qvm.com.au).

✈ Melbourne (21km/13 milhas).

🛏 $$$ **The Como Melbourne**, 630 Chapel St, South Yarra (✆ **1800/033 400** na Austrália ou 800/552-6844 nos E.U.A. e no Canadá; www.mirvachotels.com.au). $$ **Fountain Terrace**, 28 Mary St., St. Kilda (✆ **03/9593 8123**; www.fountainterrace.com.au).

Mercados a Céu Aberto — 13

Mercado Central
Cardume de Peixes
Santiago, Chile

Frutos do mar, frutos do mar, frutos do mar – Chile, o país longo e magrinho é praticamente pouco mais do que uma costa, portanto era de se esperar que a cozinha local se concentrasse em torno dos frutos do mar. É a isto que esse mercado coberto na capital do Chile se refere. Um aroma de peixe distinto prevalece, enquanto você vaga pelas bancas dos peixeiros com altas pilhas de frutos do mar, acompanhadas de uma multidão de restaurantes de frutos do mar cujos preços são moderados e as porções são generosas.

Construído em 1872, a arcada exterior do mercado, em amarelo-claro, é um exemplo gracioso da arquitetura neoclássica, mas no interior, de estilo Art Nouveau com ferro fundido, ele parece mais uma estação de trem do que um mercado coberto, com um elevado teto de aço importado da Inglaterra. Durante anos, esse foi o principal mercado atacadista de comida de Santiago, mas nos anos recentes os pescadores têm forçado os comerciantes de outros produtos para fora do mercado (eles agora vendem frutas e verduras do outro lado do rio, no colorido mercado La Veja), e agora os restaurantes estão começando a superar as operações de varejo.

Além de bem turístico, é uma cena bastante vibrante – caminhe em volta e aprecie os comerciantes habilidosamente estripando e cortando em filés os seus peixes, em uma velocidade impressionante, enquanto os garçons gritam vociferando para chamar fregueses em potencial para os seus restaurantes. Procure especialmente pela enorme perca-do-mar chilena, o salmão, os caranguejos gigantes e as ostras em crostas de sal, ainda vivas, empilhadas em baldes, junto com as pilhas de mexilhões, mariscos canivetes e ouriços-do-mar sobre o gelo picado.

Venha no horário do almoço, quando você poderá fazer uma parada após as compras em um restaurante para um ceviche fresquinho ou talvez um caldillo de congrio (sopa de enguia). Ignore os ataques agressivos dos garçons nos restaurantes maiores, mais comerciais e vá para um dos cantos do mercado para obter uma melhor relação custo-benefício (o **Tio Lucha** e a **Donde Blanca** são duas boas escolhas); os peixes devem ser bastante frescos, portanto, opte pelo preparo mais simples. O mercado está aberto diariamente, mas fecha em torno das 16h – quando o que sobrou da pesca da manhã já não estaria mais fresco de qualquer maneira.

ⓘ Ismael Valdes Vergara e Av. 21 de Mayo (✆ **56/2/696-8327**).

✈ Aeroporto Comodoro Arturo Merino Benitez (14km/9 milhas).

🛏 $$$ **Plaza El Bosque**, Ebro 2828 (✆ **56/2/498-1800**; www.plazaelbosque.cl). $ **Vilafranca Petit Hotel**, Perez Valenzuela 1650 (✆ **56/2/232-1413**; www.vilafranca.cl).

Mercados a Céu Aberto

14

Mercado do Terminal de Reading/ Mercado Italiano
Cidade dos Mercados Fraternos
Philadelphia, Pennsylvania

Em uma cidade tão consciente da sua história, não é surpreendente que não haja só um, mas dois mercados tradicionais que tenham sobrevivido por mais de um século. Entre o Mercado do Terminal de Reading, no centro da cidade e o Mercado Italiano no sul da Filadélfia, um freguês em busca de comidas poderia comer feliz por semanas sem ter que passar perto de um supermercado.

O mais velho e com a mais clássica cobertura é o Mercado coberto do Terminal de Reading, que abriu em 1892, no barracão abaixo da ferrovia de Reading, entregando convenientemente pedidos de alimentos diretamente às matronas dos subúrbios. O Mercado resistiu firmemente durante a Depressão e a duas guerras mundiais, finalmente, ultrapassando até mesmo a duração da Ferrovia de Reading, a qual desapareceu no início dos anos de 1970. Amplamente renovado no início dos anos 1990 como uma saída para o centro de convenções da Filadélfia, o Mercado hoje é definitivamente um destino turístico – é para onde os visitantes vão quando eles já viram o Liberty Bell e o Independence Hall – uma série dos seus comerciantes com 80 anos, ou mais, servem o comprador com artigos de artesanato, livros e presentes. Mas o Mercado do Terminal de Reading tem uma atmosfera autêntica, com pequenos comerciantes locais ao invés das redes de lojas. O que mais chama a atenção é o número de negócios que pertencem aos Amish, entre eles, a padaria Beiler's, os Pretzels Fisher's Soft, a Deli Hatville, o AJ Pickle Patch, os laticínios Lancaster Co, e a Família L. Halterman para os produtos de carne e frango; os cafés da manhã no estilo caseiro no Dutch Eating Place, o qual é administrado por amishes, são merecidamente famosos. Você também vai encontrar produtos orgânicos e artesanais da região local que são vendidos na Livengood's, na Kaufman's, e no Fair Food Farmstand. Inúmeros proprietários de lojas têm longas histórias: A padaria Termini Bros está ali desde 1906, e a sorveteria Bassett's está no mesmo local desde 1861, antes mesmo da existência do mercado.

Se você, porém, estiver procurando por sabor local pode ser que prefira a vibração dos imigrantes do mercado de rua — como do Mercado Italiano na 9th Street — uma fileira de dez quarteirões de casas onde os proprietários das lojas do andar térreo arrumam suas mercadorias nas calçadas, sob toldos de metal coloridos. O mercado ainda carrega a estampa um pouco bruta dos residentes ítalo-americanos tradicionais desse bairro do Sul da Filadélfia, apesar de que os hispânicos e asiáticos que chegaram mais recentemente também acrescentaram os seus sabores (existem algumas taquerias excelentes e restaurantes vietnamitas na região). Uma clássica febre de compras do Mercado Italiano pode incluir os cannelonis das massas Isgro, um pão de estilo siciliano da padaria Ianelli, um raviólli fresco da Talluto, a mozarela do Claudio, o queijo importado do DiBruno, os mariscos e o peixe fresco dos frutos do mar Anastasi, a salsicha e a carne de veado do D'Angeleo Brothers, o frango fresco e os ovos do Carl's Vineland, ou a delicada vitela e o porco do açougue Espósito. Uma gama imensa de cafés e restaurantes aninham-se em volta das lojas, inclusive o **Pat's** e o **Geno's** – dois templos rivais do filé com queijo Philly (à moda da Filadélfia) (veja o número 200). O mercado fecha às segundas.

ⓘ **Reading Terminal Market**: ruas 12th e Arch (✆ **215/922-2317**; www.readingterminal.org).

Italian Market: 9th Street da Wharton até a Fitzwater (sem número de telefone; www.phillyitalianmarket.com).

✈ Internacional Philadelphia (19km/12 milhas).

🛏 $$$ **Rittenhouse 1715**, 1715 Rittenhouse Sq. (✆ **877/791-6500** ou **215/546-6500**; www.rittenhouse1715.com). $$ **Penn's View Hotel**, 14 N. Front St. (✆ **800/331-7634** ou **215/922-7600**; www.pennsviewhotel.com).

Indo na Fonte

Mercados a Céu Aberto — 15

Mercado de Pike Place
Suprindo Seattle
Seattle, Washington

Com a explosão da reputação de Seattle como Meca dos Gastrônomos, o Mercado de Pike Place acumulou muitos pontos com os gourmets – ultimamente é quase tão essencial como uma parada turística quanto o Obelisco Espacial. Não permita que as multidões o detenham, porém, uma visita ao Pike Place ainda é a melhor maneira de desconstruir a gloriosa cultura alimentícia local de Seattle.

Estendendo-se pela costeira na extremidade ocidental do centro de Seattle, o Mercado de Pike Place não é difícil de encontrar, não com aquele néon vermelho clássico escrito "Public Market" acima da arcada principal em forma de toldo, construída em 1908. É um ponto de honra, é claro, conferir o Peixe do Pike Place situado na extremidade sul – você vai reconhecê-la pelo porco de latão, que é a sua marca registrada – onde os empregados jogam imensos salmões pelo ar para serem agarrados pelos fregueses. Nos queijos artesanais do Beecher's, você pode observar um artesão da manufatura dos queijos com a mão na massa através de uma parede de janelas de vidro. Você também vai encontrar açougueiros tradicionais como o Don & Joe, e uma gama de padarias desde a pâtisserie francesa do Le Panier até o mais caseiro Three Girls Bakery. Mas com o crescimento ao longo dos anos, o mercado evoluiu tornando-se um labirinto de becos de pequenas lojas, que não são todas voltadas para a alimentação – agora você pode comprar antiguidades, roupas, cerâmicas, velas, brinquedos, obras de arte, artefatos de couro, e muitas peças de artesanato únicas aqui. Até entre as lojas de comida, hoje em dia, o foco é geralmente nos artigos de gastronomia de alta qualidade: o salmão defumado da Totem Smokehouse, cerejas secas recobertas de chocolate na Chukar Cherries, óleos de trufas no La Buona Tavola, chás e temperos no Market Spice, e todos os tipos de produtos de blueberry (mirtilo) da Canter-Berry, só para mencionar alguns.

A arcada norte, porém, tem mais um ar de feira do produtor, com muitas frutas e verduras vindas da região – experimente especialmente as frutas silvestres e as maçãs na estação. Como seria de se esperar do Noroeste ecologicamente consciente, uma grande quantidade da produção vendida aqui é orgânica. À medida que o Pike Place se tornou mais e mais um destino turístico, o seu rol de cafés e restaurantes expandiu-se, alguns deles nos principais prédios do mercado, além de outros nas ruas ao redor do mercado. Verifique o website para saber dos vários eventos ao longo do ano, inclusive as demonstrações dos chefes e as excursões do mercado, guiadas pelos *chefs* locais.

Enquanto você estiver na cidade, poderia ser uma vergonha perder outro ponto de encontro gastronômico de Seattle: o **Uwajimaya**, no número 600 da 5th Ave. South

Bochechas de Linguado frescas e outros frutos do mar no Mercado de Pike Place, em Seattle.

(📞 206/624-6248), um supermercado impressionante no Distrito internacional, cheio de produtos importados da Ásia. Só o corredor dos ramen é de alucinar qualquer um.

ℹ️ Pike St. e First Ave. (📞 206/682-7453; www.pikeplacemarket.org).

✈️ Seattle-Tacoma Internacional (14 milhas/ 23km)

🛏️ $$$ **Inn at the Market**, 86 Pine St. (📞 800/446-4484 ou 206/443-3600, www.innatthemarket/com). $$ **Bacon Mansion Bed & Breakfast**, 959 Brodway E (📞 800/240-1864 ou 206/329-1864; www.baconmansion.com).

Mercados a Céu Aberto

16

Mercado Ferry Plaza
Dando uma de Gourmet na Bay
São Francisco, Califórnia

Para os locávoros de São Francisco, querer alimentar-se com o que vem de um raio de 100 milhas não é uma tarefa difícil, dada a rede superlativa de fazendeiros e artesãos que trabalham com comida no Norte da Califórnia. E não tem como errar, se você medir estas 100 milhas a partir do Mercado Ferry Plaza.

Sob os 72m (240 pés) da torre do relógio de estilo espanhol, o prédio histórico de 1898, do mercado coberto Ferry, contém varejistas locais da melhor qualidade, como: a Acme Bread Company, o Chocolate Scharffen Berger, os Confeitos Recchiuti, e a Loja do Cowgirl Creamery Cheese, instalada em volta de uma nave arqueada, pontuada por claraboias. O mercado fechado tem pelo menos três lojas especializadas em azeites de oliva com rótulos de designers, outras só de cogumelos, outras de ervas e uma de caviar, e mais peixarias e açougues, algumas padarias selecionadas, e uma floricultura chique.

O ímpeto de um mercado de comidas veio de um evento em 1992 – uma feira do produtor de uma única edição fora dos arcos exteriores do prédio. Um sucesso surpreendente, retornou como um mercado em maio de 1993 como um mercado aberto pelo ano todo, o merecidamente famoso **Ferry Plaza Farmers Market** (📞 **415/291-3276**), que agora acontece toda terça-feira (10 h – 14 h). No cenário muitas vezes aquecido da região da baía de São Francisco, os dias de compras na feira do produtor podem ficar frenéticos, com muito mais de 10.000 fregueses competindo para agarrar os melhores produtos das fazendas e sitios regionais, a maioria deles com certificação orgânica. Várias especialidades artesanais também são vendidas – inclusive pães, queijos, geleias – e semanalmente demonstrações de culinária e entrevistas com fazendeiros são montadas pelos organizadores do mercado. Algumas das lojas permanentes dentro do prédio começaram como barracas populares na feira do produtor. A loja Frog Hollow Farm agora vende pêssegos famosos e outras frutas e conservas, sete dias por semana; a loja Farm Fresh to You vende produtos frescos da colheita da produção da fazenda orgânica Capay e de outros produtores orgânicos.

Instalado no cais bem na Baía, o Ferry Plaza – acessível por balsas MUNI, BART, e pelos bondinhos da Market Street – já foi uma vez o ponto principal de entrada para viajantes e trabalhadores chegando à cidade. O serviço de balsas tornou-se obsoleto, porém, depois que as pontes Golden Gate e Bay foram construídas nos anos 1930, e a partir dos anos 1950 virou mais ou menos um elefante branco, transformado em um espaço de escritório e embotado por uma autoestrada que bloqueava a sua visão. Mas com o retorno do serviço da balsa nos anos de 1980, esse prédio elegante implorou por uma reforma. Quando a autoestrada foi desmanchada, em 1991, o

Indo na Fonte

No Embarcadero, o prédio do Mercado Ferry Plaza data de 1898.

caminho ficou aberto para o prédio do Ferry renascer.

ⓘ Ferry Building Plaza (no início da Market St. no Embarcadero) (✆ **415/693-0994**; www.ferrybuildingmarketplace.com).

✈ San Francisco Internacional (14 milhas/23km)

🛏 $$$ **Hotel Adágio**, 550 Geary St. (✆ **800/228-8830** ou 415/775-5000; www.thehoteladagion.com). $ **Hotel des Art**s, 447 Bush St. (✆ **800/956-4322** ou 415/956-3232; www.sfhoteldesarts.com).

Mercados a Céu Aberto

L. A. Farmer´s Market
A Versão Hollywoodiana
Los Angeles, Califórnia

Há um ar de barganha a respeito do Mercado do Agricultor de Los Angeles. Um empreendimento privado no lugar de um estabelecimento público. Ele foi enfeitado com diversões locais, excursões de turismo, uma porção de restaurantes (mais da metade dos comércios agora são restaurantes), e lojas que vendem artigos para presentes como velas, souvenirs, roupas e cartões de saudações. Mas isso é assim desde que esse mercado nasceu, há muito tempo atrás, durante a Depressão, quando começou como um grupo de tendas com teto de lona e estrutura de madeira, fornecidas aos fazendeiros que vendiam seus produtos em caminhões em um terreno baldio, entre a Third e a Fairfax.

⓭ Mercado St. Lawrence

O Mercado do Agricultor passou pela sua própria versão sul Californiana de expansão desde então; durante anos, os proprietários também administraram um estádio e uma pista de corrida em um terreno vizinho; e mais recentemente, um shopping enorme levantou-se do lado leste – uma combinação arquitetônica no estilo de Las Vegas que se chama The Grove, com uma fachada falsa de vila e bondinhos elétricos que levam e trazem as pessoas até o Mercado. Contrastando com isso, os estreitos corredores e os pátios lotados do Farmer's Market parecem bem antigos – uma pequena fatia da velha Los Angeles (por aqui, os anos de 1930 são história antiga).

Os habitantes de Los Angeles não precisam mais comprar suas frutas e verduras frescas aqui, devido à rede bem desenvolvida de feiras do produtor espalhadas pela região de Los Angeles. O Farmer's Market, porém, retém suas características e permanece um posto avançado dos açougueiros tradicionais (Huntingdon's Meat & Sausage, Marconda's Meats); peixarias (Tusquella's); vendedores de aves (Farmer's Market Poultry, Puritan Poultry); vendedores de produção agrícola de alta qualidade (Farm Fresh Produce, The Fruit Company); e padarias (as massas Russas do T & Y, e as famosas tortas do DuPar's Pie Shop). Para atrair os turistas que estão passeando, eles frequentemente apresentam bolos decorados na vitrine da Thee Continental Pastries.

Apesar de não ser o local onde os residentes fazem as suas compras de quitanda, ainda existem muitos motivos para se juntar aos funcionários dos estúdios CBS que vêm aqui para buscar um almoço. A gama maravilhosa de bancas de comida do Mercado do Agricultor ainda continua sendo de negócios Famíliares, com placas pintadas à mão e bancos no balcão (muito poucas lojas de redes de praça de alimentação conseguiram penetrar aqui). A gama de comidas inclui ostras, doughnuts quentes, sucos de laranja espremidos na hora, sanduíches de carne enlatada, a manteiga de amendoim fresca, e todos os tipos de comida internacional. Para uma completa refeição sentada, o local para se comer um prato de frutos do mar Cajun é o popular **Gumbo Pot**; outro também popular é a churrascaria **Pampas Grill** e o japonês de comida estilo teppan, **Kado**.

ⓘ 6333 W. 3rd St., Los Angeles (✆ **323/933-9211**; www.farmersmarketla.com)

✈ Los Angeles Internacional (12 milhas/19 km).

🛏 $$ **Roosevelt Hotel**, **Hollywood**, 7000 Hollywood Blvd. (✆ **800/950-7667** ou 323/466-7000; www.hollywoodroosevelt.com). $$ **Beverly Garlands Holiday Inn**, 4222 Vineland Ave., North Hollywood (✆ **800/BEVERLY** ou 818/980-8000; www.beverlygarland.com).

18 Mercados a Céu Aberto

Mercado St. Lawrence
Canadense Casual
Toronto, Ontário

O principal mercado de comida de Toronto é a antítese das lojas de rede lustrosas do amigável Eaton Center, o shopping mais conhecido da cidade. Em um prédio espaçoso com paredes de tijolo vermelho no coração da parte antiga de Toronto, você encontra dois níveis de bancas de comida, vendendo produtos frescos, carnes e alimentos artesanais.

Aqui não há muita pretensão gastronômica, apesar de estarem disponíveis queijos importados e chás, caviar, salmão defumado, lagostas e frutas tropicais exóticas. A especialidade que é um ícone do Mercado St. Lawrence? A sua pasta de ervilha com bacon no pão, um sanduíche suculento e totalmente originário de Ontário.

Indo na Fonte

Esses são comércios do tipo Família, no sentido mais perfeito do termo. A maior parte deles é administrada por famílias, ou são gerenciados por empregados antigos dos proprietários originais, cuja educação como imigrantes (ucranianos, italianos, gregos, coreanos) são a prova positiva da diversidade étnica de Toronto. As placas são pintadas à mão e os fregueses regulares são conhecidos pelo nome. E falando sobre longevidade. Vários dos mais de 50 comerciantes que mantêm lojas na ala Sul do Mercado – Wittevein Meats, Scheffer Deli & Cheese, Olympic Cheese Mart, Kozlik's Canadian Mustard – estão ali desde 1950. O Ponesse Foods tem vendido produtos frescos desde 1900, e os açougueiros Brown Brothers são de antes do tempo do mercado, já estão no negócio desde 1895. As pessoas locais, às vezes, debocham do Mercado St. Lawrence como um local frequentado por mauricinhos (especialmente agora que os depósitos vagos do bairro em volta foram transformados em chique urbano), e ele pode ser, comparando-se à cacofonia da feira de Kensington, a outra fonte principal de compras de comida de Toronto. (O número de comerciantes orgânicos é cada vez maior, um sinal desse tipo de modificação). Mas a vibração aqui ainda é bem casual e descontraída.

Desde 1803, algum tipo de feira do produtor tem acontecido aqui, nas ruas Front e Jarvis. O prédio do mercado permanente é coberto e foi inaugurado em 1899, quando a antiga prefeitura foi convertida no seu formato atual, de cobertura parecida com um trem. O prédio do Mercado North ainda é o local da feira do produtor do sábado, que começa a funcionar às 5h da manhã (que é quando os fazendeiros chegam) e atrai fregueses bem distantes. O mercado fecha aos domingos e segundas.

Existem muitos cafés e comidas para viagem no Mercado South, mas só há um restaurante com serviço completo, o Paddington's Pump – que é também um tipo de estabelecimento casual. Existem planos, no papel, de se abrir uma área de cozinha de demonstração no mezanino da ala oeste, para aulas de culinária.

ⓘ 92 Front St. E (✆ **416/329-7219**; www.stlawrencemarket.com).

✈ Toronto Internacional (29km/18 milhas)

🛏 $$$ **Le Royal Meridien King Edward**, 37 King St. E (✆ **800/543-4300** ou 416/863-9700; www;starwoodhotels.com). $$ **The Drake Hotel**, 1150 Queen St. W (✆ **416/531-5042**; www.thedrakehotel.ca).

Empórios Gourmet & Lojas Especializadas 19

Harrods Food Halls
Comida, Sublime Comida
Londres, Inglaterra

A famosa loja de departamentos Londrina na Knightsbridge, na verdade origina-se, do ano de 1849, como uma mercearia de alta qualidade, portanto, nada mais justo que o seu principal atrativo seja a ala de alimentos. Uma série de salas do tamanho de salões de baile, a ala de comida vende tudo: desde a caça temperada, presunto cru ibérico, e salmão defumado, até os chocolates refinados, os chás e biscoitos de

⑲ Harrods Food Halls

queijo, é como uma fantasia recheada de finais de semana na praia e cestas de pique-nique cheias de produtos de caça, tudo embalado de forma atraente para a classe média emergente.

Os átrios de teto elevado não só são soberbamente equipados com balcões de mármore, prateleiras de mogno, cristaleiras de vidro, e paredes com ricos azulejos, mas também a comida é exibida como se fosse uma obra de arte. Cortes de Filé Scotch, vitela holandesa, e bacon estriado foram cortados na seção de açougue quase que com precisão cirúrgica. O departamento de laticínios oferece queijos de leite cru, manteigas de alto teor de gordura, e uma série de outros produtos que os visitantes não conseguem comprar perto de casa. Cada vez mais o Harrods desenvolveu suas próprias marcas – pilhas de geleias lindamente embaladas, biscoitos e confeitos, e latas de chá, perfeitas como souvenirs. Mesmo que você não compre nada (e com esses preços você vai calcular cada compra), é uma experiência visual imperdível. Se você estiver se sentindo esfomeado – ou simplesmente extasiado pela opulência e pela profusão – aproveite-se dos balcões em volta dos salões, onde você pode se sentar e curtir pequenas porções de sushi, ostras, frios, tapas, pizza ou massas.

Decorado com luzes brancas à noite, como o Pearly Queen, o Harrods é, sem dúvida, um poderoso ímã para os turistas, não se pode questionar isso. E não é mais um provedor oficial da família real – não depois que seu proprietário Mohamed Al Fayed fez uma denúncia pública sobre a família real, após a morte de seu filho com a Princesa Diana. O serviço é de um profissionalismo frio e como o lugar está geralmente lotado (todos querem pegar aquelas lembrancinhas antes de entrar no avião!), pode ser que você leve décadas para conseguir ser

A exibição dos pratos e os arranjos são igualmente luxuosos no Harrods, em Knightsbridge.

servido; não é apenas um lugar onde você passa para beliscar alguma coisa. Mas acrescente o valor de entretenimento de uma compra ao preço desses comestíveis e ao seu custo-benefício.

ⓘ 87-135 Brompton Rd. (✆ **44/20/77301234**; www.harrods.com).

✈ Heathrow (24km/15 milhas) ou Gatwick (40km/25 milhas).

🛏 $$$ **22Jermyn St.**, 22 Jermyn St., St. James (✆ **800682-7808** nos E.U.A., ou 44/20/7734-2353; www.22jermyn.com). $$ **Vicarage Private Hotel**, 10 Vicarage Gate, South Kensington (✆ **44/20/7229-4030**; www.londonvicaragehotel.com).

Indo na Fonte

Empórios Gourmet & Lojas Especializadas

20

Paxton & Witfield/Neal's Yard Dairy
Um Pedaço de Queijo, Por Favor
Londres, Inglaterra

Há 40 anos, o Monty Python fez comédias hilárias com esquetes que tinham como cenário um laticínio inglês, sem oferecer absolutamente pista alguma. Hoje em dia, porém, a grande tradição de fabricação de queijos britânica recuperou-se depois de estar perto da extinção – e esse renascimento, pelo menos em parte, foi expurgado nos dois provedores mais finos de queijos ingleses, o Paxton & Whitfield e o laticínio Neal's Yard.

Não se questiona qual dos dois tem um pedigree mais venerável – O **Paxton & Whitfield**, no número 93 da Jermyn St. (🕻 **44/20/7930 0259**; www.paxtonandwhitfield.co.uk) já existe desde 1797, e está nas suas instalações atuais há mais de um século. A frente preta com letras douradas parece com algo saído de Dickens, ou de uma aquarela de Beatrix Potter, com suas grandes vitrines de cristal, cheias de queijos e presuntos saborosos. Numa exibição destacada vemos o timbre de garantia da coroa como queijeiro da rainha; o próprio Winston Churchill elogiou esse lugar onde um cavalheiro (ou o cavalheiro do cavalheiro) deveria ir para comprar queijo, que por sua proximidade das lojas de roupas masculinas de Jermyn Street, deve ter conseguido muitos votos para Churchill. Mas não há o que discutir sobre o variado estoque dessas lojas, tanto em queijos ingleses como franceses – peça ao balconista conhecedor do assunto para cortar uma fatia de Stilton bem curado, de Brie dês Meaux cremoso, um macio Camembert, ou um cheddar da fazenda, acompanhado talvez por um pãozinho de aveia e uma garrafa de cerveja legítima P&W. A P&W também tem filiais de aparência discreta em Stratford-Upon-Avon (13 Wood St.) e em Bath (1 John St.) – não coincidentemente, duas outras cidades com um apelo turístico da Velha Inglaterra.

Em comparação, o laticínio **Neal's Yard**, no número 17 de Shorts Garden, Convent Garden (🕻 **44/20/7240 5700**; www.nealsyarddairy.co.uk) é quase desconhecido, e, no entanto, muitos gastrônomos britânicos dariam a eles o título de melhor loja de queijos de Londres. Fundada em 1979, logo ela se tornou parte do recém-nascido movimento dos alimentos integrais, e foi um catalisador na transformação da região inflexível de Covent Garden, em um ponto de

O Neal's Yard em Convent Garden vende queijos artesanais de todo o Reino Unido e Irlanda.

referência do varejo. Os rapazes do Neals Yard fizeram seus próprios queijos, além de distribuir produtos artesanais diretamente das pequenas fábricas de queijo do Reino Unido e da Irlanda. Apesar de as operações terem crescido e se tornado um comércio maior, a paixão original pelos queijos britânicos (alguns diriam que é uma obsessão) ainda é aparente. A loja trabalha com uma honestidade que é muito atraente, com rodelas de queijos imensas espalhadas por todo canto – não só o Gloucester duplo como o simples, mas as variedades mais incomuns como o Gubeen irlandês, o Cornish Yarg e o Caerphilly gaulês, isso sem falar do Stinking Bishop. Apesar de a seleção ser menor do que a do P&W, o foco no sabor e na qualidade se destaca; a loja também oferece vários queijos não pasteurizados. O Neal's Yard também tem um distribuidor no Mercado Borough. Um aviso aos amantes dos queijos: escolher entre uma das duas lojas é quase impossível. A única solução é visitar ambas.

✈ Heathrow (24km/15 milhas) ou Gatwick (40km/25 milhas)

🛏 $$$ **22 Jermyn St.**, 22 Jermin St., St. James (✆ **800/682-7808** nos E.U.A, 44/20/7734-2353; www.22jermyn.com). $$$ **Convent Garden Hotel**, 10 Monmouth St., Convent Garden (✆ **800/553-6694** nos E.U.A., 44/20/7806-1000; www.firmdale.com).

Empórios Gourmet & Lojas Especializadas

21

Valvona & Crolla
Além do Haggis
Edinburgo, Escócia

Por volta de 1934, quando os comerciantes de vinho Valvona e Crolla abriram a sua nova loja, nas instalações cinzentas da New Town em Edinburgo, não havia outras delicatessens na capital da Escócia. Na verdade, a maioria dos habitantes de Edinburgo provavelmente nem sabiam o que era uma delicatessen. Mas esses proprietários empreendedores rapidamente preencheram esse vazio, fornecendo aos imigrantes italianos da região todas as comidas das quais eles sentiam tanta falta do seu antigo país. Em poucos anos, a seleção gastronômica da loja expandiu-se superando a loja de vinhos, com queijos importados, carnes secas, massas, vinagres, e enlatados despachados exclusivamente de Milão. Não demorou muito para que a fama do mercado se espalhasse além da comunidade de imigrantes, apresentando aos escoceses amantes do haggis as maravilhas do salame e do prosciutto. (Só para se garantir, porém, a V&C criou um bom espaço para uma seleção ampla de whiskey, juntamente com as ofertas de vinho).

Ainda administrada pelos descendentes de Raffaele Valvona e Alfonso Crolla, a loja mantém um ar de dignidade e do bom gosto refinado por trás da sua sóbria fachada branca e verde; hoje em dia, exibem discretamente o brasão com o timbre de autorização real como fornecedores de queijos para a rainha. Na atual cultura de globalização da alimentação, as mercadorias na Valvona e Crolla podem não ser tão exclusivas quanto no passado, mas a reputação de gourmet de tantos anos da loja levou-a além do varejo. Além de administrar a sua própria padaria e estocar frutas e verduras frescas, a Valvona & Crolla tem uma seção excelente de utensílios de cozinha e livros de receita, e oferece uma fileira de eventos contínuos – desde degustações de queijos, demonstrações de culinária, e degustações de vinhos, até as sempre populares incursões de fungi, que são viagens ao campo para procurar pelos muitos tipos de cogumelos comestíveis encontrados nos campos vizinhos. O Caffè Bar instalado atrás da loja principal também é

Indo na Fonte

um lugar popular de uma parada para um café da manhã ou almoço (os paninis tostados são muito recomendados); uma filial próxima, na Multrees Walk, também tem um restaurante italiano com serviço completo, **VinCaffè** (ⓒ **44/131/557-0088**).

ⓘ 19 Elm Row (ⓒ **44/131/556-6066**; www.valvonacrolla.co.uk).
✈ Edinburgh (10km/6 milhas)
🛏 $$$ **Holyrood Hotel**, 81 Holyrood Rd. (ⓒ **44/870/194-2106**; www.macdonaldhotels.co.uk). $$ **The Bank Hotel**, 1 South Bridge St. (ⓒ **44/131/622-6899**; www.festival-inns.co.uk).

Empórios Gourmet & Lojas Especializadas
22

Fauchon
Epicentro Gastronômico
Paris, França

Se alguma vez você se sentir tentado a duvidar que Paris seja o epicentro do mundo gastronômico, uma visita à Fauchon o fará mudar de ideia. Tudo nessa luxuosa loja de gêneros alimentícios na Place de La Madeleine é absolutamente padronizado e ainda assim, perfeitamente delicioso. É comida ou moda? Se você precisa perguntar, talvez não mereça fazer compras neste local.

Fundada em 1886 por Auguste Fauchon, os negócios sofreram uma expansão faz pouco tempo, mas a elegância inegável da matriz parisiense faz com que pareça tudo, menos uma cadeia de lojas. O coração da loja é sua confeitaria, onde até os mais simples croissants, massas, e madeleines evocam uma resposta proustiana no mais enfastiado parisiense (outros apenas encantam-se com a perfeição escultural dos bolos decorados). A seção de chocolates também é merecidamente famosa, assim como a loja de vinhos. Na seção de traiteur, você encontrará a perfeição escultural dos bolos decorados. A seção de chocolates também é merecidamente famosa, assim como a loja de vinhos. Também encontrará os melhores queijos franceses, as terrines, fois gras e patês, assim como uma seleta variação de caviares. Massas francesas, conservas, temperos, chás, e geleias compõem a seção de epicerie. Nada disso sai barato, é claro, mas a seleção é impecável, para não mencionar a elegante embalagem rosa e preto. Em um estilo tipicamente parisiense, os rituais barrocos para selecionar a comida, ir até o caixa, e retirar suas compras não são nem um pouco eficientes – afinal algo assim tão bom não deveria vir tão fácil, certo? Além das compras, é possível jantar no restaurante **Brasserie Fauchon**, ou no salão de chá, onde é possível provar os doces que são a marca registrada da casa. A Fauchon fecha aos domingos.

Bem, antes de a Fauchon estabelecer-se na place de La Madeleine, a elegante **Hédiard**, no número 21 da Place de La Madeleine (ⓒ **01-43-12-88-88**), já oferecia cafés finos, chás, temperos e geleias; os salões foram recentemente reformados, recriando a atmosfera de um século atrás, numa clara tentativa de aproveitar o estilo da Fauchon. Você também pode querer dar uma olhada na **Maison de La Truffe**, no número 19 Place de La Madeleine (ⓒ **01-42-65-53-22**), uma festiva e rigorosa recriação de um antigo açougue onde se vende todo tipo de ingredientes essenciais à cozinha Parisiense – fois gras, caviar e trufas. Do que mais um gourmet Parisiense precisa?

23 Poilâne

ⓘ 26 place de la Madeleine, 83 (Métro: Madeleine; ✆ **01-47-42-91-10** ; www.fauchon.fr).
✈ De Gaulle (23km/14 milhas), Orly (14km/82/3 de milhas).

🛏 $$$ **Hotel Luxembourg Park**, 42 rue de Vaugirard, 6e (✆ **33/1/53-10-36-50**; www.luxembourg-paris-hotel.com). $$ **Hotel Saintonge**, 16 rue Saintonge, 3e (✆ **44/1/42-77-91-13**; www.saintongemarais.com).

Empórios Gourmet & Lojas Especializadas

23

Poilâne
O pão de cada dia
Paris, França

Todo mundo sabe o que é o pão francês: ele é uma baguete comprida e estreita, com uma crosta fina e crocante, torradinha. Mas mesmo as baguetes onipresentes nas ruas de Paris, o pão que é geralmente aceito como o melhor de Paris, é algo completamente diferente – os filões de massa agradavelmente fermentada são vendidos nessa loja da Saint-Germain des Pres.

A Poilâne, que ainda pertence à mesma família, não mudou desde que abriu em 1932 (apesar da expansão recente, inclusive uma loja no número 49 da bd. De Grenelle, e outra – mon Dieu! – em Londres, no 46 da Elizabeth St., causou algum espanto). O pão aqui ainda é assado seguindo as técnicas testadas ao longo dos anos por Pierre Poilâne, usando a farinha de moinho de pedra e sal marinho, amassando os filões manualmente, e assando-os no forno à lenha. O filho hilário do Pierre, Lionel – talvez o primeiro padeiro célebre do mundo – encontrou formas de atualizar o negócio, contudo, sem sacrificar a qualidade artesanal do pão.

Esses filões maiores, mais densos, que pesam até um quilo e 800 gramas cada um, não estragam tão rapidamente quanto as baguetes, eles são mais fáceis de fatiar. Eles se tornaram tão famosos que o nome genérico para esse tipo de filão agora é pain poilâne; os padeiros da Poilâne distinguem o pão genuíno decorando-o com um grande "P" em letra cursiva. Eles também produzem tortas de maçã deliciosas, biscoitos amanteigados delicados, pães de gengibre, e outras massas mas o pão é a principal atração. A pequena loja abre diariamente, às 7h15 da manhã (fecha aos domingos), e geralmente há uma fila na porta. Milhares de filões também são assadas diariamente e despachadas para o mundo todo de uma padaria comercial fora da cidade (com

Filões de pão de massa azeda com monograma, recém-saídos do forno à lenha da Poilâne.

Indo na Fonte

pequenos fornos à lenha, é claro). Comprar um filão original na loja do Quartier Latin, porém, é a experiência parisiense essencial. Se a loja não estiver muito cheia, pode ser que você convença o padeiro a levá-lo até a gruta de pedra para ver os fornos à lenha funcionando.

Em se tratando de Paris, é claro, existem muitos que discordam e insistem na superioridade da sua boulangerie preferida. Alguns insistem que a receita secreta da família Poilâne sai melhor quando é assada pelo irmão de Lionel, Max, no 87 da rue Brancion (☏ **44/1/48-28-45-90**), que se separou dos negócios da família há muitos anos. Dois fabricantes de pães orgânicos também competem com os Poilânes por um lugar ao sol: o Moisan, no 12°. arrondissment na 5 place d'Aligre perto do Marche d'Aligre, e em outros locais (☏ **44/1/43-45-46-60**), e o **Le Boulangerie de Monge**, no 5°. arrondissment na 123 rue Monge (☏ **44/1/43-37-54-20**). Ambas as lojas vendem baguetes (e ficelles) também.

ℹ️ **Poilâne**, 8 rue du Cherche-Midi, 6e (Métro: St-Sulpice ; (☏ **39/1/45-48-42-59**; www.poilane.fr).

✈️ De Gaulle (23km/14 milhas), Orly (14km/82/3 milhas).

🛏️ $$$ **Hôtel Luxembourg Parc**, 42 rue de Vaugirard, 6e (☏ **33/1/53-10-36-50**; www.luxembourg-paris-hotel.com). $$ **Hôtel Saintonge**, 15 rue Saintonge, 3e (☏ **44/1/42-77-91-13**; www.saintongemarais.com).

Empórios Gourmet & Lojas Especializadas

24

Dallmayr
Alimentando Cabeças Coroadas
Munique, Alemanha

Na virada do último século, a maioria das cabeças coroadas da Europa tinha contas na Dallmayr – é fácil imaginar o rei Ludwig, o louco – fazendo um pedido de um cesto de ostras e champagne para o castelo Neuschwanstein da sua imponente mercearia de luxo, próxima da Rathaus. Até hoje, os gastrônomos de Hamburgo e Berlim telefonam para fazer seus pedidos exóticos, de coisas que não são facilmente disponíveis em outros lugares; sua lista de clientes VIP é como uma lista de industriais e literários importantes da Alemanha.

Aqui você vai encontrar a classe mais alta de Munique, procurando o salmão escocês, o foie gras, os biscoitos ingleses, o aspargo fora de estação, e a framboesa branca. Uma variedade quase desconcertante de itens de luxo é exibida nesses salões de mármore. Mais de 6.000 produtos alimentícios, variando de chocolates, geleias, mel, peixe defumado, e caviar, até a carne, salsichas, frango, e frutos do mar frescos: há também massa fresca, tortas decoradas e saladas preparadas, assim como uma linha forte de vinhos e bebidas.

O comércio data do século XVII, apesar de a loja dos dias de hoje, com a sua fachada neoclássica decorada, ter sido construída em 1950, uma réplica de uma loja anterior que foi destruída na Segunda Guerra Mundial. O tom do lugar é definitivamente de alto nível e esbanjador, com balconistas uniformizados em blusas azuis e aventais brancos impecáveis, e uma fonte interna cheia de lagostins.

O cuidado com a qualidade tem sido a marca registrada do Dallmayr, mas seus proprietários (o Dallmayr ainda é um negócio administrado pela família) permanecem à frente no jogo também por meio da inovação. O Dallmayr é uma das poucas empresas que já importava frutas tropicais para a venda, ainda no século XIX, e originou a ideia de um buffet frio vendendo saladas preparadas. Sua linha de grãos de café exóticos tem sido uma especialidade, desde os anos de 1930, com os grãos armazenados em enormes urnas de porcelana Nymphenburg pintada. O Dallmayr tem um negócio bem desenvolvido na internet, despachando muitas delicadezas pelo mundo todo, mas uma visita à loja de Munique revela centenas de outros itens que são muito perecíveis para serem despachados para outros países. O restaurante com refeições finas no andar de cima (✆ **49/89/2-13-51-00**) foi aclamado por seu cardápio inspirado no mediterrâneo criado pelo chef Diethard Urbansky. O mercado fecha aos domingos.

ⓘ Dienerstrasse 14-15 (✆ **49/89/2-13-50**; www.dallmary.de).

✈ Franz-Josef-Strauss Internacional (29km/18 milhas).

🛏 $$ **Hotel St. Paul**, St-paul-Strasse 7 (✆ **49/89/5440-7800**; www.hotel-stpaul.de). $ **Am Market**, Heiliggeistrasse 6 (✆ **49/89/22-50-14**; www.hotelinmunich.de).

Empórios Gourmet & Lojas Especializadas

25

Peck
O Trabalho Italiano
Milão, Itália

Pegue a ardente cultura gastronômica italiana e case-a com a estética da moda e do design de Milão, e presto! Você tem a delicatessen de mais alto nível do mundo. Na verdade, "delicatessen" é um termo bastante fraco para aplicar-se a essa vitrine da comida de dois andares em uma rua lateral, bem perto da Duomo. Apesar de ter sido fundada no distante ano de 1883 — por um salsicheiro de Praga — chamado Francesco Peck, o empório famoso de Milão evolui ao longo dos anos para tornar-se uma cara vitrine de estilo dedicada à comida da Itália.

Aparentemente não é uma tarefa difícil encher quatro andares com azeites de oliva de alto grau, vinagres balsâmicos, massas frescas em todos os formatos e tamanhos, cogumelos porcini, e trufas (onde mais você arrumaria essas trufas brancas do Piemonte?). O sótão frio cheio de vinhos italianos é uma adega por dentro e por fora. O balcão de queijos é uma maravilha, apresentando pedaços brilhantes de mozarela branca de búfalo, enormes rodelas de queijo parmezão, gorgonzolas cremosos, e suculentos mascarpones. Dada a origem do Peck, não é de se surpreender que a salumeria seja um destaque, com a sua variedade surpreendente de prosciuttos,

Fundada por um salsisheiro tcheco, o Mercado Peck de Milão agora é um marco na Itália.

salames, mortadelas, cotechinos, presuntos de Parma, e pés de porco recheados. As pequenas tortas artisticamente decoradas na loja de doces, podem ser levadas para o café no piso superior, onde o café moído na hora também é vendido. O serviço é, com frequência, arrogante e até rude, e não tente fazer comparações de preço – é claro que você pode comprar os mesmos produtos em qualquer outro lugar por menos. Mas de alguma maneira esse lugar faz com que você sinta que vale a pena pagar um extra só pela experiência do Peck.

Naturalmente, a loja originou alguns lugares para se comer – há um agradável Bar Italiano na esquina, que oferece uma seleção de vitelas assadas, risottos, porchetta, saladas, aspics, queijos, e tortas, e então há um restaurante completo, o Cracco-Peck, na Via Victor Hugò 4 (🕽 **02-876-774**). Assim como a loja, ambos são caríssimos, mas pela cozinha moderna e criativa, eles cumprem o esperado.

ⓘ Via Spadari 9 (🕽 **39/2/802-3161**; www.peck.it; fecha às segundas).

✈ **Aeroporto di Linate** de Milão (voos internos da Europa; 16km/10 milhas) e Aeroporto Malpensa (voos transatlânticos; 48km/30 milhas).

🛏 $$$ **Four Seasons Hotel Milano**, Via Gesú 8 (🕽 39/2/77088; www.fourseasons.com). $$ Antica Locanda Leonardo, Corso Magenta 78 (🕽 **39/2/463317**; www.leoloc.com).

Empórios Gourmet & Lojas Especializadas
26

Salumeria Garibaldi
Os profissionais do Prosciutto
Parma, Itália

É difícil não comer bem na Itália – mas mesmo nesse contexto, a cidade de Parma é um destaque. O queijo Parmesão, o presunto de Parma, o vinho tinto Lambrusco espumante, o vinagre balsâmico da vizinha Modena – sua lista de especialidades regionais não tem fim. Comer ali é tremendamente fácil: o milho colhido no Vale do Pó alimenta as vacas leiteiras de raça da região, cujo leite se transforma no queijo Parmigiano-Reggiano, os porcos locais são alimentados com o soro obtido no processo de fabricação do queijo, e então são abatidos tornando-se os produtos suínos mais famosos da região. (Parma até é sede de um festival do prosciutto, todo mês de setembro). O milho do Vale do Pó também alimenta as galinhas locais, cujos ovos são combinados com a farinha do trigo do Vale do Pó na confecção de massas frescas como o tortelli, a massa recheada típica de Parma.

Para comprar todas essas especialidades em uma única parada, você não poderia escolher melhor do que ir até a Salumeria Garibaldi, uma loja bonita agradável, localizada convenientemente perto da estação de trem. A **Salumeria Garibaldi** está neste ramo há mais de 50 anos e, nesse local, desde 1986. O cerne do comércio da loja, é claro, são os produtos suínos defumados, o que inclui o culatello (o pernil do porco curado em tripa suína, mas delicioso), o cotechino (uma linguiça bruta de porco), o fiochetto, o presunto cru, o salame, a mortadela, e a copa de Parma (ombro suíno curado). A loja angaria os seus fundos através de produtos suínos apenas com os melhores e mais tradicionais artesãos locais, e os seus processos de produção são monitorados com cuidado a cada passo para que se qualifiquem para o nível designado. Enormes rodelas, de cor amarela-claro do granular queijo Parmegiano-Reggiano são outro artigo essencial, que os clientes compram em pedaços robustos para serem ralados mais tarde (apesar de que com um parmesão assim fresquinho, é difícil resistir o corte de pequenas fatias que você leva diretamente à boca).

A Salumeria Garibaldi supre esses artigos básicos em embalagens de vidro generosas, repletas com as comidas preparadas, desde as alcachofras recheadas, até o coelho recheado, do presunto embrulhado na couve até o frango assado, o frito misto e a torta frita (waffers de massa fermentada fritos no óleo) e uma mesa coberta com bolos e massas crocantes. Com sua aparência de alto nível, a loja tem empregados simpáticos, felizes por compartilhar a sua apreciação dos deleites da degustação de sua cidade natal. Considere-o equivalente a um boteco de fast food para viagem em Parma – e deseje morar em Parma pelo resto de sua vida.

㉗ Yeliseyevsky Gastronom

ⓘ Via Garibaldi 42 (✆ **39/52/235606**; www.specialitadiparma.it/default2.asp).
🚆 Parma (1h de Bolonha, 1h30 de Milão, 2h de Florença).
🛏 $$$ **Palace Hotel Maria Luigia**, Vale Mentana 140 (✆ **39/521/281032**; www-sinahotels.it). $$ **Hotel Button**, Strada San Vitale Borgo Salina 7 (✆ **39/521/208039**).

Empórios Gourmet & Lojas Especializadas

㉗

Yeliseyevsky Gastronom
O Templo dos Glutões
Moscou, Rússia

Seu apelido já foi "O Templo dos Glutões", uma referência cortante aos czares que costumavam utilizar esse empório, que é um marco desde 1901. Mas na nova Rússia capitalista, não se torce mais o nariz para a gulodice – na verdade, os Russos gastam mais com comida do que qualquer outra nação europeia. Três milhões de dólares foram esbanjados na restauração e luminárias de cristal originais, nos tetos neobarrocos entalhados, e no vitral estilo Art Nouveau dessa mansão de Moscou do século XIX, com uma filial em São Petersburgo, na 56 Newsky Prospect.

Adquirida pelos Bolcheviques, em 1917, e convertida em uma empresa que pertence aos funcionários no início dos anos 90, o Yeliseyevsky Gastronom estoca uma mistura de gostosuras Russas e comidas importadas de luxo, satisfazendo os caprichos culinários dos novos ricos Moscovitas. O centro da decoração do piso no térreo é uma coleção impressionante de perecíveis em vitrines, frutos do mar frescos além de carne, queijo, produtos frescos, e comidas preparadas (inclusive especialidades como os bolinhos Siberianos de carne e as tortas de queijo da Georgia). Também há uma grande seção de vinhos e bebidas nos fundos, incluindo vodkas com sabores e brandies da Armênia. A seção de caviar apresenta uma variedade maior do que você jamais poderia imaginar. Certamente não é um lugar onde as pessoas locais fazem as suas compras, a não ser que eles estejam querendo causar impressão com um jantar especial de festa. Mas apesar dos altos preços, os russos vêm aqui para as novidades importadas como os vinhos italianos e a soda americana, enquanto os turistas entregam seus rublos em troca de souvenir como as caixas de madeira com chocolates, laqueadas e pintadas com charme em estilo de arte folclórica.

O Yeliseyevsky Gastronom tem enfrentado alguma competição ultimamente com a **Gastronom Nº1**, que tem a vantagem de ter uma localização selecionada no GUM Shopping Center na Praça Vermelha. Uma recriação de um mercado histórico, com pisos de mármore e elementos Art Deco, o Gastronom Nº 1 certamente oferece os presentes esperados pelos gastrônomos, tais como os frutos do mar

Indo na Fonte

frescos, o sushi, as frutas tropicais, os grãos de café e os queijos franceses derretidos, mas também entrega-se à nostalgia do estilo de pacote Disney, estocando prazeres da era Soviética, tais como, os espadilha enlatados, a carne defumada, e os cogumelos em conserva – há até uma fonte de soda que serve soda com sabor chamada, de gazirovky, popular na era Comunista.

ⓘ 14 Tverskaya Ultsa (metro; Teatrahaya or Chekhovskaya; ✆ **7/95/209-0760**).

✈ Aeroporto Internacional de Shermetyevo (34km/21 milhas).

🛏 $$$ **Sheraton Palace**, 19 1st Tverskaya-Yamskaya Ultsa (✆ **7/95/931/-9700**; http://eng.sheratonpalace.ru) $$ **East-West Hotel**, 14 Tveskoi Bulvar, building 4 (✆ **7/95/290-0404**; www.eastwesthotel.ru).

Empórios Gourmet & Lojas Especializadas

28

Zabar's
Hello, Deli!
Nova Iorque, Nova Iorque

Na velha Europa, a palavra delicatessen significava apenas qualquer tipo de comestível de luxo. Porém quando os imigrantes judeus do século XIX vieram para a América, algo se perdeu na tradução. Suas lojas apetitosas, que vendiam produtos kosher finos, logo receberam dos seus fregueses, esfomeados gentios, o nome errado de delicatessen – que logo a seguir foi encurtado para deli – e toda uma nova categoria de lojas de comida nasceu.

Quando se fala a respeito de delis americanas – opondo-se aos restaurantes deli (veja o capítulo 4) – poucas têm o cacife da Zabar's. Apesar de só ter sido fundada nos anos 30, em um balcão de peixe defumado, em um mercado maior, a Zabar's tornou-se uma instituição no lado Leste da Upper Manhatan, que, por muitos anos, foi um bairro predominantemente de classe média judia. Em uma série de salas que parecem um labirinto de teto baixo e com luz fluorescente, o Zabar's ainda tem pisos de serragem, paredes de azulejo branco, e barris de madeira de uma antiga loja de petiscos de imigrantes, apesar de as mercadorias em abundância estarem tão apertadas, que você quase não consegue ver a decoração.

Uma seleção ampla, alta qualidade, e preços competitivos são a pedra angular do sucesso da Zabar's. Além do clássico gefilte fish, e do arenque defumado, a Zabar's oferece todos os tipos de salames e pastrami, sem falar em toda a gama de frios, patês e uma variedade desconcertante de queijos internacionais. Há saladas pré-preparadas, embaladas em tubos de plástico, com a marca registrada de cor laranja do logo da Zabar's, há suportes com pilhas altas de potes e latas de comidas importadas de todo o mundo (inclusive algumas latas de caviar bem caras), assim como uma seleção impressionante de grãos de café e pães frescos excelentes. No andar de cima, há uma excelente coleção de utensílios para casa e para cozinha, com a qualidade de uma cozinha de restaurante. Prepare-se para uma loja congestionada e, às vezes, um atendimento brusco; é tudo parte da experiência patenteada da Zabar's.

Enquanto a Zabar's do Upper West Side é administrada pelos irmãos Saul e Stanley Zabar, os filhos do fundador Louis Zabar, seu irmão, Eli, gerencia as duas mercearias concorrentes no Upper East Side, a **Vinegar Factory**, no 431 E, 91st St. (✆ **212/369-5700**), e a Eli's Manhatan, no 1411, Third Ave. (✆ **212/717-8100**). Ambas têm balcões extensos de deli e seções de comidas prontas, assim como restaurantes no local e todas as frutas e verduras frescas que o

Zabar's original não fornece. Os fregueses ficaram tão viciados na interpretação do Eli da fórmula do Zabar, quanto os do lado Oeste ficaram com o original da Broadway. Essas podem ser lojas de gourmet, mas também são lojas em que as pessoas do bairro fazem suas compras regularmente.

ⓘ 2245 Broadway (✆ **212/787-2000**; www.zabars.com).

✈ John F. Kennedy Intl (15 milhas/24km); Newark Liberty Intl (16 milhas/27 km); La-Guardia (8 milhas/13km).

🛏 $$ **The Lucerne**, 201 W. 79th St. (✆ **800/492-8122** ou 212/875-1000; www.thelucernehotel.com). $ **Belleclaire Hotel**, 250 W. 77th St. (✆ **877/HOTEL-BC** ou 212/362-7700; www.hotelbelleclaire.com).

Empórios Gourmet & Lojas Especializadas

29

Zingerman's Deli
Desconstruindo a Deli
Ann Arbor, Michigan

Não há motivo para uma deli no estilo nova iorquino decolar, no meio de Michigan, mesmo dada a sofisticação da cidade universitária de Ann Arbor. Mas a Zingerman's decolou – e como.

Fundada em 1982, por dois formandos da Universidade de Michigan, Paul Saginaw e Ari Weinzweig, as pessoas não dão muito pela Zingerman's. Ela ainda é uma loja com frente de tijolinho de dois andares, uma mercearia antiga de 1902, em uma rua do distrito histórico de Kerrytown, perto do Mercado do Produtor Ann Arbor. Geralmente há uma fila na porta, e multidões acotovelam-se nos seus corredores apertados.

Mas o negócio tem sido um grande sucesso quase que desde o início, e não foi porque não se encontrasse especialidades judaicas em qualquer outro lugar de Ann Arbor. A Zingerman's foi astutamente projetada para cobrir todas as bases. Por um lado, a deli serve amostras extraordinárias de pratos judaicos, com os quais Saginaw e Weinzweig cresceram em suas respectivas cidades natais de Detroit e Chicago – corned beef, pastrami, fígado fatiado, e peixe defumado. Mas, juntamente com isso, eles comercializam ofertas de gourmet como os queijos da fazenda, os azeites engarrafados no estado, vinagres variados, e chocolates de origem única – mas nunca exibidos de uma maneira esnobe como em um museu. (Não que houvesse espaço para tal coisa nas instalações apertadas da Zingerman's). Os sanduíches são notoriamente enormes e desajeitados, apesar de não serem baratos; o mantra da Zingerman's é a alta qualidade, e não os preços baixos. Os funcionários oferecem amostras grátis; seguindo a crença de que o sabor de uma comida fina a vende melhor do que qualquer outra coisa. E, na teoria de que um cliente educado gastará mais dinheiro, os simpáticos e entusiasmados funcionários da Zingerman's, entregam panfletos informais aos clientes e pregam nas paredes posters coloridos feitos à mão.

Apesar de a Zingerman's ter resistido firmemente ao impulso de clonar a si mesma em outras cidades, Saginaw e Weinzweig estenderam o seu próprio negócio com sua própria padaria e fabricação de queijo, assim como um restaurante casual popular ao lado, e um negócio de vendas por correio. O Weinzeweig também publica um periódico bastante inteligente sobre comida e um guia de comida, incidentalmente posicionando os rapazes da Zingerman's como especialistas em comida – que, é claro, eles são.

Indo na Fonte

A longas filas e a atividade barulhenta raramente se abrandam na Zingerman's Deli, em Ann Arbor.

ⓘ 422 Detroit St. (📞 **734/663-DELI**; www.zingermansdeli.com)
✈ Internacional Detroit Metropolitan (20 milhas/32km).

🛏 $$$ **The Burnt Toast Inn**, 415 W. William St. (📞 **734/662-6685**; www.burnttoastinn.com). $$ **Library Bed and Breakfast**, 808 Mary St. (📞 **734/668-6815**).

Empórios Gourmet & Lojas Especializadas

30

Salumi
Encontrando a Cura
Seattle, Washington

Teria sido uma história bem melhor se o célebre chefe Mario Batali tivesse se tornado um grande restauranteur por ter sido criado ajudando a cuidar da loja de salumeria à moda antiga de seu pai. Na verdade, essa fachada despretensiosa de azulejos bege no histórico distrito de Pioneer Square, não abriu até que Mário já tivesse saído de casa, quando o seu pai, Armandino, decidiu aposentar-se do seu emprego na Boeing e dedicar-se às tradições de seus antepassados (o avô de Armandino, é verdade, administrou a primeira mercearia italiana de Seattle, há mais de um século).

Mas a obsessão dos Batali é aparentemente um traço genético. Apesar de ter levado a cozinha a sério durante muitos anos, Armandino passou dois anos aprendendo sobre o processo

31 Acme Bread Company

de cura da carne desde os primeiros passos, antes que ele e sua esposa, Marilyn, abrissem essa pequena deli, no final dos anos 1990 para vender as suas carnes curadas no estilo artesanal italiano. Resenhas entusiastas foram abundantes, muitas delas de pessoas que não tinham ideia de que o filho do proprietário estava perto de se transformar em um dos melhores chefes de cozinha da América.

A charcutaria é artesanal com métodos tradicionais, apesar de que a instalação de cura usa muitos equipamentos modernos (aqui está a marca do ex-engenheiro da Boeing) para controlar o clima da cura de maneira mais rigorosa do que qualquer antiga manufatura do campo poderia. As texturas suaves e a maciez das carnes de Batali eram transcendentais, as pimentas e os temperos ressoavam no conjunto como uma nota clara e distinta, sendo muito requisitadas pelos chefs de Seattle, e um negócio em crescimento pela internet.

A Salumi vende não só as carnes especiais – o culatello, o dario, a finocchiona, a coppa, a pancetta, o guanciale, a sopressata – mas também faz experiências com o presunto de carneiro, linguiça defumada de páprica, um salame com toque de mole, um ogrumi com sabor cítrico e de cardamomo. Duas mesas comunitárias no fundo da loja permitem que os fregueses comam ali mesmo, (sanduíches, pães, queijos e várias especialidades diárias também são servidas), apesar de que você também pode comprar carnes no balcão para levar. Quando planejar a sua visita, lembre-se de que a Salumi só abre de terça a sexta, no horário relaxado das 11h da manhã e fechando às 4h da tarde. Na verdade seu dono deveria estar aposentado; por isso tem direito de trabalhar no horário que lhe apraz.

ⓘ 309 Third Ave. South (✆ **206/621 8772**; www.salumicuredmeats.com).

✈ Internacional de Seattle Tacoma (14 milhas/23km)

🛏 $$$ **Inn at the Market**, 86 Pine St. (✆**800/446-4484** ou 206/443-3600; www.inatthemarke/com). $$ **Bacon Mansion Bed & Breakfast**, 959 Broadway E (✆**800/ 240-1864** ou 206/329-1864; www.baconmansion.com).

Empórios Gourmet & Lojas Especializadas

31

Acme Bread Company
Que eles comam pão
Berkeley, Califórnia

Como acontece com tanta frequência na Bay Area, a história da Acme Bread Company começa com o Chez Panisse. Em 1978, o estudante de Berkeley, Steve Sulivan, retornou ao seu trabalho de cumim no restaurante inovador de Alice Waters, falando entusiasmadamente sobre o pão caseiro crocante que ele tinha comido nas suas férias na Europa. Com o incentivo de Waters, Sullivan aprendeu sozinho a fazer pão e tornou-se o padeiro efetivo do Chez Panisse. Em 1983, quando ele mudou a operação da padaria para fora da tumultuada cozinha do Chez Panisse, ele havia ganhado seguidores suficientes entre os amantes da comida de Berkeley para abrir uma pequena loja por lá, a um passo do restaurante de Alice.

Até o momento, a Acme acrescentou uma filial no Ferry Plaza Market e padarias comerciais para o crescimento do seu negócio de varejo, mas os fregueses ainda fazem fila fora da minúscula loja de Berkeley, onde os suportes de madeira simples atrás do balcão acumulam altas pilhas com filões de pão integral não fatiado, assado em um grande forno de tijolo ali mesmo na loja. Umidificadores espe-

Indo na Fonte

ciais com vapor nos fornos criam a crosta característica para os pães, que são a marca registrada da Acme, o pain au levain (um saboroso pão grande com miolo feito com uma massa que fica fermentando por bastante tempo) e o pain au levain de nozes, assim como um pão branco de consistência levemente emborrachada, o pumpernickel rye, o picante pão de azeitona, o filão de passas com canela, as baguettes, e os croissants (de chocolate, puro e presunto com queijo). As farinhas usadas são todas orgânicas, e não são usados conservantes – apesar de poucos clientes resistirem comer suas compras antes de ficarem velhas. O pão é assado três vezes ao dia, mas chegue cedo para conseguir um folhado de maçã (os frequentadores assíduos insistem que os pãezinhos de abóbora e de queijo o substituem muito bem). Leve as suas compras até o Café Fanny para aproveitá-las imediatamente com uma xícara adequada de café au lait.

Felizmente, a Acme tem resistido à tentação de abrir dezenas de filiais ou de subir os preços de forma exorbitantes (apesar de que o ponto de venda do Ferry Plaza pratica preços um pouco mais altos, sem dúvida para poder pagar o aluguel alto desse endereço chique).

Esse é o melhor pão em São Francisco? Você é que tem que dizer. São Francisco tem sido a capital dos padeiros desde a corrida do ouro, quando os mineiros cuidadosamente carregaram as suas iscas de fermento. O líder do movimento dos pães fermentados de São Francisco tem sido a Padaria Boudin, fundada em 1849 (seus pães ainda estão disponíveis na Bay area), enquanto o resto dos Estados Unidos foi seduzido pelos pães brancos esponjosos, feitos em fábricas nos anos de 1950 e 1960, os pães artesanais sobreviveram aqui na Bay Area, prontos para a vinda da revolução culinária. Você pode querer experimentar várias marcas enquanto estiver aqui, tudo em nome da pesquisa, é claro.

ⓘ 1601 San Pablo Ave (ⓒ **510/524-1327**; www.ferrybuildingmarketplace.com).

✈ San Francisco Internacional (14 milhas/23km).

🛏 $$$ **Hotel Adágio**, 550 Geary St. (ⓒ **800/228-8830** ou 415/775-5000; www.thehoteladigion.com). $ **Hotel des Arts**, 447 Bush St. (ⓒ **800/956-4322** ou 415/956-3232; www.sfhoteldesarts.com)

Comidinhas de Rua 32

Doner Kebab
O engatinhar do Shawarma
Berlim, Alemanha

Os comerciantes turcos o chamam de doner kebab, enquanto outros – os libaneses, os sírios, ou os árabes – o chamam de shawarma. Não importa se shawarma e doner são virtualmente a mesma coisa, eles se tornaram uma comida barata, que é símbolo de Berlim, encontrada em centenas de imbisse, ou barracas de comida para viagem, em toda a cidade.

Por mais estranho que pareça, esse tipo de fast food – uma mistura composta por temperadas carnes assadas em um espeto vertical, cortadas em tirinhas e servidas em pão sírio com alface picada e um esbranquiçado molho picante – talvez tenha como base os kebabs do Oriente Médio e gyros gregos, mas a forma atual desenvolveu-se no Kreuzberg, em Berlim, o bairro de imigrantes Turcos, nos anos 70. Apesar de a sua popularidade ter explodido por toda a Alemanha, Berlim continua sendo o centro do universo do doner kebab, com aproximadamente 1.500 pontos de venda.

O homem que alega ter "inventado" o doner kebab administra uma pequena cadeia de restaurantes de ambiente casual chamado **Hasir** (experimente um na esquina da Kruzberg com Adalbertstr. 10; ⓒ **49/30/614 2373**; www.hasir.de). É um pouco mais caro do que o doner típico da rua, mas os ingredientes são de melhor qualidade. Além disso, fica aberto 24 horas, o que o faz popular com os baladeiros nos finais de noite. Para a experiência clássica do doner em pé, na rua em Kreuzberg, confira o **Mustafas Gemüse Kebab** (Mehringdamm 32), que faz um doner de frango ótimo, acompanhado de batatas, vegetais fritos, e queijo de cabra. Do lado shawarma da equação, o **Restaurante Rissani** (Spreewaldplatz4-6; ✆ **49/30/61629433**) é um Libanês favorito em Kreuzberg pelo seu shawarma, pelo falafel, o hummus, o couscous, e o melhor de tudo, pelos preços baratos. A pedido, eles podem dar um toque no seu prato com um pouco de molho picante, apesar de terem diminuído um pouco do picante do tempero para o paladar típico alemão.

33 Bancas de Vendedores Ambulantes

Você vai encontrar muitas bancas excelentes fora de Kreuzberg também. Experimente o estande **Kaplan Doner** (Müllerstr. 150) na Leopoldplatz em Wedding, ou no **Babel**, um boteco casual onde se come sentado (Kastanienallee 33; ✆ **49/30/4403 1318**), na moderna Prezlauerberg, uma lanchonete descontraída que também oferece o falafel, os sanduíches halloumi, e um chá de cortesia.

✈ Berlin-Tagel (11km/7 milhas).

🛏 $$ **Hotel Hackescher Markt**, Grosse Präsidentenstrasse 8 (✆ **49/30/280030**; www.loock-hotels.com). $$ **Myers Hotel Berlin**, Betzrer Strasse 26 (✆ **49/30/440140**; www.myershotel.de).

33 Comidinhas de Rua

Bancas de Vendedores Ambulantes
O Caldeirão de Culturas Asiáticas
Singapura

Singapura é, sem dúvida, agressivamente organizada, lotada de arranha-céus, e despida de características próprias em nome da modernização. Mas no que diz respeito à comida exótica de rua, Singapura bate qualquer outra cidade asiática, não há como contestar. E o melhor de tudo, você não tem que passar as ruas em revista para encontrá-la. Desde os anos de 1950 e 1960, o governo juntou os vendedores de rua independentes em centros de alimentação gigantescos em toda a cidade. Sob um mesmo teto encontramos até 100 bancas, a maior parte vendendo apenas um item de especialidade, em volta de um grupo de mesas; os fregueses podem pular de uma banca para a outra, experimentando suas mercadorias. Esses centros de vendedores ambulantes em expansão, cheios do chiado do vapor escapando, do frigir do óleo quente, do cheiro de gengibre e curry, e os gritos de chamado dos concorrentes vendedores de comida.

A comida de Singapura é uma mistura das cozinhas Chinesa, Malaia, Indiana e Tailandesa, combinadas em vários pratos que você só encontrará aqui. Os pratos a serem experimentados incluem o caranguejo temperado com chilli (e o seu primo pepper crab); laksa, frutos do mar e macarrão de arroz em uma sopa quente de coco com chilli; bak kut teh, uma sopa saborosa cheia de costelinhas de porco, chwee kueh, bolinhos de arroz com rabanete frito por cima, sopa de bolinhas de peixe com macarrão, com bolinhas feitas de peixe moído e farinha de arroz, char kway teow, macarrão de arroz achatado frito com frutos do mar, um tipo de pastel indiano (samosa) de massa folhada e recheado com curry, popiah, um rolinho frito recheado com nabo, ovo, carne de porco, camarão e molho de chilli doce, rojak, um tipo de salada de massa frita, com tofu, pepino, abacaxi e qualquer coisa que o chefe tiver por perto, misturado com um molho de pasta de amendoim e camarão; e todos os tipos de bolinhos, pães recheados, e satays, espetos grelhados de carne e frutos do mar servidos com molho de amendoim. Cada prato custará apenas uns dois dólares.

A bíblia de todo gastrônomo em Singapura é o livro guia Makansutra escrito por K. F. Seetah (Editora Makansutra), que lhe dirá quais barracas em quais centros de vendedores ambulantes têm os melhores exemplos de cada comida. Assim que você entrar em um centro, arrume um lugar para sentar-se em

Indo na Fonte

uma mesa comunitária (um truque local: coloque um pacote de guardanapos de papel na mesa para indicar que o lugar está ocupado). Então caminhe pelas barracas, verificando a especialidade de cada uma. A maior parte dos comerciantes mostra uma foto ou uma amostra do prato para fazer propaganda de suas mercadorias. Quando fizer o seu pedido de comida, diga ao vendedor o número da sua mesa, e a sua comida lhe será entregue; você paga quando recebe.

Esses recantos baratos para se comer são mais encontrados em bairros residenciais do que no centro da cidade. Alguns dos melhores são o **Maxwell Road Food Centre**, na esquina da rua Maxwell com a South Bridge; o **Lau Pa Sat**, na esquina da Raffles Way com a rua Boon Tat; **Chinatown Complex**, no número 335 da rua Smith; o East Coast **Lagoon Food Centre**, no 1220 da East Coast Parkway, o **Golden Mile Food Centre**, no número 505 da Beach Rd.; e o **Old Airport Cooked Food Centre** na Airport Road.

✈ Aeroporto Internacional de Changi, Singapura (19km/12 milhas).

🛏 $$ **The Inn at Temple Street**, 36 Temple St. (✆ **65/6221-5333**; www.theinn.com.sg). $$ **Traders Hotel Singapore**, 1A Cuscaden Rd. (✆ **800/942-5050** nos E.U.A. e Canadá, 800/222-448 na Austrália, ou 0800/442-179 na Nova Zelândia; www.shangri-la.com)

Comidinhas de Rua 34

A Romaria da Pizza Napolitana
Isto é Amore!

Nápoles, Itália

No século XVI, a maior parte dos Europeus considerava o tomate como uma fruta venenosa (afinal de contas, os tomates estão na família da mortal beladona). O trabalhador de Nápoles, porém, era mais esperto, eles comiam tomates o tempo todo, sobre o pão fermentado achatado.

Desse humilde início, a pizza espalhou-se pelo mundo todo, dando margem a tantas variações que os fabricantes de pizza de Nápoles formaram uma associação protegendo a tradição da pizza Napoletana. As pizzarias clássicas de Nápoles servem apenas dois tipos de pizza – a marinara (nome vindo dos pescadores que tradicionalmente comiam a pizza com tomates, orégano, alho, azeite de oliva, e sal) e a Margherita (nome que vem da rainha da Itália, tem mozarela e manjericão acrescentados para dar à pizza o colorido da bandeira da Itália). As massas são invariavelmente grossas, macias, sovadas à mão e assadas em fornos à lenha tipo colmeia, os verdadeiros puristas usam apenas os tomates cereja locais de San Marzano, enlatados e sempre espalham o azeite de oliva em uma espiral no sentido horário.

A pizza sempre foi um lanche de rua desde o ano de 1830, quando a primeira pizzaria, **Antica Pizzeria Port D'Alba** (via Port'Alba 18; ✆ **39/81/45-97-13**) instalou algumas mesas para servir os clientes. A Port d'Alba ainda tem pizzas boas no seu variado cardápio, apesar de muitos fanáticos por pizzas preferirem a mais informal **Trianon da Ciro** (via Pietro Colletta 46; ✆ **39/81/55-39-426**) também no centro histórico da cidade, Spaccanapoli. Perto da pizzaria administrada pela família **Da Michelle** (Via Cesare Sersale 1; ✆ **39/81/55-39-204**; www.damichelle.net) tem uma história que se estende desde o ano de 1870; alguns dizem que a sua massa elástica é a melhor da cidade. Se as filas ali forem muito compridas, suba alguns quarteirões na direção norte até a estreita rua principal de Spaccanapoli, a via Dei Tribunale, onde você poderá comparar as pizzas dos arquirrivais vizinhos **Di Matteo** (via dei Tribunali 94; ✆ **39/81/45-52-62**) ou **Il Pizzaiolo del Presidente** (via dei Tribunali 120/121; ✆ **39/81/21-90-03**).

No bairro comercial da via Chiaia, a **Pizzeria Brandi** (Salita Santa Anna di Palzzo 2; ✆ **39/81/41-69-2**), fundada em 1889, inventou a pizza Margherita. Mas as pessoas locais afirmam que as melhores pizzas estão ali perto, na **Pizzeria Umberto** (via Alabardieri 30; ⓒ **39/81/41-85-55**; www.umberto.it) propriedade da família desde 1916 e administrada hoje por ninguém menos que o vice-presidente da Assoiciazione Verace Pizza Napoletana, Massimo Di Porzio. Se ele não puder produzir uma autêntica pizza napolitana, ninguém mais poderá.

✈ Aeroporto Capodochino de Nápoles (7,8km/43/4 milhas)

🛏 $$$ **Hotel Excelsior**, Via Partenope 48, Nápoles (ⓒ **39/81-7640111**; www.excelsior.it). $$ **Hotel Britannique**, Corso Vittorio Emanuele 133 (ⓒ **39/81-7614145**; www.hotelbritannique.it).

35 Comidinhas de Rua

Se Abastecendo no Pho
Rolos de Miojos
Hanói, Vietnam

Comer fora em Hanói não é apenas uma opção para ocasiões especiais, é quando se tem a cozinha local mais autêntica, em pequenos botecos nas laterais das ruas a céu aberto, que quase sempre servem apenas as especialidades locais. Não há um prato Vietnamita mais simbólico, é claro, do que a onipresente sopa de macarrão pho, que nasceu em Hanói. A fórmula é simples: a carne curada deliciosa (bo), o macarrão fresco, e os temperos – feitos da mesma maneira, por anos a fio.

Por toda a cidade, encontram-se filiais da rede nacional da **Pho 24** – experimente uma na extremidade sul da Hoam Kien Lake (1 Hang Kay St.; ⓒ **84/4/936-5259**). Mais iluminada e limpa do que a maioria das lojas Pho independentes, ela é um bom ponto de partida para os visitantes; você pode escolher os ingredientes de uma lista para personalizar a sua tigela de sopa. Os turistas também podem pegar um gostinho do pho em uma das réplicas de barracas de rua, em volta do jardim central do **Brother's Café** (26 Nguyen Thai Hoc ⓒ **84/4/73-3866**; www.brothercafe.com).

Se você estiver preparado para se aventurar, porém, dirija-se até as lojas pho onde os locais comem, lugares sem nome onde se pede uma sopa na entrada, escolhe um lugar em uma das mesas comunitárias e espera que a sua tigela seja colocada à sua frente. Uma fila do lado de fora da porta é a pista de onde se encontra a melhor comida. É desnecessário dizer, eles não aceitam cartões e não é preciso fazer reservas – a maior parte deles nem mesmo consta das listas telefônicas. Do lado oeste da parte antiga da cidade, perto do muro da cidadela antiga, o **Gia Thuyen Pho** (49 Bat Dan St.) parece um buraco gorduroso na parede, mas é reconhecido como uma das lojas pho mais sérias de Hanói, e é tremendamente popular. Diferentemente da maioria dos botecos pho, este é um self-service – leve a sua tigela até um lugar vago em uma mesa lotada, passe um guardanapo nos seus pauzinhos e entre de cabeça. Tudo é mais claro e limpo na loja da **10 Ly Quac Su Street**, onde o caldo é robusto e a carne é de boa qualidade; outro lugar refinado é o **Pho Tu Lun** na Au Trieu Street perto da catedral de St. Joseph's. Administrado pela família, o **Pho Thin** (13 Lo Duc St.) é muito admirado por suas coerentes tigelas de sopa de macarrão com carne, no bairro de Hai Ba Trung. Se preferir o frango na sua sopa, experimente a pequena loja pho no número **18 da Lan Ong**, onde o frango é macio e o macarrão abundante.

✈ Internacional No Bai, Hanói (38km/24 milhas)

🛏 $$$ **Sofitel Metrópole Hanói**, 15 Ngo Quyen St. (ⓒ **800/221-4542** ou 84/4/826-6919; www.accor.com). $$ **Zephyr Hotel**, 4-6 Ba Trieu St. (ⓒ **84/4/934-1256**; www.zephyrhotel.com.vn).

37

Indo na Fonte

Comidinhas de Rua 36

Na Trilha das Tapas
Um Grande Bocado
Barcelona, Espanha

Tecnicamente, conhecidos como tapas – os saborosos petiscos de bar, servidos originalmente em Jerez, Andalusia, a fim de evitar que os consumidores de sherry se embebedassem – podiam ser qualquer tipo de tira-gosto: amêndoas torradas, azeitonas, uma fatia de "chorizo" (linguiça bastante temperada feita com carne e gordura de porco) acompanhados de um copo de vinho (a palavra tapa significa "tampa" em espanhol). Mas com o costume das tapas espalhando-se pela Espanha, e depois pelo mundo, os bares passaram a criar versões cada vez mais elaboradas de tapas: caracóis, camarões, pimentões recheados, suculentos polvos ou enguias, pequenas porções de saladas de frutos do mar, até mesmo testículos de boi, o que faz com que um tapeo, ou seleção de tapas, acabe superando um jantar. E graças à criatividade da culinária catalã, o mais fascinante cenário de tapas hoje está em Barcelona.

Um ótimo lugar para se começar está no coração da cidade, no **Taller de Tapas** (Calle de l'Argenteria 51; ✆ 34/93/268-85-59), um agradável restaurante de tijolos aparentes, que é uma verdadeira escola de tapas, com serviço de mesa, cardápio trilíngue (Catalão, Espanhol e Inglês), e uma cozinha aberta de onde saem as clássicas tapas espanholas – anchovas da Costa Brava marinadas, camarões Palamós com ovos mexidos, foie de pato grelhado ou chouriço estalando, cozido em cidra. A pouca distância do Taller de Tapas, alguns bares levam as tapas em direções curiosas. Ao norte, o **Mosquito** (Calle Carders 46; ✆ 34/93/268-75-69) segue o curso internacional com tapas com sabores no estilo da Índia, Tailândia e Malásia. Ao leste, o **Santa Maria** (Calle Comerç 17; ✆ 34/93/315-12-27) serve tapas no estilo Espanha-Ásia fusion, como por exemplo, frutas locais recheadas de amendoins condimentados Thai, leitõezinhos com wasabi e soja, ou perca do mar marinada em vinagrete de maracujá, tomate e limão. A oeste, o animado **Cal Pep** (Plaça de lês Olles

Petiscos de bar clássicos espanhóis no Talle de Tapas.

8; ✆ 34/93/310-79-61) oferece uma lista de 50 tira-gostos com inúmeros frutos do mar recém-pescados, minúsculos moluscos em caldo picante ou atum com molho de gergelim. Mais ao sul, o **Bar Celta** (Calle Mercè 16; ✆ 34/93/315-00-06) prepara novidades maravilhosas como tentáculos de polvo, lábios e orelhas de porco, e deliciosos pimentões recheados, conhecidos como pimientos del padrón.

Em direção ao centro, desvie-se do turístico Passeig de Garcia para chegar a **Ciudad Condal** (Rambla de Catalunya 18; ✆ 34/93/318-19-97), adorado por suas patatas bravas, peixe frito e anchovas. Siga em frente até a **Cerveceria Catalana** (Carrer Majorca 236; ✆ 34/93/216-03-68), para os suculentos espetos de filé com pimentões, e espetinhos de camarões gigantes.

Talle de Tapas no coração do bairro gótico de Barcelona.

✈ El Prat (13km/8 milhas)
🛏 $$$ **Montecarlo**, Les Ramblas 124 (✆ **34/93-412-04-04**; www.montecarlobcn.com). $$ **Duques de Bergara**, Bergara 11 (✆ **34/93-301-51-51**; www.hoteles-catalonia.com).

37 Comidinhas de Rua

À Procura do Souvlaki
Suculento Shish Kebab
Atenas, Grécia

Pedaços de carne bem temperada, grelhados no espeto com suculenta perfeição, essa é a melhor versão do souvlaki em toda a sua simplicidade, encontrado por toda a Grécia. As coisas complicam-se um pouco mais na cosmopolita Atenas, onde o termo souvlaki também é usado para referir-se aos gyros, sanduíches feitos com fatias finas de grandes pedaços de carne que ficam girando em espetos verticais nas vitrines dos restaurantes (que também são deliciosos, não há dúvida).

Mas se o que quer é o souvlaki do tipo shish kebab, você ficará feliz em encontrá-lo em vários vendedores de rua ou cafés casuais por toda cidade. (Não há como não gostar de uma cidade onde o carro-chefe da fast food é algo assim, honesto e delicioso.) Um lugar que se destaca no agitado centro comercial da cidade é o **Ta Souvlakis tou Hasapi** (1 Apollonos St.; ✆ **30/210/322-0459**), basicamente uma central de distribuição de carnes, rápido, barato e incrivelmente popular na hora do almoço. Embora o souvlaki tradicional grego seja feito de carne de porco, você pode pedir o seu espetinho feito de porco, frango ou carne bovina moída. Outra opção fica na Mitropoleos Street, seguindo por um quarteirão na direção norte e várias ruas a oeste, em direção ao Plaka. A parte somente para pedestres no final, perto da Monastiraki Square, é conhecida como "Kebab street" (rua Kebab), com inúmeros e excelentes lugares para se degustar um souvlaki. A

Indo na Fonte

melhor escolha é o **Thanasis** (69 Mitropoleos St.; ✆ **30/210/324-4705**), que serve um ótimo souvlaki de carne moída no pão pita para viagem. Você também pode seguir os locais até uma birosca sem nome, fora da rota turística mais conhecida, no número 7 da Petraki St. (uma viela entre as ruas Ermou e Mitropoleos), sob um toldo publicitário da Coca-Cola, logo depois da lanchonete da cadeia de sanduíches Subway.

Saindo da Omonia Square, perto do National Archeological Museum (Museu Nacional Arqueológico), o **Taygetos** (4 Satovriandou; ✆ **30/210/523-5352**) serve refeições baratas e casuais, incluindo alguns excelentes souvlakis. Se a fome apertar enquanto você estiver passeando pelo Central Market (Mercado Central) ou visitando a linda igreja bizantina de Agii Theodori, dê uma parada no **Alpeis** (7 Palaion Patron Germanou St.; ✆ **30/210/331-0384**) perto da Klafthmonos Square, onde poderá optar por um saboroso souvlaki no pão pita ou como refeição completa no prato.

✈ Aeroporto Internacional de Atenas Eleftherios Venizelos

🛏 $$ **Athens Art Hotel**, 27 Mami (✆ **30/210/524-0501**; www.arthotelathens.gr). $$ **Hermes Hotel**, 19 Appollonos St. (✆**30/210/323-5514**; www.hermes-athens.com).

Comidinhas de Rua 38

Bagels para viagem
O Santo Graal
Nova Iorque, Nova Iorque

Por que os bagels em outras cidades não são tão bons como os de Nova Iorque? Não pode haver um mistério tão grande, afinal para se assar o que é essencialmente uma massa de pão borrachenta. Porém, de alguma maneira, o bagel – trazido para os E.U.A. pelos imigrantes judeus alemães e poloneses, para quem o círculo de assar rápido da massa fervida foi uma maneira prática de quebrar o Sabbath – alcançou a sua forma mais definitiva em Manhatan. As versões de outras cidades não têm essa mesma consistência de borracha macia e um sabor de fermento ligeiramente doce.

Para os nova-iorquinos, os bagels não são somente para o café da manhã. Eles também fazem ótimos sanduíches, e podem ser encontrados em quase toda deli da cidade (apesar de a maioria das delis ficarem sem bagels mais para o final do dia e pedirem mais fresquinhas toda manhã). Os nova-iorquinos as preferem sem tostar (o hábito de tostar iniciou-se com os bagels congelados da Lender) e com uma "schmear" de cream cheese e/ou salmão defumado por cima, ou então com fígado em fatias ou salada de ovo. Tradicionalmente, elas têm uma cobertura de sementes de papoula ou de gergelim, apesar de as variedades com sabor de cebola crocante, alho, ou canela e passas também serem populares. As variações tais como bagels de mirtilo (blueberry) e de pimenta jalapeno são consideradas bastardas.

Os moradores do Upper West Side compram os seus bagels no **H&H Bagels** (2239 Broadway; ✆ **212/595-8000**), um boteco sem luxo de comida para viagem, onde os bagels vêm fresquinhos do forno. Muitas delis ao redor da cidade compram seus bagels da H&H; também há um distribuidor no número 639 W da 46th St. (✆ **212/765-7200**), convenientemente perto da West Side Highway. A **H&H Bagels East** (1551 Second Ave.; ✆**212/734-7441**) é uma filial antiga que acionou a original para ter o direito de uso do nome; ela tem uma deli completa junto ao balcão de bagels. Então, tem as delis Ess-A-Bagel na área de Gramercy (359 First Ave.; ✆ **212/980-1010**). Todas elas oferecem ao consumidor bagels que são fervidas de forma magnificamente borrachenta e recém-saídas do forno, estufadas com o interior úmido. Mas se quiser mesmo o autêntico, viaje até o Lower East Side e experimente os bagels do **Kossar's Bialys**

(367 Grand St.; ✆ **212/473-4810**). E enquanto você estiver ali, experimente o primo mais próximo do bagel, um bialy, também.

✈ Internacional John F. Kennedy (15milhas/ 24km); Internacional Newark Liberty (16 milhas/ 27km); LaGuardia (8 milhas/13km).

39 Salsichas da "Windy City"

🛏 $$ **The Lucerne**, 201 W. 79th St. (✆ 800/492-8122 ou 212/875-1000; www.thelucernehotel.com). $ **Milburn Hotel**, 242 W. 76th St. (✆ **800;8339622** ou 212/362-1006; www.milburnhotel.com).

39 Comidinhas de Rua

Salsichas da "Windy City"
Os cachorros-quentes que roubaram a cena
Chicago, Illinois

Cachorros-quentes, frankfurter, vienas – não importa como você os chama – eles são um tipo de comida de rua prática em muitas cidades (sem falar nos estádios) em todos os Estados Unidos. Mas não há cidade que aprecie mais as qualidades de estrela de um hot dog do que Chicago. Começando com a alta qualidade das salsichas feitas pelo fornecedor local, o reverenciado Vienna Beef, um hot dog clássico de Chicago é então recheado com uma lista muito específica de condimentos – cebolas picadas, um molho verde, bastante mostarda amarela, tiras de pickles, fatias de tomate fresco, um pouco de sal de salsão, e um par de pimentas fortes. Essa combinação incrível do crocante, do suco, da mordida ácida, e os temperos fortes que incrementam perfeitamente o sabor da carne salgadinha do cachorro-quente.

Não importa onde você esteja na cidade, você pode obter o cachorrão clássico de Chicago. Está com pressa? Experimente o **Gold Coast Dogs** (159 N Wabash Ave.; ✆ 312/917-1677). Fazendo compras na Magnificent Mile? Há o **Fluky's**, nas lojas do shopping de North Bridge (520 N. Michigan Ave.; ✆ 312/245-0702), parte de uma rede local que tem servido ótimos hot dogs desde o tempo da Depressão. Passeando em volta da região de River North? O **Portillo's** (100 W. Ontário St,; ✆ 312/587-8930) é outra rede local que se especializou em hot dogs, junto com massas e saladas. No bairro do Lincoln Park, o **The Wieners Circle** (2622 N Clark St.; ✆ 773/477-7444), é um dos preferidos dos notívagos onde os balconistas rudes fazem parte da diversão. Lá perto do Wingley Field, o **Murphy's Red Hots** (1211 W. Belmont Ave,; ✆ 773/935-2882) é um ponto popular no bairro.

Duas lojas de cachorro-quente de Chicago valem a viagem um pouco mais longa. A primeira é o **Superdawg Drive-in**, no lado noroeste da cidade (6363 N. Milwakee Ave.; ✆ 773/763-0660), um lugar no estilo dos

A mesma família tem administrado o Superdawg em Chicago por três gerações.

Indo na Fonte

anos 50 que se distingue pelos hot dogs gigantes vestidos de Tarzan e Jane dançando no teto. Administrado pela mesma família há três gerações, o Superdawg ainda tem entregadores que levam o seu pedido. E se você acha que o nome "gourmet" e hot dog não combinam, então você nunca esteve no **Hot Doug's**, na região do Roscoe Park (3324 N. Califórnia Ave.; ✆ **773/279-9550**), que leva os embutidos até um novo nível. O cardápio inclui os hot dogs de milho, vegetarianos, salsicha andouille, toda uma gama de salsichas europeias, e uma variada seleção de salsichas especiais feitas com caça de faisão, antílope e canguru.

✈ Internacional (18 milhas/29km).

🛏 $$ **Homewood Suites**, 40 E Grand St., Chicago (✆ **800/CALL-HOME** ou 312/644-2222; www.homewoodsuiteschicago.com). $$ **Hotel Allegro Chicago**, 171 N Randolph St., Chicago (✆ **800/643-1500** ou 312/236-0123; www.allegrochicago.com).

Livros de Culinária & Utensílios de Cozinha

40

Livros para Cozinheiros
Cozinhando no Estabelecimento
Londres, Inglaterra

Essa pequena loja cereja de toldo vermelho, em Notting Hill, é um dos caminhos trilhados por turistas em Londres, e mais um motivo pelo qual os cozinheiros deveriam fazer a romaria. Com mais de 8.000 títulos em estoque, a seleção de livros de cozinha internacionais é impressionante, e os funcionários são conhecidos por estarem capacitados a caçar qualquer livro que eles não tenham. Mas o que realmente distingue a Books for Cooks é o ambiente amigável ao usuário, desde os atravancados cantos aconchegantes e o sofá desgasto, onde você pode se aninhar enquanto folheia um volume que talvez vá comprar. Aos sábados, quando o Mercado de Portobello atrai um enxame de consumidores para o bairro, pode ser que a loja fique um pouco infestada, mas venha em um dia de semana (está fechado aos domingos) e você vai conseguir fuçar o quanto quiser.

Desde que abriu, em 1983 – quando o cenário culinário de Londres era sem graça demais, mesmo antes do River Café ter aberto – a Books for Cooks gradualmente evoluiu para tornar-se mais do que uma loja de livros: há um café nos fundos onde as receitas de vários livros são testadas, por assim dizer, todos os dias na hora do almoço (chegue cedo se quiser arrumar um lugar para sentar); e as aulas de culinária

Os clientes podem fuçar com conforto entre os 8.000 títulos de livros de cozinha.

são conduzidas por chefes conhecidos, na cozinha de demonstração no andar de cima.

Os cozinheiros também podem querer fazer uma parada no Holland Park, ali pertinho, para conferir os sofisticados utensílios de cozinha na **Summerill & Bishop**, no número 100 da Portland Rd, (✆ **44/20/7221-4566**; www.summerillandbishop.com), das facas japonesas aos potes italianos, e até os cristais belgas.

ⓘ 4 Blenheim Crescent (Metrô: Ladbroke Grove; ✆ **44/20/7221-1991**; www.booksforcooks.com).

✈ Heathrow (24km/5 milhas) ou Gatwick (40km/25 milhas).

🛏 $$$ **22 Jermyn St.**, 22 Jermyn St., St. James (✆ **800;682-7808** nos E.U.A. ou 44/20/7734-2353; www.22jermyn.com. $$ **Vicarage Private Hotel**, 10 Vicarage Gate, South Kensington (✆ **44/20/7229-4030**; www.londonvicaragehotel.com).

Livros de Culinária & Utensílios de Cozinha

41 Librairie Gourmande
À Sombra do Les Halles
Paris, França

O grande mercado de comida Les Halles pode ter levantado acampamento desse bairro parisiense há muitos anos, mas o espírito culinário perdura nessa maravilhosa livraria de dois andares, suas prateleiras lotadas de livros sobre comida e vinho. Essencialmente francesa como transparece, a Librairie Gourmande é muito mais internacional do que se espera, com um estoque de livros em várias línguas, inclusive uma seção de tamanho considerável em língua inglesa.

A Librairie Gourmande começou como uma banca de livros na rua, perto do rio Sena, na metade dos anos 1980. Passou a ocupar uma pequena loja na Rue Dante por anos antes de se mudar para este bairro, sob nova direção, em 2007. É estranho que, considerando o quão importante a comida e o vinho são para os parisienses, esse é o único especialista em livros de culinária da cidade. Juntamente com livros de receita, biografias e história da culinária, você vai encontrar um número de títulos acadêmicos e obras de referência. A maior parte dos títulos é nova, apesar de que há cópias de segunda mão de livros clássicos também. Os clientes são uma mistura eclética de chefes profissionais, cozinheiros caseiros, e entusiastas da culinária.

Inspirado pelos livros de culinária encontrados na Librairie Gourmande, você pode querer adquirir equipamentos exóticos para todas as novas técnicas francesas que você vai experimentar. Naturalmente, Paris tem várias fontes de excelentes utensílios de cozinha, todas próximas da Librairie Gourmande. Descendo a rua, você vai encontrar a **A. Simon**, no número 48 e 52 da rue Montmartre, 2e (✆ **33/1/42-33-71-65**), que tem suprido cozinheiros profissionais desde 1884. Isto o faz um novato, quando comparado ao vizinho **E. Dehillerin**, no número 18 da rue Coquillière, 1er (✆ **33/1/42-36-53-13**), fundado em 1820. Essas lojas grandes vão muito além dos potes e panelas, oferecendo implementos e acessórios que você nunca sonhou que existissem.

ⓘ 90 rue Montmartre, 2e (Metrô: Sentier; ✆ **33/1/43-54-37-27**; www.librairiegourmande.fr).

✈ De Gaulle (23km/14 milhas) Orly (14km/ $8^{2}/_{3}$ de milha).

🛏 $$ **La Tour Notre Dame**, 20 rue du Sommerard, 5e (✆**33/1/43-54-47-40**; www.la-tour-notre-dame.com). $ **Hotel de La Place des Vosges**, 12 rue de Birague, 4e (✆ **33/1/42-72-60-46**; www.hotelplacedesvosges.com).

43

Livros de Culinária & Utensílios de Cozinha 42

Books to Cooks
Cozinhando na Loja
Vancouver, Canadá

A ex-proprietária de restaurante e escritora de livros de culinária Barbara-Jo Mcintosh comanda essa linda e estilosa livraria em Vancouver, que vende principalmente novos títulos sobre culinária e vinhos, poucos volumes já esgotados e bem escolhidos, periódicos, e alguns acessórios de cozinha pouco comuns.

O maior diferencial da loja é, definitivamente, os encontros culinários, muito além dos ocasionais eventos de autógrafos em livros de receitas – quando acontecem demonstrações e degustação na cozinha montada no local, e uma série de curiosas aulas sobre culinária e cultura dadas pelos gurus gastronômicos locais.

As ligações de Mcintosh com a comunidade de restaurantes de Vancouver faz dessa loja de Yaletown uma base para a comunidade gastronômica. Confira antes, para reservar um lugar em qualquer uma dessas concorridas aulas ou demonstrações.

A Books to Cooks também possui uma pequena filial no complexo de compras Net Loft na Grandville Island, um destino natural para os amantes da boa mesa, já que o Mercado Público de Grandville Island fica ali perto. Ali mesmo no Net Loft também fica a **Market Kitchen Store**, na 2-1666 Johnston (℅ **604/681-7399**), onde você encontra todo tipo de equipamento para sua cozinha gastronômica.

ⓘ 1740 W. 2nd Ave. (℅ **604/688-6755**) www.bookstocooks.com).

✈ Vancouver (12kn/7 ½ milhas).

🛏 $$$ **Pan Pacific Hotel Vancouver**, 300-999 Canadá Place (℅ **800/937-1515** nos Estados Unidos, ou 604/662-8811; www.panpacific.com) $$ **Camelot Inn**, 2212 Larch St. (℅ **604/739-6941**; www.camelotinnvancouver.com).

Aulas de culinária e eventos acontecem regularmente à mesa de demonstração do Books to Cooks.

Kitchen Arts & Letters
Livros de Culinária bem conectados
Nova Iorque, Nova Iorque

Muito pouco acontece no universo das publicações culinárias que o pessoal da Kichens Arts & Letters não fique sabendo. Nessa loja despojada e lotada de livros na parte mais informal do Upper East Side, você pode passar horas revirando as prateleiras lotadas, descobrindo livros importados, achados de pequenas editoras regionais e títulos esgotados. Melhor ainda, peça ajuda ao dono, Nach Waxman ou a Matt Sartwell, o gerente – eles são incrivelmente versados e com certeza não temem expôr suas opiniões. Com quase 12 mil títulos em estoque, é incrível como eles parecem conhecer cada livro nas estantes. Os costumeiros livros de culinária com capas brilhantes escritos por chefs-celebridades estão lá, mas são ofuscados pelas generosas pilhas de livros de referência, compêndios eruditos, histórias de comidas, biografias, memórias, guias de viagens relacionados à culinária, e registros culinários convidativamente expostos sobre as mesas da loja. Um livro importante que ainda não foi lançado? Nach ou Matt provavelmente já passaram os olhos numa prova enviada pela editora. (Eles também publicam um boletim informativo, para que seus clientes fiquem a par de todas as novidades.) A loja fecha aos domingos.

Para aqueles livros há muito tempo fora de catálogo, você talvez tenha que ir até a **Bonnie Slotnick Cookbooks**, no Greenwich Village, 163 W. 10th St. (✆ **212/989-8962**), uma minúscula livraria numa centenária casa de tijolos marrons, que guarda um verdadeiro tesouro, uma coleção valiosa de antigos livros de cozinha, em sua maioria americanos e ingleses, além de folhetos com receitas, assessórios para cozinha e outras charmosas lembranças ligadas à culinária. Telefone com antecedência para saber sobre o horário de funcionamento, pois eles variam a cada semana.

De lá, apenas alguns quarteirões o separam de uma das principais fontes de facas, panelas e atefatos para assados de Nova Iorque, a **Broadway Panhandler**, no 65 E. 8th St. (✆ **212/966-3434**). Para renovar a cozinha de maneira profissional, você pode se dirigir a Chelsea, para onde mudou-se a grande loja **Bowery Kitchen Supplies**, no 460 W. 16th St. (✆ **212/376-4982**), originalmente estabelecida na Bowery. Localizada agora no **Chelsea Market**, uma fina galeria com lojas de especialidades culinárias, num prédio da

Os Chefes de Nova Iorque e gastrônomos frequentemente procuram aconselhamento com o proprietário Nach Waxman sobre as Livros de Culinária e Artefatos para Cozinha.

Indo na Fonte

7 Lugares para se Comer em . . . Vancouver, British Columbia

Paté campestre no Pied-A-Terre.

Abençoados com uma costa generosa em frutos do mar, uma rica mistura de culturas da borda do Pacífico, e um microclima soberbo para os fazendeiros locais, Vancouver não poderia deixar de se tornar uma capital da boa mesa. Essa vibrante cidade cosmopolita, aninhada em volta de um porto movimentado, tendo como fundo as montanhas cobertas de neve, já tinha uma riqueza em museus, jardins, e outras atrações; acrescente todos os fantásticos restaurantes na cidade, sem mencionar o divino mercado público, na Granville Island, e é quase bom demais para ser verdade.

Se os frutos do mar são um prazer para você, dirija-se até Yaletown para dois restaurantes de peixe encantadores. O movimento constante girando em volta das belas construções do ㊹ Blue Water Café (1095 Hamilton St.; ⓒ **604/688-8078**; www.bluewatercafe.net) vem desses frutos do mar, apanhados apenas em pesqueiros selvagens sustentáveis e arrumados em pratos inesquecíveis, como os escalopes de Galliano assado, banhados nos tomates, limões e alcaparras; esturjão com uma crosta de centeio com purê de beterrabas e couve-flor, ou bacalhau negro de British Columbia caramelizado com molho de soja e saquê. O Blue Water também tem um fantástico raw bar. Os frutos do mar e as pessoas olhando são igualmente excelentes na mesma rua um pouco abaixo, no contemporâneo suave ㊺ Coast (1257 Hamilton St.; ⓒ **604/685-5010**; www.coastrestaurant.ca). Se você tiver sorte, pode ser que consiga pegar um lugar na "mesa comunitária" com vista para o chef Wolfe em ação. Uma noite no Coast pode parecer uma volta ao mundo – começando com o bolo de siri Dungeness, e continua com o escalope de Baja gigante e camarões tigre do mar com risoto de coco tailandês, gnocchi de caranguejos gigantes, ou fish and chips no estilo de Liverpool.

A multicultural Vancouver tem alguns dos melhores restaurantes Asiáticos do continente também, inclusive o surpreendente (e caro) ㊻ Tojo's Restaurant (1133 W. Broadway; (**604/872-8050**; www.tojos.com), onde o Chef Hidekazu Tojo e os sushi-chefs mostram suas habilidades com a faca em um balcão de sushi bar de madeira tinindo. Peça o omakase, ou o menu de degustação do chef, e pegue o espectro completo do brilho do Tojo. As reservas são essenciais. Você não pode, talvez, sequer fazer uma reserva para uma festa indiana no aconchegante ㊼ Vig (1480 W, 11th Ave. ⓒ **604/736-6664**; www.vijs.ca). Fique preparado para enfrentar uma fila do lado de fora para conseguir uma mesa, onde os pacientes clientes são agraciados com chá e papadums enquanto esperam. Apesar de o menu mudar mensalmente para fazer o melhor uso possível dos ingredientes locais, os pratos constantes são amassados à mão, e os temperos secos e pratos que honram toda a amplitude da cozinha regional

㊾ 7 Lugares para se Comer em . . . Vancouver, British Columbia

indiana, tais como o halibut na erva-doce ralada e com curry grego, as costelas bovinas na canela e curry de vinho tinto, ou os camarões de British Columbia marinados em manteiga indiana, pimentas jalapeno e sementes de cominho.

Para a cozinha canadense destacada, experimente o ㊽ Rain-city Grill (1193 Denman St./ ✆ **604/685-7373**; www.raincitygrill.com), um salão comprido, baixo e íntimo, com vista para a English Bay no West End. A cozinha de mesa de fazenda do Raincity enfoca os frutos do mar, a caça, às aves, os vegetais orgânicos, e os vinhos exclusivamente da British Columbia e do Noroeste do Pacífico. As preparações meticulosas transformam esses ingredientes em alguns pratos espetaculares, tais como o lombo do raro atum albacora com risoto de ervilha fresca e cenouras assadas no mel,

Chef Hidekazu Tojo

ou peito de pato desfiado com lentilhas e raízes de vegetais. Se a cozinha clássica de bistrô é mais do seu gosto, você pode querer ir até o West Side e o íntimo discreto ㊾ Pied-A-Terre (3369 Cambie St., ✆ **604/873-3131**; www.pied-a-terre-bistro.ca), onde o menu escola do chef Andrey Durbach apresenta pratos favoritos de todos os tempos, como a torta de cebola da Alsácia, uma suculenta salada frisee, um coelho à Mostarda Dijon, um bife fine hanger, e a tarte tatin.

Talvez o melhor restaurante regional da cidade seja o ㊿ West (281 Granville St.; ✆ **604/738-8938**; www.westrestaurant.com), um espaço aconchegante, aerodinâmico com paredes forradas de couro e luminárias de papel arroz. O menu muda várias vezes ao mês, mas os primeiros pratos podem incluir o salmão coho curado com um coleslaw de erva-doce ou um raviólí de codorna. Como prato principal encontra-se a lagosta grelhada com abobrinha glaceada no limão e purê caramelizado de milho verde, e polenta de hortelã. Se puder, reserve uma das duas mesas do chef perto da cozinha – vai ser uma experiência que você não vai esquecer.

✈ Internacional de Vancouver.
🛏 $$$ **Wedgewood Hotel**, 845 Hornby St. (✆ **800/633-0666** ou 604/689-7777; www.wedgewoodhotel.com). $$ Granville Island Hotel, 1253 Johnston St. (✆ **800/663-1840** ou 604/683-7373; www.granvilleislandhotel.com).

Indo na Fonte

década de 1890, reformado, onde funcionava a antiga fábrica da Nabisco, entre as 9th e 10th Ave. (No Chelsea Market também encontra-se o Food Network).

ⓘ 1435 Lexington Ave. (✆ **212/876-5550**; www.kitchenartsandletters.com).

✈ John F. Kennedy Internacional (15 milhas/24km); Newark Liberty Internacional (16 milhas/27km); LaGuardia (8 milhas/13km).

🛏$$$ **Carlton Hotel on Madison Avenue**, 88 Madison Ave. (✆ **212/532-4100**; www.carltonhotelny.com). $$ **Washington Square Hotel**, 103 Waverly Place (✆ **800/222-0418** ou 212/777-9515; www.washingtonsquarehotel.com).

Livros de Culinária & Utensílios de Cozinha

Cookin'
Dos difíceis de encontrar aos únicos no gênero
São Francisco, Califórnia

Definitivamente aqui há uma personalidade que você não vai encontrar em uma loja de franchise em um shopping. Nas mãos da proprietária Judith Kaminsky, a loja de utensílios de segunda mão vai muito além do atravancado e, num primeiro olhar, pode até nem parecer tão impressionante. Mas, para potes e panelas antigas de qualidade e utensílios de cozinha únicos, a Cookin' não tem rivais. Os cozinheiros mais tradicionais podem facilmente perder-se aqui, procurando aquele Santo Graal da culinária no meio da seleção, em constante mudança, na pequena loja. Apesar de os funcionários algumas vezes serem mal-humorados, há verdadeiras joias a serem encontradas no meio das mercadorias — se você for paciente — desde os moedores de carne até os liquidificadores. Osterizer originais, desde os esmagadores de alho até as fôrmas de biscoito, das panelas de cobre até os fornos de ferro esmaltado holandês, tudo em perfeito estado. (É, definitivamente, a loja para os cozinheiros que trabalham, não uma loja de antiguidade para buscar coisas de arte). Há uma seção pequena de livros de culinária nos fundos. Apresar da aparência de brechó do local, não espere preços de brechó – a Kaminsky vende apenas itens de alta qualidade, e ela sabe o valor deles de verdade. Fecha às segundas.

Para comprar utensílios de cozinha de luxo novos, sua melhor opção pode ser saindo da Union Square, nesse distribuidor de dois andares que chama a atenção, **Sur La Table**, no número 77 da Maiden Lane (✆ **415/732-7900**). Para um pouco mais de cor local de São Francisco, dirija-se até a Grant Avenue na direção de Chinatown, para encontrar uma gama empolgante esotérica de equipamentos especialmente para a cozinha asiática – tudo, desde facas para sashimi, até o yin yang pot e a panela de cozinhar arroz tailandês no vapor – no explosivo **Wok Shop**, no número 718 da Grant St. (✆ **415/989-3797**).

ⓘ 339 Divisadero (entre as ruas Oak e Page; ✆ **425/861-1854**).

✈ Internacional de São Francisco (14 milhas/23 km).

🛏$$$ **Hotel Adágio**, 550 Geary St. (✆800/228-8830 ou 415/775-5000; www.thehoteladagion.com). $ Hotel des Arts, 447 Bush St. (✆ 800/956-4322 ou 415/956-3232; www.sfhoteldesarts.com).

52 The Cooks Library/Livros de Receita

Livros de Culinária & Utensílios de Cozinha

Cooks Library/Livros de Receita
Onde os Cozinheiros do Sul da Califórnia se Encontram
Los Angeles/Pasadena, Califórnia

A **Cooks Library** parece ser exatamente o que é – um lugar inteligente e sofisticado para os chefes de Los Angeles, tanto os amadores como os profissionais. Com quase 8.000 títulos em estoque, chá e petiscos servidos aos visitantes da tarde, e uma frequência de autores fazendo aparições na loja, a Cooks Library tem incentivado a comunidade de gastrônomos locais desde que a sua proprietária a inaugurou em 1989. Muitos dos atendentes bem informados são propriamente chefes treinados, e loucos para conversar não só sobre os livros, mas sobre o cenário culinário em geral; confira o painel com as atividades perto da porta para aulas de culinária e outras notícias do chefe. Definitivamente vale a pena marcar na sua agenda a venda de livros usados do verão. A loja está em um local conveniente na faixa desenvolvida do Westside entre o Farmer's Marke e o Beverly Center. Outra de nossas lojas preferidas, o **Traveler's Bookcase**, está bem ao lado, no 8375 W. da 3rd St.

Se o que você está procurando é uma edição esgotada e rara, vá em direção ao norte até Pasadena, onde a **Cook Books** da Janet Jarvis acumula um inventário extraordinário de mais de 30.000 livros de culinária de segunda mão. Com todos esses itens únicos nas prateleiras, que vão do chão ao teto, a livraria é para maníacos por livros assim como gastrônomos – um prisma da história americana do ponto de vista da cozinha. A seleção da Jarvis é mais do que abrangente, é quase compulsiva – conjuntos completos de livros de culinária gastronômica da Time-Life, por exemplo, ou todas as edições conhecidas dos *livros de receita de Betty Crocker*. As coisas parecem desorganizadas, mas peça aos atendentes simplesmente e eles o ajudarão a

Muitos dos atendentes bem informados da Cooks Library são chefes treinados.

Indo na Fonte

localizar o livro que você precisa – assim como outros que você nem sabia que precisava. Os preços podem ser altos, mas não são proibitivos quando você sabe que não encontrará esse livro raro em particular em nenhum outro lugar na sua vida.

ⓘ **The Cook's Library**, 8373 W. Third St., West Hollywood (✆ **323/655-3141**; www.cookslibrary.com; fecha aos domingos) **Cook Books**, 1388 E. Washington BLVD, Pasadena (✆ **626/296-1638**; www.cookbooksjj.com; fecha aos domingos e segundas).

✈ Internacional de Los Angeles (11 milhas/17km).

🛏 $$ **Artists' Inn & Cottage Bed & Breakfast**, 1038 magnolia St., South Pasadena (✆ **888/799-5668** ou 626/799-5668; www.artistsinns.com). $ **Saga Motor Hotel**, 1633 E Colorado Blvd., Pasadena (✆ **800/793-7242** ou 626/795-0431; www.thesagamotorhotel.com).

Livros de Culinária & Utensílios de Cozinha — 53

Cookbook Store
Estrela do Norte
Toronto, Ontário

Desde que abriu, em 1983, a Cookbook Store, essa animada livraria independente no centro da cidade, tornou-se uma parada obrigatória para celebridades que visitam o Canadá – todos, desde Martha Stewart ao Jamie Oliver, do Gordon Ramsay até a Nigella Lawson – assim como as pessoas locais conhecedoras do vinho e da boa mesa. Além de noites de autógrafos de livros, a loja recebe os clientes regularmente para degustações de vinho e outros eventos de gastronomia, como por exemplo, noites em que os clientes podem trazer seus livros de receita antigos e descobrir se eles são valiosos.

A Cookbook Store definitivamente funciona como uma casa de encontro para os interessados em gastronomia local, e os simpáticos atendentes parecem saber tudo sobre o cenário gastronômica de Toronto. (Converse por algum tempo e você poderá conseguir ótimas recomendações de restaurantes por intermédio deles). Apesar de a loja ser bem pequena, ela tem até 6.000 títulos em estoque, inclusive edições Britânicas de livros de cozinha que não foram americanizadas e livros americanos que não estão facilmente disponíveis no mercado lá fora.

Aproveitando a oportunidade, são apenas duas quadras de caminhada até a filial mais próxima da **Kitchen Stuff Plus**, no número 703 da Yonge St. (✆ **416/944-2718**), que vende artigos de qualidade como assadeiras, vasilhas e panelas, facas, e utensílios de cozinha com preços especiais.

ⓘ 850 Yonge St. (✆ **416/920-2665**; www.cook-book.com).

✈ Internacional de Toronto (28km/17 milhas).

🛏 $$$ **Le Royal Meridien King Edward**, 37 King St. E (✆ **800/543-4300** ou 416/863-9700;www.starwoodhotels.com).$$**TheDrake Hotel**, 1150 Queen St. W (✆ **416/531-5042**; www.thedrakehotel.ca).

54
Cooks Library/Livros de Receita
Virando as Páginas
Melbourne, Austrália

Enquanto Sydney e Melbourne competem corpo a corpo no que diz respeito ao agito e aos seus cenários culinários, Melbourne tem uma coisa que Sydney não tem: livros para Cozinheiros. Enfurnada em um subúrbio de Fizroy, essa livraria de culinária é um achado raro, com um estoque extenso que impressiona – algo em torno de 22.000 volumes – de livros sobre a boa mesa e vinhos, tanto novos como usados (inclusive muitos livros antigos raros e até um número de títulos em línguas que não o inglês). Espalhados por uma frente dupla de loja, esse é o tipo de lugar claro, iluminado, onde você pode ficar pesquisando por horas.

Enquanto a loja de Londres, que tem o mesmo nome (4 Blenheim Crês; ℂ **44 20 7221992**; www.booksforcooks.com), ficou conhecida por suas aulas de culinária e testes de receitas, sua correspondente australiana continua sendo exatamente a mesma livraria, orgulhando-se muito de localizar qualquer título que um cliente possa querer. A seleção está constantemente mudando ao passo que os funcionários adquirem livros de uma variedade engenhosa de fontes. Não são somente livros de culinária; eles também oferecem livros acadêmicos sobre a história da alimentação, livros sobre ciência da alimentação, guias de vinhos e outros trabalhos de referência essenciais.

ⓘ 233 Gertrude St, Fritzoy (ℂ **61/3/ 84151415**; www.booksforcooks.com.au).

✈ Melbourne (24km/15 milhas).

🛏 $$$ **The Como Melbourne**, 630 Chapel St., South Yarra (ℂ **1800/033 400** na Austrália, ou 800/552-6844 nos E.U.A. e Canadá; www.mirvachotels.com.au). $$ **Fountain Terrace**, 28 Mary St., St. Kilda (ℂ **03/9593 8123**; www.fountainterrace.com.au).

55 Museus Gastronômicos
Os Museus Gastronômicos de Parma
Tesouros do Vale da Comida
Parma, Itália

Ela é conhecida como o Vale da Comida – a província pitoresca de Parma, tão aclamada pelo seu mundialmente famoso presunto suculento, pelos seus tomates e, é claro, o firme, pungente e delicioso queijo Parmesão. O Musei del Cibo de Parma – os Museus da Comida – tinham uma ideia intrigante: em vez de colocar todas as exposições de gastronomia juntas em um único museu central, por que não gerar três pequenos museus pela região, cada um destinado a umas das comidas com assinatura da região de Parma?

O primeiro a abrir foi na cidade medieval de Soragna, com o seu castelo do século XV. Em um jardim cercado, do lado de fora dos muros do castelo, o **Museu do Queijo Parmesão** (Via Volta 5 ℂ **39/521/596-129**), aberto em 2003 em um prédio branco redondo, foi originalmente construído em 1848, como uma fábrica de queijo. (Ela quase parece uma rodela de queijo enorme). As cinco diferentes províncias da região da Emília têm autorização oficial para chamar o seu queijo de "Parmesão"; todas as cinco doaram artefatos para

51

Indo na Fonte

serem exibidos aqui. A primeira sala do museu apresenta uma coleção extensa de ferramentas e utensílios antigos de laticínio, inclusive um caldeirão de cobre do século XVIII e uma carroça de leite puxada no braço; a segunda sala detalha a história da cura; a terceira é a sala da maturação, onde vários estágios de queijos são etiquetados de acordo com o tempo que eles estão esperando para maturar. Poderia ser uma amostra terrivelmente tentadora, se não fosse pelas amostras grátis. Todo mundo já provou um queijo Parmesão, mas você pode ter certeza de que o Parmesão provado aqui não vai ter nada a ver com as imitações brandas que são vendidas na maioria dos supermercados, perto da sua casa.

A seguir, veio o **Museu do Presunto e dos Produtos de Porco Curados** em Langhirano (Via Bocchialini 7; ✆ **39/521/864-324**), um nome desajeitado e que mostra como essas distinções são levadas a sério aqui. Suas instalações são de tijolo, do início do século XX, do mercado de gado entre o centro da cidade e o rio, perto das usinas de cura do presunto tradicionais da cidade. O início da sessão começa onde todo o porco inicia – com o próprio porco – enquanto as salas sucessivas explicam em detalhes os vários estágios do abate, salga, cura e secagem que produzem todas as carnes da salumeria de Parma: o presunto e a copa de Parma, o culatello de Zibello, o salame de Felino, e a paleta de presunto de San Secondo. (Já existem planos de dar ao salame o seu próprio museu separado). E só se por acaso você souber distinguir o seu culatello da sua copa, uma sala de degustação no final vai lhe permitir experimentar essas carnes macias, salgadas e extremamente saborosas por si próprio.

Ocupando uma bela fazenda pertencente a um monastério medieval, o **Corte di Giarola (Museu do Tomate)**, em Collechio (Strada Giarola ✆ **39/521/228 152**), completa o conjunto com exposições que resolvem o mistério: por que esta região da Itália é a única que persistiu em cultivar os tomates no século XIX, quando eles eram considerados venenosos em qualquer outro lugar (eles são, afinal, da família da mortal beladona)? A liderança de Parma no desenvolvimento da indústria de enlatados nos anos 1920 também é explorado na arte, nos mapas e artefatos.

ⓘ **Musei Del Cibo de Parma** (✆ **39/521/228 152**; www.museidelcibo.it).

🚆 Parma (1hr. de Bolonha, 11/2 hr. de Milão, 2 hr. de Florença).

🛏 $$$ **Palace Hotel Maria Luigia**, Vale Mentana 140 (✆ **39/521/281032**; www-sinahotels.it). $$ Hotel Button Strada San Vitale Borgo Salina 7 (✆ **39/521/208039**).

Museus Gastronômicos 56

Museu Shin-Yokohama Ramen
Em torno do Miojo
Yokohama, Japão

Um museu não tem que ser um depósito chato de artefatos. Um caso assim é o Museu Shin-Yokohama Ramen, um monumento de multimídia estimulante – que mostra implementos de cozinha, paredes decoradas com embalagens de massa do mundo todo, monitores de TV passando uma sequência de comerciais de ramen e fotos em tamanho real mostrando os trabalhos internos em uma fábrica de ramen. Há até vídeo games mágicos com o tema ramen (apenas tente retirar os seus filhos da frente deles).

Esse método moderno para o ensino a respeito da massa parece completamente apropriado, dada a atenção internacional focalizada recentemente em Momofuku Ando, o inventor da massa ramen. Apesar de Ando ter nascido em Taiwan, vindo de uma família Chinesa, depois da Segunda Guerra Mundial, ele se mudou para Osaka e se tornou um cidadão japonês. Ele introduziu o primeiro pacote de macarrão instantâneo, chamado Chikin Ramen, em 1958, ao Japão pós-guerra, ansioso por transformar o seu macarrão tradicional em uma comida rápida. Revolucionou ainda mais a indústria quando introduziu os Cup Noodles, em 1971. Não só o restaurante famoso de David Chang recebeu o seu nome (veja ⑭), como também Elvis Costello deu ao seu último CD o nome de Momofuku, em homenagem à invenção de refeição rápida de Ando.

Acrescentando ao caos delicioso do museu, está a "Ramen Town," um pequeno parque temático em dois pisos subterrâneos. O parque em si é uma recriação da Tóquio dos anos 50, um período em que o Japão ainda não tinha se tornado a locomotiva moderna que é hoje. Esta recriação, carinhosamente nostálgica, retrata os comerciantes vendendo doces e pastéis nas ruas, réplicas de um período de outdoors e fachadas de loja, uma antiga loja de caça e uma esquina com uma quiromante. E no centro de tudo isso há oito lojas de macarrão, cada uma representando um dos melhores restaurantes de ramen do Japão. Uma visita não seria completa sem uma tigela de noodles regada a uma dose de saquê. As tigelas oferecidas variam de macarrão com um caldo salgado até uma sopa de missô, e outras sopas a base de soja, lojas diferentes, é claro, servem massas distintamente diferentes, então experimente várias. Os restaurantes são tremendamente populares; pode apostar que eles estarão bem cheios durante o horário do almoço. Antes de sair, você vai querer visitar a loja de presentes para levar alguns pacotes de macarrão e, talvez, um conjunto de pauzinhos.

ⓘ 2-14-21 Shin-Yokohama, Kohoku-ku, Yokohama 222 (✆ **81/45/471-0503**)

🚆 Shin Yokohama (30-40 min. de Tóquio).

🛏 $$$ **Capitol Tokyu Hotel**, 2-10-3 Nagata-cho, Chiyoda-ku, Tokyo (✆ **800/888-4747** nos E.U.A. e Canadá, ou 03/3581-4511; www.capitoltokyu.com). $$ **Park Hotel Tokyo**, 1-7-1 Higashi Shimbashi, Minato-ku, Ginza, Tokyo (✆ **03/6252-1111**; www.parkhoteltokyo.com).

Museus Gastronômicos

57 O Museu Holland Kass
Sorria e Diga "Cheese"
Alkmaar, Holanda

A linda vila de Alkmaar, no norte da Holanda, data do século X; ela é uma cidade idílica de canais pitorescos, pontes elevadiças, igrejas, casas de comércio e fortificações. O maior momento de Alkmaar na história veio durante os Oito Anos de Guerra, em 1573, quando o povo de Alkmaar lutou contra o invasor exército espanhol, com azeite fervendo e galhos em chamas.

Mas deixando esse momento de heroísmo de lado, Alkmaar é essencialmente uma cidade de comércio no meio de uma terra de laticínios, e isso se reflete em suas duas atrações mais famosas – o seu histórico Mercado de Queijos e o Museu Holland Kass, ambos situados no coração de Alkmaar. O museu do queijo (kass é a palavra em holandês para queijo) situa-se em uma casa tradicional de pesagem, que data do ano de 1390; na verdade, o piso térreo ainda é usado como uma casa de pesagem para o mercado nos dias em que opera, toda sexta-feira de manhã de abril a setembro. As exposições nos andares superiores, porém, fazem deste um ótimo lugar para se aprender sobre a produção de laticínios através dos séculos, e como foi sua evolução das fazendas para as fábricas. A coleção inclui leiteiras antigas, prensas, moldes e outros implementos, assim como uma série de 24 retratos do século XVI, mostrando mulheres em trajes da época, todos pintados com riqueza de detalhes em painéis de madeira. As crianças podem participar de uma caça ao tesouro (quem conseguir chegar ao fim ganha um "diploma" de mestre da história do queijo), e tem, é claro, uma degustação de queijos.

Tente agendar a sua viagem para uma sexta-feira, entre abril e setembro, para que possa aproveitar também o espetáculo do Mercado do Queijo de Alkmaar, uma das maiores atrações turísticas do país, que

Indo na Fonte

acontece na praça principal de Alkmaar pavimentada de pedras. Eles apresentam um grupo de homens conhecidos como os "portadores do queijo", vestidos em uniformes brancos e com chapéus de palha com fitas coloridas. Esses membros de várias associações carregam em volta enormes bolas de queijo cor de laranja, em barris de madeira pendurados em seus ombros. Tradicionalmente, o papel dos portadores era unir os compradores e os vendedores. Hoje, no entanto, todo o negócio é só para uma representação de como a manufatura do queijo holandês tem sido comercializada em massa, desde os anos de 1960. Isso acontece às 10h da manhã, chegue cedo para conseguir um bom lugar antes dos grupos de excursão.

ⓘ **Holland Kass Museum**, Waagplein 2 (✆ **31/72/515-5516**; www.cheesemuseum.com).

✈ Aeroporto Schipol de Amsterdam (25km/16 milhas).

🛏 $$$ **Golden Tulip Hotel**, Arcadia-laan 6 (✆ **31/72/540-1414**; www.goldentulipalkmaar.com). $$ **Amrâth Hotel Alkmaar**, Geestersingel 15 (✆ **31/72/518-6186**; www.amarathhotels.nl).

Museus Gastronômicos 58

Alimentarium
Alimento para o Pensamento
Vevey, Suíça

Conhecida como uma das "Pérolas da Riviera Suíça", Vevey tem uma localização invejável, com vistas deslumbrantes do Lago Geneva, das vinhas e dos canteiros de flores que são incentivados pelo belo e agradável clima. O panorama parece algo retratado em uma embalagem de uma barra de chocolate suíço – portanto, talvez seja apropriado que Vevey também seja a sede do Alimentarium Vevey, um museu instalado ali pela fundação Nestlé.

Longe de ser uma vitrine para servir a corporação, o Alimentarium assume o assunto ambicioso da alimentação em todas as suas facetas – a história, os métodos de preparo, a refeição e até a digestão. O método é, às vezes, acadêmico, cultural e histórico-social, mas as animadas exposições interativas evitam que ele pareça chato. A exposição de culinária, por exemplo, apresenta uma grande cozinha onde os visitantes podem assistir e discutir as técnicas que estão sendo demonstradas pelos chefs profissionais. Você também pode arregaçar suas mangas e participar de um workshop de culinária. A sessão de alimentação do museu examina de maneira inteligente os símbolos e o status associado a diferentes tipos de comida; ela também oferece exemplos de horários de refeições em várias partes do mundo, incluindo a história dos talheres e guarnição de mesa. A última sessão, "Digestão", dá a oportunidade de medir o seu metabolismo enquanto aprende sobre a dieta e sua conexão com o bem-estar. A história da alimentação é explorada em exposições temáticas especiais como aquela sobre a história da batata. E, sim, há um espaço que enfoca a Compania Nestlé, que pagou por tudo isto. Esse tributo ao fundador da empresa, Henri Nestlé, está cheio de embalagens e propagandas, delineando a evolução do negócio, que hoje é a maior companhia de alimentos do mundo.

Crianças em idade escolar podem tirar vantagem do Alimentarium Junior, um espaço interativo projetado para grupos escolares assim como crianças individuais; ele tem a sua própria cozinha, um vídeo game e uma caminhada gigante pelo modelo do trato digestivo (perfeito para o fator "eca"). Exposições práticas permitem que os jovens visitantes apertem botões que liberam aromas, iluminam figuras e iniciam a apresentação de clips.

Menus rotativos na cafeteria são feitos sob medida para apresentar qualquer tipo de comida que as atuais exposições celebram (no caso da exposição da batata, por exemplo, você podia encher o prato com os tubérculos saborosos preparados à maneira de várias culturas diferentes). Do lado de fora, encontra-se um lindo jardim com vista para o lago Geneva, com um relevo de plantas que reflete a estação. É um lugar ótimo para sentar-se e digerir toda o conhecimento sobre comida que você acabou de adquirir.

59 Museu da boa mesa e da bebida do sul

ⓘ Quai Perdonnet, Vevey (✆ **021/924-41-11**).

✈ Aeroporto de Geneva (os trens saem do aeroporto para Montreux/Vevey a cada hora).

🛏 $$$ **Hotel du Lac**, 1 rue d'Italie (✆ **800/780-7234** nos E.U.A., ou 021/925-06-06).

Museus Gastronômicos

59

O Museu da Boa Mesa & da Bebida do Sul Americano
O Verdadeiro Sul do Interior
Lousiania, New Orleans

Dizem que o caminho para o coração de um homem passa pelo estômago, mas os fundadores do Southern Food and Beverage Museum vão um passo adiante. Eles acreditam que o caminho para o coração de uma cultura é por meio de sua comida. O que é igualmente importante, eles também estão convencidos que essa pode ser uma viagem dinâmica e divertida.

O Museu da Boa Mesa e da Bebida do Sul abriu as suas portas no dia 7 de junho de 2008, em um moderno espaço impecável no segundo andar do projeto do Riverwalk Market, bem ao lado do centro de convenções da cidade. Apesar de estar localizado em New Orleans, sua missão é de ser a vitrine do sul inteiro dos Estados Unidos – e que colcha de retalhos fascinante é esta. Várias partes do museu são dedicadas a comemorar o caldeirão de raças dos grupos étnicos que trouxeram as suas cozinhas para a região; examinando os diversos comércios responsáveis por juntar os alimentos (dos pescadores aos fazendeiros e os caçadores); desconstruindo a ampla gama de restaurantes e lojas que oferecem alimentos para venda. Os visitantes podem fazer um tour por exposições criativas que são uma vitrine para menus, talheres e guarnição de mesa; e costumes de alimentação tanto dos humildes como dos celebridades, há vários filmes curtos para se ver e coleção de cartões-postais, fotos, livros, e manuscritos em exibição.

A história das bebidas do sul dos Estados Unidos não é ignorada, seja com um museu dentro do museu entitulado Museum of the American Cocktail. Apesar dos coquetéis e outras bebidas alcoólicas desempenharem um papel importante, há muito mais a se dizer sobre o Sul do que mint juleps e Sazeracs – é uma região que desperta com um café forte e então aplaca a sua sede ao longo do dia, com jarros de chá gelado da Louisiana ou copos de rootbeer ou Coca-Cola. A história das cervejarias do sul dos Estados Unidos também tem o seu lugar, com marcas como a Dixie, a Crescent City, e a Abita.

O museu leva bem a sério o seu papel como uma fonte de história cultural. Por exemplo, o seu projeto contínuo de Menus desvenda ativamente os antigos menus – seja os que vêm das espeluncas ou dos estabelecimentos finos – e os doa à Universidade de New Orleans para os pesquisadores e historiadores. Ele também tem uma biblioteca nas instalações, com livros de culinária e manuscritos dedicados à cozinha e à bebida do Sul dos Estados Unidos.

ⓘ Riverwalk, 1 Poydras St. #169 (✆ **504/569-0405**; www.southernfood.org).

✈ Aeroporto Internacional Louis Armstrong (15 milhas/24km)

🛏 $$$ **Omni Royal Orleans**, 621 St. Louis St. (✆ **800/THEOMNI** ou 504/529-5333; www.omniroyalorleans.com). $$**Hotel Monteleone** (✆ **800/535-9595** ou 504/523-3341; www.hotelmonteleone.com)

Indo na Fonte

7 Lugares para se Comer em . . . Nova Orleans, Louisiana

Como a maior parte dos visitantes que vem a New Orleans, você veio para cá provavelmente ansioso para comer, e você irá comer. Naturalmente, você deve tornar obrigatórias as paradas no French Quarter – tome um café au lait e um beignet para o café da manhã no Café du Monde, na Jackson Square, pegue uma bem recheada muffaletta da mercearia Central na Decatur Street, e pegue um sanduíche pick up a po' boy, do Johnny Po' Boys, na St Louis Street. Em nome da tradição, pode ser que você queira experimentar uma das instituições clássicas Creole também – o Galatoire's, o Antoine's, o Amaud's, o Brennan's, e o Commander's Palace – onde o serviço não muda há anos.

Mas o que faz de New Orleans uma grande capital culinária é a profundidade de seu conjunto de restaurantes – uma profundidade que só pode ser avaliada ao nos aventurarmos além do French Quarter. Cruze a Canal Street até o Central Business District, por exemplo, para encontrar o ⑥⓪ Café Adelaide (300 Poydras St.; ⓒ 504/595-3305; www.cafeadelaide.com), um pálido ponto impecável contemporâneo, onde uma geração mais jovem dos Brennans abriu o seu próprio negócio. O Chef Danny Trace, o antigo subchef no Commander's Palace, dá toques renovados aos pratos clássicos da culinária Creole; experimente o seu salmão macho com molho glaceado de soja e tabasco, o Louisiana boucherie (mignon de porco com mel de amora, repolho guisado e boudin crepinette), ou pato glaceado com ruibarbo e geleia de pimenta doce-azeda. Bem ao lado da Lafayette Square, o chef Donald Link deslumbra com jantares no aconchegante restaurante com lambri de madeira, ⑥① Herb-saint St. Charles Ave.; ⓒ 504/524-4114; www.herbsaint.com) apresentando delícias regionais como as pernas de rã fritas, toucinho defumado abafado, confit de pato com arroz escuro e um bisque espetacular, feito de camarão, tomate e do licor local do Herbsaint (mais conhecido como o ingrediente do coquetail Sazerac).

Pegue um dos bondinhos de St. Charles na direção do Auduson Park para encontrar o ⑥② Upperline (1413 Upperline St.; ⓒ 504/891-9822; www.upperline.com), um simpático café com preços moderados, cheio de arte, na parte residencial

A Associação James Beard julgou o frango frito do Willie Mãe um clássico americano.

7 Lugares para se Comer em... Nova Orleans, Louisiana

de Uptown. O chef do Upperline, Ken Smith, pode encarar chefs celebridades como Paul Prudhomme e Emeril Lagasse; experimente o pato assado, a perna de carneiro, o camarão de rio do campo, ou o aperitivo de tomates-verdes fritos com molho de camarão rémoulade (inventado aqui e agora copiado por toda a cidade). Também em Uptown, você verá filas fora esperando por uma mesa no colorido maneiro ❻❸ Jacques Imo (8324 Oak St.; ⓒ **504/861-0886**; www.jacquesimoscafe.com), um ótimo lugar para se experimentar os pratos Big Easy como o shrimp Creole, o peixe-gato recheado com carne de siri, ou o frango frito (de uma receita do falecido Austin Leslie). Bem no final da St. Charles, o ❻❹ Camellia Grill (626 S. Carrollton Abe.; ⓒ **504/309-2679**) tem estado por ali desde 1946, exceto pelos 18 meses de ansiedade depois do furacão Katrina; pode ser que você tenha que esperar por uma banqueta no balcão, especialmente na hora do café da manhã – os imensos omeletes suculentos e os waffles de pecan são adorados. Na hora do almoço, os grandes hamburguers desalinhados são maravilhosos (especialmente o patty melt), seguidos pela comemorada torta de pecan com chocolate.

O Herbsaint tem esse nome por conta de um licor feito no local.

Ou dirija-se além da Canal Street para a Mid-City, para provar duas preferências do bairro cujo resurgimento das cinzas pós-Katrina tornou-se um símbolo da recuperação de New Orleans. Renascida na mesma casa de molduras cor-de-rosa onde esteve por 50 anos, o agradável ❻❺ Mandina's (3800 Canal St.; ⓒ **504/482-9179**; www.mandinasrestaurant.com) serve um menu creole-italiano destacando clássicos como o camarão rémoulade, a truta meunière e a melhor sopa de tartaruga da cidade, venha aqui na segunda-feira para um jantar tradicional de feijão roxinho com arroz. Apesar de estar aberto só das 11h às 15h, o ❻❻ Willie Mae's Scotch House (2401 Saint Ann St.; ⓒ **504/822-9503**) vale a sua viagem durante o dia; esse humilde café de esquina com tábuas de madeira é uma vitrine para as comidas caseiras do sul dos Estados Unidos, inclusive uma receita secreta de frango frito, garantida como um clássico americano pela Associação James Beard.

✈ Aeroporto Internacional Louis Armstrong (15 milhas/24km)

🛏 **Omni Royal Orleans**, 621 St. Louis St. (ⓒ **800/THEOMNI** ou 504/529-5333 ; www.omniroyalorleans.com). **Hotel Monteleone** (ⓒ **800/535-9595** ou 504/523-3761 ; www.hotelmonteleone.com).

Indo na Fonte

Museus Gastronômicos 67

Galeria de Gelatina
O Dançante e o Bamboleante em Nova Iorque
Leroy, Nova Iorque

Quando o Bill Cosby visitou a galeria Jell-O, em 2004, ele foi recebido com boas-vindas de herói pelos funcionários que comemoravam o seu 30º ano como um garoto propaganda da Jell-O. É justo que eles festejassem o seu porta-voz, já que o marketing perspicaz sempre foi parte integrante da história da Jell-O. Cosby seguiu as pegadas correspondentes a um século de celebridade no show-biz, que vestiram a camisa da Jell-O durante anos, desde a Kate Smith, o Jack Benny e a Lucille Ball no rádio, até o Andy Griffith na TV.

A história iniciou-se em 1897, quando um carpinteiro original de Leroy, Pearle Wait, fez a primeira leva de gelatina com sabor enquanto ele estava preparando um remédio caseiro de xarope para tosse (a mulher dele, May, surgiu com esse nome atraente). Ele não teve o tino comercial para comercializar a sua descoberta, porém, depois de dois anos, o negócio mudou de mãos e foi eventualmente comprado pela Genesse Pure Food Company. A Genesse astutamente empregava artistas como Masfile Parish e Norman Rockwell para produzirem imagens impressionantes para seus anúncios impressos. Até 1902, as vendas tinham disparado até números enormes como 250.000 dólares. Dois anos mais tarde veio a menina Jell-O, uma porta-voz de 4 anos que segurava uma chaleira em uma mão e um pacote de gelatina em pó na outra. Até 1923, a Compania Jell-O em franca expansão tinha bens suficientes para comprar imediatamente a sua empresa coirmã, a Genesee Pure Food (finalmente o produto acabou sendo fabricado pela Kraft/General Foods). Ao longo das muitas mudanças de proprietários, o público continuou fiel em seu afeto pelo produto, uma vez anunciado como "Delicado, delicioso e doce".

Esse museu surpreendentemente divertido, que fica a 1 hora de carro, a leste de Niagara Falls e Buffalo, e gerenciado pela Sociedade Histórica Leroy, comemora a história tanto do produto como da propaganda, que fez esse regalo dançante virar uma palavra corriqueira. Depois do tour, você será capaz de identificar quais frutas flutuam e quais não, e impressionar os seus amigos com trivialidades como o fato de que uma vasilha de Jell-O, quando balança, tem a mesma frequência que as ondas do cérebro humano.

A loja de presentes é um testamento à tradição do Jell-O de um marketing inteligente. Ali você vai encontrar dedais com a marca Jell-O, relógios, cartões-postais, capachos, e isto é só o começo. Basta dizer que há algo para empolgar qualquer entusiasta do Jell-O.

🛈 23 East main St. (✆ **585/768-7433**; www.jellogallery.org).

🛏 $$ **Edson House Bed and Breakfast**, Rout 19, LeRoy (✆ **585/768-8579**; www.edsonhousebb.com). $$ **The Fox & The Grapes Bed & Breakfast**, 9496 State Rte. 414, Lodi (✆ **607/582-7528**; www.thefoxandthegrapes.com).

68 Mount Horeb Mustard Museum

Museus Gastronômicos
68

Museu da Mostarda Mount Horeb
Diversão com o Coronel Mostarda
Mount Horeb, Wisconsin

Um senso de diversão e humor atrevido permeia o Mount Horeb Mustard Museum, o animado e excêntrico museu de frente para a Main Street, numa pequena cidade em Wisconsin (procure pelo sinal amarelo mostarda, é claro). Com mais de 5 mil mostardas em exposição, essa é, provavelmente, a maior coleção de condimentos do mundo.

Quem diria que havia tanto a dizer sobre mostarda? As exposições nesse excêntrico museu cobrem a história da mostarda de A a Z, juntamente com mostra de potes antigos do condimento, latas de mostarda, velhas propagandas, objetos variados relacionados ao tema e filmes educacionais. Para aqueles que queiram se aprofundar mais no assunto, o museu oferece cursos com diplomas sobre o tema na Universidade Poupon – que tem até sua própria musiquinha usada como grito de guerra – batizada com o nome da mostarda mais vendida no país. (Você se torna um aluno ao comprar uma camiseta da Poupon-U – como é chamada a universidade –, casacos, canecas, assentos de vaso sanitário e todo tipo de parafernália que despertarão a inveja de seus amigos e vizinhos.

Cursos como "A Ecodinâmica do Gerenciamento da Mostarda" são ministrados pelo fundador e curador do museu, Barry Levenson. De acordo com Levenson, ele começou a colecionar mostardas para aplacar a depressão que sentiu após seu time de beisebol, o Red Sox, perder o título da World Series, em 1986. Em 1991, ele largou o emprego como assistente do Procurador Geral do estado de Wisconsin para dedicar-se, em tempo integral, à sua paixão por mostarda. O museu abriu as portas em 1992. Hoje, além de receber visitantes regulares, o museu patrocina o Dia Nacional da Mostarda, comemorado todo primeiro sábado de agosto (o evento inclui música, jogos e cachorros-quentes grátis, lambuzados de você-já-sabe-o-quê), além de publicar o informativo mensal "A Mostarda Apropriada", disponível on-line no site www.mustardweb.com.

Embora a maior parte do que se relaciona ao museu soe um tanto irônico, não há como não se sentir fascinado com todas as variações gourmets que o tema mostarda revela. Na loja, mostardas de todos os lugares dos Estados Unidos dividem as prateleiras com as vindas de 60 países diferentes. Você pode escolher mostardas doces e apimentadas, mostardas de frutas, mostardas de pimenta forte, pimentas com raiz-forte e até mostardas com toques alcoólicos, como cerveja, vinho ou até champanhe. Funcionários do museu (também conhecidos como "Conselheiros Confidenciais de Condimentos") podem ajudá-lo a escolher algumas dentre uma estonteante quantidade de embalagens perfeitas para levar de presente.

E, já que você está por aqui, aproveite para subir e descer a Main Street e admirar os inúmeros ogros entalhados na madeira que permeiam a rua principal, dando à Mount Horeb o título de Capital Mundial dos Ogros. Você tem que admitir, o Museu da Mostarda é perfeito para o lugar.

ⓘ 100 W. Main St. (✆ **608/437-3986**; www.mustardweb.com).

✈ Internacional de Milwaukee (108 milhas/174km).

🛏 $ **Village Inn Motel**, 701 Springdale St. (✆ **608/437-3550**). $$ **Holiday Inn Express Hotel** & Suites, Verona (✆ **877/270-6397**; www.holiday-inn.com). Ed ent inismolore

2 Férias Gastronômicas

Inns & Resorts Gourmet... 61
Cruzeiros... 75
Escolas de Cozinha para Viajantes... 81
Pousadas de Fazenda ... 101

Cozinheiros/chefs fazendo pratos em uma cozinha de restaurante

Inns & Resorts Gourmet

O Inn em Little Washington
O Pequeno Inn Que Pode
Washington, Virgínia

Em uma localização tentadoramente próxima de Washington D.C., ao pé das montanhas Blue Ridge, a hospedaria de Little Washington é um dos lugares mais cobiçados na Costa Leste para um jantar romântico de uma data especial. Quase que desde o dia em que Patryck O'Connel começou a servir refeições aqui, em 1978, esse restaurante íntimo de 30 mesas tem sido do tipo que você se desdobra para conseguir uma reserva (Apesar de uma reserva poder ser feita com um ano de antecedência para as noites que de semana, a disputa maluca por uma mesa aos sábados e domingos só abre oficialmente com 30 dias de antecedência). Se você for capaz de conseguir uma mesa, a viagem de 108 km (67 milhas) da capital da nação irá parecer quase nada.

A culinária de O'Connell passa por todas as palavras da moda – produtos regionais, produção fresca da fazenda, técnicas clássicas francesas – mas elas não transmitem adequadamente o brilho que essa cozinha pode trazer. Cada prato é projetado para que uns poucos sabores destacados se sobressaiam aos outros, com frequência recombinando os clássicos de novas e sutis maneiras reveladoras. Você pode começar, por exemplo, com algo tremendamente americano, como o macarrão com queijo e presunto da Virgínia, o Gouda envelhecido, as trufas negras de verão cortadas em fatias finas. O próximo prato poderá ser uma reinvenção esperta da vitela à parmegiana, um assado de mignon de vitela embrulhado no prosciutto com pequenos raviólis de espinafre imersos em um molho com bastante queijo parmesão. A sobremesa pode trazer um contraste de texturas de três pudins de chocolate, ou a doçura de verão de uma torta feita com três frutas diferentes. O menu de preços fixos é modificado diariamente,

A comida e a decoração são suntuosas no Inn, em Little Washington.

Férias Gastronômicas

O Inn em Little Washington ao pé das montanhas Blue Ridge

você pode simplesmente sentar-se e permitir que os pratos venham até a sua mesa. A carta de vinhos é mais do que impressionante, de uma adega de 14.000 garrafas. Para um verdadeiro desfrute, reserve uma das duas mesas ao lado do fogo lá na cozinha, onde você pode admirar o mestre e sua equipe trabalhando.

Olhando do lado de fora, essa pousada em estilo colonial branco com varandas duplas parece modesta – ela nem mesmo tem uma placa. Mas por dentro a decoração é um ataque inebriante de arte, cortinas drapeadas, antiguidades, enormes arranjos de flores, delicadas luminárias de colorido rosado, cristais e porcelanas brilhantes. E para os hóspedes que queiram manter o brilho do mimo, O'Connell e seu coproprietário, Reinhold Lynch, oferecem 18 acomodações igualmente luxuosas, decoradas em estilo inglês country. Esses cantos luxuosos vão de aposentos de casal até suítes de dois andares e chalés independentes (o retiro presidencial fica a 27 km (17 milhas) dali, mas o custo inclui um mordomo que irá levá-lo de ida e volta e servir o café na manhã seguinte). Até os apartamentos mais simples custam mais de 400 dólares por noite, e as tarifas sobem consideravelmente nos finais de semana. Ainda assim, os preços incluem o café da manhã e o chá da tarde e, o melhor de tudo, a garantia da sua reserva para o jantar. Os apartamentos também podem ser reservados com um ano de antecedência, é claro. Mas quem foi que disse que é fácil se conseguir a perfeição do luxo?

Middle e Main St., Washington ℂ **540/675-3800**; www.theinatlittlewashington.com).
✈ Nacional Reagan Washington (61 milhas/98km)

Inns & Resorts Gourmet 70

Auberge du Soleil
Pioneiro na Região dos Vinhos
Napa Valley, Califórnia

O nome significa "Pousada do Sol", e quando esse restaurante inspirado na região de Provença abriu, nesse pequeno bosque de olivas do Napa Valley, em 1981, foi um sucesso imediato – exatamente o tipo de lugar de alto nível que o turismo do vinho, em franco desenvolvimento na região, precisava. Apesar de seus sotaques mediterrâneos, o restaurante fez da produção e dos produtores locais os seus destaques – uma ideia relativamente nova em

1981, quando a cozinha da Califórnia já tinha pegado carona no fusionismo, transformando a cozinha francesa em algo imensamente Californiano. O Alberge du Soleil ajudou a sinalizar a entrada do Napa Valley, na sua maioridade, como uma região vinícola.

Em 1985, a pousada acrescentou acomodações de luxo em uma série de pequenas edificações geminadas ao longo da descida do morro. Todos os apartamentos têm uma vista para o vale, para os jardins da pousada ou para o arvoredo de olivas na montanha, em que janelas amplas e espaçosas sacadas privativas tiram o melhor proveito possível dessas vistas. A simples decoração contemporânea – todas as paredes são brancas, madeiras polidas escuras, pisos de lajota e tecidos em tons de terra – também complementam a vista. De alguma maneira os apartamentos dão uma sensação rústica de casa de fazenda da França, apesar de toda uma gama de comodidades modernas. Pegando outro tema da região, o resort acrescentou também um SPA com um menu de massagens e banhos e vapores que fazem um equilíbrio amigável entre a terapia holística de volta à natureza e o paparico luxuoso.

Nos mais de 20 anos desde que o Auberge Du Soleil foi inaugurado, o Napa Valley tornou-se um dos destinos turísticos principais nos Estados Unidos, e vários outros restaurantes e resorts supremos entraram para o cenário. Mas o Auberge continua à frente, um resort por si só. Os visitantes que ficam em outras pousadas ainda fazem uma refeição no Auberge, um dos pontos altos em suas viagens, enquanto alguns prósperos hóspedes que retornam, relaxam aqui por dias sem se sentirem tentados a "fazer o Napa".

O chefe atual do restaurante, Robert Curry, tem todas as credenciais corretas da Califórnia – ele estudou com Wolfgang Puck e antes foi cozinheiro em vários lugares, no Domaine du Chandon e no Greystone –, mas também foi treinado por chefes franceses famosos como Alain Ducasse, Michel Richard e Michel Rostang. (Aí está a junção da França com a Califórnia novamente). Como seria de se esperar, a carta de vinhos é excepcional – eles afirmam ser a mais extensa do Vale – e as combinações de vinho são um ponto de foco do menu de degustação numa sequência de seis pratos. Para se manter atualizado, o restaurante do Auberge persegue a produção local com a sua própria horta de verduras e temperos no quintal da cozinha, e as instalações dos apartamentos também são orgânicas e sustentáveis. E nada mais justo, porque entrar em contato com a terra – ou talvez devêssemos dizer com o terroir – é o objetivo do Auberge Du Soleil.

ⓘ 180 Rutherford Hill Rd. Rutherford (☏ **800/ 348-5406** ou 707/963-1211, www.aubergedusoleil.com)

✈ Internacional de São Francisco (76 milhas/ 122km), Aeroporto Internacional de Oakland (69 milhas/11km)

71 Inns & Resorts Gourmet

O Broadmoor
As Alturas das Montanhas Rochosas
Colorado Springs, Colorado

Mesmo se você não estivesse interessado em comer bem, teria muitos motivos convincentes para ficar no Broadmoor: os três campos de golfe, as quadras de tênis, as baias dos cavalos, a escola de pesca à pluma, o moderno centro de condicionamento físico e o SPA, o grande complexo de piscinas que parece surgir como mágica, vindo do Lago Cheyenne. Então há a grandiosidade do prédio principal rosa em estilo da Renascença italiana, com seu piso e escadaria de mármore, candelabros pesados, tetos pintados à mão com vigas, mobília rebuscada, e a fonte barroca na entrada. Os 700 apartamentos dos hóspedes são espaçosos e decorados de forma opulenta, o serviço é atencioso e educado. Um dos primeiros hóspedes, quando foi inaugurado em 1918, foi John D. Rockfeller, e o resort tem recebido hóspedes do calibre dos Rockfellers desde então.

Jantares soberbos têm sido a pedra fundamental da experiência do Broadmoor, porém. Desde o início, o fundador Spencer Penrose – ansioso por chamar os titãs dos Anos Dourados da indústria para o seu novo resort – exigiu que o hotel introduzisse um estilo fino europeu de servir em vez do estilo rude e caído do Colorado, e essa tradição perdura. Uma dúzia de restaurantes diferentes estão espalhados em volta dos 1.215 hectares (3.000 acres) da propriedade, inclusive o único restaurante com três diamantes do AAA, o res-

Férias Gastronômicas

taurante **Penrose Room**, um salão com brilho formal na cobertura do prédio com vista panorâmica para as montanhas e um menu continental refinado. O restaurante **Charles Court**, com sua decoração de estilo inglês country e vistas do lago Cheyenne que parecem quadros na janela, direciona-se para um território mais contemporâneo com um menu americano mais voltado para os ingredientes das montanhas Rochosas – comidas como o carpaccio de carne do Colorado com uma fritada de batata doce defumada e ovo de codorna, ou um dueto de truta do riacho e costelinhas de bife Kobe, servidas com lentilhas vermelhas e molho Romanesco. A cozinha mais ousada de todas fica do outro lado da rua, no restaurante independente **Summit** (19 Lake Circle ℂ **719/577-5896**), com sua decoração impecável em tons de terra, com design de Adam Tihany e um menu eclético de cervejaria, sempre renovado – tudo desde o tamboril até o "osso buco" e a salada frisée com bacon defumado, das ostras cruas até as beterrabas assadas, dependendo do que está disponível na estação. Tanto o Penrose Room como o Summit têm salões privados para degustações e demonstrações culinárias, o Charles Court tem uma mesa do chef na cozinha.

Você não está a fim de se arrumar toda para o jantar? Então fique com o **Tavern** e suas paredes cobertas em lambri de pinho, inaugurado em 1939 (confira as gravuras autênticas de Toulouse Lautrec nas paredes). Em um forno de pedra aberto eles assam excelentes carnes, hambúrgueres, e peixes (experimente a truta marrom do Colorado). Ou mergulhe de cabeça na sua Anglofilia no **Golden Bee**, um autêntico pub inglês foi despachado direto para o Colorado, ele serve um steak and mushroom pie (torta de carne com cogumelos), fish and chips, o trifle (uma sobremesa tipo pavê), a verdadeira ale (cerveja inglesa), e até as cantorias do pub. Mesmo no campo de golfe descontraído e nos restaurantes da piscina, a comida é servida com classe. Você não tem que ser um titã da indústria para comer no Broadmoor — embora você possa acabar se sentindo como um.

ⓘ Lake Circle na Avenida Lake, Colorado Springs (ℂ **800/634-7711** ou 719/634-7711; www.broadmor.com).

✈ Colorado Springs (10 milhas/16km)

Inns & Resorts Gourmet 72

Tendrils/Cave B Inn em SageCliffe
O Penhasco se Levanta
Quincy, Washington

A parte do nome que fala em Cliffe não é um mero detalhe poético – não com esse cenário de despenhadeiros de puro basalto acima do Rio Columbia. É um lugar esplêndido para 270m encontrar uma pequena hospedaria de luxo ser íntima, e o Cave B Inn at Sage Cliffe (chamado assim por causa da famosa propriedade da vinícola Cave B que fica ali perto) não permite que você se esqueça desse local de tirar o fôlego, com enormes paredes de vidro no hall e na sala de jantar, e janelas que vão do chão ao teto nos 30 apartamentos de hóspedes.

E então tem a parte "sage" (pode se referir a sálvia na língua inglesa) do nome, que se refere às 30 variedades de sálvia que crescem selvagens nos arbustos, no limite do semiárido planalto de Colúmbia. Uma grande quantidade de restaurantes fala sobre o uso dos ingredientes locais, mas o Tendrils, o aclamado restaurante dessa hospedaria, depende deles, indo a ponto de procurar pela sálvia selvagem. O chef Shauna Scriver apanha a produção diária da horta orgânica e do pomar do chef. Inclusive alguns que são relíquias de família como o amaranto, a quinua, o armole (espinafre da montanha), trigo emmer e as batatas Lineu. Toda a propriedade de Sage Cliffe dedica-se a ser verde (olhe para baixo e você irá notar que o piso do restaurante é feito de dormentes de estrada de ferro reciclados), portanto, não é de se surpreender que a cozinha também siga a estética da Slow Food. O Tendrils apresenta-

🟢 Sooke Harbour House

-se como um bistrô country casual de vinhos, mas não se deixe enganar por isso, a cozinha do Scriver é sofisticada mesmo. O salmão-rei local pode ser servido com samambaia avestruz e arroz selvagem; as costeletas de carneiro guisado vêm com polenta amarela e verduras murchas; o queijo de cabra é temperado com ervas da horta e alho assado, junto com homus feito de favas de castanha local; e uma sopa de cebola branca e batata é guarnecida, é claro, com sálvia-azul. Scriver também colabora com o fabricante de vinho da Cave B, Freddy Arredondo, para criar combinações de comidas e vinhos que demonstram os vinhos valorizados de propriedade da vinícola, que incluem uma mescla premiada de Cuvée du Soleil Bordeaux e um Syrah encorpado.

Com vinícolas a volta toda, a própria pousada parece uma série de barris de cabeça para baixo, com tetos baixos curvados de metal corrugado, arqueados, sobre as paredes de pedra extraídas ali mesmo na propriedade – elas praticamente se misturam com o terreno dos despenhadeiros. Os apartamentos dos hóspedes, ricamente mobiliados, vão desde aposentos grandes no alojamento principal (onde se localiza o restaurante) até as "cliffehouses" espaçosas de um ou dois quartos. Além de fazer o tour das vinícolas, você poderá relaxar no SPA ou à beira da piscina; o clube de música Cellar, na própria pousada, e o vizinho Anfiteatro Gorge recebem uma variedade de concertos também (REM, Sting e Bob Dylan estão entre os artistas que tocaram recentemente no Gorge). A pousada, que abriu em 2005, é apenas o primeiro estágio de um resort bem maior a ser construído nos próximos anos. O SageCliffe está tendo certamente um início extraordinário.

ⓘ 344 Silica Rd. NW, Quincy (✆ **888/785-2283** ou 509/785-2283; www.cavebinn.com).

✈ Aeroporto Panghorn Memorial, Wenatchee (29 milhas/47km).

---

73 Inns & Resorts Gourmet

Sooke Harbour House
Onde os jardins encontram o Mar

Sooke, British Columbia

Estabelecido bem na ponta da Ilha de Vancouver, com vistas de cair o queixo do Estreito de Juan de Fuca na direção das acidentadas Montanhas Olímpicas, essa pequena pousada de campo faz uma sombra bem maior do que você poderia esperar. Ela é conhecida mundialmente pela sua decoração artística singular, seus jardins esplêndidos, a natureza em volta (você pode ver focas, leões marinhos e aves marinhas bem da bancada do seu apartamento), e, acima de tudo, jantares finos em um dos restaurantes mais aclamados do Canadá.

Ao entrar no lobby, você seria perdoado se pensasse ter entrado em uma galeria de arte – na verdade, o Sooke Harbour House é, de fato, uma galeria, apresentando obras de arte originais, feitas por artistas locais em lançamento, que chamam a atenção, todas elas estão à venda. Cada uma das suítes pintadas de branco é individualmente decorada pelo coproprietário francês, Frederic Phillip, com antiguidades, pisos de madeira polida, flores frescas, obras de arte surpreendentes, e móveis inteligentes artesanais, todos sobre um fundo branco de galeria de arte e cortinas. Cada suíte tem a sua lareira e (exceto por um único apartamento) um balcão do lado de fora; muitas também têm Jacuzzis ou ofurôs. Um serviço de quarto simples, com café da manhã, está incluído na diária; toda uma gama de serviços de SPA também está disponível.

Até visitantes que não estiverem hospedados na pousada podem vir jantar no renomado restaurante. A sua ênfase é nos ingredientes do Noroeste do Pacífico, incluindo as

Férias Gastronômicas

Skate wing (tipo de arraia) com agrião no Sooke Harbour House em British Columbia.

águas próximas do Inn. A rede de fornecedores locais do Chef Edward Tusson providencia os cogumelos selvagens e as frutas silvestres, o frango orgânico, o pato e o coelho selvagens; e o carneiro, o porco e a vitela novinhos e macios. O menu muda todos os dias, mas pode ser que você encontre entradas como a perna de carneiro assada com ervas e um molho de nectarina sobre polenta com batata e erva-doce e repolho refogados, ou um filé de halibut do pacífico com ovas de truta, servidos com raviólio de erva-doce e repolho, brócolis e purê de banana.

Durante a semana, o jantar é por preço fixo, apesar de algumas seleções à la carte estarem disponíveis nos finais de semana. Reserve com antecedência se você quiser o menu de degustação de sete ou nove pratos, que também inclui uma opção de vinhos que acompanham (a Wine Spectator coloca o Sooke Harbour House na categoria das "melhores do mundo"). Vários pacotes especiais conquistam com brindes como um tour pela cave de vinhos, um tour pelos jardins, ou uma tarde com o chef. Observe que o inn fecha por duas semanas em janeiro, e toda terça e quarta no inverno, exceto na época das festas de dezembro. O Sooke Harbour House tem a audácia de ser um pouco diferente – isso é tudo parte do seu charme indescritível.

verduras, as ervas, e flores comestíveis da própria horta da hospedaria – tudo, desde o alecrim e o tomilho até os kiwis, as ameixas, o agrião, e as flores de maracujá. Os frutos do mar também estão presentes de forma destacada, inclusive o caranguejo aranha, o salmão, o bacalhau negro, o mexilhão e as ostras, a maior parte deles pescados nas

1528 Whiffen Spit Rd., Sooke Harbour
800/899-9688 ou 250/642-3421 www.sookeharbourhouse.com)
Victoria (30km/19 milhas)

Inns & Resorts Gourmet   74

Three Chimneys & the House Over-By
Nas Alturas do Skye
Ilha de Skye, Escócia

Uma casa de pedra de granja em um lago remoto nessa inóspita ilha das Hébridas – é uma localização pouco provável para um dos melhores restaurantes do mundo. E, ainda assim, é aqui que você encontra o premiado Three Chimneys, que declara orgulhosamente a sua origem escocesa com itens do menu como a carne de Aberdeen Angus com batatas Dauphinoise, salmão escocês frito na panela com molho de aspargo e limão, mignon de carneiro Glenhinnisdal com rins, coração e fígado, *neep pury* (nabo sueco amassado),

74 O Three Chimneys & the House Over-By

e colcannon (repolho e batata amassados), ou uma sobremesa de pudim de marmelade (uma geleia de laranja) com creme de Drambuie. Com certeza Robert Burns aprovaria.

Com apenas quatro áreas com mesas de jantar, o Three Chimneys é um tipo de lugar íntimo, com luz de vela tremulando nas paredes de pedra rústicas e tetos baixos com vigas. Contudo, as mesas são postas com toalhas de linho branco impecável, com cristais e porcelanas e o serviço é perfeitamente cortês. As especialidades são os frutos do mar frescos, o carneiro e novilhos de Skye, a caça das Highlands, acompanhados pelos queijos caseiros, ovos caipiras, e produtos frescos do local, pães, biscoitos de aveia, e tortas tradicionais são assadas todos os dias na cozinha. A chef fundadora, Shirley Speare, que inaugurou o restaurante em 1985 e granjeou os seus primeiros prêmios, assumiu uma posição secundária desde 2005, trabalhando por trás das cenas com o seu sucessor, Michael Smith, que pegou o bastão lindamente. O restaurante também tem uma carta de vinhos de categoria, desenvolvida pelo marido de Shirley e coproprietário, Eddie Speare.

O lugar descreve-se como "um restaurante com apartamentos". O Three Chimney tem, por acaso, seis suítes para os seus hóspedes passarem a noite em uma casa moderna do outro lado do pátio. E todas elas são, só para mencionar, bem iluminadas, com comodidades modernas como TV, VCR, aparelho de CD e frigobar, sem falar da vista panorâmica da costa. Os apartamentos são espaçosos, com decoração extremamente simples, com cores vivas espalhadas, banheiros espaçosos e portas que se abrem para um jardim privativo com seu próprio riachinho murmurando (ou como os escoceses diriam, um "burn"). Inaugurado em 1999, a House-Over-By complementa perfeitamente a experiência do Three Chimney (não só porque existem tão poucas outras opções de hospedagem na área mais próxima). A localização tão remota sempre foi parte dos atrativos da casa – o Bed and Breakfast faz do local um dos pontos de refúgio mais memoráveis do mundo.

ⓘ Hwy 8884, Colbost, Ilha de Skye (✆ **44/1470/511-258** ; www.threechimneys.co.uk).

✈ Inverness (129km/80 milhas).

O Three Chimneys & the House-Over-By na ilha de Skye, na Escócia.

Férias Gastronômicas

Inns & Resorts Gourmet 75

Le Manoir aux Quat' Saisons
Uma Mansão para Todas as Estações
Oxford, Inglaterra

Um nobre normando construiu essa mansão de pedras cinza e cor-de-mel no início dos anos 1300. Portanto, parece existir uma justiça peculiar no fato da mansão do Manoir aux Quat'Saison, ter alcançado sua maior glória nas mãos de um francês – neste caso, Raymond Blanc, dono do hotel e chef de seu restaurante mundialmente famoso.

Quando Blanc abriu o Manoir, em 1984, batizou-a com o mesmo nome do premiado restaurante onde havia estabelecido sua reputação na Inglaterra, em um subúrbio ao norte de Oxford chamado Summertown. Blanc sempre desejara comandar um hotel numa mansão campestre, algo parecido com os hotéis-restaurantes em que grandes chefes franceses como Fernand Point, Pierre e Jean Troigros, Paul Bocuse e Bernard Loiseau fizeram fama. A idílica cidadezinha de Great Milton, em Oxfordshire, parecia possuir a atmosfera perfeita, com seus chalés de pedra e estuque junto à velha igreja e, quando a mansão ficou disponível após a morte do então proprietário, Lord Cromwell, Blanc agarrou a oportunidade de mudar seus negócios para lá. Desde 1990, o Le Manoir aux Quat' Saisons mantém duas cobiçadas estrelas do guia Michelin, o único hotel-restaurante inglês a receber tal distinção.

Como o nome mesmo diz, o Quat' Saisons sempre se pautou por servir menus sazonais. Muito embora Blanc tenha passado o comando da cozinha do dia a dia para as mãos de seu protégé, o chefe executivo Gary Jones, sua cozinha ainda se dedica a promover ingredientes frescos da região. Na esplêndida horta de dois acres nos jardins do Manoir, crescem 90 tipos diferentes de vegetais e 70 tipos de ervas, fornecendo, assim, a maior parte da produção utilizada na cozinha (é tudo orgânico, claro – Blanc defende o uso de alimentos orgânicos desde o final da década de 1980). O menu está sempre mudando, mas o visitante encontrará uma influência definitivamente francesa em pratos como confit com foie gras, um ceviche de vieiras escocesas e atum, ou num prato de leitõezinhos assados no próprio caldo. Enquanto as paredes irregulares de pedra, as janelas de venezianas de madeira com esquadrias de chumbo, salões revestidos de madeira e lareiras rugindo, nos remetem à herança da construção, todo o resto na mansão agrega o conforto atual contemporâneo. Os clientes podem escolher entre um menu de três pratos, um de cinco pratos com preço fixo ou o menu degustação com 10 pratos.

O hotel tem 32 quartos. decorados Individualmente por designers conhecidos como Michael Priest, Emily Todhunter, e Trevillon, cada qual é uma deslumbrante mostra de estilos desde o Vitoriano cheio de babados até o Francês rústico, passando pelo ambiente oriental em madeira e cetim vermelho da suíte Opium. Luxuosas ao extremo, as acomodações são bastante caras, próprias para uma ocasião romântica especial que permita certa indulgência.

Desde 1997, o Manoir abriga também uma escola de culinária onde a equipe de Blanc oferece cursos de um, dois ou quatro dias. As aulas incluem tópicos variados como fusion cuisine, pães, peixes e moluscos, jantares festivos e – *naturellement* – os pratos da culinária "direto da horta para a mesa".

ⓘ Great Milton, Oxfordshire (✆ **800/845-4274** nos Estados Unidos, ou 44/1844/278881; www.manoir.com).

✈ Aeroporto de Heathrow (61 km/38 milhas).

🚆 Oxford (19 km/12 milhas).

Inns & Resorts Gourmet

Hôtel-Restaurant Troisgros
Tudo em Família
Vale do Loire, França

Era uma vez, um hotel comum numa cidade pequena, o tipo de estabelecimento que depende da estação local de trem para ter movimento. Mas isso foi antes de Jean-Baptiste Troigros e sua esposa, Marie, comprarem o lugar, em 1930. Situado na rodovia N7, o Hôtel-Restaurant Troigros faz parte da rota dos aficionados por gastronomia que atravessam as províncias francesas à procura de refeições memoráveis, e ali as encontram. Com Jean-Baptiste no comando do salão e Marie no fogão, a reputação do hotel espalhou-se como fogo.

Nos idos de 1950, o aumento das viagens de turismo no pós-guerra trouxe uma clientela internacional para os arredores de Lyon, e Pierre e Jean – os filhos do casal, a esta altura já no comando da cozinha, após Papa se certificar de que eles haviam sido treinados pelos melhores chefes da França – ganharam sua primeira estrela no guia Michelin, em 1954. Em 1968, o restaurante já ostentava três estrelas, e permanece assim há 40 anos.

Sob o comando de Michel, filho de Pierre, que é quem comanda a cozinha agora, o restaurante alcançou níveis ainda mais altos. Seguindo as tendências no universo cada vez mais competitivo da gastronomia, Michel abriu espaço no menu de pratos clássicos franceses para influências asiáticas (Michel viveu no Japão durante a infância quando seu pai era chefe do Maxim's em Tokyo) e Californianas (Michel Guérard foi o mentor de Michel em sua viagem pela América), sem abrir mão, no entanto, da tradição dos Troigros de utilizar ingredientes frescos da região com uma simplicidade de tirar o fôlego. Não espere encontrar espumas ou cozinha fusion por aqui, mas pratos honestos e saborosos como foie gras frito servido com beringela marinada, sopa de pinhão perfumada com maçãs Granny Smith, saramunete com erva-doce e laranja kinkam, salmão com molho de sálvia, ou carne bovina com vinho Fleurie e tutano. Para sobremesa, peça para ver a seleção exclusiva de queijos, uma das mais completas da região – ou, quem sabe, aprecie um suflê praliné.

Decorado com cores neutras e arte contemporânea, o restaurante apresenta uma cozinha soberba com serviço impecável – e preços astronômicos, é claro. Embora o hotel anexo nunca tenha recebido a atenção dada ao restaurante, este é, definitivamente, muito mais do que um "restaurante-com-quartos"; a esposa de Michel, Marie-Pierre, decorou os 16 quartos num impressionante estilo minimalista contemporâneo, que combina com o cenário de tons neutros e chiques do restaurante.

Doces do Hôtel-Restaurant Troigros.

Férias Gastronômicas

A família também opera o Le Central, um café mais descontraído na mesma rua com uma loja anexa de produtos gourmet. Sempre à procura de novos horizontes, Michel comanda o restaurante do hotel Hyatt Regency Tokyo (mais uma vez o Japão) e desenvolve agora o projeto de um novo hotel campestre nos arredores de Roanne. Não se pode condenar um chefe assim talentoso por desejar mais do que apenas comandar os negócios de família – mesmo quando o negócio de família é o espetacular Hôtel-Restaurant Troigros.

ⓘ Place Jean Troigros, Roanne (✆ 33/4/77-71-66-97; www.troigros.com).

✈ Lyon (118 km/73 milhas).

Inns & Resorts Gourmet 77

Château Les Crayères
Sabores de Champanhe
Reims, França

O champanhe é mais do que uma bebida frisante – o próprio nome encarna um estilo de vida superior, e uma forma de fazer as coisas com estilo luxuoso. Talvez a expressão mais atual dessa tendência do champanhe seja este hotel-restaurante em um Solar de casa de campo no limite da capital regional de Reims. A cozinha aqui sempre foi como um ímã para os barões do champanhe da área, mas esses dias de acomodações de luxo são ainda uma atração maior dando ao Lês Crayères um lugar em várias listas de revistas de "melhor hotel no mundo" durante a década passada. É uma parada essencial para os turistas abonados do mundo todo.

As instalações são magníficas. Uma mansão bourgeaise de alto nível (na verdade um pequeno château) datando do ano 1903, rodeado por um parque de 5.6 hectares (14 acres). É uma verdadeira joia, cheio de tetos altos, candelabros, sancas elaboradas e lambris de madeira, quadros a óleo e tapeçarias com molduras douradas, pisos e pilares de mármore, ferro fundido em estilo Art Nouveau, carpetes, estofados e cortinas com estampas ricas. Construído originalmente para o Marquês e a Marquesa de Polignac e ligado à propriedade do champanhe Pommery, o chateau tornou-se um hotel de luxo em 1983. O famoso chef local, Gerard Boyer, foi persuadido a transferir seu admirado restaurante La Chaumière para o local também, e logo o Relais Châteaux tomou conta da propriedade. Os 16 apartamentos de hóspedes do Lês Crayères, alguns no château e outros nos chalés em volta dos terrenos com relevo de vegetação luxuriante, são decorados individualmente em estilo provençal francês. Pode-se esperar muito tecido com estampa do tipo toile e brocados, obras de arte ecléticas e poltronas e sofás bem-estofados. Espaçoso e cheio de comodidades modernas (inclusive o ar-condicionado, que nem sempre está presente na França), esses são alojamentos de primeira linha mesmo.

Os salões de jantar com a elegância da Belle Epoque combinam perfeitamente com a clássica cozinha francesa. O atual chef Didier Elena, um protegido de Alain Ducasse, tem feito maravilhas aqui. Inicie a sua refeição com raviólis recheado com escargots ou prove uma entrada com três diferentes preparos do foie gras. O peito de frango Bresse vem delicadamente lardeado com presunto e trufas negras; o carneiro acompanhado por uma berinjela à parmegiana suculenta com alho e salsinha. O rodovalho selvagem e a lagosta grelhada são indescritivelmente delicados, e o pato assado com molho de vinagre e mel é um deleite regional da terra. Entre os menus de preço fixo, você vai encontrar um menu especial de degustação Tradicional de Champagne de sete pratos, apresentando vinhos que se harmonizam com os mesmos – é uma grande maneira de se explorar uma variedade de vinhos locais, o que pode incluir muito mais do que os vinhos espumantes méthode Champenoise. Ao viajar pela região de Champagne, você irá vagar pelas vinhas em vários dos grand châteaux. Aqui está a sua chance de ficar em um deles, e sentir-se como um barão do champanhe pelo menos por uma noite.

78 Locanda dell'Amorosa

ⓘ 64 bd. Henri-Vasnier (✆ 33/3/26-82-80-80; www.lescrayeres.com).

✈ 🚆 Reims (2.2 km/11/3 milhas).

78 Inns & Resorts Gourmet

Locanda dell'Amorosa
De Volta à Fazenda
Sinalunga, Itália

No Vale do Chiana, um pouco a leste de Siena e ao sul de Aresso, uma alameda do campo estreita como uma flecha ladeada por ciprestes finos e escuros, leva da Sinalunga dos dias modernos para uma relíquia do passado agrário rico da Itália. Passe alguns dias na Locanda dell'Amorosa e você vai encontrar os ideais do movimento da Slow Food fazendo mais sentido do que nunca.

Nos tempos medievais, Amorosa era um animado complexo autossuficiente de fazendas feudais, ligado a um solar que pertencia aos poderosos Piccolominis de Pienza. Os habitantes da vila moravam em um prédio de arcos de pedras brutas do campo e de tijolos, os tetos baixos de tijolo vermelho protegendo do sol da Toscana, bem do outro lado do quintal, vindo da direção dos celeiros do gado e de outros prédios da fazenda. No século XIV, tais comunidades espalhavam-se pelos campos da Itália; Amorosa é uma das poucas que sobreviveram. Ela ainda é uma fazenda de trabalho, apesar de que hoje nos campos ao seu redor são cultivadas plantações gastronômicas como as uvas, azeitonas, os girassóis. A mansão está guarnecida de apartamentos de alto luxo, e os estábulos de pedra abrigam um dos restaurantes mais aconchegantes da Toscana.

Os atuais proprietários o transformaram em um restaurante campestre, o Le Coccole, em 1871, com a ideia de trazer produtos direto da fazenda para o público, em uma versão de casa fina. No ápice do sucesso do restaurante, os proprietários acrescentaram 27 apartamentos para hóspedes também decorados em uma mistura eclética de antiguidades campestres e móveis rústicos artesanais, com tetos com vigas de madeira, paredes caiadas brancas e janelas de folhas grandes, com vista para os campos da fazenda. Apesar de completamente equipadas com o conforto moderno, elas ainda exalam uma robustez e uma simplicidade que se presta de forma ideal ao local.

A Locanda dell'Amorosa ainda é uma fazenda de trabalho.

71

Férias Gastronômicas

Na verdade há dois restaurantes no local – uma enoteca casual onde se pode provar toda uma gama de vinhos locais acompanhados de pratos regionais, e o restaurante fino. Ainda parece um celeiro de gado, com os arcos de tijolos brancos lavados, o piso de lajotas, e os acabamentos, em ferro feito à mão, apesar de terem acrescentado guardanapos de tecido branco e cristal, e luz de velas, ele se transformou de uma maneira romântica. A cozinha refinada do Chef Giancarlo Propedo presta um tributo aos sabores da Toscana, os pratos são baseados na carne do celebrado gado Chianina e do porco Cinta Senese, no frango caipira, na produção da fazenda e vinda das fazendas vizinhas, o salame da Trequanda, os queijos de Pienza e Montalcino, as trufas brancas de San Giovanni d'Asso, o azeite de oliva extra-virgem da Toscana e as massas feitas na casa.

A Locanda dell'Amorosa faz uma boa base para as excursões diárias em volta do interior da Toscana, apesar de você também poder simplesmente descansar à beira da pequena piscina e desfrutar a paz, talvez com uma garrafa do vinho da casa. Fique alguns dias e você vai perder totalmente a noção do que é correria.

ⓘ Numa saída da SS326 (Sinalunga-Torrita di Siena Rd.), Chiusi/Chianciano (✆ **39/577/677-211**; www.amorosa.it).

✈ Perugia/Sant'Egidio (73 km/45 milhas).

Inns & Resorts Gourmet **79**

Hotel Mount Nelson
Eia, Nellie!
Cidade do Cabo, África do Sul

Carinhosamente apelidado de "the Nellie", o Monte Nelson é uma antiga grande instituição colonial, um tipo de fantasia do Império Britânico Mercador de Marfim, instalado no meio de 3,6 hectares (9 acres) de jardins salpicados de palmeiras, parecendo estar a léguas de distância do resto da efervescente Cidade do Cabo. Inaugurado em 1899 como um hotel de primeira à beira da ferrovia, essa grande e esparramada dama cor-de-rosa da era Vitoriana criou um pouco de ranço ao longo dos anos. Contudo, assim como a África do Sul – que já foi um pária entre nações – reinventou a si mesma como um destino quente para o eco-turismo e o vinho, também o Nellie foi recentemente reformado de maneira brilhante para o século XXI.

Como qualquer hotel de grande escala, o Mount Nelson oferece uma variedade de locais para uma refeição. O terraço aberto do casual Oasis tira vantagem do abundante sol da África do Sul para todos os almoços ao ar livre e cafés da manhã de buffet. Enquanto o bar chique e da moda Planet traz todas as visitas célebres para a Cidade do Cabo, os que querem deleitar-se na tradição britânica escolhem o pródigo chá da tarde, servido na sala do bolo de noiva branco, ao lado da fonte do Lord Kitchener. Para uma das experiências de gourmet mais sérias da Cidade do Cabo, no entanto, não se pode perder o jantar no restaurante Cape Colony, que recebeu o título de um dos melhores hotéis do mundo. A elegância do velho mundo nessa sala de refeições – com seus tetos abobadados, colunas caneladas, palmeiras em vasos, cortinas drapeadas e pequenas luminárias de mesa cintilando – poderia dar uma falsa ideia sobre a culinária inventiva do chefe executivo Ian Mancais. Sim, metade do seu menu concorda com a clientela da velha guarda do Nellie com pratos clássicos perfeitamente executados como a bisque de lagosta, a Terrine de pato e o Filet Wellington envolvido em massa folhada, mas ele realmente decola com o lado contemporâneo do menu, onde você vai encontrar pratos como a Tartar de avestruz com ovos de codorna pochê, agnolotti recheado

Hotel Mount Nelson

O restaurante Cape Colony, considerado por muitos como um dos melhores restaurantes de hotel no mundo, no Hotel Mount Nelson da Cidade do Cabo.

com guisado de rabada puxada no chocolate meio-amargo, carneiro vietnamita laqueado, ou o atum grelhado sobre o carpaccio de abacaxi. Uma mesa do chef foi posta para seis a dez jantares no centro da cozinha esfuziante de Mancais, e noites de boa mesa e vinho são oferecidas regularmente como uma vitrine para os produtos da movimentada indústria vinícola da África do Sul.

Devido ao perfil imponente da fachada do Mount Nelson, é surpreendente ver tamanho frescor e a linha clean que a decoração interior mostra, incorporando elementos tradicionais – reproduções antigas, tecidos com estampas vintage, e assentos com estofados arredondados – em uma aparência discreta, refinada, que é extremamente contemporânea. Com duas piscinas externas impecáveis, uma academia de ginástica, um SPA holístico, quadras de tênis e acesso a vários campos de golfe, o Nellie é o mais próximo que se pode ficar de um resort, estando dentro dos limites da cidade. Ele é um grande segundo capítulo para essa velha mansão, uma senhora vintage.

ⓘ 76 Orange St. (✆ **27/21/483-1000**; www.mountnelson.co.za).

✈ Aeroporto de Cape Town (8,4 km/5 1/4 milhas).

Férias Gastronômicas

Inns & Resorts Gourmet 80

Michel Bras
O Escalador de Montanhas
Laguiole, França

Você esperaria que um hotel campestre no sul da França, o lar basico de um célebre chef francês, fosse rústico, pitoresco e histórico, certo? Mas o restaurante-hotel de Michel Bras, em Auvergne, não é nada assim. Essa estrutura contemporânea impressionantemente despojada salta das montanhas isoladas como uma colheita de granito enrugado ou uma nave espacial solitária que caiu na Terra por acaso.

Uma vez lá dentro, você vai imediatamente ver a que veio o Bras. O estilo simples e elegante do salão de refeições e dos apartamentos dos hóspedes – os pisos nus e as paredes vazias, mesas bem afastadas, uma paleta de cores sólidas caladas – focaliza a sua atenção na parte externa, com paredes de vidro à volta, para focalizar um panorama de tirar o fôlego, com um gramado de um verde-brilhante, um granito recortado e o céu dramaticamente riscado de nuvens. É um complemento ideal para o estilo autodidata de culinária praticado pelo Bras, que é igualmente minimalista e focalizado no interior do seu Aubrac nativo. Os pratos de carne bovina são feitos com uma raça local única de gado; os queijos são feitos, de leite das vacas do local, não pasteurizado (prove o divino aligot, purê de batatas com esse queijo). O menu muda com as estações, mas o vegetais são uma presença proeminente, da delicadeza dos aspargos da primavera e dos feijões verdes até a suculenta consistência da berinjela grelhada e o paladar pronunciado das cebolas assadas. O prato mais famoso do Bras, o gargouilou de jeunes legumes, é uma salada de 40 verduras nativas, flores, ervas e sementes, muitas delas apanhadas nas encostas da montanha na própria manhã da degustação.

Quando você olha para um prato de Michel Bras arrumado em sua simples travessa branca, ele parece direto o suficiente – meticulosamente arrumado, é verdade, mas apenas alguns ingredientes um pouco Famíliares, deixados na sua forma natural. É a pureza fresca desses ingredientes, e os temperos brilhantes do Bras que ganharam para esse local a reputação de um dos melhores restaurantes do mundo.

Bras e sua mulher mudaram o seu restaurante famoso da vila para esse lugar no topo da montanha, em 1992, e acrescentaram acomodações para os hóspedes que quisessem passar a noite (uma atitude inteligente, considerando-se que Laguiole fica bem distante de qualquer cidade mais importante). É um genuíno negócio de família. Sebastien Bras é assistente de seu pai na cozinha, supervisionando a criação das massas, inclusive da sobremesa mais famosa do Bras, um biscoito quente de chocolate com um recheio líquido de chocolate. Até a mãe de Michel – que lhe ensinou tudo sobre cozinha, ele insiste – ainda dá uma mão. No ritmo das estações, a propriedade só abre de abril a outubro – as melhores épocas do ano para esse espetacular relevo áspero. As reservas são muito difíceis de conseguir, portanto, comece a planejar a sua viagem agora.

ⓘ Route de l'Aubrac (✆ **33/5/6551-1820**; www.michel-bras.com).

✈ Rodez-Marcillac (63 km/39 milhas) ; Auvergne (156 km/97 milhas).

Cruzeiros

Crystal Food & Wine Festival
Viva a Grandeza
Cruzeiros Crystal

Passageiros de cruzeiros de navio são um público cativo – e quando você não tem nenhum outro lugar para onde ir durante os longos dias no mar, as refeições tornam-se o destaque do seu dia. Mesmo se você estiver em um grande navio, como os dos Cruzeiros Crystal, o Crystal Serenity para 1.080 passageiros e o Crystal Symphony para 940 passageiros, com seu infinito fluxo de excursões à costa, filmes, palestras e outras atividades, você vai se descobrir esperando pela próxima refeição com um nível extraordinário de interesse.

Os Cruzeiros Crystal, de propriedade de japoneses, têm sido líderes à frente dessa indústria, oferecendo cruzeiros temáticos por mais de uma década. Até em seus cruzeiros-padrão, o Crystal coloca grande ênfase no serviço de comida e vinho, e é bastante bem-sucedido – especialmente considerando o número de bocas que suas cozinhas precisam alimentar. Além do excelente salão de jantar, há dois restaurantes de especialidades, o Prego, que serve um menu desenvolvido por Piero Selvaggio dos restaurantes Valentino, de Los Angeles, e o Silk Road/O Sushi Bar, que serve comida asiática concebida por Nobu Matsuhisa. (Não espere ver Nobu a bordo cumprimentando os hóspedes). Assim que você embarcar, faça as reservas para refeições para pelo menos duas noites do seu cruzeiro. Ambos os navios também oferecem um salão de jantar privado, o Vintage Room, onde, por uma taxa extra, por volta de uma dúzia de convidados, pode compartilhar uma refeição para complementar alguns vinhos premiados (novamente, reserve assim que puder, se estiver interessado). O Crystal orgulha-se do perfil de seus vinhos, com mestres someliers a bordo, o seu próprio rótulo de vinho, e adegas bem-estocadas com cerca de 25.000 garrafas. O serviço é atencioso e refinado também – não há uma atmosfera de comboio de gado, de maneira alguma, o que é surpreendente para navios desse porte.

Mas os cruzeiros gastronômicos temáticos anuais, sob a bandeira Food and Wine Festival, elevam ainda mais o nível. Os itinerários incluem Mediterrâneo, Oriente Médio, um cruzeiro do canal do Panamá, um cruzeiro da costa da Nova Inglaterra, de Montreal até Nova Iorque, e um cruzeiro do Pacífico, de Sydney até Singapura. Os programas a bordo sempre apresentam chefs célebres e um importante conhecedor de vinhos; já foram chefs convidados no passado Michelle Bernstein, do Michy; Henry Brosi, do Dorchester, em Londres; e o lendário André Soltner, do antigo Lutece. Excursões pela costa podem incluir visitas às vinícolas, almoços gastronômicos, aulas de culinária ou um churrasco de lagosta, assim como o turismo normal e suas aventuras ao ar livre. Paradas noturnas concentram-se em mecas gastronômicas como Bordeaux e Barcelona.

A reserva de um cruzeiro para amantes da boa mesa também lhe garante encontrar, entre os passageiros, pessoas tão apaixonadas por gastronomia quanto você. E quem sabe que tipo de amizades saborosas de navio você poderá colecionar?

ⓘ Cruzeiros Crystal, 2.049 Century Park East, Suíte 1.400, Los Angeles, CA 90067 (✆ **888/722-0022**; www.crystalcruises.com).

Férias Gastronômicas

Cruzeiros 82

Regent Food Cruises
O que Vai Rolar?
Regent Seven Seas

O luxo é quem dá as cartas no Regent Seven Seas, que opera um trio de alto nível de navios de cruzeiros de suítes ao redor do mundo. E quando você está no mercado do luxo, não é suficiente só deixar um bombom no travesseiro. É por isso que o Regent oferece cruzeiros temáticos de boa mesa e vinhos com chefs convidados, e organiza certos cruzeiros para aspirantes a chefs e chocólatras.

As aulas de culinária a bordo do Regent são sérias – três workshops intensivos de duas horas durante o cruzeiro, limitados a apenas dez participantes, e as aulas são dadas por chefs visitantes de, nada menos, que a instituição de ensino de culinária Le Cordon Bleu, de Paris. Talvez você não consiga agarrar um trabalho como subchef na French Laundry (ver 141), mas irá certamente afiar as suas habilidades, aprender alguns truques novos e ganhar alguma perspicácia a respeito da cozinha de alto nível. A parceria com o Cordon Bleu é um resultado do envolvimento da instituição parisiense no desenvolvimento de menus para restaurantes com assinaturas em navios (reserve uma mesa para o jantar para provar um menu clássico francês – talvez você possa cozinhar os mesmos pratos na sua aula). O Regent oferece essas aulas do Cordon Bleu em vários cruzeiros ao longo do ano, que duram desde oito até 20 noites, visitando portos longínquos como Buenos Aires, Istambul, Osaka, Sydney, ou Rukjavik. (A base do Regents é em Fort Lauderdale, mas nem todos os cruzeiros se iniciam ou terminam lá). Os participantes pagam uma taxa extra pelo programa com o curso.

Dominar as técnicas complicadas da culinária francesa requer dedicação e disciplina. É claro, os viajantes que não alcançarem o Tipo A podem querer reservar, no lugar desse cruzeiro, um lugar no animado cruzeiro do Chocolate do Regent. Fazendo visitas a chefs confeiteiros ou palestrantes conhecedores do chocolate, e participando de demonstrações de culinária a bordo, enquanto o navio prossegue viagem pelas ilhas do Caribe.

O Regent é conhecido pela boa mesa. Seus dois grandes navios de 700 passageiros, o *Regent Mariner* e o *Regent Voyager*, têm quatro restaurantes, um salão de jantar principal que serve um cardápio europeu; os restaurantes com assinatura Cordon Bleu, onde as aulas acontecem; um restaurante menor, que serve especialidades indo-chinesas; e um restaurante em estilo bistrô descontraído. O navio menor, de 490 passageiros, o *Regent Navigator*, tem o salão de jantar principal e um restaurante especializado em comida italiana. Nos cruzeiros temáticos de boa mesa e vinhos, o Regent também organiza algumas excursões fascinantes como visitas a vinícolas, aulas de culinária, sessões em mercados de comida locais e refeições nos mais finos restaurantes locais, com frequência recepcionados pessoalmente pelos próprios chefs.

ⓘ **Regent Seven Seas Cruises**, 1.000 Corporate Dr., Suite 500, Fort Lauderdale, Florida 33334 (✆ **800/477-7500** ; www.rssc.com).

76

Cruzeiros

Os Tours Silversea Gourmet
Explorando o exótico
Silversea Cruises

O estilo italiano está presente em todos os detalhes nos navios da Silversea – seja nas cabines all-suite decoradas com bom gosto, a maioria com varandas voltadas para o oceano; no charmoso serviço oferecido pela equipe de oficiais italianos; na excelente adega de vinhos; no pequeno restaurante alternativo que oferece harmonização de pratos e vinhos; nos chefs aprovados pela associação Relais & Châteaux. Até mesmo os restaurantes de especialidades trazem um cardápio italiano. E, como essas elegantes embarcações brancas comportam de 300 a 400 passageiros apenas, o serviço a bordo é altamente individualizado. Você encontrará o cassino, os shows, o SPA, a piscina no deck ao ar livre e a academia de ginástica com equipamento de ponta, tudo, porém, numa escala mais intimista.

O interesse da Silverseas em oferecer cruzeiros gourmets não se restringe a oferecer refeições corretas e boa bebida. Vários itinerários em sua programação são assinalados por interesses especiais, incluindo cruzeiros temáticos sobre vinhos (com palestras de especialistas, excursões terrestres a vinícolas) e cruzeiros gourmets (palestras e excursões a vários restaurantes de alto nível em terra). Outros cruzeiros especiais oferecem atividades da Escola de Culinária Viking – demonstrações culinárias de chefs da Relais & Châteaux, visitas a mercados locais em terra, um desafio culinário entre subchefs do navio no estilo Iron-Chef[1], almoços especiais com foco na harmonização de vinhos ou culinária regional.

O que torna essas viagens realmente especiais são os destinos incluídos em sua rota. Embarcações menores, como o Silver Cloud, Silver Wind, Silver Shadow e o Silver Whisper podem visitar uma variedade maior de portos exóticos ao redor do globo do que as de maior porte – lugares como Phuket, Grenada, Dakar, São Tomé, as ilhas de Cabo Verde ou as ilhas Whitsunday. Viajar pela Polinésia, pelo Canal do Panamá, pelo oceano Índico, as ilhas europeias no Atlântico ou pela costa africana, expõe o viajante gourmet a novos e interessantes alimentos, e os chefs da Silversea abraçam a experiência apresentando as especialidades regionais nos restaurantes dos navios.

São viagens sob medida para viajantes experientes que já cobriram a rota Caribe e Mediterrâneo, e desejam expandir seus horizontes. Não são aquilo que poderíamos chamar de viagens baratas – detalhes ultraluxuosos no sistema all-inclusive. Por outro lado, você não será surpreendido por taxas extras cada vez que pedir um copo de vinho ou participar de alguma atividade. Para o abonado passageiro mais velho e sofisticado que costuma viajar com a Silversea, um menu degustação preparado por um chef renomado é preferível a um pedido à la carte – e vale cada centavo.

ⓘ Silversea Cruises, 110 East Broward Blvd., Fort Lauderdale, FL 33301 (✆ **800/722-9955**, 844/770-9030 no Reino Unido, ou 61/2/9255-0600 na Austrália; www.silversea.com).

---

[1] *Iron Chef é uma espécie de game-show produzido originalmente pela TV japonesa FujiTV e depois adaptado pela rede americana Food Network em que chefs de cozinha competem improvisando pratos com um ingrediente surpresa. http://en.wikipedia.org/wiki/Iron_Chef*

Férias Gastronômicas

Cruzeiros 84

Série Comidas & Vinhos do Windstar
Dando uma volta de iate
Windstar Cruises

Todos se viram para olhar nos portos cada vez que um dos barcos da Windstar sai velejando com seus mastros majestosos e fascinantes velas brancas, que a tripulação abre com um simples apertar de botão. Tecnicamente, esses pequenos e belos navios híbridos são chamadas de motor-sail-yachts (M.S.Y) – veleiros a motor. Podendo navegar tanto a motor como com a força do vento, como o próprio nome sugere, a embarcação tem capacidade para abrigar confortavelmente 150 passageiros – ou 300 no Wind Spirit, de cinco mastros. Ninguém vai obrigá-lo a içar a bujarrona ou operar o cabestrante, embora você possa observar os oficiais no leme do barco. Mesmo assim, não há como negar a aura de romance ao ficar parado no deck com as imensas velas brancas estalando ao vento marinho contra o céu.

Direcionado para um nicho de mercado composto de viajantes mais jovens e esportistas, a Windstar – com sede em Seattle – oferece roteiros para os destinos típicos dos cruzeiros ensolarados – o Mediterrâneo, as Ilhas Gregas, o Canal do Panamá, a Costa Rica e o Caribe. Seus passageiros, porém, são do tipo que prefere andar de caiaque, velejar ou explorar a costa num bote inflável durante as paradas em terra firme a fazer um passeio de ônibus pela cidade como os passageiros de navio normalmente fazem. Um naturalista a bordo faz o cruzeiro do Windstar pela Costa Rica particularmente atraente para o ecoturista que aprecia um pouco de luxo. Com navios de pequeno porte, a Windstar pode visitar portos que ainda não foram tomados pela multidão de turistas vindos de outros cruzeiros, como a Córsega; Tarragona, na Espanha; St. tropez, na França; Portferraio, na Itália; e Split, na Croácia. Exceto pelo itinerário transatlântico de duas semanas, os cruzeiros da Windstar duram geralmente sete dias, ótimo para aqueles passageiros que não querem ficar muito tempo no mesmo lugar, com curto período de férias ou fundos limitados na conta-corrente.

Essa abordagem jovem e informal está também presente no que se refere à alimentação e bebidas na Windstar. O jantar a bordo inclui muitas opções light e vegetarianas em vez da culinária Continental usual dos cruzeiros. O superchef Californiano Joachim Splichal desenvolveu receitas para a companhia, exibidas no restaurante de especialidades Degrees, a bordo do Wind Spirit.

Vários roteiros têm uma inclinação gourmet – produtores de vinho ou chefs proeminentes encontram-se presentes durante todo o cruzeiro para discutir a comida e os vinhos servidos – como parte da série de cruzeiros com assinatura do anfitrião.

A frota de navios realmente assemelha-se a iates, com deck de teca e interiores revestidos de madeira; as cabines são aconchegantes, com janelas de vigia (ao acordar pela manhã, você se lembra imediatamente que está em um barco). Sem as comodidades próprias dos grandes navios, como cinema ou teatros para shows, os passageiros do Windstar tendem a passar mais tempo nos decks, sentados à beira da piscina ou apenas olhando o horizonte. Imagine-se bebericando uma taça de Chardonnay enquanto veleja ao pôr-do-sol – Existe coisa melhor?

ⓘ Windstar Cruises 2101, Fourth Ave., Suite 1.150, Seattle, WA 98121 (✆ 800/258-7245; www.windstar.com).

Cruzeiros de Gastronomia e Vinho
Rios de Vinho
Cruzeiros do Oriente

Se o seu negócio são os vinhos americanos, esses cruzeiros são para você. Os pequenos navios de excursão da Cruise West passam os verões no Alaska e os invernos em rotas lá na Riviera do México e no Canal do Panamá. Mas entre um e outro, eles fazem excelentes passeios turísticos em rios da região vinícola da costa. oeste. Enquanto você dorme e janta a bordo do navio, os seus dias são preenchidos com passeios nas vinícolas, almoços gourmet e encontros com vindimos e chefs.

No outono, o Spirit of Yorktown faz viagens de ida e volta de cinco dias de São Francisco até o Napa Valley e Sonoma. Os navios deslizam pelo Rio Napa, aportam em Sta. Helena para um número de visitas a vinícolas em ônibus, navegam de volta à baia e sobem o rio Sonoma para lá aportar a fim de outra rodada nas vinícolas. Excursões opcionais incluem passeios de balão, tours dos bosques de oliva e uma demonstração de culinária na filial do Instituto de Culinária Americana no Napa Valley. Devido ao tráfego congestionado do Napa, principalmente durante a estação de colheita do outono, fazer isso em um barco é uma alternativa para se livrar de um imenso desgaste. Outro bônus: você não tem que se preocupar em dirigir depois de tantas sessões de degustação.

No outono e na primavera, o navio de 84 passageiros, Spirit of Discovery, sobe o rio Columbia em curvas tortuosas de Portland, Oregon, em direção ao norte para o estado de Washington. Esses tours de degustação do Noroeste do Pacífico visitam uma série de vinícolas em direção a Walla Walla, Red Mountain e a montanha Horse Heaven. Os agradáveis pomares de pera e maçã da região do rio Hood também estão nesse itinerário de oito dias, juntamente com um passeio e degustação de frutos do mar na costa de Astória, no Oregon.

A Cruise West é uma indústria de cruzeiros veterana, em funcionamento por mais de 60 anos, seus pequenos navios ágeis, de calado raso, foram planejados para encontros íntimos com a natureza. Muito espaço ao ar livre no deck e imensas janelas dão conta de vistas maravilhosas do campo, seja no vale do Napa rodando pelas montanhas entrecortadas de vinhas ou perdendo o fôlego com a dramaticidade do desfiladeiro do rio Columbia. A energia de bordo é casual e descontraída em vez de ser luxuosa, modernas cabines aerodinâmicas, com sotaques de madeiras claras, refletem isso. Os jantares finos não são a razão de ser do Cruise West, mas as refeições a bordo são perfeitamente competentes, com uma opção vegetariana todas às noites. Sabendo que os passageiros em um cruzeiro de vinhos provavelmente também são gourmets, eles elevaram o nível das refeições costeiras.

ⓘ Cruise West, 2.501 Fifth Ave., Suite 401, Seattle, WA 98121-1856 (✆ **888/851-8133**; www.cruisewest.com)

Férias Gastronômicas

Cruzeiros 86

French Country Waterways
Cruzeiros Premier do Canal Cru
Borgonha/Champanhe/Alsácia, França

Aqui está uma maneira de quebrar a rotina – viajando em uma barca, em uma rede intrincada de canais que se enroscam pela região no coração da França. As regiões da Borgonha, da Champagne, e da Alsácia-Lorena são todas entrelaçadas por vias fluviais, e você pode cruzá-las com luxo a bordo de barcas-hotel da French Country Waterways.

A maior parte das viagens em barcas pela Europa envolve o aluguel de uma barca e a organização de um grupo de amigos para dividir as cabines – às vezes, até mesmo você tem que dirigir o barco e fazer sua própria comida. As barcas-hotel, como as French Country Waterways de propriedade americana, permitem que passageiros individuais (geralmente casais) reservem uma cabine em uma barca com uma tripulação treinada que fala inglês. As barcas vão de seis passageiros até um navio de 18 passageiros, todos com acomodações suntuosas em estilo provençal francês. É uma experiência íntima a bordo, como ficar em um B&B exclusivo. Sem telefones, TVs, ou conexões de internet, assim é mais provável que você conheça melhor os seus companheiros de viagem no decorrer da sua semana.

Esses cruzeiros de seis noites cobrem cinco roteiros diferentes: um na Champagne, outro na região germânica da Alsácia-Lorena, e três partes diferentes da procurada Borgonha. Bicicletas estão disponíveis se você quiser pedalar ao redor das alamedas cobertas de folhas e das vilas pitorescas por onde passar; e um ônibus segue a rota da barca para carregar os passageiros em passeios de um dia. Você visitará vinícolas e cidades históricas como Reims, Dijon, e Strasbourg, assim como os maiores castelos, abadias e catedrais locais. Em cada cruzeiro, uma noite é reservada para um jantar em um restaurante à beira do rio com estrela no guia Michelin.

As refeições a bordo também são muito aguardadas, com jantares diários de quatro pratos, servidos à luz de velas. Porque você está navegando em canais em vez de no mar, o chef tem acesso à produção fresca e aos pães quentinhos da padaria do vilarejo. A cozinha representa a França – escargots, foie gras, trufas, suflês, todo aquele lance tipo Olivier Anquier. Os vinhos são de alta qualidade também, geralmente engarrafados na região das vinícolas grand cru e premier cru. Pode ser que você tenha a oportunidade de beber safras raras de vinícolas Famíliares que não produzem vinho em quantidade suficiente para exportação – aqui está uma experiência que você não vai conseguir reproduzir em casa.

(i) French Country Waterways, P.O. Box 2.195, Duxbury, MA 02331-2195 (✆ **800/222-1236** ou 781/934-2454; www.fcwl.com).

A equipe de trabalho de cruzeiros da French Country Waterways.

Ballymaloe Cookery School

Escolas de Culinária para Viajantes

Escolas de Culinária para Viajantes
O Ídolo Irlandês
Shanagany, Irlanda

O termo "idílico" vem à mente quando vemos essas aconchegantes instalações de fazenda, saindo de uma pequena vila de pescadores no condado de Cork. Ela é rodeada por quatro hectares (10 acres) de jardins com canteiros, e pomares cobertos de musgo e, em volta disso, uma próspera fazenda orgânica de 41 hectares (100 acres). Você poderia facilmente parar ali a caminho de uma viagem de um dia até Cork para visitar os jardins labirínticos, que são abertos ao público. Mas não seria ainda bem melhor se pudesse ficar, como por encanto, morando em um dos chalés caiados de branco do século XVIII no meio do pátio, aproveitando um curso de culinária?

Por mais rústicos que os prédios possam parecer por fora, uma vez que você entra, descobre uma cozinha, uma sala de aula de culinária bem-equipada com grandes janelas, uma falange de balcões e tábuas de corte e bocas de fogão, todos prontos para a ação. Ballymaloe oferece cursos sérios de 12 semanas para os que procuram uma carreira culinária, mas uma grande quantidade de cursos mais curtos está disponível o ano todo. Eles podem ter qualquer duração desde uma introdução de três horas à arte dos sushis ou tapas ou da charcuteria, até um curso relâmpago de um dia inteiro sobre fabricação de manteiga, criação de abelhas, ou geleias e conservas vindo da abundância do apiário, do laticínio, do pomar do próprio Ballymaloe. Mesmo que você só esteja fazendo um tour dos jardins, é provável que encontre alunos em vestimentas brancas de chef colhendo ervas no jardim para a aula de culinária matinal. Técnicas essenciais são ensinadas em cursos de dois dias e meio, e de cinco dias, que podem se concentrar em panificação, por exemplo, ou entretenimento ou na culinária de pratos caseiros.

Alunos na escola de culinária Ballymaloe, em Shanagany, no condado de Cork, Irlanda.

Férias Gastronômicas

Vários desses são concebidos como uma série, assim os alunos que retornam podem aperfeiçoar suas habilidades em visitas sucessivas a Ballymaloe. Toda essa atividade requer informação vinda dos diversos professores da casa, mas a fama de Ballymaloe atrai também excelentes professores convidados (Richard Corrigan e Claudia Roden estão entre os convidados de 2009).

Demonstrações vespertinas, que podem ser reservadas com poucos dias de antecedência, concentram-se em uma única técnica, como, por exemplo, cortar um peixe em filés, ou fazer uma omelete perfeita, ou um filão de pão. As vagas para cursos mais longos esgotam-se logo, portanto, reserve a sua vaga com bastante antecedência, de pelo menos seis semanas, se possível. Os chalés da própria escola, geralmente, esgotam-se com as reservas dos hóspedes que se inscrevem para os cursos mais longos, mas há vários outros lugares para se ficar na vizinhança, inclusive na luxuosa Ballymaloe House, um aclamado hotel de casa de campo de alto nível um pouco acima na mesma estrada.

A diretora da escola, Darina Allen, já foi chef de cozinha da Ballymaloe House. A família do marido dela, Tim Allen, é dona do local. Tim gerencia a fazenda, e o irmão e a filha de Darina agora também são professores na escola. Esse é o tipo de lugar caseiro que Ballymaloe continua sendo, apesar de sua fama internacional. No silêncio da névoa de uma manhã, enquanto as borboletas passam esvoaçantes pelos jardins e os carneirinhos ficam balindo nos pastos. É difícil imaginar como alguém consegue sair de um lugar tão idílico, de verdade.

ⓘ ✆ **353/21/464-6785** www.cookingisfun.ie).

✈ Cork City (32 km/20 milhas)

🛏 $$$ **Ballymaloe House**, Ballycotton Rd., Shanagarry ✆ **353/21/465-2531**; www.ballymaloe.ie). $$ The Garryvoe Hotel, Ballycotton Bay, Castlemartyr ✆ 353/21/464-6718 ; www.garryvoehotel.com).

Escolas de Culinária para Viajantes 88

Na Rue Tatin
Saboreando a França
Normandia, França

Quando a escritora de livros de culinária Americana Susan Herrman Loomis se mudou pela primeira vez para a Normandia com o seu marido e seu filhinho bebê, nos anos 80, com a determinação de restaurar um convento caindo aos pedaços em frente a uma igreja gótica, ela não imaginou que a propriedade se tornaria uma escola de culinária famosa. (Leia as suas memórias encantadoras On Rue Tatin para entender a história toda). Hoje em dia, contudo, seus programas On Rue Tatin são muito requisitados; limitados a oito participantes por sessão de cinco dias, eles têm lotação esgotada logo cedo, então faça planos com bastante antecedência para a sua viagem à França.

A ideia por trás dos workshops da Rue Tatin é que eles não só ensinam sobre a cozinha francesa, eles usam a comida como um caminho para que você possa imergir na cultura francesa. Por seis dias, os participantes não só cozinham, eles aproveitam o seu tempo para saborear refeições que eles mesmos prepararam, seja ao ar livre no pátio de cascalho ou na sala de jantar de Loomis com vigas de madeira da casa do século XV, feita metade de madeira. Os participantes do curso também degustam vinhos de toda a França; fazem compras nos mercados locais, conhecem padeiros artesãos, fabricantes de queijo, e açougueiros; visitam fazendas locais; e passam tempo em cafés aconchegantes, absorvendo o ambiente de uma pequena cidade na Normandia. Alguns dos pratos giram em torno de temas especiais – os frutos do mar da Normandia, por exemplo, ou as maçãs (Loomis tem o seu próprio pequeno pomar), ou o sempre popular e indulgente workshop do chocolate. As aulas são dadas em inglês e as receitas são

Uma semana na Provença

voltadas à cozinha caseira em vez da cozinha do restaurante. (Muitas são tiradas dos populares livros de culinária de Loomis, tais como o The French Farmhouse Cookbook ou o Cooking at Home). Os alunos têm uma experiência prática e participativa na escola de cozinha totalmente atual que Loomis instalou dentro de sua casa histórica. Os alunos precisam reservar suas estadias na região.

Para os convidados que não têm tempo para um curso de seis dias, Loomis também oferece programas de três dias durante o ano todo, assim como adoráveis almoços de vários pratos aos domingos, que são perfeitamente possíveis para quem queira vir de Paris passar o dia. E falando em Paris, algumas vezes por ano, Loomis instala-se ali, onde ela conduz uma combinação de aulas de uma semana e de um dia, utilizando um estúdio de culinária de sua amiga Patrícia Wells na margem esquerda do rio Sena. Se você não puder ir até a rue Tatin, Paris até que não é um mau prêmio de consolação.

ⓘ 1 Rue Tatin, Louviers (✆ **866/369-8073**, ou 214/306-8734 nos E.U.A ; www.onruetatin.com).

✈ Paris Charle de Gaulle (123km/76 milhas).

🚆 Val de Reuil (1 ½ hr. de Paris).

🛏 $$ **Le Pré St. Germain**, 7 Rue St. Germain, Louviers (✆ **33/2/32-40-48-48** ; le.pre.saint.germain@wannadoo.fr).

89 Escolas de Culinária para Viajantes

Uma Semana na Provença
O Calor do Sol
Condorcet, França

Os verões são uma época gloriosa do ano para se ir à ensolarada Provença. O ar está densamente perfumado com a lavanda e o tomilho silvestres, e os infinitos céus azuis curvam-se sobre os bosques de oliveiras e os pastos montanhosos e pedregosos. Com toda a beleza dessa paisagem, seria uma judiação você passar por ali a caminho de algum outro lugar; muito melhor seria ficar por uma semana e aprender os segredos da robusta culinária Provençal com sua simplicidade.

Os alimentos principais da Provença – as azeitonas, o alho, os pimentões, o carneiro, o cabrito, e as perfumadas ervas secas ao sol, como o alecrim e o tomilho – fazem a somatória para uma culinária essencialmente rústica. É bem adequado que esse programa de culinária tivesse como base uma casa de fazenda do século XVIII aninhada no meio das montanhas, próximo da vila de Condorcet. É um paraíso rural isolado na região da Haute-Provença, conhecido por seus dias ensolarados e suas noites estreladas; a apenas 32 km (20 milhas) está Nyons, conhecida como a capital das azeitonas na França. As aulas acontecem em junho e setembro, e são limitadas a um máximo de dez alunos. Os participantes ficam na casa da fazenda, comendo a maior parte das refeições juntos, aproveitando o panorama do terraço, e nadando na piscina com bordas de pedra e água da fonte.

Cada dia de estadia inclui de três a cinco horas de instrução prática na animada escola de cozinha, as aulas são dadas em inglês pelo treinado chef francês Daniel Bonnot, que fez o seu nome nos restaurantes Chez Daniel e Bizou, em New Orleans. Com turmas tão pequenas, o nível de instrução é, naturalmente, personalizado de acordo com os níveis das várias pessoas na turma. O ideal é que a própria turma prepare todas as refeições que comem na casa da fazenda.

Fora das aulas, os donos da casa, Anne e David Reinauer, também organizam expedições diárias na região, que podem incluir degustações de vinhos, visitas ao mercado, tours das fábricas de azeite de oliva, ou visitas às fazendas locais para ver a fabricação do queijo de cabra ou os patos na engorda para o foie gras.

Férias Gastronômicas

Já que só há sessões quatro vezes por ano, garanta a reserva do seu lugar com alguns meses de antecedência. Uma semana na Provença representa uma experiência de férias apaixonante, assim como um curso de treinamento em culinária – você pode se surpreender com o que pode aproveitar desses dias.

ⓘ Moutas, Condorcet (✆ **337/436-4422** nos E.U.A., ou 33/4/75-27-73-47 na França ; www.frenchcookingclasses.com).

✈ Marseilles (2 h de carro).

🚆 Montelimar (1h de carro).

🛏 no local.

Escolas de Culinária para Viajantes 90

Finca Buenvino
Ilusão da Andaluzia
Aracena, Espanha

Muitas escolas europeias de culinária funcionam apenas na alta estação turística do verão. Não é o caso da Finca Buenvino. As aulas de culinária nessa villa charmosa no alto de uma montanha, em um vilarejo perto da divisa com Portugal, acontecem durante os meses de inverno, quando o clima na Serra de Andaluzia pode ficar bem frio – uma época boa para aninhar-se na cozinha, acender o forno, e cozinhar.

Há um motivo para a loucura da Finca Buenvino, é claro. Ela também é uma fazenda de trabalho, e o ambiente pode ficar muito agitado no verão para se ensinar culinária. A villa, com seu cor-de-rosa destacado, localiza-se no meio de 70 hectares (28 acres) de florestas de pinhão e sobreiro, uma manada de porcos ibéricos de granja ciscam pela floresta, na engorda com os pinhões. (Mais tarde, nessa estação, os proprietários Sam e Jeannie Chesterton abatem os porcos e curam o seu próprio jamon Serrano, assim como o salsichão e o chorizo). Os pomares de fruta e as matas de oliveiras também precisam ser cuidados e a colheita feita, assim também é com as hortas que produzem a maior parte das verduras orgânicas que são utilizadas no local. A sede é maior do que uma mera casa de fazenda, mas com sua aconchegante decoração abarrotada de cores mediterrâneas profundas, faz com que você se sinta em casa.

A metodologia dos Chestertons, da fazenda para a mesa, é o que orienta profundamente as aulas de culinária. Jeannie é uma especialista em receitas do sul da Espanha, quase sempre com um sotaque do Norte da África, principalmente no uso das frutas secas e dos temperos; as frutas (limões, damascos, marmelos) são, com frequência, também incorporadas aos assados e guisados. Você irá aprender a fazer uma paella clássica, talvez, ou um arroz negro, com tinta de lula. É claro, pratos suculentos, preferidos no tempo de inverno, como os assados e os pratos de caça, são, particularmente, populares, mas como sempre, tudo depende do que está disponível nos mercados locais ou no próprio estoque da fazenda. Os cursos de uma semana também incluem uma visita a um produtor de sherry e uma viagem turística até a bela e histórica Sevilha. As aulas são limitadas a 12 alunos, que é o que a villa pode acomodar.

Você também pode visitar a finca no verão, quando ela administra um bed-and-breakfast com cinco quartos de casal na villa e três chalés separados com serviço próprio. (Observe que, em julho-agosto, a pequena villa é frequentemente reservada por grupos fechados. O jantar é servido todas às noites. As encostas das montanhas rochosas estão cobertas de queiró, e os campos lotados de flores silvestres; você pode descansar à beira da piscina e beber observando as lindas vistas da montanha. Mas as aulas de Jeannie fazem da experiência de inverno na Finca Buenvino algo igualmente especial – isso e o divino presunto ibérico caseiro.

ⓘ Los Marines, Aracena (✆ **34/959/12-40-34**; www.fincabuenvino.com).

✈ Sevilha (90 min).

91 International Cooking School of Italian Food and Wine

91 Escolas de Culinária para Viajantes

International Cooking School of Italian Food & Wine
La Cucina Italiana, Desmistificada
Condorcet, França

Se você for montar uma escola de culinária da Itália, Bolonha é o lugar ideal para isso. Reconhecida como a capital gastronômica da Itália, ela é uma das cidades mais fascinantes do mundo para se fazer compras de comida, cozinhar e comer. Em 1987, o governo italiano convidou a escritora americana de culinária, Mary Beth Clark para lançar esses workshops em língua inglesa com base em Bolonha, a autora de Trattoria and Essentials of the Italian Kitchen administra seis programas por ano em maio, setembro e outubro.

Aulas de culinária acontecem em um palazzo autêntico da Renascença do século XVI. No meio das abóbadas de pedra colorida de Siena, no coração histórico da cidade, é um lugar convenientemente próximo dos mercados de alimentos que são uma grande parte da culinária da Itália – o Pescherie Vecchie, o Mercato delleErbe, e as lojas de comida da Via Drapperie. (A primeira coisa que a turma faz é ir ao mercado, antes mesmo que eles pensem sobre culinária). Uma cozinha perfeitamente equipada no palazzo de pé direito alto serve como sala de aula, com um salão barroco charmoso ao lado onde a turma e quaisquer amigos que tenham pagado uma taxa para se juntarem como "degustadores", podem jantar o que cozinharam. Apesar dos convivas não ficarem no próprio palazzo, acomodações em hotéis próximos estão incluídas no pacote do curso.

Alunos juntam-se para uma refeição na International Cooking School of Italian Food and Wine em Bolonha.

85

Férias Gastronômicas

O principal curso, oferecido duas vezes ao ano, aceita por volta de uma dúzia de alunos para preparar mais ou menos 40 receitas italianas. Os participantes aventuram-se no campo para encontrar artesãos que produzem as especialidades tradicionais da Emilia-Romagna, como o queijo parmesão e o vinagre balsâmico. Eles também fazem uma visita por trás das cenas ao restaurante local com estrelas do guia Michelin. Uma versão de quatro dias desse curso básico também é oferecida duas vezes por ano. Dois outros cursos exploram o campo ainda mais além. Um fecha a experiência de Bolonha com uns dias na Toscana, em Siena, Florença e Greve em Chianti. Outro combina a parte de Bolonha das aulas com uma viagem até o Piemonte, bem a tempo para o festival anual das trufas em Alba (uma caça às trufas está incluída); a turma para no meio do caminho em Torino para participar do encontro internacional da organização da Slow Food, em Terra Madre.

A conexão com a Slow Food é um fato revelador do método de Clark – passando o tempo em mercados locais, cozinhando de acordo com o que está fresco no dia de hoje, e honrando os artesãos da boa mesa – é consistente com a filosofia do Slow Food, que criou raízes na Itália antes do que em qualquer outro lugar. É um aspecto vital para se apreciar a comida italiana e, por sua vez, descobrir do que se trata a cultura italiana afinal.

ⓘ Escritório nos E.U.A. 201 E. 28th St., #15B, Nova Iorque, NY 10016-8538 (✆ **212/779-1921**; www.internationalcookingschool.com).

✈ **Aeroporto Guglielmo Maconi** (6 km/ 3 ¼ milhas).

Escolas de Culinária para Viajantes 92

Cozinhando com Giuliano Hazan
Tudo em Família
Verona, Itália

Ser filho de Marcella Hazan certamente deu a Giuliano Hazan um bom começo na carreira de especialista em culinária, apesar de que qualquer um que tenha lido os seus livros, A Autêntica Cozinha Italiana e The Classic Pasta Cookbook, sabe que ele traz muito do seu próprio talento para a mesa. Para Marilisa Allegrini, ter crescido no meio do mundo dos vinhos – a família dela é reconhecida pelo seu soberbo Amarone di Valpolicella – também lhe concedeu o legado de uma riqueza de conhecimento enófilo. Desde o ano 2000, esses dois herdeiros da boa mesa e do vinho uniram forças para transmitir sua herança epicúrea para um grupo seleto de alunos. Acima de tudo, eles o estão fazendo em um dos lugares mais bonitos da Itália, a graciosa Villa Giona.

Instalada no Veneto, a apenas alguns minutos de carro da romântica Verona e, na outra direção do Lago de Garda, a Villa Giona é um belo exemplo da harmonia da Renascença. A sua fachada simétrica de pedras abobadadas dá para um gramado aveludado, salpicado com esculturas clássicas; 4,8 hectares (12 acres) de parques particulares luxuriantes e de vinícolas que rodeiam a casa. Essas videiras plantadas recentemente, agora produzem uvas para o vinho especial Villa Giona, um vinho tinto de estilo Bordeaux encorpado, criado por Allegrini.

As aulas, conduzidas em inglês, consistem em cinco horas de instruções práticas intensivas com Giuliano. Você vai aprender como fazer a sua própria massa, executar um risoto suave, e produzir todos os tipos de pratos italianos. Marilisa cuida das aulas de vinho, apresentando uma visão geral das muitas regiões de vinhos italianos, discutindo as complexidades da produção do vinho (Allegrini está à frente da revolução na vinicultura, no Veneto) e conduzindo sessões de degustação. As aulas também levam a um número de viagens de campo

93 Estações do Meu Coração

ao redor do Veneto, visitando uma usina de beneficiamento de arroz do século XVII, um frantaio de óleo de oliva, um restaurante de frutos do mar no lago de Garda, e a vinícola dos Allegrini próximo dali; há até uma viagem de um dia até a Emilia-Romagna para aprender a respeito do queijo Parmigiano-Reggiano e o raro presunto culatello curado ao sol.

Os alunos têm o privilégio de ficar em um dos dez apartamentos da Villa Giona, restaurados nos padrões internacionais de luxo. Apenas quatro a seis aulas acontecem a cada ano, no final da primavera e no início do outono – as melhores estações no Veneto. As turmas são pequenas, com apenas 12 participantes de cada vez, permitindo muita interação direta com Giuliano e Marilisa. O curso tem tido tanta popularidade que Giuliano e Marilisa agora oferecem algumas aulas a cada ano, planejadas para o retorno de alunos que queiram expandir o seu território. Não podemos todos nascer em famílias famosas de gourmets, mas uma semana na Villa Giona o leva mais perto disso.

ⓘ Cozinhando com Giuliano Hazan na Vila Giona, 4.471 S, Shade Ave., Sarasota, FL 34231 (✆ **941/923-1333**; www.giulianohazan.com/school).

✈ Aeroporto de Verona Valério Catullo (14 km/ 8¾ milhas)

🚆 Verona (9,1 km/5 ¾ milhas).

🛏 **Villa Giona Azienda Agrícola**, Via Cengia 8, San Pietro in Cariano (✆ **39045 77 250 68**; www.villagiona.it).

93 Escolas de Culinária para Viajantes

Estações do Meu Coração
De Volta a Terra
Oaxaca, México

Para muitos fãs da TV PBS, comida mexicana e Susana Trilling são praticamente sinônimos. "As estações do meu coração", a série de TV baseada em seu livro de 1999 com o mesmo nome, introduziu os amantes americanos da boa cozinha aos pratos profundamente tradicionais de Oaxaca, México, também conhecida como a "Terra dos Sete Molhos". Desde 1993, Trilling tem conduzido aulas de culinária em sua terra adotada em Oaxaca, no Rancho Aurora, em uma encosta de montanha panorâmica entre dois vilarejos, San Lorenzo Cacaotepec e San Felipe Tejalapan, a 16 km (10 milhas) a noroeste da cidade de Oaxaca.

O Estações do Meu Coração agora oferece uma mistura variada de aulas de culinária e tours culinários, algo entre uma tarde de demonstração culinária e um tour regional de dez ou 11 dias, com frequência, concentrando-se em comidas específicas como os cogumelos, os chillis, ou a baunilha. Aulas de um dia são geralmente mantidas nas quartas-feiras e começam com uma visita ao mercado aberto na vizinha Etla, depois da qual os alunos criam uma refeição de cinco pratos baseada nesses ingredientes; as aulas da tarde fazem apenas a parte culinária, sem a excursão ao mercado. Se você estiver planejando uma viagem ao México, confira a programação para ver o que está acontecendo enquanto você estiver em Oaxaca, ou talvez faça planos para toda uma viagem em torno de um dos workshops de Trilling, que duram um final de semana ou uma semana.

O que torna essas aulas especiais é o interesse de Trilling, em técnicas de culinária, receitas e ingredientes de tradição antiga. Quando ela ensina a arte das tortillas feitas à mão, por exemplo, está descrevendo métodos que têm sido passados de geração em geração nos vilarejos de Zapotec, como

87

Férias Gastronômicas

A escola de culinária de Susan Trilling "As estações do meu coração" em Oaxaca, a terra dos sete molhos.

San Felipe Tejalapan. Ao aprender a fazer o molho, você poderá primeiramente visitar uma casa do vilarejo onde o chocolate é moído em um mecate de pedra antigo. Para cada carne ou verdura cozida na aula, ela conhece o molho específico que acompanha e que sempre foi utilizado pelos cozinheiros tradicionais. As ervas são estudadas, não só por seu gosto culinário, mas por suas propriedades medicinais e espirituais também. Os alunos podem visitar os artesãos locais para ver como produzem as comidas "à maneira antiga", vários dos passeios e programas mais longos são montados em torno de festivais importantes e de coisas que sejam ditadas pelos costumes locais de culinária nesses festivais.

A casa de tijolos de barro da escola de culinária, com seu telhado abobadado vermelho e seus terraços em volta, é um lugar maravilhoso para se beber da beleza do vale do Etla. A maioria dos participantes do curso encontra acomodação em outros lugares, mas se você fizer reservas logo, pode encontrar uma pousada charmosa bem em cima da montanha perto da escola.

ⓘ Rancho Aurora, AP# 2 , Adman 3, Oaxaca (✆ **52/951/508-0469**; www.seasonsofmyheart.com).

✈ Cidade de Oaxaca

🛏 $$$ **Camino Real Oaxaca**, 5 de Mayo 300 Oaxaca (✆ **800/722-6466** nos Estados Unidos e Canadá ou 52/951/5016100; www.caminoreal.com/oaxaca). $ **Las Golondrinas**, Tinoco y Palacios 411, oaxaca (✆ **52951/541-3298**; ou 52/951/514-2126; lasgolon@prodigy.net.mx)

94 Escola de Culinária Chiang Mai Thai

94 Escolas de Culinária para Viajantes

Escola de Culinária Chiang Mai Thai
O Rei do Sião
Chiang Mai, Tailândia

Sompon Nabnian tornou-se uma celebridade local desde 1993, quando ele e sua mulher inglesa, Elizabeth, inauguraram essa escola de culinária no nordeste da capital da Tailândia, Chiang Mai. Ele apareceu em vários shows internacionais de televisão, inclusive em sua própria série inglesa, Thai Way II; desenvolveu o Resort Jasmine Rice Village Boutique e SPA, onde muitos dos participantes nos cursos de culinária ficam, e abriu um novo restaurante no coração histórico de Chiang Mai – o The Wok, um tranquilo restaurante-jardim em uma antiga casa de madeira, que também serve como alternativa para os encontros de aulas de culinária. Nada mal para um filho de açougueiro.

O turismo culinário tem se tornado, ultimamente, um dos setores da indústria de turismo mais quentes na Tailândia, e a escola de culinária de Nabnian está bem à frente. A cozinha regional correta de Chiang Mai incorpora sotaques do sul da China que se instalou aqui há séculos, e os birmanos que governavam a região até o ano 1775. Os alunos tentam pôr a mão na massa em uma aula de culinária clássica de pratos do Norte da Tailândia, como o arroz grudento e o plaah goong (uma salada de camarão temperado), assim como o macarrão tailandês pad, uma sopa de frango no leite de coco, o curry Penang com porco e o peixe no vapor em folhas de banana. Os horários das aulas são tremendamente flexíveis; os alunos têm uma aula por dia, escolhendo entre cinco programas diferentes ao longo do dia, que podem ser fritos sem ordem pre-definida.

Aulas ao ar livre na Escola de Culinária Thai em Chiang Mai.

89

Férias Gastronômicas

7 Lugares para se comer em . . . Miami, Flórida

Com mais de 6.000 restaurantes, a área do metrô de Miami tende a ser confusa para restaurantes. Não é tanto uma questão de onde comer, mas de qual é a cena culinária super-requisitada, e todos querem um pouco dos chefs – Emeril, Lagasse, Nobu Matsuhisa, Cindy Hutson, Christian Delouvier, e Govind Armstrong – que estão entre os chefs nacionalmente conhecidos que abriram filiais aqui. Mesmo depois que você tiver eliminado todas essas maravilhas de South Beach onde a atitude de celebridades é mais importante do que a comida, ainda tem que encarar uma abundância de ofertas de alta qualidade. Por onde começar?

Peixe espada grelhado do Chef Allen

Para um gosto autêntico de Miami, gire em torno das estrelas locais que fundiram o Californiano-asiático com elementos caribenhos e latinos para criar o seu sabor de classe mundial, o qual eles chamam de exibição floribenha. Aquela que seria a cozinha do novo mundo de Allen Susser, no ❺ Chef Allen's (19088 NE 29th Ave., Aventura ✆ **305/935-2900**; www.chefallens.com). Apesar de estar escondido nos fundos de um shopping Center do lado norte de Miami Beach desde que abriu, em 1986, Susser não teve problemas em lotar esse espaço, discretamente elegante, de clientes ansiosos por provar seus pratos de inspiração caribenha, suas carnes grelhadas e frutos do mar acentuados com jerk e curry, e temperos de leite de coco, harmonizados por chutneys e salsas e ceviches feitos de manga, papaia, abacaxi e limões. Aquele que se chama apropriadamente de ❻ **Michael's Genuine Food & Drink** no bairro do design (130 NE 40th St.; ✆ **305/573-5550**. www.michaelgenuine.com) parece apenas mais um ponto de encontro do bairro, com seu pé direito alto e decoração industrial chique, mas os itens do menu de Michael Schwartz, que parecem simples, são uma sinfonia de sabores, e cada ingrediente consegue fazer música (prove as cebolas de Vidália recheadas com carne de carneiro moída e damascos, ou o bife grelhado da aba de filé e erva-doce e aspargos picados, e azeitona preta ao alho e óleo).

Então há o ❼ Talula (210E 23rd St. ✆ **305/672-0768**; www.talulaonline.com) que pertence à talentosa equipe de marido e mulher, Frank Randazzo e Andrea Curto-Randazzo, que com imaginação misturam ingredientes meticulosamente desencravados em pratos com assinatura como o foie gras grelhado com figos caramelados, polenta azul, xarope de chili e nozes açucaradas, ou o filé de maminha (hanger steak) com purê de batata com raiz forte. Reserve uma mesa na cozinha de exibição para obter uma experiência mais especial. Os Curto-Randazzo costumavam cozinhar em outro ponto famoso do agito de South Beach, o ❽ Wish (801 Collins Ave. ✆ **305/531-2222**; www.wishrestaurant.com), onde agora preside Marco Ferraro nessa estilosa sala de refeições de colorido verde-limão amarelado. O seu método

🔟 Lugares para se comer em . . . Miami, Flórida

franco-floribeano produz pratos como a sopa fria de tomate e limão com lagosta, ou os escalopes de vieiras de águas profundas envoltos em presunto serrano, servidos com batatinhas, alcachofras, pimentõezinhos pequenos e espuma de raiz-forte. Em Coral Gables, no 99 Pascal's on Ponce (2611 Ponce de León Blvd.; ✆ 305/444-2024 www.pascalmiami.com), o chef Pascal Oudin, que foi treinado por Alain Ducasse, reimagina a cozinha francesa com ingredientes do novo mundo. Prove o seu bolinho de caranguejo azul com gaspacho, o suflê assado duplo de Gruyère ou o peito de pato assado com repolho savoy e peras sautè.

Estando na Flórida, é claro, em algum momento aguarda-se uma refeição feita de pratos com frutos do mar frescos. Apesar de a escolha óbvia ser a instituição testada e aprovada de Miami, que é o Joe's Stone Crab, para algo mais sofisticado, vá até Coconut Grove e ao 100 Ballen (4 Grove Isle Dr. ✆ 305/858-8300; www.groveisle.com/groveisle_dining.aspx) para os bolinhos de caranguejo na chapa, o bisque de lagosta, ou as vieiras de águas profundas assadas no forno a lenha, servidos em um romântico terraço à beira do mar. Para ter o obrigatório gosto da culinária cubana, vá para o oeste, para Doral no 101 Chispa (11500 NW 41st St. ✆ 305/591-7166; www.chisparestaurant.com), um lugar pulsante, de estilo, onde Adam Votaw produz versões gourmet de clássicos cubanos como o croquetto de camarão e feijão fradinho ou o filé de costelinha lentamente assada e adocicada.

Por trás das cenas no Talula.

✈ Internacional de Miami (6 ½ milhas/10 km)
🛏 $$$ **The Ritz Carlton South Beach**, 1 Lincoln Rd. (✆ **800/241-3333** ou 786/276-4000, www.ritzcarlton.com) $$ The Kent, 1131 Collins Ave. (✆ **866/826-KENT** ou 305/604-5068; www.thekenthotel.com)

Cozido de Parma e basílico no Michel's.

Férias Gastronômicas

vir com qualquer pedido. Cada aula envolve um veio diferente de habilidade culinária – aprender como fazer compras no mercado, em um dia, no dia seguinte, aprender a identificar uma gama de temperos exóticos. Os temperos tailandeses, ou como fazer pastas temperadas com um pilão e um morteiro, ou como esculpir frutas e legumes. Não só isso, você tem duas escolhas diferentes de local, seja na casa agradável dos Nabnians, bem ao lado do Hiang Mai em Doi Saket, ou na cidade, no **The Wok** (44 Ratchamanca Rd. ⓒ **66/53208/287**).

Nabnian e seus professores assistentes são todos fluentes em inglês e oferecem assistência de uma maneira prática. Cada aluno recebe a sua própria estação de trabalho e equipamento; eles cozinham quatro pratos de manhã e dois à tarde, e mais tarde comem os frutos de seu trabalho. Profissionais da culinária e alunos que completam todos os cinco dias do curso também são incentivados a prosseguir com as aulas de mestre com Nabnian depois das quatro horas da tarde.

Mesmo que você não esteja fazendo um curso, você pode ficar na Jasmine Rice Village, com um grupo de villas particulares em volta da piscina que lembram um vilarejo no norte da Tailândia. Instalada no meio dos campos de arroz verdejantes, a propriedade sossegada tem até uma horta de temperos e verduras que fornece produtos para as aulas de culinária, a poucos passos dali. Os apartamentos têm uma simplicidade minimalista feita de bambu. O restaurante do resort, o arroz perfumado, são vitrines da culinária mais ambiciosa de Nabinian – para lembrar que não importa quanto você tenha aprendido, você ainda não esgotou as maravilhas da gastronomia.

ⓘ 47/2 Moon Muang Rd., Chiang Mai 50200 (ⓒ **66/53/206 388**; www.thaicookeryschool.com)
✈ Chiang Mai (14km/8 ½ milhas)
🛏 $$ **Jasmine Rice Village**, 91 Moo 3 Soi 3, T. Luang Nua A. Doi Saket (ⓒ **66/53/206 3151**; www.jasminericevillage.com). $$ **Tamarind Village**, 50/1 Rathcadamnoen Rd., Chiang Mai (ⓒ **66/53/418 896**).

Escolas de Culinária para Viajantes 102

Escola de culinária Ritz Carlton Amelia Island
Os sais da terra
Ilha Amélia, Flórida

A competição é acirrada entre os vários resorts na Ilha Amélia, uma bela ilha de barreira do Atlântico, bem ao norte da costa da Flórida, rica em praias de areia branca e imponentes alamedas de carvalhos. A praia do Ritz Carlton da Ilha Amélia de 5 hectares (13 acres) não foi o suficiente para competir contra a plantação já estabelecida há muito tempo ali ao lado, na Ilha Amélia. Portanto, o Ritz Carlton gastou mundos e fundos em seu elegante restaurante **Salt** com suas paredes de lambri de madeira. O **The Grill**, onde o excepcional menu americano regional da estação combina com a deslumbrante vista do oceano. Agora ele é considerado um dos melhores restaurantes de todo o Sudoeste.

O Ritz Carlton faz o melhor possível com esta joia gastronômica. O Salt oferece diariamente sete pratos do chef para um menu de degustação, que, obviamente, incluem uma degustação de sais diferentes (você vai se surpreender com a possibilidade de distinção de sabores). Há uma mesa para quatro pessoas na cozinha do chef para gourmets interessados, há jantares mensais especiais de vinho, às 4h da tarde, todo sábado, você pode aparecer para uma "previsão culinária" do menu da noite. Afortunadamente para os hóspedes do Ritz Carlton, o chef de cozinha do Salt, Richard Gräs também está interessado em dar aulas. Ele tira algum tempo das suas obrigações com o preparo da comida para conduzir um seminário de dois dias de culinária

103 Campos de Treinamento CIA

prática no resort a cada dois meses, projetado em torno de temas instigantes como a Culinária Afrodisíaca, a Culinária Nutritiva, ou o churrasco ao redor do mundo, e vale a pena planejar um deles na sua viagem.

As aulas de culinária incluem um tour por trás das cenas nas cozinhas do resort, uma experiência fascinante se você nunca tiver visto o que é necessário para servir três restaurantes e mais o serviço de quarto de um resort de 444 apartamentos. A turma então produz a sua própria refeição de quatro pratos, trabalhando com o chef Gras e sua equipe. O segundo dia gira em torno das técnicas ensinadas no dia anterior, e os alunos preparam outra refeição gourmet ainda mais elaborada. A atenção de Gras para os sabores da estação – sem mencionar os temperos – pode ser esclarecedora.

O curso aceita tanto cozinheiros novatos como os experientes, os tamanhos das turmas são limitados para permitir uma instrução personalizada. Você pode reservar um lugar na escola de culinária mesmo se não for um hóspede do Ritz Carlton, apesar de os pacotes que juntam acomodação e aulas serem um excelente negócio. Entre a brisa do mar e a degustação do sal no restaurante, pode ser que você nunca mais veja o sal da mesma maneira novamente.

✈ Jacksonville (43 milhas/ 69 km)

🛏 $$$ **Ritz Carlton Amélia Island**, 4750 Amelia Island Pkwy, Amelia Island, Fl. (✆ **800/241-333** ou 904/277-1100, www.ritzcarlton.com)

---

103 Escolas de Culinária para Viajantes

Campos de Treinamento da CIA
Usando um Disfarce Com a Outra CIA
Hyde Park, Nova Iorque

Com celebridades culinárias do calibre de Charlie Palmer, Todd English, Larry Forgione, Alfred Portale e Anthony Bourdain entre os seus alunos, não é à toa que o Culinary Institute of America está orgulhoso de seu programa de nível rigoroso. É necessário levar muito a sério a carreira gastronômica antes de se inscrever aqui. Mas mesmo que a culinária seja apenas uma paixão para as horas vagas para você, esses workshops intensivos de vários dias, que acontecem regularmente, irão elevar o seu nível culinário um degrau acima.

O campus principal da CIA, no Hyde Park, em Nova Iorque, é um verdadeiro campus, um conjunto agradável de prédios acadêmicos de tijolos vermelhos e dormitórios em uma encosta verde acima do Rio Hudson. Não que você vá ver muito disso quando estiver no campo de treinamento – as aulas começam às 7h da manhã e vão direto até que tenha completado o seu prato final, às 4h da tarde. Uma variedade de cursos de um dia acontece, aos sábados, nas cozinhas de última geração para aulas da CIA. Apesar desses cursos serem ótimos para uma iniciação, a ação de verdade ocorre nos dias de semana, nos campos de treinamento. Não é por acaso que recebem esse nome – chefs instrutores pressionam os alunos para que dominem técnicas de nível Escoffier. Não é exatamente um Hell's Kitchen, mas também ninguém vai lhe mimar – pode esperar um puxão de orelha se o seu suflê cair ou se o seu molho desandar. Seus companheiros de turma irão provavelmente ser amadores hábeis (quem mais dedicaria uma semana a um curso de culinária trabalhoso?), então você passa por cima do básico e vai direto às técnicas sofisticadas. As ofertas de curso incluem treinamentos de campo em panificação, massas, cozinha italiana, cozinha francesa, cozinha asiática, receitas de bistrô, culinária saudável, e o workshop de refeições gourmet em minutos. Os alunos usam roupas brancas de chef durante as aulas e, no final, eles as ganham de presente.

Férias Gastronômicas

As sessões de treinamento são intensas durante os cursos de treinamento de campo do Culinary Institute.

A CIA oferece cursos similares em seus outros campi também. Para os que não quiserem ir até o Hyde Park – há uma série de aulas de um dia no Astor Center, em Nova Iorque (23 E 4th St., segundo andar) e no campus de Greystone, no Napa Valley (2.555 – Main St, St. Helena, Califórnia). Greystone também conduz cursos de quatro e cinco dias para Desenvolvimento de Carreira que são uma versão mais suave e amigável do que os treinamentos de campo, incluindo a formação a respeito de vinhos. Em San Antonio, Texas, a CIA abriu um novo campus para treinar profissionais em culinária latina (312 Pearl Pkwy, Bldg. #3; ⓒ **210/222-1113**). Cursos de dois e três dias concentram-se na culinária mexicana e nas tapas. Depois de tudo isso, você tem muitas opções se quiser levar a sua culinária a sério.

ⓘ Culinary Institute of América, 1.946 Campus Dr. (Rte. 9), Hyde Park (ⓒ **800/888-7524** ou 845/471-6608; www.ciachef.edu).

✈ Internacional John F. Kennedy ; Internacional Newark Liberty ; LaGuardia (aprox. 2hr.). Aeroporto de Albany (aprox. 2hr.).

🛏 $$$ **Inn at the Falls**, 50 Red Oaks Mill Rd. Poghkeepsi (ⓒ **8000/344-1466** ou 845/462-5770; www.innatthefalls.com).

Escolas de Culinária para Viajantes 104

O Inn em Essex
Ficando Inn com os Chefs
Essex Junction, Vermont

O Instituto de Culinária da Nova Inglaterra não sabe o que é uma torre de marfim. Desde que a escola foi fundada, em 1980, a pedra fundamental do seu programa de graduação tem sido o fornecimento de uma carga de restaurantes do mundo real onde os seus alunos possam trabalhar nas linhas de frente. Um de seus melhores "laboratórios" é o Inn, em Essex. Nesse resort de

105 O Centro de Arte Culinária do Greenbrier

estilo colonial coberto de lambris brancos nos 20 acres das montanhas verdes de Vermont, não muito distante da costa serena do Lake Champlain, os alunos da NECI administram dois restaurantes aclamados: o mais elegante, Butler's Restaurant, e o casual, Tavern. Para os hóspedes do inn, há outra vantagem – os instrutores chefs da NECI conduzem uma série de demonstrações de culinária e aulas práticas no local.

Claro, o resort também oferece golfe, tênis, uma piscina, e outras comodidades de resort, mas o teatro especialmente feito para demonstrações (uma sala de refeições privativa para dez pessoas) sinaliza o quão importantes essas aulas de culinária são para o resort. A loja de presentes do local vende ferramentas profissionais de culinária, juntamente com os doces de açúcar de maple (plátano) e outros souvenirs de Vermont, além dos jardins do resort que são uma vitrine para as ervas e verduras frescas. Eles ganham, de vez, o slogan de "O Resort Culinário de Vermont".

De quarta a domingo, eles quase sempre oferecem, pelo menos, uma aula, de uma a duas horas de duração. Essas não são apenas frivolidades bonitinhas, mas aulas para um grupo pequeno que vai desde as habilidades básicas com a faca até a aula de sushi, um workshop de estação de sopas, uma palestra sobre alimentação saudável, um curso rápido sobre molhos, ou as festas de receitas para ocasiões especiais. Ainda melhor é o conceito de treinamento de Chef no local, onde você ajuda a cozinhar o seu próprio jantar de três pratos com um instrutor chef habilitado. O melhor de tudo são os campos de treinamento culinário de três dias, com uma aula intensiva de cinco horas e meia a cada dia; ele é limitado a cinco participantes e conduzido apenas poucas vezes por ano, então, programe-se e reserve com antecedência.

Todas essas atividades culinárias exigem o pagamento de uma taxa separada. Como os dois restaurantes, eles também estão abertos para os visitantes que não estão hospedados no inn. A reserva prévia é bastante aconselhável, já que as vagas para alguns dos cursos realmente se esgotam.

ⓘ 70 Essex Way, Essex Junction (✆ **800/727-4295** ou 802/878-1100; www.vtculinaryresort.com).

✈ Internacional de Burlington (7 milhas/11km).

🛏 $$ **The Inn at Essex**, 70 Essex Way, Essex Junction (✆ **800/727-4295** ou 802/878-1100; www.theinnatessex.com). $$ **The Willard Street Inn**, 349 S. Willard St., Burlington (✆ **800/577-8712** ou 802/651-8710; www.willardstreetinn.com).

105 Escolas de Culinária para Viajantes

O Centro de Artes Culinárias de Greenbrier
Recorrendo à Cozinha
White Sulphur Springs, West Virginía

Em 1778, quando os Greenbrier inauguraram um resort SPA nas montanhas do oeste da Virgínia, seus hóspedes de alto nível não estavam interessados na culinária – eles tinham serviçais para fazer esse tipo de coisa (a maior parte deles escravos, na verdade, já que o sul é antiquado). Levou dois séculos de mudanças e gostos antes que o Greenbrier – agora um Monumento Histórico Nacional de 2.632 hectares (6.500 acres) – acrescentasse as aulas de culinária à rica mistura de atividades recreativas para seus hóspedes. Hoje essa mistura inclui uma quase impressionante oferta de golfe (três campos), tênis, pescaria, canoagem, caiaque, passeios a cavalo, natação, escalada, boliche, cinema, bilhar, jogo de ferraduras, caça com falcões e críquete, mas as aulas de culinária são, contudo, mais procuradas do que nunca.

Lançar esse programa, em 1977, foi uma atitude profética; alguém no Greenbrier deve ter adivinhado que a culinária se tornaria um hobby levado a sério por muitos dentre a clientela abonada do resort. Com

Férias Gastronômicas

uma enorme brigada de chefs habilidosos já instalados no local para administrar os três cafés e o elegante restaurante principal, todo o talento necessário estava bem ali à mão. Realizadas em uma cozinha profissional, uma série de aulas práticas consecutivas é marcada por três ou quatro dias na semana a partir de maio até novembro. O horário das aulas é das 9h30 às 13h30, o que, obviamente, lhe dá tempo para jantar aquilo que acabou de cozinhar. Com apenas 12 alunos por turma, há atenção suficiente para cada aluno. Aulas diferentes cobrem tópicos como panificação e massas, entradas, jantares festivos, ceias Famíliares, ou a cozinha com ingredientes frescos. O Greenbrier conduz aulas de duas horas também para crianças durante o verão.

Algumas vezes ao ano, o Greenbrier convida chefs famosos para conduzir workshops mais intensivos de três dias. Anne Willan, por exemplo, que fundou a renomada escola de culinária La Varenne, na França, veio lecionar um curso de três dias sobre técnicas clássicas francesas; o chef de cozinha Cajun da Louisiana, John Folse, do Lafitte's Landing, ensinou em um workshop como cozinhar na panela de ferro fundido; há também um workshop sobre churrascos liderado por churrasqueiros famosos como Steve Raichlen ou Ray Lampe ("On BBQ"). Os chefs do Greenbrier também conduzem um curso de vários dias chamado de Greenbrier Gourmet, que se concentra em pratos assinados de inspiração clássica do menu do salão de refeições principal do Greenbrier. A inscrição do curso é paga separadamente da estadia no resort.

ⓘ Greenbrier Culinary Arts Center (✆ 800/ 228-5049).

✈ Aeroporto Greenbrier Valley (serviço contratado de Atlanta e Cleveland; 7 milhas/11 km).

🚆 White Sulphur Springs (21 milhas/ 33 km).

🛏 $$$ **The Greenbrier**, 300 W. Main St. (✆ **800/453-4858**; www.greenbrier.com).

Escolas de Culinária para Viajantes 106

Escola de Culinária Strewn Winery
A conexão Comida-Vinho
Niagara-On-The-Lake, Ontário

Nessa importante região de vinhos, bem ao norte de Niagara Falls, as visitas às vinícolas e aos restaurantes gourmet fazem uma parceria natural. Mas a Strewn Winery – conhecida pelos seus saborosos Merlots, Cabernets, Sauvignons, Rieslings, Chardonnays, Gewurtraminer, e os Icewines – é ainda mais distinguida pelo excelente estilo Provençal do restaurante, Terroir La Cachette, e da Strewn Winery Cooking School.

Como você já poderia prever, a diretora da escola, Jane Langdon, é casada com o fabricante de vinho, Joe Will. Naturalmente, o programa concentra-se na correlação entre a comida e o vinho, desde encontrar harmonizações apropriadas para os vinhos ou receitas da gastronomia que utilizam vinho. A escola Strewn defende o uso dos ingredientes locais na estação, desde os morangos tenros do verão até os pêssegos maduros do verão e as maçãs do outono. (Você pode até colher as ervas da própria horta da escola para cozinhar). Os cursos vão de janeiro até novembro, e as receitas do curso refletem a estação. Os alunos trabalham em equipes de dois em uma sala de aula de cozinha completamente equipada, então vá até a sala de refeições para saborear suas criações. Tanto a sala de aula quanto o salão de refeições têm janelas grandes que permitem que o sol inunde o local e as vistas amplas das vinhas verdes em volta sejam apreciadas – você nunca irá esquecer que está no coração dos campos de vinho.

106 Escola de Culinária

A escola de Culinária Strewn Winery em Niagara-on-the-Lake.

Aulas de um dia são conduzidas quase todos os sábados; várias delas são projetadas para "parceiros", o que não quer dizer necessariamente que sejam parceiros românticos (é uma divertida atividade para mãe e filha ou uma forma bacana para companheiros de quarto na universidade se reconectarem). Uma vez por mês, a escola promove visitas a fazendas locais e uma degustação na Strewn. Então, iniciando no final de maio, workshops culinários de cinco dias incluem as aulas de culinária práticas complementadas por visitas aos mercados de comida e aos produtores de alimentos artesanais, cafés da manhã e almoços, e um jantar às noites de quarta-feira em um dos melhores restaurantes locais (esses também estão incluídos em um pacote com diárias no Harbour House Hotel; veja abaixo). Já que a vinícola também escala seus passeios e degustações, há algo acontecendo quase o tempo todo. Para um amante do vinho que está ansioso para cozinhar, ou um gourmet que está curioso a respeito do vinho, é uma combinação divina.

ⓘ 1339 Lakeshore Rd., RR3, Niagara-on-the-Lake (🕿 **905/468-1229**; www.winecountrycooking.com).

🛏 $$$ **Habour House Hotel**, 85 Melville St. (🕿 **866/277-6677** ou 905/468-4683; www.harbourhoursehotel.ca). $$ **River-bend Inn**, 16104 Niagara River Pkwy. (🕿 **888/955-5553** ou 905/468-8866; www.riverbedinn.ca).

Férias Gastronômicas

7 Lugares para se comer em . . . Santa Fé, Novo México

Você se lembra de todo o barulho que esta cidade gerou no final dos anos 80 e início dos anos 90, quando a cozinha criativa do sudoeste era a bola da vez? Bom, finalmente as coisas ficaram mais calmas, o que significa que os chefs de Santa Fé agora podem sair do procedimento padrão e caminhar em novas direções. Os precinct, recintos de tijolos de barro em volta da praça no centro de Santa Fé, podem dar uma impressão histórica pitoresca, mas a cena gastronômica pode ser chamada de qualquer coisa, menos de parada no tempo.

Entre os pontos mais românticos da cidade está a ⓿ Trattoria Nostrani (304 Johnson St.; ⓒ **505/983-3800**; www.trattorianostrani.com) com seus arcos de tijolos de barro e teto de zinco, onde Neff Maltezos e Eric Stapetman honram as tradições do norte da Itália com especialidades como o ravióli de abóbora, a codorna assada com a salsicha doce italiana e a suave polenta ou a costeleta de cordeiro com batatas e alcachofras, e a redução de trufas negras. No ⓿ Restaurante Anasazi (113 Washington Ave. ; ⓒ **505/988-3236**; www.innortheanasazi.com) a sala de refeições de estilo do pueblo contemporâneo com seu piso de madeira do renomado inn do Anasazi, o chef Oliver Ridgway concentra-se nos ingredientes da estação, surgindo com combinações imaginativas como o atum havaiano com uma crosta de wasabi e frutas secas, ou os medalhões glaceados em molho da barra com aspargos, cogumelos morchela e alhos elefante. A busca local é uma paixão do chefe Brian Knox, no ⓿ Aqua Santa (51 W. Alameda St.; ⓒ **505/982-6297**). Trabalhando com uma cozinha aberta nesse pequeno ponto muito procurado, o sociável Knox muda o seu menu continuamente, trazendo os sabores mais profundos em pratos como a sopa toscana de feijão com azeite de trufas brancas ou o ragu de cordeiro lentamente assado, perfumado com castanhas e pecorino. Um pouco adiante no sudoeste da Plaza, a restaurada Borrega House, uma casa de rancho de teto baixo construída em 1756 é onde se instala o elegante ⓿ Geronimo (724 Canyon Rd.; ⓒ **505/982-1500**; www.geronimores-

Por trás das cenas na Tratoria Nostrani.

113 7 lugares para se comer em . . . Santa Fé, Novo México

taurante.com), que ainda define a sofisticação casual da cozinha no estilo de Santa Fé no seu ápice. O menu aqui dá um toque de sudoeste em pratos como a salada de abacaxi mahirrahi grelhado, o filé mignon apimentado ou os rabos de lagosta mesquite grelhados.

No jovial 111 Café Pasqual's (121 Don Gaspar St.; © 505;983-9740; www.pasquals.com), os jantares acolhem pratos como as tostadas de camarão chipotle grelhado, o curry verde tailandês ou a costela de cordeiro grelhada com melaço de romã, tudo feito com ingredientes orgânicos. Com murais mexicanos colocados de maneira festiva, há uma mesa comunitária para aqueles que querem conhecer outras pessoas durante a refeição. Administrado pela mesma família, desde 1953, o 112 Shed (113 ½ E. Palace Ave.; © 505/982-9030; www.sfshed.com) ocupa nove salas pequenas em volta de um pátio sombreado por uma videira. Ele é famoso pelos seus chillis temperados que são plantados especialmente para o Shed. Prove o calor de pratos como o chilli verde com batatas, o ensopado de galinha com chili verde e milho, ou o prato de encillada de chili vermelho, com um ovo frito por cima.

E quando você tiver a sua cota de jantares de alto nível, dê uma volta em Guadalupe Street para a banca de rua 113 Bert's Burger Bowl (235 N. Guadalupe St. © 505/982-0215). No ramo desde 1954, o Bert alega ter inventado o cheeseburger com molho de chilli verde. Eles servem um hamburger bastante suculento, com todos os preparos frescos e anéis de cebola delicadamente dourados acompanhando. O Bert também prepara muito bem outra comida adorada nas ruas de Santa Fé, a torta de Fritos, um bolo de chili com queijo, creme de leite azedo e pimenta jalapenho, colocadas sobre um pacote de salgadinhos de milho.

✈ Albuquerque (60 milhas/96 km)
🛏 $$ **Hacienda Nicholas**, 320 E Marcy St. (© 888/284-9170 ou 505/992-8385; www.haciendanicholas.com) $ **Santa Fé Motel and Inn**, 510 Cerrillas Rd. (© 800/930-5002 ou 505/982-1039; www.santafemotel.com).

Cena na Trattoria Nostrani.

Férias Gastronômicas

Escolas de Culinária para Viajantes 114

Escola de Culinária de Santa Fé
Fazendo o Taco-Tamale em Dois Palitos

Santa Fé, Novo México

Pela reputação de Santa Fé como uma Meca dos gulosos, alguém tinha que lançar uma escola de culinária aqui, mais cedo ou mais tarde. Esse constante fluxo de turistas gastronômicos era uma nicho de mercado perfeito demais para se deixar passar. Não foi a primeira cidade a ter uma escola de culinária de cunho recreativo, em vez de um programa de artes culinárias de nível universitário, mas o pessoal que administra a Escola de Culinária de Santa Fé certificou-se de tirar vantagem da imensa reserva de talento culinário disponível na cidade. Vários chefs do local se revezam como instrutores convidados, e a escola também coordena frequentes caminhadas turísticas-gourmet pela cidade, para ajudar os visitantes a experimentarem vários restaurantes em um curto período de tempo. É uma simbiose natural que funciona bem.

As aulas da SFSC são geralmente eventos de uma única sessão e duram de duas a três horas. Elas acontecem durante as manhãs e as tardes, deixando as noites livres para o jantar na cidade. Na maioria dos dias da semana, há alguma atividade acontecendo, então mesmo que você só fique na cidade por alguns dias, deveria ser capaz de se encaixar em alguma delas. Como é de se esperar, muita ênfase é dada à comida do Sudoeste. Várias aulas concentram-se em pratos regionais especiais como o chilli, a salsa, os tamales, as fajitas, as tapas, os molhos de mole; há um curso sobre cozinha nativa americana, uma sobre os vinhos do Novo México, outra sobre a comida mexicana light, outro sobre cozinha contemporânea do Sudoeste. Um dos cursos mais divertidos é o Fresh Farm and Local, onde cada participante é desafiado a cozinhar com uma "caixa misteriosa" de produção da estação de uma fazenda orgânica local, a Los Poblanos Organics. A escola está bem localizada no coração do centro histórico de Santa Fé, há alguns passos da Plaza.

Faça planos com antecedência e você também poderá ser capaz de tirar vantagem dos cursos periódicos de uma semana na escola. O passeio turístico cultural do Novo México, por exemplo, acontece durante a estação da colheita. Os alunos passam o dia em uma fazenda, ajudando na colheita da produção que irão transformar em uma refeição mais tarde. A semana de Aventura Culinária do Amante da Vida ao Ar Livre combina os esportes ao ar livre com as aulas que se concentram nas estratégias da culinária saudável. Pacotes são oferecidos junto aos principais hotéis locais, tais como o Inn on the Alameda e a La Posada de Santa Fé (veja abaixo) – outro exemplo da simbiose em funcionamento.

ⓘ 116 W. San Francisco St. (ⓒ **800/982-4688** ou 505/983-4511; www.santafeschoolofcooking.com).

🛏 $$$ **Inn on the Alameda**, 303 E. Alameda St. Santa Fe (ⓒ **800/2892122** ou 505/984-2121; www.innonthealameda.com). $$$ **La Posada de Santa Fé Resort & Spa**, 330 E. Palace Ave. (ⓒ **800/727-5276** ou 505/986-0000; www.rockresorts.com).

115 Hospedagem em Fazenda

Fazendas Maverick
De Volta a Terra
Valle Crucis, Carolina do Norte

Essa pequena fazenda de vegetais nas Montanhas Blue Ridge, na Carolina do Norte, passou a fornecer seus produtos para os restaurantes locais em meados de 1970, logo no início do movimento de volta a terra. Várias décadas depois, entretanto, os negócios sofreram com os avanços do mercado imobiliário e com a incerteza econômica como tantas outras pequenas fazendas Famíliares – até que Hillary e Alice Brooke Wilson, filhas do proprietário, vieram em seu socorro.

Após recrutar ajuda de outros aficionados por alimentação que partilhavam de suas ideias, como Tom Philpotts, Sara Safransky e Leo Gaev, as irmãs passaram a dedicar-se a "experimentar as técnicas de agricultura em escala-humana", "transformar as práticas relacionadas à agricultura e produção de alimentos", e "recuperar o prazer de comer e compartilhar refeições em uma cultura invadida pela agricultura industrial e pela comida sem sabor". Ao registrar-se como uma empresa educacional sem fins lucrativos, elas precisaram de uma nova marca que se adequasse ao novo e grandioso projeto, e batizaram a cooperativa de Fazendas Maverick.

A Maverick ainda vende vegetais para os restaurantes locais. Porém, agora eles também administram um programa local de CSA (agricultura apoiada pela comunidade); ensinam e aconselham jovens fazendeiros; montam campos para treinamento de adolescentes nas técnicas de agricultura; construíram uma estufa solar; oferecem jantares ocasionais de três pratos orgânicos da fazenda; e administram uma pequena pousada nos três quartos da casa sede de 125 anos de idade da fazenda. Os hóspedes podem relaxar no amplo terraço que circunda a casa ou em redes dispostas junto ao riacho, mas também são convidados a ajudar nos jardins ou no pomar, a arrancar as ervas daninhas ou recolher os ovos, colher ervas, frutas e vegetais. (Você pode usar seu trabalho como parte de pagamento da hospedagem ou fazer algum outro tipo de permuta). Os hóspedes pagantes ajudam a manter as atividades da fazenda, mas também permitem que as jovens administradoras da Fazenda Maverick compartilhem sua visão com visitantes curiosos.

Os jantares, servidos na espaçosa sala de refeições emoldurada por janelões, são eventos formidáveis à luz de velas, com música ao vivo e toalhas de linho. Os menus apresentam os melhores ingredientes orgânicos da própria fazenda ou de produtores vizinhos. Alguns jantares já apresentados trouxeram como tema a Toscana, com pratos como focaccia com alecrim e patê de coelho ou ravióli de noz-manteiga com manteiga de sálvia; o México, incluindo tacos com beterraba e molho de abacate ou carne grelhada com molho de chilli; ou até a colheita como tema, apresentando pratos como leitão assado laqueado com cidra com chutney de peras ou flan de batata-doce. Se não houver nenhum jantar agendado para a época de sua estadia, o pessoal da Maverick lhe indicará, com prazer, um dos excelentes restaurantes locais que servem produtos das Fazendas Maverick, onde você poderá provar a mesma combinação de comida e fazenda interligadas.

ⓘ 410 Justus Rd., Valle Crucis (✆ **828/963-4656**; www.maverickfarm.com).
✈ Aeroporto de Asheville (95 milhas/153 km).

Férias Gastronômicas

Hospedagem em fazendas — 116

Fazenda Blackberry
A fina flor
Walland, Tennessee

Resort de luxo ou hospedagem em fazenda? Você decide. Por um lado, você pode visitar a Fazenda Blackberry para ser mimado numa das luxuosas acomodações, suítes ou chalés; apreciar as refeições em qualquer um dos dois aclamados restaurantes da propriedade; relaxar no SPA; ou pescar trutas (fly-fish), cavalgar ou fazer um passeio de balão apreciando do alto a paisagem de sonho da montanha Smoky. Por outro lado, pode optar por marcar sua visita para coincidir com as demonstrações de chefs como Grant Achatz, Nancy Silverton ou David Chang; assistir aulas de culinária; passar o dia com o queijeiro da casa ou o jardineiro-chefe; caminhar pelo pomar de frutas e castanhas; explorar os campos à procura de cogumelos, frutas vermelhas, papaias ou vegetais; ou visitar as pastagens repletas de ovelhas, aves domésticas e colmeias de abelhas.

A luxuosa propriedade de 1.701 hectares (4.200 acres) na montanha Smoky inclui uma fazenda autossustentável, onde a simbiose entre o gado, a agricultura, os insetos e o solo foi concebida da maneira mais orgânica possível. Veja, por exemplo, a rotatividade das ovelhas de pasto em pasto, ou das galinhas nos galinheiros móveis a fim de auxiliar na fertilização e controle de doenças. Oficinas artesanais instaladas dentro da propriedade incluem um açougue, padaria, cremeria, cozinha de geleias e salsicharia, onde os produtos da fazenda são processados junto com as carnes e produção de fazendas vizinhas. Uma parte significativa dos alimentos utilizados nos restaurantes vem diretamente da fazenda, desde os queijos artesanais de leite de ovelha aos ovos de gemas douradas, do excelente mel à cidra de maçã, dos rabanetes crocantes e couves tenras às avelãs – até mesmo as trufas negras que começaram a nascer nas raízes das avelãzeiras do pomar.

Para uma experiência agrícola intensa, reserve um quarto na Casa da Fazenda, um casarão branco emoldurado em madeira (a casa é nova, porém feita com madeira reciclada de antigas estruturas de fazendas antigas), do lado oposto à casa-sede feita de pedra. Aqui você também encontrará o restaurante The Barn (O Celeiro), um audacioso e requintado restaurante que ocupa um antigo celeiro Amish do século XVIII, onde o chef Peter Glander serve menus de vários pratos a partir da produção da fazenda. A cozinha de Glander foi apelidada Foothills Cuisine (Culinária ao Pé do Morro) pela maneira como mescla tradições interioranas e produtos frescos da fazenda com sofisticadas técnicas culinárias. É no The Barn também que fica a cozinha montada especialmente para as aulas de culinária, demonstrações da fazenda ou outros eventos culinários; muitos dos artesãos de culinária do local vendem seus produtos ali do lado, na Larder. Claro que, enquanto está aqui, você também vai querer provar a comida no restaurtante mais informal, o Main House.

O dono do resort, Sam Beall, é também um chef treinado, o que, sem dúvida, explica a ênfase dada ao lado culinário do resort. Mas o Blackberry tem sido a fazenda de sua família desde 1976, e sua mão está presente em todos os detalhes. Ele poderia ter transformado a Blackberry em apenas mais um resort de luxo. Mas, pelo contrário, permitiu que a fazenda florescesse à sua volta – e é isso o que torna o lugar tão especial.

ⓘ 1471 West Millers Cove Rd., Walland
(✆ **800/648-4252** ou 865/984-8166; www.blackberryfarm.com).
✈ Knoxville (18 milhas/29 km).

102

117 Hospedagem em Fazenda

Retiro de Culinária & Hospedaria da Fazenda Fairburn
De Volta a Terra
Valle Crucis, Carolina do Norte

Se os seguidores da Slow Food administrassem o mundo, todo resort seria como a fazenda Fairburn – um conjunto de casa de fazenda espalhada em um B&B, em uma fazenda de 53 hectares (130 acres). Em vez de golfe, tênis e um SPA, a Fairburn oferece para os seus hóspedes: aulas de culinária, expedições para colher cogumelos, seminários de panificação, e passeios turísticos de fabricação de queijo, onde os artesãos criam a mozarela usando o leite das búfalas der água de fazendas italianas. Você participará de degustações em vinícolas ou fábricas de cidra, uma visita ao mercado do fazendeiro Duncan para comprar ingredientes para o jantar da noite. Você irá caminhar pelo jardim colhendo ervas e verduras, ou vagar pelo antigo pomar de maçãs onde as cabras San Clemente e as ovelhas Navajo Churro pastam. Até o dia da sua despedida, terá explorado o terreno do vale Cowichan em cada dimensão.

O Centro das energias por aqui gira principalmente em torno da cozinha, o domínio da professora de culinária Mara Jernigan, que também é uma das ativistas principais da culinária de British Columbia. Aqui ela

O Retiro de Culinária & Hospedaria da Fazenda Fairburn em British, Columbia.

103

Férias Gastronômicas

As terras com plantações pelos 53 hectares da fazenda Fairburn.

conduz semanalmente aulas de culinária e convida chefs para fazerem demonstrações. Especialmente no verão especialmente há um programa completo de eventos relacionados à gastronomia, equacionados com os ciclos da estação e da colheita. (Ligue com antecedência ou confira o site da internet para marcar uma visita que coincida com eventos especiais).

A própria casa de fazenda de lambri de madeira é um exemplo de preservação maravilhosa de fazenda de fronteira. Fundada em 1884, a fazenda tem pé direito alto, molduras antigas, lareiras com lajotas, e uma varanda larga que fornece vistas arrasadoras do vale. Cada apartamento é decorado individualmente em uma simplicidade adorável, quase de inspiração Quaker; todos têm os banheiros modernos de suítes, e alguns têm até jacuzzi. Um café da manhã substancioso está incluído na diária; hóspedes de uma noite também podem jantar nas noites de quinta a sábado, com menus de quatro ou sete pratos que se concentram nos alimentos orgânicos regionais do local. Os almoços de seis pratos servidos na varanda, nos domingos de verão, são acontecimentos descontraídos remanescentes das festivas reuniões semanais de família em uma fazenda tradicional italiana.

Você é bem-vindo aqui como um hóspede simplesmente, sem ficar para jantar; mas você pode jantar e passar a noite sem afetar o programa de culinária. No entanto, é o programa de culinária que realmente faz desse um lugar especial; é uma maneira de ligar todos os pontos, da fazenda até a mesa, uma conexão atenciosa por vez.

ⓘ 3310 Jackson Rd., Duncan (✆ **250/746-4637**; www.fairburn.bc.ca).
✈ Victoria (57 km/35 milhas)

104

118 Hospedagem em Fazenda

Fazenda Philipkutty's
O Verdadeiro Coconut Grove
Kerala, Índia

Uma estadia na fazenda Philipkutty é uma experiência exótica luxuosa, contudo rústica. Você comerá banquetes indianos suntuosos em um pavilhão de telhado de sapé. Dormirá na Villa à beira d'água, em uma tranquila ilha afastada, refrescada apenas pelas brisas do lago, com bananas, mangas, noz-moscada, coco, baunilha, e pimenta plantadas em volta. Ao mesmo tempo, você estará remando simples barcos do campo chamados de vallam, em águas do lago Vembanad, com uma família de fazendeiros como anfitriões – Ana e Vinod Mathew, sua mãe, Aniamma, e o filho deles, Philip. Você irá caminhar pelos diques elevados de pedra que foi de onde eles recuperaram essa fazenda orgânica de 18 hectares (45 acres) do lago com palmeiras em volta e comerá refeições caseiras com a família. Você pode até organizar uma viagem gastronômica que inclui aulas diárias de culinária. É um ótimo contato com o centro da cultura do sul da Índia.

A comida de Aniamma é uma das principais atrações aqui. Ela convida com alegria os hóspedes a vê-la cozinhar com Anu. Os Mathews seguem uma dieta Sírio-Cristã, da qual faz parte muito peixe, verduras de fazenda e frutas, arroz, pato, frango, pães feitos de arroz (appams e iddis), e chutneys. Algumas de suas especialidades incluem o karimeen (peixe crómida verde), a moqueca de peixe, os camarões frescos grelhados pescados nos próprios canais da fazenda, o pato assado, os curries curdos, e o curry red-hot de peixe Kerala. E você simplesmente tem que experimentar o toddy, uma bebida alcoólica do local feita na própria fazenda da seiva fermentada dos coqueiros.

A fazenda tem apenas cinco Villas, então os hóspedes recebem muita atenção pessoal e conseguem interagir com a família se quiserem. As mobílias são antiguidades refinadas, contudo, os banheiros são completamente modernos. Haverá um pequeno refrigerador na sua Villa para manter as bebidas geladas à mão. Os pisos de lajota e os tetos de madeira envernizada dão às instalações dos hóspedes a aparência rústica de uma cabana típica da represa do Kerala. Cada Villa é guarnecida por sua pequena varanda – com um lugar para sentar do lado de fora – pintada de uma cor avermelhada tradicional. Não há televisão, serviço de camareira, ou telefone no apartamento – mas, esses iriam perturbar a experiência caseira e tranquila na estadia na fazenda Philipkutty.

ⓘ Puthankayal Islanda, Pallivathkal, Ambika Market, Veechor (✆ **91/482/927-6529** ou 91/482/927-6530; www.philipkuttysfarm.com.
✈ Aeroporto Internacional de Kochi (75 km/47 milhas).
🚆 Kottayam (20 km/12 milhas).

3 Refeições Inesquecíveis

Cozinha de Vanguarda... 107
7 Lugares para se Comer em... San Sebastian, Espanha... 110
Templos da Gastronomia... 118
Mesas de Chefes... 127
Vegetarianos... 136
Estrelas Regionais Americanas... 139
Onde os Chefs Famosos Ficam Descontraidos... 150
7 Lugares para se Comer em... São Paulo, Brasil ... 152
Direto da fazenda... 160
Tradições Globais... 172

Tabela Chef Josh Wolfe "comunidade" na costa, em Vancouver (ver 45).

119 Cozinha de Vanguarda

El Bulli
Vamos lá Ver o Mágico
Rosas, Espanha

Em 1964, esse era um bar de praia da Costa Brava administrado por um médico alemão e sua mulher, e que recebeu o nome de seus bulldogs de estimação. Até 1997, esse era um dos poucos restaurantes no mundo, que não era francês, no mundo a ganhar três estrelas Michelin. Em 2002, ele foi agraciado com o prêmio de melhor restaurante mundial pela revista Restaurant, uma honra que foi repetida em 2006, 2007 e 2008.

O que aconteceu nesse intervalo de anos foi um Catalão cabeludo, Ferran Adrià, que ficou para cozinhar, em 1983, durante suas férias do serviço militar, e nunca mais se foi. Adrià, que se tornou chef de cozinha em 1987, e co-proprietário em 1990 – não apareceu do nada, é claro. El Bulli já tinha uma estrela do guia Michelin antes de sua chegada, porque os proprietários alemães eram gastrônomos sérios. Durante o seu descanso anual de dois meses no inverno (naquela época não havia movimento suficiente na baixa estação que justificasse ficar aberto), o Dr. Schilling incentivava os seus chefs a fazerem estágios nos melhores restaurantes; entre os mentores de Adrià incluímos Joël Robuchon, Michel Bras, e Pierre Gagnaire.

Mas o que elevou o El Bulli até a estratosfera culinária foi: a curiosidade incansável e o entusiasmo de Adrià para experimentar não só novos ingredientes, como também novas tecnologias. Com frequência, referem-se ao local como "aquele que faz espuma", mas as inovações de Adrià incluem muito mais do que transformar os alimentos em bolinhas, espumas, pós e néctares. O descanso de inverno (agora de seis meses) dá a Adrià e sua "equipe de desenvolvimento" tempo para se retirar e aproveitar um workshop especial em Barcelona, onde eles fazem experiências com novos sabores, texturas e formas, assim como uma oportunidade de visitar outros grandes restaurantes, um luxo que poucos chefs em serviço têm. Eles também dão ao Adrià liberdade para escrever livros de culinária e trocar figurinhas com celebridades durante o período de descanso, então, quando você come no El Bulli, o próprio chef-estrela estará atendendo.

O El Bulli recebe mais de meio milhão de pedidos de reserva por ano, porém apenas 8.000 sortudos conseguem uma mesa. Mande um e-mail para o restaurante em outubro (não telefone) para selecionar uma data e um número específico de pessoas para a estação seguinte, e então seja paciente – pode ser que você tenha que esperar semanas por uma resposta, que pode ser positiva ou negativa. Como você deve imaginar, há alguns cancelamentos de última hora. Aberto de abril até o início de outubro, o El Bulli serve somente uma refeição por dia, geralmente o jantar (na primavera servem almoço em vez de jantar), e eles geralmente fecham às segundas e terças. Confira o site da internet para maiores detalhes. *Dica*: Se você não conseguir uma mesa, vá a Sevilha, onde os "maiores sucessos" do El Bulli são servidos no hotel restaurante **Adrià Hacienda Benazuza** (Calle Virgen de las Nieves s/n, Sanlúcar La Mayor; ✆ **3495570-3344**; www.elbullihotel.com).

Para um restaurante aclamado assim, a aparência rústica da sala de refeição do El Bulli com suas vigas de madeira é surpreendentemente casual e descontraída; é claro, que cada jantar ali parece se concentrar completamente na comida. A cada estação o menu é diferente, e muda diariamente, de acordo com a produção que está em alta. O melhor é apostar no menu degustação de 30 pratos, uma sucessão de surpresas culinárias servidas em pratos e utensílios excêntricos, seus contornos enrugados e enrolados são desenhados especificamente para cada receita. Você começará a sua refeição em uma sacada com uma série de aperitivos, então irá para a sua mesa, onde os garçons o instruirão sobre como comer cada pequeno prato – se você deve bebericá-lo, beliscá-lo, lambê-lo, mordê-lo, em um centro efusivo para uma explosão de sabores, ou simplesmente permitir que der-

Refeições Inesquecíveis

reta como um sonho em sua boca. Já tomou um capucino feito de guacamole? Um couscous de tomate com sorvete de manjericão? Um gelado de framboesa com wasabi? Uma gelatina de caldo de coelho? Lasanha de polvo? Macarrão de frutas? Caviar de escargot? Imagine o que quiser, Ferran Adriá provavelmente já criou.

🛈 Cala Montjoi, Roses, norte de Girona (📞 **34/97/215-0 457**; www.elbulli.com).
✈ Barcelona (95 milhas/153 km).
🛏 $$ **Hotel Historic**, Carrer Bellmirall 4A, Girona (📞 **34/97/222-3583**; www.hotelhistoric.com). $$$ **Mas de Torrent**, Afueras de Torrent (📞 **34/97/230-3292**; www.mastorrent.com).

Cozinha de Vanguarda — 120

The Fat Duck
A Comida Excêntrica
Bray, Inglaterra

Heston Blumenthal não foi o primeiro adolescente a ficar estupefato com a maravilhosa culinária em uma viagem de férias de família na França. Mas Blumenthal levou essa epifania gastronômica até um nível de obsessão, debruçando-se sobre os livros de culinária francesa por infinitas horas. Isso ocorreu no início dos anos 1980, quando a Inglaterra ainda estava apegada na ideia de que os grandes chefs vinham do outro lado do canal; era uma luta morro acima para obter um cozinheiro feito em casa. Mesmo assim, ele persistiu, abrindo o seu próprio restaurante em 1995 no campo de Berkshire, onde cresceu. Em apenas cinco anos, ele abocanhou três estrelas do guia Michelin; em 2006, por pouco tempo, ele até roubou a coroa de melhor restaurante no mundo de Ferran Adrià.

Estar fora da classificação pode, na verdade, ter ajudado a ortodoxia de Blumenthal doff Escoffier. Em vez disso, ele encontrou seu próprio guru pessoal em Harold McGee, cujo livro sobre On Food and Cooking animou o chef novato com a ciência culinária. Quando a gastronomia molecular decolou, ninguém estava tão bem equipado para levar a locomotiva adiante do que Blumenthal. Continuamente experimentando com o congelamento, o maçarico, injetando, desidratando, com o cozimento lento, o que vier, ele ainda está fascinado com o manipular de toda a experiência sensorial de comer – o aroma, o gosto, o paladar na boca, a textura, até sons (conseguindo a textura crocante correta da batata-frita feita em casa, por exemplo).

Instalado em um prédio de tijolos escurecidos simples, que se abre em frente à rua principal da vila, o The Fat Duck é um lugar que parece despretensioso – sem acúmulo artificial de antiguidade inglesa ou de fineza pretensiosa francesa, só um salão branco honesto, com vigas de madeira rústica e um piso cru; o único colorido é o das cadeiras amarelo-limão e um quadro à óleo comprido. Claramente, os convivas vêm aqui para se concentrar na comida, não nas aparências. Seja para um pedido de preço fixo de três pratos ou um menu de degustação (aviso: ambos são caros), você seria tratado com uma coleção de maravilhas em constante mudança.

Para os iniciantes, poderá haver o contraste intenso de gosto e textura de um sorvete de mostarda Pommery, acompanhado de um gas-

Um bico, uma pluma e um pé de pato marcam a entrada do The Fat Duck.

pacho de repolho vermelho, ou o famoso mingau de lesma do Blumenthal, uma atualização inteligente dos clássicos escargots franceses. Um prato de vieiras assadas percorre toda a escala de texturas desde o suave tartar de vieiras até o caviar e o chocolate branco velouté. O salmão pode vir assado no bafo com uma gelatina de alcaçuz, uma caldeirada de lombo de porco assado com um macarrão gratinado às trufas; um filé de carne bovina com foie gras frito, flan de cogumelo selvagem, e jus de balsâmico de beterraba. Faça a sua reserva com dois meses de antecedência. O restaurante está fechado aos domingos à noite e segundas.

ⓘ 1High St., Bray (próximo à Maidenhead; ⓒ **44/1628/580-333**; www.fatduck.co.uk). ✈ Heathrow (26 km/16 milhas).

🛏 $ **Langton House**, 46 Alma Rd., Windsor (ⓒ **44/1753/858299**; $$$ **Oakley Court Hotel**, Windsor Rd., Water Oakley Oakley (ⓒ **44/1753/609988**; www.langtonhouse.uk) www.moathousehotels.com).

Cozinha de Vanguarda

121

St. John
A Verdade Visceral
Londres, Inglaterra

Fergus Henderson é o oposto de um gastrônomo molecular – ele não faz a comida delicada e pequena, ele a faz grande e desalinhada. Produtos frescos do mercado? Ele preferiria servir uma carne bovina recém-abatida. Reduzir os alimentos à sua essência? Bem, certamente, quer dizer, se você considerar os órgãos como uma parte essencial de um animal.

E, porém, a comida é de ponta, ou melhor, comida da ponta do cutelo. O proprietário chef do St. John's é conhecido pelo que ele chama de culinária que vai do "focinho ao rabo", que encontra uma maneira de usar tudo em um animal – pescoço, pé, rabo, fígado, coração, os rins. Sua localização é perfeitamente adequada, em uma fábrica de defumados, bem ao norte do antigo mercado de carne em Smithfield. Henderson e seu sócio, Trevor Gulliver, não fizeram muito para adorná-la – jogaram uma camada de pintura branca nas paredes, puseram algumas luzes suspensas no teto, instalaram um bar e uns utensílios de cozinha e carregaram algumas mesas quadradas de madeira marrom. Mas, de alguma maneira, essa decoração crua é perfeita para a simplicidade da cozinha de Henderson.

Essa noção do focinho-até-o-rabo nunca teria pegado, é claro, se Henderson não fosse tão habilidoso. Para a entrada, você pode comer uma salada de brawn (carne de javali) e chicória, de tutano assado e salsinha, ou de presunto frio Middlewhite (uma raça de porco de Yorkshire) com remoulade de alho-poró. (Para aqueles que têm coração fraco, também há as ostras puras ou a cavala defumada e salada de batata). Então estará pronto para os pratos principais como o roast beef com raízes do mar e mostarda; coração de boi com beterraba e nozes escolhidas; chinchulines e dente-de-leão; uma torta de faisão e truta (cave o osso que sai da crosta da massa); ou a enguia defumada, o bacon, e o ensopado de amêijoa. (Novamente, existem escolhas menos audaciosas como o linguado de limão ou os cogumelos girolle na torrada). Peça com antecedência, um grupo fechado pode até conseguir um porco assado. Com pães simples deliciosos assados em sua própria padaria, e sobremesas como bolo Eccles, o pudim de pão, o tradicional pudim spotted Dick, e a geleia de ameixa, é um dos menus mais profundamente britânicos da cidade – e ao mesmo tempo quase perigosamente radical. Menu de degustação? Isso é muito afetado para o St. John, apesar de oferecerem um "menu de festa" para grupos maiores.

Também há uma excelente carta de vinhos, embora ofereça principalmente vinhos franceses – é de se esperar que o bar tenha uma seleção substancialmente de ales, contudo ela é surpreendentemente limitada. O bar é, contudo, um

Refeições Inesquecíveis

7 Lugares Para se Comer em... San Sebastian, Espanha

Falando sério, quase não fica na Espanha, mas entre duas montanhas verdes com uma vista espetacular da Baía de Biscaia, a beira do dissidente país Basco. Contudo, esse resort espanhol refinado – uma casa de veraneio do século XIX, sede da corte espanhola — tornou-se o destino de gulosos europeus que vêm em bandos até aqui para degustar um conjunto de restaurantes excelentes. É impossível explicar a conjunção de talento culinário nessa cidade relativamente pequena – até a versão local das tapas, os pinxtos, é executada com talento em cada bar descontraído da cidade.

Os dois grandes homens da cena são Juan Mari Arzak, do ⓬ Arzak (Avda. Alcaide Jose Elosegui 273; ⓒ **34/943/28-55-93**; www.arzak.es), uma renovação elegantemente moderna da secular taverna de sua família, e Pedro Subijana, no ⓬ Akelare (Paseo del Padre Orkolaga 56; ⓒ **34/943/28-55-93**; www.akelare.net); uma Villa hexagonal à beira-mar, na extremidade oeste de San Sebastian. O Arzak faz um tributo à tradição basca, mas a sua facilidade de fazer experiências com técnicas que passam por um congelamento rápido de ingredientes em nitrogênio líquido ou transformar líquidos em pó, inspirados em seu protegido, Ferran Adrià que dá fama do El Bulli (ver ⓬); Arzak instalou o seu próprio laboratório para explorar novas técnicas muito antes de Adrià). Enquanto os ingredientes do menu do Arzak podem ser conhecidos – ostras, foie gras, lagostim, lula, faisão – o que Arzak (e agora a sua filha Elena) faz com eles continua a surpreender os conviVas. Os preparos de Subijana, por outro lado, definem a nueva cocina vasca (moderna cozinha basca), uma mistura sublime de preparos tradicionais da fazenda (feijão com bacon, chorizo, e costeletas de porco ou um ensopado marmitako do pescador) com pratos inovadores como o repolho cozido recheado com pato e servido com purê de aipo.

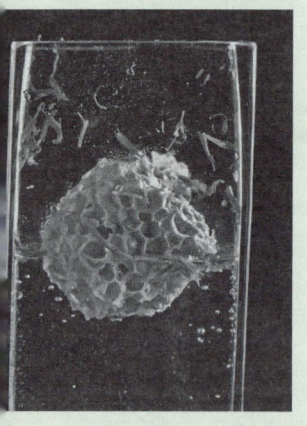

Arzak dá vida às técnicas da gastronomia molecular tradicional basca.

A maioria dos espanhóis considera Juan Iturralde, do ⓬ Juanito Kojua (Puerto 14, ⓒ **34/94/342-01-80**; www.juanitokojua.com), como o terceiro pilar da cultura gastronômica de San Sebastian. Apesar de o estrelato do Michelin ter deixado passar esse aconchegante restaurante de frutos do mar na Velha Cidade, com sua decoração de época despretensiosa dos anos 50, ele é famoso por toda a Espanha pela excelência confiável de seu peixe fresco e seus mariscos, preparados com receitas robustas bascas.

Ao passo que a geração seguinte se estabeleceu, eles levaram essas influências por novas direções surpreendentes. O chef Andoni Luis Aduriz ainda carrega a bandeira da alta tecnologia nesse restaurante no campo, o ⓬ Mugaritz (Aldura Aldea 20, Errenteria; ⓒ **34/943/52 24 55**; www.mugaritz.com), 20 minutos

7 Lugares Para se Comer em . . . San Sebastian, Espanha

a sudoeste da cidade. A revista *Restaurant* o nomeou o quarto melhor restaurante do mundo em 2008. Seus ataques fantasiosos de gastronomia podem ser qualquer coisa, desde cenouras baby cozidas no vácuo, filhotes de lula, e flor de cenoura flutuando no caldo de lula, até as batatinhas roxas bascas transformadas em "pedrinhas" com a casca dura que derretem na sua boca. Nos arredores da cidade, o Martin Berasategui (Loidi Kalea 3; 34/94/336-64-71; www.martinberasategui.com) aprendeu sua arte com a mãe, mas o que deu a ele as três estrelas do guia Michelin é a atenção fanática com os detalhes. Para uma porrusalda (sopa de enguia), por exemplo, ele recolhe a mistura de enguias para serem defumadas e as mistura de volta no caldo saboroso. O protegido de Berastegui, Raúl Cabrera, conseguiu a sua primeira estrela do guia Michelin no Kursall (Zurriola Pasealekua 1, 34/94/300 3162; www.restaurantekursaal.com), um restaurante iluminado completamente moderno com vista para a praia no Centro de Convenção Kursaal. As receitas de Cabrera exploram de maneira divertida os sabores profundos de seus produtos plantados no local. A simplicidade parece ter sido o que ganhou a estrela para o chef Daniel Lopez no Kokotxa (Campanario 11, 34/94/342 19 04; www.restaurantekokotxa.com) na cidade velha – desde a decoração minimalista em branco desta sala de refeições arejada, até o serviço atencioso, as pequenas porções meticulosamente cozidas de frutos do mar frescos, servidos em pratos brancos imaculados.

Juan Mari e Elena Arzak

A experiência de San Sebastian é muito ligada às personalidades desses chefs individuais, que presidem suas pequenas cozinhas dia a dia, em vez de sair voando para gravar um show de TV ou supervisionar versões do mesmo. (Muitos lugares fecham às segundas, para dar aos chefs o tão necessário dia de descanso). Os menus mudam com frequência, de acordo não só com a inventividade dos chefs, mas também com a sazonalidade dos ingredientes, especialmente dos frutos do mar.

Observação: As reservas, feitas com bastante antecedência, são absolutamente essenciais para esses restaurantes. Se você veio até esse lugar, não vai querer perder a oportunidade.

✈ Fuenterrabia (20 km/12 milhas).
$$$ **Hotel Maria Cristina**, Calle Oquendo 1 (34/943/43-76-76; www.westin.com).
$$ **Anoeta Hotel**, Paseo de Anoeta 30 (34/943/45-14-99; www.hotelanoeta.com).

Refeições Inesquecíveis

Nesse cenário despojado, o Chef Fergus Henderson vai ao âmago, ao fígado, aos pés e ao extremo da questão.

ótimo lugar onde se pode obter uma amostra rápida, mais barata da cozinha de Henderson, com um menu de lousa que oferece vários petiscos e acompanhamentos (torradas com anchovas, Welsh rarebit (torradas com queijo derretido) do menu do restaurante.

ⓘ 26 St. John St. (✆ **44/20/7251-0848**; www.stjohnrestaurant.co.uk).

✈ Heathrow (24 km/15 milhas) ou Gatwick (40 km/25 milhas).

🛏 $$$ **Covent Garden Hotel**, 10 Monmouth St., Covent Garden (✆ **800/553-6674** nos E.U.A., ou 44/20/7806-1000; www.firmdale.com). $$ **B+B Belgravia**, 64-66 Ebury St., Belgravia (✆ **800/682-7808** nos E.U.A., ou 44/20/7734-2353; www.bb-belgravia.com).

Cozinha de Vanguarda 129

Amador
Mago da Cozinha
Langen, Alemanha

Você dificilmente esperaria encontrar um restaurante tão requintado em uma cidadezinha ao sul de Frankfurt. E, julgando por esse exterior do século XVIII, com metade construída em madeira, você jamais esperaria que eles servissem uma comida tão deslumbrantemente moderna, pequenas esculturas refinadas de espuma, gelo, fumaça e renda comestível. Mas então você poderia pensar que o Amador – com esse nome espanhol – deve ser outro seguidor do Adrià, vindo da Catalunha. Contudo, mesmo aí as suas expectativas seriam contrariadas. O Chef-proprietário Juan Amador nasceu e foi criado na Alemanha (apesar de seus pais serem espanhóis) e foi treinado em restaurantes Alemães, inclusive no muito admirado Hotel Waldhom, de Albert Bouley, em Ravensburg. E falando em pessoas que aprendem rápido – foi apenas em 2004 que Amador abriu o seu restaurante homônimo, mas três anos e meio depois ele já tinha três estrelas Michelin para compensar seus esforços.

Uma vez que você entra naqueles prédios históricos, descobre uma adorável salinha de refeições (abriga apenas 36 pessoas) com paredes de um dourado suave e toalhas de mesa e poltronas amarelo-manteiga. Os convivas podem escolher entre dois menus de degustação, um de três pratos e outro de sete pratos, mas se você pedir o menor, pode acabar olhando melancolicamente para as coisas estranhas e maravilhosas que são trazidas para as mesas dos seus vizinhos. A cozinha de Amador encontra-se no extremo cheio de truques da gastronomia molecular – há o creme de maçã com wasabi que você espreme de um tubo de pasta de dente em um macarrão de beterraba, o ovo de codorna pochê trespassado por um espeto de metal, o pote de vidro que contém um camarão marinado em molho barbecue que libera uma lufada fumaça quando você abre a tampa, o tubo de ensaio de bisque de lagosta que vem ao lado da entrada de lagosta, o fígado de pato glaceado borrifado com "poeira do espaço". Amador até reimagina o clássico sanduíche alemão de ovo com presunto, conhecido como strammer Max, com pequenos rolinhos de pão torrado, recheado com ovo e acompanhados por canudos de vidro, através dos quais você suga uma dose intensa de óleo com sabor de bacon. Mas Amador não ganhou suas três estrelas por seus truques mágicos, mas pelos sabores vívidos que os seus preparos provocam – como nas entradas mais diretas como um robusto cordeiro Aragon cozido no café, alho-poró, e nozes, ou o peito de pombo servido com leite de coco, manga, e temperos de curry roxo.

A carta de vinhos extensa do Restaurante Amador concentra-se nos vinhos espanhóis e alemães – não surpreendentemente, dada a herança poliglota do chef. No final, entretanto, Amador não é espanhol ou alemão, ou asiático ou italiano, ou francês refinado – ele é um planeta por si só.

ⓘ Vierhäusergasse 1, Langen (✆ **49/6103/50 27 14**; www.restaurante-amador.de).
✈ Frankfurt (10 km/ 5 ¼ milhas).
🛏 $$$ **Villa Kennedy**, Kennedy Allee 70, Frankfurt (✆ **49/69/717120**; www.villakennedy.com). $$ **Hotel Robert Mayer**, Robert-Mayer--Strasse 44, Frankfurt (✆ **49/69/9709101**; www.arthotel-frankfurt.de).

130 Cozinha de Vanguarda

WD-50
A Decolagem no Lower East Side
Nova Iorque, Nova Iorque

Em 1999, um jovem chef chamado Wylie Dufresne começou a cozinhar em um pequeno boteco em um canto chamado 71 Clinton Fresh Foods, no Lower East Side de Manhatan. Parece que do dia para a noite, o rude e pobre bairro pobre tornouse uma atração para os convivas do Upper East Side, assim como para os jovens descolados. Em 2003, Dufresne mudou-se para o seu próprio restaurante um pouco abaixo na mesma rua, o WD-50 (um nome engendrado com as iniciais de Dufresne junto com o endereço da rua do restaurante), e prêmios têm se seguido desde então.

Talvez Wylie Dufresne – que despontou pela primeira vez no império dos restaurantes de Jean-George Vongerichten (ver 403) – não seja o único responsável pelo repentino aburguesamento do bairro, mas a sua cozinha inovadora, com certeza, ajudou a defini-lo como um lugar de ideias frescas e sofisticação descontraída. Ocupando o que foi uma vez um boteco sujo, o WD-50 é um espaço de estilo cheio de madeiras claras, couro cor de whiskey, ferro preto, arranjos de luminárias de vidro branco e cobre, e um dramático fundo de um azul profundo. A verdadeira arte,

Refeições Inesquecíveis

porém, está nos pratos – pequenos arranjos arrumados de forma meticulosa que fazem com que você repense todas as suas noções sobre culinária.

Apesar de Dufresne se reunir com frequência com gastrônomos moleculares, ele emprega mesmo toda a sua bateria de métodos técnicos. O que é verdadeiramente intrigante aqui é como esses pratos desconstroem preparos de pratos clássicos do mundo todo. Em vez do corned beef servido no pão de centeio, ele embrulha uma tira de carne de pato feita como um patê em volta de mostarda roxa e creme de raiz-forte e a coloca por cima de uma folha de pão. Suas "pedras de pizza" consistem em esferas de parmesão congelados secos, tomate, e óleo de oliva, alternados com bolhas de molho pepperoni e bordas de cogumelos shiitake. Os ovos Benedict juntam cubos de molho hollandaise, batidos e fritos em óleo bem quente, junto com cilindros de gema de ovo gelada até formar uma crosta com uma camada superior de presunto seco fino como papel. O seu refrão a respeito do charque de porco jamaicano é uma costeleta de porco servida com banana da terra doce frita, ruibarbo azedo e um pingo de consommè de charque saboroso. Seu "ovo cibernético" é uma bolota de purê de cenoura e cardamomo sobre uma poça branca bem delimitada de leite de coco – apesar de se parecer bastante com um ovo frito, a surpresa da doçura profunda nos invade. O método de Dufresne é quase sempre escultural – uma fita fina de foie gras amarrada em um nó e decorada com sementes de gergelim torradas e pingos de molho – mas também diz respeito a encontrar harmonias entre sabores contrastantes, como no filé de turbot de água salgada, coberto com lentilhas assadas com sabor defumado, damascos adocicados secos ao sol, e rolinhos finos de couve-flor crocante.

O alcance de Dufrene, às vezes, ultrapassa os limites. Algumas vezes um prato perde o seu ponto (e não dura muito no menu). Mesmo assim, uma refeição no WD-50 é sempre fascinante, e o menu de degustação é um sucesso (apesar de custar por volta de $150 dólares – é aí que você

Uma das muitas combinações encantadoras de Wylie Dufresne no WD-50.

descobre que não está no "velho" Lower East Side). Certifique-se de deixar um espaço para a sobremesa, porque os doces brilhantes do chef confeiteiro Alex Stupak são tão criativos e apresentados de uma maneira surpreendente – que alguns fregueses se desmancham em elogios dizendo que eles são a melhor parte da refeição.

ⓘ 50 Clinton St. (✆ **212/477-2900**; www.wd-50.com).
✈ Aeroporto Internacional John F. Kennedy (15 milhas/24 km); LaGuardia (8 milhas/13 km).
🛏 $$$ **Carlton Hotel on Madison Avenue**, 88 Madison Ave. (✆ **212/532-4100**; www.carltonhotelny.com). $$ **Washington Square Hotel**, 103 Waverly Place (✆ **800/222-0418** ou 212/777-9515; www.washingtonsquarehotel.com).

Cozinha de Vanguarda

Alinea
Gastronomia Molecular em Chicago número 1
Chicago, Illinois

Por que Chicago? Bem, por que não Chicago? Essa grande metrópole do meio-oeste parece ter se tornado a capital da gastronomia molecular nos dias de hoje – quem esperaria que a "Cidade de ombros largos" de Carl Sandburg fosse ficar tão doida por porções pequenas de gelatina e fumaça?

O líder dessa turma é Grant Achatz, que abriu o seu deslumbrante restaurante Alinea, em maio de 2004, no Lincoln Park. Os prêmios não pararam desde então – ele se tornou presente em todas as listas de melhor chef em revistas, e o Alinea foi eleito o melhor restaurante do país. Com o seu caro menu de degustação, o Grand Tour, custando $ 225, os vinhos não estão incluídos, também foi avaliado como o restaurante mais caro do país.

Antes de abrir o Alinea, Achatz – que foi anteriormente o chef do aclamado Trio, em Chicago – passou um ano aperfeiçoando sua arte com inovadores culinários como Ferran Adrià (veja o 119) e Thomas Keller (veja o 141), e a influência é clara na magia desses pequenos pratos compostos engenhosamente. Achatz dá aos itens do seu menu os nomes mais simples de uma única palavra – feijão, caranguejo, ostra, goiaba, tomate, chocolate – mas o que você obtém pode não ter nem mesmo a mesma cor daquela comida que você já conhece, quanto menos o formato e a consistência. O "Rhubarb" é uma série de pequenas esculturas cor-de-rosa que são ruibarbo de várias formas – líquido, folheado, cubo, rolo, cacho, gel. O "Tomato" é um rabisco de tomate vermelho comprido e na ponta tem uma meia dúzia de rodelinhas e flores, e babados e glóbulos. Nacos de alimentos de sabor intenso são servidos em pedestais de cerâmica branca, ou espetados em pinos longos de metal, ou em berços de vidro fosco, ou aninhados em potes pretos, ou empoleirados em travesseiros perfumados com lavanda. O menu muda constantemente, mas é garantido que você irá provar algo novo aqui, seja o ravióli que jorra para fora um recheio líquido de trufas, pedaços de filé mignon de bisão envoltos em batatas crocantes e temperados com canela, ou os cachos suspensos de bacon desidratado cobertos por uma camada de caramelo e maçã ralada e galhos de tomilho. O que faz com que tudo isso funcione é o perfeccionismo de Achatz, a sua atenção para o aroma e a textura, assim como o gosto, que elevam tudo muito acima de um simples truque.

A sala de refeições complementa perfeitamente a comida futurística – é um espaço tremendamente contemporâneo em cinza e preto, com muito espaço entre as mesas, algumas obras de arte contemporâneas dramáticas, e janelões com coberturas de gaze. O serviço atencioso é de uma educação impecável, um ar silencioso de espanto maravilhado toma conta do lugar. O jantar só é servido de quarta a domingo, portanto telefone para fazer sua reserva, com o máximo de antecedência.

ⓘ 1732 N. Halsted St. (✆ **312/867-0110**; www.alinea-restaurant.com).
✈ Internacional de O'Hare (25 milhas/16 km)
🛏 $$ **Homewood Suites**, 40 E Grand St., Chicago (✆ **800/CALL-HOME** [800/225-4663] OU 312/644-222; www.homewoodsuiteschicago.com). $$ **Hotel Allegro Chicago**, 171 N Randolph St., Chicago (✆ **800/643-1500** ou 312/236-0123; www.allegrochicago.com).

Refeições Inesquecíveis

Cozinha de Vanguarda **132**

Moto
Gastronomia Molecular em Chicago número 2
Chicago, Illinois

A pintura mal tinha secado no Alínea antes que Homaro Cantu, um antigo subchef no Charlie Trotter (veja 142), abrisse o seu próprio laboratório culinário, o Moto, no final de 2004, no lado oeste do Loop, no bairro de Fulton River. A comida de inspiração asiática de Cantu é ainda mais high tech enlouquecida do que a de Achatz – ele faz coisas como bombar carbono em frutas para que elas se transformem em bolhas quando você puser na boca, enrolando ervas em garfos especiais patenteados, os quais infundem os gostos de ervas na comida enquanto você come, imprimindo o seu menu com tintas com base de comida em papel de soja comestível, para que possa comê-lo uma vez que tenha feito o seu pedido.

A esperteza culinária de Cantu faz o jantar no Moto um jogo de estratégia, além de uma refeição. Você pode começar com um prato de sopa de missô com glóbulos de ovo congelado em nitrogênio líquido, que forma bolhas e fumaça na sopa. Uma caixa de resina preta quente colocada na sua mesa contém um pedaço de sea bass (peixe da família da truta) que começa a cozinhar, para ser comido depois dos dois primeiros pratos. A versão de Cantu para o surf and turf (frutos do mar com carne de boi) é uma fatia de salmão defumado em uma poça de espuma de sal marinho, ao lado de um monte de peito de pato, confit de pato, e foie gras (acompanhado de uma edição comestível de um desenho de M. C. Escher, no qual um céu cheio de pássaros se transforma em um mar de peixes). Farinha de rosca rodeia uma bolha de gelatina de uva que reveste uma colherada de creme de amendoim – uma desconstrução do sanduíche de gelatina e creme de amendoim. "Nachos with cheese" é uma sobremesa com crocantes flocos Mexicanos, doces de milho e flan, chocolate granulado para imitar carne moída, e manga ralada por cima como se fosse o queijo Monterey Jack.

Também é uma experiência interativa – os convivas são instruídos a fazer trocas e combinações com sabores contrastantes, a espremer um bulbo de líquido na boca antes de comer outro ingrediente, ou a despejar um líquido quente em alguma coisa e aguardar que ela derreta. Para fazer o círculo completo de três anéis, você pode pedir o Grand Tour de 20 pratos (quase $ 200 – mas é mais barato que o do Alínea), apesar de também haver as opções de cinco e dez pratos. A decoração econômica em preto e branco é ainda mais minimalista que a do Alinea, mas, então, quem precisa de uma decoração dramática, com tanta diversão bem ali no seu prato?

ⓘ 945 W. Fulton Market Ⓒ **312/491-0058**; www.motorestaurant.com).
✈ Internacional de O'Hare (17 milhas/27 km).
🛏 $$ **Homewood Suítes**, 40 E. Grand St., Chicago (Ⓒ **800/CALLHOME** [800/225-4663] ou 312/644-2222; www.homewoodsuiteschicago.com). $$ **Hotel Allegro Chicago**, 171 N Randolph St., Chicago (Ⓒ **800/643-1500** ou 312/236-0123; www.allegrochicago.com).

133 Cozinha de Vanguarda

Schwa
Gastronomia Molecular em Chicago número 3
Chicago, Illinois

Se o Alinea é o bem-sucedido irmão mais velho, e o Moto é o filho do meio insolente, então o Schwa é o bebezinho amado do novo trio de Chicago. Inaugurado em 2006, esse pequeno restaurante de fachada de loja, no boêmio Wicker Park, recebe apenas 26 clientes por vez. As paredes pintadas de verde, e a mobília preta simples são tudo a respeito da decoração – isso é, uma janela na parede do fundo que permite que você admire a cozinha apertada. Somelier? Harmonização de vinhos? Não, esse boteco é estritamente para os clientes que trazem a sua própria bebida. E com uma equipe de apenas quatro, o seu atendente nessa noite vai ser também o mesmo sujeito que está fazendo a sua refeição. Mas quem melhor do que eles para explicar que diabos você vai comer?

O chef-proprietário, Michael Carlson, que bate um papo com os convivas entre os alvoroços na cozinha, não faz segredo sobre a sua admiração por Grant Achatz, com quem ele trabalhou há uns anos no Trio. Apesar de ter o mesmo tipo de cozinha de ponta que o Achatz, Carlson emprega muitas das mesmas técnicas inovadoras – os gels emulsificantes, o nitrogênio líquido, a embalagem cryovac, o cozimento sous-vide. E, apesar de não ter o sortimento assombroso de pratos projetados especialmente para o cliente que o Alínea tem, os itens do seu menu ainda parecem pequenas obras de arte, admiravelmente compostas em seus simples pratos brancos.

O que realmente importa, é claro, é que a comida do Carlson simplesmente tem um gosto bom. Para uma entrada, você pode ter um consomê bem salgado feito com prosciutto, com uma bolinha de melão rolando no fundo; ou talvez você pegue uma rica sopa de queijo Chimay belga, coberta com uma "cabeça" de emulsão do Chimay com cerveja e um nó de pretzel quente (há até uma cobertura seca de mostarda sólida para adicionar um sabor picante ao pretzel). Uma salada de saborosos tomates de família vem coberta não só com os testados e aprovados sabores do vinagre balsâmico e azeite de oliva, mas também com uma bola de sorvete de tomate vivaz.

A imaginação sensorial de Carlson chega, algumas vezes, a um nível poético puro. Corte um ravióli delicado com o seu garfo e a gema de um ovo de codorna pochê escapa, fica ainda mais cremoso ao tocar na ricota com parmesão. Pedacinhos salgados de caranguejo de Jonah em conserva vêm alternados de porções de purê de raiz de aipo. Fatias raras de carne de antílope, com um gosto suculento de caça, são espalhadas com um pó de curry e então passadas num redemoinho de pudim de chocolate. Um cubo de brioche torrado verte a essência do purê de banana concentrada quente.

O Schwa (o nome vem do símbolo fonético da vogal fraca) tem um menu de degustação de três pratos; mesmo o menu de nove pratos custa apenas a metade do preço do grand tour do Alínea. E você vai querer o de nove pratos, não só para provar mais dos pratos criativos do Carlson, mas também para prolongar a sua estadia nesse suave lugar informal. O jantar é servido de terça a sábado, ligue para fazer sua reserva. Só reze para um dos rapazes da cozinha atender o telefone.

ⓘ 1466 N. Ashland St. (✆ **773/252-1466**; http://schwarestaurant.com).
✈ Internacional de O'Hare (25 milhas/16 km)
🛏 $$ **Homewood Suites**, 40 E Grand St., Chicago (✆ **800/CALL-HOME** [800/225-4663] OU 312/644-2222; www.homewoodsuiteschicago.com). $$ **Hotel Allegro Chicago**, 171 N Randolph St., Chicago (✆ **800/643-1500** ou 312/236-0123; www.allegro-chicago.com).

Templos da Gastronomia 134

Taillevent
Por que Quebrar o Molde?

Paris, França

Então qual é o melhor restaurante de Paris? Pesquise com 1.000 gourmets franceses e você não vai conseguir um consenso (na verdade, pode ser que você consiga mil respostas diferentes).

Todavia, se o que você está procurando é uma experiência de jantar da essencial cozinha clássica francesa – profundamente concentrados nas tradições de Escoffier e Brillat-Savarin – ninguém bate o Taillvent. Esse pequeno restaurante gracioso da margem direita do rio Sena inaugurou na época da pós-ocupação, de 1946, quando Paris estava decidida a recapturar sua antiga glória. Sob o comando de três gerações da família Vrinat, ele manteve a sua posição desde então no topo da haute cuisine.

Pelo preço que você vai pagar no Taillevent (centenas, seja a sua moeda o dólar, a libra ou o euro), cada elemento da experiência desse jantar deverá ser um superlativo, e será. A localização é refinada, uma ornamentada casa aristocrática de cidade do século XIX colado em Champs-Elysées, com dois salões de refeição – um com lambris de carvalho, luz suave, e estofados marrom claro, o outro, leve e iluminado com janelões com vista para o jardim. O serviço é impecavelmente correto, discreto e atencioso – melhor ainda, caloroso e acolhedor (uma virtude bem rara em restaurantes parisienses). A carta de vinhos é uma lenda soberba, uma das melhores de Paris, com uma equipe de someliers requintada para acompanhar.

E a comida, aos cuidados do chef Alain Solivérès, mais do que ultrapassa o ambiente. Enquanto você ainda pode obter pratos clássicos como a sopa creme de agrião com caviar Sevruga, os coquilles de St. Jacques, o peito de frango Bresse, ou um filé bovino no sauce bérnaise reduzido, Soliérès também inspira-se nos países bascos, na região de Bordeaux e Languedoc, para a sua mudança diária de menu. Ele pode mergulhar as coxas de rã em um risoto, fazer um cassoulet com lagostim, ou dar vida a um fígado de pato frito, com frutas e vegetais caramelizados. É, sem dúvida, a comida mais experimental de Paris, mas dá àquele menu clássico um frescor saudável e vitalidade. E apesar disso, a inovação culinária não é o motivo pelo qual você veio ao Taillevent.

A morte de Jean-Claude Vrinat, no início de 2008, entristeceu a comunidade gastronômica; a sua presença no restaurante todas as noites era uma das coisas em Paris com a qual você podia contar. Porém, os fregueses relatam que, sob a direção de sua filha Valerie, o restaurante não ficou nada a desejar; se houve alguma coisa, foi que o restaurante ficou um pouco mais vivo. Sim, o negócio expandiu-se há alguns anos para acrescentar uma alternativa mais casual (e relativamente mais barata), o **L'Angle du Faubourg** (193 rue de Faubourg Saint-Honoré; 33/1/40 74 20 20), com uma loja de vinhos **Les Caves Taillevent** ao lado. Sim, em 2007 o Taillevent perdeu a sua terceira estrela do guia Michelin, que ele tinha desde 1973 – a posse de estrela mais longa do que qualquer restaurante do mundo já teve. (Eles estão determinados a recuperá-la, é claro). Mas no mundo volúvel da haute cuisine, as modas vão e vêm; as estrelas sobem e caem. O Taillevent é um abrigo com o qual você pode contar.

ⓘ 15 rue Lamennais, 8e (33/1/4495 1501; www.taillevent.com).

✈ De Gaulle (23 km/14 milhas); Orly (14 km/8 2/3 de milha).

🛏 $$ **La Tour Notre Dame**, 20 rue du Sommerard, 5e (33/1/43-54-47-60; www.la-tour-notre-dame.com). $ **Hotel de La Place des Vosges**, 12 rue de Birague, 4e (33/1/42-72-60-46 ; www.hotelplacedesvosges.com).

Templos Gastronômicos

Guy Savoy
No Topo do Jogo
Paris, França

O ano de 2002 foi excepcional para Guy Savoy. O restaurante que leva seu nome na margem direita do rio Sena, próximo ao Arco do Triunfo, recebeu finalmente a terceira estrela do Guia Michelin, e seus colegas, igualmente chefes de Paris, coroaram seu êxito votando-o chef do ano.

Savoy, que abrira seu primeiro restaurante 15 anos antes, em 1987, já havia recebido a medalha da Legião de Honra da França por seu grande talento culinário; o fato de o Michelin demorar tanto para lhe conferir a terceira estrela soa inexplicável. Guy Savoy pode não fazer muito estardalhaço com espumas e nitrogênio líquido, como o usado pela turma da cozinha molecular, mas não há dúvidas de que suas pequenas porções, intrincadas e artisticamente compostas, sejam tão inovadoras e excitantes quanto. Savoy é fascinado por contrastes sensoriais (ele oferece, inclusive, um menu intitulado Cores, Texturas e Sabores), e pode enveredar por tangentes delirantes, como durante a estação de cogumelos de outono, quando aparece uma dúzia de tipos diferentes de funghi de uma só vez no cardápio. Embora faça uso extravagante das trufas, o suprassumo dos ingredientes de luxo, ele também parece fascinado por lentilhas, uma das comidas rurais mais simples.

Os pratos assinados por Savoy incluem a sopa aveludada de alcachofras e trufas negras, ostras pochê geladas, aninelas (sweetbread) de vitela amanteigada grelhada, cordeiro de leite assado com gratinado de espinafre e cogumelos, ou perca crocante e delicadamente picante. Sua famosa entrada Cores do Caviar é o exemplo perfeito do quão refinada pode ser a arte culinária de Savoy. O prato consiste em um parfait com camadas de creme de caviar, vinagrete de caviar e purê de vagens com caviar Sevruga.

A decoração do restaurante reflete os traços de sua cozinha – um ambiente impecável, deliberadamente discreto em elegantes tons de madeira, pedras brancas, placas de couro decorativas nas paredes, e painéis de vidro jateado, com divisórias móveis em estilo japonês que mudam o layout da sala. (A decoração, uma marca registrada do restaurante, foi duplicada no único estabelecimento de Savoy fora da Paris, o Restaurante Guy Savoy, no Hotel Caesar's Palace, em Las Vegas).

Como vários outros chefes parisienses, Savoy expandiu os negócios em alguns bistrôs-satélites com preços mais acessíveis – **Les Boquinistes** perto da Pont-Neuf (53 Quai des Grands Agustins, ✆ **33/1/43-25-45-94**), **Le Chiberta**, próximo ao Champs-Elysées (3 rue Arsène Houssaye; ✆ **33/1/53-53-42-00**), **La Buitte Challot** próximo à Torre Eiffel (110 bis, av. Klébler; ✆ **33/1/47-27-88-88**), e a rotisserie em

Guy Savoy recebeu a medalha da Legião de Honra da França e três estrelas do Michelin.

Refeições Inesquecíveis

estilo vintage L'Atelier Maitre Albert no Quartier Latin (1 rue de Maitre Albert/ ⓒ 33/1/56-81-30-01). Mas enquanto Savoy ajudou a desenvolver os menus, em cada lugar ele instalou um ou uma jovem chef treinada em sua cozinha, a quem ele incentiva a imprimir o seu ou a sua característica no lugar. Quanto ao Savoy, ele não está girando o mundo fazendo shows de TV, ele ainda está na cozinha da rue Troyon, aperfeiçoando sua arte. Essa terceira estrela significou alguma coisa, ele não vai deixar que ela escape.

ⓘ 18 rue Troyon, 17e (ⓒ **33/1/4380-4061**; www.guysavoy.com).

✈ De Gaulle (23 km/14 milhas); Orly (14 km/8 2/3 de milha).

🛏 $$$ **Hotel Luxembourg Park**, 42 rue de Vaugirard, 6e (ⓒ **33/1/53-1036-50**; www.luxembourg-paris-hotel.com).
$$ **Hotel Saintonge**, 16 rue Saintonge, 3e (ⓒ **44/1/42-77-91-13**; www.saintonge-marais.com).

Templos da Gastronomia 136

Restaurante de l'Hôtel de Ville
O Diplomata Suíço
Crissier, Suíça

Em 1996, quando o grande Frédy Girardet se aposentou, uma grande responsabilidade recaiu sobre os ombros de seu assistente de muitos anos, Philippe Rochet. Será que ele conseguiria manter os padrões de seu mentor? Ele poderia manter todas as três estrelas de seu legendário restaurante nos arredores de Lausanne?

Mas, é claro, não se chega aos pináculos do mundo dos restaurantes deixando qualquer chance para o acaso – Girardet treinou o seu sucessor com o maior cuidado, e sob o comando de Rochet, o Restaurant de l'Hotel de Ville continua como um dos grandes restaurantes clássicos franceses do mundo. Não há como questionar, esse é o ponto de encontro dos conservadores banqueiros suíços – instalado em um prédio de pedra, com mansarda no telhado, erguido em 1929, como a prefeitura de Crissier, e decorado com paredes de um bege suave, carpetes grossos, e iluminação rebaixada que protege e deixa o ambiente bem-confortável. O serviço é impecavelmente amável, e a comida é irrepreensivelmente maravilhosa.

Com uma instituição que é venerada, a mudança pode ser arriscada. Com uma diplomacia infinita, Rochet fez umas poucas mudanças discretas para levantar a decoração sóbria, e gradualmente facilitou a entrada de novos pratos no menu, sempre seguindo as tradições clássicas que Girardet defendeu com garra contra os bárbaros com tochas e latas de nitrogênio líquido. As especialidades mudam com frequência, mas sucessos recentes incluíram os aninelas (sweetbreads) com cogumelos selvagens, lagostim em manteiga de caviar, o turbot em molho de vinho jovem cremoso com pimenta em grão esmagada, conserva de marreco com limão e temperos, e um ragu de codorna fresca com broto de verduras. O carrinho de queijos apresenta uma oferta espetacular de queijos, e a carta de vinhos é impecável (concentrando-se, é lógico, nos vinhos franceses). Um prato pelo qual os convivas ficam malucos é a mousse de cogumelos porcini, com uma montanha de cogumelos porcini por cima. Quando algo tão simples é tão delicioso, é porque o chef está fazendo tudo certo.

Talvez a excelência continuada do Hôtel de Ville fosse a única coisa a se esperar. Com esses preços, um restaurante nunca deveria ter uma noite de folga (o guia Michelin confere suas estrelas com base na consistência, assim como no brilho). Por que deveria a partida do chef fundador perturbar seu brilho perfeito? Ainda no ano de 1996, o Restaurante do l'Hôtel de Ville dispensava atenção à eterna tradição epicúrea. Tudo o que Rochet teve que fazer foi se colocar no lugar de um grande mestre – e se tornar um mestre por mérito próprio.

1 rue d'Yverdon-Crissier (**41/21/634 0505**; www.philippe-rochet.ch).
Lausanne (20 min. de Geneva).
$$$ **Hotel Angleterre** (**41/21/613-34-34**; www.angleterre-residence.ch).

137 Templos Gastronômicos

Le Gavroche
Um segundo Ato
Londres, Inglaterra

Quando os irmãos Roux (Michel e Albert) inauguraram pela primeira vez o Le Gavroche, em 1966, Londres do Swing era o lugar para o rock, a moda e o cinema – mas era a terra do lixo culinário. Saindo do racionamento de comida da época da austeridade do pós-guerra, a cidade parecia empacada entre a velha escola dos restaurantes de hotel e as lojas de fish and ships, com uma invasão de restaurantes baratos italianos, chineses e indianos preenchendo as lacunas. Agora lá veio o suave Michel para comandar a sala de jantar sociável, porém formal, e o brilhante Albert fazendo maravilhas no forno. O Le Gavroche trouxe a haute cuisine francesa finalmente para a capital britânica, e, imediatamente, tornou-se a refeição ne plus ultra de Londres. Quando ganhou a sua terceira estrela do guia Michelin, em 1982, ele foi o primeiro restaurante do Reino Unido a atingir essas alturas.

Dê um pulo à frente até os anos 1990. Uma safra de chefs descarados britânicos – muitos dos quais foram treinados por Albert Roux – estavam abrindo restaurantes quentes por toda a cidade, recuperando a culinária Britânica em Londres. Quando Michel Roux Jr., que tinha assumido o posto na cozinha do Le Gabroche em 1991, começou a introduzir pratos leves mais modernos ao menu do tio Albert, o restaurante teve uma derrapada feia (se você chama passar de três estrelas no guia Michelin para duas "uma derrapada feia"). Muitos críticos escreveram sobre o Le Gavroche, dizendo que ele teve dias melhores.

Mas, nos últimos anos, a culinária de Michel tornou-se uma força com a qual temos que concordar, e o Le Gavroche está tinindo novamente. Com um menu em constante mudança, refletindo a produção do dia do mercado, Michel encontra maneiras engenhosas de preservar e ainda atualizar as tradições da culinária francesa. Pratos com assinatura incluem os crocantes crepes com perfume de canela, recheados de foie gras quente; o melhor suflê de queijo da cidade (soufflé Suissesse); e o filé mignon escocês com molho de vinho do porto e macarrão trufado. Pratos verdadeiramente Gauleses incluem os lagostins e escargots com molho hollandaise, ou a mousse de lagosta com molho de champanhe. Mas, depois de tantos anos em Londres, o menu pode ser perdoado por mostrar também o seu lado britânico, com itens como o pé de porco recheado com vegetais assados, ou o leitão assado com um confit de passas claras e cebolinhas.

Com tantos outros restaurantes fantásticos em Londres nos dias de hoje, por que pagar uma fortuna para jantar no Le Gavroche? (Uma vez ele foi citado no Livro Guinness de Recordes como o restaurante mais caro do mundo, apesar do menu fixo do almoço ter um preço surpreendentemente razoável (abaixo de £50/$ 31). Você vem porque esse salão refinado de refeições, com suas paredes em couro verde e banquetas estofadas, ainda cintila no velho mundo da elegância. O serviço é impecável sem ser sufocante; homens têm que usar terno; só o anfitrião da festa recebe um menu que contém os preços. É um dos últimos de uma raça em extinção, mas um dinossauro? Isso, não.

Refeições Inesquecíveis

ⓘ 43 Upper Brook St. (✆ **44/20/7408-881**; www.legavroche.co.uk).
✈ Heathrow (24 km/15 milhas) ou Gatwick (40 km/25 milhas).
🛏 $$$ **22 Jermyn St.**, 22 Jermyn St., St James (✆ **800/682-7808** nos E.U.A., ou 44/20/7734-2353; www.22jermyn.com). $$
Vicarage Private Hotel; 10 Vicarage Gate, South Kensington (✆ **44/20/7229-4030**; www.londonvicaragehotel.com).

Templos da Gastronomia 138

O River Café
O Trabalho Italiano
Londres, Inglaterra

As experiências mais memoráveis de restaurantes nunca se referem somente à comida. Parte do prazer de jantar no River Café, ainda um lugar da moda décadas depois de sua inauguração em 1988, é o prazer de ver e ser visto. Outra parte é simplesmente o fato de estar em um lugar tão bonito, seja no terraço com vista para o Tâmisa ou dentro, onde um banho de luz entra pelas janelas com design de linhas de aço no branco

A comida e a vista são soberbas no River Café, com vista para o Rio Tâmisa, em Londres.

criado pelo coproprietário, marido de Ruth Rogers, o arquiteto internacional Richard Rogers. Um serviço amigável, atencioso e experiente acrescenta ainda mais ao seu bem-estar, o que prova que um restaurante não exige que você coloque um terno e gravata para fazer com que se sinta especial.

Mas não há o que questionar, a comida também precisa ser um superlativo. E nesse quesito, o River Café também mostra serviço, com a maior parte dos clientes o considerando a melhor comida italiana em Londres. Por que italiana? Porque Ruth Rogers e sua sócia Rose Gray se empenharam simplesmente em recriar o tipo de cozinha que desfrutaram na Itália campestre – refeições divinamente simples de fazenda, com os ingredientes mais frescos. Não espere uma influência de locavores aqui: o River Café despacha ingredientes de todas as partes do mundo para cá – o primeiro aspargo da primavera na Andaluzia é colhido e já está chegando em Londres depois de um dia, pequenos funchos de erva-doce zarpam por meio do canal vindo da França, mariscos e lagostins vivos pegos pelos mergulhadores no gelado mar do norte, e cargas diárias da Itália que podem incluir de alcachofras até abobrinhas, o que estiver no auge. A abundância vinda da Grã-Bretanha aparece no menu também, na forma de faisões, gansos e do salmão selvagem escocês. Isso não quer dizer que não seja sazonal – a mozarela de búfala, por exemplo, pode vir com a ora-pro-nobis e o feijão novo inglês no verão, mas a erva-doce e o pinhão no outono; o linguado assado no forno à lenha de Dover vem com as cenouras assadas e os tomates italianos em julho, mas a erva-doce para cozimento lento e o brócoli di rape em novembro. Os chefs do River Café (Jamie Oliver é um entre muitos famosos que iniciaram sua carreira aqui) tendem a fazer muitos assados vagarosos ou na churrasqueira para enfatizar os sabores profundos desses ingredientes estelares. A seleção de queijos é destacada, assim como a carta de vinhos, que exceto pelos champanhes é totalmente italiana.

Hoje em dia é fácil esquecer o quanto o River Café já foi uma instituição influente; muitos dos outros restaurantes pularam no trem da toscana desde então, e os inúmeros livros de culinária de Rogers e Gray também ajudaram a espalhar suas receitas e técnicas. Ainda assim, foi aqui que tudo começou, e ainda brilha mais do que todos esses imitadores baratos. Com uma comida assim, enganadoramente simples, tudo depende de buscar a fonte e ninguém faz isto melhor.

ⓘ **Thames Wharf**, Rainville Rd. W6, Hammersmith (✆ **44/20/738642001**; www.rivercafe.co.uk).
✈ Heathrow (24 km/15 milhas) ou Gatwick (40 km/25 milhas).
🛏 $$$ **Covent Garden Hotel**, 10 Monmouth St., Covent Garden (✆ **800/553-6674** nos E.U.A., ou 44/20/7806-1000; www.firmdale.com). $$ **B+B Belgravia**, 64-66 Ebury St. , Belgravia (✆ **800/682-7808** nos E.U.A., ou 44/20/7734-2353; www.bb-belgravia.com).

139 Templos Gastronômicos

Le Bernardin
Pescando Elogios
Nova Iorque, Nova Iorque

A maior parte dos menus está dividida em sessões para os diferentes pratos – aperitivos, peixe, massa, entradas, sobremesas, ou algo parecido. Mas não o Le Bernardin – Eric Ripert divide as coisas em Quase Cru, Praticamente Intocado, e Levemente Cozido.

Ele não tem um prato de peixe, porque todos os pratos contêm peixe. Ah, exceto por uma sessão com o título de A Pedidos, em que Ripert coloca alguns pratos para pessoas que não comem frutos do mar. Ele poderia também tê-la chamado de Se Não Tiver Outro Jeito.

Refeições Inesquecíveis

Até pessoas que normalmente não gostam de frutos do mar são aconselhadas a encarar o peixe no Le Bernardin, porque o peixe da cozinha de Eric Ripert é uma revelação. Uma parte disso é uma questão de buscar as fontes certas – Ripert é famoso por sua habilidade em comprar os melhores frutos do mar e mais frescos de Manhatan. (Porem, ele faz questão mesmo de não lidar com espécies em extinção – você não encontrará aqui o badejo do Chile, nem a garoupa, o tubarão, o peixe espada ou o atum azul selvagem). Mas, além disso, é porque o Le Bernardin concentra-se no peixe. Ripert e seus chefs conhecem os habitantes do mar tão bem que desenvolveram métodos diversificados de cozinhá-los para valorizar os sabores essenciais de cada espécie, assim como uma lista diferente de acompanhamentos que combinam com cada um. Molhos e acompanhamentos nunca ultrapassam o sabor do peixe, apenas o enaltecem. Você pode pedir, por exemplo, uma gama de ostras Kunamoto, cada uma delas delicadamente calibrada com um nível diferente de tempero da outra ao lado dela. Um pepino do mar cortado em fatias finas vem marinado em temperos de estilo peruano defumados, combinados com milho verde seco. O polvo ligeiramente refogado vem recheado com camarõezinhos doces e cogumelos shiitake. A salada de bacalhau salgado grelhado é servida com pesto picante de rúcula e confit de limão. O crocante Black bass vem com um aipo assado aveludado e creme de nabo com um molho vivo de presunto ibérico e pimenta-verde.

Desde que a equipe formada pelos irmãos Gilber e Maguy Le Coze mudaram o seu restaurante parisiense Le Bernardin para Nova Iorque, em 1987 (Gilbert era o chef, Maguy, a restauranter), esse tem sido um dos melhores lugares para se jantar em Manhatan. Nenhum outro restaurante de Manhatan manteve sua qualificação de quatro estrelas do Nova Iorque Times por tanto tempo quanto o Le Bernadin. A decoração é profissional e de alto nível, talhada em madeira brilhante com uma coleção de obras de arte séria e arranjos florais enormes – não é de chamar a atenção por si só, mas um cenário agradável para uma culinária que chama a atenção. A Maguy ainda é coproprietária; quando Gilbert faleceu, em 1995, foi ela quem escolheu Ripert para continuar o legado de seu irmão. Ele fez mais do que isso – ele fez do Le Bernardin, provavelmente, o melhor restaurante de frutos do mar do mundo.

ⓘ 155W; 51st St. (℅ **212/554-1515**; www.le-bernardin.com).

✈ Internacional John F. Kennedy (24 km/15 milhas); Internacional Newark Liberty (27km/16 milhas); LaGuardia (13 km/8 milhas).

🛏 $$$ **The Lucerne**, 201 W. 79th St. (℅ **800/492-8122** ou 212/875-1000; www.helucernehotel.com)
$ **Milburn Hotel**, 242 W. 76th St. (℅ **800/833-9626** ou 212/362-1006; www.milburnhotel.com)

Templos da Gastronomia 140

Nobu Fifty-Seven
Transcendendo o Sushi

Nova Iorque, Nova Iorque

Chamar Nobu Matsuhisa de sushi man é perder um ponto. Sim, os pratos servidos nos restaurantes Nobu – todos os 18, em capitais elegantes cuidadosamente escolhidas no mundo todo – têm origem na cozinha japonesa. Mas, desde 1987, quando ele impressionou os convivas pela primeira vez com seu restaurante original em Beverly Hills, ficou claro que ele estava trabalhando no seu próprio universo culinário.

O primeiro **Nobu** de Nova Iorque, em Tribeca (105 Hudson St.; ℅ **212/219-0500**) tornou-se rapidamente o mais impossível de conseguir uma reserva desde que inaugurou, em 1994. Francamente, a inauguração do mais informal **Nobu Next Door** (℅

140 Nobu Fifty-Seven

212/334-4445) não deixou por menos. Mas as coisas são ainda mais exclusivas nessa versão uptown, que abriu em 2005, no Time-Warner Center, ao lado de outros restaurantes famosos como o Per Se, de Thomas Keller e o Café Gray, de Gray Kunz (o que pode fazer da rua 57 o quarteirão de maior concentração de grandiosidade culinária). O omakase de vários pratos, ou a escolha do chef, os menus são como um passeio emocionante pela cozinha de "novo estilo japonês" do chef Nobu, em que a tradição do sushi na qual ele foi inicialmente treinado, se encontra e se harmoniza com as comidas do Peru e da Argentina, onde ele trabalhou quando tinha 20 anos.

Os pratos clássicos de Nobu incluem o Tiradito estilo Nobu, um bacalhau negro glaceado no missô, um tempura de camarão com empanado dourado, e um ceviche de lagosta junto com cebolinha; essa cozinha disciplinada executa os pratos mais simples com ousadia. Mas o lugar ultrapassa os seus imitadores com sua conjunção de sabores criativa – o sashimi yellowtail pode vir com pimenta jalapenho, as bochechas de alabote com molho e pimenta wasabi, ou as ostras Kumamoto com um molho de cebola de Maui. E quem já tinha experimentado antes o tempura de abacate ou abóbora do Nobu?

O coração de sua cozinha não é só peixe cru, mas o forno à lenha queimando e a mesa hibachi, que pede notas de sabores mais profundos. Na verdade, se você quiser se concentrar só na culinária hibachi, há toda uma sessão hibachi no menu, em que, em vez de um menu degustação, você pode escolher experimentar os frutos do mar grelhados hibachi. Outra maneira inteligente de provar a cozinha de Nobu de maneira mais barata é comer no lounge, onde pode pedir a maior parte dos aperitivos frios ou quentes do menu normal como comida do bar.

O design desse restaurante de dois andares definitivamente sinaliza um restaurante bem-sucedido, com paredes curvas sinuosas, candelabros de concha de abalone, bambu cortado para fazer as paredes do terraço, mesas de freixo lavado, tecido de retalhos japoneses, e um fundo de barris de saquê empilhados no bar do andar térreo. Você trabalhou duro para obter esta reserva; deveria sentir que o lugar vale a pena desde o minuto que entra – e você sente. Mas só aguarde até que a comida chegue.

O nome Nobu é sinônimo de sushi superlativo.

ⓘ 40 W. 57th St. (✆ **212/757-3000**; www.noburestaurants.com/fiftyseven). ✈ Internacional John F. Kennedy (24 km/15 milhas); Internacional Newark Liberty (27 km/16 milhas); LaGuardia (13 km/8 milhas). 🛏 $$$ **Carlton Hotel on Madison Avenue**, 88 Madison Ave. (✆ **212/532-4100**; www.carltonhotelny.com). $$ Washington Square Hotel, 103 Waverly Place (✆ **800/222-0418** ou 212/777-9515; www.washingtonsquarehotel.com).

Refeições Inesquecíveis

Templos da Gastronomia   141

The French Laundry
Não Engoma
Yountville, Califórnia

Mencione que você acabou de voltar do Napa Valley, e seus amigos fanáticos por gastronomia vão perguntar sem fôlego:

— Você comeu no French Laundry? – Se você comeu, é claro, eles vão esperar que você conte tin-tin por tin-tin o que comeu. Eles merecem ter um pouco de prazer indireto.

A culinária de Thomas Keller não segue o lado ortodoxo da haute cuisine clássica francesa, mas isso é irrelevante – essa cozinha já é o máximo em termos de haute cuisine. Inaugurado em 1994, em um salão de pedra do século XIX (usado mais tarde como uma lavanderia a vapor em estilo francês, vem daí o nome), o French Laundry serve o que Keller descreve como cozinha americana com influência francesa. Americana pelo seu amor pela produção local e seus improvisos com os clássicos de casa, mas francesa pelo seu preparo complexo e suas apresentações de pratos deslumbrantes. (Como um jovem chef, Keller foi treinado tanto no Taillevent como no Guy Savoy). A cozinha de Keller é finalmente impossível de ser classificada, todavia – o que significa dizer — ela é brilhante em seus próprios termos.

Quando você vem ao The French Laudry, você se coloca nas mãos do chef. O menu de degustação de nove pratos é a sua única opção, e ele muda não só todos os dias, mas duas vezes por dia, sem que os ingredientes se repitam. Também há um menu de degustação separado para vegetarianos, e ele é muito mais do que uma consideração de última hora.

De primeira, você pode ficar surpreso como cada um dos pratos parece pequeno quando é colocado à sua frente – Keller quer que você deseje "só mais um pouquinho daquilo" – mas aí vem o próximo prato e lhe

O prato assinado por Thomas Keller "ostras e pérolas" no The French Laundry.

surpreende novamente. Tudo tem um sabor tão acentuado, rico e prazeroso, que você não vai sair da mesa com fome. Apesar de não poder contar que um prato em particular vai estar lá quando for, alguns dos pratos que tornaram Keller famoso incluem as "ostras e pérolas" (pérolas de tapioca com ostras de Island Creek), a "tongue in cheek" (um enrolado fatiado de língua de cordeiro assada e bochechas de boi macias), e o "macaroni e queijo" (lagosta do Maine cozida na manteiga com molho de lagosta cremoso e macarrão alpiste (orzo) com queijo mascarpone, assim como o cone de wafer recheado com salmão tartar, que inicia todas as refeições.

O salão de jantar tem uma aparência romântica de hotel country, com um lambri de cor creme, papéis de parede em um verde seco e tons mostarda, e cadeiras do império francês forradas com tecido azul real. Espera-se que uma refeição aqui demore horas. Considere como se fosse um teatro de jantar, com muitos pratos postos à mesa, e colocados à sua frente como se cada um fosse desenhado para mostrar uma porção muito trabalhada. O seu garçom se transforma em lanterninha e depois em ator e, eventualmente, no seu melhor amigo durante a refeição.

Keller abriu filiais, inaugurando dois pontos mais descontraídos em Yountville (**Bouchon**, 6534 Washington St.; 707/944-8037; e Ad Hoc, 6476 Washington St.; 707/944-2487) e a irmã mais elegante da cidade em Nova Iorque em **Per Se** (10 Columbus Circle; 212/823-0335). Mas apenas o The French Laundry é o The French Laundry, e você tem que dar crédito ao Keller – ele nunca tentou cloná-lo. As reservas são aceitas com dois meses de antecedência da data, a partir das 10h da manhã, horário da Califórnia. Prepare-se para discar.

ⓘ 6640 Washington St. (707/944-2380; www.frenchlaundry.com).

✈ Internacional de San Francisco (68 milhas/109 km).

🛏 $$$**Napa River Inn**, 500 Main St., Napa (877/251-8500 ou 707/251-8500; www.napariverinn.com). $$$ **Yountville Inn**, 6462 Washington St., Yountville (707/944-5600; www.youtvilleinn.com).

142 Mesas de Chefes

Charlie Trotter's
Uma Mesa ao Lado do Ringue
Chicago, Illinois

Em um mundo de chefs-estrelas que ficam voando para lá e para cá entre um projeto de alto nível e outro, Charlie Trotter parece ter se devotado quase que de forma pitoresca ao restaurante sofisticado de Chicago, onde ele fez seu nome. Sim, ele capitalizou a sua celebridade fazendo shows de TV e livros de culinária (com receitas quase impossíveis de serem seguidas), e finalmente abriu filiais em Las Vegas e Los Cabos. A loja gourmet no Lincoln Park, a Trotter's to Go, foi quase uma bobagem. Ainda assim, o lugar onde você provavelmente irá encontrar Trotter é no seu restaurante de 20 anos, que já ganhou quase todas as honras que o mundo culinário oferece.

Apesar do estilo culinário de Trotter poder ser descrito como uma comida americana com técnicas francesas e influências asiáticas, ele é muito mais original do que isso poderia implicar. Trotter não acredita nos molhos cheios de manteiga e creme; ele acredita de verdade nos ingredientes orgânicos e de granja, que ele sente, têm sabores mais vivos do que os alimentos produzidos de maneira convencional. E, em geral, ele parece se divertir com refeições surpreendentes e apresentações chamativas. Ele oferece só duas opções – um menu de degustação de vegetais e um menu de degustação grand – para que você possa direcionar as pessoas por meio de uma sucessão de sabores cuidadosamente calibrados.

Refeições Inesquecíveis

O Chef Charlie Trotter presidindo seu restaurante homônimo em Chicago.

Eles mudam diariamente, mas amostras de pratos de menus recentes incluem o bacalhau Casco Bay com moluscos, azeitonas picholine, alcachofras e urtiga picante; um ovo de pato de Sonoma pochê com trufas Burgundy, cebola torpedo e salsinha; assado de filé de vitela com abóbora temperada e zimbro; e uma perna de coelho com mandioquinha, nabos e mostardas verdes.

Para compartilhar suas opiniões apaixonadas sobre culinária, há anos Trotter começou a permitir que alguns convidados privilegiados jantassem em sua cozinha, sentados em volta de mesas para quatro a seis pessoas amontoadas no canto, onde elas poderiam vê-lo trabalhar. Os convidados da cozinha até recebem um menu um pouco diferente, uma versão de formato mais flexível do que a servida na sala principal de jantar. A mesa da cozinha é amontoada e barulhenta, nada luxuosa como as mesas com toalhas brancas nos salões de jantar acarpetados. Lá entre paredes pálidas, estofados e flores frescas, você ouve o bater dos cristais e porcelanas, e o murmúrio baixo das conversas, enquanto a mesa da cozinha é rodeada pelo frenético fritar, bater de panelas, espremer, e assobiar de uma cozinha em funcionamento. (Felizmente para Trotter, a sua cozinha é relativamente disciplinada e desliza suave – não espere ataques do tipo Hell's Kitchen). Naturalmente, esses são os lugares mais almejados da casa, tipicamente reservados com quatro meses de antecedência. Por isso, reserve o mais cedo que puder.

Grupos também podem reservar uma sala de jantar particular que se chama Studio Kitchen com sua própria demonstração culinária e uma câmera que transmite ao vivo da cozinha. É uma experiência bacana – mas, opa, nada é igual à emoção de sentar-se à mesa da cozinha, sentindo o pulso de um chef genial e sua brigada em serviço.

ⓘ 816 West Armitage (✆ **773/248-6228**; www.charlietrotters.com/restaurant).
✈ O´Hare Internacional (26km/16 milhas)
🛏 $$ **Homewood Suites**, 40 E. Grand St., Chicago (✆ **800/CALL-HOME** [800/225-4663] OU 312/644-222; www.homewoodsuiteschicago.com). $$ **Hotel Allegro Chicago**, 171 N Randolph St., Chicago (✆ **800/643-1500** ou 312/236-0123; www.allegrochicago.com).

Mesas de Chefes 143

Momofuku Ko
Dançando o Rock com o Antichef
Nova Iorque, Nova Iorque

Como tudo o mais em Nova Iorque, a moda na culinária vem-e-vai na mesma velocidade da luz, mas poucos chefs têm chegado tão rápido ao estrelato como David Chang. De alguma maneira, ele é o Antichef, ainda na faixa dos 30 com uma linguagem direta e profana, dedicado a manter os seus restaurantes com preços moderados e aberto aos convivas que chegarem sem avisar. Nascido em Nova Jersey, Chang se apaixonou pela culinária quase que por acaso, e suas inspirações não vieram de Escoffier e dos grandes chefs franceses, mas de Momofuko Ando, o inventor do macarrão instantâneo ramen. Os dois principais restaurantes dele, o Momofuku Noodle Bar (171 First Ave.) e o Momofuku Ssäm Bar (207 2nd Ave.), ambos em um canto um pouco sujo do East Village – dão a entender que são simples lojas de macarrão. Mas junto com o bilhete da marca registrada de bolinhos no vapor, as asas de frango defumado, o ensopado kimchi, e as vasilhas saborosas de macarrão, ele ainda oferece pratos de nuance como a terrina de coelho e porco com geleia de erva-doce, bacon, e mostarda; ou um bife tri-tip com nugget de batatas e manteiga kimchi. Até as suas cartas de bebidas são contrárias, incluindo mais cervejas e saquês do que vinhos.

Com todos os seus impulsos democráticos, Chang é um chef habilidoso, e o Momofuko Ko é onde ele pode dar asas ao seu lado de vanguarda. Ele é basicamente nada mais do que uma mesa de chef, uma bancada de madeira clara com banquetas para 12 pessoas. O chef – geralmente Peter Serpico, o chef de cozinha do Chang – cozinha bem na frente dos convivas, interagindo e servido-os diretamente do fogão e do balcão. Há uma oferta de menu, uma sucessão de pequenas porções baseadas em seja lá o que o chef estiver inspirado em cozinhar naquele dia – sem à La carte, sem substituições, bang, é isso aí. Um jantar no Ko pode durar por volta de duas horas; o almoço às sextas, sábados, e domingos oferece um menu de degustação mais complexo que dura três horas e custa mais. O fundo musical é rock, tocado em um volume razoável. Você só pode fazer uma reserva on-line com sete dias de antecedência a partir das 10h da manhã (espero que o seu computador seja rápido, porque as reservas terminam em um nano-segundo). É explicitamente proibido vender sua reserva. Você tem que deixar essas coisas bem claras em Nova Iorque, onde qualquer mercadoria quente tem os seus compradores.

A cada noite, o menu é completamente diferente. Chang e Serpico são partidários da defumagem da barriga do porco, da suavidade das vieiras e dos peixes brancos, da maciez da cozinha baixa temperatura, da textura dos cremes e do foie gras, do picante dos vegetais em conserva (um sinal de aprovação da herança coreana de Chang). A culinária pode ser inconsistente, mas é sempre ousada, excitante, e profundamente, profundamente descolada.

163 First Ave. (www.momofuku.com)
Aeroporto Internacional John F. Kennedy (15 milhas/27 km); Internacional Newark Liberty (16 milhas/27 km); LaGuardia (8 milhas/13 km).
$$ **The Lucerne**, 201 W. 79th St. (800/492-8122 ou 212/875-1000; www.thelucernehotel.com). $ **Milburn Hotel**, 242 W. 76th St. (800/8339722 ou 212/362-1006; www.milburnhotel.com).

144 Mesas de Chefes

Lacroix
De Lacrosse a Lacroix
Philadelphia, Pennsylvania

É interessante que um rapaz que fez universidade com uma bolsa de estudos da lacrosse termine como o chef executivo de um restaurante que se chama Lacroix. É claro, os dias de Lacrosse, em Syracuse, foram muito antes de Matthew Levin mudar de ramo para estudar no Culinary Institute of America. Depois de fazer estágio em restaurantes como Le Bec Fin, Aureole, e Charlie Trotter, ele finalmente tomou as rédeas de seu restaurante top de linha de Philadelphia do estimado chef francês Jean Marie Lacroix, em 2006. Quando ele inaugurou, em 2003, a Esquire nomeou o Lacroix como o melhor restaurante novo do país; mas desde que Levin assumiu a direção do dia a dia da cozinha, o Lacroix ganhou ainda mais prêmios.

Refeições Inesquecíveis

Foi um movimento interessante para o chef Lacroix, ceder o seu fogão ao jovem dissidente americano. Mas Lacroix, apesar de seus anos de experiência e seu treinamento clássico francês, já tinha se aventurado com espuma e uma gama ampla de temperos da Ásia e do Norte da África, e Levin está desbravando ainda mais adiante essa estrada (ele até vende um pacote com misturas de seis temperos para os convivas levarem para casa – Ras El Hanout, pó de mel defumado, abricot salgado, aromas defumados, Chimichurri de chocolate, e Coconut Samsara).

O Lacroix ainda é um hotel restaurante, com um negócio ativo em almoços de poderosos e jantares de clientes. Há uma elegância conservadora sob medida para a decoração em amarelo-claro e verde-oliva, com janelões com vista para o topo das árvores da sofisticada praça Rittenhouse. E menu de Levin, que muda com as estações, fornece lagostas na manteiga e costeletas de vitela suculentas que os frequentadores do Lacroix esperam desfrutar. Mas ele estica a linha ainda mais com outros pratos, como a sopa de couve-flor com tequila, o alabote com molho de gemas quente, ou o peito de pato moscovita com nabo-coco. Para os interessados em seus experimentos mais ousados, ele também oferece uma gama de menus de degustação com pequenos pratos (três, quatro ou cinco pratos, todos eles abaixo de $ 100 – uma pechincha se comparado a algumas casas de gastronomia molecular), que podem trazer coisas como camarões tigre com pinhão, cerveja de trigo, e amora; chamuscado do Ártico decorado com chocolate, alcachofra, maracujá, e macarrão udon, ou perna de coelho com lentilhas perfumadas com tempero de churrasco, milho e grape-fruit. O menu do bar também é um segredo pouco conhecido, com morcelas de sabores globais servidas como aperitivos (chamá-las de tapas seria coisa do passado), e eventos constantes de harmonização de vinhos com seus menus de degustação especiais.

O menu de degustação definitivo – que custa mesmo muito mais caro – está disponível apenas de segunda a quinta, na mesa de sete lugares na cozinha, onde Levin pode servir até 12 pratos à sua frente. Seguindo a mesma tendência, você pode reservar periodicamente uma excursão de compras com Levin, seguida de uma demonstração de culinária de três pratos de almoço – mais uma oportunidade de observar um chef de alto nível trabalhando por trás da cena.

ⓘ No Rittenhouse Hotel, 210 W. Rittenhouse Sq. (✆ **215/790-2533**; www.lacroixrestaurant.com).
✈ Internacional de Philadelphia (9 2/3 milhas/15 km).
🛏 $$$ **Rittenhouse1715**, 1715 Rittenhouse Sq. (✆ **877/791-6500** ou 215/546-6500; www.rittenhouse1715.com). $$ Penn's View Hotel, 14 N. Front St. (✆ **800/331-7634** ou 215/922-7600; www.pennsviewhotel.com).

Mesas de Chefes   145

Minibar
Surpresa de Menino
Washington, D.C.

Como muitos chefs célebres hoje em dia, José Andrés parece estar em todos os lugares ao mesmo tempo – aceitando prêmios, promovendo os seus livros e shows de TV, trabalhando para dar comida aos sem teto, observando os seus sete (conte sete) restaurantes na região de Washington. Considerando que ele ainda está na faixa dos 30, é bem impressionante. Quando ele encontra tempo para dormir?

Mas quando tudo está dito e feito, o espanhol Andrés, como o seu mentor Ferran Adrià, não quer ficar muito longe do fogão. Ele pode ter saído do seu dia a dia da cozinha em seu primeiro hit de um restaurante, tipo festa chamado Café Atlântico, desde que ele entregou as rédeas ao seu chef de cozinha talentoso Katsuya Fukushima. Mas você geralmente pode encontrá-lo ali em cima, no Minibar, um restaurante dentro do restaurante, onde ele

145 Minibar

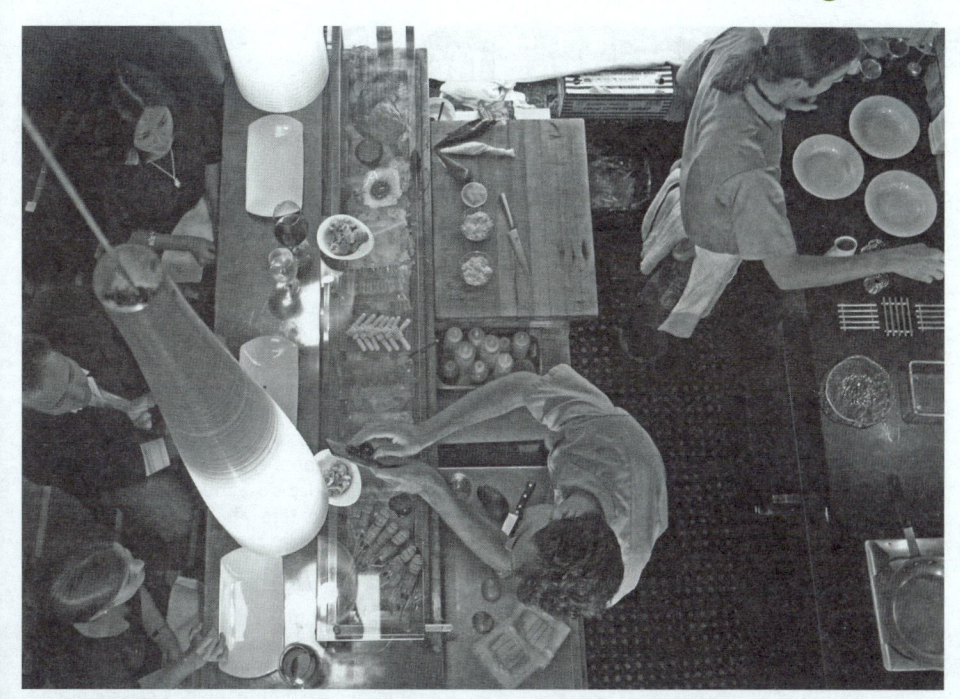

O Chef José Andrés tem sete restaurantes, porém é mais provável que você o encontre no Minibar, que só recebe 12 convivas por noite.

serve um menu de degustação incrível de 25 a 30 pequenos pratos para uma mesa de serviço único para seis pessoas por cinco noites por semana. Ele serve duas mesas por noite, então faça as contas – apenas 60 pessoas podem ter essa experiência interior por semana, menos do que a maioria dos restaurantes serve em uma única hora.

Contando com um seleto grupo de gourmets curiosos, o Minibar se entrega à cozinha de vanguarda, do tipo que pode ser muito ousado para o nível de três grupos, que acontece todas às noites no Café Atlântico e seus desmembramentos super procurados de Oyamel e Zaytinya. Apesar de Andrés descrever seu estilo como Nuevo Latino, sua ênfase é mais no "nuevo" no segundo andar. Cheio de jogos enganosos como "ovos com bacon" (confit de barriga de porco kurobuta com ovos moles, lentilhas, tamarindo e uma massa folhada com gosto "aerado" de maple); o "copo de vinho branco desconstruído" (um tijolo retangular com bolinhas de sabor discreto de elementos como grama, baunilha, e limão); a enorme bolha transparente chamada de "lâmpada do sabor"; uma série de cubos de gelo de "carne com batatas"; o foie gras em um casulo de algodão-doce; filamentos de beterraba batidos em um amaranto. Itens como o cigala (camarão de água-doce) dourado com aspargos do mar, um copo de baunilha e espuma de batata com caviar por cima ou os raviólis de salmão com abacaxi parecem bastante simples em comparação, apesar de serem ainda um deleite.

As reservas podem ser feitas (apenas por telefone) com um mês de antecedência. A mesa fica cheia rápido.

ⓘ 405 8th St. NW (🕾 **202/393-0812**; www.cafeatlantico.com/minibar).

✈ Internacional Reagan (3 milhas/5 km); Internacional de Dulles (26 milhas/56 km).

🛏 $$ **Four Points by Sheraton**, 1201 K St. NW (🕾 **202/289-7600**; www.fourpoints.com/washingtondcdowntown). $$ **George-town Suites**, 1111 30th. St. NW (🕾 **202/298-1600**; www.georgetownsuites.com).

Refeições Inesquecíveis

Mesas de Chefes 146

Restaurante Fearing's
Relaxando na Cozinha
Dallas, Texas

Quem sabe o que o Ritz-Carlton fez para convencer Dean Fearing a sair da mansão em Turtle Creek, onde, por mais de 20 anos, ele foi reitor da cena da gastronomia fina de Dallas. Seja lá o que for, Fearing parece sentir-se à vontade nesse novo restaurante homônimo, no estiloso Ritz-Carlton. Ser imediatamente nomeado o Restaurante do Ano pela revista Esquire depois de ter sido inaugurado em 2007 deve ter ajudado, e isso foi só o primeiro de uma enxurrada de prêmios.

Temendo os puxões de orelha dos treinos de origem clássica tipo CIA e do gosto regional do sudoeste; o rapaz pode envergar o jaleco branco de chef, mas ele usa com jeans e botas de cowboy feitas sob medida. Muitos dos itens assinados do menu – sopa de tortilla, pão de milho jalapenho, capa de filé, taco de camarão assado na churrasqueira, e o bife de filé de costela assado na lenha são menus suficientemente comuns da culinária Tex-Mex, mas a cozinha de Fearing simplesmente os faz melhores do que a média das cantinas. E então ele acrescenta alguns de seus rolos inteligentes, como no filé mignon de búfalo marinado em maple e na pimenta do reino em grão, servido em uma cama de grãos de jalapenho; o antílope nilgai com linguiça de capivara, folhas de sálvia tostadas com batatas-fritas e tempero de chilli; ou costeletas de cordeiro com crosta de coentro com chilli de cordeiro defumado à moda do Texas. (Qualquer chef que consiga sonhar com um prato como a lagosta do Maine com frango frito tem que estar fora dos padrões). A busca dos fornecedores é um elemento chave para Fearing, que está sempre procurando as melhores pimentas do Texas, secas, chilli, jicarna, coentro, tomatinho, frutos do mar do Golfo, e caça do campo selvagem.

Enquanto Fearing tem sete áreas de refeição diferentes – incluindo a rotunda de jardim de vidro do Sendero, a adega de vinhos sob um teto abobadado de pedra, o Rattlesnake Bar, com perfume de couro e anis, o salão de jantar Gallery com seu teto alto e toalhas de mesa brancas – o ponto mais fino é a mesa do chef. Limitada a oito fregueses, é instalada bem no meio da cozinha de Fearing, onde você pode sentir o aroma rico de defumado das carnes grelhadas e apreciar um chef trabalhando. É uma maneira divertida de ficar perto do próprio Fearing – esse chef prático, originário do Kentucky, que pode ter feito estágio com Wolfgang Puck, mas que também desempenha o papel de radialista mau (ele até gravou um CD com a sua banda de chefs The Barb-wires). Assim como com a sua música, a culinária de Fearing é cheia de refrões interessantes – e ele alcança todas as notas altas muito bem.

ⓘ 2121 McKinney Ave. (✆ **214/922-4848**; www.fearingrestaurant.com).
✈ Internacional de Dallas-Fort Worth (85 milhas/137 km).
🛏 $$$ **The Melrose Hotel Dallas**, 3015 Oak Lawn Ave., Dallas (✆ **800/MELROSE** ou 214/521-5151; www.melrosehoteldallas.com). $$ **Etta's Place**, 200 W 3rd. St., Fort Worth (✆ **866/355-5760** ou 817/255-5760; www.ettasplace.com).

147 Colborne Lane

147 Mesas de Chefes

Colborne Lane
O toque Cosmopolita
Toronto, Canadá

O Colborne Lane tem agitado os jantares desde sua inauguração em fevereiro de 2007, em uma área histórica do centro da cidade, pertinho do St Lawrence Market (ver **18**). O proprietário, chef Claudio Aprile – antes um chef líder, vencedor do prêmio Head Chef at Senses – trabalhou no El Bulli enquanto o Colborne Lane estava sendo construído e, em seu retorno, ele se atirou com uma cozinha caprichosamente inventiva que faz Toronto ferver. Pode-se ver sua inesgotável criatividade em pratos como pérolas de creme de ovos ao limão; steak tartar decorado com picles de pepino, tomate assado, cebola seca no sol e soja trufada; ou uma lula crocante frita no wok com amendoim caramelado, pimenta verde em grãos, salsinha chinesa suculenta e um trio de frutas tropicais – pêra asiática, grapefruit rosa e manga. Ao mesmo tempo, Aprile tempera seus impulsos pós-modernos com pratos genuínos como bacalhau negro com creme de leite cozido com gergelim e cabrito recheado; ou peito de pombo defumado no chá com croquete de pombo em conserva e croquete de foie gras com gotas de calda de chocolate e tâmaras, ou costela à caçarola com risoto de alcachofra de Jerusalém e cebolinha vidrada. Sua cozinha é equipada com todo tipo de máquinas, mas ele não acredita que tem que usá-las em todos os pratos, porém a criatividade nunca deixa de fluir.

Nascido no Uruguai, Aprile também adquiriu experiência no Sudeste da Ásia, e a influência asiática em sua cozinha é profunda; mais do que isso, é uma comida cosmopolita, o que combina com essa cidade cosmopolita. O restaurante tem uma vibração chique, própria do centro da cidade, com trilha sonora de rock suave no lugar do silêncio calmo de jantares sérios. Elementos arquitetônicos prosaicos-chique estão nos móveis minimalistas polidos, iluminação dramática, e mesas postas de forma impressionantemente simples que fazem com que a apresentação da comida arrumada de maneira engenhosa seja o centro das atenções.

Desde o início, Aprile – que também foi um aluno no Charlie Trotter e Alinea em Chicago – sabia que queria oferecer uma mesa do chef, colocada especialmente na primeira fileira, onde os mais curiosos gourmets podem reunir-se para concentrar-se em sua culinária. A mesa de seis lugares está num canto privado que oferece uma vista sem obstruções do que está acontecendo no fogão e várias pessoas da equipe da cozinha param de tempos em tempos para conversar com os convidados. A mesa de jantar da cozinha vem com o menu especial para degustação dos 15 pratos, exibindo os mais desafiantes itens de seu repertório. Quando se vai além do limite, por que não fazer dos convidados da mesa do chef sua equipe de provadores de sabores?

ⓘ 45 Colborne St (✆ **416/368-9009**; http://colbornelane.com)
✈ Internacional de Toronto (19 Km/12milhas).
🛏 $$$ **Le Royal Meridien King Edward**, 37 King St. E (✆ **800/543-4300** or 416/863-9700; www.starwoodhotels.com). $$ **The Drake Hotel**, 1150 Queen St. W (✆ **416/531-5042**; www.thedrakehotel.ca).

Refeições Inesquecíveis

Mesas de Chefes 148

Gordon Ramsay at Claridge's
Um Bombardeio em Londres
Londres, Inglaterra

É claro que você não vai ver Gordon Ramsey cozinhando aqui em pessoa – ele está muito ocupado filmando os seus shows de televisão, inaugurando novos postos de venda de seu império de restaurantes, ou então tomando conta do mundo. Mas depois de ver alguns episódios desse louro escocês boca suja no Hell's Kitchen, pode ser que você nem precise ver o próprio Ramsey em ação.

Você verá um dos discípulos mais confiáveis de Ramsey, Mark Sargeant, que abriu esse hotel restaurante para Ramsey, em 2001, imediatamente ganhou uma estrela do guia Michelin, e ajudou a desenvolver a rede crescente de pubs gastronômicos de Ramsey. A calma sala de refeições em tons de creme com estilo Art Deco é uma boa combinação para a cozinha sofisticada que levantou a bandeira de Ramsey no restaurante de Chelsea, o **Restaurant Gordon Ramsey** (68 Royal Hospital Rd.; ⓒ **44/20/7352-4441**) até as alturas do clamor culinário. Os preços são um pouco menos estratosféricos – um menu de degustação de seis pratos (chamado de "Menu Prestige") tem preços abaixo de £100, enquanto o restaurante nave-mãe da Hospital Road cobra acima de £125 por sete pratos.

A mesa do chef para seis pessoas é no meio da cozinha do Claridge's com vista para o preparo; aqui lhe servirão um menu especial (mais caro do que o menu de degustação do restaurante) improvisado com os ingredientes do mercado naquele dia. Com um lugar na primeira fila, você pode observar os diferentes preparos, como o prato de atum azul, que faz contraste com um carpaccio de atum com rabanete branco em conserva sobre um pedaço de atum cortado e marinado com sementes de gergelim preto e tempero de soja. Talvez você consiga ver o chef enrolando uma fatia de tamboril em presunto de Parma, ou batendo um molho velouté de agrião com aspargo, ou acrescentando camadas de trufas a um purê de batatas que acompanham o cordeiro de Cornish assado. A cozinha de Sargeant é de um nível muito alto aqui, ao mesmo tempo que possui um tipo de suavidade e eficiência corporativa. O movimento de alto nível de uma cozinha é sempre fascinante. A mesa pode ser reservada com até seis meses de antecedência.

Também há uma mesa do chef no suave restaurante contemporâneo de Mayfair, o **Maze** (10 -13 Grosvenor Sq.; ⓒ **44/20/7107-0000**), onde Jason Atherton e sua equipe criam menus com gosto de sotaque asiático. Novamente, não há traço algum de Ramsey no fogão, mas talvez seja melhor assim.

ⓘ **Claridge's Hotel**, Brook St. (ⓒ **44/20/7499-0099**; www.gordonramsay.com).

✈ Heathrow (24 km/15 milhas) ou Gatwick (40 km/25 milhas).

🛏 $$$ **22Jermyn St.**, 22 Jermyn St., St. James (ⓒ **800;682-7808** nos E.U.A., ou 44/20/7734-2353; www.22jermyn.com). $$ **Vicarage Private Hotel**, 10 Vicarage Gate, South Kensington (ⓒ **44/20/7229-4030**; www.londonvicaragehotel.com).

Mesas de Chefes

Commerç 24
Espuma, a Próxima Geração
Barcelona, Espanha

O melhor lugar para se sentar nesse ponto quente da descolada Barcelona é na mesa alta ao lado da cozinha aberta e bem iluminada, onde você tem uma visão clara de todo o movimento da gastronomia molecular. Muitos jovens chefs criativos passaram pela cozinha do El Bulli, pulando para pegar uma parte do cérebro do Ferran Adrià, mas o Carles Abellán trabalhou lá por uma década, tornando-se um dos discípulos mais confiáveis de Adrià. Agora que ele tem o seu próprio restaurante, é fascinante ver como as ideias do mestre florescem nas mãos habilidosas de Abellán.

Abellán descreve a sua cozinha como "glocal" – uma frase de efeito artificial, talvez, mas é um casamento bem-sucedido entre a cozinha global (asiática, italiana, e americana figuram com destaque) com as receitas e ingredientes locais da Catalunha. O menu é planejado para oferecer tanto gostos delicados – honrando a tradição das tapas regionais – e porções de tamanho regular à la carte, assim como pratos maiores para serem repartidos em comum na mesa. Como no El Bulli, os menus de degustação – aqui chamados de "menus festival" – são o caminho a seguir apenas porque as descrições no menu não podem de maneira nenhuma descrever completamente a inventividade da culinária de Abellan.

O menu sempre está mudando, mas os pratos assinados incluem muitos frutos do mar – o atum tartar em uma poça de gema de ovo vinagrete, o sashimi de salmão com perfume de baunilha, uma mousse de bacalhau negro que pode ser bebida e alcachofras, ravióli delicado de lula e cogumelos morel – e para os que gostariam de uma dose mais forte (algo que falta no El Bulli), algumas escolhas diretas surpreendentes como o Contrafilé de carne de boi com batatas, ou uma beringela assada com roquefort, pinhão, e cogumelos. Talvez o prato que simboliza melhor seja uma mistura brincalhona chamada de Kinder Egg (*kinder* como a palavra em alemão para criança) – uma casca de ovo recheada com ovo mole, trufa, e espuma de batata, uma visão da gastronomia molecular a respeito da clássica omelete de batata espanhola.

Em contraste completo com a aparência rústica do El Bulli, o Commerç 24 é uma reabilitação industrial-chique de uma antiga casa de sal, uma visão modernista, minimalista de pisos e tampos de mesa cinzas de lousa, mobília angular, colunas de ferro fundido, manchas em vermelho e amarelo, e iluminação dramática de pontos. Se você não conseguir reservar uma mesa com visão da cozinha, tente um lugar no bar, onde também se pode ter uma boa visão dos cozinheiros trabalhando.

ⓘ Carrer Comerç 24, Barcelona (✆ **34/93/319-2102**; www.commerc24.com).
✈ El Prat (13 km/8 milhas)
🛏 $$$ **Montecarlo**, Les Ramblas 124 (✆ **34/93-412-04-04**; www.montecarlobcn.com).
$$ **Duques de Bergara**, Bergara 11 (✆ **34/93-301-51-51**; www.hoteles-catalonia.com).

Refeições Inesquecíveis

Vegetarianos 150

Millennium
Mentes elevadas, Sofisticadas
San Francisco, Califórnia

Num primeiro olhar ele parece ser como qualquer outro bistrô de alto nível, com o seu bar com teto de zinco, paredes amarelas com pintura esponjada, banquetas estofadas de couro, e acabamento em madeira marrom avermelhada. Mas olhe mais de perto e você vai descobrir que o estofado é corino falso, os drapeados no teto são feitos de saco de papel, e as cortinas transparentes são tecidas com sacos plásticos reciclados. (O teto de zinco do bar também foi reciclado de um restaurante antigo). O design sustentável era um pré-requisito, porque o Millenium diz respeito à comida sustentável. Com certeza, ele tem uma localização de alto nível nas redondezas de Union Square, mas isso não significa que o Millenium vai comprometer os seus valores.

O chef do Millenium, Eric Tucker, é um homem com uma missão. Ele está determinado a provar que as técnicas da culinária tradicional – inclusive muitas tiradas de cozinhas étnicas – não precisam incluir laticínios, ovos, óleo e outros produtos de alto nível de gordura animal para serem deliciosos. Como muitos chefs vegetarianos, Tucker faz uso dos sabores do sudeste asiático em itens como os cogumelos ostra na crosta de sal e pimenta com geleia de laranja siciliana e chilli, mas isto é apenas o começo. Pegando emprestado da Índia, ele faz o masala dosa, um crepe de arroz e lentilha com grão de bico e curry vermelho de beterraba, o chutney temperado de papaia, e a raita (salada indiana) de menta; com um aceno de cabeça para a França, tem um roulade recheado de castanha assada e cogumelo e brócolis sauté, cozido em manteiga de trufas negras, sob um ragu de lentilhas francesas e finferlo (cogumelo) negro. A Itália inspira o seu gnocchi edamame (servido com cogumelos, ostra grelhados, pequenas cebolas caramelizadas, e um coulis de misô e alcachofras Jerusalém) e a sua cenoura lasagnhette (folhas de massa de cenoura em camadas com limão Meyer, alho de primavera, pasta de tahini, e cenouras baby assadas cobertas com gremolada de pinhão). Influências caribenhas passam pela sua torta de plantain (musa paradisíaca) com salsa de frutas tropicais e molho romanesco. O México está por trás da sua torta de feijão preto, que tem camadas de tortilla de trigo integral, plantain caramelizado, purê de feijão preto defumado, abóbora com salsa verde habanero, creme azedo de caju, e salsa de morango jicama. E com uma comida assim tão boa, você ainda pode provar um menu de degustação com harmonização de vinhos por menos de $ 100.

O Millenium compra a produção fresca a cada dia, na sua maior parte de pequenas fazendas que praticam a agricultura sustentável; se a produção for orgânica, melhor ainda. Mas Tucker e sua tripulação sabem que eles são o coração da cidade gastronômica; a finalidade deles é fazer da alimentação vegetariana algo divertido e emocionante. Por que o gosto deveria ser sacrificado em nome da consciência ambiental?

ⓘ 580 Geary St. (ⓒ **415/345-3900**; www.milleniumrestaurante.com).
✈ Internacional de San Francisco (14 milhas/23 km).
🛏 $$$ **Hotel Adagio**, 550 Geary St. (ⓒ **800/228-8830** ou 415/775-5000; www.thehoteladagion.com). $ **Hotel des Arts**, 447 Bush St. (ⓒ **800/956-4722** ou 415/956-3232; www.sfhotelsdesarts.com).

151 Vegetarianos

Rover's
Provando Seus Veggies
Seattle, Washington

Talvez ele não seja exatamente livre de carne, mas o Rover's é onde os vegetarianos de Seattle tendem a vir quando realmente querem se deleitar. O chef Thierry Rautureau é apaixonado pelos ingredientes locais do noroeste americano – isso foi parte do que o tentou a sair da sua terra natal, França, para abrir o seu restaurante, em 1987 – e haveria maneira melhor de mostrá-los do que com um menu de degustação vegetariano de cinco pratos?

Apesar de estar escondido em uma pitoresca casa de madeira no bairro de Madison Valley, a leste do centro da cidade, o Rover's não é um segredo bem guardado; ele é um dos restaurantes mais aclamados de Seattle, e está no lado caro da balança. Espere a mesa com toalhas brancas e cristal, candelabros e flores frescas, cadeiras confortáveis à mesa e algumas obras de arte com molduras cuidadas nas paredes douradas do salão de refeições. Rover sempre ganha altos prêmios também por seu serviço, apesar de que se tratando do Noroeste, o serviço é mais amigável e relaxado do que primoroso.

Considerando a formação clássica francesa de Rautureau, nada disso surpreende. O que é intrigante, porém, é o quanto Rautureau enveredou pelo caminho nativo – ele é conhecido por usar um chapéu de palha na cozinha em vez do casquete branco – e há sotaques americanos por todo lado no seu menu, que muda com frequência. Tendo ele mesmo sido criado em uma fazenda na região de Muscadet, na França, ele construiu uma vasta rede de fornecedores locais, inclusive catadores de cogumelos, fabricantes de queijo do estado de Washington, e fazendeiros da região, preferivelmente aqueles que administram de maneira sustentável e orgânica. Seus vários menus de prova – ou degustações – permitem que ele introduza aos convivas o maior número possível de produtos, em pequenas porções apresentadas de forma artística.

Enquanto a maioria dos chefs célebres só faz falsas promessas às necessidades dos vegetarianos, Rautureau realmente oferece um número impressionante de opções vegetarianas. É claro que existem muitos níveis de vegetarianismo, e os itens do menu de Rover talvez não sejam adequados aos vegetarianos rígidos. (Ele inclui algum peixe nas seleções vegetarianas, por exemplo). Mas entre as escolhas há coisas deliciosas como os ovos mexidos com creme fraiche de limão e caviar; um sorvete com infusão de Pinot Noir; um bisque de lagosta e cogumelo com porcinis marinados e creme de Armagnac; um flan de pimenta assada com tomatinho cereja, erva-doce grelhada e tapenade de azeitonas; ou a manteiga de nozes com milho verde, vagem, e molho de alho assado. Se seus amigos que di-

A culinária da Costa Noroeste do Pacífico do chef Thierry Rautureau no Rover's.

Refeições Inesquecíveis

vidacademic a mesa precisam comer carne, eles podem encontrar coisas como o beef Wagyu com cogumelos selvagens e lentilhas, ou o coelho Oregon com foie gras, para satisfazer seus desejos carnívoros. Todos irão felizes para casa.

ⓘ 2808 E. Madison St. (✆ **206/325-7442**; www.rovers-seattle.com).

✈ Internacional de Seattle-Tacoma (14 milhas/23 km).

🛏$$$ **Inn at the Market,** 86 Pine St. (✆ **800/446-4484** ou 206/443-3600, www.innatthemarket.com). $$ **Bacon Mansion Bed and Breakfast,** 959 Broadway E (✆ **800/240-1864** ou 206/329-1864, www.bacon-mansion.com).

Vegetarianos

152

Pure Food & Wine
A Verdade Crua
Nova Iorque, Nova Iorque

Enquanto os seguidores da comida crua podem, às vezes, parecer um bando de loucos, o Pure Food and Wine apresenta a sua agenda da comida crua com tamanho estilo elegante, que talvez você se esqueça que o menu não contém carne, laticínios, trigo, soja ou açúcares refinados – e que é orgânico e vegetariano até os dentes. Enquanto os méritos medicinais de uma dieta estritamente crua ainda estão em debate (estudos mostram que, a longo prazo, os organismos humanos precisam de nutrientes que os alimentos crus não podem fornecer), uma refeição no Pure Food & Wine pode ser um tônico maravilhoso.

A teoria dos alimentos crus é simples: nenhum ingrediente é cozido a uma temperatura acima de 48° C, o ponto mágico acima do qual certas enzimas nos alimentos são destruídas. É impressionante, porém, o que um chef pode fazer com liquidificadores, desitratadores e uma faca verdadeiramente afiada. Frutas, verduras, nozes, e sementes são pedras fundamentais da cozinha de alimentos crus, então conseguir os melhores produtos é essencial. É óbvio, há uma vantagem por trás disso. Apesar de os preços do Pure Food serem altos para um restaurante vegetariano, até alimentos crus de luxo podem ter preços baratos que satisfazem quando comparados com refeições feitas num patamar mais alto da cadeia alimentar.

O menu da Pure Food & Wine vai muito além das saladas saudáveis e dos hambúrgueres de tofu. Considere, por exemplo, uma entrada de samosas cremosas de couve-flor com molho de banana e tamarindo, ou a acolhedora sopa de abobrinha e noz manteiga, com infusão de alecrim e com uma camada de pecan por cima, tâmaras medjoul, e uma garoa de um purê fino de

Os alimentos nunca são cozidos acima dos 118° F no Pure Food & Wine.

🅗 No. 9 Park Street

misô. Um prato principal de cogumelos selvagens e aspargos em papelote com creme de aiporabano recebe um sotaque de suco de trufa, e figos imersos no vinho; um cogumelo portabella defumado no chá é combinado com uma salada de batata com alcaparra agradável. Como é de se esperar, é um menu cheio de sotaques, especialmente de países como a Índia e o Japão, onde as cozinhas tradicionais usam a carne e os laticínios de maneira comedida, quando usam.

Talvez a parte mais impressionante do menu sejam as sobremesas, que são cheias de sorvetes (como fazem isto sem leite?) e bolo de chocolate (como fazem isto sem trigo?). Para preencher a segunda metade do nome do restaurante há uma carta de vinhos biodinâmicos ofertados, de vinícolas orgânicas de primeira no mundo todo, apesar da carta de vinhos enfrentar séria concorrência do maravilhoso menu de sucos e smoothies.

Há um tipo de aparência japonesa no salão simples, moderno, com painéis vermelhos nas paredes e cadeiras estofadas que complementam a madeira laqueada em paredes, mesas, e no chão. O quociente de glamour que vem da clientela é bastante alto. Oh, se ao menos os alimentos crus pudessem nos fazer ter essa aparência elegante e bela! Situado entre os restaurantes da faixa da moda bem ao sul do Gramercy Park, ele é definitivamente um ponto de encontro quente, mas sem atingir uma temperatura mais alta do que 48° C.

ⓘ 54 Irving Plaza (📞 **212/477-1010**; www.purefoodandwine.com).
✈ Aeroporto Internacional John F. Kennedy (15 milhas/27 km); Internacional Newark Liberty (16 milhas/27 km); LaGuardia (8 milhas/13 km).
🛏 $$$ **Carlton Hotel on Madison Avenue**, 88 Madison Ave. (📞 **212/532-4100**; www.carltonhotelny.com). $$ **Washington Square Hotel**, 103 Waverly Place (📞 **800/222-0418** ou 212/777-9515; www.washingtonsquarehotel.com).

Estrelas Regionais Americanas

153

No. 9 Park Street
Fora do Comum em Boston
Boston, Massachusetts

Agora Boston não é mais só a terra do feijão assado, da lagosta e do ensopado, e Barbara Lynch é um dos grandes motivos disso. Quando ela inaugurou esse simples restaurante chique, em 1998, em uma casa de cidade neoclássica de 1803, em Beacon Hill, com vista para Boston Common, preencheu rapidamente um nicho importante na cena gastronômica de Boston. De um lado, há os restaurantes franceses elegantes como o Jasper's (Jasper White) e o L'Espalier (Frank McClellland); no outro lado havia os bistrôs descontraídos como o Hamerslay's Bistrô (do Gordon Hamerley) no extremo Sul, e o Olives (do Todd English) lá em Charlestown. A mistura sofisticada de Lynch das cozinhas italiana e francesa, apresentando ingredientes do local e vinhos da boutique regional, acertou bem no alvo e alcançou um sucesso imediato.

Apesar de Lynch ter sido aprendiz de muitos dos melhores cozinheiros de Boston, inclusive trabalhou por um tempo com Todd English, no Olives, um período morando na Itália foi o que realmente transformou sua maneira de cozinhar. Lá, ela aprendeu a fazer massas diretamente com cozinheiros da fazenda, e desenvolveu um amor pelos produtos artesanais. Felizmente, quando ela retornou para a Nova Inglaterra, os produtores de alimentos artesanais da região começavam a entrar nesse ritmo, e a própria Lynch foi uma grande incentivadora de seus fornecedores locais.

Os menus de Lynch apresentam sabores fortes, destacados, como em um de seus pratos assinados, o aperitivo de salada de beterraba – um cilindro de ponta-cabeça feito com vegetais sobre o blue cheese, rodeado de verdes mistura-

Refeições Inesquecíveis

dos. Uma entrada cheia de vida de tomates herdados que se concentra nos próprios tomates, com acompanhamentos simples de queijo feta e presunto curado na casa. Um gnocchi profundamente saboroso recheado com ameixas pretas (uma especialidade da casa) vem com foie gras da terra e glacê de Vinho Santo, um frango caipira vem com confit de bacon, folhas de dente de leão, e um ovo de codorna; o porco à pururuca se destaca com as endives belgas refogadas, ora-pro-nobis, e jalapenho ao alho e óleo; mignon de carne de veado en croûte é complementado com um chutney de cebolinha verde.

Apesar do Nº. 9 Park Street estar localizado na escala de preços da região mais elegante de Boston, comparando com outras cidades – e dada a qualidade da comida – o preço até que é razoável (até o menu de degustação de sete pratos do chef fica abaixo de $ 100). A aura do lugar é discretamente chique, descontraída e íntima, com uma gama de cores beje e pisos de madeira escura polida. Se desejar uma refeição mais leve, experimente a área do café próxima à porta de entrada, onde você não precisa de uma reserva para fazer seu pedido de itens que constam do menu a la carte.

ⓘ 9 Park St. (✆ **617/742-9991**; www.no-9park.com).
✈ Internacional de Boston Logan (11 milhas/18 km).
🛏 $$ **Harborside Inn**, 185 State St., Boston (✆ **617/670-6015**; www.harborsideinnboston.com). $$$ **The Charles Hote**l, 1 Bennet St., Cambridge (✆ **800/882-1818** ou 617/864-1200, www.charleshotel.com).

Estrelas Regionais Americanas 154

Lantern
A Conexão Global-Local
Chapel Hill, Carolina do Norte

Se você já não tivesse lido sobre esse lugar, não poderia pensar que esse restaurante de uma cidade universitária do sul tivesse tanto brilho. A decoração lembra o clássico restaurante chinês de praça de alimentação, apenas melhorado: uma gama de cores pálidas entre o verde-folha e o marfim, com detalhes de laqueado preto e uma profusão de lanternas de pergaminho colorido penduradas em uma variedade impressionante de formatos. Você está disposto a provar a comida que tenha sabor asiático, e ela tem, apesar de você não conseguir detectar exatamente onde – sobrevoando toda a região, da China para o Japão, para a Tailândia, para o Vietnã, para a Índia.

Então o que é que faz os sabores da gastronomia fusion de Andrea Reusing mais brilhante, mais intensa, mais viva? Olhe mais de perto para o menu e terá sua resposta: por todas as suas receitas globais, Reusing é uma locavore dedicada, cozinhando o máximo que pode com verduras, carne e frango vindos de fazendas orgânicas locais. A cozinha dessa nativa de Nova Jersey é, na sua maior parte, autodidata, amealhada por anos a fio morando em Nova Iorque e explorando os restaurantes étnicos asiáticos em Chinatown e no Flushing; colabora o fato de que ela foi dotada de uma gama de nuances de culinária asiática muito variada. Desde que inaugurou o Lantern, em 2002, ela encarou brilhantemente o desafio de adaptar as receitas asiáticas ao que uma rede de fornecedores locais pode disponibilizar.

A salada de polvo ácida, por exemplo, vem com verde da estação e também um vinagrete de misô e limão; a galinha flamejante BangBang com pimentas Szechuan ganha um impacto extra pelo fato de ser feito com galinha caipira do local. Mesmo quando ela vai um pouco mais para o sul, com os bolinhos de caranguejo da Carolina do Norte, ela os destaca com sabores tailandeses vibrantes como o óleo de limão e menta. De forma similar, um molho de chilli doce põe fogo em uma robusta terrina de porco, que usa uma amostra dos pés a cabeça de porco da fazenda Fickle Creek (o quão completamente chinês é usar todas as partes "gordurentas"). O porco é sempre procurado, é óbvio, nesse grande estado central de churrascos, mas no Lantern você vai experimentar uma perna assada no coco do Rancho Niman tão macia que ela salta do osso. Quer um pouco de frutos do mar? Experimente o camarão com sal e pimenta de Reusing, com pimenta jalapenho e coentro, ou o flounder pescado no local e frito com alho, chillis, tamarindo, folha fresca de limão, salada de cenoura, e arroz jasmim. A sua galinha bêbada usa o frango de alta qualidade da fazenda Rainbow Meadow, marinado no gengibre, vinagre negro e no sherry com um lado de horta fresca dos verdes locais e abobrinhas. Uma das assinaturas dos pratos de Reusing, sua galinha defumada de "chá e tempero" com ensopado de porco yang e arroz frito de camarão, combina um número de ingredientes da Carolina do Norte de maneiras novas.

Não se preocupe em fazer reservas com antecedência – elas não são aceitas. Você simplesmente terá que esperar por uma mesa como todas as outras pessoas.

ⓘ 423 West Franklin Rd. (✆ **919/969-8846**; http://lanternrestaurant.com).

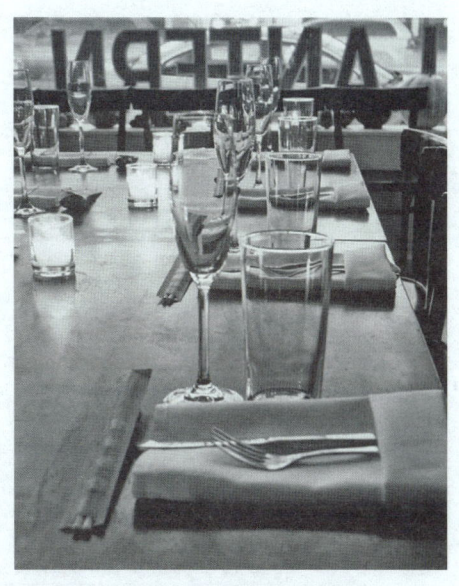

O Lantern, o restaurante de culinária fusion de Andrea Reusing em Chapel Hill.

✈ Raleigh-Durham (18 milhas/29 km)
🛏 $$$ **The Carolina Inn**, 211 Pittsboro St. (✆ **800/962-8519** ou 919/933-2001; www.carolinainn.com). $$$ **Siena Hotel**, 1505 E. Franklin St. (✆ **800/223-7393** ou 919/929-4000; www.sienahotel.com).

Estrelas Regionais Americanas

155 Lilly's
Deus Abençoe Nossas Fazendas Locais
Louiville, Kentucky

Quando Kathy Cary inaugurou sua loja de comidas para viagem e seu negócio de Buffet, em 1979, a ideia era comemorar os fazendeiros, pescadores e artesãos da comida local, algo que raramente se ouvia no interior dos E.U.A., em 1988. Quando ela transformou seu buffet em um restaurante em pleno funcionamento, esse ainda era um conceito novo no interior caipira.

Mas a cozinha de Kathy Cary, honrando a produção da fazenda e a culinária do sul, era mais do que uma moda do momento. Como Alice Waters, na costa oeste, Cary gradualmente construiu uma equipe de fornecedores, incentivando-os a perseguir suas próprias convicções orgânicas, sustentáveis, caipiras. Ela até tem a sua própria horta orgânica agora, onde colhe suas ervas e salada de verduras a cada manhã na sua própria estação.

Refeições Inesquecíveis

Porque as receitas de Cary têm como base os produtos locais – o peixe-gato, a truta, o presunto artesanal, o milho verde, os verdes selvagens, o bourbon – ela teve que inventar o seu próprio estilo de culinária locavore ao longo do caminho; o esquema de estratégias da costa oeste simplesmente não se aplicava. O seu treinamento culinário clássico mostra-se em pratos como a sopa de alho e alho-poró com pudim de espinafre, a truta defumada e o azeite de trufas brancas; o robalo Californiano e o camarão sautê com gnocchi de alho-poró e açafrão; ou o peito de pato seared e o roulade de confit de pato em um molho de vinho do porto. Mas ela também é capaz de colocar o peixe gato local em um rolinho primavera asiático, misturar o polvo temperado sauté com um chorizo de um salsicheiro local, colocar por cima polenta com carne de porco assada na churrasqueira, ou grelhar uma costeleta de porco com purê de batata-doce, couve de Bruxelas, um toque de presunto, e molho de carne. E, por outro lado, suas sobremesas são incrivelmente boas (por que serviços de Buffet sempre têm sobremesas tão boas?), é difícil deixar passar o sorvete de creme caseiro com um toque de Woodford bourbon, servido com biscoito de chocolate.

O ambiente alegre, agradável do restaurante com fachada que dá para a rua, no delicado bairro residencial de Cherokee Triangle, colabora muito com a capacidade de resistência do Lilly. Roxos profundos, vermelhos e amarelos emprestam um tipo de estilo boêmio à decoração eclética, acentuada por quadros espalhados, cortinas que lembram ciganos, e alguns toques sulistas como ventiladores de teto e persianas finas.

À medida que a cena gastronômica do meio-oeste se tornou mais sofisticada nos últimos anos, Cary ainda está à frente dos outros. Um dia, papeando na TV com Martha Stewart ou Rachel Ray, foi no dia seguinte convidada para ser a cozinheira do prestigiado James Beard, em Nova Iorque. Mas a Cary leva sua fama local com equilíbrio, e no seu menu sempre dá crédito a quem merece: "Deus abençoe nossos Fazendeiros Locais."

ⓘ 1147 Barstown Rd.(✆ **502/451-0447**; www.lillylapeche.com).
✈ Louisville (7 milhas/1 km).
🛏 $$ **21c Museum Hotel**, 700 W. Main St (✆ **877/217-6400** ou 502/217-6300; www.21cmuseumhotel.com). $$ **Camberley Brown**, 4th St. e West Broadway, Louisville (✆ **502/583-1234**; www.thebrownhotel.com).

Estrelas Regionais Americanas 156

T'Afia
Bênção de Pope
Houston, Texas

Ser um chef locavore em Houston significa necessariamente produzir tacos Tex-Mex ou frango frito. Pergunte à Monica Pope, uma das fundadoras do Mercado do Produtor de Midtown das manhãs de sábado e a chef proprietária do T'Afia (que recebe o nome do brinde Creole, que significa "à sua saúde"). Ganhadora de todos os tipos de honras nacionais para uma chef, Pope está intensamente antenada com o paradoxo central da culinária texana – com sua tradição culinária a qual cresceu a partir das dificuldades da vida de cowboy no campo, por um lado; e por outro, com a realidade moderna de um clima generoso de produção o ano todo, onde os fazendeiros cultivam qualquer coisa desde os caquis até os limões Meyer e os verdes asiáticos.

156 T'Afia

Como Alice Waters, com quem ela é com frequência comparada, Pope é, de certa forma, pioneira na culinária, criando sozinho, um mercado para fazendeiros orgânicos, pequenos fabricantes de queijo, rancheiros especializados, e fabricantes de chocolate, tudo em um raio de 483 km (300 milhas) de seu restaurante de Midtown Houston. (No extenso Texas, isso é apenas uma viagem curta). Seus menus de degustação de toda noite colocam os produtos da alimentação artesanal do Texas em destaque, de forma proeminente – coisas como o queijo de cabra Pure Luck Hopelessly Bleu com os figos de Joan, o Merlot das montanhas do Texas, um tempura das abobrinhas do Gita com açafrão e sherry ao alho e óleo; as favas da Lola e o farro com tarragon do Texas; a codorna esfregada no expresso Katz com pilaf de pecan defumada; ou uma costeleta de antílope da fazenda Maverick com quiabo assado e geleia de uvas silvestres Mustang. Algo simples como um Summer pudding com as blueberries (mirtilo) do local pode ficar divino quando as frutas foram colhidas naquela manhã.

Por menos de $50 sem vinho, esse menu de degustação é uma pechincha maravilhosa, considerando-se que você vai provar o melhor dos produtos de boutique de alimentação orgânica do Texas. A parte à la carte do menu também inclui uma mistura interessante e opções de combinação, onde você escolhe a sua entrada de base de uma lista de proteínas variadas e as combina com qualquer um dos dez molhos assinados, desde o molho de vinho do porto até a mostarda doce-quente e a manteiga em flor.

Até a sala de refeições desse bistrô despojado, com suas paredes de tijolo simples, madeiras claras, e mesas de acrílico branco, mostra murais e quadros de artistas locais. Ele é um lugar relativamente pequeno, aberto apenas de terça a sábado (o almoço de preço fixo de sexta é um segredo local bem guardado que vale a pena procurar). E há outro segredo: de terça a quinta, todos os aperitivos do menu do lounge – coisas como o pimiento mac-and-cheese, o grão de bico frito com ketchup de curry vermelho, e suculentos mini-hambúrgueres – vêm de graça com os drinks. É um negócio viciante.

O T'Afia recebeu o nome de um brinde Creole que significa "à sua saúde!"

ⓘ 3701 Travis St. (ⓒ **713/524-6922**; www.tafia.com).
✈ Intercontinental George Bush (37 milhas/60 km).
🛏 $$$ **Hilton University of Houston**, 4800 Calhoun Rd. (ⓒ **800/HOTELUH** [800/468-3584] ou 713/741-2447; www.hilton.com). $$ **Best Western Downtown Inn and Suítes**, 915 W. Dallas St. (ⓒ **800/780-7234** ou 713/571-7733; www.bestwestern.com).

Refeições Inesquecíveis

Estrelas Regionais Americanas   157

Janos
Um Rastro Resplandecente em Tucson
Tucson, Arizona

É uma boa coisa que o ambiente no Janos seja tão afável e descontraído, porque você pode precisar fazer muitas perguntas ao seu atendente. (Você pode até conseguir perguntar ao próprio chef Janos Wilder: o que é esse tempero chamado piloncillo, esfregado no filé de tira de Nova Iorque? O que é um sorvete de abacate serrano? Um vinagrete de pêra ancho-prickly? Pimentas piquillo? Barbacoa oaxacan? Antes mesmo que você consiga perguntar como se faz uma sopa bisque de pipoca, ou decifre os nomes de todos os donos de pomares e ranchos locais, os produtos são apresentados pelos nomes, itens como o queijo chèvre Fiore de Cabra, as maçãs Briggs e Eggers, ou a abobrinha Tohomo Oldham.

Esse chef Californiano treinado na França tem aberto os olhos para novos sabores locais de seu próprio quintal do sudoeste, desde que abriu seu restaurante homônimo, em 1983, em um terreno de tijolo histórico no Museu de Arte do Tucson. Desde o início, como vitrine usou ingredientes exóticos locais, como a farinha de trigo mesquite e a polenta azul, mas não em pratos Tex-Mex humildes. São pratos sofisticados executados com a elegância da França. Era um método verdadeiramente radical, em 1983, quando a cozinha da Califórnia era a última palavra em matéria de gourmet e a culinária do Novo Sudoeste de Santa Fé não existia nem em sonhos.

Com o passar dos anos, apesar do sem número de prêmios e honras, o entusiasmo de Wilder pelos ingredientes locais do Arizona não diminuiu. Ele manteve, por muito tempo, suas próprias hortas, onde plantava ingredientes que capturavam a sua imaginação e uma rede de fazendeiros, pescadores, catadores e rancheiros que competiam para ver seus alimentos aparecerem em seus menus. Ele agora está situado no Westin La Paloma Resort, em uma fazenda independente com vista para um vale do Tucson. Decorada com cores profundas do deserto, com tapetes orientais e candelabros sobre a simplicidade do tijolo, ele dá um jeito de ser acolhedor e luxuoso. Se você escolher o menu de degustação de cinco pratos ou a seleção à la carte, vai provar uma culinária de muito alto nível, onde elementos díspares como o foie gras, as trufas, os figos, o coelho, o salmão, o milho, o chipotle, e os chillis coexistem em harmonia gloriosa.

ⓘ 3770 East Sunrise Dr (ⓒ **520/615-6100**; www.janos.com).
✈ Internacional de Tucson (16 milhas/26 km)
🛏 $$ **Catalina Park Inn**, 309 E. First St. (ⓒ **800/792-4885** ou 520/792-4541; www.catalinaparkinn.com). $$$ **Westin La Paloma Resort & Spa**, 3800 E. Sunrise Dr. (ⓒ **800/WESTIN-1** [800/957-8461] ou 520/742-6000; www.westinlapalomaresort.com).

158 Estrelas Regionais Americanas

Grace
Hollywood Star
Los Angeles, Califórnia

Ninguém mais usa o termo "Cozinha Californiana" – que está repleto de memórias ruins dos excessos de modismos dos anos 1980, a culinária equivalente a ombreiras, óculos de aviador e cabeleiras cacheadas. Mas chame-a de Nova Cozinha Americana com um foco Californiano e você terá a essência da abordagem de Neal Fraser. Tendo feito estágios nas cozinhas de Wolfgang Puck, Thomas Keller e Joachim Splichal, Fraser não tem medo de combinações criativas (os residentes locais ainda se lembram do menu com todos os gostos de maconha que ele tentou anos atrás, no Rix, em Santa Mônica). Com seu novo restaurante, Grace, que foi inaugurado em Hollywood, em 2003, ele tem caminhado a passos largos.

Com um pé direito alto, mesas espaçosas e relaxantes tons de terra, o Grace traduz seu nome. É, de fato, um espaço gracioso, ao mesmo tempo descontraído e refinado, num contraste que combina com o agito da moda de tantos outros restaurantes de Los Angeles. O serviço é silencioso, a carta de vinhos é inteligente e a multidão bem-comportada, mesmo nas noites informais de domingo, quando os seus maravilhosos hambúrgueres de carne de primeira das montanhas são a sensação, cobertos com soro de blue cheese, Gruyère ou queijo trufado. Outra data especial é a noite de Dunnuts, às quartas-feiras.

Fraser não perdeu a exuberância de uma criança em uma loja de doces. Confira principalmente suas especialidades do dia, quando ingredientes sazonais estimulam sua imaginação para confeccionar pratos como risoto de abóbora com ouriço do mar e camarão do Maine doce, um carpaccio de atum com azeitonas verdes fritas e pimenta ao vinagrete ou pernil de porco cozido lentamente com cebolinha defumada e molho de cidra e sálvia. Ultimamente, ele parece apaixonado por pratos de caça. Seu menu especial de sabores de caçadas inclui itens de sucesso como o pancreas sautée com gnocchi de batata-doce, sálvia e manteiga escura com abóbora cabotiá, lentilhas de caviar, e molho picante de guajillo, filé de javali com molho de mostarda violeta e antílope grelhado com pudim de parmesão, repolho negro e molho grosso de huckleberry. Mas, quem sabe, quando você chegar lá ele possa ter adicionado outra família de sabores. Essa avidez em tentar coisas novas é o que mantém sua cozinha renovada.

O menu de Grace não é extraordinariamente longo, mas é tão eclético que você terá problemas para escolher. Para a entrada há sopa ácida de tomate e pimenta piquillo coberta com queijo de cabra monte cristo, uma suave e saborosa sopa de castanha torrada e abóbora com pato em conserva e pistaches

O restaurante Grace, de Neal Fraser, serve a nova Cozinha Americana com foco Californiano.

Refeições Inesquecíveis

torrados. Ou a vibrante sopa de lagosta? Na capacitada cozinha de Neal Fraser, a fusão é um prospecto delicioso, mesmo que confuso.

ⓘ 7360 Beverly Blvd. (✆ **323/934-4400**; www.gracerestaurant.com).

✈ Internacional de Los Angeles (13 milhas/20 km).

🛏 $$$ **Península Beverly Hills**, 9882 S. Santa Mônica Blvd. (✆ **800/462-7899** ou 310/551-2888; www.peninsula.com). $ **Best Western Marina Pacific Hotel**, 1697 Pacific Ave., Venice (✆ **800/786-7789** ou 310/452-111; www.mphotel.com).

Estrelas Regionais Americanas

159
Restaurante Gary Danko
É tudo em detalhes
São Francisco, Califórnia

Localizado no final da linha do bonde de Hyde Street, o restaurante Gary Danko é uma ilha de elegância civilizada que parece um mundo separado do amontoado de armadilhas para turistas do Fisherman's Warf. Continua muito Californiano – não espere formalidades convencionais –, mas as refeições aqui realmente dão a impressão de uma ocasião especial, com serviço impecável, uma decoração serena de paredes amadeiradas com arte moderna iluminada e muito espaço entre as mesas guarnecidas em linho.

O proprietário-chef Gary Danko não está longe de ser um formador de opiniões – sua cozinha está firmemente enraizada nas técnicas clássicas francesas, filtradas através dos anos cozinhando e ensinando nos melhores restaurantes de São Francisco, interior de New England e Napa Valley. Uma coisa que essas estadas no interior deixaram para ele foi uma apreciação afiada pelos ingredientes sazonais locais, e Danko criou uma fazenda em Yountville para cultivar produtos orgânicos para seu restaurante. Sua estada em Napa, onde foi chef do restaurante Chateau Souverain nos vinhedos Beringer, também aguçou seu interesse por vinhos e, como resultado, seu restaurante tem uma das melhores cartas de vinho da cidade.

Danko assina seus pratos de lagosta vermelha, foie gras e lombo de carneiro o ano todo, mas ele varia os acompanhamentos a cada estação. Ele pode unir foie gras grelhado, por exemplo, com cebolas roxas e rubarbo na primavera, e com figos assados no início do outono. Purê de batatas, milho e cogumelos chanterelles vêm com lagosta assada no outono, enquanto na primavera ele usará cogumelos funghi e aspargos. Você precisa olhar outro prato que é marca registrada de Danko, um aperitivo de ostras vidradas amaciadas na manteiga com creme de alface, pérolas de abobrinha e caviar Osetra – para lembrar o quão profunda é a sua prática francesa incutida. A execução meticulosa torna sua cozinha refinada, mais do que uma simples imitação das regras francesas.

Você pode escolher entre os menus de preço fixo de três, quatro ou cinco pratos, mas dentro desses parâmetros está livre para selecionar e escolher. Se você quiser apenas uma mostra dos aperitivos ou uma seleção de pratos de carne, é só pedir. Seja lá o que você escolher, reserve espaço para as coisas boas no extraordinário carrinho com tampa de granito do serviço de queijos que os garçons levam até sua mesa no final da refeição. Seria uma vergonha recusar um dos melhores arranjos artesanais de queijos do país. Não pule também as sobremesas flambadas. Elas são outra especialidade de Danko. E é uma ocasião especial, afinal de contas.

160 Canlis

O Restaurante Gary Danko é um bastião de excelência no Fisherman's Warf.

(i) 800 North Point St., Fisherman's Warf
(✆ **415/749-2060**; www.garydanko.com)
✈ San Francisco International (14 milhas/23 km)

🛏 $$$ **Hotel Adagio**, 550 Geary St. (✆ **800/228-8830** ou 415/775-5000; www.thehoteladagion.com). $ **Hotel des Arts** 447 Bush St. (✆ **800/956-4322** ou 415/956-3232; www.sfhoteldesarts.com).

160 Estrelas Regionais Americanas

Canlis
Não se Mexe com o Sucesso
Seattle, Washington

É muito fácil esquecer o Canlis. Em uma cidade gastronômica como Seattle, com excelentes pequenos restaurantes brotando em todos os lugares, por que arriscar sentar-se para comer em um restaurante formal que está lá desde 1950?

A resposta é: você não fica no mesmo ramo há tanto tempo se não sabe o que está fazendo. E a família Canlis tem a fórmula do sucesso – uma sala de jantar maravilhosa, uma equipe de garçons soberbamente delicada, ingredientes locais de primeira e um talento para contratar e manter os melhores chefs. A maioria dos residentes de Seattle admite que o Canlis inventou a cozinha do Noroeste há muito tempo, quando deram ênfase aos frutos do mar, frutas, grãos, folhas verdes e carne de

Refeições Inesquecíveis

caça do estado de Washington. A terceira geração dos Canlis está agora na direção, aparando as arestas e resistindo à complacência pesada.

O atual chef executivo, Aaron Wright, está no Canlis desde 2000. Assim como seus precursores, ele continua a polir a tradição do Canlis. Há alguns itens do menu nos quais não se mexe, como os camarões Peter Canlis (cozidos em vermute seco, alho, molho mexicano de pimenta e lima), a cremosa sopa de frutos de mar (caranguejo Dungeness, camarões e mariscos de Manila), steak tartar, escargot na massa folhada, ostras cruas, filé mignon Wagyu, batata assada duas vezes e suflê à Grand Marnier. A revista Saveur chamou de marca registrada a salada do Canlis – alface crocante coberta com bacon e queijo Romano e um molho especial de limão, azeite e ovo cozido – "um dos 100 melhores pratos da América". Porém, Mark e Brian Canlis claramente deram a Wright liberdade total para incrementar os clássicos como pato em conserva e salada de ameixa com blue chesse Oregon e nozes glaceadas; dourado com crosta de gergelim; purê de manga temperado e cogumelo shitake defumado; lagosta australiana com gnocchi de cogumelos selvagens, gotas de manteiga yuzu e caldo de trufa na soja; ou batatas fritas claramente cortadas à mão com chuviscos de óleo de trufas. A opção do menu de cinco pratos é uma prerrogativa do chefe e tende a favorecer os pratos mais criativos de Wright, com os ingredientes mais sazonais nas posições mais destacadas.

Situado no afluente bairro Queen Anne, o Canlis tem a aparência do marco de 1950 que ele é, uma beleza modernista com vigas de cedro maciço, colunas de pedra áspera e lareira, uma grelha de cobre para o carvão no meio do salão, janelas em ângulos e uma parede alta de vidro aberta para a vegetação em torno (sem mencionar a deslumbrante vista da cidade da cobertura). O Canlis impressiona pelo equilíbrio entre uma aura de cabana aconchegante e a elegância de um jantar fino – que depois de 50 anos esse equilíbrio é tranquilamente garantido.

ⓘ 2576 Aurora Ave. N (☏ **206/283-3313**; www.canlis.com)
✈ Seattle Tacoma International (14 miles/23 km).
🛏 $$$ **Inn at the Market**, 86 Pine St. (☏ **800/446-4484** ou 206/443-3600; www.innatthemarket.com). $$ **Bacon Mansion Bed & Breakfast**, 959 Broadway E (☏ **800/240-1864** ou 206/329-1864; www.baconmansion.com).

Estrelas Regionais Americanas 161

Merriman's
O Golpe Havaiano
Waimea, Havaí

Na verdade, não há muito mais em Waimea além do Merriman's. Jogado no meio da Grande Ilha, no seio do que costumava ser o campo de gado, esse chalé de teto de zinco de linhas baixas não parece ser o ponto crucial da culinária Havaiana. Mas deve haver algum motivo para que todo camareiro ou camareira de resorts de luxo nas costas de Kohala e Kona mantenham um conjunto de orientações para se chegar a Waimea, na recepção.

Desde que Peter Merriman e sua mulher Vicki inauguraram o seu restaurante no interior da ilha, em 1988, ele tem sido um ponto central para a cozinha Regional Havaiana. Depois de se mudar para o Havaí, em

⓰ Merriman's

1983, para cozinhar no estelar Hotel Mauna Lani Bay, Merriman rapidamente descobriu que os ingredientes criativos eram o caminho para infundir seus pratos com o espírito dessa ilha paradisíaca, e fazê-los menos dependentes de alimentos importados. Os frutos do mar sempre foram uma característica importante da cozinha de resorts havaianos, mas Merriman também investiu na história dos ranchos de gado da Grande Ilha, para fazer uso dos carneiros, carne bovina, e até porco da produção local – um produto básico da alimentação havaiana, que com frequência, é desprezado pelos restaurantes de resorts. Com o florescer do Merriman's, ele se comprometeu com os fazendeiros locais para plantarem outras variedades de frutas e verduras que ele queria (você não pode colocar coco, abacaxi, e café em todos os pratos, afinal). Esse apoio dos fazendeiros locais foi um fator importante no sucesso do Merriman's, bem no topo, com sua cozinha brilhante e o serviço sempre impecável no pequeno salão de refeições, mas acolhedor e sempre lotado.

O menu do almoço cobre toda a gama desde as costelinhas chinesas (uma especialidade de Merriman, honrando a herança dos imigrantes asiáticos da ilha) até o sanduíche de queijo de cabra e beringela. O jantar é um pouco mais de alto estilo: escolha desde o ahi (atum) chamuscado no wok, o mahimahi (significa muito forte) com sabor de vinagre, o camarão kung pao, o carneiro vindo do Kahua Ranch próximo dali, filé mignon de pasto com geleia de cebola de Maui, milho Pahoa e camarões fritos, quesadillas de porco Kalua, ou as famosas travessas de frutos do mar e carnes. Um tomate heirloom com salada de beterraba, enfeitado com aspargos, nozes macadamia, e queijo de cabra exemplifica como Merriman tem expandido o seu repertório da produção local. O espinafre de Waimea, o milho verde local, os feijões verdes de Nakano – nada disso vem de lugares que fiquem a mais de meia-hora de distância, e Merriman nunca exagera nos preparos, o que permite que os sabores nativos se destaquem.

Peter Merriman definiu a cozinha regional do Havaí no restaurante que leva seu nome em Waimea

Recentemente, Merriman expandiu seus negócios para o Kapalua Resort em Maui (1 Bay Dr., Lahaina.; ⓒ 808/669-6400), que é uma boa notícia para os viajantes que não podem visitar toda a ilha durante suas férias havaianas. Ainda assim, o aconchego da chácara no meio da ilha é a melhor parte dessa atração. Já que está em uma ilha paradisíaca, você não deveria se sentir como se estivesse aproveitando ao máximo a sua generosidade?

ⓘ 65-1227 Opelo Rd. (Hwy. 19; ⓒ **808/885-6822**; www.merrimanshawaii.com).
✈ Kona (40 milhas/64 km).
🛏 $$$ **The Fairmont Orchid**,1 N. Kaniku Dr. (ⓒ **800/845-9905** ou 808/885-2000; www.fairmont.com/orchid). $$ **Areca Palms Estate Bed & Breakfast**, na saída da Autoestrada 11, South Kona (ⓒ **800-545-4390** ou 808/323-2276; www.konabedandbreakfast.com.

149

162

Spoon
Ducasse Globalizado
Paris, França

Alain Ducasse é o maior chef do mundo – basta perguntar que ele mesmo lhe dirá. Após impressionar o mundo com seus restaurantes super exclusivos em Paris (o **Plaza Athénée Restaurant**, 25 av. de Montaigne; ℂ **33/1/53-67-65-00**), Mônaco (o Louis XV, place du Casino; ℂ **377/98-06-88-64**), e Nova Iorque (**Adour Alain Ducasse**, 2 E. 55th St.; ℂ **212/710-2277**), quais mundos ainda falta esse enfant terrible conquistar?

Com astúcia, Ducasse percebeu que voltar ao básico poderia ser a resposta, ao menos no que diz respeito a conquistar um novo nicho de mercado. Ao escolher o mais simples dos utensílios – a colher – como símbolo, ele lançou esta casa como alternativa moderna em Paris em 1998; as Ilhas Maurício, St. Tropez e Hong Kong foram as seguintes. Embora ainda luxuoso (e você pode ter que fazer reserva com semanas de antecedência), é muito mais acessível que os outros restaurantes de Ducasse, menos pretensioso e, definitivamente, mais descolado. Aqui, Ducasse pôde descartar o clássico modelo francês e tornar-se global, apresentando a cozinha de um país diferente a cada estação do ano.

Naturalmente, quando se é Alain Ducasse, até mesmo voltar ao básico se traduz em um pouco de loucura. Os cozinheiros do restaurante usam antigos pilões para esmagar os condimentos utilizados nos molhos; as massas são cozidas em panelas Alessi especialmente desenhadas para trazer de volta as antigas tradições italianas. Enquanto o foco na rotatividade global mantém o menu em constante mudança, pratos de assinatura primordiais incluem um ceviche cítrico de sargo, o atum na frigideira em molho satay, lagosta assada no grill, coelho sauté, vegetais refogados em wok, a sobremesa *mille-feuille* de maçã caramelizada, ou (o eterno favorito) sorvete de chiclete. Saladas mistas tendo por base vegetais frescos da Ile de France são outra inovação que deve agradar aos vegetarianos.

A sala de refeições do Spoon tem aparência mais clean e moderna que as outras casas estreladas de Ducasse, com um ar de bistro-parisiense-encontra-café-Californiano. As mesas são próximas umas das outras e na sala ouve-se o burburinho da modernidade em vez do silêncio respeitoso. Há muitos lugares mais baratos para se comer em Paris, mas eles não têm a assinatura do "maior chef do mundo". Uma coisa se pode dizer sobre Alain Ducasse: Ele cumpre o que promete.

ⓘ 14 rue Marignan, 8e (ℂ **33/1/40-76-34-44**; www.spoon.tm.fr; www.alain-ducasse.com/public/index.htm).

✈ De Gaulle (23km/14 milhas); Orly (14km/$8^{2}/_{3}$ milhas).

🛏 $$ **La Tour Notre Dame**, 20 rue du Sommerard, 5e (ℂ **33/1/43-54-47-60**; www.latour-notre-dame.com). $ **Hotel de la Place des Vosges**, 12 rue de Birague, 4e (ℂ **33/1/42-72-60-46**; www.hotelplacedesvosges.com).

Onde os Chefs Famosos Ficam Descontraídos

163

L'Atelier de Joël Robuchon
De Volta à Cena
Paris, França

Joël Robuchon disse que ia parar — depois de ser aclamado como o maior chef da França (o guia Gault-Millau até o chamou de "chef do século" em 1989). Ele surpreendeu o mundo da culinária em 1996 ao anunciar que estava pendurando o seu chapéu de cozinheiro e suas facas para sempre. Mas uma vez chef sempre chef, e finalmente em 2003 Robuchon voltou à cena, apesar de em um tipo de lugar totalmente diferente.

No suntuoso 7eme arrondissement, o L'Atelier de Joël Robuchon é como uma mesa de chef reforçada: 36 assentos ficam empoleirados em um balcão do tipo bar que rodeia uma cozinha aberta. Dizer que isto seja mais descontraído do que os restaurantes de alto estilo em que Robuchon fez seu nome não é dizer que seja barato ou relaxado. Em vez do brilho rococó, há uma aparência contemporânea angular com madeiras envernizadas, couro vermelho, paredes cinza, aço inox, e conjuntos de luzes embutidas. Os pratos vêm em pequenas porções do tipo das tapas, mas ainda mostram um alto grau de inovação e finesse. Pode-se iniciar com um foie gras en torchon ou um confit de berinjela em massa de mille-feuille, ou os bocados de carneiro, pombo, ou leitão; há até um pé de porco em uma tartine de parmesão. Entre os pratos principais sublimes está a codorna caramelizada coberta com um molho perfumado de cebolinha; lagostins macios na manteiga envoltos em massa; maminha com batatas fritas; ou os tournedos de carne bovina com pimenta do reino de Malabar. O pato vem assado, na panela, e temperado com especiarias como o gengibre, a noz-moscada e a canela — e, claro, Robuchon ainda faz o purê de batata mais divino do planeta. As sobremesas incluem coisas deliciosas como um soufflé de Chartreuse, mousse de café salpicada com brownie esmigalhado, e a "Sensation" de chocolate. As reservas são aceitas para três rodadas por dia, nos horários nada franceses das 11:30h da manhã, 14:00h, e 18:30h.

Uma vez que voltou à cena, Robuchon acabou fazendo um franchising do conceito L'Atelier para o mundo todo — Hong Kong, Las Vegas, Londres, Nova Iorque, Tóquio – assim como os restaurantes finos em Mônaco e Macao. No momento, seus restaurantes podem reivindicar uma coleção de 17 estrelas do Michelin, tornando o seu império de restaurantes, o mais honrado com premiações Michelin do mundo. Ele é como um rolo compressor da culinária que não pode ser detido. Mas, com uma comida boa assim, quem é que gostaria de detê-lo?

ⓘ 5-7 rue de Montalembert, 7e ⓒ **33/1/42-22-56-56**; www.joel-robuchon.com).

✈ De Gaulle (23km/14 milhas); Orly (14km/82/3 milhas).

🛏 $$$ **Hôtel Luxembourg Parc**, 42 rue de Vaugirard, 6e ⓒ **33/1/53-10-36-50**; www.luxembourg-paris-hotel.com). $$ **Hôtel Saintonge**, 16 rue Saintonge, 3e ⓒ **33/1/42-77-91-13**; www.saintongemarais.com).

Refeições Inesquecíveis

7 Lugares Para se Comer em... São Paulo, Brasil

A cultura carioca do Rio de Janeiro é ótima para a música, o bar em bar, e a praia, mas quando os gourmets brasileiros querem desfrutar, para onde eles vão? Para São Paulo. Nessa metrópole afluente, em expansão, multicultural, jantar fora é uma programação religiosa. Os paulistanos respeitam profundamente todos os rituais de ir a um restaurante – é normal que se arrumem para jantar, que a refeição comece tarde (10h da noite ainda pode ser cedo), e a espera por uma mesa (a maior parte dos melhores lugares de São Paulo não aceita reservas).

Navegar no crescimento urbano desordenado de São Paulo pode ser confuso, e o trânsito é horrível, portanto organize o seu tempo aqui por bairros. No meio dos arranha-céus da Avenida Paulista, o refinado e polido ❹ Antiquarius (Alameda Lorena, 1884; ✆ 55/11/30823015; www.antiquarius.com.br) ganha elogios constantes por sua cozinha clássica portuguesa, incluindo pratos raramente servidos fora de Portugal – como a cataplana de peixes e frutos do mar, um rico ensopado de frutos do mar com bacon e linguiça, servido em uma panela de barro tradicional com tampa; ou a acorda, uma caçarola de barro de caranguejo, camarão e mexilhão – junto com um imperdível bacalhau. Muitos dos melhores restaurantes finos da cidade são italianos; um que se destaca é o ❺ Massimo (Alameda Santos 1826; ✆ 55/11/3284-0311), com um menu que é praticamente uma aula de geografia em cozinhas regionais italianas: o menu sempre é mudado e pode incluir o carneiro assado com vegetais, tomate em molho de vinho branco; o filé de truta servido com óleo de oliva e manjericão, ou o leitão magro com batatas assadas; tudo com vinhos que se harmonizam.

O cassoulet no Figueira Rubaiyat.

É difícil não se apaixonar pelo verde luxuriante dos bairros no sudeste da cidade, conhecidos no todo como jardins, onde você vai encontrar o conjunto dos restaurantes mais estupendos: ❻ Figueira Rubaiyat (Rua Haddock Lobo 1738, ✆ 55/11/3063-3888; www.rubaiyat.com.br), uma beleza construída com teto de vidro em volta de um tronco enroscado de uma antiga figueira magnífica. É o lugar perfeito para se apreciar a paixão brasileira pela carne. A maior parte da carne bovina, do frango, e outras carnes servidas aqui vêm da própria fazenda do dono, portanto, a qualidade é sempre de primeira. (Uma solução mais barata e descontraída, o Baby Beef Rubaiyat, está a algumas quadras dali, na Av. Brigadeiro Faria Lima 2954). Para sentir simplesmente o poder das estrelas, visite o ❼ D.O.M. (R. Barão de Capanema 549; ✆ 55/113088 0761; www.domrestaurante.com.br) do célebre chef Alex Atala, um espaço impecável de pé direito alto, ventilado com o agito da gastronomia. Menus de quatro ou oito pratos mostram a técnica clássica francesa de Atala, aplicada de maneira criativa aos ingredientes brasileiros, como o feijão preto, o bacalhau, as sardinhas, a mandioca, e o palmito. Atala não acompanha o passo da linha locavore, porém – é bem provável que ele apareça com manjares importados como o foie gras e as trufas, quando o prato pede. Esse é um dos poucos restaurantes de São Paulo que realmente aceita reservas; você precisará fazer uma com, pelo menos, uma semana de antecedência.

7 Lugares Para se Comer em . . . São Paulo, Brasil

A oeste do centro, no frondoso bairro de Higienópolis, você encontrará o bistrô casual, porém chique de tijolos lavados Carlota (Rua Sergipe 753; © **55/11/3663-8670**; www.carlota.com.br). A chef proprietária Carla Pernambuco mistura os sabores de sua própria herança italiana, o estilo culinário de sua formação em Manhatan e os ingredientes frescos brasileiros. Os pratos típicos incluem o bacalhau e os cogumelos shiitake com o molho de curry indiano, um pato magret com molho de jaboticaba e purê de mandioca, ou um ravioloni recheado com camarão e aspargos.

No velho centro da cidade, pare no Mercado Municipal (Rua da Cantareira 306), um mercado antigo, de 1930, com claraboias e janelas com vitrais; ele se agita com o comércio de carne, peixe e produção agrícola todos os dias, exceto no domingo, das 5h da manhã às 4h da tarde. Fique na fila para o Bar do Mané, uma banca para experimentar a comida de rua típica de São Paulo, o super-recheado sanduíche de mortadela, uma festa desajeitada para comer com as duas mãos de carne defumada e queijo derretido desalinhado e alface picada, que não é nada saudável e, felizmente, é gostoso de morrer. Coma bastante, porque você vai ter muito que esperar essa noite por uma mesa no Família Mancini (Rua Avanhandava 81; © **55/11/3256-4320**), um adorado restaurante italiano de toalhas xadrez na mesa com um enorme menu de massas – que não só oferece qualquer tipo de massa que se possa imaginar, também poderá escolher qualquer um dos 30 molhos diferentes para colocar por cima.

✈ Internacional de Guarulhos (São Paulo; 27 km/16 milhas).

🛏 $$ **Quality Jardins**, Alameda Campinas 540 (© **0800/555-855** ou 55/11/3147-0400; www.atlanticahotels.com.br). $$ **Tryp Higienópolis**, Rua Maranhão 371 (© **55/11/3665-8200**; www.solmelia.com).

A sala de jantar na Figueira Rubaiyat é construída em torno do tronco de uma velha figueira.

Refeições Inesquecíveis

Onde os Chefs Famosos Ficam Descontraídos — 171

As Brasseries de Paul Bocuse
Não há Lugar Como a Minha Casa
Lyon, França

A realidade da indústria gastronômica é que é muito difícil ficar rico com um restaurante de três estrelas, mesmo que você esteja no escalão mais alto dos chefs. Não se questiona que **Paul Bocuse** está nesse escalão mais alto e que os turistas gastronômicos estão dispostos a fazer uma viagem especial até Lyon para uma visita ao seu principal restaurante, o Paul Bocuse (40 rue de La Plage; Collonges au Mont D'Or; ✆ **33/4/72-42-90-90**; www.bocuse.fr), reconhecido como o bastião da elegante cozinha francesa. Mas mesmo com preços que um gênio da culinária como Bocuse pode dominar, a margem de lucros em uma cozinha onde se tem tanto trabalho, pode ser surpreendentemente curta.

Talvez tenha sido a nostalgia que primeiro inspirou Bocuse, em 1994, a comprar a **Brasserie Le Nord** (18 Rue Neuve; ✆ **33/4/72-10-69-69**), o restaurante local próximo da prefeitura onde ele começou a trabalhar quando era um adolescente. Com seus pisos de terraço salpicados e suas cabines de couro vermelho, é um exemplo de cozinha bourgeois – sopa de cebola, escargot, linguiça no brioche, terrina de foie gras, linguado meunière, frango de Bresse ao molho branco, rins de vitela ao molho de mostarda, tête de veau, dobradinha – e Bocuse teve bom senso suficiente para preservá-lo do jeito que era. Mas uma vez que decolou, ele começou a vê-lo como a oportunidade de negócio que procurava. Em seguida, veio a **Brasserie Le Sud** (place Antonin Poncet; ✆ **33/4/72-77-80-00**), um café ensolarado bem ao lado do porto no Rio Reno, onde ele pintou as paredes de amarelo e voltou o menu mais para a Provença e o Marrocos, acrescentando a salada niçoise, pizza, osso buco, costeletas de cordeiro polvilhadas com tomilho, tahine, e couscous. Em 1997, ele converteu uma adorável estação de trem Art Deco com acabamento em cromo e madeira na **Brasserie de l'Est** (14 place Jules-Ferry; ✆ **33/4/37-24-25-26**), onde há um pouco mais de frutos do mar no menu. Naturalmente, ele teve que girar o compasso, em 2003, com o **La Brasserie de l'Ouest** (1 Quai du Commerce; ✆ **33/4/37-64-66-64**), um café esperto, do tipo estufa, em um moderno complexo de escritórios, em que o menu inclui alguns extras exóticos como os bolinhos de bacalhau em estilo caribenho, o sashimi de atum com tartar de wasabe de salmão com pimenta Szechuan, e espetos de camarões com curry de Madras. Tendo exaurido todos os pontos do compasso, Bocuse ainda tinha mais uma brasserie a explorar – a **Brasserie Argenson** ao lado do estádio de futebol Gerland Olympic (40 aliée Pierre de Coubertin; ✆ **33/4/72-73-72-73**).

Com menus de dois ou três pratos com preços entre 20 € e 25 €, os bistrôs de Bocuse mantêm seus lugares alegres e dão aos visitantes mais opções para jantar em Lyon. Que outros chefs famosos copiem a ideia em cidades longínquas – Bocuse encontrou uma maneira de ficar perto de casa e ainda assim ser um magnata dos restaurantes.

✈ Lyon (3,8 km/2 ½ milhas).

🛏 $$ **Grande Hotel-Boscolo Hotels**, rue Groleé 11, Lyon (✆ **33/4/72-40-45-45**; www.boscolohotels.com). $$ **Campanile Lyon Centre Forum Part-Dieu**, 31 rue Maurice Flandin, Lyon (✆ **33/4/72-36-31-00**; www.campanile.com).

172 Lupa

Onde os Chefs Famosos Ficam Descontraídos

Lupa
Básico Batali
Nova Iorque, Nova Iorque

Não há nada que seja rebuscado a respeito de Mario Batali ou de sua culinária inspirada na casa de fazenda italiana. Mesmo as suas bandeiras com estrela Michelin, o **Babbo** (110 Waverly Place; ℂ **212/777-0303**; www.babbonyc.com) e o Del Posto (85 Tenth Ave.; ℂ **212/497-8090**) são lugares agradáveis, aconchegantes, apesar dos preços decididamente no nível de Manhatan. E exceto pela sua trattoria de frutos do mar **Esca** (402 W 43rd St.; ℂ **212/564-7272**), a maioria dos restaurantes do seu império em Nova Iorque estão espalhados na área do Greenwich Village, onde o ambiente tende a ser descontraído e num clima relaxado.

Ainda assim, sempre que você vir um Batali de cabelo vermelho em shows de TV ou em entrevistas de revistas – e parece que você sempre o vê na TV ou nas revistas – a comida que ele está elogiando é uma comida simples e substanciosa da trattoria italiana. Então se não conseguir uma reserva no Babbo (e com frequência você não consegue) e não se importar de pagar $ 300 por um menu de degustação com harmonização de vinhos, você ainda pode chegar perto do corpo e alma de Batali, no Lupa, no coração do Greenwich Village, entre as ruas Bleecker e Houston. Com seu teto baixo, suas mesas de madeira crua, suas luzes de globos brancos, e arcos de tijolo sobre as prateleiras de vinho, esse restaurante alegre, e às vezes, até barulhento, tem a capacidade de captar a aparência de uma trattoria de Roma de antigamente. O menu não fica atrás, com aperitivos como o baccala, ou o atum com feijão Cavallo, e outros pratos como a dobradinha, o gnocchi de ricotta com linguiça e funcho, ou o bucatini all' amatriciana; entradas como a saltimboca, a paleta de porco com treviso e aceto, ou o pollo alla diavola. Clientes regulares desenvolvem seus preferidos especiais entre os especiais do dia, como a linguiça de coelho das segundas-feiras ou a bracciola all cacciatora do domingo. E não deveria surpreender que as carnes sejam particularmente suculentas, já que o pai de Batali, Armandino, administra o Salumi, uma das melhores salumerias do país, em Seattle (veja o ㉚).

Para o que é suposto ser um boteco de perfil simples, o Lupa pode ser um lugar muito complicado para se entrar num final de semana a noite, mas com uma comida assim robusta e que satisfaz, isto seria provavelmente inevitável. Tente a hora do almoço, porém, e você não deverá ter problemas. O mesmo acontece com o restaurante rústico de pizzas do Mário, o **OTTO Enoteca Pizzeria** (1 Fifth Ave.; ℂ **212/995-9559**; www.ottopizzeria.com), um pouco mais ao norte no Village. Apesar do rótulo de pizzeria, ele tem muitas

O bar do Babbo, o restaurante com bandeira de estrela Michelin de Mario Batali.

Refeições Inesquecíveis

outras coisas no menu – massas, antepastos, saladas, uma grande seleção de queijos – e o salame também é soberbo aqui. Com todo o seu trânsito no Jet-set, Mario aparece com frequência tanto no Lupa como no OTTO para se certificar de que todos estão felizes. Só procure o rabo de cavalo vermelho.

ⓘ 170 Thompson St. (✆ **212/982-5089**).

✈ Internacional John F. Kennedy (24km/16 milhas); Internacional Newark Liberty (27km/16 milhas); LaGuardia (13km/8 milhas).

🛏 $$$ **Carlton Hotel on Madison Avenue**, 88 Madison Ave. (✆ **212/532-4100**; www.carltonhotelny.com). $$ **Washington Square Hotel**, 103 Waverly Place (✆ **800/222-0418** ou 212/777-9515; www.washingtonsquarehotel.com).

Onde os Chefs Famosos Ficam Descontraídos 173

DB Bistro Moderne
Onde Boulud Fica Maluco
Nova Iorque, Nova Iorque

Não há como questionar que Daniel Boulud é um dos chefs franceses mais admirados do mundo, apesar de ter atingido sua fama culinária em Nova Iorque. Mas digamos, só para causar polêmica, que você não queira jantar em seu extraordinário palácio da haute cuisine, o **Restaurant Daniel** (60 E. 65th St.; ✆ 212/288-0033), na parte mais exclusiva do Upper East Side de Manhattan. Se o empecilho for só o preço ($100 – mais por um preço fixo de três pratos), você poderia ir até a parte alta da cidade para o café mais descontraído que pertence à mesma família, o **Café Boulud** (20 E. 76th St.; ✆ **212/7772-2600**). Mas e se você simplesmente não gosta da cozinha francesa?

Acontece que Daniel Boulud entende a sua posição – ele não tem vivido em Nova Iorque por mais de 25 anos sem captar para si alguns dos gostos americanos. Foi por isto que ele abriu o DB Bistro Moderne, seu prolongamento nova-iorquino dos bistrôs parisienses contemporâneos que começaram a abrir na mesma época. Situado no nervo central do meio da cidade, só a alguns passos do Hotel Algonquin, ele é um estupendo espaço sofisticado com paredes de um vermelho profundo, piso de pedras formando desenhos, e enormes quadros a óleo fascinantes. Barato ele não é, e ainda há muitos itens franceses no menu – clássicos da velha escola de bistrôs como o foie gras torchon, a tarte tatin de tomate, o hanger steak (fraldinha grelhada com ervas, disposta em cama de cebola sauté) e o coq au vin. Mas também há uma sensibilidade de saltos globais que funciona aqui – o escargot e o fricassee de frango com ostra vêm como um spaetzle de avelã, a massa de orrechette com ou ragu de carneiro do Colorado, a blanquette de veau com arroz basmati e um velouté de Riesling. Pulando para o norte da África, também há o tartar de atum do Marrocos e um couscous completamente tradicional de carneiro. Totalmente Famíliarizado agora com os ingredientes locais americanos, Boulud salpicou o menu com pratos americanos modernos como o caranguejo peekytoe com salada frisée e maçã-verde, enquanto que o bife de carne maturada ainda é um item clássico da churrascaria americana, com creme de espinafre e tudo; o peito de frango com alface purê de batata e cenoura baby é algo bem distante do frango assado da brasserie em geral.

O que nos lembra do prato mais famoso do menu do DB – o hambúrguer gourmet fora de série, um prato especial de contrafilé moído recheado com foie gras, trufas negras em conserva, e costelinha assada, servido com rodelas de cebola com parmesão. É o hambúrguer mais caro da cidade, possivelmente do mundo, e enquanto alguns convivas riem dele como sendo pretencioso e extravagante, outros são loucos por seu gosto maravilhoso.

que dizer a respeito de Daniel Boulud? A cozinha dele nunca é sem graça.

🛏 $$$ **Carlton Hotel on Madison Avenue**, 88 Madison Ave. (📞 **212/532-4100**; www.carltonhotelny.com). $$ **Washington Square Hotel**, 103 Waverly Place (📞 **800/222-0418** ou 212/777-9515; www.washingtonsquarehotel.com).

ℹ️ 55 W. 44th St. (📞 **212/391-2400**; www.danielnuc.com).
✈ Internacional John F. Kennedy (24km/15 milhas); Internacional Newark Liberty (27km/16 milhas); LaGuardia (13km/8 milhas).

174 — Onde os Chefs Famosos Ficam Descontraídos

Le Bar Lyonnais
Um Par de Perriers
Philadelphia, Pennsylvania

Em 1970, quando George Perrier inaugurou o Le Bec Fin na Philadelphia, a sua culinária clássica francesa ainda era considerada como um luxo exótico importado. Numa época quando Julia Child tinha apenas despertado a curiosidade da América a respeito da cuisine francesa, ninguém fez isto melhor do que o George – e ninguém na Philadelphia chegou perto se quer. As modas da culinária podem ir e vir, mas a assinatura do Le Bec Fin no Galette de Crabbe e nas Quenelles de Brochet foram pratos que todo gourmet de respeito teria que provar pelo menos uma vez.

Depois de 25 anos no topo da cena gastronômica de Philadelphia, porém, George Perrier foi perspicaz o suficiente para ver que chegou a hora para usar um novo método. Enquanto o seu restaurante "sério", o **Le Bec-Fin**, continuava a deslizar suavemente, Perrier começou a estender a sua marca com vários empreendimentos mais descontraídos – a Brasserie Perrier na mesma rua, mas abaixo (agora fechada); o bistrô **George's**, no bairro Main Line de Wayne (503 W. Lancaster Ave.; 📞 610/964-2588; www.georgesonthemainline.com); a poderosa churrascaria **Table 31** no Comcast Center (1701 JFK Blvd.; 📞 215/567-7111; www.table31.com); e, em Atlantic City, o **Mia** (Caesar's Palace, 2100 Pacific Ave.; 📞 609/441-2345; www.miaac.com).

Com bem menos estardalhaço, porém o quinto empreendimento descontraído de Perrier – servindo pratos do estilo brasserie no bar abaixo das salas de refeição rococó refinadas do Le Bec Fin – está o **Le Bar Lyonnais** que evoca os restaurantes tradicionais de hotel da terra natal de Perrier em Lyon, na França. De estilo antigo nos papéis de parede, carpetes e lambri de madeira com decapê é servindo almoço às sextas e sábados, e no jantar de segunda a sábado, ele oferece comida clássica de brasserie, preferências consistentes como — a sopa de cebola francesa, os escargots, a salada Lyonnais, o steak tartar, o foie gras sauté, o cassoulet, o confit de pato, a perna de carneiro, e o steak frite. O Bar Lyonnais também serve hambúrgueres, ou pelo menos a versão de estilo de Perrier para o hambúrguer: filé mignon grelhada com purê de cebolas caramelizadas por cima e confiture de tomatinhos em um brioche. O próprio Perrier, que entregou a cozinha do dia a dia do Le Bec Fin para o chef principal Pierre Camels, fica ali a maior parte do tempo hoje em dia. Dê uma passada para lá e você vai entender o porque.

ℹ️ 1523 Walnut St.; 📞 **215/567-1000**; www.lebecfin.com.
✈ Internacional Philadelphia (19km/12 milhas).
🛏 $$$ **Rittenhouse 1715**, 1715 Rittenhouse Sq. (📞 **877/791-6500** ou 215/546-6500; www.rittenhouse1715.com). $$ **Penn's View Hotel**, 14 N. Front St. (📞 **800/331-7634** ou 215/922-7600; www.pennsviewhotel.com).

Refeições Inesquecíveis

Onde os Chefs Famosos Ficam Descontraídos

175

Central Michel Richard
Feliz em Duas Cozinhas
Washington, D.C.

Há quatro anos, enquanto os seus amigos franceses em outras cidades estavam expandindo seus impérios, Michel Richard ficou cabisbaixo, atentamente concentrado em cozinhar em seu restaurante que carrega a sua bandeira, o supremo **Citronelle**, no bairro elegante de Georgetown (3000 M St, Nw; © **202/625-2150**; www.citronelledc.com). O Citronelle continuou a ter um desempenho de alto nível, produzindo uma comida francesa tão leve e criativa, que alguns convivas começaram a sentir que talvez o Richard estivesse certo – que eles deveriam levar a sério o título de seu livro Happy in the Kitchen e deixar o homem em paz.

Porém apesar de Michel Richard ser verdadeiramente francês – nascido na Bretanha, fez estágio em Paris com Gaston Lenôtre – mas depois que veio para os Estados Unidos pela primeira vez em 1975, ele ficou tão apaixonado pela cozinha americana que nunca mais voltou para a França. É por isto que faz sentido que em 2007 ele finalmente tenha voltado sua atenção para a comida americana ao abrir o Central Michel Richard. Esta brasserie tem um menu cheio de clássicos americanos, com um giro estiloso pela França. O hambúrguer de lagosta vem em camadas de mousse de viera, o macarrão com queijo tem um molho com creme azedo e Gruyère ácido, o frango frito é feito com farinha de rosca em vez de ser empanado. Para manter sua concorrência com os produtos caseiros, Richard introduz clássicos franceses como a maminha (hanger steak), a sopa de cebola, a charcuteria, as vieiras com vinho branco e alho, o cassoulet, e as batatas-fritas tão definitivas, ninguém em Washinton as chamaria de "freedom fries". Uma salada frisée aparece no menu ao lado de uma salada americana retro, de alface americana e blue cheese, bochecha de carne de boi grelhada ao lado de um bife de contra filé, creme brûlée ao lado da torta de maçã americana de panela.

A finalidade de Richard ao inaugurar o Central não foi só de experimentar receitas diferentes, ele também queria atrair um público mais jovem – os assistentes dos congressistas em vez dos próprios congressistas. Ao invés da localização em Georgetown, ele escolheu o District, entre a Casa Branca e o Capitólio, onde há muitos almoços e happy hour de negócios. O ambiente aqui é muito mais animado do que no Citronelle, com uma grande área de bar (ele até tem uma televisão) e uma cozinha aberta, o vinho é guardado em suportes abertos que são por si só um elemento de design, e você também pode ver a câmera frigorífica no canto. A decoração é contemporânea e angular, com tetos altos, cores quentes douradas, madeiras claras enceradas, balcões de mármore beige, e lajotas beiges. Talvez o detalhe que chama mais a atenção de todos seja o grande retrato do próprio Michel Richard em silkscreen em tons avermelhados, seu rosto redondo barbado dando um sorriso paternal para toda a sala de refeições. Ele ainda está feliz na cozinha – e ele quer que você fique feliz também.

ⓘ 1001 Pennsylvania Ave. (© **202/626-0015**; www.centralmichelrichard.com).

✈ Nacional Reagan (3 milhas/5km) Internacional Dull es (26 milhas/41km) Internacional de Baltimore Washington (35 milhas/56km).

🛏 $$ **Four Points by Sheraton**, 1201 K St. NW (© **202/2989-7600**; www.fourpoints.com/washintondcdowntown). $$ **Georgetown Suítes**, 1111 30th St. NW (© **202/298-1600**; www.georgetownsuites.com).

176 Lüke

Onde os Chefs Famosos Ficam Descontraídos

Lüke
O Abrigo Contra a Chuva
Nova Orleans, Louisiana

O furacão Katrina fez de John Besh um herói local. Nos primeiros dias depois do desastre, ele podia ser visto dia após dia, valentemente alimentando montanhas de trabalhadores com tonéis de arroz e feijão que ele instalava no estacionamento do Wal-Mart. Os seus próprios restaurantes ficaram a salvo da enchente, então ele se dedicou, durante os meses seguintes, a ajudar o resto da comunidade dos trabalhadores em restaurantes e seus fornecedores locais a se levantarem.

Besh se transformou de várias maneiras pela experiência. Quando o seu renomado **Restaurant August** (301 Tchoupitoulas St.; ✆ **504/299-9777**; www.restaurantaugust.com) reabriu – um dos primeiros restaurantes de New Orleans a se levantar da enchente – ele orgulhosamente acrescentou o feijão com arroz ao seu elegante menu francês. Ele também resgatou o restaurante provençal de seu mentor do outro lado do Lago Pontchartrain, o **La Provença** (25020 Hwy. 190, Lacombe; ✆ **985/626-7662**). (Ele também dirige o **Besh Steak** no Casino Harrah; ✆ **504/533-6111**). Mas tendo trabalhado em uma cozinha elegante espalhafatosa por um tempo, o coração de Besh, hoje em dia, está na brasserie aconchegante que ele inaugurou em 2006 no bairro Central Business.

Com seu acabamento de madeira escura, seu teto de metal prensado, ventiladores de teto, suportes de jornal, quadros-negros com especialidades, e cones de papel de batatas fritas crocantes, Lüke tem todo o sabor autêntico dos lugares provençais da Alemanha e França onde Besh fez estágio antes de se graduar no Culinary Institute of America.

O Besh pesquisa profundamente a cozinha burguesa Europeia com exibições perfeitas de clássicos da brasserie como cassoulet de pato e feijão branco, leitãozinho assado com mostarda e verduras cozidas no vapor, escalopinho de vitela com spatzle, frango assado com ervas com purê de batatas, o Flamen küche (uma torta da Alsacia com bacon por cima e cebolas carameladas), ou o chucrute da casa, que vem acompanhado de bacon e joelho de porco. Mas este não é um restaurante temático alemão: o Lüke também serve um cheese burger suculento com cebolas carameladas e bacon cortado grosso, um gumbo de frutos do mar que satisfaz, e um mingau de camarão grosso. Mas também há o bar de crus, apoiando os catadores de caranguejo e os criadores de ostra que Besh conheceu tão bem naqueles dias depois do Katrina.

Naturalmente, a seleção de cervejas importadas é memorável, mas o Lüke também tem as suas próprias ales, que são fermentadas na casa, servidas direto da torneira. Reserve um espaço para o creme de chocolate quente recheado com pequenos profiteroles.

ℹ️ 333 St. Charles Ave. (✆ **504/378-2840**; www.lukeneworleans.com).

✈️ Internacional Louis Armstrong New Orleans (15 milhas/24km)

🛏️ **Omni Royal Orleans**, 621 St. Louis St. (✆ **800/THE-OMNI** [800/843-6664] ou 504/529-5333; www.ominroyalorleans.com). **Hotel Monteleone**, 214 Rue Royale (✆ **800/535-9595** ou 504/529-3341; www.hotelmonteleone.com).

Refeições Inesquecíveis

Direto da Fazenda 177

Chez Panisse
Alice no País das Maravilhas
Berkeley, Califórnia

Tudo começou com Alice. A palavra "locavore" ainda não tinha sido cunhada quando a professora Montessoriana inconformada, Alice Waters, e o professor de literatura francesa Paul Aratow, inauguraram este restaurante despretencioso na Berkely da contracultura de 1971. Tendo acabado de retornar de um ano de formação viajando pela França, Waters estava plena da paixão pelos pães honestos e pela produção dos queijos feitos à mão. O Chez Panisse adotou um formato que era radical para a América de então: dois grupos sentados por noite, serviço de um menu com quatro pratos fixos, escrito a cada manhã de acordo com os ingredientes que estavam melhores naquele dia.

Pelos próximos 30 anos ou mais, os ideais de Waters transformaram a gastronomia americana. Um sem número de chefs influentes – Jeremiah Tower, Mark Miller, Paul Bertolli, Judy Rodgers, Deborah Madison, Jonathan Waxman – começaram suas carreiras na cozinha de Waters. E mais ainda, ao promover entusiasticamente a sua rede de fornecedores colhidos a mão – a maior parte deles fazendeiros locais e sitiantes dedicados à agricultura sustentável – Waters fez de conceitos como a Padaria Acme e o Niman Ranch celebridades culinárias também.

O restaurante tem um perfil deliberadamente baixo, uma sala de refeições com estilo de

Chefs trabalhando na cozinha do Chez Panisse de Alice Waters.

178 Herbfarm

artesanato de madeira com acabamentos em cobre e posters franceses na parede. Às segundas à noite, os menus são mais simples e mais rústicos, enquanto que às sextas e aos sábados eles ficam um pouco mais elaborados (os preços para os menus fixos são ajustados de acordo, apesar de serem todos abaixo de $ 100, uma pechincha relativa para um restaurante que é um tamanho marco). Às noites de segunda-feira, por exemplo, podem apresentar uma perna de marreco cozida no vinho tinto com um toque de laranja, pequenas cebolas, e massa de ervas; às quartas, um prato mais refinado de codorna do Wolfe Ranch com risoto de cogumelos selvagens e uvas no vinho podem ser a atração central; no sábado à noite, um traseiro e pernil de cordeiro elegante do Cattail Creek Ranch, com tempero de estilo provençal com azeitonas verdes, vagem e abobrinha. As reservas podem ser feitas por telefone somente com um mês antecedência, e elas são pegas mais rápido do que o primeiro morango do verão.

Se não conseguir uma reserva no salão de baixo, tente o Café Panisse mais informal (✆ **510/548-5049**) no andar de cima, um lugar agradável com uma cozinha aberta, uma churrasqueira, e um forno à lenha para as pizzas. O menu aqui é à la carte, com entradas que variam de $20 a $25; a sua vibração relaxada retorna ao que o Chez Panisse originalmente pretendia ser, antes de se tornar um templo gastronômico. A alguns quarteirões dali, o **Café Fanny** (1603 San Pablo Ave.; ✆ **510/524-5447**), que recebeu o nome da filha de Waters, serve um café da manhã e um almoço com algumas mesas de café. Todos são bons – e bons para você de mais maneiras do que possa pensar.

ⓘ 1517 Shattuck Ave. (✆ **510/548-5525**; www.chezpanisse.com).
✈ Internacional de Oakland (15 milhas/25km).
🛏 $$$ **Hotel Adagio**, 550 Geary St. (✆ **800/228-8830** ou 415/775-5000; www.thehoteladagion.com). $ **Hotel des Arts**, 447 Bush St. (✆ **800/956-4722** ou 415/956-3232; www.sfhotelsdesarts.com).

178 Direto da Fazenda

Fazenda de Ervas
Alta Colheita
Woodinville, Washington

Woodinville costumava ser uma comunidade agrícola e de madeireiros simples, fora da área urbana de Seattle – mas isto foi antes de Bill e Lola Zimmerman começarem a vender ervas de sua banca de beira de estrada, em 1974. Com uma rede em crescimento dos vinícolas de boutique nas redondezas (ver Chateau Ste. Michelle, **304**), o Herbfarm estava na localização ideal para agarrar o novo negócio do gourmet de final de semana. Então, o filho dos Zimmermans, Ron Carrie, acrescentaram um restaurante em uma parte reformada da casa da fazenda em 1986, e de repente a Herbfarm se tornou mais do que uma fazenda. A sua fama se espalhou como fogo selvagem, até mais depois que Ron deixou a cozinha para colocar em seu lugar o talentoso chef Jerry Traunfeld, em 1990.

(O bestseller de Traunfeld Herbal Cookbook espalhou o nome do restaurante pelo mundo todo.)

Reconstruído em um novo local depois de um incêndio desastroso em 1996, o Herbfarm transplantou todas as árvores frutíferas, as frutas silvestres, e as ervas da fazenda original, e acrescentou algumas acomodações de luxo para visitantes que quisessem passar a noite. (Chegue cedo e você poderá fazer um tour da horta extensa do Herbfarm, 1,6km/1 milha descendo pela estrada). As instalações ficam em uma casa de madeira e estuco cheia de caprichos do estilo Vitoriano – lareiras nobres, detalhes de madeira entalhada, tapetes estampados grossos, tapeçarias e estofados, e papéis de parede de estampa floral, infusas com o brilho amarelado de pequenas luminárias e lamparinas de parede.

Refeições Inesquecíveis

Ele é cuidado e formal, mas de uma maneira antiga e charmosa.

Ron e Carrie ainda continuam no centro das atividades aqui, apesar de Traunfeld ter passado as rédeas para o jovem e famoso chef Keith Luce, em 2007, abandonando o barco para abrir o seu próprio restaurante em Seattle. Como Traunfeld, Luce – um antigo sub-chef da Casa Branca – serve um menu de nove pratos toda noite, que resulta da colheita da manhã assim como dos produtos de vários outros produtores locais e artesãos gastronômicos. Os itens do menu são cheios de nomes específicos de lugares e ingredientes estranhos de família – coisas como o salmão vermelho Lummi Island, servido em uma cama de abobrinha com limão e tomilho, sopa de urtiga com vieiras Puget Sound, pombo grelhado sobre uma porção de pudim de cebolas com uma variedade de raízes e vagens, ou um pernil de cordeiro do Rancho Anderson do Oregon, assado e servido sobre o trigo emmer. O senso finamente aperfeiçoado de sabores contrastantes de Luce vem de pratos como um trio de caviar de espátula sobre pele de salmão crocante, espetos de vieiras-alecrim com pepino kimchi, e ostras de Westcott Bay com molho de azedinha. As harmonizações de vinhos fazem um trabalho maravilhoso de promover os melhores vinhos do Pacífico Noroeste.

O Herbfarm é mesmo um restaurante que representa um ótimo negócio – uma refeição pode durar até cinco horas e os preços ficam perto de $ 200 com os vinhos incluídos. Os convivas ficam felizes ao saber que há uma mesa comunitária toda noite, onde pessoas sozinhas podem se sentar. Confira o website para as noites frequentes de jantares temáticos que podem focalizar em qualquer coisa, desde os cogumelos até a caça, as trufas e os temperos exóticos.

ⓘ 14590 NE 145th St. (✆ **425/485-5300**; www.theherbfarm.com).
✈ Internacional de Seattle-Tacoma (28 milhas/45km).
🛏 $$$ **Willows Lodge**, 14580 NE 145th St., Woodinville (✆ **877/424-3930** ou 425/424-3930; www.willowslodge.com).

Direto da Fazenda 179

L'Etoile
A Estrela do Norte
Madison, Wisconsin

Com certeza o L'Etoile é o tipo de lugar que os fundadores do movimento Slow Food gostariam de se inspirar – um restaurante de estilo francês na capital do estado das grandes fazendas, aonde o maior número possível de itens do menu vem das fazendas orgânicas sustentáveis do local.

Fundado em 1976 por Odessa Piper, que tinha sido tanto chef como um fazendeiro antes de abrir o seu próprio negócio, o L'Etoile foi um dos primeiros restaurantes no Meio-Oeste a comungar do evangelho de Alice Waters, da alimentação da fazenda para a mesa. Piper sempre teve menus ambiciosos, que deram a ela um prêmio James Beard em 2001 de melhor chef do Meio-Oeste. Tory Miller, treinado em Nova Iorque, tem feito o mesmo desde que passou a dirigir o restaurante em 2005, depois de ter trabalhado como chef principal de Piper por dois anos antes que ela abandonasse o negócio. Veja, por exemplo, na sua sopa de pão em estilo toscano: ela é feita com frango, queijo, uma almôndega de sálvia e trufa e uma mistura de vegetais que inclui cogumelos, couve-nabo-da-Suécia, raiz de salsão, nabo, e radicchio – tudo, exceto a trufa, vindo de fazendas nas redondezas. Ao pegar um frango caipira de uma fazenda orgânica, Miller o defuma com canela, então serve com polenta cremosa com sálvia, cogumelos, ostra e shiitake, couve chinesa refogada, e um molho de trufas pinot noir (lá está esta trufa alienígena novamente). Um esturjão assado na panela pode vir de longe, mas ele vem com acompanhamentos locais maravilhosos: costeletas assadas, raízes douradas, repolho, e purê de couve-flor. O queijo é uma paixão particular de Miller – numa grande paixão por se entregar a um dos estados principais de produção de laticínios – e ele mantêm uma enorme seleção de queijos artesanais do Wisconsin, inclusive um número de leites de carneiro e queijo de cabra. Você pode pedir uma degustação completa de toda a tábua de queijos, mas esteja preparado, você vai degustar mais de 30 queijos, todos eles da melhor qualidade.

Wisconsin está localizado suficientemente ao norte para ter uma estação de plantio bem curta, mas isto não parece desanimar os rapazes do L'Etoile – a longa lista de fornecedores do restaurante inclui vários armazéns de produção e estufas que não são aquecidas e respeitam o meio ambiente, para extender a colheita nos meses de inverno. E mais, o restaurante segue a estratégia das mulheres da fazenda de reservar quantidades de produção na estação, para que as conservas em potes, vegetais e frutas secas, estejam disponíveis o ano todo para cozinhar.

Por mais integral que isto soe, ainda é um restaurante de fino trato: a maioria das entradas custa mais de $ 25, e é eleito regularmente como o melhor lugar para se jantar fora em Madison. No segundo andar de um velho edifício da Capitol Square, ele tem um salão de jantar relativamente pequeno, com uma vista linda da cúpula do capitólio. No andar de baixo, você também pode escolher sanduíches e assados no Café Soleil, que – como seria de se esperar – serve apenas café orgânico.

ⓘ 25 North Pinckney St. (ⓒ **608/251-0500**; www.letoile-restaurant.com).
✈ Aeroporto Dane Regional, Madison (7,2km/ 4 ½ milhas).
🛏 $$$ **Mansion Hill Inn**, 424 N. Pinckney St. (ⓒ **800/798-9070** ou 608/255-3999; www.mansionhillinn.com). $$ **The Edgewater**, 666 Wisconsin Ave. (ⓒ **800/922-5512** ou 608/256-9071; www.theedgewater.com).

180 Direto da Fazenda

Fazenda Patowmack
Virtuoso Com Uma Vista
Lovettsville, Virgínia

Falando a respeito de experiências transcendentais. Você está sentado em salão de vidro no topo de uma montanha, olhando para o Vale do Loudon, pontuado na distância nebulosa pela ponte Point of Rocks e pelo rio Potomac. Com o cair da noite, os grilos tiquetaqueiam nas hortas ao redor, as galinhas se sacodem e suspiram. Você está se sentindo muito bem, porque sabe que a refeição que vai comer é completamente orgânica e sustentável. Não só isso, emissões de carbono não foram produzidas com a entrega da produção, porque tudo vem bem aqui da fazenda Patowmack, desde o primeiro aspargo macio da primavera até a última abobrinha do outono.

Seguindo os métodos sustentáveis de agricultura que excedem os requisitos técnicos para o plantio orgânico, Beverly Morton Billand e Chuck Billand começaram a cultivar ervas frescas e vegetais especiais em 1986, neste topo de montanha a 50 milhas de Washington, D.C. Em 1998, eles acrescentaram um restaurante do tipo da fazenda para a mesa, que é uma vitrine da sua própria produção, complementado pelas carnes naturais, os frutos do mar sustentáveis, os queijos artesanais, e os vinhos orgânicos de outros fornecedores responsáveis.

Felizmente, eles encontraram um chef ideal, Christian Evans, um cozinheiro autodidata que compartilha o interesse deles pela comida fresca natural. Durante todas as estações, o seu menu sempre em mudança pode incluir coisas como o gazpacho de tomate heirloom; a sopa fria de ervilha com trufas; o "soup and sandwich" (um caldo de pato com cebola e crouton por cima de torrada com queijo de cabra); massa folhada recheada com um creme

Refeições Inesquecíveis

de alho elefante, pimentão, azeitonas pretas, cebolinhas, e queijo parmesão; ou o fígado de galinha em massa de vol-au-vent com cebolas caramelizadas, linguiça de javali, e manteiga de trufas. Evans desenvolveu uma grande rede de fornecedores artesanais, tanto da região como da sua terra natal em Vermont; seus produtos alcançam a mesa do Patowmack em pratos como a codorna recheada com caça selvagem, acompanhada de risoto forestière e couve refogada; maminha (hanger steak) grelhada com crepes de arroz integral com vegetais; ou o assado de frango cornish em uma cama de alho-poró cremoso.

O que você não espera – e o que finalmente surpreende – é a arte nas apresentações dos pratos de Evans. Galhos de ervas frescas, flores comestíveis, e garoas e gotas de molhos com cores de pedras preciosas, destacam as suas pequenas porções arrumadas de forma precisa, fazendo com que se sinta extremamente paparicado e virtuoso.

O jantar é servido às quintas, sextas e sábados à noite, seja à La carte, ou em um menu de preço fixo (também disponível com harmonização de vinhos); um menu vegetariano está sempre disponível também. Aos sábados e domingos brunches são uma especialidade e uma ótima oportunidade de visitar, quando você pode fazer um tour da fazenda, caminhar pela trilha natural de ½ milha (8km), ou só desfrutar destas vistas de tirar o fôlego.

ⓘ 42461 Lovettsville Rd. (✆ **540/822-9017**; www.patowmackfarm.com).
✈ Internacional de Washingnton Dulles (15 milhas/24km)
🛏 $$$ **Lansdowne Resort**, 44050 Woodridge Pkwy, Leesburg (✆ **800/541-4801** ou 703/729-8400; www.landsdowneresort.com). $$ **Norris House Inn**, 108 Loudoun St. SW (✆ **703/771-8051**; www.norrishouse.com).

Direto da Fazenda **181**

L'Arpège
A Paixão de Passard
Paris, França

Em 1986, quando o jovem e habilidoso chef Alain Passard comprou o elegante restaurante L'Archestrate no 7° arrondissement de seu mentor, Alain Senderens, ele estava entrando no tipo de restaurante de haute cuisine pelo qual Paris é conhecida. Mesmo quando Passard mudou o nome para L'Arpege, o redecorou em um estilo sinuoso de decoração de madeira, couro e vidro jateado, e começou a colecionar estrelas do guia Michelin, ele ainda era parecido com os outros da mesma classe. O telegênico Passard ganhou um público mundial em 1997 e 1999 com suas atuações no programa da TV japonesa Iron Chef – mas ele ainda estava trabalhando dentro das fronteiras clássicas francesas.

Então em 2001, Passard fez uma mudança audaciosa: ele baniu a carne vermelha do seu menu, desprezando nada menos do que 12 dos seus pratos assinados, concentrando-se fanaticamente nos vegetais. Para Passard, não foi necessariamente uma questão de saúde e nutrição ou mesmo de política de Slow Food; foi mais uma forma de sair da rotina de sempre, o impulso de um gênio incansável procurando novas trilhas a percorrer. Você ainda pode pedir um prato ocasional de aves, mas os frutos do mar são abundantes — o marisco, a manteiga e os vegetais são as pedras fundamentais da Bretanha nativa de Passard — mas a sua maneira surpreendente de fazer os vegetais da horta, cozidos com delicadeza cuidada para destacar suas cores e aromas, tornou-se verdadeiramente uma marca registrada.

Em 2002, Passard deu o próximo passo que pareceria lógico, plantar uma horta de 2,5 hectares (6 acres) a 220 km (136 milhas) a sudoeste de Paris, onde toda a produção de seu restaurante é plantada organicamente, sem o uso de máquinas (se o cavalo e o arado não contarem). É um ecossistema completo, com os apiários, as casinhas para os passarinhos fazerem ninhos, e um lago para atrair as rãs que comem o lodo. Os trabalhadores carregam a produção no trem TGV das 10h da manhã para Paris para que elas cheguem ao restaurante frescas da horta. O lixo é mandado de volta para a horta para a compostagem.

O mundo epicúreo ficou cético a princípio, mas a maior parte dos convivas foram conquistados por pratos como o couscous de vegetais e mariscos, o ravióli recheado com sálvia, um fricassee de pequenas ervilhas com gengibre e grapefruit vermelha, a lagosta cozida no vinho amarelo do Juar, o tamboril cozido no molho de mostarda, o pombo assado com amêndoas e vinho de mel, ou o carpaccio de lagostim do rio com molho cremoso perfumado com caviar. A sua sobremesa assinada é um tomate cristalizado recheado com 12 tipos de frutas frescas e secas, servido com sorvete de anis.

Se você tiver alguma dúvida sobre a paixão de Passard, olhe para os centros de mesa decorativos com aparência serena e única – arranjos de esculturas feitas de vegetais em vez de flores frescas normais. Ele acredita mesmo, isso é certo.

ⓘ 84 rue de Varenne, 7e (✆ **33/47-0509-06**; www.alain-passard.com).
✈ De Gaulle (23km/14 milhas); Orly (14km/8 2/3 de milha).
🛏 $$$ **Hotel Luxembourg Park**, 42 rue de Vaugirard, 6e (✆ **33/1/53-1036-50**; www.luxembourg-paris-hotel.com).
$$ **Hotel Saintonge**, 16 rue Saintonge, 3e (✆ **33/1/42-77-91-13**; www.saintongemarais.com).

182 Direto da Fazenda

Manresa
O Modernista & Sua Fazenda
Los Gatos, Califórnia

Escondido nas montanhas Santa Cruz ao sul de San Jose, o Manresa ainda parece um pouco com o salão de chá do estilo de um rancho de volta aos anos 40 – vigas de madeira escura cruzam os tetos baixos, janelas com molduras largas estão em toda a extensão da sala, e as paredes grossas de gesso são pintadas em cores lisas, suaves como o amarelo mostarda. Apesar das toalhas de mesa brancas impecáveis e das instalações perfeitas, o Manresa tem um tom maduro da velha Espanha, ou pelo menos da época das missões na Califórnia.

A cozinha de David Kinch tem um pé na cozinha clássica europeia (isto quer dizer francesa), mas o outro pé está firme na inovação da culinária moderna, o tipo de magia que fez da Catalunha, a Meca da gastronomia. Kinch chama isto de cozinha Modernista, seja lá o que isto signifique (os detalhes de mosaico de azulejo e uma parede curva na sala de jantar lembram o grande arquiteto modernista de Barcelona, Gaudi). Desde que inaugurou o Manresa, em 2002, a pedra fundamental da filosofia culinária de Kinch tem sido algo tão radical, que soa antigo: use muitos vegetais, biodinâmicos se possível. Para se certificar de que você tenha um fornecimento imediato, faça uma negociação exclusiva com um fazendeiro que comungue dos mesmos pensamentos – neste caso, a fazenda próxima Love Apple.

Naturalmente, o menu diário depende do que a Love Apple tenha colhido esta manhã. Dependendo da estação, você pode encontrar pratos como as delicadas flores de abóbora recheadas com um velouté de flor de abóbora, servidas com um suculento pão preto crocante e presunto de pato; um pêssego Gold Dust do verão e salada de manjericão com amêndoas e caranguejo macio; marisco marinado com framboesas douradas; ou um cordeiro assado com abobrinhas da horta com um molho tártaro de limão Meyer e beterraba em conserva. Como os inovadores da Catalunha (leia-se Ferran Adrià), Kinch opta pelas porções pequenas que desconstroem os elementos do prato; em alguns deles, espumas e líquidos concentram os sabores da horta de novas e surpreendentes formas. Mas o senso

Refeições Inesquecíveis

No Manresa, em Los Gatos na Califórnia, David Kinch chama a sua cozinha de modernista.

Você não esperaria encontrar um restaurante de duas estrelas do guia Michelin aqui neste fim de mundo em Los Gatos – apesar de os milionários do software do próximo Silicon Valley conseguirem certamente chegar até aqui. Para Kinch, porém, o retorno de estar perto da fonte agrícola faz com que valha a pena. Aberto de quarta a domingo para o jantar apenas, este é um restaurante de viagem ao invés de um lugar de frequência habitual. O menu de degustação é caro, mas se você veio até aqui, vai querer experimentar o maior número de pratos superlativos que puder.

terroir profundo do norte da Califórnia inspira cada prato, e nada menos do que o locavore fanático chef francês Alain Passard (ver (181)) visitou Los Gatos só para ter o privilégio de cozinhar com ele.

ⓘ 320 Village Lane (✆ **408/354-4330**; www.manresarestaurant.com).
✈ Internacional de San Francisco (40 milhas/64km).
🛏 $$$ **Toll House**, 140 S. Santa Cruz Ave., Los Gatos (✆ **408/395-7070**; www.tollhousehotel.com). $$ **Garden Inn Hotel**, 46 E. Main St., Los Gatos (✆ **408/354-6446**; www.gardeninn.com).

Direto da Fazenda 183

Blue Hill at Stone Barns
A Casa no Campo
Pocantico Hills, New Iorque

Numa noite fatídica, David Rockefeller jantou no despretencioso bistrô Blue Hill no Greenwich Village, que recebeu o nome da fazenda da família nos Berkshires, onde o chef Dan Barber e seu irmão e coproprietário, David foram criados. Mal sabiam os Barbers que o cliente daquela noite estava prestes a instalar o Stone Barns Center para o Alimento e a Agricultura na propriedade da sua família no Westchester County. Uma refeição no Blue Hill e Rockefeller soube que tinha encontrado a equipe que precisava para administrar o Stone Barns.

Foi a combinação perfeita de filântropo que visa o povo e o chef apaixonado e habilidoso. Os irmãos Barber, junto com a mulher de David, Laureen, agora dividem o seu tempo entre o Bistrô **Blue Hill** de Manhatan (75 Washinton St.; ✆ **212/539-1776**; www.bluehillnyc.com) e este posto no campo que abriu em 2004, em um celeiro de leite transformado de decoração simples com pedras de um dourado suave, rodeado por uma enorme fazenda orgânica de 32 hectares (80 acres) em pleno funcionamento. Enquanto a fazenda também transporta a produção para o restaurante da cidade, só leva alguns minutos para que as frutas e verduras cheguem do campo até a cozinha em Westchester. A cozinha de Dan Barber é energizada pelos produtos tão frescos que a terra ainda está em suas raízes úmidas, as folhas ainda estão quentes do sol. Como um cozinheiro, ele

ⓘ Blue Hill at Stone Barns

tem sempre preferido o refogado e o cozido no vapor, métodos que são perfeitos para expressar a essência mais profunda de vegetais. Muitos convivas saem elogiando os ingredientes, sem perceber quanta habilidade foi necessária para fazer brilhar pratos que parecem simples.

Dan Barber vai muito além do locavore típico que se desloca para o mercado do produtor para comprar a produção diária. Ele está livre para plantar variedades diferentes de verduras – do tipo plantado pelo seu sabor ao invés de ser preciso considerar a sua vida útil na prateleira e sua facilidade de transporte – além disso são criadas raças de porcos, aves, carneiros tradicionais (criados em pasto aberto, é claro). Ele se tornou um chef bastante ativista, na verdade, escrevendo matérias como colaborador no Nova Iorque Times e servindo em vários conselhos consultivos, inclusive no Slow Food dos Estados Unidos.

É impossível prever o que você vai encontrar no menu de degustação de cinco pratos do restaurante ou até na degustação mais longa chamada de Farm Feast. Se as ervilhas da primavera estão no auge, pode ser que você encontre-as espalhadas por todo o menu – no gazpacho picante, no caneloni cremoso, e misturadas ao risoto de frutos do mar. Quando chegar a vez das beterrabas, do nabo e de funcho no outono, vai encontrá-los em uma profusão assustadora – em julianas, purês, camadas, ralados, assados inteiros – junto com peixes perfeitamente cozidos, com o peru de sabor impressionante, ou com o porco profundamente saboroso. O verão é uma época do ano especialmente adorável para vir, não só porque é o auge da estação de colheita, mas porque no verão o sol se põe mais tarde para você poder aproveitar mais a vista dos campos e pastos das grandes janelas da sala de jantar.

O próprio centro (www.stonebarnscenter.org) recebe vários tours semanais, workshops

A cozinha de Dan Barber da fazenda para a mesa no Blue Hill em Stone Barns.

e palestras. Mensalmente, jantares de vinho e festas especiais de ocasião dão aos jantares ainda mais motivos para que você pegue fácil este trem de Manhatan. As reservas são aceitas com um mês de antecedência para o jantar de quarta a domingo ou para o brunch de domingo.

ⓘ 630 Bedford Rd., Pocantico Hills (ⓒ **914/ 366-9600**; www.bluehillstonebarns.com.

✈ Aeroporto Internacional John F. Kennedy (38 milhas/61 km); Internacional Newark Liberty (44 milhas/71km); LaGuardia (29 milhas/47km).

🛏$$ **The Lucerne**, 201 W. 79th St. (ⓒ **800/ 492-8122** ou 212/875-1000; www.thelucernehotel.com). $ **Milburn Hotel**, 242 W. 76th St. (ⓒ **800/8339722** ou 212/362-1006; www.milburnhotel.com).

Refeições Inesquecíveis

Direto da Fazenda 184

Resistindo no Campo
A Festa Móvel de Jim Denevan
Ao redor do Mundo

Falando do frescor que sai da fazenda para a mesa: que tal uma festa de mesa na fazenda? Quando Jim Denevan instala a sua mesa com toalha de linho no campo da fazenda, embaixo da sombra de enormes guarda-sóis, os convidados sortudos sabem que eles estão prestes a ter uma experiência inigualável. É muito mais do que um piquenique – um jantar elegante de cinco pratos feito ao ar livre por um chef convidado que usa apenas os ingredientes mais locais, a maior parte deles plantados na terra bem embaixo da mesa.

Autor do livro de culinária *Outstanding in the Field*, Denavan tem organizado estas festas móveis desde 1999. Elas começam por volta de 4h da tarde com um tour da fazenda pela anfitriã (ou rancho, ou vinhedo), então prosseguem com um jantar de 3 a 4 horas servido em estilo de jantar de família com harmonização de vinhos. É uma recepção de preço preestabelecido, com menu fixo, copos de cristal e talheres adequados, guardanapos de linho, flores naturais em vasinhos, e um conjunto maravilhoso de porcelanas desparceiradas. Mais adiante, no mesmo ano, quando o sol se põe mais cedo, pode ser que haja candelabros. A mesa acomoda 130 pessoas, e a lista de convidados sempre inclui fazendeiros locais, fabricantes de vinho, e outros produtores – o açougueiro, o padeiro, e talvez o fabricante de queijo de cabra, cuja comida faz parte da refeição. Menu? Você simplesmente terá que confiar no chef convidado – tudo depende da estação, do clima local e, é claro, do tipo de plantas que o fazendeiro anfitrião decidiu cultivar neste ano.

O que começou como um jantar informal ao ar livre em fazendas orgânicas ao redor da cidade natal de Denevan em Santa Cruz, Califórnia, gradualmente se transformou em uma operação de buffet sofisticada. Primeiro o próprio Denevan era o chef habitual, mas quando o rumor começou a se espalhar, mais e mais chefs locais começaram a pedir uma chance para mostrar suas especialidades. (Chefs convidados no passado já incluíram cozinheiros conhecidos como Justin Severino, Melissa Kelly, Grabrielle Hamilton, Dan Barber, Traci des Jardins, Katy Cary, David Kinch, Eric Tucker, Paul Kahan, e Bil Telepan – um dia ao ar livre é ótimo para um chef que trabalha dentro de um restaurante). Apesar de apenas 14 destes jantares elegantes de fazenda terem acontecido em 2007, na estação de 2008 o único programa de Denevan tinha ganhado ímpeto no boca a boca, e 37 jantares foram vendidos com sucesso. Por toda a América do Norte, a equipe cruzava de um canto a outro em ônibus vermelhos e brancos de turismo vintage dos anos 50. Confira o website para a programação desta estação – os jantares começam no início de junho e vão até novembro, quando as últimas colheitas estão disponíveis. Se você estiver jantando o leitão assado, o churrasco de carne de boi, o peixe grelhado direto na praia, o macio aspargo, o milho cozido na espiga, uma salada de tomates heirloom ainda quente do sol da vinha, ou uma torta de frutas silvestres frescas, nadando em creme recém-batido, será uma noite que você jamais se esquecerá.

ⓘ **Outstanding in the Field**, P.O. Box 2413, Santa Cruz, CA 95063-2413 (www.outstandinginthefield.com).

🟢 **Das Wirtshaus zum Herrmannsdorfer Schweinsbräu**

185 Direto da Fazenda

Das Wirtshaus zum Herrmannsdorfer Schweinsbräu
O Recanto dos Porcos Alegres
Glonn, Alemanha

Na Europa há uma tendência de chamar isto de bioalimento, uma corruptela de biologicamente responsável. Esse é o mantra da fazenda orgânica de Herrmannsdorfer, espalhando-se de uma cooperativa agrícola tradicional com telhado vermelho, por volta de meia hora de distância a sudoeste de Munique. Em torno de 70 agricultores orgânicos estão envolvidos nesta cooperativa, mas a criação principal são os porcos. E não são porcos comuns, mas glückliche schweine, ou "porcos felizes", do estilo de criação solta com uma dieta orgânica. Enquanto você está jantando aqui, vá visitar os porcos Schwäbisch-Hällisches cor-de-rosa e pretos com orelhas caídas em seu chiqueiro, e você vai ver como eles estão felizes.

O Chef Thomas Thielemann acredita que os porcos felizes produzem uma carne melhor, e o resultado na Herrmannsdorfer Tavern pode convencê-lo que ele está certo. O menu completo tira ingredientes de vários produtores da cooperativa – frutas, verduras e carne, assim como os pães orgânicos da padaria Herrmannsdorfer, queijos caseiros orgânicos e as cervejas substanciosas da microcervejaria orgânica. Isto não é só um campo para churrasco, de jeito nenhum; Thielemann é um cozinheiro gourmet habilidoso, que transforma itens do menu, como o sashimi de atum marinado, ou o peito de pato selvagem com panqueca de grãos, repolho e batatas. E você também vai pagar preços de gourmet, até 50 € por pessoa com a bebida. Mas o porco parece entrar em uma quantidade de pratos, seja em forma de salsichas, carnes curadas, como o speck e o presunto, e cortes refinados de porco, um pé de porco recheado particularmente temperado. O macio schweinebraten, ou porco assado, com sua capa crocante, é a especialidade da casa de Thielemann. A consistência suave do porco de Herrmannsdorfer é muito mais parecida com a da vitela criada ao leite do que do porco comum produzido em massa; muitos restaurantes de Munique procuram suas carnes em Herrmannsdorfer. E é muito melhor saboreá-las aqui, no ar do campo, combinadas com os vegetais frescos colhidos pela manhã, servidos em um celeiro cheio de luz com piso de tábua maciça encerada e mesas simples de madeira robusta.

Para todo lado que se olha, haverá porcos – nos quadros, esculturas, madeiras entalhadas, pedestais – até nos rótulos da cerveja local tem um leitão glamuroso. Na saída, faça o seu estoque de produtos Herrmannsdorfer no mercado da vila, que vende produtos frescos, pães, queijos, salsichas, conservas e patês. Você estará comprando direto da fonte.

ⓘ Herrmannsdorf 7 (✆ **49/80/9390-9445**; www.schweinsbraeu.de).
✈ Munich (57km/35 milhas).
🛏 $$ **Hotel St. Paul**, St-Paul-Strasse 7 (✆ **49/89/5440-7800**; www.hotel-stpaul.de). $ **Am Markt**, Helliggeistrasse 6 (✆ **49/89/22-50-14**; www.hotelinmunich.de).

Refeições Inesquecíveis

Direto da Fazenda 186

Bordeaux Quay
A Cozinha Eternamente Sustentável
Bristol, Inglaterra

Barny Houghton é um pouco fanático e tem sido por muitos anos. Quando ele instalou o seu primeiro restaurante sustentável, o Rocinantes, em 1988, seus ideais pareciam ser quase impossíveis: buscar todos os ingredientes na fonte em um raio de 81 km (50 milhas) de Bristol, fazer com que fosse tudo orgânico se possível, e então administrar o restaurante da maneira que fosse a mais eficiente possível em termos de meio ambiente. Só para lembrar, a região do West Country em volta de Bristol é uma região agrícola rica, com uma costa suficiente para garantir que sempre houvesse muito peixe local disponível. A comida ficou tão boa no Rocinantes que ele prosperou, finalmente adotando um nome ainda mais verde, **Quartier Vert** (85 Whiteladies Rd., Clifton; ⓒ **44/117/973-4482**; www.quartiervert.co.uk). Ao longo do caminho, por volta de 40 chefs jovens fizeram um treinamento dentro da filosofia verde do Houghton.

O bebê mais novo, o Bordeaux Quay, é uma afirmação ainda maior. Ao invés de ficar fora, em um bairro suburbano, ele está no coração do porto de Bristol, com vista para as docas onde navios que cruzavam o canal costumavam desembarcar as cargas de vinho vindas da França. Este depósito de linhas de arquitetura Art Deco em branco se transformou completamente em um projeto moderno surpreendente e irrepreensível, que é o mais sustentável possível desde a energia solar nos painéis, até os tanques no telhado para coletar água da chuva para os toiletes. O complexo contém uma quantidade de locais para buffet – um restaurante, uma brasserie, um bar, uma deli para viagem, uma padaria, e uma escola de culinária sem fins lucrativos onde Barny pode espalhar seu credo.

O restaurante é um espaço livre em branco, porém espetacularmente desenhado em volta de um átrio central, com uma grande parede de janelas permitindo a entrada da luz natural. Banquetas pretas e cadeiras de um roxo profundo fornecem salpicos de cor e contraste com as paredes e toalhas de mesa brancas, em um efeito surpreendentemente simples que desvia a atenção para a própria comida. O menu aqui é um pouco menos continental do que o que Houghton serve no Quartier Vert – há um apelo bastante inglês em pratos como a enguia defumada com raiz-forte, o creme fraiche, e os vegetais em conserva; uma terrina com chutney de pêra e mirtilo (cranberry); o ravióli de perdiz com molho de nozes; a cavala da Cornuália grelhada com esmagado de cebolas da primavera, batata, espinafre, e uma tapenada de azeitonas pretas; frango assado de panela com repolho, cebolas, e purê de batatas, polvilhado com cebolinha francesa; pernil de cordeiro assado com beterrabas e um purê de feijão branco; e uma sobremesa clássica de ruibarbo com granulado. Ele é integral e elegante, o que faz uma combinação vencedora.

Houghton também cuida da brasserie mais descontraída, um ponto ventilado, com paredes brancas que serve um menu pequeno, mas atraente de massas, sopas, saladas e risotos.

ⓘ V Shed, Canon's Way (ⓒ **44/117/906-5550** ou 44/117/9431200 para reserves; www.bordeaux-quay.co.uk).
✈ Bristol (14km/8 ½ milhas).
🛏 $$$ **Hotel Du Vin**, Narrow Lewins Mead (ⓒ **44/1179/255577**; www.hotelduvin.com). $ **Tyndall's Park Hotel**, 4 Tyndall's Park Rd., Clifton (ⓒ **44/117/9735407**; www.tyndallsparkhotel.co.uk).

Direto da Fazenda

Konstam at the Prince Albert
O Rei da Rua do Anel
Londres, Inglaterra

Se você acha que é complicado comprar toda a sua comida de produtores locais estando em Berkeley ou Bristol, procure fazer isto quando você está em King's Cross, no coração da cidade de Londres.

Este foi o desafio de Oliver Rowe, em 2006, para a série de televisão da BBC, The Urban Chef. Na época, ele administrava o simples encardidinho Café Konstam no antigo bairro da luz vermelha por dois anos, e estava em processo de inauguração do Konstam at the Prince Albert, convertendo um velho pub em um bistrô locavore esperto. As câmeras de TV o seguiram enquanto ele corria por Londres, geralmente de metrô, visitando sua coleção excêntrica de fornecedores apenas londrinos – um criador de cogumelos em East Ham, uma fazenda de cordeiros e porcos em Armersham, um moinho de trigo em Ponders End, um apiário em Tower Hill, um criador de avestruz no sudoeste de Londres. Ele até convenceu sua própria avó a permitir que ele colhesse amoras da árvore no fundo do seu quintal – qualquer coisa valia para que ficasse dentro do anel da M25.

Agora que o restaurante maior está funcionando a todo vapor, as resenhas são: os métodos de Rowe podem soar como truques, mas a comida é deliciosa. Rowe deu a si mesmo um tempo – apenas 85% dos ingredientes que ele usa tem que ser desta área predeterminada. É verdade, você vai encontrar alguns ingredientes fora do normal no cardápio – folhas de dente-de-leão, alho selvagem, ruibarbo selvagem, agrião da terra, cogumelos – mas ele não se restringe ao cesto de produção local quando é hora de cozinhar.

O Konstam tem uma aparência quase de disco — tampos de mesa de madeira clara parecem flutuar em um ambiente que é no resto um salão verde azulado monocromático, com acessórios de luz suspensos, pendurados em correntes de elos metálicos. Ele parece a antítese do método integral de culinária de Rowe, mas é uma atração para os jovens e descolados, como o próprio Rowe. Tendo estagiado no restaurante de inspiração africana da moda, o Moro em Clerkenwell (onde há uma cena de restaurantes agitada hoje em dia), é uma mão já conhecida por misturar e combinar sabores fora do normal, mesmo apesar de estar ainda com 30 e poucos.

No final, a mistura de ingredientes intensamente locais, de alguma maneira, o levou a um menu profundamente britânico – pratos como o frango assado com pele crocante com batatas assadas e molho de sálvia e cebola; as costeletas de carneiro com alcaparras e cerefólio; o bacon demoradamente cozido em cerveja (London Porter ale) com panícula de repolho refogada; peito de pombo grelhado no carvão com salada de cebola assada e amêndoa e tempero de beterraba; e, é claro, o clássico linguado de Dover. Não há sementes de cacau no raio da M25, portanto as sobremesas incluem doces simples como um sorvete de lavanda com pedaços de gengibre; e pudim de pão com creme e casca de limão ralada. O experimento de Rowe é audacioso, mas funciona.

ⓘ Konstam at the Prince Albert, 2 Acton St. (✆ **44/20/7833-5040**; www.konstam.co.uk).

✈ Heathrow (24km/15 milhas) ou Gatwick (40 km/25 milhas).

🛏 $$$ **22 Jermyn St.**, 22 Jermyn St., St James (✆ **800/682-7808** nos E.U.A., ou 44/20/7734-2353; www.22jermyn.com). $$ **Vicarage Private Hotel**, 10 Vicarage Gate, South Kensington (✆ **44/20/7229-4030**; www.londonvicaragehotel.com).

Refeições Inesquecíveis

Tradições Globais 188

Au Pied du Cochon
Encontro da Carne em Montreal
Montreal, Canadá

Na área de Plateau Mont-Royal, a fachada desse restaurante não parece tão especial. Era uma pizzaria e, com suas paredes de ladrilhos brancos, decoração de madeira cor-de-mel, balcão de aço inoxidável e armário frigorífico, ainda pode ser confundida com uma. Porém nenhuma pizzaria poderia gerar o burburinho que toma conta desse lugar. Todas às noites ele está abarrotado (exceto às segundas-feiras porque fecha) por residentes locais ávidos para mergulhar na mais gratificante comida da antiga moda franco-canadense do lugar.

O amor descarado do chef Martin Picard pela carne, especialmente por froie gras, está presente em todo o menu. É só dar a ele uma chance e poderá derramar xarope de maple em cima também. A carne de caça como bisão, cervo, pato e galinha de angola parecem ter desbancado a carne bovina e de frango, e assim como os antigos colonos, Picard não desperdiça nenhuma parte dos animais — há uma seção inteira de vísceras. (A única pizza no menu todo é a pizza de tripas.) Logicamente há algumas saladas entre as entradas, até mesmo a clássica sopa de cebola francesa gratinada, mas de alguma forma você sentirá água na boca com itens como carpaccio de pato, bisão tartare e leitão assado.

Quando os donos da pizzaria se mudaram, deixaram um forno de tijolos, e Picard o usa para assar suas carnes até soltarem-se dos ossos. O prato com nome homônimo pied du cochon (pé de porco) vem em duas versões: com ou sem froie gras. O pot au feu (cozido), servido em porção para dois é uma combinação saborosa de carne bovina, tutano, vegetais, foie gras, prairie oysters, e galinha de angola. Picard também serve o Quebecois comfort poutine, uma deliciosa mistura de batatas fritas, molho de carne, e queijo coalhado, em cima do qual ele também coloca foie gras se você preferir. Talvez o prato mais canadense de todos seja o ridiculamente delicioso Piogue à Champlain, uma fatia grossa de froie gras coberta com panqueca de trigo sarraceno, bacon, cebolas, batatas e xarope de maple.

Reserve com a maior antecedência que puder (o telefone funciona melhor do que o email, você pode negociar dia e hora). Mesmo com reserva, você pode sentir-se pressionado enquanto come; alguém estará, certamente, esperando por sua mesa. O canto é exuberantemente barulhento e cheio, e, quando se levantar após a refeição, provavelmente ocupará mais espaço do que antes de comer. A culpa é do froie gras, não é mesmo?

ⓘ 536 Duluth St. (🕿 **514/281-1114**; www.restaurantaupiedducochon.ca)

✈ Aeroporto Internacional Pierre-Elliot-Trudeau de Montréal (14km /8/3/4 milhas).

🛏 $$$ **Hôtel Le St-James**, 335 rue St-Jacques oust (🕿 **866/841-3111** ou 514/841-3111; www.hotellestjames.com). $$ **Auberge Bonaparte**, 447 rue St-François-Xavier (🕿 **514/844-1448**; www.bonaparte.com).

O Au Pied du Cochon do Chef Martin Picard.

Tradições Globais

189

Fonda El Refugio
A Arte Popular da Comida
Cidade do México, México

Esta confiável Zona Rosa não é segredo. Na verdade, esse pequeno lugar popular ao lado da rua, com sua fachada folclórica azul resplandecente está lá por tanto tempo, e com estilo tão antigo, que os gourmets frequentemente passam em torno dele para irem a lugares da moda. Mas, como um pioneiro do estilo da cozinha regional no México, a Fonda El Refugio não pode ser vencida.

Significando "O Refúgio na pousada do Campo", o Fonda El Refugio é tão despretensioso quanto seu nome promete, com paredes de tijolos caiadas de branco, cadeiras com encosto de ripas de madeira, pequenas mesas de toalhas brancas dentro de nichos e uma lareira aconchegante com brilhantes panelas e potes de cobre brilhando. A atmosfera é prazerosamente informal e relaxante, com um serviço respeitável e simpatia genuína. É o tipo de lugar onde as famílias se reúnem para comemorar aniversários e ocasiões especiais, e onde você encontrará muitos residentes e turistas.

Quando a colecionadora de arte folclórica Judith Martinez Ortega inaugurou o restaurante, em 1954, ela já possuía uma enciclopédia de receitas reunidas em suas viagens pelo país. Sua família continua administrando o restaurante e aquelas receitas são a espinha dorsal do menu. Você encontrará pratos de cada região do México — a maioria pratos genuínos como arroz com plátanos (arroz com bananas fritas), albóndigas chipotle (almôndegas com uma pitada de pimenta picante) ou enchiladas com mole poblano coberto com molho grosso e picante de chocolate de Puebla. Chillis recheados com carne moída ou queijo são especialmente populares, assim como o chicharón com salsa verde (torresmos com molho verde picante) e o pé de porco marinado no vinagre (manitas de cerdo em vinagre). Diariamente, vale a pena provar os pratos especiais. Você poderá encontrar especialidades sazonais como a caranha cozida no estilo Veracruz (com cebolas, tomates e azeitonas), pimentões recheados em molho de nozes com sementes de romã, quesadillas de brotos de abobrinha, ou molho mole feito com sementes de abóbora. Para sobremesa peça balas de coco, pudins apetitosos ou as huevas reales — ovos assados vidrados com xarope doce, o especial de sábado à noite.

Cestas de tortillas frescas, artesanais, chegam à sua mesa como mágica. Bebidas refrescantes incluem alguns sucos de frutas excelentes e potentes, deliciosas margaritas. O El Refugio é muito popular, principalmente aos sábados à noite, então faça sua reserva, e chegue cedo.

ⓘ Liverpool 166 (✆ **55/5207-2732** ou 55/5525-8128; www.fondaelrefugio.com.mx)
✈ Mexico City (9.2km/5 ¾ milhas)
$$ **Best Western Hotel Majestic**, Av. Madero 73 (✆ **52/55/5521-8600**; www.majestic.com.mx). $ **Hotel Catedral**, Calle Donceles 95 (✆ **52/55/5521-6183**; www.hotelcatedral.com).

Refeições Inesquecíveis

Tradições Globais 190

3 Frakkar
Casa do Papagaio do Mar
Reykjavik, Islândia

O jantar neste pequeno restaurante aconchegante no centro residencial de Reykjavik pode ser uma aventura, desde que você esteja disposto a manter a mente aberta. Os frutos do mar são o principal ingrediente do menu, mas são frutos do mar como você nunca comeu antes. O chef Úlfar Eysteinsson resolveu fazer do seu restaurante uma vitrine para as delicadezas mais exóticas da Islândia, e este pode ser o melhor lugar da cidade para prová-las.

As especialidades incluem o *plokkfiskur*, peixe picado acompanhado pelo tradicional pão preto Islandês; o *smjörkteikt lúduflök*, um alabote frito na manteiga fantástico que vem com lagosta e molho de lagosta; ou o *altfiskur* (filé de bacalhau salgado) frito na panela com pinhão, passas, tomate e maçã. Apesar de você poder ficar pálido de provar o sashimi de baleia ou o steak de baleia com pimenta, você pode ter certeza que o Eysteinsson só usa as baleias minke que não estão em risco de extinção, que por sinal têm um gosto delicioso, que é como uma mistura de atum e carne bovina. Seria uma vergonha não provar a truta do lago defumada que é pescada ali perto do Thingvellir, o antigo parlamento Islandês; o patê de rena também é um manjar, com um gosto de caça não muito diferente da carne de veado.

Admitimos, você pode ter o coração mole para experimentar certos pratos aqui do menu – o peito de papagaio do mar defumado (servido com molho de mostarda), o cormorão, ou arau comum. Mas se você puder tentar, descobrirá que o gosto meio de peixe, meio de ave das aves marinhas é intrigante, e Eysteinsson sabe como cozinhá-los perfeitamente (ajuda que só são

O bacalhau salgado com pinhão, passas, tomate e maçã do chef Úlfar Eysteinsson.

oferecidos na estação). Outro manjar adorado, que pode ser um gosto adquirido são as bochechas de bacalhau fritas, nuggets do tamanho de uma nós ficam rodeados por uma membrana gordurosa, muito elogiados por seu gosto saboroso. Mas é fácil se apaixonar pela famosa sobremesa Islandesa chamada de skyr, um tipo de soro batido que tem gosto parecido com uma mistura entre yogurte, creme fraiche, requeijão e sorvete cremoso.

Esta não é uma experiência de jantar luxuosa, as mesas estão umas coladas às outras de maneira aconchegante e as paredes são lotadas de enfeites náuticos. A apresentação e a carta de vinhos são uma consideração tardia, mas o serviço é rápido e o preço é uma surpresa agradável.

ⓘ Baldursgata 14 ℂ 354/552-3939; www.3frakkar.com).
✈ Internacional de Keflavik (96km/60 milhas).
🛏 $$ **Hotel Bjork**, Brautarholt 22-24 ℂ **354/511-3777**; www.keahotels/is). $$$ **Hotel Loftleidir**, HIldafótur (ℂ **354/444-4500**; www.icehotels.is).

191 Tradições Globais

F. Cooke's Pie & Mash Shop
Olá, Governador
Londres, Inglaterra

É como um conjunto para Sweeney Todd – as letras pintadas em letras douradas na placa verde em cima da porta, o balcão de mármore e os tampos das mesas no interior, os bancos de madeira simples, as paredes de azulejo amarelo brilhante, o pó de serragem no chão. O F. Cooke's (o F significa Frederick) é uma presença constante no East End desde 1910, servindo para a classe trabalhadora de Londres a comida Cockney mais icônica que há: uma torta de carne com massa retangular, servida ao lado de uma montanha de purê de batatas cremoso, nadando de forma chocante em um "liquor" de salsinha verde.

A cadeia do The Cooke não tem tantas filiais quantas costumava ter em seus áureos dias (o mesmo acontece com o seu concorrente de muitos anos, o Manze's, fundado em 1902, que você encontra no número 87 da Tower Bridge Rd.; **44/20/7407-2985**). E esta filial não é a original, apesar de ser bem aconchegante. Porém com as mudanças no East End, que está se tornando mais um lugar para a classe média, um novo público está descobrindo estes locais vintage, ainda administrados pelos descendentes do original Fred Cooke. Junto com a torta e o purê, eles também vendem enguias, outro ingrediente barato e básico Cockney. O Cooke's faz um negócio vigoroso com as enguias picadas, cortadas em cubos de meia polegada, vendidas tanto quentes (com molho) como frias (geladas em um tubo de plástico em seu próprio caldo que vira uma gelatina); você pode até ver tonéis de enguias vivas esperando para virar ensopado, na janela da entrada. Os entusiastas dizem que elas têm sabor de arenque, no entanto, mas mais substancioso.

Diferentemente de outras lojas, o Cookie's recheia as suas tortas com pedaços de carne bovina e rim, ao invés de carne moída; a massa dourada também é feita com um toque de gordura de porco, como antigamente, para um sabor extra. Apesar da comida no Cooke's ter um preço incrivelmente baixo, a família se recusa a pegar atalhos – eles se orgulham de servir as enguias mais frescas, o purê feito de batatas fresquinhas, e que o "liquor" não alcoólico verde seja feito da água onde as enguias foram cozidas, e de salsinha bem fresca.

A torta com purê e as enguias em gelatina são um mimo tão nostálgico, até o Gordon Ramsay os acrescentou ao menu de sua nova linha de gastropubs. Ainda assim, por que não ir até o East End para explorar o original?

Refeições Inesquecíveis

A bandeira original da loja está em Kackney, bem ao sul de London Fields, em uma rua que abastece os sábados com um mercado do produtor. Esqueça-se das lojas de fish and chips; esta é a comida de rua essencial em Londres.

ⓘ 9 Broadway Market (© **44/20/7254-6458**).
✈ Heathrow (24km/15 milhas); Gatwick (40 km/25 milhas).

🛏 $$$ **Covent Garden Hotel**, 10 Mon-mouth St., Covent Garden (© **800/553-6674** nos E.U.A., ou 44/20/7806-1000; www.firmdale.com). $$ **B+B Belgravia**, 64-66 Ebury St. , Belgravia (© **800/682-7808** nos E.U.A, ou 44/20/7734-2353; www.bb-belgravia.com).

Tradições Globais 192

3 Sama Sabo
Colocando a Mesa de Arroz
Amsterdam, Holanda

Por estranho que pareça, uma das refeições mais típicas que você pode ter em Amsterdam não é nada holandesa – é o rijsttafel, um costume de jantar fora desenvolvido na Holanda como uma degustação de pratos exóticos que os fazendeiros holandeses trouxeram dos três séculos de domínio na Indonésia. O nome significa "mesa de arroz" – a sua mesa de arroz ficará coberta com pratinhos, cada um com uma porção de um prato indonésio, dispostos em volta de uma travessa central de arroz cozido no vapor ou frito. Nos melhores casos é uma profusão festiva de sabores – mais comida do que qualquer um poderia comer em uma sentada (apesar de muitas vezes as pessoas comerem).

Todo habitante de Amsterdam tem o seu local preferido para comer o rijsttafel, mas o Sama Sebo, localizado próximo do Rijksmuseum, é uma preferência bem difundida. A decoração com esteiras no chão, painéis de bambu, esculturas tradicionais de madeira, e tecidos pintados à mão com técnica de batik em cores vibrantes, estabelece o clima para a festa indonésia. O rijsttafel de 23 pratos do Sama Sebo incluirá babi kejap (carne com molho de soja, vários satehs (carne grelhada em espetos com molho de amendoim), o krupuk (torrada de camarão), o gado-gado (vegetais com molho de amendoim), os sambals (vários tipos de relishes temperados), o serundeng (coco frito), rudjak manis (fruta em molho doce); e o pisang goreng (banana frita). Os nomes não tem nada a ver; a parte divertida é se aventurar e confiar nas suas próprias papilas degustativas para lhe dizerem do que você gosta, permitindo que a doçura do leite de coco se misture com a pegada da pimenta do chilli e o suave sabor de terra do molho de amendoim. Você começa pegando uma concha de arroz da sopeira, e depois acrescenta uma colherada dos vários acompanhamentos em volta dele, assim como um bocadinho do temperado sambal na beirada do prato para acrescentar um gostinho ardido. O truque é comer mordidas alternadas, em vez de diluir os gostos ao misturar o arroz com eles. Alguns itens são verdadeiramente temperos quentes, mas em geral, os efeitos memoráveis vem de temperos e molhos misturados de forma eficiente, não só do destaque do poder de fogo.

Você não conseguiu uma mesa no Sama Sebo no dia em que desejava? Outros tipos de opções na cidade incluem o **Puri Mas** (Lange Leidsedwarsstraat 37-41; © **31/20/408-0664**; www.purimas.nl) e o **Kantjil & de Tijger** (Sputistraat 291-293; © **31/20/620-0994**; www.kantjil.nl).

ⓘ Pieter Cornelisz Hoofstraat 27 (© **31/20662-8146**; www.samasebo.nl).
✈ Amsterdam Schipohl (13km/8 milhas).
🛏 $$ **Estheréa**, Single 305 (© **31/20/624-5146**; www.estherea.nl). $ **Amstel Botel**, Oosterdokskade 2-4 (© **31/20626-4247**; www.amstelbotel.com).

Tradições Globais

Au Pied du Cochon
Não Fechamos Nunca
Paris, França

O mercado de carnes de Les Halles pode não estar mais aqui, mas isso não impede que os notívagos de Paris façam sua parada tradicional no meio da noite para a famosa sopa de cebola no Au Pied du Cochon. Voltando ao tempo em que os trabalhadores do mercado precisavam de uma refeição na madrugada, era ali que eles comiam. Hoje em dia, é mais provável que ele seja frequentado nas primeiras horas do dia por chefs que aparecem para papear enquanto comem um prato de comida reconfortante depois de fecharem as portas de seus palácios da haute cuisine.

Inaugurado em 1946, logo depois da guerra, este restaurante nunca fechou as portas desde algum tempo em 1947; ele é bem iluminado e movimentado 24 horas por dia. (Reserve com antecedência para ter certeza que vai conseguir uma mesa, e insista em arrumar uma mesa na sala de refeições principal). A aparência de café vintage parisiense é igualzinha a do cinema — com lambris de madeira, acabamentos em cobre, paredes amarelas com desenhos Art Nouveau em stencil, banquetas de couro vermelho, e pequenas mesas próximas umas das outras. Talvez não seja realmente mais uma incursão genuína — é famoso demais para isto — mas o ambiente é autêntico, pode confiar. O serviço pode ser vagaroso nos horários de pico, mas afinal, isto não é fast food, é?

Além da saborosa sopa de cebola gratinada, o outro item clássico a ser pedido é aquele que recebe o nome do restaurante, o pé de porco grelhado com molho béarnaise. (Você também pode obter o pé de porco recheado com foie gras). Os frutos do mar são outra especialidade – existem dezenas de varidades de ostras disponíveis, e a travessa de frutos do mar é muito recomendada. Vários itens no menu são reminiscentes dos dias quando os trabalhadores do mercado de carne se reuniam aqui para mastigar os restos plebeus dos boxes de açougueiros, coisas como as andouillettes (salsichas chitterling) e um jarret (joelho) de porco, caramelado em mel e servido em uma cama de chucrute. Eles vem todos juntos no La temptation de St-Antoine, uma travessa que recebeu o nome de Santo Antônio, que na época medieval foi considerado o santo patrono dos salsicheiros: é uma pilha de rabos de porco grelhados, nariz de porco, e meio pé de porco, tudo servido com molho béarnaise e batatas fritas. Apesar de toda a gordura de tal façanha, muitos convivas ainda conseguem encontrar espaço para a sobremesa renomada do restaurante, o baba ao rum.

ⓘ 6 rue Coquilliere, 1e (✆ **33/1/40-13-77-00**; www.pieddecochon.com).

✈ DeGaulle (23km/14milhas). Orly (14km/8 2/3 de milha).

🛏 $$ **La Tour Notre Dame**,20 rue du Sommerard, 5e (✆ **33/1/43-54-47-60** ; www.la-tour-notre-dame.com). $ **Hotel de La Place des Vosges**, 12 rue de Birague, 4e (✆ **33/1/42-72-60-46** ; www.hotelplacedesvosges.com).

Refeições Inesquecíveis

Tradições Globais 194

Casa Lucio
A Alma da Velha Madrid
Madri, Espanha

Este lugar parece que ter estado aqui desde sempre – uma adega aconchegante assombrada por arcos de tijolos marrons arredondados, paredes de gesso branco lavado, lanternas de cobre que lançam um brilho amarelo, uma fileira de presuntos curados pendurados em cima do bar e um labirinto de pequenas salas de jantar com mesas simples de conjuntos fixos. Na verdade, Lucio Blázquez inaugurou a sua tasca de aparência antiga nesta rua estreita no ano recente de 1974, mas seu talento para um papo informal fez do restaurante que recebe o seu nome um ponto de encontro onde os movimentadores e agitadores adoram relaxar com uma refeição de comida profundamente tradicional Castelhana. Ainda se pode ver Blázquez circulando em volta das mesas, simpaticamente cumprimentando os convidados, que já incluíram o próprio rei da Espanha.

O serviço é tão hábil que você nem irá notá-lo, e o menu tem um equilíbrio enorme entre as especialidades regionais interessantes e uma lista confiável de clássicos Espanhóis antigos como o leitão, a tripa, o presunto Jabugo com vagem, o camarão em molho de alho, o barracuda com molho verde, vários tipos de carneiro assado, e o ensopado de grão de bico com linguiça conhecido como cozido, e um bife alto chamado de churrasco da casa, servido extremamente quente em uma vasilha aquecida. O prato mais famoso do restaurante, porém, é algo surpreendentemente modesto, huevos estrellados, literalmente "ovos estralados" misturados com batatas fritas, uma refeição desalinhada e extremamente satisfatória. Tão simples quanto pode parecer, é quase que impossível para qualquer um fazê-la tão bem quanto na Casa Lucio, apesar de cozinheiros em toda Madri terem tentado.

Por mais que o ambiente possa parecer relaxado, a comida possa parecer simples, a Casa Lucio não é um lugar barato, em nenhum sentido. Este é um dos pontos mais pro-

Jantar na Casa Lucio em Madrid é uma experiência essencialmente espanhola.

curados para jantar fora em Madrid, e você irá pagar pelo privilégio de jantar aqui. Mas para ingredientes de qualidade feitos de forma especial, as receitas têm que passar pelo teste do tempo, e a sensação de bem-estar que este lugar inspira, vale a pena. Como muitas coisas na conservadora Madri, diz mais respeito à tradição do que à moda, e mais sobre a substância do que sobre a aparência. Você também pode querer conferir as tapas do outro lado da rua no restaurante mais casual da mesma família, o **Taberna los Huevos de Lucio** (Cava Baja 30; **34/91/366-2984**); ao lado também tem o **Viejo Madrid** (Cava

Baja 32;℅ **34/91/366-3838**), de aparência mais rústica com vigas de madeira do tipo de um inn, que serve muitos dos mesmos pratos encontrados no restaurante principal.

ⓘ Cava Baja 35 (℅ **34/91/365-8217** ou 34/365-3252; www.casalucio.es).

✈ Madrid (3,8km/2 ½ milhas).
🛏 $$$ **Santo Mauro Hotel**, Calle Zurbano 36 (℅ **34/319-6900**; www.ac-hotels.com/ac_stomauro.htm). $$ **Hotel Opera**, Cuesta de Santo Domingo 2 (℅ **34/91/541-2800**; www.hotelopera.com).

195 Tradições Globais

Trattoria Sostanza
Fazendo Fila no Cocho
Florença, Itália

Entre os tesouros da Renascença de Florença, um restaurante de bairro que inaugurou em 1869 pode não parecer assim tão antigo. Mas em termos de restaurante, qualquer lugar que tenha sido capaz de sobreviver por quase um século e meio deve estar fazendo alguma coisa certa.

A Trattoria Sostanza é maravilhosamente despretenciosa – uma sala comprida e estreita com mesas comunitárias que se estendem ao longo da parede lateral de cada lado. Os convivas se sentam em bancos duros (ao longo da parede) e comem com vontade grandes porções de refeições de camponeses da Toscana. Apelidado de "Il Troia" (O cocho) pelo seu fluxo constante de comida substanciosa, tem uma atmosfera barulhenta, e muitos dos habitantes do local ainda se acotovelam no meio de visitantes procurando a experiência gastronômica essencial florentina.

Pode ser que você queira começar com o tortelini in brodo (massa substanciosa recheada com carne em um caldo de frango agradavelmente salgado); o crostini com uma camada grossa de fígado de frango por cima, ou a saborosa zuppa alla paesana (sopa de legumes); a torta de alcachofra é outro prato local favorito. Depois disto você vai para a escolha de massas, seja com molho de manteiga ou carne. Como prato principal, os florentinos gostam das suas carnes simplesmente grelhadas – alla Fiorentina – só com algumas ervas e um toque de óleo de oliva; você pode escolher entre a trippa *alla Fiorentina*, uma costela de vitela suculenta, ou um bife majestosamente grosso (a clássica bistecca alla Fiorentina), apesar de que pode ser difícil deixar passar a especialidade da casa petti di pollo al burro (peitos de frango altos fritos na manteiga). Acompanhamentos como o espinafre, passado em manteiga abundante e alho, ou os feijões brancos toscanos e as batatas assadas são cozidos a uma perfeição maravilhosa. Até uma simples omelete pode ser uma rica revelação feita com ovos frescos naturais, na manteiga de verdade.

A trattoria mantém as horas de funcionamento da casa. Apesar de servir almoço e jantar, fecha durante toda tarde, sábados e domingos, e durante todo o mês de agosto. Eles também não aceitam cartões de crédito. Porém, aceitam reservas – e com certeza você vai precisar de uma.

ⓘ Via Porcellana 25r (℅ **39/55/212-691**).
✈ Florence (5km/3 milhas).
🛏 $$$ **Hotel Monna Lisa**, Borgo Pinti 27 (℅ **39/55/247-9751**; www.monalisa.it). $ **Hotel Abaco**, Via Dei Banchi 1 (℅ **39/55-238-1919**; www.abaco-hotel.it).

Refeições Inesquecíveis

Tradições Globais 196

Archaion Gefsis
Prato de Platão
Atenas, Grécia

De certa forma ele é vulgar – profundamente vulgar, com colunas de gesso, tochas queimando, e garçons de togas vermelhas – toda a rotina do estilo parque temático, porém, é uma ideia genial: Recrie uma porção de receitas dos dias da Grécia antiga, como foram gravadas pelos poetas clássicos, e sirva aos convivas modernos.

É a comida grega, sim, mas tão diferente da cozinha grega dos dias de hoje, que até os moradores locais vem aqui para uma experiência nova. A pesquisa confirma que os cidadãos da Atenas antiga viviam principalmente de carne, verduras, peixe, cevada grosseiramente triturado, e mel; os principais produtos da dieta grega moderna como a batata, tomate, arroz, limão, e açúcar eram completamente desconhecidos nos tempos antigos. Dentro destes parâmetros, os chefs aqui tem sido muito criativos, inventando a enguia defumada com o aspargo; o robalo frito com pasta de grão de bico e beterraba; porco assado recheado com ameixas, alcachofras, e purê de ervilhas, pota (espécie de lula) em sua tinta com pinhão; costeleta de javali, e perna de cabrito com purê de vegetais. Avise o chef com alguns dias de antecedência, e você poderá comer um leitão assado recheado com caça selvagem, queijo, fígado frito, ovos, maçãs, castanhas, pinholi, passas e temperos.

Instalado em um solar imponente de pedra bruta, com um frontão clássico sobre a porta, os salões de refeição têm tetos com vigas de madeira, piso de lajota, e estátuas de estilo clássico em nichos de tijolo. No clima quente, você também pode comer ao ar livre em um jardim pavimentado com pedras de granito salpicado com palmeiras; à noite é muito agradável e romântico (só não olhe em certas direções para não notar os modernos arranha-céus por cima do muro). A comida é servida em tábuas de madeira e travessas de cerâmica rude; o vinho de mel é bebido em copo alto de barro. Os convivas recebem uma colher e uma faca, mas não recebem garfos, já que os gregos antigos não os utilizavam. Até a música é recriada históricamente, com músicos tocando ao vivo em réplicas das liras e gaitas antigas, e dançarinas são trazidas para tornar as noites ainda mais festivas.

Se você quiser realmente penetrar na experiência, reserve uma festa particular para até sete pessoas no salão Symposium, onde você vai se recostar em sofás individuais, usar robes e sandálias, e até ter uma coroa de louros colocada na sua cabeça enquanto discutem de forma erudita a arte, a política e a filosofia à mesa de jantar. Beba o suficiente deste vinho de mel e você vai pensar que soa erudito de qualquer maneira.

ⓘ 22 Kodratou St. (✆ **210/523-9661**; www.thematic-dining.gr/arxaion).
✈ Aeroporto Internacional de Atenas Eleftherios Venizelos (36km/23 milhas).
🛏 $$ **Athens Art Hotel**, 27 Marni (✆ **30/210/524-0501**; wwww.arthotelathens.gr). $$ **Hermes Hotel**, 19 Appolonos St. (✆ **30/210/323-5514**; www.hermes-athens.com).

197 Tradições Globais

Thiptara
À Margem do Rio
Bancoc, Tailândia

A maior parte dos hotéis tem uma opção de comida tailandesa, muitos deles instalados em belos jardins à beira do rio. Mas há algo superespecial a respeito da península chamada de Thiptara, onde você pode se sentar ao ar livre em um pavilhão aninhado entre jardins ao longo das encostas do rio Chao Phraya, jantando a comida autêntica Thai à luz de tochas flamejantes.

A comida Thai na Tailândia pode ser bem diferente da comida cheia de molhos que você experimentou nos restaurantes Thai no ocidente. Os restaurantes como o Thiptara se orgulham de oferecer "o estilo de comida tailandesa caseira" para ressaltar o fato de que a comida é simples e saborosa ao invés de ser altamente trabalhada. O jantar a beira d'água parece apropriado, dado o fato que os frutos do mar são o sustentáculo da cozinha autêntica tailandesa; mesmo quando há carne, ela é acrescentada apenas em quantidades pequenas. Os restaurantes de grandes hotéis invariavelmente suavizam os seus sabores para os ocidentais (avise o seu garçom que você prefere os pratos perfeitamente temperados). Lembre-se que isto não diz respeito ao calor, porém – a comida Thai autêntica se fundamenta mais nas ervas do que nos temperos, então até os curries mais quentes não queimam sua boca por muito tempo.

O menu fixo do Thiptara inclui nove pratos, uma degustação ampla dos diferentes sabores thai. Pode-se iniciar com um aperitivo de panquecas crocantes de camarão ou tortinhas de frango e cogumelo; então peça a salada (a salada de tulipa frita com camarão é particularmente boa); seguida de uma sopa quente temperada, geralmente incluindo algum tipo de frutos do mar e óleo de capim limão ou coco. Se você estiver morrendo de vontade de experimentar o macarrão pad thai, mas não teve coragem de comer nas bancas na rua, você pode comer um excelente pad thai goong aqui. Entre as entradas, o curry de pato é particularmente bom, assim como o peixe prego frito agridoce. Para a sobremesa, você pode apreciar o arroz doce com manga, ou o mais exótico pollamai nampheung, uma sobremesa para duas pessoas de frutas tailandesas assadas em mel, com toques de chilli e baunilha, servidas com um refrescante sorbet de limão.

Os pavilhões, com seus tetos inclinados curvos, são genuínos, despachados da capital antiga de Ayutthaya e montados novamente aqui em decks de madeira de teça à sombra das figueiras de Bengala. Apenas duas mesas estão colocadas a cada lado do pavilhão, fazendo com que sejam silenciosas e privadas. Há outras mesas a céu aberto também, localizadas bem à margem do rio. O hotel é abaixo no rio, vindo do centro de Bancoc, em Thonburi; você pode chegar lá com o translados gratuitos do Peninsula Hotel, seja a partir do Saphan Taksin BTS ou do píer particular do próprio hotel ao lado do Hotel Shangri-la.

ⓘ 333 Charoen Nakhom Rd. (✆ **66/2/861-2888**; www.peninsula.com).

✈ Internacional de Bangkok.

🛏 $$$ **Peninsula Hotel**, 333 Charoen Nakhorn Rd. (✆ **800/262-9467** ou 66/2/861-2888; www.peninsula.com). $$ **Chakrabongse Villas**, 396 Maharat Rd. (✆ **66/2/224-6686**; www.thaivillas.com).

Refeições Inesquecíveis

Tradições Globais 198

Hyotei
A Arte Zen de Kaiseki
Kyoto

É claro que em Tóquio há restaurantes que estão satisfeitos por oferecer a você uma refeição kaiseki formal. Mas se você busca a experiência kaiseki definitiva, vá a Kyoto, a bela e graciosa capital anterior do Japão. É onde encontrará os restaurantes kaiseki mais tradicionais, aqueles que elevaram o jantar de cerimônia do chá a uma forma de arte. De todos os pontos kaiseki em Kyoto, nenhum é mais adorável do que o Hyotel. Fundado há mais de 300 anos como uma casa de chá para os peregrinos que visitam o Templo Nanzenji, ele se tornou um santuário em si, servindo uma refeição que valerá os milhares de yen que lhe custará.

Originalmente, as refeições kaiseki deveriam ser repastos vegetarianos simples, servidos antes dos rituais austeros da cerimônia do chá. Mas ao longo dos séculos, as classes aristocráticas de Kyoto começaram a elaborar em cima desta refeição, acrescentando mais e mais elementos do ritual da corte, até que o kaiseki se tornou uma procissão de pratos, cada um no seu próprio recipiente especial, a ser apresentado de uma certa maneira. Enquanto as formas de kaiseki são prescritas de maneira precisa pelo costume, dentro destes limites os cozinheiros kaiseki são desafiados a serem criativos, usando apenas ingredientes mais próximos da estação e surgindo com formas cada vez mais artísticas para guarnecer, esculpir e arrumar cada porção.

Quando chegar para a sua refeição kaiseki, você será levado a uma das várias casinhas separadas em volta do maravilhoso jardim formal com um lago, plátanos, e arbustos. (A mais velha destas casas tem mais de três séculos de idade.) Você irá jantar sentado no chão de tatami em uma sala separada, onde mulheres vestindo quimono trarão a comida você. Talvez até se surpreenda ao ver o quanto cada porção é pequena, porque o kaiseki não é para empanturrar-se. É para a beleza de como cada prato é apresentado, e sobre os preparos sutis que fazem você experimentar a comida com todos os seus sentidos – sopas fragrantes, sashimi acetinado, nacos grelhados ou refogados de carne ou peixe, nuggets de vegetais ou tofu crocantes cozidos no vapor, vegetais azedos em conserva, uma porção de frutas perfeitamente maduras. Você se encontrará dentro de um ritual, assistindo atentamente à medida que cada vasilha com tampa ou caixa laqueada é apresentada como um presente precioso.

Exigem-se reservas. Os almoços kaiseki são um pouco mais baratos do que jantares, apesar de ambos terem preços na faixa acima dos $ 200. O Hyotel também tem um anexo, ou bekkan, que serve almoços obento na estação, servido em caixas laqueadas no tatami comunitário, com vistas para o jardim. Eles são uma experiência maravilhosa também, mas não são nada de extraordinário quando comparados a um kaiseki.

ⓘ 35 Kusakawa-cho, Nanzenji (✆ 81/75/771-4116; www.igougo.com/dining-reviews-b109337-Kyoto-Hyotel.html).

🚆 Kyoto, 2 ½ horas de Tóquio, 75 min. do Aeroporto Internacional de Kansai.

🛏 $$$ **ANA Hotel Kyoto**, Nijojo-mae, Horikawa Dori, Nakagyo-ku (✆ **800/ANAHOTELS** nos E.U.A. e no Canadá, ou 81/75/231-1155; www.anahotels.com). $ **Matsubaya Ryokan**, Higashinotouin Nishi, Kmijuzuyamachi Dori, Shimogyo-ku (✆ **61/74/351-3727** ou 61/75/351-4268; www.matsubayainn.com).

4 Pé na Estrada na América

Pratos típicos ... 184
Pizzarias ... 200
Paraísos do Churrasco ... 206
Cabanas de Frutos do Mar ... 212
Delis ... 220
Tex-Mex ... 225
Diners & Drive-ins ... 229
Chinatowns ... 242

Garçonetes ainda entregam os pedidos, como têm feito por décadas no Superdowg Drive-in.

Pé na Estrada na América

Pratos típicos 199

Buffalo Wings
Cuidado com Búfalos voadores
Buffalo, Nova Iorque

Atualmente, todos os tipos de alimentos que são fritos e cobertos com molho de pimenta cayenne recebem o nome de "à moda de buffalo". Isso à buffalo, aquilo à buffalo, brincando com a associação com as asinhas picantes de Buffalo. Mas, na cidade de Buffalo, em Nova Iorque, ninguém se refere ao mais famoso prato local como qualquer coisa à búfalo – são apenas asas de frango picantes, asas de frango ou asas. De que outra maneira poderiam ser preparadas as asas de frango por aqui?

Geralmente, reconhece-se o Anchor Bar como o local de origem das asas à moda de Buffalo. Administrado por Frank e Teresa Bellisimo, esse poço à beira do centro da cidade abriu em 1935. Mas foi numa noite de sábado, em outubro de 1964, que Teresa arranjou às pressas esse lanche picante de bar. Desesperada, ela pegou algumas asas de frango que estavam separadas para um caldo, picou-as em metades fáceis de segurar (cochinhas e pontas da asa) e jogou-os numa frigideira, cobrindo-os com um molho picante de pimenta na manteiga. Esse molho picante, em contraste especial com o molhinho de blue cheese cremoso, que ela serve ao lado, juntamente com alguns palitos de salsão crocante que limpam o paladar, foi perfeito para despertar as papilas gustativas depois da meia-noite. E, claro, não foi nada mal que os fregueses ficassem logo com sede e pedissem mais uma rodada de cerveja.

O Anchor logo ficou famoso por suas asas picantes – que foram então copiadas em toda a cidade, suplantando a comida de bar preferida de Buffalo, o beef on weck. (Esse delicioso sanduíche – cortado fino, malpassado, no sal grosso e sementes de cominho e servido em seu suco – também está no menu do Anchor, claro). Mas, enquanto o beef on weck continua sendo um prato exclusivo de Buffalo, nos anos 1980, as asas picantes de Buffalo começaram a aparecer nos menus em todo o país, incluindo algumas encarnações posteriores nas quais as asas eram passadas na farinha de rosca antes de serem fritas – uma heresia para os puristas das asas de Buffalo.

Há algo no inverno de Buffalo, onde elas foram inventadas, que faz o calor das asas picantes serem particularmente convidativas. Por trás da fachada de tijolos vazados, o Anchor Bar continua parecendo o ponto de encontro dos beberrões, com acabamentos de madeira que sempre foi, com exceção de uma confusão de artigos de jornais emoldurados e fotos de celebridades e a parede cheia de placas de carros doadas por visitantes de todo o país. O filho de Teresa e Frank, Dominic, continua administrando o bar. O resto do menu inclui sanduíches, pizzas e alguns pratos tradicionais italianos, mas as asas continuam sendo o motivo da fama do Anchor Bar. Elas são carnudas, sem farinha de rosca (claro) e imersas no molho especial gorduroso de pimenta, que agora o Anchor vende em garrafas. Você pode facilmente encontrar astros dos esportes que visitam a cidade para jogar com o time de futebol americano, Bills, ou o time de hockey, Sabres, comendo no Anchor Bar na noite anterior aos jogos – as asas são tentadoras demais para se resistir.

ⓘ 1047 Main St. (✆ **716/886-8620**; www.buffalowings.com).
✈ Internacional de Buffalo (9 ½ milhas/15 km).
🛏 $$$ **The Mansion on Delaware**, 414 Delaware Ave. (✆ **716/886-3300**; www.mansionondelaware.com). $$ **Comfort Suites Downtown**, 601 Main St. (✆ **800/424-6420** ou 716/854-5500; www.choicehotels.com)

Pratos típicos

Philly Cheese Steak
Com X ou Sem X
Philadelphia, Pennsylvania

Na Filadélfia, claro, esse prato nunca é chamado de bife com queijo "Philly" – é simplesmente bife com queijo e é a especialidade mais icônica de um lugar que realmente ama suas especialidades locais. Você pode pedir com ou sem queijo, mas é um sanduíche de bife. Você pode pedi-lo com mussarela e molho de tomate, que é o sanduíche de pizza. Mas essas variações são um sacrilégio para os apreciadores puristas do bife com queijo, que admitem somente duas opções: "wit" (com cebolas fritas) ou "witout" (sem cebolas).

A maioria dos historiadores aponta os irmãos Pat e Harry Olivieri como sendo os primeiros a fazer os sanduíches de bife, numa tarde de 1933, em sua barraca de cachorro quente, perto do mercado italiano. Eles fatiaram finamente um pouco de bife barato, fritaram com cebolas e colocaram tudo num pão de cachorro-quente. Os clientes gostaram tanto do novo sanduíche que os irmãos Olivieri logo mudaram o nome de sua barraca para **Pat's King of Steak**. Continua a ser administrado por membros da família Olivieri. O Pat's permanece no lugar original em South Philly, numa esquina bagunçada e cheia de torres na 9 th Street e Passyunk Avenue, facilmente identificado pelas filas que se formam ao longo da calçada – principalmente tarde da noite, já que o Pat's fica aberto 24 horas. O serviço é literalmente de pé, lugares para sentar são limitados, e só aceitam dinheiro vivo. Depois de todos esses anos, ele continua a ser uma cena.

Quando a competição surgiu em toda a cidade, entre 1940 e 1950, o maior rival do Pat's estava bem em frente, na intersecção: o **Geno's Steak**, que foi inaugurado com uma chama espalhafatosa de neon, em 1966 (isso que é rival mano a mano). O Geno também abre 24 horas por dia, só aceita dinhei-

Uma opção X-tudo no Pat's – casa do original sanduíche de bife South Plilly.

ro e também tem longas filas, apesar delas andarem mais rapidamente – leia os sinais nas paredes cheias de fotos para descobrir o protocolo complicado do pedido quando se chega ao balcão. A escolha mais irritante para quem vai pela primeira vez pode ser decidir qual tipo de queijo você quer. Tradicionalmente, os do time do Geno preferem provolone (ou, uma pitada de queijo americano) enquanto os do Pat's escolhem uma gordurosa camada de Cheez Whiz – só não peça queijo suíço.

Apesar de Pat's e Geno serem os mais famosos, há muitos outros cantos que vendem sanduíches de bife pela cidade. Não leva muito tempo para fazer com que um residente da Filadélfia entre no assunto de quem é melhor, e o Geno e o Pat's são muito atacados pelos esnobes do bife com queijo, que os acusam de serem turísticos e caros.

Ainda assim, ao julgar a qualidade do bife com queijo, você tem que aceitar que ele é, acima de tudo, uma comida de rua. Um autêntico sanduíche de bife com queijo precisa dos cortes mais baratos de carne, das cebolas mais gordurosas, dos pães mais leves, e sim, do gosto de plástico do Cheez Whiz para ser perfeito.

ⓘ **Pat's**, 1237 E. Passyunk Ave. (✆ **215/468-1456**; www.patskingofsteaks.com). Geno's, 1219 S. 9th St. (215/389-0659; www.genosteaks.com).

✈ Internacional de Philadelphia (11 milhas/17 km).

🛏 $$$ **Rittenhouse 1715**, 1715 Rittenhouse Sq.(✆ **887/791-6500** ou 215/546-6500; www.rittenhouse1715.com). $$ **Penn's View Hotel**, 14 N. Front St. (✆ **800/331-7634** ou 215/922-7600; www.pennsviewhotel.com).

Pratos típicos 201

Crab Cakes
Tudo Azul em Cheasapeake
Leste de Maryland

Para a maioria dos moradores de Maryland, o verão não é verão até que tenham degustado um prato de bolinhos de caranguejo, moldados com carne fresca de caranguejo, cobertos com farinha de rosca úmida e perfeitamente fritos. Apesar de os caranguejos azuis viverem ao longo da costa atlântica, os da baía de Chesapeake parecem ser mais carnudos, mais doces e muito mais saborosos, principalmente se você for sortudo o suficiente para comê-los no mesmo dia em que foram pescados. É claro que para fazer isso você tem que estar aqui entre maio e outubro – mas, se você vier, é uma viagem que deve satisfazer seu desejo por bolinhos de caranguejo.

O que você está procurando são bolinhos de caranguejo feitos com pouco ou nenhum recheio, e somente com caranguejos azuis. (Infelizmente, por causa da diminuição drástica da produção de Chesapeake, alguns restaurantes de Maryland, na verdade, servem caranguejos migrantes da Carolina do Norte,

Flórida ou Texas). Começando por Baltimore, siga para o distrito histórico de Fells Point e **Obrycki's** (1727 E. Pratt St. (✆ **410/732-6399**; www.obryckis.com), que põe um luxuoso brilho na tradicional fachada da casa de caranguejo de paredes de tijolos – apesar de as mesas de madeira brilhante continuarem a ser cobertas por papel, para que os clientes possam quebrar seus caranguejos cozidos com martelos de madeira. O Obrycki's tem feito seus bolinhos de caranguejo da mesma maneira, desde 1944 – uma mistura de carne de caranguejo, ligada por um pouquinho de ovo e miolo de pão temperado.

Depois disso, dirija-se ao sul de Annapolis, onde o **Cantier's Riverside Inn**, à beira da praia (458 Forest Beach Rd. (✆ **410/757-1311**; www.cantiers.com), traz caranguejos por um transportador direto do píer. No verão, você se sentará do lado de fora, ao longo das mesas de piquenique comunitárias, assistindo aos clientes amarrarem seus barcos no ancoradouro do restaurante. Os bolinhos de caranguejo do Cantler's são conhecidos por serem grandes e carnudos. Peça os mais caros, feitos de carne sólida e selecionada de caranguejo. A uns minutos de carro, a sudoeste de Annapolis, o **Mike's Crab House** (3030 Riva Rd. Riva (✆ **410/956-2784**; www.mikescrabhouse.com) é outro lugar descontraído à beira-mar, com uma sala de jantar de madeira iluminada e um grande deck de onde você pode ver o South River enquanto saboreia seus bolinhos de caranguejo feitos de carne sólida, servidos fritos ou cozidos.

De Annapolis, pegue a Rota 50 do outro lado da Chesapeake Bay Bridge, e depois o sul, ao longo da orla de Eastern Shore, principal território do bolinho de caranguejo. Dê uma parada em Easton para experimentar a lendária sopa cremosa de caranguejo, no animado pub **Legal Spirits** (42 E. Dover St., ✆ **410/820-0765**). Depois pegue a Rota 13 para Crisfield, para provar o excelente bolinho de caranguejo no **Captain's Galley** (1021 W. Main St., ✆ **410/968-0544**), um simples restaurante moderno com uma vista bonita sobre o Tangier Sound. Pode não ter aquela aparência de carne de caranguejo desfiada, mas a carne de caranguejo em seus carnudos bolinhos levemente temperados é garantidamente proveniente da baía e são infalivelmente deliciosos.

✈ Internacional de Baltimore-Washington (10 milhas/16 km).

Uma pilha de caranguejos frescos esperando o martelo no Obrycki's Baltimore.

🛏 $$ **Brookshire Suites**, 120 E. Lombard St. Baltimore (✆ **886/583-4162** ou 410/625-1300; www.harbormagic.com). $$ **1908 William Page Inn**, 8 Martin St. Annapolis (✆ **800/364-4160** ou 410/626-1506; www.1908.williampageinn.com)

202 Pratos típicos

Soul Food, D.C.-Style
Shaw's Diner Classics
Washington, D.C.

Assista aos noticiários da TV e você pensará que Washington D.C. é uma cidade habitada apenas por políticos gentis, atuando fora da cúpula branca e com cadeiras poderosas enfileiradas. Mas a verdade é que D.C. é uma grande cidade negra com uma história cultural complexa. Para cada jantar caro pedido em restaurantes luxuosos de Georgetown e K Street, ao noroeste, no distrito de Shaw, há um prato de saboroso frango frito ou uma vasilha de chili sendo servido.

Bill Cosby reunia-se no **Ben's Chili Bowl**, no começo dos anos 1960, quando ainda era um aspirante a comediante, atuando em um dos clubes da redondeza, U Street, que recebeu o apelido de "Black Broadway".

Tendo sido nomeado um American Classic pela Fundação James Beard, o Ben's Chili Bowl é um elemento central do U Street Corridor, em Washington, D.C., por décadas.

Em 1985, quando o Cosby Show atingiu o número um no índice de audiência da TV, onde Cos atuou na sua coletiva de imprensa? No Ben's. Tendo sido nomeado um American Classic pela Fundação James Beard, o Ben's continua a ser administrado pela família Ali. Seu famoso chili semidefumado – chili picante sobre salsicha rapidamente defumada, que é metade carne de porco e metade carne bovina – não mudou muito desde a sua inauguração, em meados de 1958, numa antiga sala de bilhar perto do Lincon Theater. A vizinhança enfrentou motins, renovação urbana e a construção das linhas de metrô, mas os eficientes e alegres empregados por detrás do balcão do Ben's (o original balcão de fórmica e bancos, claro) continuam a despejar o detectável chili de carne ou vegetais sobre quase tudo – cachorros-quentes, hambúrgueres, batatas fritas – eles o servem até mesmo no café da manhã, se você quiser. Muito bem iluminado de madrugada (eles não fecham antes das duas da manhã, na maioria das noites, e às 4h da manhã, às sextas e sábados), é uma âncora muito amada dessa vizinhança tradicionalmente de população afro-americana – apesar de sua clientela ser muito mais racialmente misturada atualmente, já que os hippies modernos fizeram dele um refúgio da noite.

Três quadras ao norte, o **Florida Avenue Grill** oferece um menu de refeições mais amplamente soul, que vai de costelas de porco e uma variedade de pernis com molho red-eye (feito de gordura do assado e café) até a couve manteiga, batata-doce ou inhame cristalizado, o mac-and-chesse – há até mesmo miúdos e pé-de-porco, para os que são dispostos a tal. O café da manhã é a grande atração aqui, filas são formadas do lado de fora, esperando pelo creme de aveia e molho de carne, panquecas finas, o delicioso scrapple. Esse canto da moda está aqui desde 1944 e suas paredes são cheias de fotos de poderosos que desfilaram em suas botas apertadas ou aconchegaram-se no longo balcão de fórmica cor-de-rosa através os anos. O serviço é amigavelmente Familiar (apesar de ser limitadamente Familiar, às vezes). Se encontrar poças de gordura em seu prato – e você irá – coma com um biscoito folheado de leite ou um bom pedaço de pão de milho, e um gole de seu terceiro copo de chá doce.

Ben's Chili Bowl, 1213 U St. (🕾 **202/667-0909**; www.benschilibowl.com). **Florida Avenue Grill**, 1200 Florida Ave. (🕾 **202/265-1586**).

✈ Nacional Reagan (3 milhas/5 km); Internacional Dulles (26 milhas/41 km); Baltimore-Washington International (35 milhas/56 km).

🛏 $$ **Four Pints by Sheraton**, 1201 K St, NW (🕾 **202/289-7600**; www.fourpoints.com/washingtondcdowntown). $$ **Georgetown Suites**, 1111 30th St. NW (🕾 **202/298-1600**; www. Georgetownsuites.com).

Pratos típicos

Cincinnati Chili
Com 5 Variações de Hot Dog
Cincinnati, Ohio

Quando se fala de chili, os cidadãos de Cincinnati têm sua própria linguagem. Aqui, o chili vem servido sobre o espaguete ou sobre um cachorro-quente; você pode pedir um 3-way (com queijo chedar ralado), um 4-way (com queijo e cebolas picadas), ou um 5-way (com queijo, cebolas, e feijão roxinho e um acompanhamento de salgadinhos oyster crackers – X tudo). Mas não importa como eles peçam o chili, os cidadãos de Cincinnati consomem mais chili per capita do que qualquer outra cidade no país.

O estilo de chili de Cincinnati não é o chili com carne como você tem no Texas – é o seu próprio prato especial: um ensopado fino, mas saboroso de carne bovina finamente moída com ingredientes aromáticos como o chocolate e a canela, em vez das pimentas picantes. Não é surpreendente uma vez que você aprende que o chili de Cincinnati foi refinado em restaurantes pertencentes a imigrantes gregos e macedônios – é realmente uma adaptação das receitas Mediterrâneas de faisão. A primeira loja clássica de chili, o **Empress Chili**, inaugurou no centro, em Vine Street, em 1922; os chefs de chili do Empress finalmente iniciaram os seus próprios restaurantes com receitas ligeiramente diferentes: o **Dixie Chili** (inaugurado em 1929, ao sul do outro lado do rio, em Kentucky) e o Skyline Chili (inaugurado em 1949). Há outro peso pesado na cidade, o **Gold Star Chili**, inaugurado em 1965. Todas essas casas abriram redes – o Skyline e o Gold Star, na verdade, cada um tem mais de 100 filiais, por toda Ohio, Indiana e no norte de Kentucky. Cada um tem o seu próprio "segredo" cuidadosamente guardado de receita de chili, e apesar de todos se parecerem com casas de fast-food, o chili é geralmente supremo (o do Gold Star tende a ser um pouco mais grosso e pedaçudo). Para compará-los, vá até a seção Harwell no lado norte, onde encontrará um **Empress Chili** no número 8340 da Vine St. (℅ 513/761-5599), um Gold Star Chili dobrando o quarteirão no número 21 da E. Galbraith Rd. (℅ **513/761-8633**), e um **Skyline Chili** a alguns quarteirões a oeste em Arlington Heights, a norte da Galbrait no número 8506 da Reading Rd. (℅ **513/821-1800**).

Porém, não há como uma cadeia possa competir com a qualidade do chili servido em pequenos restaurantes independentes. O **Camp Washington Chili** (3005 Colerain Ave.; ℅ **531/541-0061**; www.campwashingtonchili.com) existe desde 1940, em seu edifício original desde o ano 2000, quando ele se mudou para o outro lado da rua. Como as redes de restaurantes, ele é administrado por uma família de imigrantes gregos; diferentemente das redes, ele foi mencionado pela Fundação James Beard como um clássico restaurante regional ame-

O Chili vem com espaguete ou cachorro-quente no Camp Washington Chili em Cincinnati.

189

ricano. A sua carne bovina moída é fresca de toda manhã e o cheddar, que é ralado para o 3-Way, é um cheddar envelhecido de verdade. Com a sua decoração genérica de lanchonete, ele pode ser tudo menos um elegante ponto de encontro, mas um quadro de clientes fiéis assinam embaixo. Então há aqueles que votam no **Price Hill Chili** (4920 Glenway Ave. # 2; ✆ **531/471-9507**; www.pricehillchili.com), um café vintage em West Cincinnati, fundado em 1962; ele é conhecido por sua versão mais pedaçuda, mais suave do chili clássico, assim como os grandes cafés da manhã e sanduíches finos.

✈ Internacional de Cincinnati/Norhern Kentucky (24 milhas/38 km).

🛏 $$ **Millennium Hotel Cincinnati**, 150 W. 5th St. (✆ **800/876-2100** ou 531/352-2100; www.millennium-hotels.com). $$ **The Cincinnatian Hotel**, 601 Vine St. (✆ **800/942-9000** ou 531/381-3000; www.cincinnatihotel.com).

Pratos típicos 204

Country-Style Fried Chicken
Um Clássico do Sul dos EUA
Atlanta, Georgia

Todo mundo tem uma visão diferente de como deveria ser o gosto de um frango frito perfeito – e isso provavelmente se baseia na forma como sua mãe costumava fazê-lo (ou a sua avó, ou quem quer que fosse a fada do frango frito na sua família). A não ser que, é claro, ninguém na sua família soubesse fazer frango frito, nesse caso, você realmente tem que visitar Atlanta para descobrir como ele é feito.

Vamos começar com o clássico: **Mary Mac's Tea Room** (224 Ponce de Leon Ave. NE; ✆ **404/876-1800**; www.marymacs.com), um bastião da cozinha tradicional do sul que está no ramo desde 1945. (Sabia-se que Jimmy Carter almoçava nesse salão de refeições de paredes amarelas alegres quando era governador). O Mary Mac's faz o seu famoso frango frito empanado com creme de manteiga e farinha, com uma cobertura dupla que sai da fritadeira ondulada e crocante. O grosso molho de miúdos é essencial, e a lista de acompanhamentos possíveis é infinita, incluindo o feijão fradinho, os tomates-verdes fritos, o purê de batata, a mandioca frita, o macarrão com queijo, o suflê de batata-doce, e mais.

Um pouco abaixo, na mesma rua do Mary Mac's, o **Watershed** (406 W. Ponce de Leon Ave., Decatur; ✆ **404/378-4900**; www.watershedrestaurant.com), uma lanchonete/wine bar descolada em um antigo posto de gasolina, que está no ramo há apenas dois anos. Mas o chef, Scott Peacock, aprendeu sua arte com a grande dama da culinária do sul dos E.U.A., Edna Lewis – eles escreveram, juntos, um livro de culinária, The Gift of Southern Cooking – e seu frango frito ganha elogios dos gastrônomos do Sul. Peacock coloca o seu frango na salmoura antes para que fique úmido, então o passa no creme de manteiga para que fique picante, e finalmente frita em uma mistura de gordura e manteiga doce para que fique bem crocante. Mas tem uma pegadinha – o Peacock só faz o frango frito uma vez por semana, toda quinta (ele dá muito trabalho para manter no menu diário). Eles só aceitam reservas para grupos grandes, então apareça cedo e aguarde a lista de espera – todos querem um pedaço do frango frito do Peacock.

A algumas quadras a oeste, na direção do centro da cidade, você encontrará o **Gladys Knight and Ron Winan's Chicken & Waffles** (529 Peachtree St. NE.; ✆ **404/874-9393**; www.gladysandron.net), onde o tempero do crocante frango frito dourado é um pouco mais apimentado e vem servido com waffles doces fofos (uma comida reconfortante vintage do Harlem para combinar). Fundado por cantores veteranos do soul, Gladys Knight e o falecido Ron Winans, o salão de refeição com lambri de madeira tem cantos de couro confortáveis e paredes cheias de memorabilia.

Finalmente, siga na direção norte para o **Colonnade** (1879 Cheshire Bridge Rd. NE.; ☎ **404/874-5642**), para descobrir o retorno definitivo da culinária do sul dos E.U.A., um restaurante labiríntico e despretensioso que está no mesmo lugar desde 1927. Não se deixe enganar pela decoração de coffee shop vintage dos anos 1950: o frango frito é soberbo, com uma massinha crocante, porém, bem suculenta por dentro, e é servido com um molho cremoso salpicado de pimenta. O fígado de frango frito é outro regalo que você não encontra em muitos menus nos dias de hoje, e não perca os rolinhos divinamente fofos de massa fermentada.

✈ Internacional de Atlanta (12 milhas/20 km).
🛏 $$$ **The Georgian Terrace Hotel**, 659 Peachtree St. (☎ **800/651-2316** ou 404/897-1991; www.thegeorgianterrace.com). $$ **Hotel Indigo**, 683 Peachtree St. (☎ **404/874-9200**; www.hotelindigo.com).

205 Pratos típicos

That Catfish Place
Algo Cheira a Peixe na Taylor Grocery
Taylor, Mississippi

A frente de loja prejudicada, com uma placa desmaiada de lata de coca-cola sobre a entrada, uma bomba de gás enferrujada na frente, e a porta de tela raspada aberta, parece mais um lugar aposentado do que um dos melhores restaurantes de frutos do mar do Mississipi. As aparências enganam, porém; essa loja de um século de idade no parado vilarejo do sul de Taylor, a 13 km (8 milhas) ao sul de Oxford, nas montanhas do norte do Mississipi, foi transformado em um restaurante nos anos 1970. Desde então, ele ficou famoso por servir um dos melhores peixes-gato do Mississipi, o epicentro da culinária do peixe-gato. Apesar de sua famosa cozinheira, Mary Katherine Hudson, não ser mais a fritadeira, sob nova direção – do nativo de Taylor, Lynn Hewlett e sua mulher, Debbie – o restaurante de beira de estrada ainda está tinindo como sempre.

O peixe-gato da Taylor Grocery usa só peixes do lago do local (o peixe-gato selvagem é mais difícil de encontrar), e, apesar de ser congelado por um tempo para evitar que estrague, ele ainda tem um sabor substancioso de fresco. Ele é servido de todas as maneiras – em filé ou servido inteiro com osso; frito empanado, em estilo creole do Mississipi (temperado), ou simplesmente grelhado. A versão frita é um pouco mais temperada do que o típico peixe-gato frito – ele é mergulhado no ovo, leite, molho inglês, e molho temperado antes de ser passado na massa de farinha de milho, e então frito em uma temperatura um pouco mais baixa, e o peixe ainda está molhadinho e escamoso. O menu lista bifes, camarão, frango, e mignon de porco também, mas a maioria das pessoas escolhe o peixe-gato, como numa festa de coma tudo o que puder. Um acompanhamento de bolinhos hush puppies – bolinhas fritas de massa de fubá – é um presente. A decoração é vintage de beira de estrada, com paredes de lambri de madeira, toalhas xadrez de mesa, e grafite absolutamente em todo canto.

A Taylor Grocery segue o seu próprio ritmo idiossincrático – almoço só de Buffet, de segunda a sexta, com jantares acrescentados de quinta a domingo. Este Buffet de almoço serve só carne e verduras; você vai ter que esperar até quinta-feira pelo peixe-gato. Nos finais de semana, há música ao vivo também, uma mistura intercalada de bluegrass e blues. Geralmente, há uma fila de espera, mas ficar ali na entrada esperando é uma experiência memorável por si só. *Observação:* Taylor é uma cidade seca, portanto, o restaurante não serve álcool. **Observe com cuidado:** a maioria dos clientes chega carregando o seu copo de isopor de várias bebidas anônimas. Tire suas próprias conclusões.

✈ Internacional de Memphis (65 milhas/105 km).

🛏 $$ **Oliver-Britt House Inn**, 512 Van Buren Ave., Oxford (✆ **662/234-8043**; www.oliverbritthouse.com). $ **Comfort Inn**, 1808 Jackson Ave. S., Oxford (✆ **662/234-6000**; www.comfortinns.com).

ℹ 4 County Rd., 338 # A (✆ **662/236-1716**; www.taylorgrocery.com).

Pratos típicos 206

Frango quente de Nashville
Sinta o Fogo
Nashville, Tennessee

Frango frito? Somente para os fracos, se você for um viciado em frango picante de Nashville. E ele pode ser viciante mesmo – o impulso para abrir a porta do inferno e a sensação de ainda-estou-aqui depois de uma ave tão temperada. Não é uma questão de espalhar o molho picante, como com asas, ou mesmo de jogar a pimenta no empanado, mas de temperar profundamente a ave antes de fritar, para que o picante chegue até o osso. (É claro, a pele dourada formando uma casquinha também é ardente – por que parar agora?). Quando feito corretamente – o que inclui a fritura em uma frigideira de ferro – a carne de frango ainda está suculenta e macia. A experiência toda é uma montanha russa sensorial, e para alguns caçadores de emoções culinárias, isso é irresistível.

O lugar número um para adquiri-lo, sem dúvidas, é o **Prince's Hot Chicken**, um ponto maneiro no extremo norte da cidade, com uma fachada de vidro pintado à mão, alguns recantos de madeira, paredes de um turquesa vistoso, o linóleo xadrez gasto no piso, e um balcão de madeira caindo aos pedaços. Você pode pedir o seu frango – seja um quarto ou metade do peito, da coxa – em quatro níveis de apimentado: até o nível chamado de leve pode limpar suas narinas, o médio fará com que você fique suando, e o quente evoca visões do Vesúvio. São realmente necessárias semanas de condicionamento antes de provar o extra-apimentado – até os viciados em molho apimentado admitirão que suas bocas não têm proteção suficiente para o extra-hot. Previna-se: o serviço pode ser grosseiro, o lugar é sujo, fica em uma parte duvidosa da cidade, e você terá que esperar por 45 minutos nos horários mais movimentados para comer. Ah, e eles não servem bebidas (apesar de haver uma máquina de venda automática). Para os viciados em frango apimentado, é claro, tudo isto só estimula o apetite.

Apesar dos muitos outros botecos de frango apimentado na cidade, os aficionados defendem que só o **Bolton's Spicy Chicken & Fish** pode competir com o Prince's. Mais próximo do centro da cidade, em um quarteirão cinza sujo de carvão no leste de Nashville. O Bolton's é principalmente um lugar de comida para viagem – só há algumas mesas na pequena "sala de refeições" de paredes cor-de-rosa –, mas o serviço é mais simpático do que no Prince's e você não terá que esperar por tanto tempo pela sua comida. O Bolton's chega a um índice tão alto de apimentado quanto o Prince, mas mastigue um pouco da casca e vai descobrir que o interior do frango tem um sabor rico. E ainda mais, você também pode experimentar o filé de peixe-gato apimentado da mesma maneira. O Bolton's tem uma variedade de escolha maior de acompanhamentos, inclusive algumas verduras excelentes, macarrão com queijo, e polenta.

O Prince's fecha aos domingos e segundas; o Bolton's fecha às segundas.

ℹ **Prince's Hot Chicken Shack**, 123 Ewing Dr. (✆ **615/226-9442**). **Bolton's Spicy Chicken & Fish**, 624 Main St. (✆ **651/254-8015**).

✈ Internacional de Nashville (12 milhas/19 km)
🛏 $$$ **The Hermitage Hotel**, 231 6th Ave. N (✆ **888/888-9414** ou 615/244-3121; www.thehermitagehotel.com). $$ **Wyndham Union Station**, 1001 Broadway (✆ **615/248-3554**; www.wyndham.com).

207 Pratos típicos

Burgoo
Cozido Completo
Owensboro, Kentucky

Todo mundo se pergunta de onde veio esse nome estranho, tão misterioso quanto a fonte da receita original. A quintessência da comida de fronteira, o burgoo pode ser descrito como uma evolução do cozido irlandês ou das sopas substanciosas trazidas pelos trabalhadores das minas, vindos do País de Gales. Porém, naqueles tempos difíceis, por volta de 1800, quando iniciou-se a colonização de Kentucky, ninguém era muito exigente em relação ao tipo de carne que ia para a panela – qualquer coisa servia, de esquilos a gambás.

Hoje em dia, quase ninguém fora do Kentucky ouve falar em burgoo – e, infelizmente, com a proliferação das cadeias de restaurantes e cozinha étnica, está cada vez mais difícil encontrar esse tipo de comida caseira reconfortante, até mesmo no Kentucky. Mas o burgoo está bem vivo em Owensboro, uma cidade à beira do rio, no oeste de Kentucky, que se orgulha de ser a capital do churrasco. (O Festival Internacional do Churrasco que acontece aqui todos os anos, em maio, vale uma visita; veja o capítulo Calendário de Feiras & Festivais Gastronômicos para maiores informações).

Churrascos e burgoos são companheiros naturais em um cardápio; como o churrasco, o burgoo fica melhor quanto mais lento for seu cozimento. No principal restaurante especializado em churrasco de Owensboro, o **Moonlite Barbecue**, o prato é feito com carneiro – a mesma carne tradicionalmente utilizada no churrasco do Kentucky (o oeste de Kentucky é uma grande região de criação de carneiros), carne de frango e uma grande quantidade de vegetais. O leve sabor de caça do carneiro contrabalança a textura crocante dos pimentões vermelhos e dos tomates, e o fato de ser cozido em uma churrasqueira de nogueira adiciona um toque defumado ao conjunto.

O burgoo é cozido numa pesada panela de ferro (normalmente durante 30 horas), o que permite que os ingredientes ricos em amido, como o milho, a cebola e as batatas engrossem o caldo naturalmente – até que, segundo a tradição, você possa fincar uma colher de pé sobre ele. O Moonlite prepara de 35 a 70 galões por dia desse cozido que satisfaz a alma.

Comandado pela família Bosley desde 1963, o Moonlite é regularmente votado como a churrascaria número um de Owensboro. Encontra-se no canto oeste da cidade, em um prédio baixo de tijolos aparentes, cercado pelo asfalto escuro; você pode sentir o aroma amadeirado vindo da churrasqueira aberta já no estacionamento. Lá dentro, as mesas da sala de refeições, com detalhes de madeira e iluminação acolhedora, ficam à volta das mesas de bufê de aço inox, que oferecem os burgoos defumados, churrascos macios que se desmancham no garfo (carneiro principalmente, mas também carne de porco, de vaca e frango), e acompanhamentos como caçarola de queijo e brócolis, macarrão com queijo, espigas de milho cremosas, presunto com feijões, purê de batatas puxado na manteiga – e, claro, inúmeras tortas caseiras.

ⓘ 2840 W. Parish Ave. (✆ **270/684-8143**; www.moolite.com).
✈ Louisville (80 milhas/129 km)
🛏 $$ **Comfort Suítes**, 230 Salem Dr. (✆ **270/926-7675**; www.comfortsuites.com). $$ **Holiday Inn Express Owensboro**, 3220 W. Parish Ave. (✆ **270/685-2433**; www.ichotels.com).

Pé na Estrada na América

Pratos típicos 208

Bife de Frando Frito
Um Gosto do Oeste Texano
Strawn, Texas

Como muitas especialidades regionais, o chicken fried steak (CFS) nasceu de uma necessidade – e nesse caso, o desafio foi fazer um pedaço de carne inferior que valesse a pena uma refeição de domingo no interior. Historiadores especulam que a solução veio dos alemães que se instalaram em boa parte do Texas: moa bem a carne, passe na farinha de rosca ou no empanado como um Wiener schnitzel, e coloque em uma panela de ferro com óleo estalando (no oeste texano) ou na fritadeira (no sul texano). Quando for feito corretamente, a carne fica surpreendentemente suculenta e macia, contrapondo-se à casquinha crocante e firme a cada mordida. Com um acompanhamento de purê de batatas e coberto com um molho cremoso picante, é um gosto do campo difícil de superar.

O povo em Dallas elogia o CFS no café que recebe o merecido nome de **All Good Café** no bairro de Deep Ellum (2934 Main St., Dallas; ⓒ **214/742-5362**), enquanto os residentes de Houston são partidários do **Barbecue Inn's** (116 W. Crosstimbers St., Houston; ⓒ **713/695-8112**). Mas, na maior parte, a arte de se fazer um bife de frango frito – também conhecido como "country-fried steak", por motivos óbvios – prosperam fora da cidade grande, nos cafés das pequenas cidades depois das montanhas, no interior e para o norte.

Nenhuma outra cidade é tão abençoada nesse sentido quanto a pequena Strawn, uma espécie de cidade de A Última Sessão de Cinema no meio do caminho entre Abilene e Fort Worth, ao norte da I-20. Na estação de caça de veado, você irá notar uma porção de pickups no estacionamento de pedregulho do lado de fora de um posto de gasolina, agora é o **Mary's Café** (119 Grant Ave.; ⓒ **254/672-5741**); aos finais de semana, é bem provável que encontre um bando de Harley's. Esse é o tipo de ponto despretensioso que ele é: uma série de salinhas de refeição acrescentadas uma atrás da outra, com mobília simples e muito espaço entre as mesas e luzes de neon com símbolos das cervejas pregados nas paredes. As porções enormes são lendárias – peça um bife médio a não ser que você esteja absolutamente faminto. A proprietária Mary Tretter faz seus bifes modelados finos da maneira do oeste texano: imerso na farinha temperada (uma receita secreta) e frito em uma grelha de ferro plana; não espere um serviço rápido, porque cada pedido é feito na hora.

Porém, enquanto multidões enchem o Mary's, do outro lado da rua há outro café onde os residentes locais insistem, o bife de frango frito é igualmente bom – o **Flossie's** (120 Grant Ave.; ⓒ **254/672-9201**). Quando o Mary's começou, em 1986, na verdade, o seu negócio era, na maior parte, o excedente do Flossie's, que já era famoso por seus CFS. Como o Mary's, ele tem muitas especialidades mexicanas no menu, inclusive uma torta de Frito sublime, mas ele é menor e mais caseiro, e também é conhecido por suas batatas fritas cortadas à mão e os seus hambúrgueres suculentos. O único problema são as refeições nos cafés tão substanciosas que não se pode provar os dois em um dia.

✈ Internacional de Dallas-Fort Worth (85 milhas/137 km).

🛏 $$$ **Stockyards Hotel**, 109 W. Exchange Ave., Fort Worth (ⓒ **800/423-8471** ou 817/625-6427; www.stockyardshotel.com). $$ **Etta's Place**, 200 W. 3rd St., Fort Worth (ⓒ **866/355-5760** ou 817/255-5760; www.ettas-place.com).

209 Green Chili Burgers

209 Pratos típicos

Burgoo
A Batalha de San Antonio
San Antonio, Novo México

A ideia de que qualquer prato possa ser melhorado acrescentando-se pimenta-verde é um princípio filosófico da culinária do sudoeste americano. Às vezes, isso leva ao desastre, mas não quando se trata de hambúrgueres. Após acrescentar um toque extra de alho e pimenta malagueta em pó à carne moída, o hambúrguer é coberto por queijo, fatias de cebola doce e tomates vermelhos perfeitos, além de pimentas-verdes picadas – uma inspirada interação de textura e sabor.

O Novo México é o coração da terra do Hambúrguer com Pimenta-Verde (GCB), e alguns alegam que Santa Fé – com tanto o **Bobcat Bite** quanto o **Bert's Burger Bowl** (veja "7 Lugares para Comer em Santa Fé", pág.98) – seja sua câmara principal. Para compreender melhor como o Novo México idolatra o hambúrguer com pimenta-verde, dirija 90 milhas (145 km) ao sul de Albuquerque pela I-25 até a minúscula e pouco asseada cidade de San Antonio, no deserto do Novo México, onde você não encontrará nada na rua principal, a não ser dois bares escuros – os quais servem os hambúrgueres com pimenta-verde (GCBs) considerados entre os melhores do país.

O mais famoso deles é o **Owl Tavern**, onde os hambúrgueres com pimenta-verde (laureado em 2003 pelo site epicurious.com como um dos dez melhores hambúrgueres do país) têm sido idolatrados por mais de 60 anos, desde que alguns cientistas trabalhando nos testes da bomba atômica na instalação militar de White Sands Missile Range costumavam parar ali para beber e comer uns hambúrgueres nos anos 1940. O Owl, como diz o nome, é uma taverna mal-iluminada com uma coleção desordenada de "memorabilia" nas paredes. (Note o lindo bar de madeira na sala da frente – uma relíquia trazida do primeiro hotel Hilton dirigido por Conrad Hilton, nativo de San Antonio). O serviço é rápido e simpático, e as pimentas-verdes picadas sobre o hambúrguer crocante feito à mão do Owl são bem picantes, pelo menos para os que não estão acostumados com os padrões do Novo México.

Um quarteirão à frente, porém, num prédio de tijolos vermelhos com uma cabeça do veado empalhada sobre a porta de entrada, o **Buckhorn** – também fundado nos idos de 1940 – serve seu próprio hambúrguer com pimenta-verde (esse considerado um dos dez melhores pela revista GQ numa pesquisa nacional sobre hambúrgueres, em 2005). Muitas casas também utilizam pimentas fortes e queijo cremoso derretido no hambúrguer com pimenta-verde, mas aqui os ingredientes são mais generosos, e o bife, com carne moída diariamente, é hoje em dia maior que o do Owl.

De acordo com os aficionados pelo hambúrguer de pimenta-verde, a competição entre os dois bares – Owl Tavern parece estar vencer há apenas uns anos atrás – mas

Bert's Burger Bowl afirma ter inventado o Hambúrguer com Pimenta-Verde.

195

Pé na Estrada na América

7 Lugares para se Comer ao Longo da . . . Rota 66

Muito antes da administração de Eisenhower ter saneado a viagem de carro de costa a costa com sua rede de estradas interestaduais cortando o país, havia a Rota 66. Indo de Chicago a Los Angeles, essa faixa preta de duas pistas cortava através de áreas existencialmente solitárias, o ainda subdesenvolvido oeste americano, construindo sua própria aura mítica com o passar das milhas. Houve músicas populares sobre ela (o hit de Nat King Cole, de 1946, "Get Your Kicks On Rota 66") e até uma série de TV do início dos anos 1960, estrelando George Chakiris e Martin Milner, como dois vagabundos em um carro esporte chamativo. Apesar de a estrada ter sido dispersada há muito tempo e as placas famosas destruídas, o seu status simbólico ainda persiste, com guias traçando a rota. No verão de 2008, nada menos do que o fã Paul McCartney passou dirigindo por ela em uma pickup Ford vermelha. Dirigir na Rota 66 é uma viagem de aventura corajosa em uma estrada azul, com muitos motéis de família e cafés.

A leste da cidade de Oklahoma, a vibração romântica da poeira da Rota 66 é interrompida inesperadamente pelo ⑩ Pops (660 W. Hwy. 66, Arcadia, ⓒ 877/266-7677; www.pops66.com), um posto de gasolina/restaurante novinho que parece uma estação espacial futurística instalada no local de um antigo posto de gasolina. No fundo, porém, o Pops tem uma veia nostálgica de uma milha de largura. O proprietário Aubrey McClendon estoca mais de 500 marcas de refrigerante de todo o mundo, defendendo as marcas independentes únicas em vez das nacionais de produção em massa. Você saberá que chegou lá quando vir uma garrafa de neon de 20 metros (66 pés) erguendo-se como um farol acima dos campos de trigo. Siga em direção à cidade de Oklahoma, pegando a estrada estadual 66 novamente no outro extremo, para chegar El Reno, Oklahoma, e o vintage ⑪ Jobe's Drive-in (1220 Sunset Dr.; ⓒ 405/262-0194). Interfones em cada vaga do estacionamento permitem que você peça um hambúrguer de cebola clássico do estilo de Oklahoma (não são listados no menu com esse nome – todos os hambúrgueres aqui vêm com cebola esmagada no meio da carne); as garçonetes trazem a comida em uma bandeja que se encaixa na janela do seu carro.

Cruzando o estado até o Texas, a Rota 66 fica paralela à I-40 como uma série de estradas sem número, até a metade do caminho, em Amarillo – uma cidade que preserva adoravelmente a herança da Rota 66. Faça uma parada ao lado da fachada de tijolo vermelho, no ⑫ Golden Light

O símbolo pop da estrada a Leste da Cidade de Oklahoma na Rota 66.

217 Lugares para se Comer ao Longo da . . . Rota 66

Café (2908 W. 6th St., ✆ 806/374-9237), para um hambúrguer de estilo cowboy, batatas fritas supremas cortadas fininho, e canecas congeladas de cerveja do local.

No Novo México, a Rota 66 original faz um ângulo ao norte de Las Vegas; segue essa rota até a US 84 para correr paralela à I-25, e você vai passar através de Santa Fé, onde um ponto comercial antigo de tijolos foi transformado, em 1953, no **213** Bobcat Bite (420 Old Las Vegas Hwy.; ✆ 505/983-5319; http://bobcatbite.com). Muitos moradores locais juram que o Bobcat é melhor que o **214** Bert's Burger Bowl (veja **209**) com o chili verde mais picante dos cheeseburgueres da cidade. (Observe que o Bobcat fecha de domingo a terça). A Rota 66 foi replanejada em 1937, porém, para passar por Albuquerque; siga essa opção para conferir o **215** The Frontier (2400 Central Ave. SE; ✆ 505/266-0550; www.frontier-restaurant.com), um ponto de encontro de estudantes bem na frente do campus da Universidade do México. Apesar de ter inaugurado em 1971, muito depois da Rota 66 ter desaparecido, o The Frontier tem aquele hambúrguer com espírito de estrada, com o serviço de balcão rápido, funciona direto, com comida barata e deliciosa, desde os burritos do café da manhã até o ensopado de chili verde à noite.

O Pop estoca 500 marcas de soda de muitos lugares no mundo.

No Arizona, logo depois do Deserto Pintado em Holbrook, o **216** Joe & Aggie's Café (120 W. Hopi Dr.; ✆ 928/524-6540) é uma fachada de loja alegre de tijolos cor-de-rosa, datando do ano 1946. É uma ótima parada para as enchiladas, o bife de frango frito, e as sopapillas (pão frito) folhadas. Do outro lado da rua do Flagstaff, junto com a última seção da Rota 66, para finalmente se desviar, o aconchegante **217** Old Smocky's (624 W. Bill Williams Ave., Williams AZ; ✆ 928/635-2091) com lambri de madeira, tem servido pilhas de panquecas leves quentinhas para os turistas que se dirigem ao Grand Canyon, desde 1946.

🛏 $ **Best Western Saddleback Inn**, 4300 SW 3rd St. (✆ 800/228-3903 ou 405/947-7000; www.bestwestern. com/saddlebackinn). $ **Santa Fe Motel and Inn**, 510 Cerrillos Rd. (✆ 800/930-5002 ou 505/982-1039; www.santafemotel.com). $ **Wigwam Village Motel**, 811W. Hopi Dr., Holbrook AZ (✆ 928/524-3048; www.wigwam-motel-arizona.com).

Pé na Estrada na América

O hambúrguer com chili verde no Buckhorn em San Antonio, NM.

retornou ao primeiro lugar. Venha aqui, prove os dois e julgue por si próprio.

🅘 **Owl Tavern**, 77 Hwy. 380 (📞 **505/835-9946**). **Manny's Buckhorn Tavern**, 68 Hwy. 380 (📞 **505/835-4423**).
✈ Albuquerque (90 milhas/145 km).

🛏 $$$ **Los Poblanos Inn**, 4803 Rio Grande Blvd. , NW, Albuquerque (📞 **886/344-9297** ou 505/344-9297; www.lospoblanos.com).
$$ **Hacienda Antigua**, 6708 Tierra Dr. Nw (📞 **800/201-2986** OU 505/345-5399; www.haciendantigua.com).

Pratos típicos **218**

Fish Tacos
O Mar em Uma Tortilla
San Diego, Califórnia

Os surfistas devoram os tacos de peixe depois de estimular o apetite encarando as ondas o dia todo. Os torcedores do time de baseball Padres agarram os tacos de peixe em vez de cachorros-quentes na porta do estádio enquanto torcem pela vitória de seu time. Os médicos e advogados e contadores desembrulham tacos de peixe em suas escrivaninhas, e os trabalhadores diurnos mexicanos comem os tacos de peixe nas taquerias em um buraco qualquer, onde só se fala espanhol. Eles são o sabor da terra de San Diego, uma comida mexicana com um toque refrescante que nadou o Pacífico acima vindo da Baixa Califórnia e nunca mais voltou.

É um conceito simples – uma tortilla quente envolve pedacinhos de peixe frito em massa tipo tempura (os pescadores japoneses trabalhavam tradicionalmente nessas águas na baixa costa).

198

❷¹⁸ Fish Tacos

O peixe então é infuso em uma variedade de condimentos, inclusive no molho de tomate, na salsa de chili verde, um tipo de molho branco (qualquer coisa desde um molho tipo de maionese até o frio e azedinho creme mexicano), e o repolho picado – que ao contrário da alface no taco do Tex-Mex, não abate com o calor. Alguns restaurantes também acrescentam uma camada de cheddar, ou servem o peixe grelhado em vez de frito – variações saborosas, mas um sacrilégio para os puristas do taco de peixe.

O lugar que lançou a moda é o **Rubio's** (94504 E. Mission Bay Dr.; ☏ **858/272-2801**; www.rubios.com), um despretencioso quiosque que abriu em 1983 em frente ao Mission Bay Park, e desde então se espalhou em uma cadeia de restaurantes formais em cinco estados. O seu taco de peixe básico com massa de cerveja ainda é uma opção decente; outras escolhas de taco no menu do Rubio, que se expande com frequência, incluem o mahimahi e o camarão. Mais perto do mar, o rápido e mais acessível **Taco Surf Taco Shop** (4657 Mission Blvd.; Pacific Beach; ☏ **858/272-3877**) tem uma decoração sem frescuras com estilo surf, confiando nos tacos de peixe clássicos, e nos especiais do dia que trazem o Premium fish.

Mas alguns dos tacos de peixe mais autênticos de San Diego se encontram longe da praia, em bairros residenciais onde os turistas raramente se aventuram. Lá em University Heights, o pequeno e aconchegante El Zarape (4642 Park Blvd; ☏ **619/692-1652**) vende um dos tacos de peixe mais baratos da cidade, que também é saboroso e autêntico.

No bairro de Hillcrest, o **Mama Testa** (1417A University Ave.; ☏ **619/298-8226**; www.mamatestataqueria.com) é como um seminário sobre culinária mexicana, reunindo tacos de todas as regiões (apenas tortillas de milho – as tortillas de trigo não são autênticas, eles defendem), incluindo tacos de peixe-gato, camarão e vieiras. Na área da cidade de Logan Heights, o **Mariscos German** (2808 Ocean View Blvd; ☏ **619/239-3782**) não tem nada de alemã, mas, sim, um restaurante de frutos do mar Mexicano singular – uma fatiazinha de San Felipe transportada para o norte da fronteira, decorado com redes penduradas e murais do fundo do mar. Sua longa lista de opções de taco de peixe inclui alternativas como o polvo, o camarão ou o Merlin. Eles também têm dois trailers de taco que funcionam no bairro – isso não é autêntico?

✈ Internacional de San Diego (7 ¾ milhas/12 km).

🛏 $$$ **Catamaran Resort Hotel**, 3999 Mission Blv., San Diego (☏ **800/422-8386** ou 858/488-1081; www.catamaranresort.com). $ **Park Manor Suites**, 525 Spruce St. (☏ **800/874-2649** ou 619/291-0999; www.parkmanorsuites.com).

Os tacos de milho do Mama Testa vêm recheados com peixe gato, camarão, vieiras e muito mais.

Pé na Estrada na América

Pizzarias 219

Nova Iorque's Pizzeria Classics
Uma Árvore de Família com Forno à Lenha
Nova Iorque, Nova Iorque

Em Nova Iorque – onde com frequência parece que há uma pizzaria em cada esquina – os moradores da cidade não chegam a um acordo sobre qual é a pizzaria mais antiga na cidade, quanto mais qual é a melhor. Reconhecendo-se que não há nada que os nova-iorquinos amem tanto quanto uma briga, pode ser que o debate não acabe nunca. O padrão básico é de uma pizza com massa fina com um molho de tomate fino e mozzarela derretida, mas, além disso, as sombras esotéricas de distinção não têm fim.

Um fator importante é ter um forno à lenha de tijolo, o que transforma a massa fina em uma maravilha crocante ligeiramente torrada. Já que Manhatan parou de disponibilizar permissão para novos fornos à lenha, apenas os mais antigos têm esse privilégio – lugares como o **Lombardi's**, no SoHo/Little Italy, no número 32 da Spring St. (© **212/941-7994**), o **John's Pizzeria**, no lado oeste do Greenwich Village no número 278 da Bleecker St. (© **212/243-1680**), ou o **Patsy's**, no oeste do Harlem no número 2287 da 1st Ave. (© **212/534-9783**). O Lombardi's afirma ser a pizzaria mais antiga da cidade, citando a licença do quitandeiro Gennaro Lombardi, de 1905, para vender suas tortas de tomate originais; porém, o Lombardi's original fechou em 1984, para ser reaberto por um neto depois de dez anos, em um local com paredes de tijolo na mesma rua, um pouco abaixo (descolando um forno já existente de uma padaria extinta do bairro). As pizzas do Lombardi's são excelentes, especialmente a torta de amêijoas vermelhas, mas a diferença de tempo faz com que a John's, que abriu em 1929 nesta parte italiana tradicional do Village, qualifique-se como a pizzaria mais velha em funcionamento de forma contínua em Manhatan. A John's é conhecida por não fazer entregas, não vender fatias, e só aceitar dinheiro vivo, o que permite que esse ponto sem frescuras com cabines de madeira riscada e mesas com tampa de fórmica, mantenha o seu foco na fabricação de pizzas excelentes com uma crosta que forma bolhas. O Patsy's é o mais novinho de todos, datando apenas do ano de 1932, quando Pasquale Lancieri – que foi treinado por Gennaro Lombardi – abriu sua pizzaria na terceira pequena Itália de Manhatan, na parte norte da ilha. Apesar de o bairro agora ser o Harlem espanhol, devotos ainda enchem o salão retrô – cheio de mesas com toalhas xadrez e com o teto de metal prensado – para uma pizza de massa fina e deliciosa.

Uma forma de contornar a liberação de permissões de Manhatan, foi o que a sobrinha do Lancieri fez na **Grimaldi's** (19 Old Fulton St., Brooklyn Heights; © **718/858-4300**). Geralmente, há filas na rua para entrar nesse ponto lotado, que só aceita dinheiro como pagamento, mas pelo menos você tem uma vista destacada da linha do horizonte de Manhatan enquanto espera.

E por falar em Brooklyn, a última a entrar nessa competição de pizza mais antiga de NY é a **Totonno's Pizzeria Napoletano**, que acendeu pela primeira vez os seus fornos à lenha em 1924, na então popular Coney Island do Brooklyn, no número 1524 da Neptune Ave. (© **718/372-8606**; www.totonnos.com). Apesar da decrepitude atual de Long Island, o restaurante administrado pela família Totonno's ainda atrai os clientes até sua loja original sem pretensões. Contudo, a Totonno's se expandiu de forma inteligente em Manhatan, com duas filiais modernas (1544 Second Ave. no Upper East Side; 462 Second Ave. em Murray Hill) que mantém a tradição de família de forma surpreendente. Você também verá várias instalações do Patsy's ao redor da cidade, mas saiba que a franquia meramente adquiriu uma licença do nome de Lancieri; as suas pizzas e massas são boas, mas dificilmente chamadas de clássicos. Então há o belo e enorme filhote da John's em uma igreja desconsagrada perto de Times Square (244 W. 44th St.; © **212/381-**

7560; www.johnspizzerianyc.com); enquanto falta o charme original da velha escola, suas pizzas de forno à lenha de tijolo são alternativas sublimes no bairro dos teatros (com filas longas e sem chance de reservas, para comprovar isto).

✈ Aeroporto Internacional John F. Kennedy (15 milhas/24 km); Internacional de Newark Liberty (16 milhas/27 km); LaGuardia (8 milhas/13 km). 🛏 $$$ **Carlton Hotel** on Madison Avenue, 88 Madison Ave. (📞 **212/532-4100**; www.carltonhotelny.com). $$ **Washington Square Hotel**, 103 Waverly Place (📞 **800/222-0418** ou 212/777-9515; www.washingtonsquarehotel.com).

220 Pizzarias

Pepe's Versus Sally's
Você diz Pizza, eu digo Apizza
New Haven, Connecticut

O rico legado de pizza de New Haven – ou "apizza", como se diz geralmente no centro sul de Connecticut, por motivos que ninguém se lembra – começou no início do século XIX com a chegada de trabalhadores imigrantes italianos nas fábricas, ávidos pelo sabor do antigo país. A Wooster Street, o coração da pequena Itália em New Haven, foi o local natural para que, em 1925, o anteriormente comerciante de rua, Frank Pepe, abrisse sua pizzaria de estilo napolitano em uma fachada modesta de tijolo. E treze foram abertas depois, seria apenas natural que seu sobrinho, Sal Consiglio, abrisse seu próprio restaurante, o Sally's Apizza, em um prédio parecido, numa quadra abaixo na mesma rua.

Mas depois disso, a situação se solidificou em uma das rivalidades que perdura por mais tempo dentro da gastronomia americana. Tanto o Pepe's como o Sally's ainda são administrados por suas famílias fundadoras, e eles são intensamente competitivos. Entretanto, ambos servem basicamente o mesmo menu – somente pizza – e é a mesma variação no estilo de New Haven: uma pizza de massa fina, com molho de tomate, alho, e queijos duros (ao contrário da mozarela que é o padrão para a maioria das pizzas americanas). Em ambos os restaurantes, há quase sempre uma fila na rua para entrar.

Os conhecedores consideram tanto o Pepe's quanto o Sally's como duas das pizzarias clássicas mais finas do país, com suas massas abertas na mão, assadas em antigos fornos à lenha de tijolo, até que o queijo e o molho de tomate borbulhem de forma tentadora, e as massas fiquem ligeiramente torradas nas bordas. Então, qual seria a diferença entre as duas? Bem, no Pepe's, as pizzas de amêijoas brancas e vermelhas, feitas com os mariscos colhidos frescos, são o prato com assinatura, enquanto o Sally's atinge o seu brilho máximo com as pizzas de vegetais, como a pizza "branca" de batata e alecrim. É um consenso geral que a massa das pizzas é um pouco mais fina e leve no Sally's; o serviço tende a ser um pouco mais simpático e rápido no Pepe's, com uma sala comprida com cabines revestidas de madeira, enquanto o Sally's mantém uma decoração com ar de anos 1960, de cabines de vinil e lambris de madeira riscada. O Sally's fecha às segundas e não abre antes das cinco da tarde, enquanto o Pepe's está aberto sete dias por semana para o almoço e também para o jantar. O Sally's só aceita dinheiro vivo, e o Pepe's aceita cartões de crédito. Frank Sinatra deu um autógrafo na foto da parede do Sally's, mas ele pendurou mais deles no Pepe's. E assim por diante.

Mas há uma diferença importante – o Pepe's inaugurou recentemente filiais em Manchester e Fairfield, Connecticut, e planeja inaugurar outras. A expansão irá arruinar a qualidade das pizzas feitas à mão em pequena escala do Pepe's, ou será que eles serão capazes de repetir a mágica da Wooster Street em outro lugar? Os fãs da pizza observam ansiosamente – e é

Pé na Estrada na América

provável que seus primos no Sally's estejam observando mais ansiosamente ainda.

ⓘ **Frank Pepe Pizzeria Napoletana**, 157 Wooster St. (✆ **203/865-5762**; www.pepes-pizzeria.com). **Sally's Apizza**, 237 Wooster St. (✆ **203/624-5271**; www.sallysapizza.net).

🚆 New Haven (1 ½ de Nova Iorque, 3 horas de Boston).

🛏 $$ **Omni New Haven**, 155 Temple St. (✆ **800/THE-OMNI** [800/843-6664] ou 203/772-6664; www.omnihotels.com).

Pizzarias 221

Pizzeria Uno & Due
Experimente a Pizza de Massa Alta
Chicago, Illinois

Aqueles que foram criados com a pizza alta de Chicago não entendem porque as outras pizzas são tão sem graça. Eles exigem uma pizza encorpada – não só a massa grossa com a borda amanteigada estalando, mas o molho de tomate pedaçudo, as bolas de queijo mozarela, os pedaços de linguiça e cebola e outros vegetais. Tudo diz respeito ao recheio, realmente – uma pizza alta sem recheio é uma heresia.

Foi essa a intenção de Ike Sewell, um conhecido jogador de futebol da Universidade do Texas, quando, em 1943, inaugurou seu restaurante de pizza em uma casa de tijolinho vermelho na esquina da Ohio Street e Wabash Avenue, em Chicago, perto do bairro Near North. Na época, a maioria dos americanos achava que a pizza era um lanche exótico, mas Ike a imaginou como uma refeição para encher a pança, satisfazendo até mesmo o apetite de um jogador de futebol. Ele e seu cozinheiro-chefe, Rudy Malnati, cozinham sua pizza em uma fôrma redonda funda, com uma borda alta de massa pré-assada antes de acrescentar o recheio, para evitar que fique pesada. Revertendo a ordem dos ingredientes ao estilo de Nova Iorque, eles colocaram primeiro a mozarela (para derreter na massa), e os outros recheios, terminando com um molho de tomate picante por cima; com uma massa substanciosa, eles poderiam aumentar o recheio, até o ponto onde você realmente precisaria de um garfo e faca para comê-los. Sewell chamou o seu restaurante de **Pizzeria Uno**, e foi um tamanho sucesso que, em 1955, ele acrescentou a **Pizzeria Due** em uma residência Vitoriana ali perto na esquina entre a Wabash e a Ontário Street.

A clonagem da Pizzeria Uno em uma cadeia nacional nos anos 1980 foi um fracasso. Essas franquias não têm nenhuma semelhança com a original, onde a pizza ainda é substanciosa, fresca e saborosa. O local original, porém, agora atrai montanhas de turistas, que esperam do lado de fora por até uma hora para se apertarem em seu encardido andar térreo atravancado. (Há também mesas no pátio aberto quando o tempo está bom). A pizza leva uma hora para ficar pronta, mas se fizer o pedido quando eles colocarem o seu nome na lista, pode ser que ela esteja pronta logo depois

Pizzaria Uno e Due – o local de origem da pizza alta de Chicago.

222 Pizzeria Bianco

que você se sentar. Não importa o lugar, dizem os esnobes da pizza, as pizzas aqui ainda podem ser excelentes – boas o suficiente para justificar a espera e o serviço atropelado. O menu é exatamente o mesmo da Pizzeria Due, mas a sala de refeições é um pouco mais acolhedora, e o serviço é um pouco mais simpático, apesar de você ainda ter que esperar por uma hora pela sua pizza.

Se as filas forem muito longas corra até a popular **Gino's East** (633 N Wells St.; ✆ **312/943-1124**), uma pizzaria cavernosa com paredes de estuco com cabines de madeira cheias de grafiti e que está no ramo desde 1966. As pizzas ainda levam 45 minutos para chegar (não há como evitar isto), mas pelo menos você pode sentar antes. Junte um bom apetite antes que você consiga enfrentar a supreme, com suas camadas de queijo, a linguiça, cebolas, pimenta-verde e cogumelos. Outra grande opção na área é a **Lou Malnati's** (439 N. Wells St.; ✆ **312/828-9800**), a filial de River North de uma pequena rede que se iniciou em 1971 pelo filho do chef original da Uno pizza.

ⓘ **Pizzeria Uno**, 29 E. Ohio St. , (✆ **312/321-1000**). **Pizzeria Due**, 619 N. Wabash St. (✆ 312/943-2400).

✈ Internacional O'Hare (18 milhas/26 km).

🛏 $$ **Homewood Suites**, 40 E Grand St., Chicago (✆ **800/CALL-HOME** [800/225-4663] OU 312/644-222; www.homewoodsuiteschicago.com). $$ **Hotel Allegro Chicago**, 171 N Randolph St., Chicago (✆ **800/643-1500** ou 312/236-0123; www.allegrochicago.com).

222 Pizzarias

Pizzeria Bianco
A Ascenção de Phoenix
Phoenix, Arizona

É raro mesmo que fanáticos por pizza e gourmets meticulosos cheguem a um acordo – mas ambos parecem pensar da mesma forma quando se fala a respeito de Chris Bianco e as pizzas artesanais que ele tem preparado desde 1993 em, nada menos que, Phoenix, Arizona.

Geralmente, há uma fila de espera para entrar nesse pequeno restaurante de tijolinho vermelho – ele só recebe 43 clientes por vez – no bairro histórico de Phoenix, do Heritage Square Park. O menu é limitado, e os preços são relativamente modestos. A decoração tem luz suave e é minimalista, com os convivas sentando-se em torno de longas mesas simples, alguns quadros de bom gosto pendurados nas paredes de tijolo, e Bianco trabalhando nos fornos à lenha atrás do balcão, no fundo do restaurante. Tudo isso combina com a comida, é claro, que evolui naturalmente das técnicas estéticas diretas de Bianco, preparos rústicos e ingredientes orgânicos de alta qualidade. Ele oferece uma salada noturna de tudo o que tem uma boa aparência no mercado do produtor na mesma manhã. Ele tem seus tomates plantados seguindo um padrão na fazenda local; o orégano, o manjericão e o alecrim vêm dessa horta de temperos nos fundos, e ele faz a sua própria mozarela.

Como um nativo do Bronx, Bianco sabe da pizza. Ele não está procurando inovações de design fantasioso, só interpretando a pizza clássica napolitana de acordo com os ingredientes com os quais ele está trabalhando. Bianco encara a sua pizza a partir de uma perspectiva – ele também inaugurou uma derivação de café, servindo sanduíches feitos com o seu próprio pão artesanal – e ele está na cozinha todas as noites, abrindo a massa de pizza na mão (observe os círculos tranquilamente imperfeitos de suas massas irregulares). Ele simplesmente coloca o recheio; só há seis pizzas básicas no seu menu, e mais de dez ingredientes variados que podem ser acrescentados, como a linguiça com erva-doce, os cogumelos crimini, ou as anchovas e a mortadela importada da Itália. Os fornos são manti-

O agito na cena de bar da Pizzeria Bianco's em Phoenix.

dos em chamas com temperaturas de $420°$ C ou $480°$ C para atingir a quantidade exata de borda e torrado na massa.
A Pizzeria Bianco abre às cinco horas para o jantar apenas; ela fecha aos domingos e segundas, e eles descansam por duas semanas no final do verão. Mas o motivo pelo qual o nome de Chris Bianco está pendurado na porta é que esse é um show individual; a Pizzeria Bianco é o Chris Bianco. E até um artesão precisa de férias.

ⓘ 623 East Adams St. (☏ **602/258- 8300**; www.pizzeriabianco.com).
✈ Internacional de Phoenix Sky Harbor (4 ¾ de milha/7,5 km).
🛏 $$$ **Sheraton Wild Horse Pass Resort**, 5594 W, Wild Horse Pass Blvd. (☏ **888/218-8989** ou 602/225-0100; www.wildhorsepassresort.com). $$ **Fiesta Inn Resort**, 2100 S. Priest Dr. (☏ **800/528-6481** ou 480/967-1441; www.fiestainnresort.com).

Pizzarias 223

Pizzeria Mozza
A nova Pizza de Marca
Los Angeles, Califórnia

Durante os anos de 1980, o chef Austríaco Wolfgang Puck desencadeou uma minirrevolução no circuito da culinária americana quando introduziu suas "pizzas de marca" no menu do seu restaurante da moda, em West Hollywood, o Spago. Apesar da decoração descontraída, o lugar tinha mais glamour de constelação de celebridades do que ele podia

223 Pizzeria Mozza

admitir. A ideia de que as pizzas pertenciam a um menu de jantar junto com orinelas de vitela (sweetbread) com crosta de porcini, parecia descarado e tremendamente atrevido. Seria isso muito Californiano?

Mas agora o Spago de Sunset Strip fechou, e a pizza só sobrevive no menu do almoço de Puck, no novo **Spago Beverly Hills** (© 310/385-0880). Pizzas favoritas como a de camarão ao pesto, a de linguiça de pato, e de frango temperado e a pizza de milho verde caramelizado ainda estão lá, mas não aparecem com destaque. É como se Puck preferisse deixar para trás o seu prato assinado que foi com frequência distorcido. (Não que Puck se dedique muito à culinária hoje em dia).

Mas não tema: há uma nova estrela da pizza em Hollywood. Em 2007, a equipe de Nancy Silverton, Mario Batali, e Joseph Bastianich inaugurou a **Pizzeria Mozza**, no número 641 da Highland Ave. (© **323/297-0101**; www.mozza-la.com). Ela é mesmo o bebê de Silverton: tendo saído da Padaria La Brea onde tinha feito fama, ela transformou sua paixão pela fabricação artesanal de pães no aperfeiçoamento de uma massa pizza de estilo napolitano refinada, enquanto o chef Batali, que conhece um pouco sobre a culinária italiana, ajudou a refinar os recheios da pizza.

A decoração é completamente despretensiosa – casas de pé direito alto, com cerca de uma dúzia de mesas, alguns lugares no balcão, e uma cozinha aberta, onde Nancy geralmente comanda. A lista de pizzas inclui em torno de 15 combinações diferentes de ingredientes, como a linguiça de erva-doce caseira com creme de leite fresco e cebola roxa, o Gorgonzola dolce com mandioquinha, radicchio, e alecrim; ou radicci com azeitonas pretas, os tomates cereja, e as anchovas – não os clássicos de sempre da pizzaria, mas ainda dentro do campo napolitano (apesar de haverem alguns experimentos de pizza mais audaciosos, como a de speck, abacaxi, jalapeño, mozarela, e tomate). Na Pizzeria Mozza – assim como no restaurante da mesma família, a **Osteria Mozza**, dobrando o quarteirão no número 6602 da Melrose Ave. (© **323/297-0100**), onde a mesa mais procurada é aquela no mozarela bar – tudo diz respeito aos ingredientes de qualidade para que os sabores se destaquem. E, é claro, hoje em

A Pizzeria Mozza – com recheios projetados por Mario Batali e a massa por Nancy Silverton.

dia, é tão difícil se conseguir uma reserva na Pizzeria Mozza quanto já foi na Spago.

🛩 Internacional de Los Angeles (15 milhas/25 km).

🛏 $$$ **Peninsula Beverly Hills**, 9882 S. Santa Monica Blvc. (🕻 **800/462-7899** ou 310/551-2888; www.peninsula.com). $ **Best Western marina Pacific Hotel**, 1697 Pacific Ave., Venice (🕻 **800/786-7789** ou 310/452-111; www.mphotel.com).

Paraísos do Churrasco 224

Skylight Inn
Encarando o Leitão Inteiro
Ayden, Carolina do Norte

É tentador pensar que deram o nome de Pitt County, na Carolina do Norte, em homenagem a seus pits de churrasco (churrasqueiras), que estão entre os melhores do mundo. Apesar de o mestre lendário já ter morrido, o Skylight Inn que ele inaugurou em 1947, na pequena Ayden, na Carolina do Norte, ainda brilha como um dos melhores pontos de churrasco nas Carolinas – não, na verdade, nos Estados Unidos.

A réplica espalhafatosa da cúpula do capitólio que cobre a estrutura de tijolinho do Skylight Inn atesta o quanto o pessoal tem o lugar sem frescuras em alta conta – ele se considera a capital do churrasco, e por um bom motivo. Devido à localização, nas planícies costeiras no leste da Carolina do Norte, o churrasco de leitão (sempre é leitão por esses lados) é servido com um molho vermelho azedinho que tem o vinagre como base, apesar de a maioria dos clientes nem se importarem em espremer a bisnaga de molho. E como outros pontos de churrasco na Carolina do Norte, o Skyline abre um leitão inteiro na grelha, e não apenas os cortes selecionados. Treze ou 14 horas depois, quando o leitão tiver acabado de cozinhar, eles cortam com facões esses nacos macios de leitão que se desmancham em fatias finas, misturando com pedacinhos crocantes de gordura frita (o couro do leitão dourado), que acrescenta um toque extra de sabor úmido de defumado. O fatiador parece trabalhar sem parar chop, chop, chop, em um enorme bloco de madeira cavado no meio pelos anos de trabalho de corte.

O filho de Pete Jones, Bruce e o sobrinho, Jeff carregam a tradição da família – ainda usando as receitas testadas ao longo do tempo pelo clã dos Jones, que afirmam que retomam dois séculos de chamas de carvalho assando leitão. ("Se não for assado na lenha, não é churrasco", declara a placa pintada à mão do Skylight). O foco aqui é totalmente na carne, que vem em um sanduíche ou em uma pilha de porchetta – que é uma pilha de carne de leitão sem osso, picada em um barco de papelão com salada de repolho e cenoura e pão de milho crocante, os únicos lados disponíveis. O Skylight Inn fica aberto desde às 7 horas da manhã, e fecha aos domingos – faça os planos apropriados para a sua visita.

ℹ 4618 South Lee St. (old Hwy, 11) (🕻 **252/746-4113**).

🛩 Greenville (15 milhas/24 km).

🛏 $$$ **City Hotel and Bistro**, 203 W. Greenville Blvd., Greenville (🕻 **877/271-2616** ou 252/355-8300; www.cityhotelandbistro.com). $$ **Jameson Inn**, 9200 Crosswinds St., Greenville (🕻 **800/526-3766** ou 252/752-7382; www.jamesoninn.com).

225 Lexington Barbecue

225 Paraísos do Churrasco

Lexington Barbecue
Onde Piemonte Faz a Engorda do Porco
Lexington, Carolina do Norte

Acima de Piemonte, se tem uma ideia diferente de churrasco. Eles não se importam com o porco inteiro. Somente a carne escura da paleta – o que significa que eles defumam sua carne cerca de nove horas para ficar macia até se desmanchar. Depois vem a questão do molho – por que não derramar um pouco de catchup para obter uma delícia acompanhada de tomate?

Se há alguma cidade no oeste de Carolina do Norte que dá importância para o churrasco, é Lexington. É uma dessas comunidades que se declaram "O Capitólio Mundial do Churrasco", mas considerando-se a distribuição per capita de restaurantes de churrasco – 20 para uma cidade de apenas 20.000 residentes – isso pode ser justificado. O festival anual de churrasco de Lexington, em outubro, leva mais de 100.000 pessoas a essa pequena cidade a somente 32 km (20 milhas) do sul de Winston-Salem.

Você pode – e provavelmente deve – comer em sua passagem por Lexington, experimentando os diversos pedaços de churrasco e julgando, por si próprio, qual é o melhor. Mas o melhor lugar para começar é o **Lexington Barbecue**, na 10 Hwy. 29-70 S. (*©* **336/249-9814**). Aberto em 1962 por Wayne "Honey" Monk, considerado o reitor de todos os mestres de churrasqueiras de Lexington. É difícil não vê-lo da estrada: é só olhar para uma série de estranhas chaminés cônicas acima do teto do prédio de tijolos parecido com um depósito. As pilhas de madeiras de nogueira amontoadas no galpão são nossa próxima pista – apesar de que, na verdade, se você está tão perto do local, o aroma da fumaça de madeira azul e carne assada entrega o ouro. Dentro, ele é um pouco mais decorado do que o Skylight Inn (veja **224** acima), apesar disso não dizer muito – alguns painéis de nó de pinho, alguns compartimentos, até mesmo um par de quadros de fazendas bucólicas na parede. Como o Skylight Inn, seu serviço de comida "para levar" é muito maior do que o serviço de restaurante.

Você pode pedir tanto um sanduíche como um prato, e também pode especificar qual parte da carne você prefere – a carne interna macia ou a carne externa defumada (é tudo fatiado e picado antes de ser servido). Os acompanhamentos incluem batatas fritas muito saborosas e hush puppies (bolinho de farinha de milho), mas não perca a salada de repolho roxo (a salada do oeste da Carolina é temperada somente com vinagre e pimenta do reino, para evidenciar o crocante do repolho).

Winston-Salem (20 milhas/32 km)
$$ **Augustus T. Zevely Inn**, 803 S. main St. (*©* **800/928-9299** ou 336/748-9299; www.winston-salem-inn.com). $$ **The Brookstown Inn**, 200 Brookstown Ave. (*©* **800/845-4262** ou 336/752-1120; www.brookstowninn.com).

Bob Sykes Bar-B-Q
Bama Barbecue 101
Bessemer, Alabama

Bob Sykes Bar-B-Q não tem que se preocupar com o modo ortodoxo de fazer churrasco, uma vez que fica no Alabama – o que quer dizer que não é nem na Carolina do Norte nem no Texas. Ele pode servir carne de porco desfiada como na Carolina do Norte, costelas como os companheiros de Memphis, e carne de peito como os texanos. O que conta mesmo é que a carne é cozida vagarosamente de oito a dez horas, no mínimo, em uma churrasqueira com madeira verde de nogueira. O resultado, claro, é tão delicioso que o Sykes agora envia pacotes para os fãs sulistas de churrasco em todo o país.

Na verdade, o estilo de churrasco aqui é como o do Tennessee – Bob Sykes cresceu perto de Clarksville, e foram as carnes assadas no forno de sua infância que ele, nostalgicamente, reproduziu quando adicionou churrasco ao menu de seu pequeno drive-in em Birmingham, no final dos anos 1950. O "churras" provou o êxito, Bob Sykes mudou o nome do drive-in e logo abria outras filiais em todo o Alabama e Tennessee. Depois de 1968, quando a matriz foi transferida para perto da cidade de Bessemer, com o excesso de trabalho, Bob sofreu um enfarto. Sua esposa, Maxime, e seu cozinheiro, Dot, tomaram uma decisão inteligente: fechar todas as filiais e se dedicar de corpo e alma à tarefa de abrir um grande restaurante.

Os dois determinaram que as senhoras do sul sabiam o que estavam fazendo: hoje, as pessoas dirigem quilômetros para conseguir um prato cheio do churrasco Sykes. Estabelecido nesse local em 1977 – a sala de jantar grande e clara tem um pouco da aparência de bar dos anos de 1970 – Bob Sykes é atualmente administrado pelo filho de Sykes, Van, que era um bebê quando o primeiro drive-in foi aberto. Eles continuam servindo a deliciosa carne de paleta de porco, peito, costelas de porco, e frango, defumados no forno de tijolos que você pode ver bem ao lado do balcão. Os "jantares" (apesar de você poder pedir esses pratos no almoço também) são servidos com uma variedade de acompanhamentos, como feijão assado, salada de repolho cremosa e salada de batatas, usando a mesma receita desenvolvida por Dot anos atrás e que agrada o público – sem mencionar sua sobremesa assinada, uma suave torta merengue de limão. Após uma refeição completa, luxuosamente salgada e defumada, uma torta agridoce com merengue de limão é simplesmente a conclusão perfeita.

ⓘ 1794 Ninth Ave. (✆ **205/426-1400**; www.bobsykes.com).

✈ Birmingham (15 milhas/24 km).

🛏 $$ **The Redmont**, 2101 Fifth Ave. N. (✆ **877/536-2085** ou 205/324-2101; www.theredmont.com). $$ **The Tutwiler**, 2021 Park Place N. (✆ **800/876-3426** ou 205/322-2100; www.thetutwilerhotel.com).

Paraísos do Churrasco

A Ribs Tour of Memphis
Oba, Existe o Tempero (Seco)
Memphis, Tennessee

Com mais de 100 restaurantes de churrasco pela cidade, Memphis tem bases para reivindicar ser (sim, adivinhou) a capital mundial do churrasco. Eles amam tanto churrasco que colocam linguiça e espaguete na brasa.

Na verdade, Memphis é a capital mundial do churrasco de costela – essa é a parte do porco de que os churrasqueiros de Memphis realmente se orgulham. A marca da tradição requer esfregar uma costela com temperos secos e defumá-la sobre madeira de nogueira, adicionando o molho somente como acompanhamento na hora de servir. Em um beco do lado oposto do Peabody Hotel, o **Rendevouz** (52 S. 2nd St.; ℭ 901/523-2746; www.hogsfly.com), uma instituição no centro da cidade desde 1948, tem uma reputação bem merecida por conta das melhores costelas defumadas no forno da cidade. Ao caminhar para dentro desse imenso, mas aconchegante e desordenado porão (em cima é um bar), você pode ver a comida sendo preparada em uma velha cozinha aberta, onde o proprietário Charles Vergos colocou seu forno numa calha de carvão pela primeira vez. Certifique-se de pedir sua porção, se eles ainda tiverem, do delicioso feijão roxo e arroz – esse característico acompanhamento sulista é servido todas às noites, mas só até acabar. No meio da cidade, a família Robinson tem servido costelas secas e igualmente finas por mais de 25 anos, no balcão do divertido e sem luxo, **Cozy Corner** (745 North Parkway; ℭ 901/527-9158; www.cozycornerbbq.com). E experimente também seu churrasco de frango Cornish.

Atmosfera cordial, o barulhento **Corky's**, em East Memphis (5259 Poplar Ave; ℭ 901/685-9744; www.corkysbbq.com), lidera o grupo quando se trata de paleta de porco doce defumado, coberto por uma perfumada salada de repolho em uma taverna recriada com um ambiente clássico de rock 'n roll. E quando se trata dos deliciosos sanduíches de porco desfiado cobertos com uma cheirosa salada de repolho, os residentes se dirigem a um velho posto de gasolina perto de Graceland, onde Emily Paine aperfeiçoou o sanduíche de porco no **Payne's Bar-B-Q** (1393 Elvis Presley Blvd; ℭ 901/942-74330.

Memphis tem até sua própria dinastia do churrasco, fundada por Jim Neely no **Interstate Barbecue** (na saída I-55 no 2265 S. 3rd St.; ℭ 901/775-2304; www.interstatebarbecue.com) e mantida por seu sobrinho no **Neely's Bar-B-Q** (centro da cidade no 670 Jefferson Ave. ℭ 901/521-9798; e no East Memphis no 5700 Mt. Moriah Rd. ℭ 901/795-4177). Quase tudo é bom nesses claros, simpáticos e descontraídos restaurantes: as costelas, os sanduíches de porco desfiado, até mesmo – por que não experimentar? – o churrasco de espaguete e linguiça defumada.

✈ Memphis International (20 km/13 milhas).
🛏 $$$ **The Peabody Memphis**, 149 Union Ave. (ℭ 901/529-3677; www.peabodymemphis.com). $$ **Wyndham Garden's Hotel**, 300 N. 2nd St. (ℭ 901/525-1800; www.wyndham.com).

Pé na Estrada na América

Paraísos do Churrasco 228

Churrasco Hill Country
A Conexão Com o Mercado de Carne
Lockhart, Texas

Quem esperaria encontrar um foco importante assim de churrasco nessa região central do Texas? Mas aqui está o Lockhart, Texas, metade do caminho entre Austin e San Antonio, com um fenomenal grupo de excelentes conexões de churrasco desenvolvidas a partir da longa reputação alemã das linguiças e carnes defumadas.

Em primeiro lugar está o **Kreuz Market** (619 N. Colorado; ✆ **512/398-2361**; www.kreuzmarket.com), fundado há 100 anos, originalmente como uma área de refeições bem ao lado de um mercado alemão de carne. Você comerá em longas mesas comunitárias. Eles não acorrentam as facas à mesa como faziam quando as mesas eram colocadas ao lado do forno, mas fornecem rolos de papel toalha em cada mesa – e você precisará delas com a carne suculenta e macia. Seu pedido é feito no balcão (não tem serviço de mesa) e suas opções serão na maioria carne bovina – peito, costela, linguiça – ou costeletas de porco. Os acompanhamentos originalmente eram somente pão branco e biscoitos salgados, mas Kreuz (pronunciado "Krites") recentemente adicionou algumas outras opções, como feijão, salada de batatas e chucrute (a herança é germânica). E Kreuz dedicadamente assegura veracidade ao churrasco ortodoxo do Texas central – se o mestre do forno tiver feito seu trabalho corretamente, o churrasco não precisa de molho, e você não encontrará uma só gota aqui.

Quando Kreuz levantou acampamento para suas modernas e novas instalações, a antiga loja recebeu um novo nome Smitty's Market (208 S. Commerce; ✆ **512/398-9344**; www.smittymarket.com) e é agora administrado por vários descendentes do último e por muito tempo proprietário do Kreuz, Edgar Schmidt. (O feudo Familiar que separou a dinastia Kreuz-Schmidt continua a ferver lentamente, como suas churrasqueiras). O menu é quase o mesmo que no Kreuz — com alguns acompanhamentos a mais, uma salsicha levemente mais picante — mas onde o Smitty's atinge excelência é com seu peito, extremamente macio e servido em um pedaço de papel parafinado. A essencialmente básica sala de jantar tem mesas comunitárias assim como no Kreuz, que oferecem garfos, mas esqueça os talheres — você comerá esse churrasco com as mãos, e lamberá os dedos depois.

Se você fizer questão do molho em seu churrasco, dirija-se ao **Black's BBQ** (215 N. Main St. ✆ **512/398-2712**; www.blacksbbq.com), sempre pertencente à família desde sua inauguração, em 1949, como – sim, isso mesmo – um anexo do mercado de carnes. Hoje é uma cafeteria apropriada, com cabeças de animais empalhadas e fotos históricas nas paredes. Há até mesmo acompanhamentos aqui, e as opções de churrasco defumado na nogueira incluem frango e costelas de porco assim como bifes de peito. Os anéis de salsicha no Black's são especialmente populares: um anel de salsicha de bife e porco picante é um grande antídoto para a sutileza do peito e lombo de porco. Quebrando a tradição de Lockhart, Norma Black fez um molho de churrasco cheiroso e cor de laranja vivo para servir aos viciados em molhos do norte, atraídos para cá pelos imperdíveis outdoors do Black's espalhados pela cidade. Se você os usa ou não, é com você.

✈ San Antonio (65 milhas/105 km). Austin (30 milhas/48 km).

🛏 $$ **Havana Riverwalk Inn**, 1015 Navarro. San Antonio (✆ **888/224-2008** ou 210/222-2008; www.havanariverwalkinn.com). $ **Austin Motel**, 1220 S. Congress St. ✆ **512/441-1157**; www.austinmotel.com).

Sonny Bryan's & Angelo's
Clássicos da Cidade dos Vaqueiros
Dallas/Fort Worth, Texas

Assim que chegar a Dallas, você estará na terra do churrasco cowboy, cuja carne bovina reina e os molhos são espessos e picantes. O churrasco é um negócio sério aqui. Brigas de bar são comuns para decidir qual defumado e molho são os melhores.

Quase todos os residentes de Dallas concordam que o lendário **Sonny Bryan Smokehouse** define o padrão pelo qual todos os outros são medidos. É o local clássico do churrasco que você tem que visitar antes de deixar Dallas. Aberto em 1958 por William Jennings Bryan Jr. – filho e neto de dois outros mestres do churrasco, cujas próprias cabanas foram abertas respectivamente em 1910 e 1935 – o decrépito Lawn é tão popular que até mesmo nos dias em que a temperatura chega a 38° C (100° F), você verá pessoas de negócios com suas mangas enroladas, apoiando-se em seus carros, tentando não se sujar de molho de churrasco. (Há filiais em toda a área metropolitana, mas o Inwood original tem o ambiente completo.) Dentro da cabana de fumaça você poderá pedir no balcão, e levar seu churrasco para comer nas estreitas carteiras de escola com um apoio para o braço (ou do lado de fora no estacionamento). As ofertas incluem peito defumado, costela carnuda, porco desfiado, frango, peru, linguiça ou presunto, mas o prato definitivo é o sanduíche de bife – picado ou fatiado – junto com anéis de cebola suculentos feitos à mão. Chegue cedo, porém. O Sonny fica aberto até a comida acabar, o que pode acontecer antes da hora de fechar.

Bem ao norte do distrito cultural, em Forth Worth, o **Angelo's** inaugurou no mesmo ano que o Sonny Bryan's – 1958 – e parece uma grande sala de convenções dos jovens membros da câmara de comércio texana, com uma decoração quase kitchy de panéis de madeira de celeiro, cabeças empalhadas de veados e búfalos, ventiladores de teto de metal e mesas de fórmica. O filho de Angelo George, Skeet, é o atual mestre do formo, produzindo um fantástico churrasco defumado esfregado a seco. O sanduíche de bife fatiado e os pratos de bife de peito são os padrões, apesar de você poder trocar por salame, presunto, peru e linguiça polonesa. Frango e costelas de porco são servidas o dia todo "enquanto durarem", apesar das costelas defumadas de boi não aparecerem até o serviço de mesa começar, depois das 15h30. O Angelo também se orgulha em servir canecas de chopp geladas, o perfeito acompanhamento para o churrasco.

O Sonny Bryan's Smokehouse é uma parada obrigatória em Dallas.

Pé na Estrada na América

ⓘ **Sonny Bryan's**, 2202 Inwood Rd., Dallas (🕿 **817/332-0357**; www.angelosbbq.com). **Angelo's** 2533 White Settlement Rd., Fort Worth (🕿 **817/332-0357**; www.angelosbbq.com). ✈ Internacional de Dallas-Fort Worth (85 milhas/137 km).

🛏 $$$ **The Melrose Hotel Dallas**, 3015 Oak Lawn Ave., Dallas (🕿 **800/MELROSE** [800/635-7673] ou **214/521-5151**; www.melrosehoteldallas.com). $$ **Etta's Place**, 200 W. 3rd St., Fort Worth (🕿 **866/355-5760** ou 817/255-5760; www.ettas-place.com).

Casas de Frutos do Mar · **230**

Route 1's Roadside Seafood
Rolinhos de Lagosta Para Viagem
Kittery, Maine

A cena culinária do Maine é praticamente um sinônimo de lagostas – há até uma lagosta nas placas de carro do estado. Nos outros lugares do país, a lagosta é uma entrada fina para um jantar; mas aqui, na costa do Maine, você a adquire em cercados de lagostas. E se tiver sorte, assim que entrar no estado vindo do sul, você pode encontrar o **Chauncey's Creek Lobster Pier**, um dos melhores cercados de lagosta do estado.

Você pode se perguntar, o que é um "cercado de lagosta"? Bem, se você tem que perguntar, você não é do Maine. Um cercado de lagosta é um termo específico do Maine para qualquer ponto de venda informal de frutos do mar, onde as lagostas vivas são mantidas em um cercado de água salgada até que elas estejam prontas para serem cozidas (falemos em fresco!). O Chaunceys pode ser um pouco fora de mão – entre Kittery Point e York, na saída da Rota 103 – mas o motivo principal do cercado de lagosta é que ele tem que estar próximo do oceano. A família Spinney tem vendido lagostas nesse restaurante de telhado vermelho rebaixado na beira do rio, desde os anos de 1950. Você chega ao cercado caminhando por uma rampa sobre uma pequena enseada de maré, onde 42 mesas de piquenique festivas esperam. Claro que lagostas são a especialidade, sejam cozidas por quilo ou o grande clássico da Nova Inglaterra, o rolinho de lagosta em sanduíche. O marisco no bafo (com vinho e alho) e amêijoas também são oferecidos, assim como as ostras cruas em meia concha, as vieiras. Se você quiser uma bebida, porém, terá que trazê-la.

Às vezes, você quer os frutos do mar fritos – nesse caso, pode parar no Kittery, onde, no meio de shoppings de ponta de estoque, atrás de uma cerca de madeira branca, você encontra o **Bob's Clam Hut**, no ramo desde 1956. O lugar coberto por ripas de madeiras azuis se expandiu ao longo dos anos, adicionando uma sorveteria e uma sala de refeição interna, apesar de o verão ser sempre melhor para se sentar fora em mesas de piquenique. A fritadeira funciona o verão todo, servindo montanhas de mariscos, vieiras, camarões, filés de haddock, batatas, e particularmente, deliciosos anéis de cebolas, tudo frito, o preço é surpreendentemente barato e tudo é feito em óleo vegetal livre de colesterol. O ensopado de marisco cremoso da Nova Inglaterra também é muito bom, e, naturalmente, tem um rolinho de lagosta doce. O procedimento é simples: faça seu pedido no balcão na frente, pegue seu refrigerante na máquina, e uma mesa dentro com uma vista para a Rota 1, e espere o seu número ser chamado. Ah, e reserve um espaço para o sorvete caseiro.

Estando no Maine, esses lugares são sazonais; o Chauncey's fecha completamente a partir do feriado de 12 de outubro até o dia das mães, enquanto o Bob's funciona em horários variados (ligue antes) depois da primeira segunda-feira de setembro (Labor Day) até o último domingo de maio (Memorial Day).

ⓘ **Chauncey's**, 16 Chauncey Creek Rd. (ⓒ **207/439-1030**; www.chaunceycreek.com).

Bob's Clam Hut, 74 State Rd. (Rte.1) (ⓒ **207/439-4233**; www.bobsclamhut.com).

✈ Internacional de Portland (45 milhas/72 km); Internacional de Boston Logan (50 milhas/81 km).

🛏 $$ **Dockside Guest Quarters**, Harris Island, Yourk (ⓒ **207/363-2868**; www.docksidegq.com).

231 Casas de Frutos do Mar

Clam Alley
Engorda em Ipswitch Flats
Essex/Ipswich, Massachusetts

Os fãs de mariscos conhecem Ipswitch Flats — uma extensão de maré do Atlântico na península do rochoso Cabo Ann, bem ao norte de Boston. Parece que os mariscos mais gordos e saborosos se concentram ali na lama rica em nutrientes, esperando que alguém escave para encontrá-los, retire-os da concha, empane, e frite. Pode parecer loucura, mas deve haver alguma explicação para o motivo de tantas cabanas excelentes de mariscos terem surgido ao longo dessa parte da costa Norte.

Esses botecos atraem multidões no verão de toda a área de Boston, assim como os turistas a caminho da costa do Maine ou do Lago Winnipesaukee, ou do sul de Cape Cod. Para muitos viajantes, uma parada em Essex é um ritual das férias anuais. A refeição aqui, claro, é sem frescuras, o que significa que você faz o seu pedido no balcão e leva até a sua mesa com uma vista para o mar, seja dentro ou fora.

O mais velho é o **Woodman's of Essex** (121 Main St., Essex; ⓒ **978/768-6057**; www.woodmans.com), que está no ramo desde 1914. Ele ainda é administrado pela família Woodman, que afirma que o fundador Lawrence "Chubby" Woodman inventou o marisco frito. Instalado em um prédio com tábuas de madeira pintada de branco, o Woodman's geralmente atrai mais trânsito. Além dos clássicos mariscos fritos do "Chubby's", as vieiras e camarões (ainda fritos na antiga banha, e dane-se o colesterol), o Woodman's serve as lagostas cozidas, os mariscos no bafo, os rolinhos de lagosta e os rolinhos de tiras de mariscos.

Ao longo da Eastern Avenue (também conhecida como Route 133), você encontrará duas outras cabanas supremas de mariscos: o agradável decrépito **Essex Seafood** (143R Easterb Ave.; ⓒ **978/768-7233**) and J. T. Famham's (88 Eastern Ave. ; ⓒ **978/768-6643**), abrigado em uma chácara insignificante ao lado do pântano, com vistas serenas de sua sacada. Ambos servem porções mais substanciosas dos que o Woodman's; os puristas afirmam que seus mariscos fritos são menos gordurosos também (apesar de outros preferirem o gordurento Woodman's). Não perca o generoso ensopado de frutos do mar do Famham's. Se vier aqui fora de estação, é bom saber que o Essex fica aberto o ano todo.

Os habitantes locais, porém, tendem a acabar sempre no **The Clam Box** (246 High St., Ipswich; ⓒ **978/356-9707**; www.ipswichma.com/clambox). Construído em 1938, por Dick Greenleaf, é difícil não notá-lo – ele parece exatamente com uma enorme caixa de papelão cinza com as abas laterais dobradas para cima. O menu aqui se mantém fiel aos clássicos fritos – mariscos, mariscos em tiras, vieiras, camarão, haddock, ostra, polvo (com frango para os marinheiros de água doce), servidos com ou sem batatas fritas, anéis de cebola, e salada de repolho e cenoura. Se você gosta do seu marisco bem gordo (nem todos gostam), você pode pedir os mariscos

Pé na Estrada na América

O Clam Box é um monumento na High Street em Ipswich, Massachusetts.

barrigudos aqui. Preste atenção, porque eles fecham entre o almoço e o jantar para limpar as fritadeiras, para que os seus mariscos pós-praia sejam tão dourados e doces quanto os que do almoço.

Internacional de Boston Logan (39 milhas/63 km).

$$$ **Emerson Inn by the Sea**, 1 Cathedral Ave., Rockport (© **800/964-5550**; www.emersoninnbythesea.com). $$ **Atlantis Oceanfront Motor Inn**, 125 Atlantic Rd., Gloucester (© **800/732-6313** ou 978/283-0014; www.atlantismotorinn.com). $$$ **Bass Rocks Ocean Inn**, 107 Atlantic Rd., Gloucester (© **888-802-7666** ou 978/283-7600; www.bassrocksoceaninn.com).

Casas de Frutos do Mar 232

Rhode Island Road Trip
O Gosto Salgadinho da Baía Narragansett
Narragansett Bay, Rhode Island

É só olhar para o mapa e você vai ver como a Baía de Narragansett some no pequeno estado de Rhode Island. Sua costa entrecortada com pequenas enseadas coberta de lama é perfeita para a criação de mariscos. Os mariscos de Narragansett talvez não sejam tão lendários como os da planície de Ipswich/Essex, mas isso pode ser porque os residentes do lugar preferem mantê-los em segredo.

A vovó de todos eles é **Aunt Carrie's** (1240 Ocean Rd., Narragansett; © **401/783-7930**; www.auntcarriesri.com), trabalhando no Point Judith, próximo da foz da baía, desde 1920. Recebeu o nome da tia da fundadora, Carrie Cooper, a criadora dos bolinhos de marisco de Rhode Island – rodelas de massa de marisco passadas na farinha de rosca. Naturalmente, os bolinhos de marisco aparecem no menu, mas o pedido clássico aqui é o jantar completo de frutos do mar: ensopado de marisco, bolinhos de marisco, uma caldeirada de mariscos no bafo, filé de linguado empanado (servido com milho verde assado e batata frita), uma lagosta inteira afervantada, e uma sobremesa de indian puding quente. Fique atento que o ensopado (chowder) de Rhode Island é diferente daquele da Nova Inglaterra ou de Manhattan; é uma sopa límpida de caldo de marisco com bacon. O restaurante, com cortinas de renda, é um pouco mais formal do que as cabanas de marisco em geral; há um serviço de mesa, e a comida é, na verdade, servida em pratos de porcelana.

Apesar de a Carrie ter inventado o bolinho de marisco, hoje em dia ele é ainda melhor um pouco mais ao norte de Newport, no **Flo's Clam Shack** (Park Avenue, Portsmouth; ℂ 401/847-8141; www.flosclamshack.com). Apesar de o Flo's estar no ramo desde 1936, sua localização exposta ao mar o tornou alvo de quatro furacões sucessivos ao longo dos anos (um poste do lado de fora mostra a marca de cada um deles). A cabana coberta de seixos atual é nova, mas ainda bem casual, sem fres-

curas (há um local mais refinado e perto de Newport no número 4 da Wave Ave, Middletown; ℂ **401/847-8141**). Seus "stuffies" (moluscoss assados recheados) são particularmente picantes, os mariscos inteiros fritos são cheios de suco salgadinho. Você vai amar um lugar que tem "lobsta" e "chowda" no menu e lhe dá uma pedra pintada para acompanhar o seu pedido.

Para um local bem bonitinho à beira d'água, porém, rode mais alguns quilômetros para o norte ao longo da Rota 138 até Tiverton, para o **Evelyn's Drive-in** (2335 Main Rd., Tiverton; ℂ **401/624-3100**; www.evelynsdrivein.com). Essa casa de ensopados da estação do verão administrada pela família com mesas de piquenique fica no meio do Lago Nanaquaket (você também pode fazer sua refeição do lado de dentro na sala com ar-condicionado). O menu é extenso, mas para valorizar o ambiente à beira d'água, fique com os clássicos que o Evelyn's tem servido por 40 anos: os mariscos gordos fritos, os bolinhos de marisco, os mariscos no bafo e os mexilhões, os "stuffies," e o ensopado de amêijoa de Rhode Island.

✈ Internacional de Providence (28 milhas/45 km)

🛏 $$$ **Mill Street Inn**, 75 Mill St., Newport (ℂ **401/782-2220**; www.millstreetinn.com). $$ **Village Inn**, 1 Beach Rd., Narragansett (ℂ **401/782-2220**; www.v-inn.com).

233 Casas de Frutos do Mar

Abbott's in the Rough
Lobster Al Fresco
Noank, Connecticut

Poucos prazeres de verão são mais agradáveis do que se enfiar em um jantar de lagosta no deck ao ar livre do Abbott's, enquanto as águas da Fisher Island Sound batem levemente nas pedras logo abaixo de você. Venha nos horários das refeições nos finais de semana, e poderá ter que ficar para um piquenique no gramado, porque o Abbots atrai multidões de todo o Nordeste. Há mesas sob uma barraca listrada de vermelho e branco (o lugar para se ficar quando chove). Para alguns, visitar a extremidade sudoeste de Connecticut significa ver os barcos antigos restaurados no Mystic Seaport ou se divertir com as baleias e golfinhos no Mystic Aquarium; para os amantes das lagostas, porém, significa jantar lagostas frescas recém-pescadas em um ambiente descontraído à beira d'água.

Pé na Estrada na América

7 Lugares para se Comer em . . . Providence, Rhode Island

Nos últimos 40 anos, Providence se tornou um tipo de cidade Cinderela. Uma vitrine do ressurgimento urbano eficiente é também um ponto quente da culinária em crescimento, e os dois renascimentos chegaram de mãos dadas.

Exatamente quando o centro da cidade de Providence, esquecido por tanto tempo, começou a se transformar no final dos anos de 1970, o restaurante inovador ㉞ **Al Forno** (577 S. Main St.; ℂ **401/27309760**; www.alforno.com) inaugurou em 1980, em um depósito de ferro de 200 anos de idade, nas beiradas do centro. Apesar do menu descontraído de Johanne Kileen e George Germon's carregar um selo italiano mostrando pizzas no forno à lenha e carnes grelhadas abertas, ele tinha muito mais entusiasmo e sofisticação do que os restaurantes tradicionais de molho vermelho do bairro de imigrantes italianos de Federal Hills, disparando uma revolução gastronômica em uma cidade que implorava por mudanças.

O Al Forno ajudou a lançar um renascimento em Providence.

Nas décadas seguintes, o cenário da gastronomia em Providence se tornou um dos mais vitais da nação, mesmo com a ressurreição da cena urbana. Quando o Al Forno se mudou, em 1990, para alojamentos mais espaçosos na Main Street renovada do bairro de depósitos (onde ainda há uma espera por mesas tal é a popularidade do Al Forno), Killen e Germon ajudaram Bruce Tillinghast a abrir o ㉟ **New Rivers** (7 Steeple St.; ℂ **401/751-0350**; www.newriversrestaurant.com) nas antigas instalações do Al Forno, servindo uma cozinha multicultural audaciosa e inventiva nesse espaço íntimo de 40 lugares sentados. O nome faz referência à mistura global do menu de Tillinghast, assim como o descobrimento dos rios de Providence sepultados por tanto tempo no final dos anos 1980, iniciado em 1994 pelo projeto de urbanização de Riverwalk. Bem no Riverwalk, o ㊱ **Café Nuovo** (One Citizens Plaza; ℂ **401/421-2525**; www.cafenuovo.com/cafenuovo) oferece uma refeição fina, servida em toalhas de linho; o chef Tim Kelly aparece com pratos de apresentação refinada de cozinha fusion criativa usando ingredientes dos mais caros, vindos de todas as partes do mundo. É um lugar particularmente elegante para se jantar durante o **Waterfire**, noites festivas (quase sempre aos sábados no verão), quando o sinuoso rio Providence brilha com fogueiras e luminárias correndo junto com água em silênciosas gôndolas negras. E quando o renascimento do centro da cidade se solidificou, preferido de Federal Hill por muito tempo, o ㊲ **Gracie's** (194 Washington St.; ℂ **401/272-7811**; www.graciesprov.com) se mudou para instalações industriais chiques em frente ao Teatro Trinity Rep, onde o chef Joe Hafner impressiona os convivas com preparos enganosamente simples, que mostram os seus ingredientes frescos do mercado; seus menus de gostos meticulosos mudam diariamente, refletindo a estação.

240 7 Lugares para se Comer em... Providence, Rhode Island

Enquanto isso, no bairro de College Hill, perto tanto da Universidade de Brown como da Escola de Design de Rhode Island, os pioneiros do aburguesamento urbano preservaram, quarteirão atrás de quarteirão de mansões decadentes das eras colonial e federal, que veio nos anos de 1980 e 1990. Um conjunto de bistrôs elegantes no bairro logo se seguiu, como a brasserie de inspiração francesa 238 Red Stripe (465 Angell St.; ℂ **401/437-6950**; http://redstriperetaurants.com), um ponto alegre com lambris nas paredes, e pisos de lajotas pretas e brancas, e uma cozinha aberta conhecida pelas suas maminhas (hanger steak), omeletes, sopas de tomate gratinadas no forno, e queijo grelhado com presunto, pêra e manjericão. No 239 Chez Pascal (960 Hope St.; ℂ **401/421-4422**; www.chez-pascal.com), com paredes pintadas de laranjas e vermelhos quentes, Matthew Gennuso reinterpreta os clássicos franceses como os cassoulets, os confits, e as bouillabaisses com ingredientes locais. Em seu jantar de seis pratos de tomate, por exemplo, cada prato faz algo diferente com os tomates plantados em uma fazenda orgânica ali perto.

Porém, no meio da reforma que segue a moda, o espírito corajoso da antiga Providence persiste em uma instituição adorada: o trailler 240 Haven Bros. (ℂ **401/861-7777**), um caminhão com lateral de alumínio que para em uma vaga na Kennedy Plaza, ao lado da prefeitura toda tarde entre 4h e 5h da tarde e fica ali até depois de meia-noite. Só há seis banquetas no balcão, mas os hambúrgueres e batatas fritas são excelentes, e os clientes costumeiros incluem toda uma parte da sociedade de Providence, desde os porteiros até os políticos, repórteres até os mecânicos de carros, dos entregadores até os policiais.

✈ Aeroporto T. F. Green Providence (11 milhas/18 km).
🛏 $$$ **Hotel Providence**, 311 Westminster St. (ℂ **800/861-8990** ou 401/861-8000; www.thehotelprovidence.com). $$ **Courtyard by Marriott**, 32 Exchange Terrace (ℂ **800/321-2211** ou 401/272-1191; www.courtyard.com).

Pé na Estrada na América

Em Fisher Island Sound, em Connecticut, o Abbott's só abre durante a estação da lagosta.

atualizados, que não são baratos para os monstros jumbo o qual tem quantidade significativa de carne até nas patas difíceis de acessar. Com sorte, eles irão fornecer um babador de papel para proteger suas roupas do suco doce que escorre e da manteiga derretida na qual você mergulha os pedaços suculentos. Se desmembrar um crustáceo gigante não é a sua ideia de diversão, peça um rolinho de lagosta quente, um quarto de libra de pura carne de lagosta, empilhada em um pão ligeiramente tostado.

Enquanto você espera, pode ser que queira experimentar o ensopado de amêijoas no estilo de Rhode Island, os mexilhões no bafo, ou as amêijoas recheadas. Acompanhamentos geralmente são o salada de repolho e cenoura, o milho assado, ou as batatas chips da marca própria do Abbott's. O lugar nem tem uma fritadeira; se alguém no seu grupo estiver com desejo de comer tiras de mariscos fritos, você terá que ir ao restaurante filial deles mais acima, na rua, em Noank Shipyard, no **Costello's Clam Shack** (✆ **860/572-2779**), que também vende pequenas lagostas do Abbotts.

A refeição é sem bebidas, e os antenados trazem um engradado de cerveja ou uma garrafa de vinho (até mesmo champanhe). Veteranos do Abbotts até trazem suas próprias toalhas de mesa para cobrir as mesas de madeira. Naturalmente, o Abbott's só abre durante a estação da lagosta – o dia todo do último domingo de maio (Memorial Day) até a primeira segunda-feira de setembro (Labor Day); nos finais de semana só em maio, setembro e início de outubro. Reservas? Você deve estar brincando.

Instalado em um promontório calmo ao sul do centro da cidade de Mystic, o Abbott's parece adequadamente fora do tradicional. Você dá voltas em várias ruas do bairro para chegar aqui (isto é, a não ser que você venha de barco). Depois que você entra no estacionamento coberto de pedregulho, olhe para a logomarca do Abbott's, uma enorme lagosta esverdeada pintada em uma desgastada parede lateral cinza (só para lembrar, lagostas não ficam dessa cor laranja avermelhada até que sejam cozidas). Se tiver sorte, você não encontrará uma fila no balcão – o serviço é estritamente para viagem, e cada lagosta é cozida a pedido, portanto a espera é de se esperar. Abbott's afirma que sua fama vem do tamanho de suas lagostas – algumas chegam a pesar até dez libras. Uma lousa perto do balcão tem os preços

ⓘ 117 Pearl St., Noank CT (✆ **860/536-7719**; www.abbotts-lobster.com).
✈ Providence (45 milhas/73 km).
🛏 $$ **Hilton Mystic**, Coogan Blvd. (✆ **800/445-8667** ou 860/572-0731; www.hiltonmystic.com).

241 Bowen's Island Restaurant

241 Casas de Frutos do Mar

Bowen's Island Restaurant
O Mundo é Sua Ostra
Charleston, Carolina do Sul

Se você nunca foi ao restaurante original Bowen's Island, você realmente saiu perdendo alguma coisa. Essa cabana de blocos caindo aos pedaços em uma enseada de praia, no final de uma rua encardida no caminho de Folly Beach, longe do centro da cidade de Charleston – bem, não pareceria um local para se jantar. Dentro, cada parede estava coberta com grafite, as mesas cobertas com jornal, aparelhos de TV quebrados olhavam para o nada das paredes. Dentro do "oyster room" – onde você não poderia se sentar a não ser que fosse pedir o rodízio de ostras – um cozinheiro no fundo suava sobre uma enorme lareira de ostras, que eram pegas fresquinhas naquele dia, e assadas embaixo de sacos de juta úmidos (o restaurante tem os seus próprios catadores de ostras que pegam sua colheita diária, escavada da lama da maré logo depois dos ancoradouros). Quando suas conchas enrugadas se abriam, elas eram retiradas com uma pá – sim, com uma pá – e depositadas nas mesas. Os clientes esfomeados, armados com uma faca, um pano e um pouco de molho coquetel, atacavam os moluscos com gosto, jogando suas conchas vazias em um balde, provavelmente acompanhados de goles de cerveja gelada.

Mas esse pequeno restaurante singular – fundado como um pesqueiro nos anos de 1940 por May e Jimmy Bowen, e administrado hoje pelo neto de May, Robert Barber – pegou fogo em 2006, ironicamente apenas alguns meses depois de ter recebido uma citação como um clássico americano pela Fundação James Beard. Robert Barber reabriu o lugar, apesar de que até agora é só a área coberta do deck; a sala de ostras original será a próxima a ser reconstruída. Todos os pratos preferidos estão de volta – as ostras assadas, o fabuloso camarão frito, o camarão com cereais, o ensopado Frogmore (uma especialidade do sul do país, um afervantado de frutos do mar com milho, batatas, linguiça e camarão) – junto com bolinhos hush puppies e batatas fritas e salada de repolho e cenoura, os acompanhamentos a cada entrada. Eles só servem jantar e fecham aos domingos e segundas, além de não aceitarem cartões. Com esses preços (atualmente $20 pelo rodízio de ostras), você provavelmente vai conseguir pagar com dinheiro.

Se você planeja pedir ostras (e deveria), certifique-se de ir durante a estação das ostras, de setembro a abril. Ah, não se esqueça de dar uma gorjeta para o cozinheiro das ostras.

ⓘ 1870 Bowen's Island Rd., Charleston (✆ **843/795-2757**; www.bowensislandrestaurante.com).

✈ Internacional de Charleston (10 milhas/16 km).

🛏 $$$ **Planter's Inn**, 112 N. Market St. (✆ **800/845-7082** ou 843/722-2345; www.plantersinn.com). $$ **The Rugledge Victorian Guest House**, 114 Rutledge Ave. (✆ **888/722-7553** ou 843/722-7551; www.charlestonvictorian.com).

Casas de Frutos do Mar — 242

Middendorf's
Nos Altos e Baixos
Pass Manchac, Louisiana

A cabana branca comprida com seus toldos listrados de vermelho e branco que parece bem respeitável no meio de lojas de iscas e linhas do trem, dessa faixa comercial do sul de Ponchatoula, onde a Hwy. 55 se eleva acima dos igarapés. Mas não espere uma refeição refinada – dentro da aconchegante sala de refeições com acabamento de madeira do Middendorf, as coisas são descontraídas, venha como estiver, até um pouco desorganizado nos sábados à noite. (O serviço também é simpático). Uma fila é certa no jantar de final de semana, apesar de terem construído um segundo restaurante ao lado para lidar com as multidões em excesso (com uma comida tão boa, tão perto de Nova Orleans, a fila é inevitável). Prepare-se para esperar, e espere chegar na hora certa para pegar a vista de um pôr-do-sol sensacional do outro lado do igarapé. Você estará a apenas uma distância de 45 minutos de carro da cidade, no extremo do Lago Pontchartrain (é apenas um pulinho do Lago Maurepas), mas é o que basta para que você se sinta como se estivesse no meio do campo Cajun.

No Middendorf's – que está ali desde o tempo da Depressão – o peixe-gato é a atração principal; relata-se que os proprietários compram toneladas por semana. Se você pedir alto ou baixo é só uma questão da sua proporção de desejo de peixe carnudo ou de casca dourada crocante de empanado. São os filés mais finos, porém, que parecem ganhar as resenhas mais delirantes – eles são tão estranhamente finos, que saem da fritadeira delicadamente enrolados e parecem se dissolver na sua boca.

O restaurante também oferece pratos de uma gama de especialidades de Louisiana, como o shrimp-and-crab gumbo (sopa de quiabo com camarão e caranguejo), o lagostim afervantado, os bolinhos de lagostim, os po' boys (sanduíche servido no pão francês, recheado de carne ou frutos do mar, geralmente fritos), camarão no molho remoulade, patas de rã, e sopa de tartaruga. Como seria de se esperar na terra do Cajun, muitos pratos vêm com molho barbecue por cima, mas o Middendorf's não perturba os clientes com temperos fortes – é melhor permitir que o sabor do peixe fresco pescado na Louisiana brilhe. Fecha segunda e terça.

ⓘ 30160 Hwy. 51 (✆ **985/386-6666**).
✈ Internacional de New Orleans Louis Armstrong (15 milhas/24 km).
🛏 **Omni Royal Orleans** 621 St. Louis St. (✆ **800/THE-OMNI** [800/843-6664] ou 504/529-5333; www.ominroyalorleans.com). **Hotel Monteleone**, 214 Rue Royale (✆ **800/535-9595** ou 504/529-3341; www.hotelmonteleone.com).

Delis — 243

Nova Iorque Deli Classics
Muito Matzoh
Nova Iorque, Nova Iorque

O termo "deli de estilo nova iorquino" parece redundante. O restaurante deli foi inventado em Nova Iorque, então como uma deli adequada poderia ter um estilo que não fosse de Nova Iorque?

No centro da cidade no Lower East Side, onde as primeiras delicatessens apareceram nos cortiços judeus do século XIX, a **Katz's Delicatessen** (205 E. Houston St.;

Nova Iorque Deli Classics

📞 **212/254-2246**; www.katzdeli.com) é uma relíquia de época incondicional, segurando a onda perante os restaurantes e clubes que chegaram recentemente no bairro. Fundado por imigrantes russos, em 1888, ele quase se assemelha a um cenário de cinema – com lambri de madeira barato, mesas de tampo de fórmica, fotografias espalhadas pelas paredes, salames pendurados na vitrine na entrada. Ou talvez seja reconhecido pelos filmes, desde Donnie Brasco até Harry e Sally – Feitos Um Para o Outro. O salame deles é famoso, assim como a carne de peito bovino, divinamente macia. Panquecas de batata (latkes) e panquecas de queijo (blintzes) são outros dois pratos que se deve provar.

Em Midtown, você pode experimentar a sopa de matzoh Ball mais famosa do mundo na mais nova encarnação da **Second Avenue Deli** (162 E. 33rd St.; 📞 **212/689-9000**). Originalmente loca-lizada no East Village, em uma parte mais baixa da Second Avenue, que foi apelidada de Broadway yiddish por conta de todos os teatros yiddish próximos dali, a Second Avenue Deli se mudou para uptown depois de um golpe duplo de disputa de aluguel e do assassinato de seu fundador, o sobrevivente do Holocausto Abe Lebewohl. Mas o ponto menor em Midtown, também administrado pelo sobrinho de Lebewohl, Jeremy, mantém a tradição surpreendentemente bem; ele ainda exibe com orgulho a aparência azulejada do coffee shop de seu predecessor e fica aberto 24 horas por dia. Experimente o famoso fígado picado ou o saboroso pastrami – tudo tem certificado kosher (apesar de que diferentemente da maioria dos restaurantes kosher, eles abrem aos sábados).

No lado oeste de Midtown, próximo ao bairro dos teatros, a **Carnigie Deli** (854 Seventh Ave.; 📞 **800/334-5606** ou 212/757-2245; www.carnegiedeli.com), inaugurada em 1937, é sui generis – um restaurante um pouco encardido, apertado, insolentemente desastrado que se tornou uma instituição por seus garçons mal-humorados e seus sanduíches enormes com nomes espertos. Os preços são de arrancar o couro dos turistas, mas é uma experiência pela qual todo mundo deve passar pelo menos uma vez. O corned beef e o pastrami, curados no local, são mesmo fantásticos, assim como os tremendamente autênticos pickles gratuitos sobre a mesa. A **Stage Deli**, um pouco abaixo na mesma rua (834 Seventh Ave.; 📞 **212/245-7850**; www.stagedeli.com), é mais do mesmo, apesar de ser mais alegre, com uma atração a mais de sanduíches com nomes de pessoas famosas e muitas fotos autografadas penduradas na parede.

O apelo de época é mais genuíno, e o ritmo menos agitado, na parte mais alta da cidade no **Barney Greengrass, o Sturgeon King** (541 Amsterdam Ave.; 📞 **212/724-4707**), na parte que já foi um dia muito povoada por judeus do Upper West Side. Aberto apenas durante o dia, a deli despretensiosa da velha escola Kosher tornou-se lendária por seu salmão de alta qualidade (de marta, marinado, defumado, curado ligeiramente doce, pastrami – você escolhe), peixe branco, e esturjão (claro). A sala de refeições parece não ter sido redecorada desde que inauguraram, em 1929 – o papel de parede de pintinhas, o linóleo de época –, mas, opa, se ele foi bom o suficiente para clientes como Grouxo Marx, Al Jolson, e Irving Berlin, por que mudar?

✈ Aeroporto Internacional John F. Kennedy (38 milhas/61 km); Internacional Newark Liberty (44 milhas/71 km); LaGuardia (29 milhas/47 km).

🛏 $$ **The Lucerne**, 201 W. 79th St. (📞 **800/492-8122** ou 212/875-1000; www.thelucernehotel.com). $ **Milburn Hotel**, 242 W. 76th St. (📞 **800/8339622** ou 212/362-1006; www.milburnhotel.com).

O sanduíche de pastrami assustador da Carnegie Deli.

Pé na Estrada na América

Delis 244

Manny's
Passa o Pastrami
Chicago, Illinois

Foi necessário outro imigrante russo para trazer com sucesso a ideia da deli para o oeste de Chicago. Quando Jack Raskin abriu sua deli em estilo de cafeteria, em 1942, ele não tinha dinheiro suficiente para modificar a placa existente que anunciava o inquilino anterior, o restaurante Sunny's, ao nomear o seu novo negócio Manny's, por causa de seu filho Emanuel, ele só teria que comprar duas letras novas. Era uma atitude de corte de gastos dolorida – e quem diria que o lugar ainda estaria forte com esse nome depois de mais de 65 anos?

O Manny's se mudou algumas vezes de endereço nos primeiros anos, mas se acomodou nas suas instalações, no South Loop, naquele que fora um bairro predominantemente judeu, em 1964. O dono atual Ken Raskin é o neto do fundador Jack Raskin, e filho do homônimo Manny Raskin. Como as delis de estilo antigo de Nova Iorque, cujo modelo ela seguiu, a Mannny's serve seus clientes em estilo de cafeteria, atrás de um balcão comprido de aço inox, na parte da frente da loja. As porções geralmente são grandes, portanto não peça muitas coisas. Você leva a sua bandeja para uma área de refeição enorme, onde a decoração consiste principalmente em mesas de fórmica, lambris de madeira até a altura da cintura, e clippings de notícias e fotos históricas emolduradas fazendo a cobertura da longa história da Manny's. Segure o seu recibo – você paga na saída. (O que faz com que seja bem fácil você mudar de ideia e voltar para pegar mais uma fatia de cheesecake, afinal).

O menu é enorme e tem muitas especialidades rotativas, mas os clientes assíduos – e a Manny's tem muitos clientes assíduos leais, desde políticos até policiais – assinam embaixo das panquecas de batata crocante, o repolho recheado, e o kreplach (espécie de capelleti recheado de carne). O pastrami não deixa nada a desejar às melhores delis de Nova Iorque, apesar de que, em Chicago, com sua grande população irlandesa-americana, o corned beef macio ainda é o mais popular. E aqui está a marca de uma deli genuína: eles servem a marca de refrigerantes kosher Dr. Brown, com sabores como cel-ray (tipo ginger ale) e de cereja preta, bem fora do espectro da coca-cola.

A Manny's fecha aos domingos, e apesar de abrir cedo (cinco horas da manhã) eles fecham às oito horas da noite. Venha cedo se quiser os knishes (um tipo de empanada judaico) para o jantar.

ⓘ 1141 S. Jefferson (✆ **312/939-2855**; www.mannysdeli.com).
✈ Internacional de O'Hare (25 milhas/16 km)
🛏 $$ **Homewood Suites**, 40 E Grand St., Chicago (✆ **800/CALL-HOME** [800/225-4663] OU 312/644-222; www.homewoodsuiteschicago.com). $$ **Hotel Allegro Chicago**, 171 N Randolph St., Chicago (✆ **800/643-1500** ou 312/236-0123; www.allegrochicago.com).

Delis

245

Chez Schwartz's Charcuterie Hébraïque de Montréal
A Hora do Defumado
Montreal, Canadá

É a deli mais antiga do Canadá – ou como a placa de rua em francês a descreve, uma Charcutevie Hébraique. Essa distinção, na verdade, significa alguma coisa: a população judaica de Montreal era de bom tamanho em 1928, quando o Schwartz foi fundado pelo imigrante romeno Reuben Schwartz. E esses imigrantes judeus do leste europeu sabiam defumar como ninguém mais no ramo.

O Schwartz é o grande sobrevivente de toda uma geração de antigas delis de Montreal, ainda defumando suas carnes da maneira tradicional (sem química, apenas uma espera paciente de dez dias para que os temperos façam a sua mágica). A ênfase aqui é muito maior na "charcuterie" do que na "hébraique". O menu é estimulantemente direto, apresentando steaks, frango, fígado, e alguns sanduíches de peito de peru, vitela, frango e salame de tamanho razoável e o motivo da fama do Schwartz, a carne defumada (a.k.a. viande fume). Esse peito defumado vermelho vivo é o primo próximo do pastrami, mas com temperos diferentes, ele vem em sanduíches ou travessas de entrada, com níveis diferentes de gordura – "magro", "médio" e "gordo". Lembre-se, a gordura derretida é parte crucial do que faz a carne defumada do Schwartz's macia e saborosa.

Você deve dar uma boa olhada em (e sentir o cheiro de) coisas deliciosas ao passar pelos balcões quando entrar pela primeira vez, depois que conseguir passar pela inevitável fila. Os clientes sentam-se à beira de mesas comunitárias de madeira em uma sala simples de luzes fluorescentes e azulejos brancos. O nível de barulho pode ficar uma loucura, já que está quase sempre lotado. A batata frita do Schwartz é especialmente digna de atenção, perfeitamente crocantes para complementar o suculento suave da carne, mas pode ser também que você queira o azedinho dos pickles ou do salada de repolho com cenoura para destacar o sabor rico dessa inesquecível viande fume.

Resta apenas uma coisa para completar a nossa experiência na deli de Montreal: uma parada na **St-Viateur Bagels** (1127 av. Mont Royal est; 514/528-6361; www.stviateurbagel.com). Se você não acreditar que existem outras bagels decentes feitas fora de Nova Iorque, a St-Viateur vai mudar a sua opinião – isto é tudo.

3895 Saint-Laurent Blvd. **514/842-4813**; www.schwartzsdeli.com).

Aeroporto Internacional Pierre-Elliot-Trudeau de Montreal (19 km/11 milhas).

$$$ **Hotel Lê St-James**, 355 rue St-Jacques oust 866/841-3111 ou 514/841-3111; www.hotellestjames.com). $$ **Auberge Bonaparte**, 447 rue St-Francois-Xavier 514/844-1448; www.bonaparte.com).

Pé na Estrada na América

Delis 246

L.A.'s Deli Wars
Peixes da Costa Oeste
Los Angeles, Califórnia

Os judeus de Nova Iorque que se estabeleceram em Los Angeles e fundaram a indústria cinematográfica podem ter sido os patronos das delis clássicas de L.A. Agora, entretanto, esses lugares estão tão institucionalizados que até os Angelinos nativos foram fisgados pelo pastrami, pelos pães de centeio, saladas com coregono e gefilte fish.

O primeiro de todos foi o **Canter's Deli** (419 N. Fairfax Ave.; ℂ **323/651-2030**; www.cantersdeli.com), um negócio que começou em 1924, na cidade de Nova Jersey, e se mudou para a costa oeste em 1931. (A única coisa mais antiga nesse bairro de Miracle Mile parece ser os fósseis de dentes de sabre do museu La Brea Tar Pits próximo dali). A casa atual, inaugurada em 1953, tem sinais em neon envelhecidos do lado de fora e um interior grandioso com decoração futurista.

Aberta 24 horas por dia, ela atrai vários notívagos moderninhos (ajuda o fato de o Kibitz Room anexo apresente música ao vivo todas às noites). A seção de panificação do Canter é famosa, oferecendo pães soberbos, incluindo o pão de centeio que já se tornou um ícone, e doces no estilo do leste europeu. Uma olhada na lista de aperitivos para o jantar – "kasha" (NT: mingau feito de grãos cozidos, especialmente trigo-sarraceno), varnishkas, iscas de fígado, gelfilte fish, arenque com picles – mostra que o Canter continua ligado às suas origens todos esses anos.

Os amantes de Delis em L.A. não se importam em dirigir longas distâncias para apreciar seus pratos favoritos – por isso o **Langer's** (704 S. Alvarado St.; ℂ **213/483-8050**; www.langersdeli.com) continua a fazer sucesso em seu endereço original, nas vizinhanças do MacArthur Park), embora o bairro agora seja predominantemente latino. Fundada em 1947, pelo falecido Al Langer, e dirigida agora por seu filho Norm, a casa é um verdadeiro ícone de L.A., tendo inclusive aparecido no seriado humorístico da TV "Curb Your Enthusiasm". Nora Ephron chama a especialidade número um do Langer, seu sanduíche de pastrami apimentado, de "obra de arte"; a sopa de bolinhos de pão ázimo também tem um número surpreendente de fãs. Com bancos de couro capitonê e candelabros de latão, o Langer exala um ar descolado que agradaria o grupo dos "Rat Pack"; o único senão é que fecha todos os dias às 16h, e não abre aos domingos.

O Canter e o Langer ganham fácil no quesito ambiente, mas se você está apenas atrás de um excelente e bem recheado sanduíche, ou talvez um bagel com salmão defumado, pode encontrar uma seleção variada de concorrentes mais novos: **Art's Deli** no Studio City (12224 Ventura Blvd.; ℂ **818/762-1221**; www.artsdeli.com) aberto em 1957; o **Brent's** em Northridge (19565 North Parthenia St.; ℂ **818/886-5679**), aberto em 1967; ou o **Izzy's** em Santa Monica (1433 Wilshire Blvd.; ℂ **310/394-1131**; www.izzysdeli.com), aberto em 1973. Esses são restaurantes grandes e simpáticos, no estilo "coffee-shop", que oferecem porções gigantescas e cardápios enciclopédicos. Você encontrará algumas poucas opções de comida judaica no meio de muitos hambúrgueres e filés (o Art's é o que tem um número maior). Agora, um pouco de choque cultural – a tradicional deli de Nova Iorque **Barney Greengrass** (veja o 243 acima) abriu sua primeiríssima filial no 5º andar da loja de departamentos Barneys Nova Iorque, em Beverly Hills (9570 Wilshire Blvd.; ℂ **310/777-5877**), servindo o mesmo esturjão defumado e o salmão da Nova Escócia tão macio quanto o original, sem, no entanto, a decoração retrô encardida. Uma Barney dentro de uma Barneys? Bizarro.

✈ Aeroporto Internacional de Los Angeles.
🛏 $$$ **Peninsula Beverly Hills**, 9882 S. Santa Monica Blvd. (ℂ **800/462-7899** ou 310/551-2888; www.peninsula.com). $ **Best Western Marina Pacific Hotel**, 1697 Pacific Ave., Venice (ℂ **800/786-7789** ou 310/452-1111; www.mphotel.com).

247 Tex-Mex

The El Paso Two-Step
Os Clássicos Tex-Mex
El Paso, Texas

Nenhuma cidade no estado do Texas parece tão texana quanto El Paso – aninhada entre duas cadeias de montanhas, às margens do Rio Grande, na extremidade mais a oeste do ensolarado deserto montanhoso do Texas. Em seus dias de glória foi o território principal de ocupação dos índios americanos, dos exploradores espanhóis do século XVI, dos missionários católicos do século XVII, dos magnatas das estradas de ferro, dos cafetões e dos pistoleiros. E estando do outro lado do Rio Grande da Ciudad Juárez, El Paso prossegue quase que sem fazer esforço entre as tradições mexicanas e americanas – o que faz dela um terreno natural para a reprodução da cozinha Tex-Mex mais autêntica do mundo.

Um marco na cidade de El Paso desde que abriu suas portas em 1927, o **L&J Café** (3622 E. Missouri St.; ⓒ **915/566-8418**) ainda pertence e é administrado pela família Duran, seus proprietários originais, e eles oferecem uma das melhores comidas Tex-Mex que se pode encontrar. Apelidado de "O Velho Lugar ao Pé da Cova" – ele fica ao lado do Cemitério Concórdia – durante o período da Lei Seca, o L&J foi um cassino e um bar ilegal, depois se tornou um restaurante legalizado. As enchiladas de frango, cheias de carne branca macia e enterradas no meio de um chili verde gorduroso e queijo Jack, chegam perto da perfeição; o chili com queijo e o *caldillo* (caldo de carne e batata com chili verde e um toque de alho) são imensamente saborosos e frescos. O molho é temperado, a cerveja é gelada, e o serviço é rápido e simpático, mesmo quando o lugar está lotado – como está, na maioria das vezes.

Nos últimos anos, porém, o domínio do L&J tem sido modificado por um novato – instalado em um lava rápido, onde mais seria? O **H&H Car Wash and Restaurant** (701 E. Yandell Dr., ⓒ **915/533-1144**) é um pequeno café desgastado direto dos anos 1960. Olhando para ele, você não dá nada, mas esse boteco barulhento fica lotado desde a hora que abre até fechar, com residentes do lugar descolando especialidades baratas da cozinha Tex-Mex, como a carne picada (cubos de mignon com jalapeños, tomates e cebolas), huevos rancheros, e chiles rellenos, que podem ser regulados em quatro níveis de apimentado, se você quiser. Sente-se no balcão para poder apreciar os cozinheiros tirando a pele dos tomates, recolhendo as tortillas da chapa, mexendo as panelas de barro de feijão refrito, e cortando os chilis verdes para o molho da casa. O proprietário Kenneth Haddad usa somente os ingredientes mais frescos e fica com o lado tradicional. E no caso de seu carro precisar de uma lavada, o lava carro também é bom.

✈ Internacional de El Paso 4 ¾ de milha/7,7 km).
🛏 $$ **Camino Real Hotel**, 101 S. El Paso St. (ⓒ **800/769-4300** ou 915/534-3000; www.caminoreal.com). $$ **Artisan Hotel**, 325 Kansas St. (ⓒ **915/225-0050**; www.artisanelpaso.com).

Pé na Estrada na América

Tex-Mex 248

Joe T. Garcia's
Mantendo o Tex do Tex-Mex
Fort Worth, Texas

Forth Worth é mesmo a metade oeste do complexo metropolitano Dallas-Fort, com seus currais históricos e vibração de cowboys. Deixe Dallas se entreter com as fantasiosas cozinhas fusion: logo ao sul do Stockyards Hotel, você encontrará um pioneiro no único tipo de fusão com o qual Fort Worth se importa – o lado texano da culinária mexicana conhecido como Tex-Mex, que foi praticamente inventado pelo restaurante mexicano Joe T. Garcia.

O Joe T. Garcia está no ramo desde 1935, e agora todas as pessoas do lugar sabem exatamente o que fazer aqui. O lugar não tem menus, apenas dois pratos são oferecidos no jantar, e eles só aceitam dinheiro vivo ou cheque. É um planejamento simples que permite que o Joe T.'s (que é administrado pela família Garcia) sirva muitas refeições de maneira eficiente e se concentre na qualidade do alimento fresco feito em casa de seus itens do menu. Nos últimos 60 e tantos anos, essa casa branca com acabamentos em verde, que da frente parece uma bela hacienda mexicana, foi aumentada diversas vezes, até que hoje ficou grande o suficiente para receber mil convidados esfomeados. Porém, nunca parece muito ocupada – é mais como se fosse uma série de pequenos cantos e pátios. O lugar para se ficar, se você puder descolar, é no pátio ao ar livre em volta de um laguinho de pedra.

O pedido não poderia ser mais simples: escolha entre um prato com uma pilha de frango grelhado ou fajitas de carne bovina ou um jantar do estilo Famíliar com tacos e enchilladas. Na hora do almoço, as suas escolhas ficam entre os chiles rellenos, tamales, e as flautas de frango. O brunch em estilo mexicano servido aos sábados e domingos inclui migas (ovos mexidos com tortillas esmigalhadas), menudo (ensopado de tripas), e huevos rancheros. Estas são as refeições completas, a comida enche a sua pança, e os acompanhamentos são especialmente atraentes – a guacamole caseira, e as tortillas frescas. O serviço pode ficar um pouco confuso, apesar de, frequentemente, funcionar rápido, e as porções são gigantes, portanto venha com apetite. O Joe T.'s também é uma fábrica virtual de margaritas on the rocks ou frozen. Peça uma jarra e chute as suas botas de cowboy.

ⓘ 2201 N Commerce St. (✆ **817/626-4356**).
✈ Internacional de Dallas-Fort Worth (85 milhas/137 km).
🛏 $$$ **Stockyards Hotel**, 109 W. Exchange Ave., Fort Worth (✆ **800/423-8471** ou 817/625-6427; www.stokyardshotel.com). $$ **Etta's Place**, 200 W. 3rd St., Fort Worth (✆ **866/355-5760** ou 817/255-5760; www.ettas-place.com).

249 Tex-Mex

Mi Tierra
Tex-Mex na Praça
San Antonio, Texas

Esqueça o Alamo – San Antonio sempre foi uma das cidades mais cosmopolitas do Texas, um dos primeiros assentamentos a receber os missionários Espanhóis e a acolher a chegada dos alemães no século XIX (houve um tempo em que se falava mais alemão aqui do que espanhol ou inglês). Mas a conexão com a fronteira ao sul ainda é muito forte, como se pode ver a qualquer dia na colorida Market Square. No século XIX, os primeiros restaurantes da Market Square eram boxes improvisados onde uma porção de mulheres méxico-americanas copiava o Chili Queens vendendo chili com carne e tamales para o povão que se arrastava pelos cafés. Hoje em dia, o El Mercado coberto da praça se agita com bancas de artesanato, e o Farmer's Market Plaza fica salpicado nos finais de semana com barracas vendendo gorditas (polentas gorduchas com uma variedade de coisas por cima) ou funnel cakes (massa frita polvilhada com açúcar de confeiteiro).

Bem nessa praça histórica, a família Cortez tem servido comida Tex-Mex no agitado café descontraído Mi Tierra, desde 1941. Isso não é uma fusão Tex-Mex ou culinária regional mexicana; são as enchiladas e flautas na primeira tradução da culinária mexicana para o paladar americano anos atrás, mas com ingredientes frescos e porções substanciosas que lembram o que o Tex-Mex foi antes do Taco Bell tomar conta. Muitos botecos menores copiaram a aparência desse lugar, com seu piso de lajotas marrons e paredes de tijolos com luzes de natal penduradas o ano todo (apesar de alguns também poderem oferecer os trovadores cantando canciones mexicanas). Não se deixe levar pelo molho picante ou pelos cortes finos de carne – esse não é o motivo pelo qual você está aqui. Comece com a travessa de botanas, que oferece pinceladas de pratos, tais como as flautas e as minitostadas, então vá em frente com as enchiladas Tex-Mex banhadas em molho chili, com feijões refritos como acompanhamento. O Mi Tierra também é conhecido por sua padaria tradicional (o mesmo padeiro tem sido responsável desde 1957), que produz o maravilhoso pão doce mexicano. Experimente um dos biscoitos açucarados polvorones junto com uma xícara de café ou um chocolate quente em estilo mexicano.

Certamente você vê muitos visitantes de fora no Mi Tierra – a localização não poderia ser mais atraente para os turistas – mas você vê muitos moradores locais, especialmente no final da noite (fica aberto todos os dias, 24 horas por dia). Você pode pagar alguns dólares a mais do que pagaria em um boteco Tex-Mex em San Pedro, mas vale a pena. Venha aqui para o café da manhã e pegue a sua enchilada de queijo e molho de chili com um ovo frito por cima – isto vai dar um bom pontapé inicial no seu dia.

✆ 218 Produce Row (✆ **210/225-1262**; www.mitierracafe.com).
✈ San Antonio (9 ½ milhas/15 km).
🛏 $$$ **Emily Morgan**, 705 E. Houston St. (✆ **800/824-6674** ou 210/225-5100; www.emilymorganhotel.com). $$ **Havana Riverwalk Inn**, 1015 Navarro (✆ **888/224-2008** ou 210/222-2008; www.havanariverwalkinn.com).

Tex-Mex 250

Loma Linda
Puff, o Taco Mágico
Houston, Texas

Loma Linda significa "bela montanha" em espanhol. E apesar desse despretensioso restaurante no simplório extremo oeste não ter uma janela com vista para as montanhas onduladas, as bolhas estufadas das tortillas artesanais servidas aqui são montanhas maravilhosas, mesmo para aqueles que amam a antiga comida Tex-Mex.

Instalado em um prédio cor-de-rosa com acabamento de janelas com barras de ferro wrought, o Loma Linda não é exatamente um capricho. Na verdade, ele começou sua vida como um simples balcão de almoço no East End. Em meados dos anos 1980, porém, os proprietários Thad e Joyce Gilliam viram que seu restaurante mexicano preferido estava fechando as portas (parte de uma cadeia local pequena chamada Loma Linda – um marco em Houston, como um dos primeiros restaurantes mexicanos na cidade). Antes daquela rede de restaurantes fechar, eles compraram as receitas e o equipamento e converteram o seu café em uma reencarnação do Loma Linda, aqui na Telephone Road.

Pelo design, os Gilliams recriaram o retorno do Loma Linda a uma era anterior, antes da ascensão da fajita como uma moda Tex-Mex. As tortillas são fresquinhas, feitas no antigo fabricante de 1930 – o equipamento perfeito para fazer tortillas estufadas da escola antiga. Eles começaram com uma base de tortilla incrivelmente fina, que estufa lindamente quando entra na fritadeira – então pronto, lá está a sua tortilla estufada. Só funciona com massa superfresca (massa de milho – um detalhe meticuloso com o qual os restaurantes de Tex-Mex mais novos não se preocupam). Acrescente-se a isso a vertente de queijo tipo Velveeta, a saborosa suavidade do molho de chili ferrugem e dos feijões refritos, e a mistura que se integra de uma maneira sutil que é puro Tex-Mex retrô – o resultado atingido quando os cozinheiros mexicanos diminuíram o seu quociente de pimenta para os gringos há muito tempo.

Os pratos a se pedir aqui são, claro, o chili estufado con queso como aperitivo e os tacos estufados de carne, as enchilladas de estilo texano perfeitamente temperados com molho de chilli, e refeições combinadas. Junto com os pratos testados e aprovados, você também vai encontrar alguns itens mais fora do normal como o guisado de carne, o frango com mole (molho picante com chocolate) e o *chili dulce* (pimentões recheados). Para a sobremesa, as *sopapillas* soltam flocos especialmente doces.

2111 Telephone Rd. (© **713/924-6074**).
Intercontinental George Bush (37 milhas/60 km).
$$$ **Hilton University of Houston**, 4800 Calhoun Rd. (© **800/HOTEL-UH** [800/468-3584] ou 713/741-2447; www.hilton.com).
$$ **Best Western Downtown Inn and Suites**, 915 W. Dallas St. (© **800/780-7234** ou 713/571-7733; www.bestwestern.com).

251 Louis' Lunch

O Berço do Burguer

New Haven, Connecticut

Mesmo que a placa no topo não dissesse, você poderia adivinhar que esse prédio atarracado de tijolos data de 1895, em vista dessas janelas com arcos de venezianas vermelhas com suas esquadrias em formato de diamante. A história é um pouco mais complicada: em 1895, o Louis era só um vagão, servindo a crescente população de imigrantes europeus trabalhadores de fábrica de New Haven. E apesar de Louis Lassen finalmente ter mudado o seu negócio para este barracão de curtume reformado em 1917, ele já se mudou duas vezes desde então (vítima da reforma urbana), a última vez, em 1975, para essa rua calma atrás das quadras da Universidade de Yale. De qualquer maneira, o Louis' Lunch é o vovô dos restaurantes de hambúrguer.

Apesar de haver outros concorrentes, o Louis' Lunch afirma, de forma bastante convicta, que foi o lugar onde o hambúrguer nasceu em 1900, quando Louis Lassen enfiou uma rodela de carne bovina moída na chapa entre duas fatias de pão para fazer um almoço para viagem para os clientes apressados. O Louis' se reserva o direito de fazer os hambúrgueres da mesma maneira que eles têm feito por mais de um século. Você não vai encontrar um pão de hambúrguer aqui; a carne é servida apenas sobre uma torrada branca apenas, feita em uma torradeira vertical dos anos 1920. Eles colocam nele queijo ou tomate ou cebolas grelhadas, mas nunca nenhum catchup, mostarda, ou maionese (condimentos só disfarçam o gosto da carne, afirmam os Lassens, que ainda administram o boteco até hoje). A carne foi melhorada desde 1900 com uma mistura especial de cinco cortes diferentes de carne bovina, moídas e frescas toda manhã – as proporções exatas são cuidadosamente guardadas em segredo. Mas os hambúrgueres ainda são modelados à mão – nada de máquina de corte congelado abomináveis — aqui eles são grelhados nas mesmas chapas antigas que o Louis tem usado por anos.

Sente-se no balcão espalhado e você pode ter uma boa visão das chapas vintage: os bolinhos são prensados em cestos chatos de dois lados de metal e despejados em buracos verticais em torres ornamentadas, onde a chama do gás sobe pelos dois lados. A gordura cai durante o cozimento e é drenada para que o hambúrguer fique firme e suculento, mas nunca oleoso.

O Louis' não serve muito mais do que hambúrgueres, tortas como sobremesa, e bebidas (inclusive a antiga birch beer e refrigerante de cereja preta). De quinta a sábado, quando o Louis fica aberto até às duas horas da manhã, eles também servem cachorros-quentes e sanduíches de bife. E na sexta, eles servem san-

O Louis' é o berço do hambúrguer original – ainda cozido nas grelhas a gás originais.

Pé na Estrada na América

duíches de atum, um vestígio dos dias quando os católicos não comiam carne às sextas-feiras. Então para que tanta pressa em mudar?

ⓘ 261-263 Crown St. (🕻 **203/562-5507**; www.louislunch.com).

🛏 New Haven (1 ½ h. de Nova Iorque; 3h. de Boston).

🚆 $$ **Omni New Haven**, 155 Temple St. (🕻 **800/THE-OMNI** [800/843-6664] ou 203/7726664; www.omnihotels.com).

Jantares & Drive-ins 252

Prime Burger
O Café Esquecido no Tempo
Nova Iorque, Nova Iorque

Bem no meio da glamurosa e barulhenta Midtown de Manhatan está uma pequena relíquia interessante da Nova Iorque do período antes da guerra – o Prime Burger. Ao entrar pela porta de vidro desse café no meio do quarteirão, você se sentirá como se tivesse se movido no tempo.

O termo "retrô" nem mesmo se aplica – o Prime Burger é muito direto, totalmente livre de ironias; ele não é uma homenagem aos anos 1940, ele é realmente um coffee shop dos anos de 1940. Ele tem estado aqui desde 1938, uma ramificação da cadeia local Hamburger Haven extinta, e os membros da Família DiMicelo que o têm administrado durante esses anos todos, simplesmente nunca deram um jeito de redecorá-lo ou arrumá-lo de maneira nenhuma. Eles mantiveram as instalações de luzes de cristal da era do espaço, o acabamento em madeira laminada ranhurada, os garçons veteranos com paletós brancos, o balcão comprido com tampo de fórmica com suas banquetas giratórias de couro vermelho – sem falar na inigualável área que parece com bancos de igreja de madeira com bandejas que se encaixam nos braços, para os clientes que estiverem jantando sozinhos. (Só isso já parece parte do Museu Smithsonian). E para combinar com tudo, há um menu que leva novamente para o passado com itens como pêssegos em calda com queijo cottage, um tomate recheado com salada de atum, sopa creme de tomate, ou uma maçã assada ou gelatina com creme chantilly para sobremesa.

E agora aqui está o toque máximo – os hambúrgueres são verdadeiras delícias. Enquanto os restaurantes uptown servem hambúrgueres gourmet com toques de trufas e foie gras, no Prime Burger eles apresentam o clássico americano definitivo: os hambúrgueres de 100 gramas de acém moído, grelhado em uma chama à moda antiga e colocado em um pão de hambúrguer. Ele não fica no meio de uma pilha alta com tomates, cebolas, alface e pickles que você não pediu. Mesmo que você peça um cheeseburguer ou um hambúrguer com bacon, ele não virá sobrecarregado. Para algumas pessoas, isso é uma desvantagem; para outras é um alívio do excesso de comida que vai para o lixo. O grupes de cebola e as batatas também são bem feitos; sobremesas, tais como a suculenta torta de maçã com farofa, feita na casa.

Os preços não são exatamente da era do Eisenhower, mas eles são surpreendentemente baixos em se tratando de Manhatan. O Prime Burguer não aceita cartões de crédito, fecha aos domingos, e as portas fecham às 19h – o final do dia de trabalho para os escritórios de Manhatan.

ⓘ 5 E. 51st (✆ **212/7599**; www.primeburger.com).

✈ Internacional John F. Kennedy (15 milhas/24 km); Internacional Newark Liberty (16 milhas/27km); LaGuardia (8 milhas/13 km);

🛏 $$$ **Carlton Hotel on Madison Avenue**, 88 Madison Ave. (✆ **212/532-4100**; www.carltonhotelny.com). $$ **Washington Square Hotel**, 103 Waverly Place (✆ **800/222-0418** ou 212/777-9515; www.washingtonsquarehotel.com).

Jantares & Drive-ins

White Manna
Não Há Lugar Como o Cromo
Hackensack, Nova Jersey

Mesmo os habitantes de Nova Jersey que são escaldados, às vezes, confundem o White Manna em Hackensack com o White Mana em Jersey City. Para os seguidores do hambúrguer, porém, isso seria um sacrilégio – não há comparação entre os dois, eles exclamam.

É verdade, essas duas joias da Art Deco vintage com acabamento em cromo foram abertas pelo mesmo proprietário, Louis Bridges. A lanchonete octagonal de Jersey City veio primeiro, construída por volta de 1938 e apresentada como uma "lanchonete do futuro" na feira mundial de 1939, de Nova Iorque. A versão de Hackensack foi comprada logo em seguida, à medida que Bridges buscava investir na fama da Feira Mundial com uma cadeia dessas lojas de comida espalhadas em volta da parte norte de Nova Jersey. O White Manna (nome original – a placa da outra lanchonete era outro tipo que veio depois) mudou-se finalmente para a esquina da River com a Passaic, em Hackensack, em 1946.

Hoje em dia é o Manna com dois "enes" que reina supremo com seus hambúrgueres menores, suculentos e temperados com cebola – originalmente modelados como os do White Castle, mas uma versão bem superior. Sentar à beira do seu balcão estreito em forma de U (o único lugar onde você pode se sentar nessa lanchonete de bolso), poderá admirar os chapeiros trabalhando, virando as porções de carne moída na chapa quente, colocando as cebolas em fatias por cima, e apertando-os com uma espátula e virando-os, com cebola e tudo. Amontoado em um rolinho de batata macio e embrulhado para viagem em papel manteiga, eles ficam desajeitados, úmidos e saborosos ao máximo. E *bagunçados*.

A placa de neon vermelha e branca no topo é quase maior que essa pequena birosca, um cubo arredondado com cantos de tijolo de vidro e paredes de aço brancas, que recebe um pouco mais de uma dúzia de clientes por vez. O menu é limitado – hambúrgueres, refrigerantes, alguns itens de café da manhã (é com certeza um lugar com atmosfera para aquela xícara de café matinal) – mas na hora do almoço, e no jantar, quase sempre há uma espera antes que você possa pegar um assento em um dos bancos no balcão. Esse horário de fechamento, às 9h30, é uma vergonha; esses hambúrgueres pequenos de dar água na boca teriam um sabor divino às 2h da manhã, depois de uma noitada.

ⓘ 358 River St. (✆ **201/342-0914**).

✈ Internacional de Newark (22 milhas/35 km).

🛏 $$ **Best Western Oritani Hotel**, 414 Hackensack Ave. (✆ **201/488-8900**; www.bestwesternnewjersey.com).

Pé na Estrada na América

Jantares & Drive-ins 254

Mercearia Lankford
O Hamburguer Estrela do Estado da Estrela Solitária
Houston, Texas

Certamente, parece um buraco olhando-se do lado de fora: uma casa dilapidada com moldura branca e toldos de metal listrado vermelho e branco em uma rua lateral de Midtown residencial. Entre, e você vai se convencer ainda mais que é um buraco – olhe para as mesas e cadeiras descombinadas, as toalhas de mesa floridas antiquadas, as cabines de estofados gastos, os acabamentos de madeira riscados, o piso perigosamente desleixado. O café é servido em uma coleção desordenada de canecas de souvenir; os clientes costumeiros sabem ir até o bule e se servir.

Mas os hambúrgueres na Lankford Grocery fazem tudo isso valer a pena. Esses são hambúrgueres grelhados com a casquinha por fora na exata medida, soltando suco de dentro. (Em vez de guardanapos de papel, as garçonetes só dão a você um rolo de toalha de papel – e por um bom motivo). Você pode pedir um duplo ou um triplo, mas vai, provavelmente, acabar tendo que embrulhá-lo para viagem – até para um simples hambúrguer é preciso usar as duas mãos para comer. E se não estiver picante o suficiente – aqui em Houston, o tempero sempre é um fator – peça que venha com jalapeños fritos por cima ou o molho firehouse, uma mostarda picante que merece o nome que tem. O Hambúrguer Firehouse vai ainda mais além, com as pimentas infiltradas no meio da carne moída antes que ela vá para a grelha, e um pouco de molho picante por cima só para garantir. Outra variação popular é o soldier burger, um cheeseburger com um ovo frito de gema mole por cima. Acompanhamentos? Os anéis de cebola são suculentos oleosos e não são muito empanados; os nuggets de batata crocantes por fora, macios por dentro; mas os frequentadores assíduos insistem no Tex-Mex, uma confusão de pimentas jalapeños picadas e cebolas que desperta as suas papilas gustativas. Espere uma fila superlonga para uma mesa às quintas-feiras, quando o especial do dia é o aclamado bife de frango frito do Lankford.

Eydie Prior transformou a mercearia vintage de seus pais, inaugurada em 1939, em um restaurante em pleno funcionamento, em 1977. Eles têm servido hambúrgueres informalmente aos seus clientes de qualquer maneira durante anos, portanto, a conversão foi realmente mais uma questão de se entregar ao destino. Alguns podem dizer que é um buraco, mas para outros, é uma casa longe de casa.

ⓘ 88 Dennis St. (ⓒ **713/522-9555**).
✈ Intercontinental George Bush (37 milhas/60 km).
🛏 $$$ **Hilton University of Houston**, 4800 Calhoun Rd. (ⓒ **800/HOTEL-UH** [800/468-3584] ou 713/741-2447; www.hilton.com).
$$ **Best Western Downtown Inn and Suites**, 915 W. Dallas St. (ⓒ **800/780-7234** ou 713/571-7733; www.bestwestern.com)

Jantares & Drive-ins

Taghkanic Diner
Abaixo da Placa de Neon
Ancram, Nova Iorque

Não há como não ver a placa quando você passa rapidamente pela panorâmica Taconic Parkway, duas horas ao norte de Manhatan – um chefe indígena americano com um completo cocar de penas, em uma silhueta de neon, sobre o nome WEST TAGHKANIC DINER. É o tipo de lugar que você só nota depois que passou pela saída, vendo-o brilhar ao longe, de encontro às árvores escuras tarde da noite, ou na neblina de uma garoa do inverno. Talvez você prometa a si mesmo que vai parar da próxima vez. Talvez não volte nunca.

Mas se você mantiver sua promessa, vai ficar feliz por tê-lo feito. Junto com a placa de neon que é um marco, está uma lanchonete de aço inox que também é um clássico de 1953, com seus painéis aerodinâmicos lustrosos, mantidos em condições perfeitas. Dentro, há uma visão retrô dos balcões e cabines de aço inox, banquetas de balcão giratórias, pisos de terraço com padrão de diamante, mesas com cobertura de fórmica, e cabines de vinil (mais de perto, você vai ver até um certo brilho no vinil). Janelas amplas com cortinas têm uma vista para o campo do condado de Colúmbia, na fronteira com o parque estadual Lake Taghkanic.

Devido esse lugar ser uma vitrine arquitetônica, você poderia esperar que a sua comida fosse meramente uma rotina – mas estaria errado. Apesar do menu imenso listar o que parece uma coleção padrão de comidas (os únicos itens exóticos são os bifes de avestruz e o hambúrguer de avestruz), a cozinha aqui parece se orgulhar

O Taghkanic serve comida clássica de lanchonete em uma instalação de aço inox dos anos 1950.

em fazer as coisas bem feitas – eles não poupam em qualidade ou quantidade. É uma arte concretizar um hambúrguer clássico, um cozido Yankee, fritada de corned beef, ou uma porção de batatas fritas caseiras meio crocantes, meio macias. O café da manhã é servido o dia todo, e, por mais estranho que pareça, aos sábados, depois das 14h, eles oferecem um menu mexicano competente (apesar de ser apenas isso), com vários burritos, quesadillas, e fajitas junto com comida de lanchonete de gringo.

ⓘ 1016 Rte. 82 com Taconic Pkwy. (✆ **518/851-7117**; www.taghkanicdiner.com).
✈ Albany (50 milhas/81 km).
🛏 $$$ **The Country Squire B&B**, 251 Allen St., Hudson (✆ **518/822-9229**; www.countrysquireny.com). $$ **The Inn at Green River**, 9 Nobletown Rd., Hilldale (✆ **518/325-7248**; www.innatgreenriver.com).

Jantares & Drive-ins 256

Blue Benn Diner
O Corpo e a Alma de uma Lanchonete
Bennington, Vermont

Não procure uma placa de neon sobre a lanchonete de aço inox – a artística cidade universitária de Bennington, Vermont, fez com que tirassem essa guarnição anos atrás. E com várias adições durante os anos, os painéis de aço inox nas laterais não são vistos mais tão facilmente. Mas, apesar de não ser um exemplo perfeito de arquitetura do lado de fora, por dentro, o Blue Benn parece o que é – uma lanchonete clássica típica.

Abaixo de seu teto baixo, curvo, de cor creme, sinais por escrito tremulam vindos de cada centímetro da parede turquesa e das prateleiras de aço inox, anunciando os especiais do dia (quem sabia que poderia haver muitas variedades de omeletes e panquecas?). Os clientes se empoleiram nas banquetas em frente ao balcão gasto ou se acotovelam nas cabines de madeira abarrotadas perto de janelas, por onde eles podem ver o catálogo eclético oferecido nas jukeboxes pregadas nas paredes. Você terá provavelmente que esperar por um lugar para sentar, pelo menos de julho a outubro, quando os veranistas e os turistas admiradores de folhas invadem a cidade, mas o serviço simpático, e eficiente, ajuda a fazer as coisas funcionarem.

Como seria de se esperar de tal instituição, os cafés da manhã são uma hora de movimento – as cafeteiras começam a se encher às 6h da manhã – quando você pode saborear uma pilha de panquecas ou French toast com maple syrup genuíno de Vermont despejado por cima. Na verdade, a comida do café da manhã é tão boa que eles servem o dia todo. Lugares como o Blue Benn com frequência sobrevivem de comida padrão de lanchonete – e o Blue Benn, executa blue-plate especiais bastante respeitáveis, como: a carne assada, os sanduíches de peru, o bolo de carne e a carne seca picada, servidos em porções generosas. Mas ele também serve um público mais moderno com um alguns pratos vegetarianos, como: os hambúrgueres de frutas secas, as enchiladas vegetarianas ou o cogumelo portobello grelhado no pão de fermento natural. Sonny Monroe, que é proprietário do lugar desde 1974, parece gostar de misturar o menu, usando ingredientes produzidos no local sempre que possível. As tortas frescas e os doughnuts são famosos; a sobremesa de indian pudding é um regalo feito de farinha de milho e melado. Chegue aqui cedo, porque, na verdade, não é um lugar para jantar – na maioria dos dias de semana, ele fecha às 5h da tarde.

ⓘ 314 North St. (Rte. 7; ⓒ 802/442-5140).
✈ Internacional de Albany (32 milhas/52 km).

🛏 $$ **South Shire Inn**, 124 Elm St. (ⓒ **802/447-3839**; www.southshire.com).
$ **Paradise Motor Inn**, 141 W. Main St. (ⓒ**802/442-8351**; www.theparadisemotorinn.com).

257 Jantares & Drive-ins

Sonny's Grill
Biscoitos Blue Ridge do Interior
Blowing Rock, Carolina do Norte

Só a alguns poucos minutes de caro da Blue Ridge Parkway, a cidade de Blowing Rock tem sido um resort popular de montanha desde a metade do século XIX, atraindo os amantes da natureza que vêm admirar o promontório do mesmo nome, com 1.200m (4.000 pés) de altura, próximo da cidade, conhecido por seus ventos cortantes (no inverno, a neve às vezes sobe em vez de descer aqui). Mas, ultimamente, Blowing Rock tem ficado cada vez mais inundada por Bed & Breakfasts cheios de antiguidades, galerias de arte para peruas, e bistrôs da moda, como o Crippen's (famoso por seu mignon de carne bovina imersa no chocolate) ou o Storie Street Grille (com a sua beringela napoleão assinada). E com os novos avanços despontando, pode ter certeza de que os frequentadores assíduos do Sonny Grill estão discutindo a respeito, enquanto tomam um cafezinho no balcão ou em uma das pequenas mesas nesse café essencial da rua principal – uma relíquia firme do charme da pequena cidade de Blowing Rock.

Em um estilo clássico de café de rua principal, o café da manhã é o evento mais importante aqui. O maior destaque do menu do desjejum – o que o Sonny's anuncia em letras pintadas à mão na vitrine da frente – é um prato perfeitamente simples do sul: dois biscoitos amanteigados que se desfazem em flocos e formam um sanduíche em volta de fatias de presunto grelhado curado no local. As panquecas de batata-doce são outra especialidade de café da manhã (coloque o maple syrup por cima), com seu sabor agridoce e aroma de abóbora. Então há a papa de fígado, que é exatamente o que parece – uma papa feita com fígado de porco frito. Você provavelmente nasceu na Carolina do Norte para apreciar esse prato completamente. Mas em um lugar como o Sonny's, isso é motivo suficiente para mantê-lo no menu. O hambúrguer e cheeseburguer do horário de almoço são populares também. Apesar de o restaurante ficar lotado ao meio-dia, especialmente durante a estação das folhas, e os poucos funcionários simpáticos, às vezes, têm problemas para acompanhar o fluxo, você pode pedir os biscoitos de presunto a qualquer hora do dia.

Sonny Klutz abriu o café de blocos vazados e aparência simples entre prédios Vitorianos refinados da Main Street, em 1954; seu filho Tommy continuou depois da morte de Sonny, em 1999. Para os visitantes frequentes do High Country, uma parada anual no Sonny's traz estabilidade para esse mundo em mudança constante – ou pelo menos uma garantia de que Blowing Rock não está ficando embelezada de uma forma fora de controle.

ⓘ 1119 Main St. (ⓒ **828/295-7577**).
✈ Asheville (90 milhas/145 km).
🛏 $$$ **Chetola Resort at Blowing Rock**, N. Main St. (ⓒ **800/243-8652** ou 020/295-5500; www.chetola.com). $$ **The Green Park Inn**, 9239 Valley Blvd. (ⓒ **800/852-2462** ou 828/295-3141; www.greenparkinn.com).

Pé na Estrada na América

Jantares & Drive-ins 258

Don's Drive-In
Baby, Dirija Meu Carro
Traverse City, Michigan

Apesar de estar a 242 milhas (390 km) de Detroit, bem no topo da parte mais baixa da luva no mapa de Michigan – o Drive-in Don's ainda é uma música romântica para o automóvel americano. Você pode vê-lo por todo lado, desde o sedan de rabo-de-peixe na placa de neon na estrada até as caixas de papelão com formato de carro que são o recipiente onde a refeição das crianças é servida.

Não é como se Traverse City não tivesse atrações suficientes – ela tem, desde lojas, vinícolas, e uma cena artística vibrante até as praias espetaculares do Lago Michigan, e as cerejas merecidamente famosas (o Don's apresenta as cerejas de Traverse City em seus milkshakes consistentes). Mas quando o Don's abriu pela primeira vez na estrada perto do lago, em 1958, os Estados Unidos estavam enlouquecidos com o crescimento da cultura do carro e confusos com a promessa de Eisenhower de um sistema interestadual de estradas; esse restaurante de beira de estrada, pintado de rosa quente, ainda reflete esse momento no tempo.

O Don's é um dos poucos drive-ins nos Estados Unidos que ainda tem o serviço de garçonetes no carro e até microfones nos postes montados no estacionamento onde os motoristas podem telefonar para fazer seu pedido na cozinha. As garçonetes entregam a comida em bandejas de época que se encaixam na janela do seu carro. A sala de refeições interna é algo mais conscientemente retrô, com calotas e discos de vinil pendurados nas paredes, uma jukebox gigantesca na parede, pisos de lajotas pretas e brancas, os nichos de vinil vermelho, e a fórmica cor-de-cereja nos tampos das mesas.

Porém, não espere um estilo reabilitado de Johnny Rockets brilhantes – esse drive-in de meio século de idade, às vezes, mostra a sua idade nas beiradas.

A especialidade da casa não tem nada de bonitinho, o Big D Burger – um half pounder que consiste em um hambúrguer feito à mão, de carne bovina moída grelhada até formar uma crosta crocante com toda a mostarda, cebola, cogumelos, bacon e queijo que você quiser por cima. (Esse tipo de excesso gustativo teria sido inconcebível em 1958. Mas onde o Don's brilha verdadeiramente é com seus milkshakes tremendamente deleitáveis, que vêm em uma variedade de sabores com pedaços de fruta.

Pitoresco é um adjetivo estranho para se dedicar a um lugar brilhante e movimentado como o Don's, especialmente dada a natureza desavergonhadamente gordurosa de suas ofertas de fast-food: os anéis de cebola e batatas fritas e chili dogs compridos não pertencem a um lugar pitoresco para se comer. Não, o Don's é só o que é – uma instituição local que tem alimentado as pessoas, e alimentado-as bem, por muito, muito tempo.

ⓘ 2030 U.S. 31 North (ℂ **231/93801860**).
✈ Aeroporto Cherry Capital, Traverse City (7 milhas/11 km).
🛏 $$$ **Tamarack Lodge**, 2035 U.S. 31 N (ℂ **877/938-9744**; www.tamaracklodgetc.com). $$ **Traverse Bay Inn**, 2300 U.S. 31 N (ℂ **800/968-2646** ou 231/938-2646; www.traversebayhotels.com).

Jantares & Drive-ins

Ardy & Ed's Drive-In
Rock'n Roll de Patins
Oshkosh, Wisconsin

Em uma noite de verão, entrar no Ardy and Ed's para encarar um sanduíche quente de carne bovina e uma vaca-preta de root beer – com rock 'n roll das antigas tocando alto na caixa, e as garçonetes de patins de carro em carro – é uma cena tirada do filme American Graffiti. É verdade, as garçonetes de patins não são um retorno aos anos de 1950 – essa tradição não começou antes de 1983, quando Ardy decidiu pavimentar o estacionamento que era de pedregulho, porque as garotas adolescentes que faziam o trabalho nas calçadas acharam que seria divertido fazê-lo sobre patins. Várias gerações de garçonetes se passaram, e elas ainda acham isso divertido.

Sim, há um Ardy, e houve mesmo um Ed. O restaurante foi fundado em 1948, apesar de que seu nome não era Ardy and Ed's na época – o nome era South Side A&W, parte de uma cadeia de restaurantes de root-beer espalhadas pelo meio-oeste. (Ele ainda está pintado nas cores laranja e marrom do A&W, porém, você mal pode ver isso abaixo de todas as placas amontoadas em volta dos beirais dos pequenos prédios compactos). Edward Timm comprou-o em 1960 – sua mulher, Ardy tinha trabalhado ali – e em 1972 eles tornaram a filial independente, renomeando-o Ardy e Ed's. Apesar de Ed ter falecido, Ardy ainda é proprietária com seu segundo marido, Steve Davis – que também esteve trabalhando no restaurante, fabricando a root beer, desde que tinha 15 anos. Esse é o tipo de boteco de cidade pequena que esse drive-in é.

O menu é direcionado pela comida típica de drive-in, mas com muitos toques locais: itens de peixe frito apresentam a perca do lago aberta; uma das opções de cachorro-quente é o de estilo de Chicago; junto com os hambúrgueres você também pode encontrar o hambúrguer de bratwurst (o Drive-in Double combina um hambúrguer com uma rodela de bratwurst). Os hambúrgueres Tall Boy vêm com o molho especial azedinho do Ardy and Ed's, e eles também fazem uma Pizza Burger com assinatura, que tem mozarela derretida impregnada no hambúrguer. A root beer tirada na máquina é feita no local diariamente, e os milkshakes maltados usam verdadeiro malte e sorvete da Cedar Crest local. Então, claro, há o sanduíche quente de carne bovina, uma preferência de muitos anos feita com roast beef cortado em fatias finas em um pão com gergelim – um primo distante do French dip que deixa aqueles da cadeia Arby's com vergonha.

Apesar de haver alguns acentos no balcão na parte de dentro, a maior parte das pessoas usa o serviço de garçonetes e come nos carros. É um boteco de estação, aberto de março a setembro, do outro lado da rua da costa do lago Winnebago. Pode ser que você tenha que cruzar para lá e para cá por um tempo, esperando por uma vaga para estacionar no Ardy and Ed's. Mas espere lá, é verão no lago – quem é que está com pressa?

ⓘ 2413 S. Main St. (Ⓒ **920/231-5455**; www.foodspot.com/ardyandeds).
✈ Milwaukee (75 milhas/121 km).
🛏 $$ **CopperLeaf Hotel**, 300W. College Ave., Appleton (Ⓒ **877/303-0303** ou 920/749-0303; www.copperleafhotel.com).
$$ **Hawthorn Inn & Suites**, 3105 S. Washburn St., Oshkosh (Ⓒ **800/527-1133** ou 920/1133; www.hawthorn.com).

Pé na Estrada na América

Jantares & Drive-ins 260

The Varsity
A Casa dos Cachorros-quentes Yankee & Filés
Atlanta, Georgia

Anunciando-se como o maior restaurante drive-in do mundo, o Varsity se espalha por dois quarteirões inteiros de terrenos em Atlanta, perto do campus da Georgia Tech. Da interseção da estrada próxima dali, que é conhecida como The Connection, o neon vermelho gigantesco é um marco brilhando na noite, junto com os contornos de neon do seu estacionamento de drive-in.

Fundado em 1928, o Varsity – chamado originalmente de Yellow Jacket, por causa da mascote da Georgia Tech – realmente se tornou independente na era do drive-in, quando o seu serviço animado, seus preços baixos, e os itens do menu de entrega rápida fizeram-no uma parte integrante para alunos e outros clientes com pressa. De fato, o Varsity ainda oferece o serviço de garçonetes no local principal. Ele tem quatro filiais menores ao redor da área do metrô de Atlanta, assim como uma perto do campus da Universidade da Geórgia, em Athens (1000 Broad St.; ☏ **706/548-6325**), porém a parte do drive-in não é realmente a maior.

A maior parte das pessoas come dentro desse monstrengo com a cara pintada de vermelho e bege, com sua marquise frontal lembrando uma mansão de filme de época. É aí que está a verdadeira cena, porém. Você faz fila para fazer o seu pedido em um balcão de aço inox de 45m (150 pés) de comprimento, onde os funcionários, vestindo camisas ver-

Ocupando dois quarteirões inteiros em Atlanta, o Varsity afirma ser o maior restaurante drive-in do mundo.

melhas chamativas, gritam a frase típica de pedido do restaurante: "O que vai ser?". Ao longo dos anos, o Varsity tem treinado seus clientes para responderem com sua linguagem única: um "PC" é um leite com chocolate; um "FO" é um suco de laranja cremoso gelado (sublime); "walk a dog" é um cachorro-quente para viagem; "glorified steak" é um hambúrguer com alface, maionese e tomate; "rings" são os anéis de cebola; "strings" são as batatas fritas; "bags of rags" são as batatas chips; e assim por diante (para os novatos, o menu traz as traduções). Fique preparado na hora que você chega ao fim da fila, porque eles recebem esses pedidos na velocidade de um raio.

Os hot dogs são o item mais vendido do menu do Varsity, e entre as muitas variações, os chili dogs ganham de todas (o Varisty afirma que vende duas milhas de hot dogs e 300 GALÕES de chili por dia), apesar de que os slaw dogs – um combo extremamente satisfatório – fica em segundo, logo em seguida. Você vai ter certeza de que está no sul quando vir itens como o porco barbecued,

os sanduíches de queijo com pimentão, os sanduíches de ovo recheado, e uma torta de pêssegos hipercalórica listada nas placas de menu no balcão.

O Varsity ainda é um restaurante de fast-food. As áreas de refeição são estritamente simples, com luz muito clara e aparelhos de TV em alto volume penduradas nas paredes; a comida é de um sabor intenso, mas gordurosa. Mas comidas nesse ambiente festivo é uma viagem; pode ser que não seja o melhor local para ver pessoas em Atlanta. Você não pode dizer que esteve no ambiente quente de Atlanta sem uma parada no Varsity – peça um "Sally Rand in the Garden" e um FO, e se entregue à experiência.

ⓘ 61 North Ave. (✆ **404/88-1706**; www.thevarsity.com).

✈ Internacional de Atlanta (12 milhas/20 km).

🛏 $$$**The Georgian Terrace Hotel**, 659 Peachtree St. (✆ **800/651-2316** ou 404/897-1991;www.thegeorgianterrace.com) $$ **Hotel Indigo**, 683 Peachtree St. (✆ **404/874-9200**; www.hotelindigo.com).

261 Jantares & Drive-ins

Pink's Hot Dogs
Salsichas das Estrelas
Hollywood, Califórnia

Há dias em que todo o glamour de Hollywood não pode competir com o prazer de ir até o balcão dessa barraca de hot dog icônica e pedir um sublime chili dog.

Claro, sendo Hollywood, Pink's não é qualquer barraquinha de hot dog antiga; ela tem o seu próprio selo idiossincrático. Diga o nome de outra barraca de hot dog com seu próprio serviço de manobrista, que passam pelas ruas em Rolls-Royces e Mercedes, e que param ali regularmente. E porque ele fica aberto noite adentro, o Pink's atrai uma galera da noite (filas de meia-hora de espera geralmente se formam até mesmo à meia--noite). Ele tem estado aqui na esquina da La Brea com a Melrose desde 1939, quando o falecido Paul e Betty Pink começaram

a vender salsichas de dez centavos de seu carrinho de cachorro-quente de segunda mão em um lugar que, na época, era praticamente no campo. Administrado hoje em dia por seus filhos adultos, o prédio atual – uma cabana de um andar, com uma porção de placas desencontradas no alto – não é muito mais arrumado (ainda é uma refeição barata, também), apesar da área ter se desenvolvido bem. O Pink's se instalou de maneira profunda na história da terra do cinema ao longo de todos esses anos: a lenda urbana conta que Bruce Willis pediu Demi Moore em casamento no estacionamento do Pink's, e aqui o ator independente Orson Welles bateu um recorde emborcando 18 Pinks de uma vez.

Pé na Estrada na América

7 Lugares para se Comer em . . . Kansas City

Nunca foi muito difícil se encontrar um bife excelente em Kansas City. O que mudou nos últimos anos, porém, foi que chefs talentosos criados na cidade estão, na verdade, retornando para cá, uma vez que eles viajaram e cozinharam no exterior, para interpretar a honestidade do centro do campo de KC de novas e estimulantes maneiras.

Por mais de 25 anos, a cidade podia exibir um restaurante para ocasiões especiais: o ❷❻❷ The American Restaurant (200 E. 25th St., Kansas City, Missouri; ✆ 816/545-8001; www.theamericankc.com), no destaque do centro da cidade, onde está o escritório central da Hallmark Cards, o Crown Center, tem uma adega de vinhos impressionante e um menu de pratos regionais desenvolvido originalmente por James Beared e Joe Baum. O The American não só tem uma vista deslumbrante do horizonte a partir de sua parede de vidro, mas manteve o seu menu de preço fixo a altura da vista, com pratos como um halibut cozido no azeite de oliva, o T-bone de carneiro, ou o peito de vitela crocante acompanhado por pratos da estação como os tomates heirloom, brotos, purê de alcachofra, ou presunto feito na casa ou o foie gras. Mas vamos falar em novelas? Quando a chef Debbie Gold deixou o seu marido, Michael Smith, para abrir um novo lugar vibrante chamado 40 Sardines, o The American recebeu uma concorrência à altura, finalmente. O casal se divorciou em 2007, e o 40 Sardines fechou. Agora, Gold está de volta fazendo uma tempestade no The American – enquanto o seu ex, Michael Smith compete com o seu próprio bristrô de alto nível no bairro artístico Crossroads, o ❷❻❸ Michael Smith (1900 Main St., Kansas City, Missouri; ✆ 816-842-2202; http://michaelsmithkc.com). O estilo rústico dominante de Smith escolhe a comida substanciosa, mais casual, com texturas pedaçudas e sabores profundos, como o seu assado de porco de oito horas, com risoto de cebola verde ou sua salsicha caseira boudin Blanc. Enquanto isso, em 2004, uma terceira opção cara de jantar refinado abriu no sul do centro da cidade em Westport – o casualmente elegante ❷❻❹ Bluestem (900 Westport Rd., Kansas City, Missouri; ✆ 816/561-1101; www.kansascitymenus.com/bluestem), cujo chef Colby Garrelts – um nativo de Kansas City que fez estágios em todas as partes do país – inventa menus maravilhosos de vários pratos com preço fixo. Desde o tartar de carne bovina Wagyu até o gnocchi de manteiga escura e o lombo de porco com lentilhas, ameixas temperadas, passas douradas, e pecans; a culinária de Garrelts é mesmo imaginativa.

Você, dificilmente, esperaria um bistrô francês em Kansas City que fosse tão autêntico quanto o ❷❻❺ Le Fou Frog (400 E. 5th St, Kansas City, Missouri; ✆ 816/474-6060), mas faz sentido quando você descobre que o chef Mano Rafael (o próprio sapo maluco) vem de Marseilles. Desde o steak au poivre até a bouillabaisse e os escargots, é um flashback francês – além de um dos restauranes mais divertidos e agitados do centro da cidade, com um serviço simpático e na frente um lindo bar da época dos anos 1920. Os moradores de Kansas City, sedentos do próximo melhor na lista, também tem viajado para fora de cidade ultimamente, 32 km (20 milhas) ao norte para Smithville, para provar a culinária locavore de Jonathan Justus, em seu restaurante minimalista chique o ❷❻❻ Justus Drugstore (106 W. Main St., Smithville, Missouri; ✆ 816/532-2300; www.drugstorerestaurant.com). A paixão de Justus, pelas fontes

7 Lugares para se Comer em . . . Kansas City

locais inspira pratos como o queijo de cabra recheando abobrinhas pequenas, o filé de costela de porco, ou o assado de frango Campo Lindo com pólen de erva-doce da sua própria horta polvilhado por cima. (Ele não transporta frutos do mar, apesar do peixe fresco de água doce fazer parte do menu).

No entanto, a cena gastronômica de Kansas City tem outro lado – assado no forno à lenha e ricamente coberto com molho. O boteco de churrasco mais famoso da cidade, o **Arthur Bryant's** (1727 Brooklyn Ave., Kansas City, Missouri; © **816/231-1123**; www.arthurbryantsbbq.com) ainda ocupa a mesma frente de loja de tijolinho sem frescuras onde está desde 1950. Muito molho agridoce é o que faz o churrasco de Kansas City diferente daquele com tempero esfregado de Memphis, e o Bryant's oferece três tipos diferentes para espalhar sobre a sua suculenta carne de peito de boi, do porco desossado, do peru, ou dos blocos de costelas de porco. Mas se você estiver em Kansas, compare com o zé ninguém **Oklahoma Joe's** (3002 W. 47th Ave., Kansas City, Kansas; © **913/722—3366**; www.oklahomajoesbbq.com), fundado em 1996 – um boteco do estilo café iluminado e agitado, instalado em um posto de gasolina. Eles servem uma carne de peito incrivelmente macia no estilo da Carolina, o porco desossado, o frango, o peru e as costelas.

✈ Internacional de Kansas City (22 milhas/36 km).
🛏 $$$ **Hotel Phillips**, 106 W. 12th St. (© **800/433-1426** ou 816/221-7000; www.hotelphillips.com). $ **The Quarterage Hotel Westport**, 560 Westport Rd. (© **800/942-4233** ou 816/931-0001; www.quarteragehotel.com).

A carne bovina malpassada do Chef Colby Garrelts no Bluestem em Kansas City.

Pé na Estrada na América

Parte do segredo do Pink's são seus hot dogs só de carne bovina magra, feitos especialmente pelo Hoffy's para as especificações do Pink's; eles não têm quase nenhuma embutideira e o invólucro natural dá a elas aquele estalo especial quando se morde. A receita secreta do molho chili, um equilíbrio perfeito entre picante e o saboroso, desenvolvido há muito tempo pela própria Betty Pink, é outro ponto. O menu lista apenas hot dogs, hambúrgueres, e alguns itens de peito de frango e mexicanos, mas o número de variações de misturas e combinações é intrigante. Vários cachorros-quentes de especialidade têm o nome de celebridades que os pediram, como o Rosie O'Donnell (um hot dog de 25 centímetros com mostarda, cebolas, chili, e chucrute) ou o Martha Stewart (um de 25 centímetros com relish, cebolas, bacon, tomates picados, chucrute, e creme de leite azedo).

O Pink's não chega perto de ser um ponto elegante, mesmo com essas celebridades como clientes dessa fila na parede da pequena área de refeição, com suas mesinhas e cadeiras de metal. (As probabilidades são de que os famosos levaram seus cachorros-quentes para viagem). Mas é um cenário mesmo assim – e um que você vai encontrar apenas em Hollywood.

ⓘ 709 N. La Brea Blvd. (✆ **323/931-4223**; www.pinkshollywood.com).
✈ Internacional de Los Angeles (13 milhas/21 km)
🍴 $$$ **Peninsula Beverly Hills**, 9882 S. Santa Monica Blvc. (✆ **800/462-7899** ou 310/551-2888; www.peninsula.com). $ **Best Western marina Pacific Hotel**, 1697 Pacific Ave., Venice (✆ **800/786-7789** ou 310/452-111; www.mphotel.com).

Chinatowns 269

The Great American Chinatown
Chopsticks na Baia
São Francisco, Califórnia

San Francisco tem uma Chinatown por tanto tempo quanto ela é considerada uma cidade. Os primeiros imigrantes chineses chegaram como servos no início de 1800; até o ano 1850, uns 25.000 chineses tinham invadido a Califórnia, fugindo da fome e das guerras do ópio para encontrar suas fortunas na "Montanha de Ouro". Em vez disso, o que encontraram foi trabalho duro e salários baixos, primeiro nas minas de ouro e mais tarde nas equipes de construção da estrada de ferro. Eles encararam um preconceito tão virulento (um Ato de Exclusão dos Chineses rígido prevaleceu entre 1882 e 1943) que os sino-americanos não podiam nem comprar casas fora do gueto de Chinatown até os anos 1950.

Por mais que esse capítulo da história dos EUA tenha sido vergonhoso, isso manteve a Chinatown de San Francisco, um bairro vital, onde as tradições chinesas foram atentamente preservadas. Até hoje, mais de 80.000 pessoas vivem em Chinatown, e outros sino-americanos visitam regularmente vindo de bairros vizinhos (os distritos de Richmond e Sunset, em particular). É claro que os turistas também se amontoam ali, para tirar fotos do portão decorado e coberto de ouro entre a Grant Avenue e a Bush Street, para espiar os templos budistas ao longo da Waverly Place, para vagar pelas lojas de comida e de noodles na Stockton Street, ou para olhar estarrecidos para os locais jogando mah-jongg e xadrez na Portsmouth Square. Mas há um lugar onde os turistas e os residentes locais coexistem: na miríade de restaurantes de Chinatown, muitos dos quais permanecem verdadeiramente fiéis aos padrões de culinária chinesa – diferentemente da rede de restaurantes chineses que cruzam os Estados Unidos.

Há quase sempre uma espera por uma mesa no pequeno **House of Nanking** (919 Kearny St,; ✆ **415/421-1429**), cujo estilo de cozinha de Shanghai inclui os tradicionais pot stickers, as panquecas de cebola verde e camarão, e um longo menu de entradas – peça ao garçom que recomende um especial do dia. Apesar de sua localização obscura no segundo andar, o **Oriental Pearl** (760 Clay St.; ✆ **415/433-1817**) está geralmente lotado; entre os pratos Chiu Chow (uma variação regional Cantonesa), os melhores são a almôndega de frango especial da casa, o tofu pei pa com camarão, e os camarões temperados grelhados. Os tanques de peixe cobrem as paredes no **Great Eastern** (649 Jackson St.; ✆ **415/986-2500**), uma casa de frutos do mar no estilo popular de Hong Kong. As coisas estão sempre agitadas nos três andares do **R&B Lounge** (631 Kearny St.; ✆ **415/982-7877**; www.mgloung.com), conhecido por seu caranguejo frito com sal e pimenta, o frango com molho de feijão preto, ou a carne bovina especial do R&G que derrete na boca.

Para uma comida Hunan temperada, duas grandes opções são o **Hunan Home's** (622 Jackson St.; ✆ **415/982-2844**), para uma ótima sopa quente e azeda, camarões com nozes, e vieiras em estilo Hunan; ou o **Brandy Ho's Hunan Food** (217 Columbus Ave., ✆ **415/788-7527**; www.brandyhos.com), para excelentes dumplings fritos, sopa de bolinho de peixe, ou As Três preto). Para um almoço clássico dim sum, há o cavernoso e barulhento **Gold Mountain** (664 Broadway; ✆ **415/296-7733**; dim sum até às 3h da manhã). E apesar de ser certa birosca, o **Sam Wo** (813 Washington St.; ✆ **415/982-0596**) é um substituto adorado para o melhor da comida reconfortante chinesa, o jook ou congee, como é chamado em Hong Kong – um mingau grosso de arroz com sabor de peixe, camarão, frango, carne, ou porco.

✈ Internacional de San Francisco (14 milhas/23 km).
🛏 $$$ **Hotel Adagio**, 550 Geary St. (✆ **800/228-8530** ou 415/775-5000; www.thehoteladagion.com). $ **Hotel des Arts** 447 Bush St. (✆ **800/956-4322** ou 415/956-3232; www.sfhoteldesarts.com).

270 Chinatowns

Manhattan Goes Chinese
Um Pouco Mais Que Mott Street
Nova Iorque, Nova Iorque

É uma dessas ruas que os novaiorquinos gostam de manter sob o seu chapéu: a histórica Little Italy de Manhatan é uma ficção turística hoje em dia, uma faixa de restaurantes preservada só para os de fora da cidade, enquanto em volta dela as ruas laterais foram tomadas por uma explosão da Chinatown, que há muito tempo ultrapassou a fronteira da tradicional Canal Street. E ainda não pode conter todos os imigrantes asiáticos da cidade, que também se mudaram para o bairro de Queens Flushing, onde se encontra ainda mais restaurantes e lojas autênticas.

Em 1870, quando nenhum outro grupo de imigrantes vivia nessas terras pantanosas a nordeste da prefeitura, uma onda de trabalhadores chineses migrando para o leste, vindos de San Francisco, mudaram-se e tomaram conta da área. Hoje, a Chinatown – que é realmente uma conglomeração pan-asiática, com imigrantes tailandeses e vietnamitas acrescentando o seu próprio sabor – é uma festa para os sentidos, com as placas de rua trazendo caracteres chineses, os bancos e os restaurantes de fast food fantasiados com telhados em estilo de pagode, e um perpétuo alarido nas ruas estreitas, onde caixotes nas calçadas mostram pilhas de peixes prateados e frutas e verduras exóticas, e patos de um vermelho iluminado ficam pendurados em vitrines de lojas esfumaçadas.

Enquanto Nova Iorque tem postos de comida chinesa para viagem em bairros por toda a cidade, os residentes locais ainda vão até a

243

Pé na Estrada na América

Chinatown de Manhatan para uma experiência de refeição sugestiva. O **Big Wong King** (67 Mott St.; ✆ **212/964-0540**) é uma preferência agitada, com mesas comunitárias cheias de tigelas fumegantes de congee, pratos de vegetais refogados, e travessas de porco ou pato assado. O despojado **Nova Iorque Noodletown** (28 ½ Bowery; ✆ **212/619-0085**) ganha elogios por suas sopas de macarrão com base de frutos do mar, o camarão seco no sal e as travessas de porco assado fatiado. Para os frutos do mar, vá ao **Oriental Garden** (14 Elizabeth St.; ✆ **212/619-0085**), cujos pratos de frutos do mar em estilo cantonês são retirados de imensos tanques de peixes instalados por todo o restaurante. O sempre lotado **HSF Restaurant** (46 Bowery; ✆ **212/374-1319**) é talvez o ponto mais conhecido da cidade pelo estilo dim sum de Hong Kong, com um desfile contínuo de carrinhos rodando pelas mesas e servindo pequenas porções de várias delicadezas. O **Joe's Shanghai** (9 Pell St.; ✆ **212/233-8888**) e sua ramificação **Joe's Ginger Restaurant** (25 Pell St.; ✆ **212/285-0999**) excelência em pratos de estilo de Shanghai como as sopas de bolinhos (dumplings) cozidos no vapor, o pato de panela, e o peixe amarelo picante. O **Wo Hop** (17 Mott St., entre as ruas Worth e Mosco; ✆ **212/267-2536**) é uma preferência de muito tempo para os padrões baratos e deliciosamente satisfatórios do Cantão como o chow fun e o chop suey. Se estiver cheio, desça a rua até o similar **Hop Kee** (21 Mott St.; ✆ **212/964-836**).

Superior entre os muitos restaurantes Vietnamitas que se infiltraram em Chinatown, o **Pho Viet Huong** (73 Mulberry St.; ✆ **212/233-8988**) oferece algumas sopas incríveis como a pho com base de carne bovina e a sopa agri picante canh; a carne bovina de churrasco embrulhada em folhas de uva é outra especialidade. O restaurante de estilo de barraca polinésia da Malásia **Nyonya** ✆ **212/334-3669**) surpreende os clientes com seu *roti canai* (uma panqueca indiana com um molho cremoso de galinha ao curry) e sua sopa de *talharim prawn mee* farta e picante. Para a sobremesa, vá até a **Chinatown Ice Cream Factory** (65 Bayard St., entre a Mott e a Elizabeth St.; (194 Grand St.; ✆ **212/608-4170**), onde o sorvete vem em sabores asiáticos como o biscoito de amêndoas, lichia, e um incrível chá-verde.

✈ Internacional John F. Kennedy (24 km/15 milhas); Internacional Newark Liberty (27 km/16 milhas); LaGuardia (13 km/8 milhas).

🛏 $$$ **Carlton Hotel on Madison Avenue**, 88 Madison Ave. (✆ **212/532-4100**; www.carltonhotelny.com). $$ **Washington Square Hotel**, 103 Waverly Place (✆ **800/222-0418** ou 212/777-9515; www.washingtonsquarehotel.com).

Canadian Chow Mein
O Cantão do Canadá
Toronto, Ontário

Toronto é conhecida como uma cidade multiétnica, mas sua Chinatown é, todavia, impressionante – a terceira maior fora da China, com 350.000 sino-canadenses e aumentando.

Ela não só é grande, a próspera Chinatown de Toronto – centralizada entre a Dundas Street e a Spadina Avenue – é um dos bairros de imigrantes mais vivos da América do Norte, com um tipo especial de energia urbana. Ande por ela à noite e ficará facilmente hipnotizado pelas calçadas movimentadas, o brilho das luzes neon, as vitrines com fileiras de brilhantes patos assados marrons, lojas de discos com músicas das paradas chinesas em alto volume, e o comércio cheio de produtos asiáticos. Na esquina das ruas Spadina e Dundas, no coração verdadeiro da Chinatown, o esparramado shopping center **Dragon City** dá uma rápida injeção de seu sabor, com lojas vendendo conservas chinesas (choco, limão com gengibre, manga inteira, ginseng, e chifre) e outras comidas; a praça de alimentação

Canadian Chow Mein

aqui tem um completo espectro pan-asiático de culinárias coreana, da Indonésia, chinesa e japonesa.

Se encontrar uma boa refeição nessa Chinatown é uma tarefa desalentadora, é só porque há muitas opções. (Acrescente à disputa os mais recentes Vietnã e Tailândia e você ficará mais confuso do que nunca). Apesar da decoração, às vezes cafona, de budas de plástico, o **Happy Seven** (358 Spadina Ave.; 416/971-9820) é amplamente reconhecido como uma das melhores cozinhas de Chinatown – e como se pode adivinhar pelo número de tanques de peixe em volta da sala de refeições, os pratos de frutos do mar são sua especialidade. As porções são extremamente generosas. Descendo a mesma rua, os frutos do mar também se destacam no menu do veterano **Lee Garden** (331 Spadina Ave.; 416/593-9524), de estilo cantonês. Eles também servem alguns pratos ótimos de tofu, e o prato assinado é um que se desmancha ao toque do garfo "granfather-smoked" frango com mel e sementes de gergelim. As longas filas são constantes em frente do **Sang Ho** (536 Dundas St.; 416/596-1685), onde a adorável sala de refeições tem vários aquários pululando; confira os especiais do dia nos quadros pregados na parede

Se restaurantes baratos e descontraídos são o que mais você procura, experimente o **Goldstone Noodle House** (266 Spadina Ave.; 416/596-9053). Pode ser que pareça um buraco na parede, mas os clássicos saborosos, como arroz frito, peixe salgado, churrasco de porco, e as sopas de macarrão são campeões. Para os maravilhosos pães, macarrão e bolinhos da autêntica cozinha chinesa, o pequeno café no nível da rua **Mother's Dumplings** (79 Huron St.; 416/217-2008), é imbatível.

✈ Toronto Internacional (30 km/19 milhas)
🛏 $$$ **Le Royal Meridien King Edward**, 37 King St. E (800/543-4300 ou 416/863-9700; www.starwoodhotels.com). $$ **The Drake Hotel**, 1150 Queen St. W (416/531-5042; www.thedrakehotel.ca).

5 Viagens de Degustação

Costa Oeste Americana... 247
Costa Leste Americana... 272
Canadá... 275
França... 278
Itália... 295
Europa... 304
América do Sul... 312
Hemisfério Sul... 322

Locanda dell'Amorosa, uma pousada, restaurante e vinícola em Sinalunga, na Itália (ver 78)

272 Costa Oeste USA

Stag's Leap Wine Cellars
Um Passo Gigante
Napa Valley, Califórnia

Em 1976, o comerciante de vinhos Stephen Sourrier decidiu conduzir uma degustação cega em sua loja de vinhos de Paris. Intrigado por vinhos que tinha degustado em uma viagem recente pela Califórnia (encenado no filme Bottle Shock, de 2008), ele reuniu o melhor dos vinhos da França e da Califórnia e convidou os críticos franceses mais prestigiados para testá-los e avaliá-los. Os resultados chocaram o mundo dos vinhos. Os vinhos americanos se saíram melhor do que os franceses. Uma garrafa em particular ficou acima de todas – o Cabernet Sauvignon da adega Stag's Leap.

O que ficou conhecido como o "Julgamento de Paris" acabou em uma comoção de recriminações e acusações de trapaça dos franceses envergonhados. O vinho francês não poderia mais ser considerado o melhor do mundo. Os desconhecidos vinhos da Califórnia se tornaram uma força a ser reconhecida.

Ainda mais surpreendente, o Cabernet Sauvignon que ganhou o prêmio veio de videiras de três anos de uma vinícola de quatro anos de idade, em uma área considerada por muito tempo como inadequada para o plantio de tal uva. O fabricante de vinho era Warren Winiarski, um professor de ciências políticas da Universidade da Califórnia — por acaso Winiarski significa "filho do fabricante de vinho" em polonês — e nos anos de 1960, ele decidiu levar esse nome a sério e aprender sobre o negócio com Robert Mondavi (ver 274). Um amante do Cabernet Sauvignon, Winiarski então varreu a Califórnia à procura do solo apropriado. Em 1969, ele tentou fazer um vinho caseiro de uma área específica do Napa Valley chamada de Stag's Leap, e logo soube que tinha encontrado o melhor ponto. O resto todo mundo sabe.

Hoje, a adega de vinho Stag's Leap é discutivelmente o vinhedo mais prestigiado dos Estados Unidos. Porque o vale Stag's Leap é

A degustação cega de 1976 que despertou o mundo para os vinhos da Califórnia, avaliou um Cabernet Stag's Leap acima do correspondente francês.

um vale separado do Napa Valley dentro do mesmo, outros vinhedos assumiram o nome esperando tirar vantagem do sucesso de Winiarski. A adega original Stag's Leap não é fácil de se achar, porém procure uma placa com um barril grande no topo sobre um canteiro de flores na entrada, em uma estrada conhecida como Silverado Trail, 7 milhas (11 km) ao norte de Napa. O prédio é pequeno e despretensioso, com paredes de cor creme e portas em arco. Seu ambiente de gosto despojado parece um pouco entulhado e escuro, mas em dias de sol eles abrem as grandes portas para um belo pátio, o que ilumina bastante o lugar. A degustação inclui os vinhos de grupos mais baixos. Para experimentar os melhores – o cabernet sauvignon SLV, que se deu tão bem na França – você terá que comprar a garrafa. O barril de cabernet sauvignon 23 é o melhor de todos. Recentemente, a vinícola abriu o seu próprio complexo de caves, uma série de austeras adegas de cúpula que levam a uma sala redonda com um pêndulo de Foucault fascinante.

Viagens de Degustação

Esse aparato inventado por um francês para provar a rotação da terra é, de certa maneira, adequado em uma vinícola que inclinou o mundo dos vinhos firmemente para o lado oeste.

ⓘ **Stag's Leap Wine Cellars**, 5766 Silverado Trail, Napa (✆ **866/422-7523**; www.cask23.com).

✈ Internacional de San Francisco (54 milhas/87 km)

🛏 $$$ **Harvest Inn**One Main St., St Helena (✆ **707/963-9463**; www.harvestinn.com). $$$ **Yountville Inn**, 6461 Washington St., Yountville (✆ **707/944-8600**; www.yountvilleinn.com).

Costa Oeste USA 273

The Hess Collection Winery
The Artist's Palate
Napa Valley, Califórnia

Donald Hess alimenta seus artistas como um fabricante alimenta o seu vinho. Da mesma maneira que um fabricante de vinho pode passar noites em claro durante a colheita, preocupado com suas uvas,

Hess é conhecido por se revirar na cama e acordar febril declarando: – Eu preciso ter aquela obra. – então ele adota um artista e apoia o trabalho dele ou dela por uma vida, ajustando e incentivando o processo criativo no sentido da grandeza – mais ou menos como faz com seu vinho.

Esse herdeiro da cerveja suíça, que prosseguiu até fazer sua própria segunda fortuna com a água mineral e os hotéis, poderia ter feito o que todo aposentado rico faz – jogar golfe e navegar no seu iate na direção do pôr-do-sol. Em vez disso, ele desenvolveu uma obsessão saudável tanto com a arte como com o vinho. Perseguindo essas paixões, ele tem construído vinícolas e galerias nos lugares mais inusitados.

Um desses lugares é a vinícola Hess Collection, no Monte Vedeer, em uma parte reclusa do Napa Valley. Não é um pequeno desvio do carrossel da Rota 29. Para se chegar aqui, é preciso pegar uma estrada tortuosa que passa por montanhas onduladas que parecem não ter fim. Porém, é um passeio bonito, e vale o tempo perdido, porque no destino se encontra um centro de informações para o visitante coberto de hera, que parece uma antiga casa de campo. Estátuas sem cabeça compõem grupos, contemplando o lago de lírios que não ficaria deslocado em cima de uma caixa de chocolates de luxo.

Dentro, porém, não é uma caixa de chocolates. Você verá uma coleção séria de arte moderna, cobrindo todas as partes, em uma

A vinícola Hess Collection se desdobra em um espaço para a coleção de obras de arte do dono.

galeria construída propositadamente, com três iluminados pisos de paredes brancas e vigas nuas. Quadros a óleo, bronzes, apresentações de vídeo, arte digital, instalações interativas – há o suficiente aqui para absorver pelo menos duas horas do seu tempo e isso é antes de você ter começado com a vinícola.

Um passeio turístico completo das operações de fabricação do vinho irá levá-lo até as instalações de esmagamento, à sala dos barris, os laboratórios e instalações de engarrafamento. Acaba com uma degustação (descrito como o "tour do paladar") em que, basicamente, você irá tratar a sua boca como uma galeria de arte, explorando cada canto sensorial entre a língua e o nariz. Vinhos como o Dry Creek Zinlandel ou a última safra de Chardonnay vão despertar a vida das papilas gustativas que você nunca soube que tinha, e fazer com que você declare:

– Eu quero este vinho.

ⓘ **Hess Collection Winery**, 4411 Redwood Rd., Napa (✆ **707/255-1144**, www.hess-collection.com).

✈ Internacional de San Francisco (67 milhas/ 107 km).

🛏 $$$ **Harvest Inn**, One Main St., St Helena (✆ **707/963-9463**; www.harvestinn.com). $$$ **Yountville Inn**, 6461 Washington St., Yountville (✆ **707/944-8600**; www.yountvilleinn.com).

274 Costa Oeste USA

Robert Mondavi Winery
A Man with a Mission
Napa Valley, Califórnia

Robert Mondavi é uma lenda da fabricação de vinhos na Califórnia. A vida dele pode ser lida como uma saga do Napa Valley, a versão do Napa Valley do "sonho americano". O neto de meeiros de safras na Itália revolucionou a indústria do vinho, construiu um império de bilhões de dólares, e fez parcerias com aristocratas europeus para fazer vinhos que criaram histeria e foram vendidos por 24 mil dólares a caixa.

Diz-se que o bom vinho começa na videira, e o mesmo pode ser dito a respeito da vida de Mondavi (ele faleceu em 2008). Ele veio de uma família de plantadores de uva. O pai dele se esquivou de maneira esperta da lei seca, vendendo kits de vinho feito em casa direto para o fabricante de vinho amador, que tinha permissão de fabricar até um limite de 750 litros de vinho. Assumiu-se que Robert e seu irmão, Peter, também trabalhariam na indústria do vinho, e eles, subsequentemente, tomaram conta da vinícola Charles Krug, no início dos anos 1960. Porém, diferenças comerciais e uma rivalidade entre irmãos – uma daquelas com capacidade para competir com as das novelas – resultou em luta corporal entre os dois irmãos por um casaco de peles. Robert deixou a empresa em 1965 para começar seu próprio negócio.

Trabalhador, carismático e durão, Robert Mondavi introduziu métodos pioneiros de fabricação de vinho, que agora são considerados corriqueiros. Inspirado pela limpeza da indústria de laticínios, ele introduziu os tanques de aço inoxidável e insistiu em barris novos de carvalho francês e na fermentação fria. Com uma aptidão para o marketing, ele promoveu o conceito do vinho varietal único, que intrigaria tanto o consumidor e confundiria os tradicionalistas que sempre presumiram que um vinho deveria ter o nome de seu local de origem, no lugar do nome da uva varietal.

Hoje em dia, o legado de Mondavi tem longo e amplo alcance, mas ele começa em uma vinícola maravilhosa em estilo de mansão que se tornou um marco no Napa Valley. O prédio imaculado, completo com torre do sino, tem uma entrada larga em arco e um terreno amplo decorado com estátuas e fontes, rodeado por montanhas

Viagens de Degustação

Uma degustação na vinícola de Robert Mondavi em Napa.

verdejantes e vinhedos que se inclinam sobre o horizonte. O complexo tem uma variedade de locais para degustação, equipado com uma trupe de educadores de vinho, que levam o novato no vinho pela mão e demonstram como é feito. Há até um minivinhedo com varietais de uvas para ilustrar suas diferenças, onde, você encontrará uma longa adega de vinhos abobadada com barris de vinho listrados e uma sala de degustação ampla que serve vinho entre beliscos de risoto, pão, e queijo. Vale a pena pagar pelo passeio turístico: "Pleasure in a Glass". Apesar de ser um pouco salgado, custando 55 dólares, ele inclui um tratamento cinco estrelas, e a oportunidade de degustar os melhores rótulos de Reserva e Focos da vinícola.

O enorme público e os tours podem fazer você sentir como se tivesse entrado na fila errada e ido parar na Disneylândia do vinho. Porém, até o esnobe dos vinhos mais descrente achará difícil não aproveitar e relaxar em frente a fogueira, ou vagar pelos belos campos, ou só sentar-se com um copo de Cabernet Reserva olhando as pessoas em volta. Enquanto fizer o tour das instalações, você irá ficar cara a cara com um pôster do próprio homem, usando um paletó feito de rolhas – um tributo apropriado para alguém que foi tão vistoso e incontrolável.

Robert Mondavi Winery, 7810 St. Helena Hwy., Oakville 707/259-9463; www.robertmondaviwinery.com).

Internacional de San Francisco (71 milhas/ 114 km).

$$$ **Napa Valley Lodge**, 2230 Madison St., Yountville 707/944-2468; www.napavalleylodge.com). $$$ **Maison Fleurie**, 6529 Yount St, Yountville 707/944-2056; www.forsisters.com).

Costa Oeste USA

Domaine Carneros
É Bom ser o Rei
Napa Valley, Califórnia

Coloque-se no seu pior humor possível antes de visitar essa vinícola. Prepare-se para todos os clichês do Napa Valley sobre os arredores pretensiosos e arquitetura McVinícola – isto é, afinal de contas, um castelo falso construído em 1987, com um falso estilo interior Louis XV. O que uma casa de champagne francesa está fazendo na Califórnia, afinal? Indubitavelmente, será cheio de turistas que não sabem nada sobre vinho. Você está determinado a não gostar, a não se deixar seduzir.

Você passará ventando por alguns portões de ferro muito belos e subirá até as montanhas dessa mansão impressionante. O prédio é imenso com trabalho em pedras claras e acabamento em tijolo vermelho. Escadarias íngremes e dramáticas invadem um jardim imaculado e simétrico com uma beirada de flores e vinhas. Você se detém para respirar no grande terraço espaçoso no alto e interiorizar vistas fantásticas das montanhas de toras do campo de videiras abaixo. Por um momento, você se arrepende de não ter trazido sua câmera – mas então você vê o porteiro de sobretudo e quase fala sozinho:
– Que cafona! – até que ele abre um sorriso de boas-vindas.

Você entra em uma sala de janelões, pé direito alto, e cadeiras de vime com almofadas azuis. A música de gaitas lembra a de um lobby de hotel, mas você tem que admitir que a sala tem uma aparência maravilhosa e acolhedora. Um guia simpático se aproxima e diz que você chegou bem na hora do tour da champagne. Você quer dizer não, mas antes que você perceba, uma taça borbulhante está em suas mãos e você está sendo levado para um vinhedo.

O guia é surpreendentemente animado e bem informado. Você aprende que a vinícola pertence à família Taittinger, o sangue azul da região da champagne, na França. O prédio é uma réplica exata do seu Chateau de La Marquetere, histórico na França, que abrigou um filósofo chamado Cazotte (decapitado na Revolução Francesa), mais tarde, o centro de comando do Marechal Joffre durante a Primeira Guerra Mundial, e agora é o escritório central do império Taittinger de vinho espumante.

Dentro da réplica americana, você senta em uma elegante sala de degustação de seleção de vinhos, servidos, dessa vez, com caviar. Você nota a lareira na sala de degustação particular e se pergunta como isso fica no inverno.

Mas hoje está sol, então você sai e vai se banhar com a majestosa vista. Você dá um gole no seu Pinot Noir e pensa:
– É bom ser o rei.

ⓘ **Domaine Carneros**, 1240 Duhig Rd, Napa (✆ **800/716-2748**; www.domaine-carneros.com).

✈ Internacional de San Francisco (59 milhas/ 95 km).

🛏 $$$ **Napa Valley Lodge**, 2230 Madison St., Yountville (✆ **800/368-2468** ou 707/944-2468; www.napavalleylodge.com). $$$ **Nappa River Inn**, 500 Main St., Napa (✆ **877/251-8500** ou 707/251-8500; www.napariverinn.com).

Viagens de Degustação

Costa Oeste USA   276

Beringer Vineyards
Bem-vindo a Napa!
Napa Valley, Califórnia

Uma avenida com uma alameda de olmos veio você — até uma propriedade de 87 hectares (215 acres) com jardins de esculturas, gramados bem-cuidados e fontes elaboradas até uma mansão vitoriana rebuscada. Pequenas torres de telha de lousa coroam o maravilhoso trabalho em pedra que, por sua vez, emoldura os belíssimos vitrais das janelas.

– Clark Gable gabou esses telhados – entusiasma-se o guia. E você pode muito bem acreditar. Com sua mobília de nogueira e acabamento de madeira estilo Art Nouveau por dentro, a mansão exala o charme do antigo mundo, adequado para uma estrela do cinema.

Localizada mais da metade do meio do caminho acima do Napa Valley, a vinícola é a mais velha e mais histórica e, indiscutivelmente, a mais bonita propriedade da região. Ela atrai um enorme público, e é até assediada do alto por balonistas. É impossível não desejar ter esse lugar para si próprio. Impossível não querer ser seu dono.

A Beringer foi fundada por dois irmãos alemães, em 1868, e é fácil assumir que esses rapazes de sorte estavam simplesmente no lugar certo, na hora certa. Mas a história da vinícola é tão pedregosa como o solo desse vinhedo; sua existência esplêndida de hoje em dia nunca foi garantida. Um excesso de produção de vinho no século XIX e problemas com transporte fizeram um início conturbado para a vinícola, em seguida vieram as percepções negativas sobre o vinho americano, junto com a doença phylloxera da raiz da videira. Nos anos 1920, a lei seca parecia ser o último prego do caixão.

Mas a Beringer sobreviveu e se fortaleceu (eles se safaram da proibição do álcool, produzindo vinho sacramental). Um equipamento de irrigação por gravidade foi criado com 360 m (1.200 pés) de túneis esculpidos à mão, estendendo-se pela encosta da montanha para conter muito da parte do funcionamento industrial. Não mais um negócio de família, o empreendimento dos Beringer agora inclui 20 vinícolas, dois prédios principais para os visitantes na propriedade em crescimento, assim como uma área de transporte e um centro de artes culinárias.

Sempre na liderança, Beringer foi a primeira a conduzir tours no Napa Valley (já em 1934) e degustações (em 1956). Os visitantes podem escolher entre um tour autoguiado, que é um pouco restrito, ou um tour mais caro que o leva até as caves e adegas. O tour mais caro de todos inclui uma degustação particular em uma bela sala no andar de cima, que é bem mais relaxante do que a abarrotada sala de degustação tipo bar no, andar de baixo. Também são oferecidas degustações de barris, assim como harmonizações de queijos e vinhos. Se estiver se sentindo aventureiro, experimente o Zinlandel branco. Ou para uma experiência com um vinho que tornou o vinhedo famoso, prove o altamente reconhecido Chardonnay Private Reserve.

A Beringer é uma vinícola tão procurada por visitantes que você pode ter que competir com multidões e bebês chorando – mas não tema, o lugar é tão grande, sempre vai haver bastante lugar para onde escapar. Vagar por esses gramados, sob essas árvores frondosas – essa é a parte mais memorável desse passeio turístico de vinícola.

ⓘ **Beringer**, 2000 Main St., St. Helena (✆ **707/967-4412**; www.beringer.com).

✈ Internacional de San Francisco (77 milhas/ 124 km).

🛏 $$$ **Meadowood Napa Valley**, 900 Meadowood Lane, St. Helena (✆ **707/963- 3646**; www.meadowood.com). $$$ **Harvest Inn**, 1 Main St., St. Helena (✆ **707/963- 9463**; www.harvestinn.com).

277 Sterling Vineyards

A vinícola Beringer em St. Helena, Napa County.

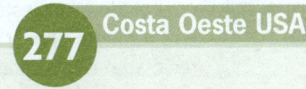

Costa Oeste USA

277

Sterling Vineyards
Um Inglês em Napa
Napa Valley, Califórnia

Peter Newton vestiu todas as peculiaridades associadas a um cavalheiro inglês que vive no exterior. Poderia parecer excêntrico agora ser proprietário de uma vinícola no Napa Valley, mas isso foi no ano de 1964, quando havia apenas 25 em todo vale, opondo-se à abundância atual de mais de 300 – essas montanhas famosas eram mais usadas para o pasto do gado do que para a explosão dos vinhedos. E então a construção da vinícola Newton foi muito pouco convencional. Inspirada pelas vilas brancas do topo das montanhas da ilha grega de Mikonos, o cidadão comerciante de papel, educado em Oxford, construiu um edifício de estilo monástico no topo de uma montanha vulcânica, completo com rampas brilhantes, lavadas em branco e torres de sino simples, guardando um terraço banhado pelo sol. Os sinos de igreja transportados de uma capela bombardeada de Londres tocam a cada 30 minutos; a folhagem luxuriante rodeia os prédios (um jardineiro apaixonado, Newton mais tarde começou outro negócio chamado Newton Vineyard in St. Helen, que mostra 13 relevos temáticos deslumbrantes).

E enquanto há uma estrada no meio do cenário que chega ao topo, os visitantes da Vinícola Sterling são, pelo contrário, transportados do estacionamento em um bondinho aéreo, deslizando sobre jardins de esculturas até alcançar a entrada da vinícola a 90m (300 pés). O Príncipe Charles fez uma chegada ainda mais dramática em 1977, enquanto

Viagens de Degustação

7 Lugares Para se Comer em... Napa Valley

Ao longo de 56 km (35 milhas) da Hwy. 29, ao norte de San Francisco, as encostas da montanha parecem precisamente enrrugadas com parreirais abraçando o declive que produz um dos melhores vinhos do mundo. O centro da região do vinho na Califórnia, o Napa Valley, é uma extensão maravilhosa de campos que rolam – presencie todos esses balões no céu acima, com turistas bebericando champanhe enquanto ficam boquiabertos com a vista. Com sua abundância de tours das vinícolas, degustações de vinho, pousadas de luxo, e SPAs, seria apenas de se esperar que esse sibarítico Napa Valley também tivesse uma comida suprema.

No extremo sul do vale, em Napa, a cidade de saída da região, a cena culinária começa com uma nota íntegra, orgânica, com o ❷⓻❽ Ubuntu (1140 Main St.; Ⓒ **707/251-5656**; www.ubuntunapa.com). O Ubuntu descreve a si mesmo como um restaurante de vegetais no lugar de um restaurante vegetariano. O chef Jeremy Fox é fielmente comprometido com a culinária que utiliza os ingredientes produzidos na fazenda local, muitos deles da própria horta biodinâmica do Ubuntu. Com pratos criativos como o problano recheado com milho defumado e queijo de cabra, ou feijões franceses e panzanella grelhada, até os apreciadores da carne saem satisfeitos. O restaurante em si – que está conectado a um estúdio de ioga – parece impecável e contemporâneo, apesar de ser completamente feito de madeira reciclada e mobílias renovadas, reduzindo a pegada de carbono do Ubuntu.

Pratos Ubuntu são feitos com vegetais da horta biodinâmica do restaurante.

A cidade seguinte, subindo o vale, Yountville surgiu para a fama da culinária há uns anos com o espetacular restaurante de Thomas Keller The French Laundry (ver ❶❹❶). Nem todo mundo pode se dar ao luxo de uma reserva no French Laundry, mas você também pode experimentar a comida de Thomas Keller em sua brasserie mais casual ❷⓻❾ Bouchon (6534 Washington St.; Ⓒ **707/944-8037**; www.bouchonbristo.com). Espere render-se às delícias da sopa de cebola francesa, os frites de carne bovina, o mexilhão no bafo, o croque madame, e outros clássicos franceses (experimente o caro e substancioso patê de foie gras, feito em casa). O antigo chef do restaurante nas redondezas, o Auberge de Soleil (ver ❼⓿), Richard Reddington agora preside seu próprio, deslumbrante restaurante, o ❷❽⓿ Redd (6480 Washington St.; Ⓒ **707/944-2222**; www.reddnapavalley.com). A decoração minimalista imaculada da sala de refeições dispara pratos memoráveis, com base na produção local, como: o sashimi hamachi com grãos de soja fresca, pepino, gengibre e arroz grudento, ou bacon caramelado com purê de maçã, bardana e caramelo de soja. Nas terras da vinícola Domaine Chandon, o ❷❽❶ Etoile (1 Califórnia Dr.; Ⓒ **800/736-2892** ou 707/204-7529; www.chandon.com) é a onda do futuro. O Etoile se deu bem em cima de qualquer restaurante da cidade, com pratos como: o tartar de atum com gema sous vide, a maçã pink lady, e o pepino persa, ou uma vitela de panela ao molho madeira com arinelas, labaça, e mostarda vermelha, servido em uma sala elegante com paredes de vidro, sob um teto de madeira abobadado. Todos os pratos são harmonizados com vinhos Chandon, claro.

🟢284 7 Lugares Para se Comer em . . . Napa Valley

Um pulinho de carro ao norte, St. Helena inunda a região com o charme de cidade pequena, ótimas lojas, e comida boa. No sofisticado 🟢282 Terra (1345 Railroad Ave.; ✆ 707/963-8931; www.terrarestaurant.com), o leste encontra o oeste em uma sala de refeições romântica, de paredes de pedra, onde o chef japonês Hiro Sone serve pratos de inspiração asiática exibindo a abundância da agricultura Californiana: bacalhau cozido no saquê com bolinhos de camarão e caldo shiso, ou codorna grelhada com pudim de pão de bacon, foie gras sauté, figos e molho vin cotto. Em uma escala mais humilde, a cabana de hambúrguer gourmet 🟢283 Taylor's Automatic Refresher (933 Main St.; ✆ 707/963-3486; www.taylorsrefresher.com) está no ramo desde 1949. O Taylor's atualizou seu menu de lanchonete – hambúrgueres de atum, tacos, saladas, e milkshakes clássicos – atrai filas enormes de turistas, que adoram pedir no balcão ou fazer a festa ao ar livre, nas mesas de piquenique.

No alto do vale, a cidade das fontes de água quente, Calistoga, ainda tem certo tipo de atração encardida do oeste selvagem. Bem na rua principal, o 🟢284 All Seasons Café (1400 Lincoln Ave.; ✆ 707/942-9111; www.allseasonsnapavalley.net) mantém a aura relaxada de um wine bar. Os pratos incluem pele de frango crocante com jus de frango de trufas negras ou vieiras com crosta de farinha de milho com succotash (um cozido de milho com feijão e tomate) de vegetais do verão. A loja de vinhos ao lado apoia a carta de vinhos do bistrô, que é impressionante – porque, afinal de contas, você está no Napa Valley.

✈ Internacional de San Francisco (75 milhas/121 km).
🛏 $$$ **Cedar Gables Inn**, 486 Coombs St., Napa ✆ **800/309-7969** ou 707/224-7969; www.cedargablesinn.com). $$ **Calistoga Spa Hot Springs**, 1006 Washinton St., Calistoga (✆ **866/822-5772** ou 707/942-6269; www.calistogaspa.com).

O French Laundry, de Thomas Keller, é um destino por si só.

Viagens de Degustação

visitava "nosso homem em Napa". Ele pousou de helicóptero no morro de grama, por coincidência conhecido como Charlie's Hill.

Situada próximo da cidade despojada de Calistoga, essa vinícola é pitoresca e conhecida. Depois de desembarcar da gôndola de uvas, você pode pegar um tour autoguiado das instalações imaculadas, começando pelo vestíbulo onde um copo refrescante de Pinot Gris é servido. Placas e telas de TV orientam as pessoas por meio das várias salas de exposição que explicam a história da vinícola e o processo de fabricação do vinho. Finalmente, você sai na cobertura ensolarada, onde pode aproveitar um copo de Chardonnay e vistas espetaculares do vale. Depois, você visita a sala de barris, onde um vídeo explica o processo de engarrafamento, e então vai até o prédio do lado para encontrar uma lojinha de vinhos e uma sala de degustação. Aqui, você pode sentar e saborear um Cabernet Sauvignon e um vinho de sobremesa delicioso.

A experiência pode ser um pouco estranha se a vinícola estiver vazia, e robótica, quando está muito abarrotada, o que é mais comum. Mas tudo é meticulosamente bem feito, até mesmo os livros de pintar para crianças, estrategicamente colocados na sala de degustação. O vinho também não é mal. E então há a vista – dá para sentir como se a degustação fosse no topo do mundo.

ⓘ **Sterling Vineyards**, 1111 Dunaweal Lane, Calistoga (✆ **707/942-3344**; www.sterlingvineyards.com).

✈ Internacional de San Francisco (84 milhas/134 km).

🛏 $$$ **Hideaway Cottages**, 1412 Fairway, Calistoga (✆ **707/942-4108**). $$ **EuroSpa & Inn**, 1202 Pine St., Calistoga (✆ **707/942-6829**; www.eurospa.com).

Costa Oeste USA — 285

Clos Pegase
A Arte no Vidro
Napa Valley, Califórnia

A Vinícola Clos Pegase tem os guias mais caros do mundo. Um Henry Moore recebe os visitantes na entrada; um Salvador Dalí os acompanha até a adega de barris; e Francis Bacon se junta a eles para um drink na sala de degustação. Enquanto os visitantes caminham em torno desse complexo que parece um templo, um time formado pelos maiores artistas modernos está constantemente à disposição, ansiosos por esboçar, desenhar e ilustrar que a fabricação do vinho não é uma ciência exata, mas uma arte muito elegante, estranha e maravilhosa.

Muitas vinícolas são parecidas, mas essa não. Assim que você entra no terreno da Clos Pegase, sabe que está prestes a ver algo diferente. Um dedão preto de 1,8 metros (6 pés) se levanta do chão do vinhedo, fazendo com que filas de visitantes posem para uma foto com seus próprios dedões para cima – arte interativa de verdade. O jardim de escultura italiana, com algumas peças muito coloridas, leva a um prédio comprido que parece um bloco de sorvete da sua lembrança preferida de infância: amarelo e rosa com uma faixa azul no meio. Isso é uma vinícola ou uma fábrica de chocolate que pertence a um cara que se chama Charlie?

Dentro, as coisas ficam um pouco mais solenes. Uma recepção atraente leva até câmeras abobadadas que não têm fim, com nichos iluminados por trás, e alcovas que mostram relíquias e artefatos. Baco levanta sua cabeça com um sorriso malandro em muitos disfarces, acompanhado por cupidos com temas de vinho lhe dizendo: "a arte inspira, evoca... pondera, assim como o vinho."

Esse casamento da uva e da tela pode ser traçado a partir do casamento de Jan e Mitsuko Srem. O artista que nasceu em Israel e se formou na UCLA conheceu sua mulher artista em uma viagem de férias ao Japão; ele

286 Arrowood Vineyards

ficou na terra do sol nascente por tempo suficiente para fazer fortuna, e então se retirou prontamente para Bordeaux a fim de estudar sobre a fabricação de vinhos. Mas 30 anos como colecionador de arte causou um problema para Jan e Shrem: onde colocar a coleção? Eles acabaram se entregando a ambas as paixões ao construir uma galeria de arte, junto com conceito de vinícola em 182 hectares (450 acres) de vinhedos a alguns quilômetros ao sul de Calistoga. Construindo a vinícola na encosta de uma montanha, eles instalaram 6.000 metros (20.000 pés) de cave de adegas e um centro de visitantes.

Porque a vinícola é em uma extremidade do circuito do vinho do Napa, ela não fica muito abarrotada. Você pode sentar e comer em uma sala de refeições elegante com candelabros de cristal, pisos de mármore e revestimento de mogno; na iluminada sala de degustação, há janelas altas e obras de arte que prendem a atenção. O vinho também prende – um bom Chardonnay seco, amadeirado, servido com um porto interessante, que se chama hommage. Com frequência, queijo e outros petiscos são oferecidos. O gramado, com fileiras de carvalhos italianos, pede um piquenique.

ⓘ **Clos Pegase**, 1060 Dunaweal Lane, Calistoga (📞 **707/942-4981**; www.clospegase.com).
✈ Internacional de San Francisco (84 milhas/135 km).
🛏 $$$ **Hideaway Cottages**, 1412 Fairway, Calistoga (📞 **707/942-4108**). $$$ **Cottage Grove Inn**, 1711 Lincoln Ave., Calistoga (📞 **707/942-8400**; www.cottagegrove.com).

---

286 Costa Oeste USA

Arrowood Vineyards
O Perfeccionista
Sonoma, Califórnia

Quando Richard Arrowood cancelou 60% de sua safra de 1989, foi como cometer suicídio. No ramo há apenas três anos, ele poderia não ter criado um revés maior para a sua vinícola se tivesse enchido a sua sala de barris de gasolina e acendido um fósforo. No entanto, o fato era que sua "safra infernal" tinha produzido uma fruta inferior, e ele estava relutante em colocar seu nome no vinho. Foi esse o tipo de integridade que fez de Arrowood um dos mais renomados e venerados fabricantes de vinhos dos dias de hoje, com seus clássicos vinhos varietais desejados pelos enófilos mais fanáticos e entendidos.

Arrowood fez seu nome primeiramente durante sua carreira de 40 anos no Chateau St. Jean, onde ele criou sete Chardonnays diferentes em um ano, e se tornou o pioneiro de vinhos de um único vinhedo. Em 1986, ele começou sua própria vinícola, com sua mulher, Alis. O método do casal é muito prático – os Arrowoods não têm medo de arregaçar as mangas e observar pessoalmente todo o processo, da colheita feita à mão até a esmaga e a fermentação. Eles acreditam firmemente na fabricação de vinhos de reserva, sempre escolhendo métodos que simplesmente deixam o vinho expressar as propriedades da terra.

A vinícola está nas montanhas do condado de Sonoma, uma linda região de produção de vinho na área ao norte da baía de San Francisco, no oeste do Napa Valley. Sonoma tende a atrair os amantes do vinho que desejam evitar a loucura de Napa; Sonoma é mais despojada, rural e descontraída, com menos tráfego (e o bônus das praias). A vinícola Arrowoods consiste em duas casas de fazenda em estilo inglês, instaladas no final de uma estradinha em uma pequena ladeira. Uma é o prédio da produção e a outra é um centro de visitantes arejado e iluminado, agraciado por uma varanda ao redor. A sala de degustação tem uma sensação de cozinha de fazenda e uma acolhedora simplicidade; uma coleção de mapas está pendurada na parede e uma lareira de pedras esquenta o ar do outono. Porém, a principal atração é a degustação de vinhos enquanto há lugares em cadeiras

Viagens de Degustação

de vime na varanda – não deixe de trazer uma câmera para capturar a vista. Você verá um jardim de flores ao fundo, encostas de vinhedos orgânicos bem-cuidados, e falcões e urubus de cabeça vermelha circulando no alto. Um copo de merlot delicioso completa o quadro.
Olha o passarinho.
Bata a foto.
Perfeita.

ⓘ **Arrowood Vineyards**, 14347 Sonoma Hwy., Glen Ellen (✆ **707/935-2600**; www.arrowoodvineyards.com).
✈ Internacional de San Francisco (71 milhas/114 km).
🛏 $$$ **MacArthur Place**, 29 E. MacArthur St., Sonoma (✆ **707/938-2929**; www.macarthurplace.com). $$ **Relais du Soleil**, 1210 Nuns Canyon Rd., Glen Ellen (✆ **707/833-6264**; www.relaisdusoleil.com).

Costa Oeste USA 287

Benziger Family Winery
O Veículo Biodinâmico

Sonoma, Califórnia

Um grande trator vermelho puxa uma carroça aberta por estradas asseadas que se embrenham por vinhas encantadoras. Acima e sobre montanhas verdes idílicas ela leva você, com flores silvestres, à beira de cercas de madeira dos dois lados. Permite-se que a natureza se solte em toda a sua glória. A viagem de 45 minutos é envolvente e exuberante (cobertores são fornecidos nos meses frios de inverno); pode ser até que você se sinta tentado a largar o seu emprego na cidade e se tornar fazendeiro. A vinícola da família Benziger é, na verdade, uma fazenda em funcionamento, instalada em uma propriedade em crescimento em um paraíso pastoral. Ela é serena, tranquila e despretensiosa.

Nos últimos anos, uma revolução silenciosa tem acontecido na região do vinho da Califórnia. Vinícolas sempre tiveram uma aparência maravilhosa à distância, mas a sabedoria convencional ditou que elas deveriam ser áridas monoculturas controladas. Produtos químicos desagradáveis, como pesticidas, inseticidas e fungicidas foram usados para manter a natureza fora do alcance. Infelizmente, isso causou estragos no ecossistema natural, estimulando a erosão do solo e a poluição da água. O movimento orgânico apontou o dedo verde para essas más práticas, e muitos fabricantes de vinho começaram a experimentar o gerenciamento sustentável dos vinhedos. Eles perceberam que havia uma forma melhor de se fazer as coisas – e adivinhe o que aconteceu? Resultou em um vinho melhor.

Benziger está à frente dessa revolução verde. Enquanto você faz o tour da propriedade de 34 hectares (85 acres) em Glen Ellen, o guia indica que as ervas daninhas, flores e pássaros são, na verdade, incentivados. Insetos indesejáveis são barrados com abelhas e corujas. Os pântanos foram construídos para economizar água e incentivar a biodiversidade. As bombas movidas à energia solar e luzes de estacionamento mantêm as emissões de carbono baixas, assim como o biocombustível que abastece o trator vermelho.

Quando você entrar na sala de degustação da Benziger, verá o fruto do trabalho deles. Uma trilha guarnecida de treliças leva a uma bela casa de madeira branca com venezianas cinzas, cercado por flores e plantas. Um pátio sombreado com ban-

288 Martinelli Winery

cos de madeira com vista para as montanhas e videiras. Pavões disputam a sua atenção, e há um playground para as crianças por perto para ocupá-las enquanto você degusta o vinho. Aprecie o seu copo de Benziger Tribute, que recebeu mais de 90 pontos de Robert Parker e da Revista Wine Spectator, e você se sinta bem, animado... Biodinâmico.

ⓘ **Benziger Family Winery**, 1883 London Ranch Rd., Glen Ellen (✆ **800/989-8890** ou 707/935-3000; www.benziger.com).
✈ Internacional de San Francisco (70 milhas/112 km).
🛏 $$$ **Ledson Hotel**, 480 First St. E, Sonoma (✆ **707/996-9779**; www.ledsonhotel.com). $$ **Inn at Sonoma**, 630 Broadway, Sonoma (✆ **707/939-1340**; www.innatsonoma.com).

Todos os vinhos são biodinâmicos na Benziger em Glen Ellen, Condado de Sonoma.

288 Costa Oeste USA

Martinelli Winery
Serendipity
Sonoma, Califórnia

A história de Martinelli soa como um conto de acidentes felizes, boa sorte, e trabalho duro. Tudo começou quando o Giuseppe Martinelli, de 19 anos, colocou os olhos sobre a menina de 16 anos, Luisa Vellutin, na Toscana, em 1897. Os adolescentes apaixonados fugiram para a América e trabalharam nas fazendas em Forrestville, Califórnia. Pegaram dinheiro emprestado com um lenhador e compraram um pedaço de terra em uma montanha íngreme. Giuseppe, que sabia um pouco sobre a fabricação de vinhos, decidiu plantar algumas uvas Zinfandel, assim como maçãs. A família prosperou e tornaram-se plantadores de frutas. Quando Giuseppe morreu, em

1918, Luisa ficou com quatro crianças, o mais novo era Leno, de 12 anos. Ele decidiu que queria continuar com a fazenda, sofrendo o escárnio de seus irmãos – eles diziam que apenas um idiota trabalharia naquela montanha íngreme.

Oitenta anos no futuro e os Martinellis tinham feito bem em plantar uvas, apesar de nunca terem feito vinho. Eles são proprietários das melhores videiras em Sonoma, inclusive, a incrivelmente inclinada Jackass Hill. O filho de Leno, Lee, cuida de umas terras que ele comprou recentemente, e mais adiante vê um casal fazendo um piquenique. Eles começam uma conversa por cima da cerca. Acon-

Viagens de Degustação

tece que sua nova vizinha é a fabricante de vinhos Helen Turley. O maior plantador de uvas de Sonoma tinha topado com a maior fabricante de vinhos da Califórnia. O encontro tornou-se uma coincidência feliz; uma amizade começou, e logo os Martinellis decidiram fazer vinho, com Turley como sua consultora.

Novamente, vá para frente mais 20 anos. A Martinelli agora é uma das vinícolas de maior prestígio dos Estados Unidos; o vinho deles é tão procurado que você tem que entrar em uma lista para comprar os melhores rótulos. O Jackass Hill Zinfandel – que recebeu esse nome por causa da famosa montanha – é procurado pelos cultuadores do vinho da Califórnia, julgado por Robert Parker como "um dos melhores". Porém, a vinícola ainda é um negócio de família de maneira geral; os proprietários não perderam de vista suas origens humildes, sediando sua vinícola em um velho celeiro simples de tijolos vermelhos, instalados na pitoresca montanha do vale do Rio Russian. Aqui, você entra em uma sala de degustação que tem o estilo de uma loja de fazenda cheia de presentes e produtos locais. A degustação é generosa e a vinícola, com frequência, oferece, no meio, um de seus melhores vinhos para provar de graça.

A encosta da montanha atrás da vinícola é o ponto ideal para um piquenique, mas tome cuidado. Você nunca sabe quem poderá encontrar.

ⓘ **Martinelli Winery**, 3360 River Rd., Windsor (✆ **800/346-1627**; www.martinelliwinery.com).
✈ Internacional San Francisco (83 milhas/133 km).
🛏 $$$ **Ledson Hotel**, 480 First St. E., Sonoma (✆ **707/996-9779**; www.ledsonhotel.com). $$ **El Pueblo Inn**, 896 W. Napa St., Sonoma (✆ **707/996-3651**; www.elpebloinn.com).

Costa Oeste USA — 289

Langtry Estate Vineyards
The Wild, Wild West
Lake County, Califórnia

Lillie Langtry era uma beldade da sociedade Vitoriana que não era nada mais que uma Vitoriana reprimida. Essa atriz britânica vistosa passou por tantos amantes da mesma maneira que seu vinhedo pelas uvas – entre outros, ela contou o futuro rei da Inglaterra, Edward II, como companheiro de cama. Ela deixou muitos loucos e causava escândalos onde fosse (como seu amigo Oscar Wilde), e quando a Inglaterra achou que ela era quente demais para segurar, ela cruzou o Atlântico e causou um furacão na América. O público masculino ficou obcecado por Langtry; o Juiz Roy Bean deu o nome dela a uma cidade do Texas quando viu seu retrato em uma embalagem de sabonete.

Em 1888, Lillie comprou sua propriedade de vinícola na Califórnia, um lugar como nunca vira, chegando em Sta. Helena em um carro de luxo caríssimo. Uma frota de diligência lhe carregou e a sua entourage ao vale do Guenoc, no Lake County, norte do Napa Valley. Ali ela se instalou determinada a fazer "o melhor claret do país".

O condado de Lake – que recebeu esse nome por causa do Lake Clear, o maior lago da Califórnia – hoje em dia é uma comunidade agrícola de montanhas verdes onduladas, com apenas o vinhedo de quando em quando, mas no início do século XX ela tinha a reputação de fazer o melhor vinho dos Estados Unidos, e estava pontilhada de plantações de videiras. A lei seca colocou um ponto final nisso, porém, as vinhas foram destruídas e substituídas por pomares de nozes e pêras. Mas agora as videiras voltaram, e a propriedade Lang-

289 Langtry Estate Vineyards

As vinícolas da propriedade Langtry, fundadas em 1888, pela atriz Lillie Langtry.

try é uma das maiores e mais históricas – ela é tão grande que a propriedade de 56 km² (35 milhas quadradas) tem sua própria denominação.

Com seus grandes campos de flores silvestres, a próspera propriedade é mais um rancho do que um vinhedo. Os rios serpenteiam por um paraíso pastoral que possui um charme rural intocado. É definitivamente fora de mão e do caminho normal do amante dos vinhos, a 145 km (90 milhas) ao norte de São Francisco. Muitos prédios se espalham em volta da propriedade, inclusive a grandiosa mansão em estilo de fazenda, e uma longa trilha coberta de hera para caminhadas, onde as trepadeiras sobem por postes grossos de madeira e chegam ao alto em uma explosão de flores e folhagem, sombreando uma longa fila de mesas de piquenique abaixo. A vinícola em si é um longo, escuro e baixo celeiro meticulosamente construído, com vistas encantadoras de um lago conhecido como o Detert Reservoir, onde vivem a garça, o tuiuiú, os patos e gansos. Na bela sala de degustação, você pode provar os vinhos da extensa lista da vinícola, sendo o melhor deles o Sauvignon Blanc e um Chardonnay não envelhecido.

A paz e a tranquilidade do local escondem o começo cheio de glamour da propriedade. Quanto à Lilly, ela realmente fez o melhor claret do país, mas a cena social deve tê-la entediado. Ela vendeu a propriedade em 1906 e se mudou para Mônaco.

ⓘ Langtry Estate Vineyards, 21000 Butts Canyon Rd., Middletown (🕾 **707/987-2385**; www.langtryestate.com).

✈ Internacional de San Francisco (99 milhas/159 km).

🛏 $$$ **Calistoga Ranch**, 580 Lommel Rd., Calistoga (🕾 **707/254-2800**; www.calistogaranch.com). $$$ **Hideaway Cottages**, 1412 Fair Way, Calistoga (🕾 **707/942-4108**).

Viagens de Degustação

Costa Oeste USA 290

Concannon Vineyard
Thank God for Sacramental Wine
Livermore Valley, Califórnia

É um longo caminho desde a rochosa e inóspita ilha irlandesa de Inishmaan, até as ribanceiras vermelhas e cadeias de montanhas de Livermore Valley, na Califórnia, bem ao leste da Baía de São Francisco. Jum Concannon fez sua primeira viagem para cá em 1865, viajando pelo deserto do oeste dos Estados Unidos numa carroça coberta, com sua esposa e dez filhos. Quando chegou a San Francisco, tornou-se um empresário de sucesso, mas permanecia sempre inquieto. Depois de uma conversa com o arcebispo local, que se queixou da falta de bons vinhos sacramentais, Jim – sendo um bom católico – decidiu que o clero não deveria mais sofrer. Ele comprou 16 hectares de terras rochosas (40 acres) perto de Livermore e se matriculou no UC Davis para estudar vinificação. Em 1883, produziu seu primeiro vinho. Os padres pareceram gostar – Deus ficou feliz e Jim também.

Cento e vinte cinco anos depois, o neto, Jim Concannon, continua a fazer Deus feliz – sem mencionar a quantidade de apreciadores que não têm que esperar a comunhão para degustar o vinho Concannon Bordeaux-and Rhone. A vinícola da família de 81 hectares (200 acres) é hoje uma das mais famosas do país, atraindo milhares de visitantes todos os anos para esse vinhedo histórico. Entrando por uma esplêndida passagem de pedra, você viajará através de um campo de parreiras confortavelmente dispostas entre montanhas cor de laranja e ribanceiras. O lugar é organizado; o prédio é coberto por heras com cumeeira de tijolos e laterais de madeira. Há um sino colocado em um nicho no muro e uma antiga prensa de lagar na frente. Um caminho de treliça passa por cantos esculpidos e bancos de ferro forjado, indo para uma acolhedora sala de degustação convidativa, e um tapete turco estendido no meio do chão. Dois grandes balcões de bar e lustres de latão dão ao salão uma descontraída atmosfera aconchegante.

Depois de um passeio turístico pela vinícola e as adegas, os visitantes reúnem-se aqui para degustar uma excelente reserva de Reserve Syrah e um tipo de uva chamada Petite Sirah, pela qual a vinícola é famosa. Queijos são servidos, assim como bombons de chocolate com vinhos de sobremesa. Você aprende com o guia que não somente a vinícola se vangloria do primeiro vinicultor irlandês, mas que nos anos de 1950, ela também teve sua primeira vinicultora, uma bailarina húngara chamada Katherine Vajdawho. Outro marco da vinícola Concannon.

ⓘ **Concannon Vineyard**, 4590 Tesla Rd. Livermore (✆ **952/456-2505**; www.cocannonvineyard.com).
✈ Internacional de San Francisco (50 milhas/80 km).
🛏 $$$ **Hyatt Summerfield Suites**, 4545 Chabot Dr., Pleasanton (✆ **925/730-0070**; www.hyattsummerfieldsuites.com). $$ **Rose Hotel**, 807 Main St., Pleasanton (✆ **925/846-8802**; www.rosehotel.net).

Costa Oeste USA

Wente Vineyards
The Chardonnay Clone
Livermore Valley, Califórnia

Todos nós temos que começar de algum ponto. A história dessa vinícola começa com uma tempestuosa viagem transatlântica, em 1912.

Um sobrinho de nome desconhecido do vinicultor Californiano, Carl Wente, estava em uma missão. Ele carregava consigo uma delicada muda de uva Chardonnay da Universidade de Montpellier, no sul da França, conforme pedido por seu tio. Ele não somente teve que enfrentar os blocos de gelo no Atlântico norte (foi o ano em que o Titanic afundou, afinal de contas), mas também teve que enfrentar a agitação de Nova Iorque e pegar um trem pelos Estados Unidos, ao mesmo tempo em que se certificava de que os brotos delicados sobreviveriam. E sobreviveram. O Califórnia Chardonnay que você tem em mãos agora é quase um descendente direto dessa planta – o que ficou conhecido como o clone Wente é responsável por 80% de todos os Chardonnay nos Estados Unidos.

A vinícola, assim como a muda da planta é uma sobrevivente (foi uma das poucas a viver durante a lei seca por fazer vinagre), e o que começou com 25 acres é agora um império de uvas de 3.000 acres (1.214 hectares), situado no Livermore Valley, na Carolina do Norte. O Small Lot Eric's Chardonnay vem de uma vinícola cuidadosamente administrada. Há duas salas de degustação, um restaurante, um centro de eventos e um campo de golfe na vinícola. A arquitetura no estilo das missões é um marco histórico. Agora é cercada de belos jardins, canteiros de flores coloridas e alameda de plátanos. Esse cenário romântico em um desfiladeiro pitoresco tornou o lugar popular para festas de casamento, e nos meses de verão recebe concertos ao ar livre, apresentando, na maioria das vezes, bandas nostálgicas dos anos 1980, que atraem uma requintada multidão. A dança agressiva torna-se uma comilança festiva, quando as pessoas se sentam em mesas redondas em frente ao palco e mexem suas saladas ao ritmo de UB40.

A 45 minutos de carro do leste de São Francisco, o Wente é a última parada no circuito das vinícolas na área, mas, certamente, vale a pena o passeio panorâmico. Para não se acomodar em sua fama, a vinícola tem algumas atrações inovadoras que estimulam até o turista de vinhos mais cansado – eventos como uma deliciosa degustação de mostarda, que seria capaz de ressuscitar qualquer paladar exausto (experimente o alho defumado), ou filmes noturnos na sala dos barris, mostrando (claro) o filme favorito de todos: o Titanic.

ⓘ **Wente Vineyards**, 5565 Tesla Rd., Livermore (✆ **925/456-2305**; www.wentevineyards.com).
✈ Internacional de San Francisco (49milhas/79 km).
🛏 $$$ **Hyatt Summerfield Suites**, 4545 Chabot Dr., Pleasanton (✆ **925/730-0070**; www.hyattsummerfieldsuites.com). $$$ **Rose Hotel**, 807 Main St., Pleasanton (✆ **925/846-8802**; www.rosehotel.net).

Ridge Vineyards
The Philosopher's Stone
Santa Cruz Mountains, Califórnia

Ninguém disse que o Cálice Sagrado seria fácil de ser encontrado. Uma estrada estreita e sinuosa sobe ao lado de desfiladeiros e pedreiras com imensas rochas deslocadas por terremotos, ameaçando bloquear nossa passagem. O terreno irregular é pontuado por florestas de carvalho e sequoias. Há vistas cintilantes do Vale do Silício, abaixo.

Repentinamente, uma vinícola aparece alojada em um ângulo de montanha, assentada no topo de uma cordilheira. Vinícola? Parece mais um celeiro ao lado da estrada, com grandes caixilhos de janelas marrons dando pistas de que pode ser algo mais. Lá dentro, você encontrará um longo bar em L, em uma sala principal de paredes brancas, com um teto inclinado. Grandes ventiladores de teto ligados. O que passa por decoração é simplesmente um carpete desgastado e alguns barris velhos. É isso? É isso o Ridge Vineyards? O Cálice Sagrado do Califórnia Cabernet Sauvignon e Zinfandel?

O vinho tem sido apontado por muitos anos como uma gravidez acidental, então é engraçado saber que essa vinícola foi fundada nos anos 1960 pelos mesmos cientistas de Stanford que inventaram a pílula anticoncepcional. Mas a vinícola não nasceu de fato até 1969, quando o professor de filosofia e vinicultura, o lendário Paul Draper associou-se. Famoso por dar ao vinho da Califórnia um "uma identidade própria", em meados dos anos 1970, Draper estava levantando as sobrancelhas e alargando as narinas dos amantes de vinho de todo o mundo. Ele chocou os críticos de vinho franceses quando seu Cabernet Sauvignon tornou-se rival do melhor da França na agora abominável degustação cega do Julgamento de Paris, em 1976, ficando em segundo lugar depois do Cabernet Stag's Leap (veja 272). E mais, na repetição do evento de degustação em seu trigésimo aniversário, o mesmo Cabernet 1971, de ótima qualidade, ganhou o primeiro prêmio.

Aí nasceu o vinho superestrela da Califórnia. Ainda assim a vinícola é muito anti–holywoodiana – é resistente, pequena e despretensiosa, assim como a área em torno dela.

A modesta sala de degustação leva a algumas belas áreas com mesas de piquenique, permitindo uma linda vista da baía de São Francisco e das ladeiras da vinícola. É agradável, descontraída e confortável – a única coisa que parece séria é o próprio vinho. Até mesmo os rótulos são nítidos e minimalistas, relacionando atrás os exatos percentuais de cada tipo de uva e um resumo detalhado do processo que foi usado para aquele vinho em particular. Não dá para mencionar o que você deve experimentar, não há adjetivos para descrever as frutas vermelhas e as amoras com gosto de framboesas. Isso é você quem decide. Aqui está o seu Cálice Sagrado.

ⓘ **Ridge Vineyards**, 17100 Montebello Rd., Cupertino, CA (ⓒ **408/867-3233**; www.ridgewine.com).

✈ Internacional de San Francisco (37 milhas/59 km).

🛏 $$$ **Hilton Garden Inn Cupertino**, 1074 N. Wolfe Rd., Cupertino (ⓒ **408/777-8787**; www.hiltongradeninn.com). $$$ **Cypress Hote**l, 10050 S. De Anza Blvd., Cupertino (ⓒ **800/499-1408** ou 408/253-8900; www.thecypresshotel.com).

Costa Oeste USA

Bonny Doon
The Rhone Ranger
Santa Cruz Mountains, Califórnia

Onde mais você se sentaria em uma sala decorada com pôsteres e rótulos de vinhos desenhados por Ralph Steadman? Onde seu amável guia lhe ofereceria como bebida um porto doce numa xícara moldada em chocolate que você devora imediatamente depois? Bem-vindo ao Bonny Doom, uma das vinícolas mais anticonvencionais do mundo. É um dos poucos lugares nos Estados Unidos onde você pode experimentar uvas exóticas como Mourvedre e Nebbiolo de uma só vez. E o preço vale a pena – por U$ 5 dólares você tem sete generosas doses, sem uma gota de condescendência à vista.

A sala de degustação do Bonny Doom é uma cabana rústica, estranha e frágil, ladeada por sequoias, em uma parte isolada do vale de Santa Cruz. As velhas portas de telas fecham-se atrás de você, ao entrar na área rústica da degustação com decoração eclética e gatos malhados cochilando ao sol. "Bem-vindo ao Dooniverso", cumprimenta um jovem e descontraído guia.

O carismático proprietário Randall Graham – conhecido como o "Guardião do Rhone" por seu amor a essa região dos vinhos da França – vendeu sua parte na famosa vinícola Big House e está, atualmente, entornando sua energia na operação ao estilo butique alternativa, onde ele pode aproveitar seu senso de humor junto com as uvas estranhas. O vinho de Graham, Cigar Volantm, por exemplo, é uma referência disfarçada à paranoia francesa dos anos 1950 sobre OVNIs poderem aterrissar e destruir suas vinícolas (discos voadores são conhecidos como charutos na França).

Graham fez de seu vinho biodinâmico sua especialidade. Uma fazenda orgânica tornou-se a regra. Muitos vinicultores atualmente aceitam, por exemplo, que fazer a colheita de acordo com o ciclo lunar significa vinhos melhores –, mas uma visita ao Bonny Doom irá expô-lo a algumas das mais não convencionais teorias de agricultura sustentável, como leitura de cristal e trilha de energia em linha reta. Graham também advoga o plantio de rochas pontudas e eretas em algumas partes da vinícola para "despertar a planta"—algo que ele descreve como um tipo de acupuntura das videiras.

O vinhedo avança para uma grande área de piquenique, com vista para uma nebulosa montanha. Apesar de seu isolamento, a vinícola fica cheia nos finais de semana – muitas pessoas aglomeram-se aqui por causa da atmosfera divertida e apelo relaxante, e peculiar. Isso faz um contraste fascinante com as operações brilhantes do Napa Valley e até mesmo Sonoma. A carta de vinho é eclética, para dizer o mínimo, incluindo um rosê feito de Grenache Blanc. Beber esses vinhos pode fazer você se render a essas mirabolantes teorias dinâmicas.

Bonny Doon Winery, 10 Pine Flat Rd., Santa Cruz (**831/425-4518**; www.bonnydoonvineyard.com).
Internacional de San Francisco (67 milhas/107 km).
$$$ **Hilton Santa Cruz**, 6001 La Madrona Dr., Scotts Valley (**831/440-1000**; www1.hilton.com). $$ **Ocean Pacific Lodge**. 301 Pacific Ave., Santa Cruz (**831/457-1234**; www.theoceanpacificlodge.com).

Viagens de Degustação

Costa Oeste USA 294

David Bruce Winery
The Naked Winemaker
Santa Cruz Mountains, Califórnia

O pioneiro da fabricação do vinho, David Bruce, gosta de colocar a mão na massa, sem mencionar outras partes de sua anatomia. Esse professor autodidata do Pinot teve, uma vez, uma revelação às 3h da manhã enquanto se distraía, nu, em uma banheira cheia de uvas. Ele percebeu que o corpo humano é o melhor esmagador de uvas do mundo. Suave, cuidadoso, completo e hábil, ele, indiscutivelmente, ganha de qualquer máquina, até mesmo com os pés não se compara.

Como esse episódio prova claramente, Bruce começou a fazer vinho porque achava que "era divertido". Um dermatologista atuante, ele foi um dos primeiros nos anos 1960 a se arriscar e cavar terraços com a mão no pó barrento amarelo das montanhas de Santa Cruz. Esses eram os dias apaixonantes da experimentação, quando até o carvalho francês era considerado uma inovação. As pessoas pensavam que Bruce tinha que ser louco para perder seus finais de semana em uma área de pomares antigos, picos protuberantes, e despenhadeiros de pique vertical, plantando a uva mais volúvel de todas – a Pinot Noir. (Será que é uma coincidência que um dermatologista escolhesse uma uva famosa por ter uma casca fina e sensível?)

A aposta valeu, porém, já que Bruce descobriu uma encosta de montanha favorável à uva Pinot, refrescada pela brisa do mar da baía de Monterrey. Ao longo do caminho, ele também descobriu o seu próprio talento escondido para a fabricação do vinho, e, de repente, as pessoas começaram a se voltar para a vinícola para provar aquele que hoje é um famoso vinho da Califórnia.

Dado o fato de a vinícola de Bruce não ser o lugar mais fácil de se encontrar. A operação de 16 acres (hectares) está aninhada no meio dos ciprestes da Califórnia em uma estrada de curvas a 670 metros (2.200 pés) acima do nível do mar. Mesmo quando você chega, não tem certeza que encontrou – a despretensiosa fachada cinza do prédio principal e a própria sala de degustação é, de certa forma, estéril e vazia por dentro. Do lado de fora, porém, você irá se maravilhar com as vistas deslumbrantes das áreas rústicas de piquenique, onde se vê o vale enrugado e o Oceano Pacífico.

Não venha esperando uma vinícola de boutique da moda. A vinícola de David Bruce é uma vinícola especial para o amante do vinho. As instalações bem básicas para o visitante ficam completamente obscurecidas pelo próprio vinho – e, claro, a vista. É preciso dizer, contudo, que a vista não inclui nada de nudismo hoje em dia – os funcionários de Bruce usam botas altas e impermeáveis para esmagar as uvas.

ⓘ **David Bruce Winery,** 21439 Bear Creek Rd., Los Gatos (© **408/354-4214**; www.davidbrucewinery.com).

✈ Internacional de San Francisco (48 milhas/77 km).

🛏 $$$ **Troll House**, 140 S. Santa Cruz Ave., Los Gatos (© **408/395-7070**, www.tollhousehotel.com). $$ **Garden Inn Hotel**, 46 E. Main St., Los Gatos (© **408/354-6446**; www.gardeninn.us).

295 Costa Oeste USA

Archery Summit
The Heartbreak Grape
Willamette Valley, Oregon

A Pinot Noir é tão notadamente difícil de se cultivar, que é conhecida entre os fabricantes de vinho como a uva "dor de cotovelo". Sua casca fina e delicada significa que ela se danifica facilmente pelo excesso de sol ou granizo, e é vulnerável ao ataque de passarinhos, insetos e doenças. Ela é particularmente volúvel dependendo de onde é plantada; as videiras Pinot decididamente recusam-se a se fixar em certas montanhas ou planícies de vinhas. Na vinícola, ela é supersensível ao oxigênio e oxida rapidamente. Ela não gosta de ser muito manuseada e não se dá bem com o carvalho – o que significa que suas falhas não podem ser mascaradas com um toque amadeirado.

Disseram a David Lett que ele era louco por plantar uma uva tão caprichosa nas montanhas de Dundee, Oregon, em 1966. Mesmo os entendidos de vinhos na universidade do vinho na U.C. Davis disseram a ele que não seria uma decisão inteligente plantar uma varietal tão difícil em uma área não testada, que tinha começado a produzir vinho havia 40 anos. Por que não escolher a Cabernet Sauvignon mais dura no seu lugar?

Mas Lett tinha uma suspeita que o clima temperado suave do Oregon seria adequado à uva Pinot. Ele persistiu, plantando fileiras estreitas nas encostas íngremes com as uvas crescendo perto do solo. O dossel foi colocado cuidadosamente com o rareamento de folhas e a colheita feita manualmente. A vinícola chamada de Archery Summit tinha irrigação 100% por gravidade sem bombas. Tal atenção com o detalhe foi recompensada – as videiras floresceram e deram um vinho excelente. Lett tinha descoberto a primeira terra nos Estados Unidos que pode lidar com a temperamental Pinot.

Localizada a uma hora de Portland, a vinícola está instalada no meio de montanhas onduladas e vias sujas, que agora escondem mais outras 30 vinícolas. Uma estrada longa e curva de pedras leva a uma estrutura moderna de tijolos claros e lousa cinza que parece um depósito enorme sem janelas, com um chalé anexo. Há vinhedos por todo canto, com borda de roseiras e ocasionalmente veados. Túneis longos alinhados com cilindros cavam no profundo da montanha; em uma parede subterrânea, um quadrado sem cobertura de grama revela um engastamento brilhante, úmido e escamoso do solo do vinhedo para demonstrar porque ele funciona tão bem. De volta ao topo, uma sala de degustação iluminada e moderna com um pequeno bar leva a um terraço com dossel e lindas paisagens do Vale Williamette e de tirar o fôlego do Mt. Jefferson. Aqui você pode fazer uma degustação do que é agora um vinho assinado do Oregon – um Pinot Noir tremendamente popular que é complexo, grande e poderoso. A suspeita do Sr. Lett foi recompensada.

ⓘ **Archery Summi Winery**, 18599 NE Archery Summit Rd., Dayton (✆ **503/864-4300**; www.archerysummit.com).
✈ Internacional de Portland (40 milhas/64 km).
🛏 $$$ **Black Walnut Inn**, 9600 Ne Worden Hill Rd., Dundee (✆ **866/429-4114**; www.blackwalnut_inn.com) $$ **Dundee Manor Bed and Breakfast**, 8380 NE Worden Hill Rd., Dundee (✆ **503/554-1945**; www.dundeemanor.com).

Viagens de Degustação

7 Lugares Para se Comer em . . . Portland, Oregon

Portland parece ter tudo – uma vigorosa indústria do vinho local, ótimas cervejarias pequenas, fazendeiros locais se dedicam à agricultura sustentável, e uma massa crítica de chefs talentosos que amam demais o estilo despojado de Portland para serem convencidos a ir a qualquer outro lugar, simplesmente não é justo.

Os principais restaurantes de Portland estavam muito acima da curva nos Estados Unidos, no que diz respeito aos ingredientes locais de estação. Mesmo os restaurantes que estão no ramo por mais de uma década não parecem se encaixar no rótulo de "velha guarda". Eles certamente não são enfadonhos – olhe só esse no centro da cidade, o ㉖ **Higgins** (1239 SW Broadway ⓒ **503/222-9070**; www.higginsypguides.net), cujo projeto de três níveis e a cozinha aberta fazem um clima descontraído, gostoso, na sociável decoração com acabamento de madeira. Avivando um menu em constante mudança vindo dessa cozinha aberta, dos novos sabores sutis do chef-proprietário Greg Higgins, que jogam com clássicos já conhecidos, como no filé de porco caramelizado em mel e chili, um ensopado de camarões com erva-doce e açafrão, as vieiras, o polvo, e o halibut, ou a travessa de porco inteiro composto de vários cortes de porco, assados, cozidos, servidos com linguiça, feijão assado e verduras cozidas. Outra opção das melhores é o ㉗ **Paley's Place** (1204 NW 21st. Av.; ⓒ **503/243-2403**; www.paleysplace.net), uma pequena sala de refeições abarrotada em Nob Hill, em uma casa Vitoriana charmosa com uma varanda de frente, e com frequência cheia de cestos de produção local. O chef proprietário Vitaly Paley os usa para inserir sotaques frescos nos pratos tradicionais de bistrô como: o leitão assado na churrasqueira, o risoto de caranguejo e milho, ou os soberbos arinelas de vitela com batatas fritas crocantes de Paley. O destacado restaurante italiano em Portland, que tem sido discretamente elegante é o ㉘ **Genoa** (2832 SE Belmont St.; ⓒ **503/238-1464**; www.genoarestaurant.com), onde uma quantidade de mesas com toalhas de linho são muito procuradas para ocasiões românticas. O serviço é atencioso, e enquanto o menu de preço fixo muda a cada três semanas, você pode contar com uma interação intrigante de sabores robustos: ravióli de cebola doce e gorgonzola com pesto de nozes e pimenta africana; peixe ono grelhado com azeitonas taggiasca, batatas, e laranja; ou peito de pato com molho de vinho do porto e pimentão.

Carnes curadas do Higgins no centro de Portland.

7 Lugares Para se Comer em . . . Portland, Oregon

Chefs mais jovens de Portland também estão trazendo o jogo alto para a mesa. No sudoeste de Portland, bem em frente ao Williamette do centro da cidade, Le Pigeon (738 E. Burnside St.; ⓒ 503/243-2403; www.lepigeon.com) é um bistrô descontraído de parede de tijolos com uma barafunda misturada de móveis. Inspirado por ofertas de mercado do produtor, o chef-proprietário Gabriel Rucker também gosta de misturar as coisas no menu, experimentando novas combinações frescas como a maminha (hanger steak) com tomates, o queijo feta, e as panquecas ou um aperitivo de coelho com prosciutto, pêssegos e trufas. Na parte nordeste da cidade, o Toro Bravo (120 NE Russel St.; ⓒ **503/281-4464**; www.torobravopdx.com) oferece tapas de influência espanhola criativas, tais como as fritadas de manchego e páprica com a picante salsa raja, as tâmaras enroladas em bacon na chapa, ou leitão sous vide com batatas com creme de sherry e jus de trufas. A sala de refeições é clara e em cores fortes, e mesas comunitárias modernas incentivam os convivas a se misturarem.

O osso bucco no Paley's Place em uma antiga casa Vitoriana em Nob Hill.

Os residentes de Portland ficam felizes em deixar de lado a modernidade, quando se fala sobre café da manhã. A cada manhã no final de semana, no centro da cidade, você encontrará filas na rua esperando para um brunch no Mother's Bistro (212 Aw Stark St.; ⓒ **503/464-1122**; www.mothersbistro.com). Multidões vêm para repastos que satisfazem como os biscoitos de manteiga e leite com molho de linguiça e ovos, french toasts crocantes, ou migas (ovos mexidos com queijo Jack, cebolas, pimenta e tortillas picadas). As comidas caseiras da chef Isa Schroeder nos almoços e nos jantares também são muito boas – pense no bolo de carne, no mac 'n cheese, nos pierogis, e nas carnes de panela assadas por horas. Todos na cidade parecem estar lá – todos, quer dizer, exceto pelos bandos que se orientam para o Original Pancake House (8601 ⓒ **503/246-9007**). Esse local com uma moldura branca, que é um marco realmente original, tem por volta de meio século. Em uma sala de refeições que parece uma cabana antiga à beira do lago, eles servem 20 sabores diferentes de panquecas em pilhas fumegantes das sete horas da manhã até de tarde. Se isso não fizer você começar bem o seu dia, nada mais fará.

✈ Internacional de Portland
🛏 $$$ **RiverPlace Hotel**, 1510 SW Harbor Way (ⓒ **800/227-1333** ou 503/228-3233; www.riverplacehotel.com). $$ **Silver Cloud Inn Portland Downtown**, 2426 NW Vaughn St. (ⓒ **800/205-6939** ou 503/242-2400; www.silvercloud.com).

Viagens de Degustação

Costa Oeste USA **303**

King Estates
Making Hay in Oregon
Eugene, Oregon

Quando o fazendeiro Ed King III começou a procurar feno para comprar, em 1991, ele teve um pouco mais do que pretendia – um rancho de 242 hectares (600 acres) e eventualmente uma vinícola de milhões de dólares. Enfiada no meio dos vales Umpqua e Williamette, a fazenda, originariamente de frutas espalhadas, chamou a atenção dele como um lugar ideal para se plantar uvas. Ed se uniu ao pai, um empresário aposentado da indústria eletrônica e um fanático por vinho, Ed King Jr., e eles plantaram 40 acres (100 acres) com uvas Pinot Noir e Pinot Gris. Dentro de dez anos, os vinhos Pinots se tornariam carro-chefe para o estado do Oregon, colocando a região firmemente na lista de visita obrigatória dos Pinotfilos. A propriedade dos King também foi pioneira no gerenciamento sustentável de vinhedos, e para reforçar essa afirmação de que cada garrafa é um esforço da equipe, todo o pessoal que trabalha na vinícola assina a caixa do seu melhor vinho.

A mais nova vinícola construída pelos King é impressionante. Uma parte é um castelo monástico e outra é uma fortaleza em estilo de casa de missões. Instalada em uma montanha, a enorme estrutura imponente, de pedras claras e tijolos vermelhos, abriga uma vinícola, um restaurante, um wine bar, uma galeria de artes e um centro de convenções. Os interiores são elegantes, com molduras de madeira bruta pesada, gabinetes feitos à mão, banheiros feitos sob medida em cobre, divididos por áreas de circulação em arcos e com tetos de luz embutida. As salas de barris são vestíbulos com colunas impressionantes, e a área da recepção é decorada com lareiras de pedra sabão. Em um terraço amplo com vista para a paisagem verde majestosa, você pode aproveitar o Pinot Gris, nítido e cítrico, enquanto belisca castanhas tostadas e pão embebido no vinagre balsâmico. A loja de vinhos vende até livros de culinária baseados em torno de ambas as uvas Pinot.

É uma viagem de meia-hora de carro com paisagens da cidade universitária de Eugene, a segunda maior cidade do Oregon, tão independente que ganhou o codinome de "República Popular de Eugene." Você irá serpentear pelas montanhas suaves que ficam especialmente bonitas no outono. O clima é límpido e fresco – você pode esperar todas as estações em um dia. A propriedade dos King é cada vez mais procurada pelos visitantes, mas não parece nunca muito abarrotada, porque é um lugar muito grande. É uma região rica em vinícolas, com mais de 300 vinícolas concentradas no vale do Williamette na direção norte. Com a propriedade dos King abrindo o caminho, a região está se tornando tão bem conceituada para o vinho que pode ser conhecida como "A República Popular do Pinot".

ⓘ **King Estates**, 8054 Territorial Rd. (✆ **800/884-441**; www.kingestate.com).
✈ Eugene (21 milhas/33 km).
🛏 $$ **Hampton Inn Eugene**, 3780 W. 11th Ave. (✆ **541/431-122**5; www.hamptoninn.com). $$ **The Valley River Inn**, 1000 Valley River Way (✆ **800/543-8266** ou 541/743-1000; www.valleyriverinn.com).

304 Chateau Ste. Michelle

Costa Oeste USA

Chateau St. Michelle
A Midsummer Night's Dream
Woodinville, Washington

O perfume balsâmico da grama fresca e dos carvalhos paira pelo gramado gigantesco ao pôr do sol. Você fica deitado ali na sua cadeira reclinada enquanto Elvis Costello canta ao vivo em um palco próximo. Um público descontraído relaxa com refrescos de piquenique em um anfiteatro aberto, a noite ardente é animada pela música, as pessoas e o ambiente. Enquanto o céu cor de laranja vai ficando cada vez mais escuro, o vagão do trem do jantar "Spirit of Washington" vai-e-vem na distância.

Mas se não fosse por causa desse vinho Riesling que você segura, você poderia se esquecer de que está em uma vinícola. Essa imensa mansão em estilo francês, no fundo, também entrega o jogo. Na verdade, você está no Chateau St. Michelle, uma das principais vinícolas do estado de Washington.

Woodinville deve ser uma das regiões de vinho mais extraordinárias dos Estados Unidos. Por um motivo, não há vinhedos – aqui você verá belas florestas de faia, arbustos de pinheiros e carvalhos vermelhos sem que se veja uma videira. Uma dúzia de vinícolas se instalou nessa pitoresca comunidade agrícola e de madeireiros por causa de sua proximidade com Seattle, a 30 minutos de distância, mas as uvas de verdade são plantadas na região de clima bem mais seco, do outro lado das montanhas Cascade no lado leste do estado de Washington. O Chateau St. Michelle é a maior dessas fabricantes bucólicas de vinho. Instalada em 35 hectares (87 acres) desse campo verdejante, a propriedade já foi um campo de caça de um barão da madeira, com um château falso, completo, com janelões e venezianas cinzas, construído em 1976. O terraço de degustação tem vista para os jardins bem-cuidados, patos selvagens vigiam os lagos de trutas com as cores pinceladas das cerejeiras e dos plátanos na distância. É um cenário perfeito para um piquenique.

"O Chateau", como é conhecido nas vizinhanças, pode traçar sua história a partir do ano de 1934. Com o passar dos anos. Ele tem criado um Riesling muito bom e engolido as vinícolas mais próximas, ele agora tem um total de 1.375 hectares (3.400 acres) de vinhedos e produz um milhão de caixas por ano, o que faz dele o maior produtor de Riesling no país. O atraente centro de visitantes recebe 200.000 pessoas por ano, sem mencionar os milhares que assistem aos, extremamente procurados, concertos de verão.

Os tours de vinho são gratuitos e incluem tours das adegas aromáticas e aconchegantes. A sala de degustação, com seu comprido

As terras do Chateau St. Michelle, em Woodinville, Washington.

271

bar acolhedor, oferece uma gama de degustações. Se você puder dispor, invista no tour e degustação particular por $50, que é muito mais completo e instrutivo. O Chateau St. Michelle produz uma ampla gama de vinhos, tudo desde o vinho barato de mercearia até os rótulos mais caros de boutique – e isso é música para todos os ouvidos.

ⓘ **Chateau St. Michelle**, 1411 NE 145th St., Woodinville (✆ **800/267-6793** ou 425/488-1133; www.ste-michelle.com).
✈ Internacional de Seattle-Tacoma (26 milhas/41 km).
🛏 $$$ **Willows Lodge**, 14580 NE 145th St., Woodinville (✆ **877/424-3930** ou 425/424-3930; www.willowslodge.com).

Costa Oeste USA **305**

Bedell Cellars
A Cab from Long Island
Cutchogue, Nova Iorque

Pegue o caminho errado ao sair do aeroporto Kennedy e estará próximo de ter uma surpresa. Se você continuar nesse caminho por muito tempo, o barulho e a confusão desmaiar atrás de você, e, em vez disso, você encontrará uma planície costeira suave pontuada por casas de madeira, igrejas brancas altas, e vinhedos que parecem não acabar nunca, são os vinhedos na área metropolitana de Nova Iorque. Quando você cruza para a extremidade leste de Long Island, a Grande Maçã se transforma na Grande Uva.

Kip Bedell foi um dos pioneiros na área ao reconhecer o potencial para a produção de vinhos excelentes. Ele começou a fazer vinho em um velho celeiro de batatas, em 1985. Hoje, as Adegas Bedell se tornaram uma vinícola de alta tecnologia com princípios de gravidade, e com uma crescente legião de fãs. Long Island também percorreu um longo caminho com mais de 50 vinícolas, a maior parte delas agrupadas ao longo da faixa de 32 km (20 milhas) da bifurcação ao norte de Long Island, com mais de um milhão de visitantes por ano invadindo a área para fazer turismo.

As Adegas Bedell lideram em estilo e conforto. A casa de fazenda reformada e o celeiro dão uma sensação de brisa de verão, com uma varanda à volta, rodeada de canteiros de flores luxuriantes. A casa tem ambientes interiores de estilo com paredes brancas, janelas grandes, e pisos e mobília de madeira escura; uma linda trilha coberta cruza o jardim, entrelaçada por videiras trepadeiras. A sala de degustação em estilo pavilhão tem uma plataforma grande com vista para os vinhedos planos, onde as videiras enfileiradas se estendem à sua frente, como se estivessem prontos a invadir Manhatan. Mas o bar de degustação deixa o mundo antigo para trás – ele é elegante, minimalista, com um balcão prateado e prateleiras escuras cheias de garrafas. Obras de arte inovadoras estão penduradas nas paredes.

Não só as melhores misturas de uvas Bordeaux de Bedell ganharam notas especialmente altas dos críticos de vinho, a região de Long Island, em geral, tem produzido vinhos destacados ultimamente. Tintos como o Cabernet Sauvignon, Cabernet Franc, e Merlot podem competir favoravelmente com os melhores vinhos da Costa Oeste; os vinhos brancos da região são notados como sendo intensos e elegantes, e os roses de Long Island são elogiados como sendo sutis e complexos. Apesar de ainda ser difícil encontrar um vinho de Nova Iorque na cidade de Nova Iorque – os restaurantes da moda de Manhatan ainda têm que aceitar que pode haver uma região de vinhos prestigiados bem à sua porta – com certeza é só uma questão de tempo até que eles possam pegar um taxi até Long Island.

ⓘ Bedell Cellars, 36225 Main Rd. (Rte. 25), Cutchogue (✆ **631/734-7527**; www.bedellcellars.com).

✈ Internacional John F Kennedy (74 milhas/ 119 km).

🛏 $$$ **Shinn Estate Farmhouse**, 2000 Oregon Rd., Mattituck (✆ **631/804-0367**;

③⓪⑥ Lamoreaux Landing Wine Cellars

www.theinn.recipesfromhome.com). $$ **Silver Sands Motel & Beach Cottages**, Silvermore Rd., Greenport (✆ **631/477-0011**; www.silversands-motel.com).

306 Costa Oeste USA

Lamoreaux Landing Wine Cellars
The Fall in the Finger Lakes
Lodi, Nova Iorque

O norte do estado de Nova Iorque é lindo no outono, com as cores da estação do vermelho, roxo, e cor de laranja formando um fundo que atrai os amantes da vida ao ar livre. Os lagos Finger – um grupo de sete lagos longos, estreitos e profundos (em um mapa eles parecem uma fila de girinos gravitando para o norte, na direção do Lago Ontário) – são particularmente atraentes, especialmente pelo fato dessa região ter acrescentado uma variação de aromas de uvas azedinhas ao ar.

A região dos Lagos Finger é a segunda região produtora de vinhos do país depois do Napa Valley, com mais de 100 vinícolas pontuadas no meio das montanhas onduladas, dos lagos, e dos campos de trigo, seis horas ao norte de Manhatan. As vinícolas aqui são uma colmeia de atividade no outono, quando a colheita está a caminho. As instalações estão abarrotadas de trabalhadores descarregando as uvas e tropeçando em mangueiras de vinho. Os amantes do vinho também tropeçam uns nos outros nas

O terreno das Adegas de Vinho Lamoreaux Landing.

Viagens de Degustação

salas de degustação, ansiosos por provar os brancos do clima frio nos quais essa região se especializa, assim como alguns tintos densos como o Cabernet Franc.

O Lago Seneca é rodeado por 40 dessas vinícolas que tiram vantagem dos efeitos de resfriamento da água no verão e efeito aquecedor no inverno. Uma trilha prazerosa de vinhos em volta do lago é marcada com sinais enfeitados com uvas, que indicam possíveis pontos de parada e degustação. Uma das vinícolas mais famosas é das Adegas de Vinho Lamoreaux Landing, um nome que se refere a um píer de barcos a vapor, extinto hoje na costa leste do lago. Em uma região onde uma em cada três cidades tem um nome clássico, não é de se surpreender que o prédio alto tenha uma arquitetura de estilo grego em sua instalação na encosta da montanha. Uma trilha íngreme leva você até uma entrada imponente de colunas quadradas encabeçadas por uma cornija retangular monumental. No interior de uma das salas de degustação mais atraentes da Costa Leste, janelas altas iluminam uma sala magnífica de paredes com acabamento em madeira e um bar de balcão polido. É desnecessário dizer que tem vistas deslumbrantes do lago e dos céus azuis limpos. Essa é uma operação séria fazendo vinhos excelentes.

A região dos Lagos Finger tem feito vinho desde metade do século XIX, mas a indústria foi praticamente apagada pela lei seca. Ela só começou a se recuperar em 1976, quando uma lei foi aprovada, permitindo que os produtores fizessem e vendessem o seu próprio vinho. Lamoreaux foi uma das pioneiras que introduziu as finas uvas europeias na região. Depois de visitar o prédio de Lamoreaux, que lembra um templo, visite alguns de seus vizinhos assim como as operações de pequenos fazendeiros que dependem das vendas à porta da adega – onde você receberá simpáticas boas-vindas.

ⓘ **Lamoreaux Landing Wine Cellars**, 9224 State Rte. 414, Lodi (✆ **607/582-6011**; www.lamoreaux.com).
✈ Aeroporto Syracuse Hancock (69 milhas/111 km).
🛏 $$ **The Fox & the Grapes Bed & Breakfast**, 9496 State Rte. 414 (✆ **607/582-7528**; www.thefoxandthegrapes.com). $$ **Wine Country Cabins Bed and Breakfast**, 8744 Lower Lake Spur (✆ **607/582-7025**, www.winecountrycabins.com).

Costa Oeste USA 307

Linden Vineyard
Getting Vertical in Virgínia
Blue Ridge Mountains, Virgínia

Você não tem que ficar de pé para fazer uma degustação vertical. Você pode ficar sentado, deitado, ou de lado enquanto prova o mesmo vinho, de safras diferentes. As degustações verticais estão com tudo na adega aconchegante da Vinhedo Linden, em Virgínia. Os candelabros pontuam a sala aromática, iluminando o espaço arrumado, e empilhado com barris de carvalho. Uma prancha do outro lado dos barris serve como a sua mesa de degustação. Um vertedor leva você através das diferentes safras; você poderá comparar, por exemplo, um Cabernet Sauvignon de 1999 com um de 2005. A diferença é assustadora e você começa a compreender porque os amantes do vinho se empenham tanto em envelhecer o vinho. Você também pode provar um vinho doce com uma bola de um delicioso queijo gorgonzola, enquanto o guia lhe fala sobre os três diferentes vinhedos que abastecem essa vinícola, instalados nas bucólicas montanhas Blue Ridge.

Virgínia é muito mais uma região de vinhos novos, e o Vinhedo Linden é um pioneiro. Instalada pelo fabricante de vinhos

308 Hainle Vineyards

Jim Law, em 1987, em um pedaço rústico de terra conhecido como marginal, Linden é facilmente a melhor vinícola na região.
Ele é famoso por produzir vinhos artesanais consistentemente bons. O prédio por si só é uma construção aconchegante, pendurada em uma montanha com vista para os vinhedos, florestas, e afloramento das rochas. A viagem de uma hora de carro de Washington D.C. é pitoresca, pastoral, quando você passa por paredes rochosas e pequenos bosques. O local é silencioso, bonito e sereno, sendo ótima parada para um piquenique.
Linden acredita muito no equilíbrio e na harmonia. Você notará não só seus vinhos excelentes, mas também a forma como conduz as visitas à vinícola. Os grupos maiores são desencorajados e apenas aqueles que compram uma caixa são convidados a ir até o famoso deck, e ao pátio interno de vidro, que é um ponto fantástico para vagar em uma tarde. A lareira aconchegante e a vista panorâmica do vale lhe convencem a ficar. Talvez a melhor maneira de fazer uma degustação vertical seja ficando na horizontal.

ⓘ **Linden Vineyard**, 3708 Harreks Corner Rd., Linden (✆ **540/364-4997**; www.lindenvineyards.com).
✈ Aeroporto Dulles de Washington (53 milhas/85 km).
🛏 $$ **Courtyard by Marriot Harrisonburg**, Evelyn Byrd Ave., Harrisonburg (✆ **540/432-3031**; www.marriot.com). $ **The Village Inn**, 4979 South Valley Pike, Harrisonburg (www.thevillageinn.travel).

Canadá

308

Hainle Vineyards
Jack Frost
Okanagan, British Columbia, Canadá

O ano de 1972 parecia ser um mau ano para Walter Hainle. O pior pesadelo dos fabricantes de vinho tinha acontecido: uma geada prematura tinha acabado com toda a colheita da uva. Para salvar alguma coisa do nada, ele colheu as uvas geladas mesmo assim. Sua descendência alemã lhe dizia que ainda era possível fazer um vinho doce que era chamado icewine, ele poderia guardar para uso pessoal, ajudando-o naquele ano que seria magro. Mas os 40 litros (10 galões) que ele salvou provaram ser maravilhosos, com uma doçura limpa e refrescante, e um alto teor de acidez que os vinhos de sobremesa da colheita final não possuem. Hainle refletiu que o clima canadense era perfeito para o icewine. E então ele começou a pensar, será que ele poderia vendê-lo?

Hainle mal podia perceber que ele tinha encontrado uma indústria de milhões de dólares – ele tinha produzido o primeiro icewine canadense, um produto pelo qual o país se tornaria famoso. Uma garrafa de sua primeira safra comercial, de 1978, hoje não tem preço; as duas garrafas que restaram pertencentes à vinícola, e são mantidas em um cofre de banco em Peachland, uma cidade à beira do lago nas encostas do oeste do Lago Okanagan.

O vale do Okanagan é a região de vinhos mais despretensiosa do mundo. A área toda traz uma sensação de pioneirismo que entrega a sua história de caçadores de peles. Recentemente, ela se tornou procurada por turistas e pessoas aposentadas que gostam da vida ao ar livre, mas também pelos amantes do vinho que querem visitar as quarenta e tantas vinícolas que substituíram os pomares de fruta por videiras.

Os vinhedos Hainle são um prédio baixo de colunas de madeira escura, sustentando uma varanda com cestas de flores penduradas no balaústre. Uma pilha de barris permanece na frente. Uma estradinha leva ao complexo de uma vinícola tradicional com adegas abobadadas, um maravilhoso restaurante desordenado, e uma escola de culinária. A sala de degustação é iluminada e caseira (a extrava-

Viagens de Degustação

gante arte local nas paredes faz com que seja ainda mais adorável); do lado de fora há um maravilhoso pátio popular para festas de casamento e outros eventos. O restaurante que é procurado tanto pelos habitantes das vizinhanças como por visitantes, tem vistas panorâmicas das vinhas que se espalham até a beira do lago, assim como uma cozinha de exibição onde você pode sentar-se e apreciá--lo cozinhar a sua refeição. A comida é excelente, mas vá com calma com a entrada e o prato principal. Esse é um lugar onde você definitivamente vai querer uma sobremesa – do tipo líquido.

ⓘ **Hainle Vineyards**, 5355 Trepanier Bench Rd., Peachland (✆ **250/767-2525**; www.hainle.com).
✈ Kelowna (36 km/22 milhas).
🛏 $$ **KeriGlen's Lakeview Bed & Breakfast**, 3404 W Bench Dr., Penticton (✆ **250/276-9369**; www.keriglen.ca). $$ Accounting for Taste B & B, 1108 Menu Rd., Kelowna (✆ **250/769-2836**; www.accountingfortaste.ca).

Canadá **309**

Cave Spring Cellars
A Rendezvous with Riesling
Jordan, Ontário

Você poderia ter escolhido um lugar mais romântico? As imensas cataratas do Niágara são um pano de fundo perfeitamente grandioso para encontrar o amor da sua vida – não é uma surpresa que seja tão popular com pessoas em lua-de-mel. O lago Ontário fica ao norte do Lago Erie, ao sul, enquanto você viaja para o norte da península, saindo do estado de Nova Iorque na direção da sossegada cidade de Jordan, uma vila histórica com cafés charmosos e lojas de antiguidades. Entre eles está uma fachada de loja com cartazes ao vento anunciando as Adegas Cave Spring. Você entra e descobre um bar de vinhos da moda com um balcão de granito escuro e decoração elegante, exalando sofisticação – ideal para um pouco de romance. Você está um pouco adiantado para o seu encontro, então, aceite a oferta do guia para um pequeno tour pelas adegas.

Você ouve, um pouco distraído e olha de volta para o bar, enquanto ele conta a você a história das Adegas Cave Spring. Os vinhedos ficam longe do prédio na lendária escarpa de Niágara, a parte do despenhadeiro sobre o qual o rio Niágara despenca. Foi ali que, em 1972, um estudante de geografia de 18 anos chamado Leonardo Pennachetti notou um microclima único com potencial para a plantação de vinhedos. A brisa do Lago Ontário é generosa com as uvas – ela atrasa a germinação prematura e previne os invernos severos. O pai e o avô dele eram fabricantes de vinho amadores, e eles todos decidiram arriscar e comprar um pedaço de terra no qual plantariam algumas uvas. As videiras pegaram bem, que pelo menos 20 vinícolas seguiram sua iniciativa.

Finalmente, você se senta e esfrega os joelhos com antecipação. O que você estava esperando logo vai chegar. Primeiro, você prolonga a antecipação provando o excelente Cave Spring Brut espumante. Você segue com um rico e vibrante Cabernet Franc, mistura de Cabernet Sauvignon conhecido como La Penna – um vinho extraordinário, já que o Cabernet Sauvignon é fermentado no estilo do Amarone, secando-se as uvas antes da esmaga. Mas, finalmente, a pessoa que esperava chega, e o motivo pelo qual você está aqui, está bem na sua frente: o Riesling Dolomite, um dos melhores exemplos de uva branca na América. Ele tem uma grande mineralidade, aromas de pêssego, e uma longa finalização que permanece.

Você saboreia o momento e decide que você está apaixonado. Você quer casar com esse vinho – o que é bom, porque ele pode se manter por até dez anos. Você se senta e planeja tudo com antecedência: o jantar no restaurante da vinícola, e à noite em seu luxuoso hotel do outro lado da rua, o Inn on the Twenty. O que me diz?

ⓘ **Cave Spring Cellars**, 3836 Main St., Jordan (✆ **905/562-3581**; www.cavespringcellars.com).

✈ Toronto (134 km/83 milhas).

🛏 $$$ **Inn on the Twenty**, 3845 Main St. (✆ **905/562-8728**; www.innonthetwenty.com). $$ **Jordan House**, 3751 Main St. (✆ **905/562-1607**; www.jordanhouse.ca).

310 Canadá

Inniskillin
Breaking the Ice
Niagara-on-the-Lake, Ontário, Canadá

O Icewine de Inniskillin é um fenômeno do marketing moderno. O vinho é um produto campeão de vendas em lojas de duty-free no mundo todo, superando as vendas da champagne e o porto, como o vinho desejado como presente. Todos querem colocar as mãos nesse vinho intensamente doce e complexo – é um bem de luxo que sai das prateleiras como a água sai das cataratas famosas que ficam a vinte minutos da vinícola. Ele é vendido de Nova Iorque a Pequim; na verdade, ele é tão procurado na Ásia que essa vinícola é uma das poucas que conduz tours diários em japonês. Sua popularidade é tal que falsificadores forçaram a barra e agora vendem um produto inferior como se fosse o verdadeiro, com uma regularidade alarmante – em mercados como a Tailândia, calcula-se que 50% de todo o icewine canadense vendido seja falso.

A imitação é a melhor forma de elogio. Outros vinhos assinados como o Shiraz australiano ou o Pinot Noir do Oregon, não tem esse mesmo problema com fabricantes de vinho pirata de fundo de quintal. Na verdade, o assunto se tornou uma dor-de-cabeça para a indústria do vinho, porque isso afeta as vendas e prejudica a imagem de qualidade.

As uvas do icewine de Inniskillin, em Niagara-on-the-Lake, Ontário.

Viagens de Degustação

Inniskillin ajudou a colocar o icewine no mapa.

O que é extraordinário a respeito do icewine é que trinta anos atrás ele não existia. A vinícola Hainle, em British Columbia (ver 308), foi a primeira a produzir uma safra comercial, mas foi Inniskillin, em Ontário, que colocou o vinho no mapa. Isso não quer dizer que foi fácil, em 1983, Inniskillin perdeu sua colheita por culpa dos pássaros. Quando os vinhedos da ilha vizinha de Pelee tomaram a precaução de colocar redes, foram acusados pela sociedade protetora dos animais por terem feito armadilhas para pássaros usando as uvas como isca. Foi só em meados de 1980 que as vinícolas dominaram finalmente a arte de usar o gelo para congelar, para fora da uva, a água indesejável e produzir um delicioso vinho doce com uma acidez que provoca sensação de formigamento.

A vinícola Inniskillin é, na verdade, um celeiro dos anos 1920 com paredes baixas e um telhado alto imponente. Você não poderia adivinhar que 300.000 pessoas passam por suas portas todo ano. Esse centro de visitantes e turismo rústico também tem uma boutique de vinhos e uma cozinha de demonstração. A vinícola é bastante voltada para os visitantes, e tem a atração adicional de ser tão interessante de se visitar no verão como no inverno. Todo mês de janeiro, um festival de icewine traz milhares de pessoas para aproveitar degustações em um wine bar de sete metros de comprimento (23 pés) que é, na verdade, uma barra de gelo de 7.000 quilos (15.000 libras). Centenas de escultores de gelo se juntam para tomar parte em competições de escultura no gelo. Quando chega a primavera tudo terá derretido, mas é reconfortante saber que o vinho em si perdurará por décadas.

ⓘ **Inniskillin**, 1499 Line 3, Niagara Pkwy, Niagara-on-the-Lake, Ontário (✆ **905/468-2167**; www.inniskillin.com).
✈ Toronto (164 km/102 milhas).
🛏 $$$ **The Shaw Club**, 92 Picton St. Niagara-on-the-Lake (✆ **905/468-5711**; www.shawclub.com). $$ **The Charles Inn**, 209 Queen St. Niagara-on-the-Lake (✆ **905/468-4588**; www.charlesinn.ca).

França

311

Domaine Henri Bourgeois
Getting Lost in the Loire
Sancerre, Loire Valley, França

Uma caminhada matutina no meio de vinhedos do vale do Loire é envolvente. Saia disfarçadamente do seu hotel depois de um café da manhã substancioso e siga na direção das montanhas, seguindo qualquer estrada que te leve para cima e para fora da cidade. Continue caminhando e tente não olhar para trás – pelo menos, não por enquanto. Não se preocupe em se perder, porque você irá, de qualquer maneira, a não ser que tenha um mapa ou um GPS portátil. A paisagem se abrirá à sua frente, varrendo as montanhas com uma colcha de retalhos com as texturas das fileiras de videiras, campos de trigo e girassóis. Quando você alcançar um cume, vire-se e absorva a maravilha. A névoa ainda permanece pesada no vale, mas a cidade entre muros de Sancerre eleva-se sobre a fina serração. Suas montanhas íngremes se encontram com outras encostas mais ligeiras, com uma vila e aldeia ocasional mostrando o telhado de suas casas.

O estreito rio Loire serpenteia pelo meio, continua a oeste até o Atlântico, criando um belo vale ao qual se referem como o "jardim da França". Apesar de ser considerado como uma área, o vale do Loire é, na verdade, uma concha horizontal muito longa e luxuriante, que tem a sua própria personalidade bem distinta. Sancerre, no extremo leste do vale, é muito mais rural e despretensiosa – aqui você não encontra os grandes châteaux e catedrais, pelos quais o lado oeste do vale é famoso. O Vale do Loire ficou conhecido como o parque de diversões de verão dos nobres franceses, mas Sancerre é muito mais humilde, e tal pureza se reflete em seu vinho. Sancerre empresta seu nome a um Sauvignon Blanc seco e elegante que o mundo todo tenta imitar.

As 300 e poucas vinícolas ao redor são todas pequenas e modestas, escondidas nas montanhas. Um desses lugares é Domaine Henri Bourgeois. Um negócio de família que remete a dez gerações no passado, a vinícola se situa na aldeia de Chauvignol. Sua desgastada adega abobadada tem tinas de carvalho entalhado (os barris mais recentes foram feitos de um carvalho histórico de 400 anos, que caiu com uma tempestade – e, estando na França, sua poda foi transmitida em rede nacional pela televisão). As uvas vêm da montanha inóspita conhecida como Mont Damneé – literalmente "montanha maldita", porque sua inclinação íngreme significa um trabalho de quebrar as costas dos trabalhadores na colheita da uva. Aqui, você pode provar o famoso branco harmonizado com outro tesouro nacional, o queijo de cabra cremoso feito no local e conhecido como Crottin de Chauvignol.

Sancerre em si é uma cidade de ruas estreitas, repletas de casas altas de pedra do século XVII. No topo, há uma torre de onde se tem uma vista panorâmica de 180 graus da região. Numerosas caves oferecem degustações de vinho, o escritório de informações turísticas oferece uma lista de outras vinícolas para visitar a pé ou de bicicleta. Lá nas montanhas, o seu francês será duramente testado – e também o seu senso de direção.

ⓘ **Domaine Henri Bourgeois Chavignol** (✆ **33/2/4878-5320**; www.bourgeois-sancerre.com). ✈ Aeroporto Tours (173 km/107 milhas) 🛏 $$$ **Chateau de Beaujeu**, 18300 Sens Beaujeu, Bourges (✆ **33/2/4879-0507**; www.chateau-de-beaujeu.com). $$ **Hotel Le Panoramic Rempart des Augustins**, Sancerre (✆ **33/2/4854-2244**; www.panoramichotel.com).

312 França

G. H. Mumm
Mumm's the Word
Champagne, França

A região de Champagne, no nordeste da França, tem sido famosa por seu vinho desde o século III, mas foi só no século XVIII que a região desenvolveu o seu vinho branco espumante, que recebeu o seu nome. Foram alguns monges sortudos que aprenderam, por mero acidente, como colocar efervescência no seu vinho. Quando garrafas de vinho, que supostamente estavam em descanso, começaram inesperadamente a explodir em

Viagens de Degustação

sua adega, eles salvaram uma para provar. Foi como "experimentar as estrelas". Anos de tentativa e erro se seguiram. Apenas com a introdução de garrafas e rolhas mais fortes puderam os monges, finalmente, alcançar sucesso em controlar a segunda fermentação na garrafa e, consequentemente, as bolhas. A primeira casa de champagne inaugurou em 1729, e seu produto se tornou imediato sucesso com a realeza europeia. Muitos anos depois, agora associamos a palavra "champagne" — menos com a região — e mais com o líquido que estourou e borbulhou durante dois séculos em festas, e ensopou muitos entre tantos vencedores de corridas de Grand Prix.

A Fórmula 1 da champagne tem que ser G.H. Mumm. Essa vinícola fantástica fica na antiga cidade Romana de Reims, a quatro quadras da famosa catedral onde os reis franceses foram coroados. Letras douradas gigantescas declaram o nome da vinícola em um conjunto de trilhos alinhados na frente da mansão palaciana. Um pátio clássico e chique, com bancos de pedra e beiradas esculpidas, leva às imaculadas salas de recepção com paredes de mármore, acabamento elegante em madeira, e sofás vermelhos de couro. A casa da champagne, indubitavelmente, oferece os melhores tours da região, começando pelo enorme sistema de túneis que passam pelo distinto bairro de greda. Algumas das caves são grandes o suficiente para dar um banquete (e com frequência o fazem). Uma rua subterrânea abriga um museu perfeito com caixas de exposição iluminadas e instrumentos antigos de fabricação de vinho. Mais adiante, nas entranhas do complexo, estão caminhos entrincheirados que abrigam garrafas de 25 milhões, muitas ainda nas prateleiras com seus fundos apontando para baixo, enquanto passam pelo processo meticuloso de virar e assentar.

Você tem a escolha de três tours diferentes, que são todos basicamente o mesmo, exceto que o melhor deles termina em uma degustação tripla do rótulo distinguido com a tarja vermelha do Cordon Rouge. A instalação é um ponto forte a favor durante a alta estação do verão; você provavelmente encontraria outros turistas se acotovelando a não ser que venha visitar nos meses frios do inverno. O processo da champagne é fascinante de se aprender, e os guias aqui são muito bem informados. Você aprenderá, por exemplo, que se julga a efervescência pelo tamanho das bolhas, e aquelas que ficam grudadas do lado da taça são um sinal de que o copo está sujo – um fato interessante a se saber para o seu próximo jantar.

ⓘ **G. H. Mumm**, 34 rue de Champ de Mars (ⓒ **33/3/2649-5970** ; www.mumm.com).
✈ Reims (29 km/18 milhas).
🛏 $$$ **Château Les Crayeres**, 64 blvd. Henry Vasnier (ⓒ **33/3/2482-808**0 ; www.lescrayeres.com). $$$ **Best Western Hotel de la Paix**, 9 rue Burette (ⓒ **33/3/2640-0408**; www.bestwestern-lapaix-reims.com).

França 313

Taittinger
Enlightenment
Champagne, França

A história da família Taittinger se desenrola como um jogo de xadrez bem jogado. Uma das dinastias mais empreendedoras da França, eles são originários de Lorraine, mas tiveram que bater em retirada rapidamente depois da guerra franco-prussiana, em 1870. Os Taittinger sacrificaram um castelo, e se refugiaram em Paris, onde eles iniciaram um comércio de vinhos. O tumultuado século XIX viu a família adaptar táticas ofensivas para afastar a revolução, as revoltas, e as doenças das videiras. Milagrosamente, eles se esquivaram dos ataques, e alguns pedaços eles mesmos recuperaram, como uma abadia do século XIII, em Reims, que tinha sido derrubada durante a revolução francesa.

Eles transformaram as Caves Taittinger em uma das adegas mais antigas e mais visitadas no mundo. As adegas brancas desmoronadas datam do século IV, quando elas eram, na verdade, minas de giz galo-romanas. Tem-se uma sensação sufocante de história ao entrar nesses túneis irregulares, com relíquias abrigadas em nichos e frestas empoeirados. Em outros lugares, os túneis se transformam em salas abobadadas de tijolo e pedra, com milhões, literalmente, de garrafas empilhadas de algumas das melhores champagnes do mundo.

No século XX, a família entrou no ataque e se tornou uma das casas de champagne mais famosas do mundo. O avanço aconteceu nos anos de 1920, quando Pierre Charles Taittinger apostou que o Chardonnay desempenharia um papel mais importante na degustação do vinho do século XX, e investiu pesado ao plantar a uva nas muitas propriedades da vinícola. A vinícola superou as outras casas de champagne ao antecipar que o chardonnay se tornaria o rei dos vinhos brancos, e também parte da clássica mistura de champagne Chardonnay – Pinot Noir. Outro movimento brilhante foi entregar a reserva francesa à propaganda. Já no início dos anos de 1960, a vinícola foi uma das primeiras na França a começar a oferecer seus produtos. A empreitada foi recompensada e as vendas explodiram.

Bem, quando parecia que o final do jogo estava se aproximando, e que a Taittinger tinha colocado o mundo dos vinhos em um cheque-mate perpétuo, o desastre aconteceu. Uma tentativa hostil, em 2006, pegou a vinícola em um movimento corporativo. Parecia que tudo tinha se perdido – a família se viu sem seu prêmio. Porém, isso sendo a França, e a Taittinger sendo a Taittinger, a família usou sua influência e um cavaleiro branco veio em seu socorro, na forma de um banco francês. O rei foi salvo.

O quartel general da Taittinger agora é o histórico Chateau de La Marquelarie, em Epernay, 26 quilômetros (16 milhas) ao sul de Reims. Apesar de ser fechada ao público, essa casa famosa da era do Iluminismo, é rodeada por vinhedos ondulados que, definitivamente, vale a pena serem visitados depois que você verificou as caves em Reims. De maneira inusitada, elas são plantadas com videiras de Chardonnay branca, entrecortadas nos mesmos campos por Pinot Noir escuras. Um pouco antes da colheita, os campos ficam com uma estampa preta e branca – não muito diferente do tabuleiro de xadrez. De repente, tudo faz sentido.

Caves Taittinger, 9 Place Saint-Nicaise, Reims (℃ **33/3/26 85 84 33** www.taittinger.com)

Reims (29 km/18 milhas)

$$$ **Mercure Reims Cathedrale**, 31 bd. Paul Doumer, Reims (℃ **33/3/26 84 49 49**; www.mercure.com). $$ **Les Clos Reymi**, 3 rue Joseph de Venoge, Epernay (℃ **33/3/26 51 01 58**; www.closreymihotel.com).

314 França

Moët & Chandon
The Blind Taster
Champagne, França

Se nós devemos acreditar em mitos, Dom Perignon foi um monge cego que inventou a champagne, murmurando as palavras famosas aos seus irmãos de fé:
– Venham rápido e bebam as estrelas!

Infelizmente, a realidade é um pouco mais complicada. O mestre da adega do século XVII na abadia dos capuchinhos de Hautvilles não inventou a champagne. Ele apenas aperfeiçoou a arte de refermentar na garrafa, sem

Viagens de Degustação

criar um dispositivo líquido explosivo perigoso: foi Dom Perignon quem introduziu a uva Pinot Noir, que ele descobriu ser menos volátil que as uvas brancas (o suco é imediatamente separado das cascas para evitar o colorido). Ele também defendeu a colheita de manhã cedo, a poda agressiva, e produções menores. Todas as práticas aceitas hoje em dia, naquele tempo era conhecido como o método champenoise. Além disso, ele não era cego, mas inclinado à degustação cega – testando uvas e vinho sem saber de qual vinhedo elas vinham, para não influenciar o seu julgamento. Quanto à frase famosa? Bem, isso foi só uma boa forma antiga de propaganda.

Dom Perignon é hoje indiscutivelmente, um dos rótulos mais vendidos da melhor casa de champagne do mundo. Quando a Moët & Chandon comprou a Abadia de Hautvilles, em 1792, eles imediatamente colocaram o monge no rótulo para vender mais vinho. A casa palaciana da sede da champagne pode ser visitada em Epernay, a cidade da champagne a 170 km (105 milhas) de Paris. Portões escuros de ferro batido encerram uma fachada clássica, por trás da qual está um pátio extenso de seixo com um belo canteiro de flores no centro. Um tour de uma hora levará você ao interior de adegas que parecem masmorras, e de volta ao tempo de Napoleão e da revolução. Estabelecida em 1743 por Claude Moët, até 1880 a vinícola já havia vendido 2,5 milhões de garrafas. Sua lista de clientes conta com clientes como Madame Pompadour, Charles VII, Czar Alexander II, o Duque de Wellington, a Rainha Victoria. Porém, a vinícola também cuidava de si própria e foi uma das primeiras a introduzir uma forma de seguro social para seus empregados. Sua lista de empregados do século XIX incluía mestres de adega, cortadores de rolhas, balconistas, tanoeiros, fazendeiros das videiras, ferreiros, costureiras, cesteiros, bombeiros, empacotadores, carreteiros e garotos de estábulos. Uma lista dessas, de certa maneira, explica o preço alto de suas garrafas de vinho.

O século XX viu um período de crescimento massivo para a vinícola, expandindo

As adegas de Moët em Epernay, na França.

seus interesses para outras áreas fora do vinho e abrindo operações em lugares remotos como a Califórnia e Argentina. Hoje é parte do grupo LVMH, Louis Vuitton-Moët Henneessy, a maior empresa de bens de luxo do mundo, uma corporação com um giro anual que ofusca a renda per capita de muitos países de bom tamanho. Somente a sua lista de vinhos e bebidas alcoólicas inclui nomes como Krug, Hennessy, Glenmorangie, Cloudy Bay e Cheval des Andes. Isso é um armário de bebidas e tanto – do qual qualquer amante das bebidas gostaria de ter as chaves, se fosse cego ou não.

Moët et Chandon, 20 ave. de Champagne, Epernay (33/3/26 51 20 20; www.moet.com).
Reims (29 km/18 milhas).
$$$ **Hotel Castel Jeanson**, 24 rue Jeanson, Ay (33/3/26 54 21 75; www.casteljeanson.fr). $$ **Le Clos Raym**i, 3 rue Josephe de Venoge Epernay (33/3/26 51 01 58; www.closraymihotel.com).

315 Domaine Weinbach

Benoit Gouez, chef de adega da Moët Chandon.

315 França

Domaine Weinbach
How to Pronounce "Gewürztraminer"
Alsácia, França

A Alsácia pode ser a menor região de vinhos da França, mas ela também é a mais disputada. A França e a Alemanha furaram os olhos uma da outra e por esse paraíso pastoral no limite nordeste da França. A União Europeia colocou um fim em tal briga, mas a influência ainda é forte aqui – observe as garrafas longas em formato de flautas usadas nas vinícolas da Alsácia, parecidas com aquelas empregadas ao longo do Reno.

As uvas são alemãs também, predominantemente as brancas, como as Riesling e a trava-língua Gewürztraminer.

Cem vinícolas pontilham a paisagem, de torres e pontes de Strassbourg até a cidade principal do vinho, Colmar. Domaine Weinbach é uma das mais proeminentes, situada na pitoresca vila de Kaysersberg, a 5 km (3 milhas) de Colmar. A cidade é uma mistura maravilhosa de paralelepípedos antigos e casas irregulares com molduras de madeira, que são os prédios com assinatura da região. Telhados altos e pontudos como chapéus de bruxa, acima de terraços com floreiras suspensas sobre portas em arco. Quando você caminhar na direção dos vinhedos, vai notar que cada um dos parreirais tem um contorno de rosas em volta. Elas não estão ali apenas para enfeitar – as rosas também servem para avisar os fabricantes de vinho se as doenças estão prestes a atacar o parreiral.

A Domaine Weinbach começa como um muro longo que encerra as terras da vinícola e tem o nome de Domaine Faller – a família de mulheres que administra a fabricação.

Viagens de Degustação

Colette e as outras duas irmãs graciosas, Catherine e Laurence, estão com frequência dando assistência para mostrar tudo em volta. Instalada ao pé das montanhas Schlossberg, a vinícola tem um pequeno riacho que corre pelos vinhedos (weinbach significa ribeirão de vinho). Originalmente, um monastério Capuchinho confiscado durante a revolução, ele foi dividido entre os habitantes locais, mas a linda casa de fazenda francesa que você verá no final de uma longa estrada do campo não mostra vestígios de seu passado monástico. Os vinhedos em volta são todos biodinâmicos, produzindo uvas brancas puras e vibrantes, que são armazenadas em velhos tonéis em adegas climatizadas. A sala de degustação tem a deliciosa temática do velho mundo com mobília antiga e velhas fotografias. Aqui você pode provar a impressionante seleção de vinhos da vinícola, inclusive um Tokay Pinot Gris. De repente, o Gewürtraminer é colocado à sua frente. Pronuncia-se gu-verts-tra-mi-ner, a palavra significa "uva temperada" – e não se preocupe, fica mais fácil falar depois de saborear alguns copos.

ⓘ **Domaine Weinbach**, 25 route du Vin, Kaysersberg (✆ **33/3/89 47 13 21**; www.domaineweinbach.com).
✈ Strasbourg (66 km/41 milhas).
🛏 $$ **Le Chambard Kaysersberg**, 9-13 rue du Général de Gaulle, Kaysersberg (✆ **33/3/89 47 10 17**; www.le-chambard-kaysersberg.federal-hotel.com). $$ **Hotel les Remparts**, 4 rue de La Flieh, Kaysersberg (✆ **33/3/89 47 12 12**; www.lesremparts.com).

França 316

Château de Chassagne-Montrachet
Holy Terroir
Borgonha, França

O Terroir é a nova palavra de impacto em marketing de vinhos. Ela aparece impressa nos rótulos de vinhos, é louvada por fabricantes, e repetida em guias ao redor do mundo. O conceito, porém – uma referência de lugar – é antigo e originou-se nas montanhas da Borgonha – em particular, na região conhecida como Chassagne-Montrachet. Foi onde os monges medievais distinguiram os diferentes gostos dos vinhos, observando como ele diferia de uma área para outra, de uma cerca viva a outra, como certas uvas se adaptavam a certa encosta ou campo. Eles vasculharam a terra, marcando cada canto e montinho com muros de pedra que ainda podem ser vistos hoje em dia. Eles até chegaram a ponto de degustar barro.

Hoje em dia, ninguém pede que você coma sujeira enquanto faz um passeio turístico pela Borgonha. Porém, se você está buscando uma referência de lugar, não haveria melhor lugar para visitar do que o Château de Chassagne-Montrachet. Partes iguais de château clássico, adega de vinhos medieval e hotel de arquitetura destacada, a vinícola é uma parada esclarecedora se você estiver visitando a área. O próprio prédio é sólido, amplo, e impressionante, porém surpreendentemente simples quando comparado aos châteaux mais barrocos da região. Mas, uma vez que você está dentro, as coisas ficam excêntricas. A decoração interior é uma mistura de clássico e chique moderno. A estante de livros mais complexa que você já viu foi construída na forma de um gigantesco rabisco roxo; uma maravilhosa escada em caracol combina com uma luminária em forma de roca de fiar; mesas minimalistas de cromo estão ao lado de poltronas superestofadas; elegantes revestimentos brancos de parede carregam obras de arte abstrata, enquanto os pisos de taco polido levam até vitrines iluminadas. A sala de refeições tem uma lareira escondida atrás de uma porta de correr, montada sobre uma grande borboleta de bronze. Os quartos decorados apresentam banheiros que parecem altares e móveis transparentes de Perspex. Tudo isso faz sentido quando você descobre que Philippe Starck foi o decorador, e a decoração fica em contraste com as brilhantes adegas funcionais, e adegas que parecem masmorras.

Quando você desce as escadas, deixa o século XXI para trás. Esses túneis climatizados do século XII são largos o suficiente para sediar eventos e jantares de gala; os mais velhos são os mais estreitos e claustrofóbicos de todos. Os barris empilhados ficam atrás de portões de metal, e você deseja ter a chave – porque aqui estão os vinhos pelos quais essa área é famosa, os lendários brancos da Borgonha, Chardonnays ricos com viscosidade densa, acidez nítida e uma mineralidade complexa. Esses são vinhos que vivem para sempre, a verdadeira essência do terroir da Borgonha.

ⓘ **Château de Chassagne-Montrachet**, 5 rue du Château, Chassagne-Montrachet (ⓒ **33/3/8021-9857**; www.michelpicard.com).

✈ Dijon (55 km/34 milhas).

🛏 $$$ **La Maison d'Olivier Leflaive**, Place du Monument, Puligny-Montrachet (ⓒ **33/3/8021-3765**; www.olivierleflaive.com). $$ **Hôtel de la Paix**, 45 rue Faubourg Madeleine, Beaune (ⓒ **33/3/8024-7808**; www.hotelpaix.com).

317 França

Albert Bichot
Burgundy Group Therapy
Borgonha, França

"Eu enchi as pessoas com conversas sem fim. E me enchi. Às vezes, eu falo tanto sobre vinho que eu vejo os olhos deles se virando e percebo que ultrapassei o limite do interesse casual até uma total e completa obsessão."

Assim fala Sarah, a guia de degustação da cave Borgonha. A localização é a adega histórica de Albert Bichot, na cidade organizada de Beaune, centro da lendária Côte d'Or, ou costa de ouro. As caves têm uma sensação austera, climatizada, nada diferente de uma masmorra.

Bichot é um dos comerciantes mais antigos da Borgonha, um negócio de família que tem funcionado desde 1831. O escritório central em Beaune foi estabelecido em 1912, depois Bichot adquiriu muitas outras casas de vinhos quando apareceu a praga da phyloxera. É apenas uma das muitas propriedades de Bichot, mas é um lugar ideal para chegar a um entendimento sobre os famosos vinhos da Borgonha. Apesar de Beaune ser de muitas formas uma cidade moderna, seu centro de cidade medieval está cheio de fanáticos por Borgonha no verão. Muitos começam ou terminam suas visitas do dia com uma passagem por Bichot ou por uma das muitas outras salas de degustação da cidade.

A Borgonha é uma região típica de vinho da França, no sentido que não há grandes vinícolas de bandeira para se visitar, mas, em vez disso, vários negócios de família, um pouco mais do que uma adega embaixo de uma casa de fazenda. Por causa das leis de partilha francesa, a terra é dividida entre os filhos, o que significa que cada geração vê a terra cada vez mais dividida, até que uma pessoa possa possuir uma ou duas fileiras de um vinhedo e pouco mais que isso. Bichot representa um papel importante nesse sistema: a empresa compra todo ano a colheita de vinho ou as uvas de vários desses pequenos produtores, para comercializar todas elas sob o seu próprio rótulo, reverenciado como um Borgonha genuíno.

As alamedas campestres que se espalham a partir da cidade fazem as rotas de grand crus, passando por cidades com nomes tão respeitados como Nuits-Saint Georges e Vosne Romanée. Aqui você verá gangues de amantes do Borgonha que ficam imersos em mapas e apontam animadamente para diferentes sítios e nomes, que variam tremendamente na qualidade do vinho, dependendo do solo, encosta e sombreamento. Um vinhedo de parreirais de

Viagens de Degustação

premier cru e grand cru é recebido com silêncio sussurrado – esse é o auge do vinho da Borgonha, de acordo com o antigo sistema de avaliação francês. A trupe do vinho veio cultuar o *grand cru*.

ⓘ **Bichot**, 6 bis bd. Jacques Copeau, Beaune (✆ **33/3/80 24 37 37**; www.bichot.com).

✈ Dijon (39 km/24 milhas).

🛏 $$ **Hotel Le Cep**, 27 rue Maufoux, Beaune (✆ **33/3/80 22 35 48**; www.hotel-cep-beaune.com). $$ **Hôtel Château de Challanges**, Rue des Templiers, Beaune (✆ **33/3/80 26 32 62**; www.chateaude-challanges.com).

França **318**

Château du Clos de Vougeot
Knights of the Round Tasting Table
Borgonha, França

A Confrérie des Chevaliers du Tastevin não contam com um cartaz como o, digamos, dos Três Mosqueteiros. Os "cavaleiros da degustação" da Borgonha são, geralmente, um pouco gorduchos e de meia-idade. Suas capas de veludo vermelho de cerimônia e seus chapéus de cardeal combinam com suas bochechas vermelhas e narizes roxos; em vez de espadas na cintura, pratinhos de prata para a degustação do vinho estão pendurados em seus pescoços. Eles existem para defender a honra do vinho da Borgonha, e eles o fazem oferecendo jantares elaborados, degustações e leilões de vinho. Eles são um bando bastante estridente, que, às vezes, toca cornetas de metal, dá os braços, e faz uma cantoria quando aparece uma oportunidade. Mas também são verdadeiros cavalheiros, garantindo que todo vinho que eles endossam tenha um rótulo em Braille para aqueles que são deficientes visuais.

O centro das operações desse grupo é o seu complexo histórico em expansão, conhecido como Château du Clos de Vougeot. Essa abadia Trapista data do século XII e tem um pátio central com portas em estilo Renascentista, que levam às salas dos tonéis, aos salões de banquetes, e à vinícola medieval. As salas de recepção do século XVI têm paredes escarlate, iluminadas por candelabros. Grossas tapeçarias coloridas estão penduradas entre as altas janelas francesas, e duas lareiras rebuscadas de pedra são ladeadas por acabamento de madeira e um teto bonito. Esmagadores de uva de carvalho pesado levam às salas de barris e à sala de banquete, que não ficaria deslocada como um cenário de filme de capa e espada de Errol Flynn. Nas profundezas dos recantos do prédio está um pequeno pátio romântico, com uma estátua de um trabalhador da colheita rodeado por paredes cor de hera.

A vinícola é mais uma peça de museu e um monumento nacional. Apesar de não fazerem vinho algum e não conduzirem degustações é um ótimo lugar para se visitar e penetrar na herança do antigo vinho da Borgonha. Também é o local para os banquetes regados a vinho dos Chevaliers, onde eles fazem a cerimônia de adesão de novos membros na ordem. Não se pode perder um convite para tal evento. No grande átrio central está um pódium decorado com um cartaz onde se lê o lema desses modernos cavaleiros do vinho: Jamais en vain, toujours en vin (Nunca em vão, sempre no vinho!).

ⓘ **Châteua du Clos de Vougeot**, ao lado da rue du Vieux Château, Vougeot (✆ **33/3/80-62-86-09**; www.tastevin-bourgogne.com).

✈ Dijon (18 km/11 milhas).

🛏 $$$ **Château de Gilly**, rue de Vieux Château, Vougeot (✆ **33/844/414-2842**; www.hotel-chateau-de-gilly-vougeot.federal-hotel.com). $$ **Hotel de Vougeot**, 18 rue du Vieux Château, Vougeot (✆ **33/3/80-62-01-15**; www.hotel-vougeot.com).

319 França

Duboeuf en Beaujolais
Don't Believe the Hype
Borgonha, França

Raios verdes de laser refletem em uma estátua dourada do deus Baco ao lado da sala de barris monástica, que leva até uma cidade modelo de brinquedo de uma vila Beaujolais. Belos beirais de telhados franceses e janelas com floreiras competem com bonequinhos imitando os trabalhadores nos parreirais. O parque de vinhos Duboeuf, no centro de Beaujolais, é um pouco exagerado, mas pensando bem, o seu vinho também é. Para entender esse cruzamento entre uma vinícola e parque temático, primeiro é preciso entender o Beaujolais, e em particular, o Beaujolais Nouveau.

Todo mês de novembro, o mundo do vinho experimenta um pequeno frenesi de marketing, não muito diferente de um lançamento de sucesso de Hollywood. Pôsteres coloridos aparecem em lojas de vinho de Baltimore a Bangladesh, declarando: "Le Beaujolais Nouveau est arrivé." Milhões de garrafas são despachadas, por avião, trem ou automóvel – às vezes, até de balão ou elefante – para consumidores de vinho ansiosos para colocar suas mãos no vinho antes da sua data de nascimento oficial: meia-noite da terceira quinta-feira de cada mês de novembro. Surpreendentemente, esse vinho ainda era uva umas semanas antes. Ele mal tinha tocado nas laterais de um tanque de aço antes que fosse removido, engarrafado, e despachado – mais rápido do que você consegue dizer "açúcar vira álcool".

Tal animação reside no fato do Beaujolais ser barato, de textura leve e absolutamente indiferente. O lançamento de tirar o fôlego do Beaujolais Nouveau é um triunfo de marketing de promoção que pode ser atribuído a um homem – Georges Duboeuf, o rei do Beaujolais. Um senhor de 75 anos, cheio de vida, com uma mecha de cabelos grisalhos bem cuidados, Duboeuf já rodava o esmagador de uvas quanto tinha seis anos no pequeno vinhedo de sua família. Sua adolescência foi passada em uma bicicleta, vendendo vinho para restaurantes.

Quando chegou à meia-idade, ele já tinha um império de vinho, que transfere 25 milhões de caixas por ano. Ele sozinho colocou o Beaujolais no mapa.

Críticos acusam Duboeuf de dar uma má reputação à região, levando os consumidores erroneamente a associarem o Beaujolais com a versão fast-food de Duboeuf. Tais alegações de vulgaridade e mau gosto foram confirmadas em 1997, quando Duboeuf decidiu inaugurar a "Disneylândia do Vinho" em sua base, na vila de Romanech-Thorins, 56 km (34 milhas) ao norte de Lion. O que você encontra, na verdade, é um complexo de vinho maravilhosamente desenhado, que exala o charme francês só com uma borrifada de kitsch, e o velho e bom mau gosto. Os esnobes do vinho odeiam. A criança dentro de todos nós ama.

A entrada é uma praça arrumadinha em frente à estação de trem do vinho. Você entra na fila do guichê em estilo Gare de Lion e pega um tour autoguiado de 90 minutos por meio de 15 salas que cobrem toda a história da cultura e fabricação do vinho. Uma réplica de um barco romano carregando ânforas fica ao lado de amostras de solo vindas de todas as partes da França. Cada sala tem um tema, seja rolha, tonéis, ou copos. A tecnologia de computação se combina com slide shows para contar a história do vinho. A vulgaridade se encontra com o lugar comum, que se encontra com a magia do 3-D, e o único tema consistente parece ser o próprio vinho. Claro que tudo termina em uma inevitável loja de presentes, cujos rótulos de cores destacadas de Duboeuf aparecem em abundância. Aqui, você vai aprender que nem todo Beaujolais é nouveau, e que a região tem a sua própria classe de cru que poderia ser degustado com os melhores Borgonhas e ganhar.

Permita-se o prazer culpado de uma visita a Duboeuf. Pode ser que não tenha as torres pontudas que geralmente associamos com os

Viagens de Degustação

castelos franceses (torres que, por ironia se pode ver na Euro Disney), mas é divertido, frívolo, e absolutamente simpático.

ⓘ **Dubouef em Beaujolais**, La Gare, Romaneche Thoris (✆ **33/3/85 35 22 22**; www.hameauduvin.com).

✈ Lyon (67 km/41 milhas).
🛏 $$$ **Radisson SAS Hotel**, rue 129 Servient, Lyon (✆ **33/4/78 63 55 00**; www.radissonsas.com). $$ **Grand Hotel-Boscolo Hotels**, rue Groleé 11, Lyon (✆ **33/4/7240-4545**; www.boscolohotels.com).

França 320

Guigal
From the Terraces
Rhone Valley, França

Os vinhedos da Côte Rôtie são surpreendentes. Montanhas íngremes são esculpidas com fileiras de muros de pedra e videiras, que parecem as múltiplas camadas de um bolo de casamento bucólico. Chamada de "encosta torrada" pelo seu sol abrangente, o nome se concentra em volta da cidade de Ampuis, no norte do Ródano, 55 km (34 milhas) ao sul de Lyon. A região é extravagante, porque permite que a uva branca Viognier se misture com a uva preta Syrah, resultando em um vinho que é tanto encorpado quanto floral. A região em si está separada em duas subregiões, a loira e a morena, que são conhecidas como Côte Blonde e Côte Brune, aparentemente depois de um antigo proprietário ter dividido sua propriedade entre suas duas filhas.

Hoje, Côte Rotie é famosa no mundo todo, e tal reconhecimento pode ser atribuído a um homem – Marcel Guigal, proprietário da E. Guigal, o maior exportador de vinho Côte Rotie. Quase sempre, o sucesso de um vinho resulta da força da personalidade de uma pessoa, e esse é o caso de Marcel Guigal. Quando Guigal herdou o vinhedo de seu pai, em 1961, aos 17 anos, ele era um pequeno negócio que fazia pouco dinheiro. Os anos do pós-guerra haviam sido difíceis; poucas pessoas podiam se dar ao luxo de um vinho de tal prestígio. Mal se poderia dizer pelos minúsculos escritórios que ele divide com sua mulher e filho, que são os escritórios centrais do império global do vinho, e que despacha um valor de $50 milhões de vinho a cada ano.

Guigal foi um inovador que brigou para quebrar métodos esquecidos de fabricação de vinho, da lendária burocracia francesa do vinho. Sua introdução de novos barris de carvalho nos primeiros anos encontrou dura resistência; foi até mesmo chamada de ilegal. Ele perseverou, e agora é uma prática aceita guardar o vinho em barris novos de carvalho para maturar. Ele também lutou contra os planejadores da cidade que esquematizaram despedaçar os vinhos sagrados e construir casas. Ele se preocupava com o uso em excesso de mata mato, e foi um dos primeiros proponentes da agricultura sustentável, novamente uma prática aceita hoje em dia.

A vinícola em si é uma surpresa agradável. Olhando do lado de fora e, ela parece despretensiosa; uma casa de cidade pintada de cor creme, em uma rua arrumadinha de vila. Imediatamente, você sabe que vai encarar algo diferente, quando se encontra em uma estufa cheia de luz com vista para um belo pátio de prédios baixos, telhados de telhas terracota e caminhos com arcos. O interior é high-tech – o painel de controle

321 Château de Beaucastel

Tonéis de champagne Guigal em Ampuis, no meio dos vinhedos íngremes da Côte Rôtie.

de fabricação de vinho não ficaria deslocado na cabina da nave Enterprise. Quando você pensa que já viu enormes adegas abobadadas e salas lotadas de tanques de aço inoxidável brilhante, a propriedade extensa se abre em jardins encantadores, com lagos de lírios e uma piscina azul iluminada. Na distância se encontram os famosos Mouline e o La Turque.

ⓘ **Guigal Winery,** Ampuis (✆ n33/4/7456-1876; www.guigal.com).
✈ Lyon (37 km/22 milhas).
🛏 $$$ **La Pyramide**, 14 bd. Fernand Point, Vienne (✆ **44/4/7453-0196**; www.lapyramide.com). $$ **Campanile Lyon Centre Forum Part-Dieu,** 31 rue Maurice Flandin, Lyon (✆ **33/4/7236-3100**; www.campanile.com).

321 França

Château de Beaucastel
Strange Encounters
Rhone Valley, França

Os proprietários do vinhedo são muito protetores de seus nomes, e em nenhum outro lugar tanto quanto na região de vinicultura do sul do Vale do Ródano, conhecida como Châteauneuf-du-Pape. Fraudadores, doenças, vinhos inferiores, e uvas de má qualidade são mantidos à margem com controles rígidos que garantem, que o nome famoso no mundo todo retenha seu prestígio e reputação pelos excelentes vinhos.

Portanto, em 1954, quando uma nova ameaça apareceu, uma reunião de emergência do conselho da cidade foi convocada: uma nova lei foi

Viagens de Degustação

decretada, declarando ilegal que discos voadores pairassem sobre aquelas terras, ou decolassem dos vinhedos. Se qualquer OVNI desses fosse pego estragando ou interferindo nas videiras, eles deveriam ser imediatamente presos pelo policial da vila e a nave confiscada pelas autoridades municipais. Essa lei ainda é válida até hoje. Até agora tal astuta defesa civil tem funcionado – os únicos alienígenas vagando por essa área quente e empoeirada bem ao norte do Mediterrâneo, vêm em carros alugados, armados de mapas de vinhos e observações de degustação.

Châteauneuf-du-Pape é uma pequena vila medieval dominada pelas ruínas de um castelo que parece uma fortaleza – como diz o nome do vinho "Castelo Novo do Papa". Ele era a casa de verão do Papa João XXII quando o Sacro Império Romano não era tão Romano, depois de mudar sua capital temporariamente para Avignon, 10 km (6 milhas) ao sul. Mais acostumado a beber Borgonha e da Provença, o papa achou que poderia provar uma produção local e pediu vários barris de Châteauneuf-du-Pape. Ele gostou tanto, que construiu ali uma residência de férias.

A primeira coisa que chama a sua atenção sobre o solo é que não é um solo – é rocha (e não é de maneira alguma adequado para o pouso de naves espaciais). As vinhas aqui crescem em forma de arbustos em um canteiro suave de seixos redondos, o que aparentemente é bom para reter o calor e a umidade,

muito benéficos para as 13 variedades de uva que se permite plantar aqui. As mais dominantes são a Grenache Noir e a Syrah, mas uma vinícola usa todas as 13 uvas em suas misturas: o Château de Beaucastel. Quando visitar, você encontrará uma casa simples de fazenda francesa, com paredes brancas e janelas com veneziana azuis, que o levará até um jardim interno lindo com uma fonte de poço redondo bem no meio. Portas de madeira unidas por dobradiças de ferro forjado escondem uma maravilhosa adega abobadada, cheias de garrafas e barris. Degustações acontecem no jardim, onde você pode sentar-se à sombra e provar uma gama de vinhos enfileirados em um barril. O Château de Beaucastel é um campeão sério na fabricação de vinhos orgânicos, o que significa que se encontram muito poucos corpos estranhos no vinho – que dirá alienígenas nos vinhedos.

ⓘ **Château de Beaucastel**, Chemin de Beaucastel, Courthezon (ⓒ **33/4/90-70-41-00**; www.beaucastel.com).
✈ Avignon (18 km/11 milhas).
🛏 $$ **Bristol Hotel**, 44 Cours Jean Jaurès, Avignon (ⓒ **33/4/90-16-48-48**; www.bristol-avignon.com). $ **La Garbure**, 3 rue Joseph Ducos, Châteauneuf-du-Pape (ⓒ **33/4/90-83-75-08**; www.la-garbure.com).

França **322**

Domaine Tempier
Everything's Coming Up Rosé
Provença, França

A região montanhosa de vinicultura da Provença é oficialmente, a província mais ensolarada da França – famosa por seus campos ondulados de lavanda – é uma porta de saída de resorts glamurosos da Côte d'Azur, a Riviera Francesa, e até de Monaco e da Itália, se você estiver vindo destes lugares. Mas no caminho, garanta uma parada em Bandol, uma pequena região costeira de vinho entre Marseille e Toulon. Este paraíso rústico de vilas no topo de montanhas,

vinícolas práticas, e praias gloriosas tem produzido vinhos por dois milênios, apesar de que até muito recente, não era registrado no radar dos amantes do vinho. Isto não significa que ele nunca foi apreciado – certa vez, perguntaram ao Rei Luiz XV qual era o segredo de sua juventude, e o filho do Rei Sol respondeu:
– Os vinhos de Bandol.

A principal uva aqui é uma varietal escura, estranha e defumada chamada Mourvedre.

323 Château Lynch-Bages

O sol generoso da Provença e o sopro quente do famoso vento Mistral fazem que os vinhedos aqui sejam saudáveis e vigorosos, produzindo vinhos tintos poderosos, assim como o melhor rosé do mundo. Com muita frequência, o rosé recebe pouco crédito de amantes do vinho, que o consideram como um subproduto da fabricação do vinho de uma única dimensão. Não é este o caso do Bandol rosé: seco, temperado e com toque de ervas, ele restaura a sua fé no rosé. E o melhor rosé de Bandol vem de uma pequena vinícola modesta, muito próxima do Mediterrâneo, chamada de Domaine Tempier.

Uma alameda de três filas no campo leva até a antiga casa de campo de Domaine Tempier, cor-de-rosa, com paredes irregulares, venezianas azuis da cor do céu, e um pátio sombreado e descontraído. Portas despencadas barram uma porta em arco que leva a um ambiente rústico de pisos de concreto manchado e tonéis enormes de madeira redondos. A degustação é feita sobre um barril, em um ambiente que é mais de celeiro do que de vinícola.

Esta vinícola Famíliar tem estado no ramo desde 1834. No início do século XX, quando a doença das videiras phyloxera quase arrasou a indústria do vinho, Domaine Tempier foi um dos poucos sobreviventes; atribuíram a ele a reanimação da quase extinta uva Mourvedre. Lucien Peynaud, que se casou com alguém da família nos anos de 1930, ficou impressionado por um antigo vinho servido por seu sogro em seu casamento; quando ele assumiu o vinhedo, quase sozinho, colocou Bandol de volta no mapa do vinho. Regras locais rígidas como uma garrafa por vinha e a maturação dos vinhos por um mínimo de 18 meses em carvalho, resultaram em vinhos cada vez melhores, como foi observado em resenhas elogiosas de críticos de vinho.

Apesar de sua fama recém-descoberta, Bandol nunca alcançará o glamour de seus vizinhos da costa como St-Tropez. Esse é um lugar descontraído e prático, onde muitas vinícolas têm uma placa de sonnez no portão, que significa que se você tocar o sino, provavelmente será recebido pelo fazendeiro/fabricante de vinhos ou por sua mulher. Domaine Tempier compartilha essa descontração do velho mundo, mas só por precaução, sempre ligue antes para reservar o seu lugar no barril de vinho.

ⓘ **Domaine Tempier**, Le Plan du Castellet (✆ **33/4/9498-7021**; www.domaine-tempier.com).
✈ Marseille (46 km/28 milhas).
🛏 $$ **Mas de La Tourete**, 505 Chemin des Bernard, Le Pradet (✆ **33/4/9408-1591**; www.masdelatourette.iowners.net). $$ **Mas Carol**, 488 Chemin de la Calade, Le Pradet, (✆ **33/4/9431-3697**; www.mascarol.fr).

323 França

Château Lynch-Bages
Bordeaux Opens Up
Bordeaux, França

Quando o estuário marrom acinzentado serpenteia na direção da cidade de Bordeaux, no extremo noroeste da França, ele divide a região em dois com 7.000 vinícolas e uma tradição de fabricação de vinho que data dos tempos medievais. A Medoc, que fica na encosta esquerda do estuário, parece plana e descaracterizada, quando comparada a partes mais pitorescas da província. Porém, esse é um marco zero para a fabricação de vinho, uma área ponteada com enormes châteaux em estilo de castelo, carregando tais nomes respeitados como Lafite, Latour e Mouton – vinícolas que deixam os aficionados sem fala. Deveria ser uma Meca natural para os turistas do vinho, mas quando esse mesmo amante do vinho se vira para conferir a encantadora arquitetura, e vinhos ainda

Viagens de Degustação

mais encantadores, os portões se fecham com firmeza – nenhuma visita pode entrar sem ter uma permissão com duas semanas de antecedência e uma carta de apresentação do seu importador de vinho e de sua mãe. Medieval mesmo.

Uma vinícola que abriu suas janelas e poliu algumas taças de vinho é a fenomenalmente bem-sucedida Château Lynch-Bages. Localizada nos portões da cidade portuária de Pauillac, esse château bonito tem 90 hectares (223 acres) de vinhedos em uma encosta banhada pelas marés do estuário do rio. Fora do prédio principal, uma pequena estrutura fotogênica do século XVIII, com telhado duplo, fica no meio das vinhas. Em uma sala de tonéis charmosa do século XIX, tonéis de carvalho enormes ficam sobre estruturas de concreto branco, em um depósito com acabamento de madeira. Vigas e pilares de madeira crua se transformam em estruturas modernas vigorosas, com tanques de aço inox em fundações de tijolos. Mas quando você faz um tour completo da linha de engarrafamento e das adegas com garrafas empilhadas, você percebe que o lado clássico esconde um funcionamento de alta tecnologia. E a vinícola está reformando a aldeia pitoresca e abandonada de Bages, ali perto, instalando um restaurante, uma boulangerie, e uma loja de vinhos.

Na sala de degustação da vinícola, simpáticos serventes o guiam por meio da degustação das suas excelentes blends de Cabernet Sauvignon e Merlot. A vinícola também abriga uma escola para enólogos, que conduz aulas fascinantes sobre misturas e os vários terroirs da região. Há uma galeria de arte por onde você pode caminhar enquanto beberica o seu vinho; eventos especiais têm sido planejados, como uma degustação de natal de castanhas assadas e vinho quente.

Talvez inspirados pelo Château Lynch Bages, outros châteaux agora estão seguindo seus passos e recebendo visitantes (entre em contato com o escritório de turismo em Bordeaux para uma lista). O centro de turismo da cidade de Pauillac conduz degustações de graça, e o fascinante Musée de Chartrons de Bordeaux comemora o comércio de vinho da região, finalmente se abrindo.

ⓘ **Château Lynch-Bages**, Pauillac (☏ 33/5/5673-2400; www.lynchbages.com).

✈ Aeroporto Bordeaux-Mérignac (42 km/26 milhas).

🛏 $$ **Hotel Château Beau Jardin**, 50 Route de Soulac, Gaillan-em-Medoc (☏ 33/5/5641-2693; www.chateaubeaujardin.com). $$ **Hotel de France**, 7 rue Franklin, cidade de Bordeaux (☏ 33/5/5648-2411; www.hotel-france-bordeaux.fr).

O Château Lynch-Bage, em Bordeaux, acolhe os visitantes – um costume raro na região.

324 Château Lascombes

324 França

Château Lascombes
Crush on You
Bordeaux, França

É possível apaixonar-se por uma vinícola? São apenas tijolos e cimento, afinal de contas. Mas que tijolos e cimento!

O Château Lascombes é um castelo no mais completo sentido da palavra – alto e gótico com uma pequena e estreita torre na frente do telhado, que parece um chapéu de bruxa. As janelas do sótão brotam do teto, assim como estreitas chaminés e uma torre circular atrás. As molduras brancas das janelas só acentuam o efeito edificante e, para coroar tudo isso, cada parte dos tijolos é coberta com uma grossa folhagem verde. Só de olhar para ele seu humor melhora.

Atrás, a área de produção ocupa uma grande construção parecida com um hangar com portas cinzas gigantes. Dentro, está um depósito com todas as necessidades modernas para a vinificação – tanques de aço, enormes tonéis de carvalho, depósitos de uvas, desgalhadores e uma correia transportadora. Os visitantes caminham sobre os tonéis no subsolo, com bombas e cordas enroladas pelo chão. Passagens industriais levam ao andar de cima, para uma grande sala parecendo um sótão, onde as uvas são atiradas aos tanques de maceração e resfriadas com gelo seco. Mas a grande surpresa está no andar de baixo, no porão, onde a longa sala de barris é dramaticamente acesa com luzes fluorescentes, como numa discoteca.

Chegando à sala de degustação, você pode ter um panorama dos extensos jardins de videiras da propriedade, pontuadas por rosas e canteiros de flores (se tiver sorte, o guia poderá deixá-lo dar uma olhadinha dentro do castelo, o que é surpreendentemente caseiro, com cortinas listradas, grandes abajures e paninhos – felicidade doméstica). Na sala de degustação, o guia explica que a vinícola foi fundada por um cavaleiro francês, Antoine de Lascombes, na metade do século XVII. Em 1885, ela foi classificada como a segunda em desenvolvimento, uma avaliação para uma vinícola francesa que a fez uma das mais prestigiadas do país. Infelizmente, a vinícola foi maltratada por uma série de proprietários durante o século XX – donos ausentes e um fermentador coletivo – foi usada inclusive, como base militar pelas tropas aliadas na Segunda Guerra Mundial. No meio dessa incerteza, a vinícola não produziu bem. Foi então que, em 2001, Michel Rolland apareceu, um cavaleiro moderno em armadura brilhante que, sob novos proprietários, vislumbrou uma grande melhoria nos vinhedos. Sua mistura de 2004 é soberba – escura, perfumada e sedutora. No final, o Château Lascombes, mais uma vez, tem um vinho de acordo com sua arquitetura.

ⓘ **Château Lascombes**, 1 Cours de Verdun, Margaux (✆ **33/5/5578-89743**; www.chateau-lascombes.com).

✈ Bordeaux-Mérignac Airport (31 km/13milhas).

🛏 $$$ **Relais de Margaux**, 5 Route de L'Ile Vincent (✆ **33/5/5578-83830**; www.relais-margaux.fr). $$ **Le Pavillon de Margaux**, 3 rue Georges Mandel (✆ **33/5/5578-87754**; www.pavillonmargaux.com).

Viagens de Degustação

França 325

Château Smith Haut-Lafitte
Sour Grapes
Bordeaux, França

Deve ser confuso ser uma uva, principalmente se você está crescendo nos calmos vinhedos do Château Smith Haut-Latiffe. Você passa toda a primavera e verão sendo nutrido e mimado. Chega a época da colheita e você é cuidadosamente colhido com as mãos e colocado em bandejas especiais para prevenir estragos. Então você é carregado para o caminhão em um cocho inspirado nos Sherpas, desenhado ergonomicamente e destacável para que você possa rolar suavemente para o carregamento. Na vinícola, as uvas são selecionadas à mão e limpas.

Mas o que acontece depois desse tratamento cinco estrelas? Eles o amassam. Unindo insulto à injúria, você pode até se ver untando o rosto de alguém ou boiando em uma banheira com uma pessoa nua, como parte de um fenômeno recente conhecido com vinho-terapia.

O Châteaux Smith Haut-Latiffe é tão grande quanto o nome indica. É um complexo espalhado de pequenas torres quadradas e cúpulas, algumas datadas do século XVI. Estátuas de leões, cupidos e Bacos pontuam uma propriedade coberta de heras que exala um charme aristocrático. Flâmulas tremulam como birutas medievais, e uma grande escada de pedra leva a um grande salão de festas com vista para o vinhedo. Embaixo, na adega, uma espetacular sala abobadada contém em torno de 1.300 barris, iluminados por spots e o logotipo da empresa.

Aparentemente, isso tudo era uma grande bagunça antes de ser adquirido pelos profissionais de sky e varejistas de esportes Daniel e Florence Cathiard. Eles não só deram nova vida a um prédio histórico, como fizeram com que as uvas renascessem. As misturas clássicas do Merlot, Cabernet Sauvignon e Cabernet Franc são frescas e ricas.

Perto dali está o belo hotel de luxo Les Sources de Caldale, uma enorme mansão com lago no jardim e cisnes. A vinho-terapia do spa do hotel faz com que você mergulhe literalmente – aparentemente a máscara de uva tem maravilhosas qualidades antienvelhecimento, transbordando antioxidantes (Madonna é grande fã dos produtos de beleza da vinícola). Seu restaurante, estrelado no Michelin, atrai gourmets. Uma sala de charutos forrada em couro atrai os amantes do tabaco e uma adega com 15.000 garrafas gratifica os amantes de vinho. O hotel é um destino por si só – vamos esperar que eles mimem seus clientes ainda melhor do que as uvas.

ⓘ **Château Smith Haut-Latiffe**, Martillac (✆ **33/5/5738-1122**; www.smithhout-latiffe.com).

✈ Bordeaux-Mérignac Airport (27 km/16 milhas).

🛏 $$$ **Hotel Bordeaux Coninental**, 10 rue Montesquieu, Bordeaux (✆ **33/5/5652-6600**; www.hotel-le-continental.com). $$ **Hotel Majestic**, 2 rue Condé, Bordeaux (✆ **33/5/5652-6044**; www.hotel-majestic.com).

Villa Cafaggio
Classic Chianti
Greve, Toscana, Itália

A viagem de carro pelas curvas é de tirar o fôlego, dobrando e girando por meio das majestosas montanhas da Toscana, passando pelos bosques de oliveiras, campos de plantação, e, claro, vinhedos. Fileiras de vinhas seguem os contornos das encostas como um esboço de um artista. Você chega a uma bela floresta de ciprestes, emoldurando uma pitoresca capelinha que parece um cartão-postal. A estrada se torna uma trilha poeirenta, e quando você vira uma curva, uma vista cativante se desdobra à sua frente – o lendário conco de oro ou "vale do ouro" – um doce pedaço de terras de vinhedos que produz alguns dos melhores Chiantis da Toscana, um vinho tão bom que alguém teria que batizá-lo "Super Toscano".

O afortunado proprietário é uma vinícola que se chama Villa Cafaggio, instalada em um prédio típico da Toscana de pedras marrons e azulejos terracota. O vinho tem sido fabricado nessa área durante séculos, inclusive em um período medieval, quando os monges beneditinos adoravam a Deus fazendo (e bebendo, é lógico) um vinho ótimo. Mas, então, a região passou por problemas turbulentos. Quando a família Farkas adquiriu a Villa Cafaggio nos anos de 1960, eles se encontraram em um estado de penúria – vinhedos negligenciados, varietais prejudicados, e prédios decrépitos. O filho Stefano Farkas reconstruiu a vinícola e, por sua vez, fez sua reputação como um dos fabricantes de vinho mais talentosos e avançados da Itália. Ele restaurou os prédios, plantou novos parreirais e até injetou vida nova na fabricação de óleo de oliva da vinícola. Não foi fácil – porque o mercado tinha entrado em colapso, e a vinícola, com frequência, se via com excesso de uvas, sem lugar para armazená-las, e sem compradores. Mas os tempos mudaram e agora os amantes do vinho nunca têm o suficiente do vinho da Villa Cafaggio. Suas melhores safras ganham notas altas de todos os críticos.

As instalações possuem tecnologia surpreendentemente alta. Pegue, por exemplo, a máquina de engarrafamento de vanguarda, que deixa um vácuo no topo da garrafa, eliminando o grande inimigo do vinho, o oxigênio. No entanto, há o suficiente do charme do velho mundo aqui, para aquecer o coração dos românticos incorrigíveis – uma sala de degustação perfumada, com tonéis feitos de carvalhos eslovacos, ou o terraço no andar de cima, onde a vinícola oferece almoços ensolarados de vez em quando, ou jantares estrelados com mimos da estação, tais como as castanhas assadas em novembro. O tour da vinícola inclui uma caminhada pelo parreiral seguida de uma degustação dentro da vinícola. Pessoas super, vinho super, Super Toscana.

ⓘ **Villa Cafaggio**, Via San Martino in Cecione S. Panzano (☏ **39/55/54-9094**; www.villa-cafaggio.com).
✈ Aeroporto de Florença (40 km/24 milhas)
🛏 $$$ **Villa Bordón**, Via San Cresci 31/32, Loc. Mezzuola (☏ **39/55/88-40005**; www.villabordon.com) $$ **Castello Vicchiomaggio**, Via Vicchiomaggio 4 (☏ **39/55/85-4079**; www.vicchiomaggio.it).

Viagens de Degustação

7 Lugares Para se Comer em ... Roma

Como em qualquer capital importante da Europa, Roma tem sua quota de templos gourmet de três estrelas e bistrôs da moda, mas a essência da cozinha romana é do tipo simples de alimentação robusta do campo, que não é necessariamente registrada no radar gastronômico. Com as ofertas multifacetadas no campo cultural e histórico de Roma, poucas pessoas vêm aqui exclusivamente para comer. Muitos restaurantes podem embarcar no negócio turístico e fazer bom lucro apesar da comida medíocre, do serviço grosseiro, e dos preços de tirar o couro, então pode ser difícil encontrar a genuína cucina *Romana* – apesar de a verdadeira matéria satisfazer a alma mesmo.

Fuce em volta da estreita rua, atrás da Fontana di Trevi, pelo ㉗ Al Moro (Vicolo delle Bollette 131; ✆ 39/6783495), uma tratoria Famíliar sem charme, que atraiu residentes exigentes, inclusive Frederico Fellini e seus compagnos, desde 1929. Vale a pena aturar o patrone ríspido e os frequentadores exclusivos para experimentar tais especialidades autênticas como o cabritinho assado crocante perfumado com alecrim, o espaguete Al Moro (a carbonara, que eles defendem ter inventado aqui), ou um carneiro macio que desmancha no garfo ensopado com tomates frescos. Em uma praça fechada na área do gueto judeu, o local clássico para se desfrutar uma alcachofra frita (chamada de carciofi alla Giudeca, ou alcachofras em estilo judeu) é o negócio de família ㉘ Piperno (Via monte de'Cenci 9; ✆ 39/6/68806629; www.ristorantepiperno.com), uma taverna suave que está no ramo desde 1856. Juntamente com as alcachofras fritas e o fritto misto vegetariano (uma amostra das alcachofras em estilo judeu, croquetes de arroz e queijo mozarela e flores de abóbora recheadas), o Piperno serve deliciosas massas (o suave gnoccheti alla matriciana é uma especialidade), os pratos de frutos do mar e vitela.

Perto da Piazza Navona, o renomado ㉙ Il Convivio (Vicolo dei Soldati 31; ✆ 39/6/6869432; www.ilconviviotroiani.com), uma sala branca de refeições chique, em um prédio do século XVI, é conhecido pela cozinha inspirada no mercado. Mudando os itens do menu de acordo com as estações, o que pode incluir o atum caramelizado com castanha ao mel, gengibre, pimentão-verde, alecrim, e purê de maçã-verde, ou o tagliatelle com ragu de carne branca de porco, aspargo selvagem, e gengibre. No entanto, até nesse restaurante sofisticado você pode encontrar toques da cucina Romana, como o bacalhau salgado com confit de tomate, azeitonas, e alcachofras. Para uma refeição mais casual e não tão cara na mesma área, há sempre a ㉚ Pizzeria Baffeto (Via Del Governo Vecchio 114; ✆ 39/6/6861617), um ponto

O Checchino dal 1887 tem servido a cozinha romana visceral por mais de um século.

7 Lugares Para se Comer em... Roma

lotado eternamente popular e sem frescuras, em um prédio de esquina que parece encardido (você o reconhecerá pelas filas de pessoas do lado de fora, esperando por uma mesa). Essas pizzas são de estilo típico romano, com uma borda fina crocante. A especial da casa é generosamente coberta com molho de tomate, mozarela, cogumelos, cebolas, linguiças, pimentão assado, e ovos. (Se o Baffetto estiver lotado, dê um pulo até a esquina, na La Montecarlo, na Vicollo Savelli número 12, que é administrada por uma filha do dono do Baffetto).

No bairro de classe trabalhadora de Testaccio, que rapidamente está se tornando um bairro de classe média, cada vez mais bistrôs e bares da moda inauguram em antigos depósitos transformados. Porém, próximo do mercado gastronômico a céu aberto da Piazza Testaccio – que já é uma parada essencial para qualquer um que seja um amante da boa comida – a tradicional cuccina romana está viva e saudável no Da Felice (Via Mastro Giorgio29; 39/6/574-6800), a trattoria de bairro bem arrumada que serve pratos favoritos, consagrados pelo tempo, como: o tonnarelli cacao e pepe, uma massa substanciosa rica em ovos misturada com queijo de cabra partido e pimenta do reino, ou o bucatini all'amatriciana, um espaguete furado em um molho de tomates, cebola, pancetta, e queijo pecorino. A aconchegante adega caiada de branco do Checchino dal 1887 (Via di Monte Testaccio 30; 39/6/5743816; www.checchinodal1887.com) começou a servir trabalhadores dos antigos frigoríficos da região, em 1887, e o menu ainda apresenta restos suculentos de açougue – pratos como o rigatoni com pajata (massa com tripas); coda alla vaccinara (rabada); fagioli e cotiche (feijão com gordura do intestino bovino); e, no inverno, um macio javali cozido lentamente na panela, com ameixas pretas e vinho tinto.

Do outro lado do Tibre, no bairro boêmio de Trastevere, o Sabatini (Plaza Santa Maria 13; 39/06-5812026) é uma trattoria acolhedora do bairro, com vigas nos tetos, com ar de casa e paredes com pinturas em estêncil. É um ótimo lugar para os frutos do mar (espaguete com molho de frutos do mar, camarão grelhado), massas deliciosas, pratos de frango e vitela (experimente o pollo con pepperoni, frango com pimentões verdes e vermelhos), e, claro, rabada – a marca de qualquer autêntico restaurante da cucina romana.

✈ Aeroporto Internacional Leonardo da Vinci (Flumicino; 30 km/19 milhas)

🛏 $$$ **Hotel de Russie**, Via del Balbuino 9 (800/323-7500 nos E.U.A. e Canadá, ou 39/6/328881; www.roccofortehotels.com). $ **Hotel Grifo**, Via del Boschetto 144 (33/6/4871395; www.hotelgrifo.com).

O Al Moro, em Roma, afirma que inventou o carbonara.

Viagens de Degustação

Itália 334

Castello Banfi
A Touch of Glass
Brunello, Toscana, Itália

O Castelo Banfi aparece no horizonte como um castelo em um topo de montanha cor-de-rosa saindo direto de um conto de fadas. Uma torre fina e alta do estilo da história da Rapunzel apresenta a vista da enorme propriedade, que atinge até o Mediterrâneo ali perto. Dentro dessa fortaleza medieval autêntica, fica um pátio aconchegante; fora há um conjunto de chalés de pedra com ruas estreitas cobertas por videiras, uma aldeia que ficava grudada às paredes do castelo nos tempos obscuros. A propriedade abriga vinhas, bosques de oliveiras, campos de trigo, pomares de ameixas, e florestas; dentro dessas mesmas florestas vivem o javali, o veado, o faisão e até as trufas.

Mas, diferentemente de muitos castelos de vinícolas europeias, esse lugar não é uma fortaleza no que diz respeito aos visitantes. Ele tem dois restaurantes, um dos quais tem uma estrela do guia Michelin. Ele tem uma encantadora loja de vinhos com piso espaçoso de cerâmica, belas vigas de madeira escura, e atraentes prateleiras de exposição. As instalações da vinícola com suas fileiras sem fim de barris são imaculadas, assim como os 14 aposentos dos hóspedes, localizados nos chalés de pedra em volta. A vinícola até tem sua própria fabricação de barris, onde as melhores tábuas de carvalho da França e da Eslovênia são transformadas em barris.

Se isso não for o suficiente, o que verdadeiramente marca essa vinícola como um ponto de visita obrigatória no sul da Toscana, é seu intrigante Museu do Vidro; seis salas que mostram o vidro dos dias de hoje até o século XV a.C. Urnas egípcias estão ao lado de vasos da Babilônia, ao lado das ampolas e taças romanas; exemplos dos dias atuais incluem cristal decorativo feito

As terras do Castelo Banfi englobam um restaurante com estrela do guia Michelin, acomodações em chalés de pedra e um Museu do Vidro.

por uns sujeitos chamados Picasso, Cocteau, e Dalí. Ele concentra sua mente por um tempo longe do vinho e no objeto transparente que o contém.

Esse rico esplendor histórico tem sua raiz no lugar mais inusitado – Long Island, Nova Iorque. Foi aí que o pai do proprietário John F. Mariani iniciou com uma importadora de vinhos italianos, a Banfi, em 1919. O tempo para isso não poderia ter sido pior – a lei seca veio um ano depois. Ele cambaleou por esses anos de seca vendendo vinho para "finalidades médicas", então não perdeu tempo importando os melhores vinhos da Itália quando a lei foi finalmente suspensa. O negócio explodiu, e, ao longo dos anos, Banfi introduziu os vinhos italianos mais finos no mercado americano, incluindo o Lambrusco e o Chianti.

A vinícola em si colocou sua fé em Sangiovese; os vinhedos pululando com a uva agora cercam as paredes do castelo. Enquanto todo um complexo dá uma sensação corporativa um quando polida, fique certo de que essa não é uma Disneylândia do vinho – ela é um artigo genuíno.

ⓘ **Castello Banfi, Montalcino** (✆ 39/577/840111; www.castellobanfi.com).
✈ Aeroporto de Florença (85 km/52 milhas).
🛏 $$$ **Borgo Grondaie**, Strada delle Grondaie, Siena (✆ **39/577/332539**; www.borgogrondaie.com). $$ **Hotel Villa Elda**, Viale 24 Maggio, Siena (✆ **39/577/247927**; www.villeldasiena.it).

335 Itália

Allegrini
The Forgetful Winemaker
Verona, Itália

Parece que as melhores invenções acontecem por acaso. No início dos anos 1950, um fabricante de vinhos desconhecido se dedicou a fazer um vinho doce e rico chamado recioti, único para a área em volta de Verona, no norte da Itália. Ele pegou as uvas pretas Corvina e as colocou em esteiras de palha para secar por várias semanas, para que as uvas pudessem engelhar e perder sua água enquanto retinham seu açúcar. Depois, elas eram esmagadas e fermentadas e colocadas em um barril. E então o fabricante de vinho cometeu o seu golpe de gênio – ele se esqueceu do vinho. Talvez tenha ido esquiar nos Alpes ali perto ou fez uma viagem de pescaria até o lindo Lago de Garda; talvez um novo romance o tenha levado a jantares com vinho na cidade antiga de Verona, mostrando, à sua nova bela, as sedutoras ruínas romanas, os muros medievais, e as igrejas renascentistas. Seja lá o que for, o vinho permaneceu no barril por muito tempo.

Quando nosso fabricante esquecido de vinhos chegou para verificá-lo, seu doce vinho recioti estava arruinado. Não sobrou nenhum açúcar – ele tinha sido totalmente fermentado – e o que ele teve no lugar disso foi um tinto seco poderoso. Ele era um pouco mais amargo, porém completamente possível de beber – na verdade, ele tinha um gosto de passa exuberante e bem encorpado. O vinho ficou conhecido como amarone (literalmente "o grande amargo") e desde então ele provou ser um sucesso entre os aficionados do mundo todo, com seu estilo que satisfaz a mudança de gosto para vinhos mais concentrados. Logo todas as vinícolas da região estavam fazendo.

Alegrini estabeleceu seu nome como um dos fabricantes dos mais delicados amarones. Localizado ao norte de Verona, em Fumane de Valpolicello, ele é administrado por uma família que tem sido dona de vinhedos na região por centenas de anos, mas apenas recentemente ele recebeu prêmios por sua fabricação de vinhos. Os vinhedos são particularmente belos, abrigados em encostas em terraços, reforçadas por contraforte de muros de pedras bran-

Viagens de Degustação

cas e margeados por ciprestes altos e finos. Os Alpes cobertos por neve ficam a distância, e as encostas do vinhedo são embelezadas por uma estátua de pedras aqui e ali. As frutas silvestres escuras dessas encostas são colocadas em tonéis especiais para secagem por 100 dias, antes de serem transferidos para tonéis com faixas vermelhas nas adegas de tijolos com teto em arco. Eles mantêm os vinhos por cinco anos antes de lançá-los.

Allegrini conduz tours das instalações com ênfase na boa e antiga hospitalidade italiana. Eles abrigam degustações em adegas e tours de vinhedos, até aulas de culinária conduzidas por Marilisa Allegrini na Villa Giona próxima dali, uma vila em estilo italiano de janelas em arco. A Villa rodeia um gramado extenso com cadeiras de vime e a ocasional estátua do Renascimento; no interior, você encontrará obras de arte de época, mobília antiga, e afrescos coloridos. Degustações são conduzidas na torre medieval, e oito aposentos de luxo dão as boas-vindas aos hóspedes.

ⓘ **Allegrini Winery**, Via Giare 9/11, Fumane di Valpolicella (ⓒ **39/45/6832011**; www.allegrini.it).

✈ Aeroporto Catullo, Verona (15 km/9 milhas).

🛏 $$$ **Ai Capitani Hotel**, Via Castelletto 2/4, Peschiera del Garda (ⓒ **39/45/6400782**; www.aicapitani.com). $$ **Al Quadrifoglio Bed and Breakfast**, Via 24, Maggio 6, Verona (ⓒ **39/338/2253681**; www.alquadrifoglio.it).

Itália 336

Ruffino
The Chianti Effect
Toscana, Itália

Chama-se o "Efeito Chianti". Ele acontece quando os amantes do vinho visitam uma vinícola linda e ficam tão arrebatados com o enorme charme de suas redondezas, que eles declaram que o vinho é o melhor que, já degustaram – quando, na verdade, ele é uma mistura de bebida feita com uva rústica.

É fácil entender porque as pessoas ficam tão arrebatadas e doidas por Chianti, na Toscana. O nome do mais antigo vinho da Itália é o de um conjunto de montanhas encurvadas, pontuadas de ciprestes altos. A região dá seu nome ao famoso vinho tinto que, infelizmente, as pessoas hoje em dia associam com as toalhas de mesa xadrez, pizzas, e garrafas de vinho cobertas de palha. Apesar de os poetas da renascença o chamarem de vinho de Baco, a reputação excelente do Chianti perdeu força no século XX, depois de controles rígidos ficarem mais relaxados, e os fabricantes de vinho começarem a misturar a floral uva Sangiovese, rica e terrosa, com outros vinhos, inclusive, (imperdoavelmente) com vinho branco. O vinho italiano mais popular nos E.U.A. passou a ser considerado tão barato e magro, que não valia a pena armazenar. Então, um escândalo estourou questionando a autenticidade do Chianti. Outros vinhos apareceram na cena, rivalizando e ultrapassando o Chianti, mais notadamente os Super Toscanos. Quando Hannibal Lecter declarou que o vinho seria perfeito para se beber com o fígado de um pesquisador do senso, morto no filme O Silêncio dos Inocentes, ele quase selou seu destino.

Mas agora o Chianti está de volta. Novos controles insistem que o vinho não pode ser chamado de Chianti a não ser que contenha 80% de uvas Sangiovese; acrescentar vinho branco é proibido. Isso trouxe um aumento destacado na qualidade, e o Chianti está mais uma vez fazendo os poetas brilharem com lirismo.

Liderando essa mudança está uma das principais vinícolas italianas, a Ruffino, um nome que se tornou praticamente sinônimo de um Chianti de alta-classe. Essa vinícola de 130 anos de idade tem sete propriedades espalhadas pela Toscana; uma das mais belas é a Propriedade Poggio Casciano, um pouco adiante da histórica Florença. Aqui se pode visitar uma maravilhosa mansão toscana, rodeada por retalhos salpicados de vinhas de todos os formatos e tamanhos. Paredes cor-de-rosa contêm janelas com venezianas e um telhado com telhas de antiga terracota. Arcos alegres encaram um pátio amplo com uma fonte central. Dentro, túneis largos e circulares são forrados com barris e pavimentados com paralelepípedos; adegas antigas e maravilhosas levam até uma sala arejada com pisos de tacos de madeira polida e uma coleção de gravuras antigas mostrando Baco, em toda a sua glória bacanal, através dos séculos. Parece que até o deus do vinho não estava imune ao efeito Chianti.

ⓘ **Ruffino, Via Poggio**, Cappanuccia, San Polo, Chianti (✆ **39/55/649-9707**; www.ruffino.it).
✈ Amerigo Vespucci Florence (37 km/22 milhas).
🛏 $$$ **Hotel Davanzati**, Via Porta Rossa no. 5, Florence (✆ **39/55/286-666**; www.hoteldavanzati.it). $$ **Hotel Vecchio Asilo**, Via delle Torri 4, Ulignano San Giminiano (✆ **39/57/795-0032**; www.vecchioasilo.it).

337 Itália

Cerretto Winery
Save the Truffle
Piemonte, Itália

Esse deve ser o passeio turístico de vinhos mais duros em todo o mundo – levantar-se quando ainda está escuro e cambalear de botas de borracha sobre as montanhas nebulosas, e através das florestas congelantes, com um bando de cachorros cheirando as árvores, procurar a famosa trufa-branca do Piemonte. Um cachorro late e o trifolai, ou o caçador de trufas, corre para o ponto onde o cachorro desenterrou uma pequena bolinha suja, que parece uma batata enrugada.

As trufas são um manjar misterioso. Elas não são cogumelo nem legume, e como elas crescem continua sendo um mistério completo. Apesar de pesquisas extensas, os cientistas não conseguiram domesticá-la; ninguém sabe por que ela cresce apenas em certos lugares (no caso da Itália, apenas no Piemonte e na Toscana), geralmente no mesmo ponto, ano após ano. O que se sabe é que o tuber magnatum pico é altamente sensível ao meio ambiente, e os campos de trufa têm diminuído ao passo que as florestas vagarosamente desaparecem. O preço alto das trufas, podendo atingir $1.600 por libra, tem estimulado um aumento enorme no número de caçadores, perseguindo o que costumava ser um passatempo do homem do campo. A rivalidade tem visto caçadores invejosos chegarem ao ponto de envenenar os cachorros de outros caçadores, e houve pedidos para que se regulamente a indústria.

A vinícola Cerreto conduz caçadas de trufas, não para fazer dinheiro, mas para permitir que visitantes explorem a arte fascinante de caçar trufas. Afinal, as trufas são um acompanhamento natural para o vinho Barolo, e a Cerretto é vista como a mestra neste vinho. A Cerretto está situada próximo de Alba, na região noroeste do Piemonte; o Barolo é o vinho mais conhecido desta região, um tinto feito da uva Nebbiolo. Os proprietários da Cerretto Bruno e Marcello Cerretto são conhecidos no mundo todo como os irmãos Barolo.

Viagens de Degustação

A vinícola Cerretto é uma mistura surpreendente de antigo, novo e completamente untuoso. As adegas comuns de tetos arredondados estão ali, mas também está uma escultura surpreendente nos jardins da vinícola, um cubo de vidro enorme que permanece como um dado gigante que rola pelo chão. Com suas arestas definidas, essa pequena estrutura bizarra pretende simbolizar a robustez cortante dos vinhos Cerretto. Em outro canto dos vinhedos está uma encantadora capela multicolorida que parece um castelo de parque de diversões infantil. O efeito do todo é tremendamente charmoso.

Na sala de degustação, você pode provar os vinhos Barolo perfumados e aveludados, enquanto as trufas reaparecem como fatias finas colocadas sobre ovos fritos. O cheiro é distinguido e arrebatador, pungente e terroso, e elas têm um gosto de mistura de alho e cogumelo. Você aprende que as trufas também são consideradas um afrodisíaco – mais um motivo para aproveitá-las com um vinho tão sensual.

ⓘ **Cerretto**, Strada Provincial Alba/Barolo, Localita San Cassiano 34, Alba (✆ **39/173/282-582**; www.ceretto.com).
✈ Turin (82 km/52 milhas).
🛏 $$$ **Hotel Castello di Sinio**, 1 Vicolo del Castello, Sinio (✆ **39/173/263-889**; www.hotelcastellodisinio.com). $$ **Ca del Lupo**, Via Ballerina 15, Montelupo Albese, (✆ **39/173/617-045**; www.cadellupo.it).

Itália 338

Fontanafredda
The King of Grapes
Piemonte, Itália

O tempo de vida de uma vinha é muito parecido com o de um ser humano. Com dez anos de idade ela é muito jovem para ser levada a sério, mas precisa de muito amor, cuidado e atenção. Nos anos da adolescência, ela é muito jovem e robusta, mas não totalmente formada, produzindo uma vinha que cria uvas que vão bem com outra uva, em uma mistura harmoniosa. Depois dos 40, a vinha amadurece lentamente com suas uvas se tornando mais complexas e sofisticadas. Depois dos 60, ela perde algumas habilidades, mas continua tendo ascendência sobre as outras – elas produzem menos vinho, mas são ricas, e concentradas, e cheias de sabedoria.

O Rei Victor Emmanuel II pode ter sido o primeiro rei da Itália, mas ele também se via como um lorde e mestre de uma população bem numerosa de uvas. Sua propriedade de 100 hectares (247 acres) chamada de Fontannafredda é rodeada por um campo de vinho pitoresco, de montanhas sinuosas e encostas arredondadas. Mansões altas com beirais de treliça abrigam sacadas de ferro fundido, com vista para as ruas de paralelepípedo. Onde o rei construiu a opulenta Vila Contessa Rosa para sua amante, os hóspedes dos dias modernos podem dormir em seus simples aposentos confortáveis e mergulhar completamente no mundo do vinho real.

Os hóspedes podem vasculhar essa maravilhosa propriedade, que tem sua própria igreja, parque, e lago. No subterrâneo, longos túneis estreitos levam a adegas que parecem igrejas com tonéis gigantescos.

O campo em volta é perfeito para passear, parando em inúmeras caves e adegas para provar o vinho local. O Piemonte em si é um paraíso para a gastronomia, com os aromas dos manjares do local, como: a trufa branca e a vitela assada pairando sobre os melhores restaurantes da região.

Por volta de 500 produtores da região ainda contribuem com suas uvas para o vinho da propriedade, em uma tradição que remete ao tempo do rei. As uvas como a Nebbiolo e a Barbera, ingredientes do famoso vinho

Barolo, são despejadas pelos portões da vinícola a cada temporada de colheita – a uma fila de súditos leais da uva, por assim dizer.

ⓘ **Fontanafredda**, Via Alba 15, Serralunga d'Alba (Ⓒ **39/173/626-111**; www.fontanafredda.it).

✈ Turin (82 km/52 milhas).
🛏 $$$ **Hotel Castello di Sinio**, 1 Vicolo del Castello, Sirio (Ⓒ **39/173/263-889**; www.hotelcastellodisinio.com). $$ **Ca del Lupo**, Via Ballerina 15, Montelupo Albese (Ⓒ **39/173/617-045**; www.cadel-lupo.it).

339 Itália

Florio
Perpetual Wine
Marsala, Sicília, Itália

John Woodhouse ficou um pouco chateado quando uma tempestade o forçou a atracar na preguiçosa vila anônima de Marsala, na costa oeste da Sicília, em 1773. O comerciante inglês estava a caminho do sul para pegar uma carga de água gaseificada. Desanimado, ele decidiu afogar suas mágoas em uma hospedaria à beira-mar, onde serviam um vinho do local, o vino perpetuo – que se chama assim porque o tonél não fica vazio nunca, já que é preenchido periodicamente com uma nova safra, Woodhouse tomou um gole e esqueceu de sua água gaseificada.

Woodhouse gostou tanto do vinho que ele comprou cada gota que pôde encontrar – uns 5.000 litros imperiais – e despachou-os para a Inglaterra. Ele tinha um pressentimento de que o vinho poderia competir com o porto Madeira, que era o furor em Londres na época.

Seu pressentimento estava correto. Até o final do século XVIII, Woodhouse tinha construído um império do vinho. Lorde Nelson gostou tanto do novo Marsala que declarou ser o vinho da Marinha Real Britânica e designou Woodhouse como o seu único fornecedor. O Marsala se tornou um porto próspero, com as vinícolas da Sicília – conhecidas como bagli – começando a aparecer à beira do mar. O porto se expandiu ao ficar cheio de navios carregando barris para levar o vinho para o norte da Europa e das Américas. A cidade de Marsala tinha se tornado um vinho, tudo por causa do clima.

Hoje em dia, Marsala se voltou à sua encarnação mais sonolenta, uma vila banhada pelo sol no Mediterrâneo, com raízes no Império Romano (como prova um navio cartageno restaurado no museu da cidade). A empresa de Woodhouse finalmente foi adquirida pela Cinzano e continua usando o nome Florio. Seu maravilhoso baglio branco é o coração de um complexo de vinícolas enorme, inclusive uma vila Art Nouveau rodeada por belos depósitos antigos. A adega é uma fileira dupla de barris enfileirados por 150 m (500 pés). O museu da vinícola contém recordações fascinantes, inclusive exemplos do Tônico Marsala de Florio, um "remédio" disponível nos Estados Unidos durante a lei seca (no rótulo se lê, em letras vermelhas grossas, "um pequeno copo duas vezes ao dia").

Uma mudança de gosto e moda significa que o vinho Marsala não é mais tão popular como já foi, mais conhecido hoje em dia apenas como um ingrediente para cozinhar os escalopes de vitela. Porém, ninguém deveria desprezá-lo ainda. O Marsala Vergine de Flório é um porto poderoso e delicioso. Com frequência, as melhores amostras, são encontradas apenas diretamente nas vinícolas – ótima desculpa para se tirar umas férias na ilha.

Viagens de Degustação

ⓘ **Florio**, 1 Via Vincenzo Florio, Marsala (☏ **39/923/781-111**; www.cantineflorio.it).
✈ Palermo (72 km/44 milhas).

🛏 $$$ **New Hotel Palace**, Via Lungomare Mediterraneo, Marsala (☏ **39/923/719-492**; www.newhotelpalace.com). $$ **Hotel Carmine**, Piazza Carmine, Marsala (☏ **39/923/717-574**; www.hotelcarmine.it).

Europa 340

Lopez de Heredia
A Big Splash
La Rioja, Espanha

Tente não chegar em Haro, a capital medieval de La Rioja, no dia 29 de junho. Assim que você pisar na cidade, pessoas completamente estranhas lhe darão um banho com baldes de vinho, enquanto racham de rir. Você chegou – sem saber – na famosa Guerra de vinho da cidade, uma orgia anual de se jogar vinho nos outros, que faz uma briga de comidas de bar parecer brincadeira de criança. Milhares juntam-se nas ruas da cidade armados de baldes, bacias, latas de lixo, bisnagas de água gigante, e até armados de sprays agrícolas, tudo com a firme intenção de afogar uns aos outros em vinho.

A cada ano, os bons sujeitos de Haro aparentemente passam por 13.000 galões nesse dia de festa. Todos estão vestidos de branco, mas eles não ficam dessa maneira por muito tempo. Logo as massas populares jogam, gritam, e ficam cobertas dos pés à cabeça de roxo, com o cabelo grudento e os olhos ardendo. Veteranos mais safos cobrem os assentos de seus carros com plástico e suas câmeras com filme plástico; alguns até usam máscaras. Toda a confusão é acompanhada por bandas de instrumentos de metal, carroças puxadas por tratores, e culmina em uma fiesta à noite, na praça da cidade, com fogos de artifício e mais ataques de vinho.

Logo abaixo, na rua onde acontece toda essa loucura, encontra-se a fonte principal do vinho de Haro, Lopes de Heredia, uma das vinícolas mais históricas e prestigiadas da Espanha. Lopez de Heredia é uma fábrica pertencente a uma família e se estabeleceu originalmente em 1877. Arquitetonicamente, a vinícola parece uma estação inglesa de trem mais do que uma vila espanhola, com suas paredes de pedra arrumadas, guarnições de telhado entalhadas, e empenas sólidas perfuradas por janelinhas redondas. Na verdade, como você logo irá descobrir em seu passeio turístico, a vinícola foi, em algum momento, uma estação de trem completa, completa com sua própria plataforma, para que Lopez de Heredia pudesse despachar vinho para todos os cantos do país, e mais longe ainda.

Nas entranhas do prédio, você encontrará uma adega com teto em abóbada com fileiras de tonéis antigos. Como muitas das vinícolas tradicionais de Rioja, Heredia é conhecida por envelhecer seus vinhos, às vezes, até por oito anos, em barris. Essa prática está vagarosamente mudando para ir de encontro aos gostos dos consumidores modernos, que cada vez preferem seu vinho jovem e frutado, talvez contendo apenas uma varietal. Aqui em Rioja, porém, o padrão é misturar a uva Tempranillo, rica e frutada com a Grenache, mais escura e mais alcoólica. O vinho Lopez de Heredia Reserva é pesado e viscoso, e dar vida nova ao seu paladar. Esse é um vinho que você não vai desperdiçar jogando na cara de um estranho.

ⓘ **Lopez de Heredia**, Avda. De Vizcaya 3, Haro (☏ **34/941/310-244**; www.lopez-deheredia.com).
✈ Aeroporto Logroño (60 km/37 milhas).
🛏 $$ **Casa de Lgarda**, Briñas (☏ **34/941/321-134**; www.casadelagarda.com). $$ **El Hotel Rural Villa de Abalos**, Plaza Fermin Gurnino No. 2, Abalos (☏ **34/941/33-4302**; www.hotelvilladeabalos.com).

341 Europa

Marques de Riscal
The Drunken Winery
La Rioja, Espanha

Essa vinícola parece dançar no horizonte como um homem louco – olhe para o teto metálico, feito com faixas de cor-de-rosa, dourado e titânio prateado. Parece pular em volta como uma bola em um emaranhado de fitas, sem sentido de forma, mas com pura exuberância para compensar. Por dentro e por fora, o prédio é escandaloso, exagerado e extravagante. Com suas paredes em zigue-zague e janelas angulares, é ilógico, ridículo e cativante.

Bem-vindo à "Cidade do Vinho", planejada pelo aclamado arquiteto Frank Gehry. O novo complexo – abriu com grande fanfarra, em 2006, pelo rei Juan Carlos, da Espanha – localiza-se a uma hora da criação mais famosa de Gehry, o brilhante e (em comparação) sóbrio Museu Guggenheim, em Bilbao. Esse complexo rebuscado de vinícolas é ainda mais surpreendente pelo contraste com as redondezas: atrás dele está um fundo de uma maravilhosa cordilheira poeirenta, a Sierra de Cantabria, e no meio de uma vinícola tradicional espanhola de pedra-sabão, tijolo e terra vermelha na vila medieval de El ciego – que, por mais irônico que seja, traduz-se como "o homem cego". Na parte mais antiga da vinícola, você encontrará uma adega histórica com tortuosos túneis de pedra com teias de aranha, que contrasta com a novíssima adega de 150.000 garrafas chamada de "A Catedral do Vinho". Dentro do complexo, você também encontrará uma pousada de 43 aposentos decorados do **Marques de Riscal Hotel** (⊘ **34/945/180-880**; www.starwoohotels.com) conectados por um caminho de vidro para um SPA de terapia de vinho – um luxo mesmo.

À primeira vista, pode causar perplexidade descobrir coisas tão radicais em uma das vinícolas mais históricas da Espanha. Famosa por seus ricos e densos vinhos tintos, que podem ter envelhecido em uma garrafa por mais de 100 anos, a vinícola irá manter um vinho por 40 anos antes de lançá-lo. Porém, a justaposição faz mais sentido quando você aprende que o fundador da vinícola, o Marques de Riscal, não foi só um fabricante de vinhos, foi também um diplomata, jornalista e livre pensador famoso do século XIX. Essa é uma vinícola que aprecia o antigo, mas ela nunca teve medo do novo.

Para comemorar a nova extensão da vinícola, a casa de leilões Sotheby's, recentemente, ofereceu um jantar de gala de vinhos antigos. Entre esses servidos estava um Tempranillo, de 1900, do Marques de Riscal, que era tão velho que não se conseguia abrir – cada garrafa tinha que ser decapitada com um enorme sabre aquecido.

A loucura continua.

Marques de Riscal, C/ Torrea 1, Elciego (⊘ **34/945/606-000**; www.marquesderiscal.com).

✈ Aeroporto Logroño (33 km/20 milhas).

🛏 $$ **Gran Hotel AC La Rioja**, C/ Madre de Dios 21, Logroño (⊘ **34/941/272-350**; www.ac-hotels.com). $$ **Antigua Bodega De Don Cosme Palacio**, Ctra. El Ciego s/n, Laguardia (⊘ **34/945/621-195**; www.habarcelo.es).

Viagens de Degustação

Europa 342

Lopez de Heredia
New Beginnings
Barcelona, Espanha

No meio do século XIX, a indústria do vinho europeu foi quase varrida por uma doença chamada phyloxera, um pequeno inseto amarelo da América do Norte, que apreciou as raízes das nobres uvas europeias e literalmente sugou a vida delas. Ele causou a devastação pelo continente, destruindo 90% de todos os vinhedos e forçando milhões em perdas pelas terras e nas cidades. Graças a essa praga das raízes, ondas de imigrantes da Itália, Espanha e França foram para o ocidente, para a Ellis Island, querendo escapar da pobreza e da fome.

As vinícolas tentaram de tudo para combater a praga – ensopando os vinhedos de produtos químicos horríveis, ou inundando os campos (o inseto aparentemente não podia nadar); os mais supersticiosos até tentaram enterrar um sapo abaixo de cada vinha. Nada disso funcionou. No final, os vinhedos tiveram que replantar completamente suas vinhas, enxertando seus varietais nas raízes americanas que eram resistentes à praga – um método que horrorizou os franceses – mas no final provou ser a única solução. Até hoje todos os vinhos finos têm raízes americanas.

Como a maioria das catástrofes, a phyloxera trouxe um novo começo. Entre outras coisas, ela criou um fenômeno do vinho moderno chamado Cava Espanhola: o vinho frisante da Península Ibérica que ganhou mais efervescência do que a champagne. Quando a família Sala começou a cavar as vinhas para procurar a doença escondida em sua propriedade do século XIII, a La Freixenada, na região do Mediterrâneo de Penedes, decidiram replantar as uvas pretas com varietais brancas como a Macabeo, a Xarel, e a Parellda, vinhas que eram mais adequadas à região mais seca e rochosa do que as que tinham sido plantadas ali antes. Eles então decidiram fazer o vinho frisante usando o método champenoise tradicional, induzindo uma segunda fermentação na garrafa. Dentro de 100 anos, a vinícola era a maior produtora de vinho frisante do mundo, e a palavra cava havia se tornado sinônimo de espumante de alta qualidade.

A própria vinícola é um labirinto de construções espalhadas de pedra calcária, a oeste de Barcelona. Um pátio amplo é agraciado com carros antigos e uma fonte magnífica; as palavras Cavas Freixenet estão emolduradas por hera, acima de uma fachada de estilo clássico. Em seu interior, está uma fábrica moderna e simples – as salas de recepção têm decoração de sofás estruturados e tetos abobadados, e uma recepcionista sentada em um balcão do tipo de hotel. Depois disso, você verá uma grande estrutura industrial, uma enorme adega com garrafas empilhadas, e uma imensa loja de vinhos. O tour fascinante entra em detalhe profundo sobre como os fabricantes de vinho tiram o sedimento da garrafa sem perder as bolhas; as paredes de garrafas ficam por trás de uma proteção de tela, para prevenir que uma delas afogue um turista ao explodir.

Por falar em afogar, o Cava é, tradicionalmente, o vinho usado para os batizados na Catalunha. Enquanto se estouram inúmeras garrafas, até o recém-nascido toma o seu primeiro gole. Novos começos, mesmo.

ⓘ **Cavas Freixenet**, Joan Sala 2, Sant Sadurni d'Anoia (✆ **34/93/891-7000**; www.freixenet.es).

✈ Barcelona (44 km/27 milhas).

🛏 $$$ **Hotel Villa Emilia**, Calábria 115-117 (✆ **34/93/252-5285**; www.hotelvillaemilia.com). $$ **Hostal L'Antic Espai**, Gran Via de lês Cortes Catalane 660 (✆ **34/93/304-1945**; www.lanticespai).

343 Europa

Taylor's Port
War & Peace
Vila Nova de Gaia, Oporto, Portugal

A história do porto é uma história de guerra, acidente, tenacidade – e paciência. No vale do Douro, uma região selvagem e montanhosa no norte de Portugal, os residentes locais têm feito vinho desde os tempos romanos, cavando terraços de solo seco arenoso e fortalecendo a terra pobre com paredes de pedras amontoadas. A área toda é um monumento à persistência humana, à determinação de tirar algo de um solo tão implacável. Por séculos, eles esmagaram uvas em filas e de braços dados, enquanto pisoteavam a fruta em cochos compridos de concreto. O vinho era, então, transportado por 200 km (124 milhas) de um rio traiçoeiro de corredeiras até a cidade do Porto, onde ele ficava, para ser aproveitado pelos habitantes locais.

Isso foi até que os ingleses aparecessem. Guerras sem fim com a França e a Espanha, no século XVII, significaram que os britânicos tinham que procurar em outro lugar por seu vinho, e eles procuraram na desconhecida Portugal. Eles aproveitaram os vinhos robustos do vale do Douro, mas o transporte foi um problema, em resposta, os fabricantes de vinho começaram a acrescentar brandy ou destilado de uva para fortalecer o vinho e preservá-lo para a viagem através do Atlântico. O álcool quase puro parou a fermentação no caminho, e o vinho reteve uma doçura que os ingleses amaram. Assim nasceu o porto, o licor preferido da aristocracia para após as refeições.

As companhias britânicas começaram a instalar alojamentos para o envelhecimento do vinho na cidade à beira do rio de Vila Nova de Gaia, um acampamento na encosta íngreme da montanha à beira do Rio Douro, do outro lado do Porto. Uma das primeiras empresas a fazer isto foi a Taylor's, em 1692. Essa casa de vinho do porto gerenciada por uma família é hoje uma das mais prestigiadas do mundo. (A safra de 1992 do porto Taylor recebeu um prêmio da perfeição de 100 pontos por Robert Parker Jr., que é o máximo que se pode atingir).

A propriedade de Taylor, um pouco acima no vale, está cheia de vinhas que são mais velhas do que a sua avó. Um tour gratuito de seus alojamentos antigos é fascinante – além das adegas com tetos em arco e das pipas de madeira gigantescas, há uma biblioteca imponente cheia de volumes com capas de couro e lambris de madeira polida, onde são conduzidas degustações no final do tour. Há também um restaurante no local, e um terraço com jardim encantador, com vistas lindas do rio e da cidade do Porto.

Durante o tour, você descobre que a região, que agora tem em torno de 85.000 agricultores, está passando por um renascimento, e ganhando nome pelos vinhos finos de mesa também. O porto pode ser uma infusão histórica, mas a Taylor's está investindo pesado em tecnologia e no lançamento de novos tipos de porto, inclusive na variedade de porto branco. Apesar dos trabalhadores ainda amassarem a uva com os pés, eles também inventaram um aparelho genial que se chama "dedos porto" – um tanque de aço inox equipado com um sistema interno de pistões, que imita o pé humano.

Taylor's Port, Rua do Choupelo 250, Vila Nova de Gaia (15km/9 milhas).

Aeroporto da Cidade do Porto (15 km/9 milhas).

$$ **Tiara Park Atlantic Oporto**, Av. da Boavista 1466, Oporto 351/22/607-2500; www.tiara-hotels.com. $ **Andarilho Oporto Hostel**, Rua da Firmeza 364, Cidade do Porto 351/22/201-2073; www.andarilhohostel.com).

Viagens de Degustação

Europa 344

Madeira Wine Company
Dessert Island
Ilha da Madeira, Portugal

Tudo a respeito do vinho Madeira é exótico. Para começar, ele se origina em uma ilha tropical calorosa, a 643 km (400 milhas) da costa da África, com frequência chamada de "pérola do Atlântico". Essa pequena colônia portuguesa parece infestada de vegetação, coberta por flores multicoloridas e jardins de frutas. Lindos vinhedos em terraços são escavados nas encostas íngremes, rodeados pelo mar azul vivo. A capital da ilha, a pitoresca Funchal, fica na encosta da montanha com vista para uma ampla baía, com despenhadeiros altos, surgindo na distância. É um paraíso sossegado para os amantes do vinho.

As mudas de uva, normalmente, não pegam em uma ilha tropical – a umidade e o solo rico, geralmente significam péssima qualidade e doenças. Contudo, a Madeira é abençoada com certos fatores únicos. Seu solo vulcânico é perfeito para uvas duras exóticas, com nomes estranhos como Bastardo e Cachorro Estrangulado. Através dos anos, os inventivos fabricantes de vinho da ilha descobriram que se eles fortificassem seu vinho local com álcool, poderiam produzir um porto doce e seco, que duraria literalmente por séculos. A situação geográfica da Ilha da Madeira também foi abençoada, porque ela pode fornecer um Novo Mundo com vinho; o calor que perdura em tais viagens só melhorou o gosto. (Esse calor agora é simulado em um salão que imita um forno na ilha).

E o Madeira se tornou o vinho mais famoso do mundo. Em 1478, quando o Duque de Clarence recebeu sentença de execução por traição, na Torre de Londres, ele escolheu se afogar em uma banheira de vinho Madeira, em vez de encarar o machado. Shakespeare referiu-se a ele em uma de suas peças (em Henrique II, o príncipe de Gales é acusado de vender sua alma por um copo de Madeira e uma coxa de frango), e o Madeira foi o vinho usado para brindar a Declaração de Independência American (fala-se que George Washington não passava um dia sem uma dose).

O vinho Madeira atualmente está passando por um renascimento, liderado pela principal vinícola da ilha, a Companhia de Vinhos Madeira. O melhor controle de qualidade e dos rótulos significa que os amantes do vinho estão redescobrindo este vinho de longa duração, explorando seu gosto complexo de frutas secas, nozes, e caramelo, dependendo da varietal. A ilha em si tornou-se um ponto muito visitado por turistas, com o quartel general da Companhia do Vinho Madeira sendo um ponto de parada popular (chame-o de porto de chamada).

A pitoresca casa branca da vinícola, rodeando um pátio tropical de paralelepípedo, apresenta salões rachados de envelhecimento, com pilhas até o alto de tonéis de carvalho, mogno e madeira indiana, assim como uma sala de degustação climatizada, com acabamento em madeira onde as prateleiras de madeira escura contêm garrafas de porto antigo. Aqui você encontrará vinho de 100 anos de idade – luz do sol vinda dos tempos Victorianos.

ⓘ **Companhia de Vinho da Madeira**, Av. Arriaga 28, Funchal (✆ **351/291/740-110**; www.madeirawinecompany.com).

✈ Aeroporto Funchal (15 km/9 milhas).

🛏 $$$ **Quinta Casa Branca**, Rua da Casa Branca 7, Funchal (✆ **351/291/700-770**; www.quintacasabranca.pt). $$ **Albergaria Dias**, Funchal (✆ **351/291/206-680**; www.albergariadias.com).

345 Europa

Schloss Vollrads
Kaiser Riesling
The Rheingau, Alemanha

O amplo Reno majestoso flui por 1.000 km (620 milhas) para o norte por meio do coração da Europa, começando nos Alpes Suíços e pelas fronteiras da Áustria, Alemanha, França, Luxemburgo e Holanda. Dentro da Alemanha, ele corre no topo das florestas negras da cordilheira do Taunus, faz uma curva de repente, e continua para o oeste por 30 km (18 milhas) antes de terminar o seu fluxo para o norte, na direção do Mar do Norte. No mapa, parece ser uma pequena torção no curso do rio – mas essa divergência acidental cria uma pequena região de vinhos, o Rheingau, que é considerada como uma das melhores da Alemanha. Vinhedos ensolarados, voltados para o sul sobem calmamente na direção das encostas do norte; a região é pontilhada de castelos, fortalezas, e vilas, com uma rede de pegadas e trilhas de bicicleta que fazem dele um paraíso do caminhante do vinho.

O Rheingau é a terra da uva mais nobre da Alemanha, a Riesling. Com frequência é considerada a Cinderela das uvas brancas (com a Chardonnay e a Sauvignon Blanc desempenhando os papéis das duas enteadas feias, porém mais favorecidas). A Riesling se transforma em um vinho fresco, puro, com características: clareza, mineralidade de ferro, e acidez cortante. É o branco preferido dos amantes do vinho. Ganhou um culto obsessivo que seguiu pelo mundo todo, apenas agora se tornou mais uma moda generalizada. Alguns o chamam do vinho do "it" – e se é assim, a sua passarela favorita é a vinícola Schloss Vollrads.

A Schloss Vollrads diz ser a vinícola mais antiga do mundo, com vinhedos que datam do ano de 850, e vendas de vinhos registradas pela primeira vez 1211. Ela é considerada como um tesouro nacional da Alemanha, e é fácil entender por quê. A propriedade em expansão abriga mansões magníficas com torres históricas; um solar que parece um castelo é até rodeado por um fosso romântico e acessível apenas por uma ponte. (Com modéstia típica dos alemães, Goethe descreveu a grandiosidade de sua torre do século XIV como "interessante"). O portão e os prédios da fazenda são decorados com desenhos de armas; a casa palaciana do cavaleiro tem interiores suntuosos com floreados barrocos; a adega tem garrafas que datam de 1857.

A Schloss Vollrads produz 100% Riesling – essa uva é inadequada para misturas com outras e fica melhor sozinha. Ela raramente fica no carvalho, uma vez que a madeira iria apenas mascarar seu frescor surpreendente. Contudo, com sua acidez viva, ele pode ser envelhecido por dez anos ou mais. O melhor Riesling retém um aroma estranho e desmaiado de gasolina e diesel quando envelhece, mas o sabor é sublime.

O restaurante na Schloss Vollrads, o Guts (um nome que em inglês é pouco apetitoso, mas em alemão gut significa "bom"), tem um terraço adorável com vista para terrenos amplos, bem cuidados e uma estrutura de três andares de vidro que se chama Orangerie. Aqui, você pode experimentar a pitoresca cozinha alemã acompanhada do famoso Riesling da propriedade – o vinho Cinderella seco, doce, que é o novo "it".

ⓘ **Schloss Vollrads**, Oestrich-Winkel (✆ **49/6723/660**; www.schlossvollrads.de).
✈ Frankfurt (54 km/33 milhas).
🛏 $$ **Akzent Waldhotel Rheingau**, Marienthales Str. 20, Geisenheim-Marienthal (✆ **49/6722/99600**; www.waldhotel-gietz.de). $$ **Zum Baeren Restaurant & Hotel**, Hohnerstrasse 25, Trossingen (✆ **49/7425/6007**; www.trossingenhotelbaeren.de).

Viagens de Degustação

Europa 346

Royal Tokaji
The Noble Rot
Mád, Tokaji, Hungria

As montanhas dormentes e as vilas pitorescas do norte da Hungria viram sua quota de guerra e revolução. Uma dessas guerras criou um vinho – e uma dessas revoluções quase o destruiu.

A história começa no século XIII. Um ano, os trabalhadores do vinhedo tinham abandonado a colheita – os turcos tinham novamente decidido invadir, e a ajuda era necessária para combatê-los. Até que os fazendeiros retornassem, as uvas brancas não só tinham envelhecido e secado nas vinhas, mas estavam cobertas com um fungo desagradável chamado de botritis. Os trabalhadores colheram as uvas mesmo assim, deixando-as empilhadas. Logo eles notaram um xarope rico, da cor do mel escorrendo dos cachos. Misturado com o vinho branco do ano anterior, ele tinha um gosto surpreendentemente bom.

Assim nasceu o famoso vinho Tokaji Aszu. O fungo – o qual ficou conhecido como "a podridão nobre" – produziu um intenso vinho doce e tão rico que cada planta só pode produzir um copo. Ele se tornou o preferido da realeza em todo o continente; reis, papas, rainhas e imperadores entraram em choque para ter a região do vinho. As uvas literalmente passaram a valer o seu peso em ouro; quem as tocasse poderia sofrer a pena de morte. (Catarina, a Grande da Rússia, chegou a colocar uma sentinela permanente em volta da área). Os vinhedos foram os primeiros a serem classificados como uma região de vinho no mundo, em 1772 (meros 150 anos antes da região de Bordeaux ser classificada), com uma rede de cavernas secretas, construídas para esconder o vinho de pilhadores.

Hoje em dia, os únicos pilhadores são os turistas e esses mesmos complexos subterrâneos embolorados podem ser conhecidos e degustações podem ser feitas. A viagem de três horas de trem da romântica Budapest leva você através de cidades pitorescas com torres de igrejas em formato de cebola vermelha, e por montanhas bucólicas divididas em dois grandes rios chamados de Tisza e Bodrog. De manhã, os vinhedos ficam cobertos por uma névoa pesada que estimula a podridão nobre.

A Royal Tokaji é provavelmente a vinícola mais famosa da Hungria. Situada em uma pequena casa de frente amarela, na cidade de Mád, ela tem uma adega subterrânea charmosa e uma sala de degustação. Você aprende com o guia que o vinho doce Tokaji Aszu quase desapareceu durante a Guerra Fria; essa vinícola só reabriu suas portas em 1989. Da mesma maneira que a realeza cultuava o vinho, o comunismo o desprezava como um maná para a burguesia, e quando a Cortina de Ferro caiu, assim também caiu o balcão do bar. Durante a era comunista, os vinhedos particulares se tornaram uma propriedade coletiva grande, e todo o suco ia para um mesmo grande pote, por assim dizer. Desde a queda da União Soviética, porém, a região tem experimentado um renascimento de seus vinhos. A podridão se tornou nobre novamente.

ⓘ **Royal Tokaji**, Rakoczi UT 35, Mád Ⓒ **36/47/548-500**; www.royal-tokaji.com).
✈ Budapest (173 km/107 milhas).
⌂ $$$ **Mamaison Residence Izabella**, Izabella u. 61, Budapest Ⓒ **36/47/55-900**; www.residence-izabella.com). $$ **Millenium Hotel**, Bajcsy-Zs. Út 34, Tokaj Ⓒ **36/47/352-247**; www.tokajmillenium.hu).

Boutari Fantaxometoho
Dionysus on a Motorbike
Ilha de Creta, Grécia

Qual é a primeira coisa que você faz quando chega na ilha de Creta, na Grécia? Aluga uma vespa na capital ensolarada de Heraklion e segue para as montanhas. Zoom pelas fortalezas venezianas do século XVI que dominam a linha do horizonte rodeada de todos os lados por um mar azul escuro. As montanhas acenam na distância, algumas com topo de gelo. Vilas verdes pontilham a paisagem montanhosa, rodeados por vinhedos e bosques de olivas. Enquanto você corre para cima e para baixo nas estradas que serpenteiam, os cabritos da montanha fogem e os fazendeiros podem ser vistos na distância tocando suas ovelhas, você desliza pelos prados de flores silvestres e campos de camomila pontuados por ruínas Minoanas antigas.

Eventualmente, você alcança uma estrada longa descendo ligeiramente na encosta até chegar a um prédio baixo com fachada de vidro. Esse é o quartel general da Boutari Fantaxometoho de um grupo de 122 anos de idade, que é proprietário de oito vinhedos ao redor do país. Sendo a vitrine da produção de vinhos de Creta, ele anuncia ao mundo que a ilha não quer ser mais apenas conhecida pelo turvo vinho de cor marrom do local, agora eles estão produzindo vinhos de qualidade, e podem competir com os melhores.

Boutari significa "a casa assombrada", referindo-se à lenda sobre um antigo fabricante de vinho que, cansado de ver os jovens da cidade roubarem o seu vinho, astutamente inventou uma história dramática sobre um fantasma assustador que assombrava sua casa. Essa guarda de segurança sobrenatural manteve os cidadãos supersticiosos longe. O nome pegou.

Mas não há nada de fantasmagórico a respeito da moderna Boutari – ela é elegante e estilosa, com sua fachada de vidro curvo olhando para os vinhedos. A sala de degustação é de um frescor em todos os sentidos da palavra, com ar-condicionado e luzes sutis. Os empregados simpáticos apresentam vinhos com nomes impronunciáveis, assim como varietais mais convencionais como o Sirah e o Chardonnay. Vários prédios charmosos levam a pátios cobertos de flores – uma mistura atraente do velho com o novo.

A tradição da vinicultura de Creta data de um milênio, mas sua história recente tem sido tão entrecortada quanto o relevo. Na idade média, os mercadores Venezianos instalaram vinícolas cujas ruínas ainda podem ser vistas hoje nos afloramentos. Mas quando os turcos invadiram, eles se opuseram ao álcool, e os vinhedos deram lugar às oliveiras. O vinho moderno da Grécia se concentrou em uvas de baixa qualidade, e um breve renascimento nos anos 1970 foi barrado no meio do caminho pelo surto de phylorexa. Só recentemente a indústria se reergueu, com a ilha ensolarada, agora produzindo um quinto do vinho grego.

Depois de provar o vinho na deslumbrante sala de degustação, levante-se e suba às montanhas atrás dos prédios da vinícola. No topo, a ilha se espalha à sua frente (é uma vista maravilhosa do pôr-do-sol). Abaixo, encontram-se as terras de antiga vinicultura, a mesma terra que produziu o primeiro vinho da Europa, uma lembrança agradável de que Dionísio, deus do vinho e do prazer, era grego.

Boutari Fantaxometoho, Heraklion (**30/210/6660-5200**; www.boutari.gr).
Heraklion (15 km/9 milhas).
$$$ **Lato Boutique Hotel**, 15 Rua Epimendou, Heraklion (**30/2810/228103**; www.lato.gr). $$ **Nymphes Luxury Apartments**, Aglia Pelagia, Heraklion (**30/2810/371605**; www.nymphes-apts.gr).

Viagens de Degustação

América do Sul 348

Ruca Malen
A Room with a View
Mendoza, Argentina

Quando você se senta na sacada da vinícola América do Sul província de Mendoza. Uma planície enorme de mato, pontuado por vinícolas modernas retangulares aqui e ali, se abre à sua frente. Tudo seria bem plano e chato se não fosse pelo muro de gelo e pedras varrendo o horizonte, também conhecido como Andes. A maior cadeia de montanhas do mundo, os Andes, alimentam esse deserto plano com neve derretida, irrigando tudo, inclusive a bela cidade de jardins de Mendoza, 30 minutos ao norte.

A província de Mendoza é uma das maiores regiões de produção de vinho do mundo, com mais de 1.000 vinícolas. Contudo, apenas 6% da província é, na verdade, cultivada e habitada – o resto são montanhas estéreis ou deserto desolado, com um ocasional poço de petróleo trabalhando silenciosamente. Mendoza não tem só ouro tinto, ela tem também ouro negro.

Ruca Malen está viva com barulho. Abaixo da bela sacada longa de madeira de lei há um pequeno restaurante que está sempre agitado, especialmente no verão. O prédio em si é aconchegante e moderno, com paredes de tijolos vermelhos e janelas com batentes cinzas; as instalações de fabricação de vinho são limpas e funcionais, a sua única característica fora do normal é um tanque experimental enorme, que parece uma grande cafeteira.

O proprietário Jean Pierre Thibauld é um franco-argentino que cresceu rodeado pelo vinho. Seu pai armazenava muitas garrafas valiosas na adega de sua casa de campo, no subúrbio de Buenos Aires. Um dia, o mordomo anunciou que a adega estava inundada e que as garrafas tinham perdido seus rótulos. Durante os próximos 20 anos, a família bebeu o melhor vinho sem saber exatamente o que era.

Thibauld cresceu e virou o presidente da filial argentina da Chandon, a famosa vinícola francesa, que tem atuado aqui desde o início dos anos 1960. (Como conta a história, quando o presidente da Chandon francesa Robert Jean de Vogue visitou a Argentina pela primeira vez, em 1955, ele notou que os habitantes do local ingeriam quantidades pródigas de vinho com cubos de gelo e água gaseificada, e observou, "Este país está pronto para a champagne!").

A Chandon Argentina se tornou o braço mais lucrativo da casa francesa, e foi Thibauld que ajudou a levá-la através dos bons tempos da presidência de Menem, uma era apelidada de "os anos da pizza com Champagne",

Quando Thibauld finalmente se aposentou da Chandon, em 1998, ele decidiu começar sua própria vinícola. Ele escolheu o nome Ruca Malen para sua nova aventura, o termo de uma lenda Mapuche local, que significa "a casa da menina". Junto com os tours informativos e de diversão, a bodega oferece o melhor almoço de vinícola em Mendoza – uma refeição de cinco pratos espetacular, onde cada prato é harmonizado com um vinho em particular. Os hóspedes podem experimentar totalmente a vinícola, enquanto absorvem a vista deslumbrante.

ⓘ **Ruca Malen**, Ruta Nacional 7, Mendoza (✆ **54/11/4807-1671**; www.bodegarucamalen.com).

✈ Cidade de Mendoza (30 km/18 milhas).

🛏 $$$ **Finca Adalgisa**, Pueyrredon 2222, Chacras de Coria (✆ **54/261/496-0713**; www.fincaadalgisa.com.ar). $$ **Hotel Argentino**, Espejo 455, Cidade de Mendoza (✆ **54/261/405-6300**; www.hotel-argentino.com).

Achaval Ferrer
The Wine Thieves
Mendoza, Argentina

Uma mulher argentina alta está em uma adega moderna que é fragrante com aromas de carvalho de chocolate e baunilha. Ela tem em suas mãos um longo objeto de metal conhecido no ramo como um "ladrão de vinho". Com ele, ela extrai um vinho tinto escuro de um dos barris, explicando que é um Malbec, uma das quatro uvas varietais que vai nessa mistura de Achaval Ferrer Altamira – o vinho argentino de maior nota no mundo.

Altamira não é só um vinho antigo qualquer, e Achaval Ferrer não é só uma vinícola antiga qualquer. A bodega argentina mais prestigiada no mundo ocupa um prédio moderno, com aparência prática, situado perto do largo leito do rio, conhecido como Rio Mendoza, 30 minutos ao sul da cidade de Mendoza.

Seus fundadores, Santiago Achaval e Manuel Ferrer, foram dois industrialistas do cimento argentino que fizeram uma mudança de carreira do tipo alquimista, porque eles queriam alguma coisa que "não envolvesse usar uma gravata". Eles convenceram os fabricantes de vinho italiano Roberto Cipresso e Tiziano Siviero, que as encostas a leste dos Andes argentinos eram a nova fronteira da fabricação do vinho do milênio. O resultado foi o sensacional Gran Malbec Finca Altamira 1999, um vinho feito com uma proporção rica de três plantas para cada garrafa. O próximo passo deles era construir uma vinícola em Lujan de Cuyo, com um cenário de fundo dos Andes. Dali eles produzem vinhos que continuam a surpreender os críticos de vinho, tanto em casa como no exterior. Quando o Finca Altamira 2003 recebeu 96 pontos da revista Wine Spectator, ele confirmou Achaval Ferrer como os reis – sem concorrência – do vinho fino na Argentina.

E então, como é que eles fazem isso? Qualquer fabricante de vinho dirá que começa e termina com a uva, e Achaval Ferrer garantiram que lhes fossem fornecidas as melhores. Cipresso e Siviero prestam uma atenção quase obsessiva a cada detalhe. Ligado a cada tanque de vinho, por exemplo, está um ventilador gigante que sopra o vinho enquanto ele está sendo passado para baixar o conteúdo de álcool que mascara o gosto do vinho, o qual já é quente e frutado.

Considerando a formação do proprietário em cimento, é interessante observar que eles escolheram usar câmeras de vinho de concreto antigo, o que passou de moda na Argentina, em um movimento para melhorar os métodos de fabricação de vinhos. Depois de substituí-los por tanques de aço, muitas vinícolas puseram portinholas em suas câmeras de concreto antigas e começaram a utilizá-las como adegas e armazéns. Mas nos anos recentes, o cimento teve uma volta, principalmente devido à crença de Cipresso de que o antigo sistema tinha algumas vantagens sobre o aço – melhor retenção do calor, por exemplo, e uma maceração mais controlada. De repente, novas vinícolas estavam instalando tanques de concreto de última geração, mantendo-os pequenos para um melhor controle. O resultado é um vinho mais rico, mais concentrado.

A guia da vinícola usa o ladrão de vinho para injetar uma dose de vinho tinto – um vinho quase perfeito, que recebeu 98 pontos do crítico de vinhos Robert Parker Jr. – no copo de cada visitante. Curiosamente, Achaval Ferrer faz uma degustação direto do barril para cada visitante curioso que passa por sua porta. Isso faz com que você se sinta honrado, privilegiado – como um ladrão de vinho.

Viagens de Degustação

ⓘ **Achaval Ferrer**, Calle Cobos 2601, Perdriel (ⓒ **54/261/488-1131**; www.achaval-ferrer.com).
✈ Cidade de Mendoza (25 km/15 milhas).

🛏 $$$ **Club Tapiz**, Lujan de Cuyo (ⓒ **54/11/4005-0050**; www.fincaspatagonicas.com). $$ **Premium Tower Suite Mendoza**, Av. Espanha 948, Cidade de Mendoza (ⓒ **54/261/425-3533**; www.hotelpremiumtower.com.ar).

América do Sul

350

O. Fournier
The Velvet Underground
Mendoza, Argentina

No final dos anos 1990, quando o espanhol José Ortega decidiu comprar vinhedos em Mendoza, ele escolheu o deslumbrante Vale de Uco, duas horas ao sul da cidade de Mendoza. Esse vale de grandes altitudes – uma planície rural estéril ao pé dos Andes – é visto como a nova fronteira do vinho argentino. Não foi em nenhuma parte do vale escolhida por ele, porém; foi na subregião de La Consulta, onde algumas vinhas Malbec foram plantadas durante a era quando o tango era, tão controverso quanto o rap das gangues de hoje em dia.

Ao cruzar as trilhas poeirentas em busca da vinha perfeita, Ortega tinha dificuldade em convencer os proprietários de terra que ele prezava a qualidade acima da quantidade. Em uma dessas viagens entre fincas carregadas de uvas, ele passou por um vinhedo abandonado. As vinhas estavam crescidas demais e descuidadas e tinham obviamente sido largadas por muitos anos. Quando ele perguntou ao seu agente, o homem deu de ombros com desprezo e disse que era um vinhedo abandonado por vários motivos. Eles pararam para dar uma olhada. Abaixo da floresta emaranhada de trepadeiras e folhas, eles encontraram vinhas antigas com pequenos cachos de uvas, poucos em número, mas doces e altamente concentrados.

– É isto que eu quero! – declarou Ortega.

Dez anos mais tarde, Ortega é o dono do que deve ser a mais maravilhosa vinícola da América do Sul. O próprio prédio parece uma torre de aeroporto cortada por um disco voador. Colunas Hercúleas enormes suspendem os cubículos de vidro. A adega subterrânea gigantesca parece um campo de futebol de concreto, com trilhas para caminhada que parecem de uma prisão sobre fileiras sem fim de barris de carvalho. Se Darth Vader fosse o dono de uma vinícola, ela seria exatamente assim.

Porém, diferentemente de muitas vinícolas experimentais, a O. Fournier evita parecer um projeto vaidoso ridículo. O prédio é puramente funcional – as colunas Hercúleas são, na verdade, tanques, o arco que engloba a rampa para os caminhões na colheita, os cubículos de vidro são laboratórios e salas de degustação. Até os tanques em ladeira são desenhados para facilitar o processo de fabricação do vinho. O fato de que tudo começa no alto significa que há pouca necessidade de bombar. E adivinha o que acontece? Eles fazem um vinho ótimo.

O. Fournier se especializa na uva espanhola concentrada Tempranillo, assim como na frutada Malbec. Tudo pode ser provado no bonito restaurante da vinícola, que fica à beira de um lago sereno e tem vistas panorâmicas dos Andes. Ortega escolheu bem sua localização; a prova disso é o vinho.

ⓘ **O.Fournier**, Calle Los Indios s/n, La Consulta (ⓒ **54/2622-451579**; www.ofournier.com).
✈ Cidade de Mendoza (91 km/56 milhas).
🛏 $$$ **Cavas Wine Lodge**, Costa Flores s/n, Alto Agrelo (ⓒ **54/261/410-6927**; www.cavaswinelodge.com). $$$ **Park Hyatt Mendoza**, Chile 1124, Cidade de Mendoza (ⓒ **54/261/441-1234**; www.mendoza.park.hyatt.com).

América do Sul

Benegas Lynch
Head Poncho
Mendoza, Argentina

Quando Federico Benegas Lynch decidiu renovar sua bela vinícola de 100 anos de idade, ele teve problemas para fazer com que o gesso grudasse.
– Não se pode mais achar trabalhadores habilidosos com o barro, explicou o rijo ex-banqueiro de cabelos grisalhos – E eu queria realmente manter esta vinícola em estilo tradicional.

Parece que ele fez um excelente trabalho. Esta vinícola, a 20 minutos ao sul da cidade, tem uma das adegas de boutique mais encantadoras de Mendoza, combinando tradição com charme, e estilo moderno.

O problema com o gesso foi resolvido com uma receita mexicana antiga com suco de cacto. Agora, as paredes cor de cappuccino são complementadas com janelas em arco e linhas definidas das vinhas no amplo pátio. Você irá notar, porém, um número estranho nas portas nos prédios baixos que parecem estábulos – nessa área suscetível aos terremotos, a arquitetura tradicional sempre forneceu muitas saídas para que as pessoas pudessem sair rapidamente quando os tremores viessem.

A vinícola em si é imaculada. Os tanques de concreto cor de sangue ficam em uma fila arrumada, com suas portas de aço polido disfarçando a fabricação de vinho de alta tecnologia que acontece aqui. A adega é um corredor climatizado de colunas quadradas altas, dividindo as filas organizadas de novos barris de carvalho. A estética é, ao mesmo tempo, monástica e romântica, de um convento e também descolada.

O prédio maior tem um salão central atraente com dois sofás brancos longos de cada lado, borrifado com uma porção de almofadas. Uma capa de aço inoxidável brilha no canto, cobrindo um grill interior usado para o famoso churrasco argentino. Uma mesa comprida de carvalho escuro polido fica no centro. Ponchos grossos e luxuosos estão pendurados nas paredes, suas fibras ricas e coloridas em contraste com as paredes simples de tijolo e barro. – Eu sou um colecionador – explica Benegas Lynch – aqui você pode ver ponchos que pertenceram a grandes chefes indígenas, dados de presente ao meu tataravô, Tiburcio Benegas Lynch.

O nome Lynch vem do êxodo da tribo irlandesa que fugiu da perseguição em 1702. Eles se espalharam pelo mundo e deixaram sua marca em muitos lugares, na não menos importante de todas Bordeaux, onde o Château Lynch Bage (ver 323) produz vinhos até os dias de hoje. Os do contingente argentino se tornaram comerciantes bem-sucedidos em Buenos Aires. Eles deram continuidade a uma linha aristocrática que se desgarrou em muitas direções – até Cuba, no caso de um que teve o nome de Che Guevara Lynch.

Tiburcio terminou em Mendoza no final do século XIX e começou sua própria revolução em vinhos ao fundar a Trapiche, atualmente a maior vinícola da Argentina. Ele é considerado como um dos maiores pioneiros, introdu-

A sala de degustação na Benegas Lynch, em Mendoza, Argentina.

Viagens de Degustação

zindo a fabricação de vinhos finos nas Américas. Agora, o seu bisneto está se concentrando em fazer vinhos de boutique de alta qualidade – terremotos ainda assim.

ⓘ **Bodega Benegas Lynch**, Carril Ardoz e Ruta 60, Lujan de Cuyo (✆ **54/261/496-0794**; www.bodegabenegas.com).

✈ Mendoza (18 km/11 milhas).
🛏 $$ **Le Terrada Suites**, Calle Terrada 1668, Perdiel, Lujan de Cuyo (✆ **54/261/154-31136**; www.terradasuites.com).
$$ **Club Tapiz**, Ruta 60, Lujan de Cuyo (✆ **54/11/4005-0050**; www.tapiz.com.ar).

América do Sul

352

Família Schroeder
Dungeons & Dragons
Neuquén, Patagônia, Argentina

A vinícola da Família Schroeder tem muitas coisas em seu favor. Por um motivo, ela é na Argentina, uma das estrelas em ascensão da fabricação de vinho no Novo Mundo. Essa nação tem feito vinho por 200 anos, e muito vinho – é o sexto maior produtor do mundo. Até os anos de 1990, porém, a maior parte dele costumava ser bebido pelos porteños (habitantes de Buenos Aires), cuja maioria tem ascendência Mediterrânea e favorável a um gole de vinho. As vinícolas da Argentina estão exportando seus vinhos de valor excelente, com as vendas explodindo sendo levadas por uma uva chamada Malbec, o varietal com assinatura do país.

Mas a Família Schroeder não está só na Argentina, ela está na Patagônia – um nome romântico que une imagens de beleza desértica, glacial, lagos Alpinos e florestas, e distanciamento de fim de mundo. Só por colocar o nome no rótulo do vinho é um convite a provar. A vinícola está, na verdade, longe do limite sul da Argentina, estando no meio do caminho deste país em forma de cunha, perto da cidade de Neuquén, no norte da Patagônia. Mas o relevo não desaponta. A vinícola está instalada em uma austera planície onde venta muito, em uma região nova na fabricação de vinho de San Patricio Del Chañar. Os Andes com topo de gelo se erguem a distância, atuando como um grande guarda-chuva que protege a terra da umidade da costa. O ar seco é igual a uvas saudáveis, apesar de elas serem bem aguadas pela neve derretida e levada por meio de canos até cada planta individualmente, em um sistema chamado de irrigação por gotejamento.

A Família Schroeder combina com seus arredores. Um monolito cinza austero, abrigado ao lado de uma encosta, esconde cinco níveis de tanques, barris e adegas projetados com um sistema de gravidade, garantindo que o suco precise de pouco bombeamento. O restaurante elegante da vinícola serve comida de gourmet com uma grande vista para o céu.

Porém, é na adega que a vinícola esconde sua premiada possessão. Certamente, há pilhas de Malbec e Chardonnay armazenadas no meio de corredores imaculados, forrados de tijolos com iluminação de foco por decoradores. Há o Schroeder Pinot Noir, que tem a reputação de ser o melhor da América do Sul. Contudo, o que faz os visitantes perderem o fôlego é uma simples pilha de ossos. Embutidos nas paredes estão fósseis de dinossauros de 75 milhões de anos, escavados por acidente quando a vinícola estava plantando os vinhedos. Eles são dos fósseis mais antigos de dinossauros no mundo, homenageados no nome dos melhores vinhos, Saurus.

De repente, você percebe por que a Família Schroeder é diferente de cada uma das outras vinícolas. Elas podem ter cavernas, mas nenhuma das outras tem dragões.

ⓘ **Família Schroeder**, Calle 7 Norte, San Patricio Del Chañar, Neuquén (✆ **54/299/489-9600**; www.saurus.com.ar).

✈ Neuquén (53 km/32 milhas).
🛏 $$ **Hotel del Comahue**, Avda Argentina 377, Neuquén (ⓒ **54/299/443-2040**; www.hoteldelcomahue.com). $$ **Hotel Costa Limay**, Baschman 269, Plottier (ⓒ **54/299/493-6832**; www.hotelcostalimay.com.ar).

353 América do Sul

Colomé
Cactus & Vineyards
Salta, Argentina

A pequena cidade de vinhos de Cafayate tem suas próprias cores distintas – poeira cor-de-rosa, montanhas vermelhas e verde-oliva. A areia amarela cor de milho ao longo das pedras de lancil dessa vila ensolarada, enquanto os burrinhos cinzas pastam na praça central. Pilhas de bicicletas sem tranca ficam do lado de fora das escolas e da catedral cor de café. Acrescente a isso algumas adoráveis vinícolas nobres, pousadas de luxo, artes e artesanatos excelentes, e um campo de vinhedos surpreendente, produzindo a uva branca aromática Torrontes – e você pode ver por que essa área está se tornando conhecida como a Toscana da Argentina.

Colomé é a mais nova edição da lista cada vez maior de vinícolas Salta. Localizada a quatro horas sobre as estradas esburacadas, sem asfalto, vindo de Cafayate ou da Cidade de Salta, combina bem com a predileção do proprietário Donald Hess pela construção de vinícolas de galeria de arte em lugares isolados e inusitados. A cena é espetacular, com cactos gigantes acenando as boas-vindas com três dedos, no meio do vinhedo e das montanhas multicoloridas. Quando você se aproxima da vinícola, passa pela vila antiga de Molinos, que tem sido virtualmente adotada pela vinícola – Hess não só emprega a população local, ele construiu uma nova igreja e um centro comunitário para a vila.

Estradas cuidadas com pedras alinhadas levam a um prédio baixo cor de creme em estilo colonial, com uma galeria comprida de arcos, uma pousada de alto estilo e um restaurante servindo os hóspedes que querem se esconder de tudo. (Na verdade, chegar aqui requer uma viagem tão longa e empoeirada, que é melhor passar à noite na região). O restaurante produz algumas das melhores comidas da Argentina – o que não é um feito menor, considerando-se que os restaurantes de Buenos Aires são excelentes. Há um heliporto para os mais abonados, e fala-se em uma pista de pouso para aviões.

Esses são vinhedos biodinâmicos, produzindo uvas Malbec e Torrontes de alta octanagem. A uma altitude de mais de 2.000 m (6.500 pés), eles são também alguns dos mais altos do mundo. A vinícola em si – determinada a ser totalmente eficiente em termos de energia – está situada fora do complexo principal da pousada, em um austero prédio moderno com design de estilo que combina com a coleção de arte do proprietário que leva a pensar.

Algumas pessoas podem pensar que seja estranho que uma coleção de arte de classe global pudesse estar reunida em um lugar tão isolado, em uma região que parece e transmite a sensação de se estar mais na Bolívia do que na Argentina. No entanto, com o fundo de um cenário impressionante, uma galeria de arte premiada pode ser exatamente o que seria necessário. Isso certamente trouxe vida nova para a comunidade.

ⓘ **Bodega Colomé**, Ruta Provincial 53, Molinos (ⓒ **54/3868-494044**; www.bodegacolome.com).
✈ Salta (222 km/138 milhas).
🛏 $$$ **Patios de Cafayeate**, Ruta Nacional 40 na Ruta Provincial 68, Cafayate (ⓒ **54/3868/421747**; www.luxurycollection.com/Cafayate). $$**Hostal Killa**, Colon 47, Cafayate (ⓒ **54/3868/422-254**; www.hostalkillacafayate.nortevirtual.com).

Viagens de Degustação

América do Sul 354

Viña Montes
The Full Monte
Vale do Colchagua, Chile

Quando o fabricante de vinho Chileno Aurelio Montes fez um reconhecimento da região rochosa, de florestas à beira das montanhas no vale do Colchagua, no Chile, nos anos 1980, e sugeriu que plantassem vinhas de Syrah, lhe disseram que era louco. O Chile tinha uma indústria do vinho bem estabelecida, mas ela era principalmente centrada mais próximo à capital, Santiago, e focada nos vinhos de mesa de massa. Colchagua, porém, é um vale seco, 160 km (100 milhas) ao sul, abrigada entre o Pacífico e os imponentes Andes. Nessas planícies estreitas, uns poucos fabricantes plantaram vinhas de Cabernet Sauvignon, irrigando-as com canais abertos de água. Para plantar a Syrah em uma inclinação íngreme e molhá-la com irrigação cara por cano, parecia pura loucura.

Montes foi em frente mesmo assim. Em reconhecimento aos seus críticos, ele deu o nome de loucura do Montes ao seu vinho. É claro que ele assustou os críticos que o contradiziam ganhando inéditos 92 pontos de Robert Parker, Jr., pela sua segunda safra. Montes não tinha apenas colocado Colchagua no mapa, ele também tinha lançado o Chile e a América do Sul entre os qualificados às regiões de elite dos fabricantes de vinho.

Montes tinha que provar um ponto, e ele provou lindamente. O Chile foi capaz de produzir mais do que vinhos medíocres de supermercado. A vinícola começou como uma sociedade entre quatro homens e um investimento de $65.000 em 1900; agora produz mais de três milhões de garrafas por ano e exporta para 76 países ao redor do mundo todo. É considerada a fabricação de vinhos finos exemplar do Chile.

A vinícola em si é uma estrutura de vidro abrigada nas dobras desse vale seco empoeirado. À frente do desenvolvimento do turismo do vinho no Chile, a Viña Montes entrega uma experiência excelente de vinícola. Os guias são bem informados e os tours são estimulantes, carregando os hóspedes por trilhas de terra amarela na traseira de caminhonetes brancas, cruzando a propriedade aberta. Os tours incluem uma excursão pela trilha na montanha, onde a plataforma panorâmica ensolarada proporciona vistas preponderantes da área ao redor. Aqui, você pode provar algumas das comidas famosas do Chile, harmonizadas com vinhos como o Merlot, Cabernet Sauvignon, e o Carménère favorito. De volta à vinícola, a sala circular de barris lembra um teatro shakespeareano — exceto que aqui você não vai encontrar loucura, farsa ou tragédia. Só pura alegria.

ⓘ **Viña Montes**, Parcela 15, Millahue de Apalta, Santa Cruz (🕾 **56/72/825417**; www.monteswines.com).
✈ Santiago de Chile (164 km/102 milhas).
🛏 $$$ **Casa Lapostolle Winery Lodge**, Clos Apalta Winery, Santa Cruz (🕾 **56/72/321-803**; www.casalapostolle.com). $$$ **Hotel Santa Cruz**, Plaz de Armas 286, Santa Cruz (🕾 **56/72/209-600**; www.hotelsantacruzplaza.cl).

355 América do Sul

Viu Manent
The Chile Express
Vale do Colchagua, Chile

Um comissário de bordo de avental lhe serve o melhor vinho Chileno enquanto você está sentado em assentos cor de Merlot e vê os picos andinos passando. Você está sentado no trem do vinho San Fernandez-Santa Cruz, uma estrada de ferro a vapor que viaja 42 km (26 milhas) até o coração da terra do melhor vinho chileno, o Vale do Colchagua. Esse não é um trem de subúrbio coberto com grafite para trabalhadores, mas um conjunto de vagões restaurados com ferragens de cobre polido, cortinas elegantes, e mesas com toalhas brancas, com taças de vinho brotando de guardanapos imaculados. Calmamente, ressoa passando por um vale de vinhas com o terreiro de fazenda e a casa, com ocasionais telhados de terracota. É a melhor maneira de se chegar com estilo na estação de trem amarelo vivo, do principal ponto de partida do vale, a cidade despojada de Santa Cruz.

Santa Cruz é o ponto de largada para visitar uma das vinícolas mais bonitas do Chile, a Viu Manent. O coração da vinícola é uma fazenda do século XIX, que exala classe e grandiosidade colonial. O seu tour começa com um passeio de cavalo e charrete através dos vinhedos, onde você aprende que esse é um dos poucos lugares na terra que escapou da doença da videira phyloxera, que quase varreu a indústria do vinho fino na virada do século XX. Por causa do isolamento relativo do vale do Colchagua, suas vinhas escaparam da devastadora praga da raiz, que causou burburinho no resto do mundo. As vinhas para as quais você está olhando tem uma linhagem venerável mesmo, especialmente os Cabernet Sauvignons, os Malbec e Merlos que foram as primeiras vinhas cultivadas.

De volta ao centro de degustação, você descobrirá prédios de barro branco rodeando o jardim pitoresco com uma fonte central. Pirâmides de barris velhos de carvalho se erguem em uma sala de estilo, com brilho, adornada com paredes vermelhas e arte colorida. Há também um restaurante charmoso, agraciado com um quadro arrasador do relevo do vale, que cobre a parede toda. Em outro canto, tonéis de madeira com iluminação por trás ficam em meio a confortáveis cadeiras em uma sala de prateleiras de madeira vazias e vigas. É ao mesmo tempo antigo e moderno, pitoresco e estiloso.

Os proprietários desta vinícola administrada pela família ainda vivem ali perto, em uma vila encantadora de estilo espanhol, onde eles podem supervisionar pessoalmente as operações de fabricação de vinho. Tudo transporta

Os vinhedos de Viu Manent.

Viagens de Degustação

Transportando a colheita em Viu Manent.

de volta a uma era anterior, exceto pelos vinhos. Você não encontrará garrafas dormentes do passado aqui – só as melhores safras, mas atualizadas do Vale do Colchagua.

ⓘ **Viu Manent**, Av. Antonio Varas 2740, Santiago (✆ **56/2/379-0020**; www.viumanent.cl).

✈ Santiago de Chile (152 km/95 milhas)
🛏 $$$ **Hotel Santa Cruz Plaza**, Plaza de Armas 286, Santa Cruz (✆ **56/72/209-600**; www.hotelsantacruzplaza.cl). $$$ **Casa Silva**, Hijuela Norte s/n, San Fernando (✆ **56/2/710-180**; www.casasilva.cl).

América do Sul 356

Viña Indómita
Operation Indómita
Casablanca, Chile

Você trabalha para o Serviço Secreto Francês. Foi enviado para uma missão urgente para descobrir o refúgio secreto, de alta tecnologia, de uma companhia que pretende dominar o mundo dos vinhos. A Inteligência e as imagens via satélite localizaram a vinícola na região costeira de Casablanca, no Chile. Isso não é de causar surpresa – o vale rapidamente torna-se o centro de alguns dos vinhos brancos mais prestigiados que vêm da América do Sul. Uma brisa do Pacífico junto com o sol

Casa Madero

intenso da tarde criam um exército de uvas que ameaçam a ordem do Velho Mundo. Investigações mais profundas e inquéritos discretos no escritório de turismo de Santiago do Chile, revelam que a sua pedreira está a 80 km (49 milhas) da capital. O seu nome: Vina Indomita.

Penetrar na segurança do vinhedo é seu próximo desafio. Você vai disfarçado como turista, armado com uma câmera digital e protetor solar 30. A vinícola é uma estrutura que parece uma igreja brilhante no topo de uma montanha, de frente para centenas de acres de vinhedos. Arcos brancos enormes passam em frente da fachada de vidro espelhado, que leva a uma torre redonda. O fato de você ter marcado uma hora por telefone lhe dá passe livre na recepção, e, de repente, você está no coração da vinícola com aparência de hangar cheia de tanques e da magia mais avançada de fabricação do vinho. Ela é enorme, espaçosa, e bem projetada. A rede de canos que alimenta os tonéis de aço é operada por uma fonte de energia invencível – a gravidade. A impressão é extraordinária – parece desconcertantemente parecido com o showroom de uma arma secreta.

Você desce ardilosamente esquivando-se de um pelotão de homens em tratores. Construído na lateral da montanha, a sala da adega é fresca e escura. Fileiras arrumadas de barris forram o chão da adega comprida. Disfarçando, você se junta a um grupo de turistas e se infiltra com sucesso nas salas de degustação de vinho. A recepcionista despeja o Indomita Sauvignon Blanc, dourado e fragrante. Você está sem fala.

Pensamentos perigosos de desertar passam por sua cabeça. Você poderia se esconder em um resort ali perto em Viña Del Mar, começa a fazer uma trama dos recursos. Para ganhar tempo, decide almoçar no restaurante da vinícola, um espaço elegante de janelas em arco, luminárias de design moderno, e pisos encerados. Desesperadamente, tenta manter seu disfarce, e pede algum vinho dos vinhedos do Vale Maipo, uma região bem ao sul de Santiago com alguns dos vinhedos mais antigos da América do Sul. Você dá pequenos goles do delicioso Carménère.

Entra em pânico.

Você vê o futuro, e ele diz Indomita. Os franceses estão danados. Sua visão mostra lagos enormes de vinho europeu, Beaujolais desprezados indo ralo abaixo. Você precisa ir e fazer um relatório para o QG o mais rápido possível, mas espere. Primeiro vamos provar esta ótima garrafa de Cabernet Sauvignon...

(i) **Viña Indómita**, Vale de Casablanca (📞 **56/32/275-4400**; www.indomita.cl).
✈ Santiago de Chile (72 km/44 milhas).
🛏 $$$ **Hotel Casablanca Valle**, Ruta 68, Tapihue, Casablanca (📞 **56/32/2742711**; www.hotelrutadelvino.com). $$ **Hotel Thomas Somerscales**, San Enrique 446, Cerro Alegre, Valparaíso (📞 **56/32/233-1006**; www.hotelsomerscales.cl).

357 América do Sul

Casa Madero
A Mexican Revolution
Coahuila, México

Pense: o vinho mexicano é um fenômeno novo? Pense novamente. Fundada em 1597, a Casa Madero é a mais antiga adega do Hemisfério Ocidental, uma mistura intrigante de esplendor colonial espanhol e do patrimônio vitivinícola antigos.

Ao andar a pé em torno das terras da adega, você percebe que há muito mais de bebidas mexicanas, como a tequila e cerveja. Tomemos, por exemplo, o cobre ainda sobre um pedestal de tijolos estreito, que parece uma lanterna mágica gigante, só que neste caso, o gênio da gar-

Viagens de Degustação

rafa é conhaque. A sala com os tonéis de aço, que abrigam o Chardonnay surpreendentemente bom, fica na verdade em um pátio banhado pela luz do sol, com uma longa pérgula para providenciar a sombra. Nos outros ambientes, antigas janelas fechadas por persianas levam a adegas silenciosas que abrigam barris escuros de carvalho. Quando for fazer a degustação, procure pelos Cabernet Sauvignons e Shirazes que trouxeram recentemente várias medalhas para a casa.

A família Madero é uma das mais antigas do México, com uma herança que remonta a séculos. Eles são membros de uma classe privilegiada, antiga proprietária de terras, com uma vasta gama de interesses comerciais que incluem minas de ouro e prata e canais de TV, e tem entre seus ancestrais presidentes assassinados. Mas os Madero sabem bem como fazer uma fiesta: todos os anos eles promovem uma reunião Famíliar na extensa propriedade e convidam todos os parentes, cada um dos cinco mil. Jatinhos particulares transportam os convidados até o campo de pouso particular, e as festividades incluem touradas e cavalgadas, sem mencionar toda a comida e o vinho.

Os proprietários da Casa Madero decidiram estender a típica hospitalidade mexicana ao abrir uma pousada de degustação para hóspedes (apenas grupos). A Posada Casa Grande, com apenas 25 quartos, é um prédio branco e comprido, coberto de buganvílias vermelhas, completado por um esplêndido e largo gramado, pátios serenos assombreados e uma piscina imaculadamente azul. A decoração é totalmente Velho Mundo – arte do século XVI e tapeçarias antigas nas paredes, além de mobiliário de madeira talhada em todos os ambientes. O lindo complexo está inteiramente localizado em seu próprio vale de vinhas, cercado pelas montanhas secas que se desdobram ao fundo.

A ressurreição do vinho mexicano está se dando principalmente na Baixa Califórnia; Madero está localizada bem mais ao leste, 210 km (130 milhas) a oeste de Monterrey, perto da cidade colonial, curiosamente denominada, Parras. Parras em espanhol significa videiras, e a cidade vem tentando solidificar seu perfil de vinícola ao promover um espetacular festival do vinho todos os anos em agosto, além de abrigar consultores externos, o que deu impulso no aumento da qualidade do vinho da região. Afinal, ali há solo seco e desértico, sol constante, e plantações de uvas irrigadas com água de nascente – um clima perfeito para a produção de vinho.

A linda Casa Madero, cheia de graça, está definitivamente longe dos lugares mais populares, mas vale a aventura na estrada. Afinal, quantas vinícolas de 400 anos existem por ali?

ⓘ **Casa Madero**, Emilio Carranza Sur 732, Parras, Coahuila (✆ **52/8/390-0936**; www.madero.com.mx).
✈ Aeroporto Torreon (124 km/77 milhas).
🛏 $$ **Hampton Inn Torreon Coahuila**, Perif Raul Lopez Sanches 10995, Torreon (✆ **52/871/705-1550**; www.hamptoninn.hilton.com). $$ **Howard Johnson Torreon Coahuila**, Hidalgo 1353 Poniente C.P., Torreon (✆ **800/446-4656**; www.hojo.com).

Hemisfério Sul

358

Vergelegen
The Cape of Good Hope
Stellenbosch, Western Cape, África do Sul

Parado ao lado dos troncos largos de mais de 300 anos das árvores de cânfora, o visitante começa a questionar o conceito de vinhos do Novo Mundo ou do Velho Mundo. Certamente essa vinícola sul-africana tem mais direito ao um distintivo de herança e tradição do que, por exemplo, um fabricante de "vinho de garagem", que trabalhe em um depósito de estrutura de chapa de aço estriada em Bordeaux.

Afinal, os vinhos começaram a ser produzidos aqui no Cabo Oeste, no século XVII, quando Jan Van Riebeeck enxergou o potencial para o cultivo de uvas nestes amplos vales de solo seco alaranjado. Ele atazanou seus superiores lá na Europa até que lhe enviassem algumas mudas de uva. Seus chefes na Companhia das Índias Orientais Holandesas devem tê-lo considerado louco. Vinho africano? Que ridículo! Acabaram, entretanto, concordando em enviar-lhe algumas mudas. Sete anos depois, no dia 2 de fevereiro de 1659, ele anotava em seu diário "Hoje, louvado seja o Senhor, pela primeira vez foi prensado vinho com as uvas do Cabo."

Não existem registros que nos informem como a produção se desenvolveu, mas logo o vinho sul-africano tomou o lugar do vinho francês no gosto da aristocracia europeia, durante as Guerras Napoleônicas. Ironicamente, anos mais tarde, o próprio Napoleão o bebeu com liberalidade para afogar as mágoas em seu exílio na ilha de Elba.

As antigas árvores de cânfora foram plantadas pelo sucessor de Van Riebeeck, o governador Willem Adrian Van der Stel. No curto prazo de seis anos, ao instalar um sistema de irrigação, ele transformou um vale árido a oeste da cidade do Cabo em jardins luxuriantes, laranjais, vinícolas e fazendas de gado. Ele construiu uma fazenda majestosa dentre jardins e plantações de uva, que pode ser visitada nos dias de hoje. Depois que Willem Adrian foi afastado da colônia, os negócios faliram e a propriedade caiu em ruína – assim como a indústria de vinhos sul-africana. O ponto mais baixo ocorreu durante os dias negros do apartheid, quando os vinhos dessa região se tornaram tão politicamente incorretos quanto o óleo de baleia.

Novos proprietários trataram de revitalizar os vinhedos de Vergelegen, em 1987. Assim que Nelson Mandela liderou uma nova era na política da África do Sul, Vergelegen tornou-se a principal vinícola do país. Aqui se produz um Shiraz escuro e elegante, e um complexo e picante Caberbet Sauvignon. A vinícola é uma fascinante mistura do novo e do antigo: a magnífica mansão é delimitada por um muro octogonal, que cerca os lindos gramados e os lagos de lírios dos jardins. O padrão octogonal é repetido na vinícola sobre a colina, com instalações das mais modernas que remetem à era espacial, e adegas dispostas à volta de um sistema por gravidade. Com restaurante no local e passeios a pé pela propriedade, a experiência mais parece saída de uma sessão de fotos para a revista Home & Gardens.

Parado ali no jardim minimalista no terraço da vinícola, apreciando a vista de 360° das montanhas e da baía azul, você questiona mais uma vez, a lógica de se rotular regiões produtoras de vinho como Velho Mundo e Novo Mundo. A resposta é óbvia. Vergelegen não é Velho nem Novo Mundo – é Outro Mundo.

ⓘ **Vergelegen**, Somerset Wets (✆ **27/21/847-1334**; www.vergelegen.co.za).
✈ Aeroporto da Cidade do Cabo (25 km/15 milhas).
🛏 $$$ **Arabella Western Cape Hotel & Spa**, R 44 Kleinmond, Overberg (✆ **27/28/284-0000**; www.westerncapehotelandspa.co.za). $$ **Best Western Cape Suites Hotel**, De Villiers and Constitution streets, Cidade do Cabo (✆ **27/21/461-0727**; www.capesuites.co.za).

359 Hemisfério Sul

Penfolds
Shiraz Conquers the World
Adelaide, Austrália

Se a uva é chamada Syrah, por que tantas vinícolas, hoje em dia, chamam seus vinhos Syrah de Shiraz? A resposta vem de Down Under, de uma dinâmica vinícola Sul-Australiana chamada Penfolds.

Em 1844, um visionário médico inglês, Christofer Rawson Penfold, plantou algumas mudas francesas ao redor de seu humilde chalé, chamado de "A Granja", nos arredores de Adelaide, a fim de produzir um vinho for-

Viagens de Degustação

tificado para seus pacientes. Em 20 anos ele já estava produzindo 500 mil litros (132 mil galões) por ano. Por volta de 1920, metade das garrafas de vinho vendidas na Austrália vinham de Penfolds, que a essa altura já havia crescido e incluído uma extensa propriedade em Vale Barossa. Em 1955, aconteceu uma grande reviravolta: Penfords produziu o primeiro vinho fino da Austrália, um Syrah (ou "Shiraz", como se diz por lá) chamado Penfolds Grange. A produção continuou e arrematou 50 medalhas de ouro mundo afora: o escritor especializado em vinhos, Hugh Johnson, chamou-o de "o único premier cru'" do hemisfério sul (uma referência ao sistema de graduação de elite para vinhos na França), enquanto o crítico de vinhos Robert Parker Jr. classificou-o como "o vinho mais exótico e concentrado do mundo". O vinho passou a influenciar tanto, que outras vinícolas ao redor do mundo passaram a usar a palavra australiana Shiraz, para chamar o Syrah, mesmo produzindo seus vinhos com a uva Syrah.

O vinho australiano conquistou o mundo, com o Penfolds na liderança. Sua instalação principal, "The Grange", fica localizada a 15 minutos de Adelaide, a ensolarada capital do sul da Austrália. Você não tem como não ver a torre branca da chaminé, com a palavra "Penfolds" escrita na vertical. Aqui você encontrará as videiras de Shiraz com 60 anos de idade circundando o chalé, assim como a vinícola cercada por muros de tijolos vermelhos. Dentro, existem os túneis e adegas usuais, além de um tonel de vinho do porto tão imenso que se poderia fazer uma festa lá dentro. Na parte de trás, encontra-se o ultramoderno restaurante com fachada de vidro. Na antiga destilaria fica a premiada sala de degustação, Cellar Door.

A outra sede da Penfold está a uma hora de distância ao norte de Adelaide, no Vale Barossa, o imenso e empoeirado coração do vinho australiano. Aqui, os cangurus pulam sobre velhos arbustos de videiras e a paisagem montanhosa dos vinhedos e os gramados altos e secos são pontuados pela arquitetura germânica e pelos restaurantes. O Penfolds Barossa é um imenso prédio construído em 1911, com várias extensões posteriores, incluindo, segundo dizem, a maior adega do Hemisfério Sul.

As instalações do vale Barossa oferecem um passeio misto especial – um passeio turístico pelos vinhedos e pela vinícola, seguido de uma sessão no laboratório da vinícola. Você veste um avental branco e ouve o instrutor discorrer sobre a fascinante arte de combinar uvas na fabricação de vinhos; em seguida, faz sua própria mistura, que depois é engarrafada para que você a leve para casa. O rótulo terá seu nome, além do título "Assistente de Fabricação de Vinhos". Você sairá de lá sabendo a diferença entre Syrah e Shiraz? Isso cabe a você descobrir.

ⓘ **Penfolds**, 78 Penfold Rd., Magill (ⓒ **61/8/8301-5569**; www.penfolds.com.au).

✈ Aeroporto Internacional de Adelaide (17 km / 10 milhas).

🛏 $$$ **Majestic Roof Garden Hotel**, 55 Frome St., Adelaide (ⓒ **61/8/8100-4400**; www.majestichotels.com.au). $$$ **Quality Hotel Old Adelaide**, 160 O'Connell St., Northe Adelaide (ⓒ **61/8/8267-5066**; www.oldadelaideinn.com.au).

Hemisfério Sul **360**

Seppelt Winery
Old Skool Winery
Vale Barossa, Austrália

Tudo que se relaciona à Vinícola Seppelt é excêntrico. O imigrante Joseph Seppelt fundou o lugar em 1851, o que faz da Sepplet uma das vinícolas mais antigas da Austrália. Seu filho, Benno, apreciava galopar pela propriedade num cavalo branco, com um violino amarrado às costas e um guarda-chuva sobre a cabeça. Quando a casa passou por uma fase ruim, no final do século XIX, em vez de despedir os empregados, Benno, que na época comandava os negócios, mandou-os plantar o maior número de árvores possíveis a fim de mantê-los ocupados. (Obviamente, eles tinham muito tempo ocioso – a vinícola aos 150 anos está agora cercada por duas mil palmeiras.) Benno, teve a maravilhosa ideia de envelhecer seu vinho fortificado por 100 anos. A vinícola agora tem um vinho do porto mais velho que o de Portugal; uma garrafa do rico e licoroso Liquer Port é vendida a $1.000 cada. Não é preciso dizer que esse vinho não faz parte das costumeiras sessões de degustação.

A vinícola em si, localizada a uma hora de viagem de Adelaide, parece saída do livro "A velha loja de curiosidades", de Charles Dickens. Para entrar na vinícola, você passa pela charmosa casa da família e cruza uma pequena ponte que leva a um exuberante jardim tropical. O prédio da adega causa uma espécie de choque – comprida e parecendo uma caixa, lembra um barco a vapor afundando. Aqui fica a vinícola gravitacional original, construída muito antes da moda "Newtoniana". Enquanto os vinicultores modernos deixam a gravidade fazer seu trabalho, em vez de usar máquinas para bombear o vinho do tanque para os tonéis, e daí para os barris – eles alegam que o bombeamento estressea o suco – o velho Seppelt construiu a vinícola tendo em mente a boa e velha praticidade: devido à falta de eletricidade, ele a construiu sobre uma série de terraços, onde as uvas poderiam ficar em uma ponta e seu suco passaria pelos trituradores e tanques até chegar aos barris na outra ponta. Atrás da vinícola fica o imenso depósito com nove milhões de litros (2,3 milhões de galões) de vinho em processo de amadurecimento, empilhados em pirâmides feitas de antigos barris.

A vinícola é um museu vivo de como as coisas costumavam ser feitas em escala industrial. Ali se encontra um conjunto de máquinas a vapor no estado original, cercado por polias e correias de transmissão. Nos fundos, perto da entrada, você encontrará um curioso museu com uma esmagadora de uvas que datam de 1890. Há todo tipo de esquisitices ali na sala, incluindo antigos mostruários dos representantes comerciais e livros contábeis bastante manuseados. Alguns poucos recipientes de brandy nos lembram que, no passado, as vinícolas produziam outras bebidas além do vinho, incluindo vinagre e sherry. Vire a esquina e encontrará outra adega com três milhões de litros (800.000 galões) de vinho envelhecendo suavemente (vigiado por um fantasma, pelo menos é o que lhe dirão os guias).

Na sala de degustação, uma série de vinhos do porto, ricos e concentrados, são colocados à frente do visitante – um tributo à visão do velho Seppelt. Enquanto saboreia a bebida em pequenos goles, você pode quase imaginar estar ouvindo a melodia plangente de seu violino fantasma ecoando pela adega.

ⓘ **Vinícola Seppelt**, Seppeltsfield (⌕ 61/8/8568-6217; www.seppelt.com.au).
✈ Adelaide (77 km/47 milhas).
🛏 $$$ **The Lodge Country House**, RSD 120, Seppeltsfield (⌕ **61/8/8562-8277**; www.thelodgecountryhouse.com.au). $$ **Barossa Motor Lodge**, 182 Murray St., Tanunda (⌕ **61/8/8563-298**; www.barossamotorlodge.com.au).

361 Hemisfério Sul

Stonier's Winery
The Peninsula
Península de Mornington, Victoria, Austrália

Comece o dia com uma estimulante caminhada pelo Arthur's Seat, uma montanha de granito de 300 metros de altura (980 pés) que proporciona uma visão total da Península Mornington e da silhueta distante de Melbourne. Aves marinhas dão voos rasantes sobre as águas apinhadas de iates da baía de Port Phillip. A estrada costeira corta praias de areias claras, pontilhadas de barracas de praia coloridas e dunas revoltas, que levam a campos de golfe à beira-mar. Surfistas pegam as primeiras ondas da manhã, e o vento fresco sopra através dos pomares, dos pinheiros e dos parreirais.

Viagens de Degustação

7 Lugares Para se Comer em... Sydney, Austrália

Por falta de um termo melhor, a cozinha da cidade mais cosmopolita da Austrália foi batizada de Mod Oz – uma mescla de ingredientes locais com uma caixa de surpresas de tradições culinárias internacionais, característica dessa poliglota nação de imigrantes. Embora não seja um fenômeno recente – os primeiros menus Mod Oz surgiram no início dos anos 1990 – seus espírito ainda traz energia à cena culinária desse porto do Pacífico, onde novos chefs ambiciosos viram celebridades da noite para o dia.

Claro que os restaurantes pioneiros da tendência Mod Oz ainda se destacam e abrem novas fronteiras. O ambiente sereno do elegante ❸❻❷ Tetsuya's (529 Kent St.; ⓒ 61/2/9267-2900; www.tetsuyas.com) – com dois salões rigidamente contemporâneos com vista para um jardim tradicional japonês – metáfora para a brilhante culinária de Tetsuya Wakada, uma mistura paradoxal da delicadeza japonesa e da imaginação não conformista. A única opção aqui é o caro e perfeitamente coreografado menu degustação de dez pratos: a refeição pode incluir uma sopa de ervilhas com sorbet de chocolate amargo, um custard de caranguejos e alho-porró, confit de trutas oceânicas da Tasmânia em crosta de algas marinhas, em umacama de nabo branco e erva-doce, ou filé Wagyu grelhado com wasabi e limão. Reserve com quatro semanas de antecedência e prepare-se para ficar impressionado. Um colega de Tetsuya, Neil Perry, do ❸❻❸ Rockpool (109 George St.; ⓒ 61/2/9252 1888; www.rockpool.com), é fanático pelo sourcing, seja ele dos fornecedores locais autossustentáveis de frutos do mar, de sua premiada carta de vinhos, ou da seletiva tábua de queijos. Mas o que leva esse restaurante de madeira polida para o mais alto topo é sua vocação globe-trotter nas inúmeras variações de preparação dos alimentos – pratos como os camarões gigantes com tortellini de queijo de cabra, pinoli e passas; um peixe-galo frito inteiro com temperos indianos, servido com tomates, acelga e molho de cardamomo; ou o cherne-da-Novazelândia sauté com vôngoles, repolho, presunto serrano, batata defumada nas folhas de chá e molho de manteiga com ervas.

Neil Perry, chef do Rockpool obtém seus ingredientes de fornecedores locais.

A vista panorâmica mais deslumbrante da cidade, de dia ou de noite, é a do ❸❻❹ Quay (Upper level, Overseas Passenger Terminal, Circular Quay West; ⓒ 61/2/9251 5600; www.quay.com.au), com suas paredes de vidro com vista para o porto, a Ópera e o contorno dos edifícios de Sydney. Mas a cozinha sutil e brincalhona, do chef Peter Gilmore, com vegetais e ervas da horta que o próprio Quay cultiva nas Montanhas Azuis, faz jus à vista. As especialidades podem incluir lagosta com bolinhos de lagosta e tapioca, confit de barriga de porco crocante com um cozido de aliotes e coalhada de tofu caseiro, ou seu impressionante "sea pearls" ou pérolas do mar – pequenos bocados redondos nacarados de ovas de esturjão, aliotes, atum, vieiras, polvo, enguias, caranguejos, e carne de ostra. A vista para o porto, do chão ao teto, no elegante ❸❻❺ Aria (1 Macquarie St.; ⓒ 61/2/9252 2555; www.ariarestaurant.com.au) também é ofuscada pelos preparos complexos de Matthew Moran – pratos como filés de cherne com alcachofras e batatas

⓷⓺⓼ 7 Lugares Para se Comer em . . . Sydney, Austrália

chips, lombo de porco com black pudding (tipo de linguiça feita com carne e sangue de porco) e purê de maçã e flor de sabugueiro, ou lombo de cordeiro assado com manjericão, ratatouille e erva-doce. (Vale a pena deixar a vista de lado e reservar lugar na cozinha, à mesa do próprio chef Moran.) Na parte de cima de um clube de natação, no alto dos rochedos com vista para Bondi Beach, o moderno ⓷⓺⓺ Icebergs (1 Notts Ave.; ⓒ 61/2/9365 9000; www.irdb.com) tem sua própria vista do oceano de tirar o fôlego e um salão de refeições descontraído e arejado, com divisórias de vidro fosco azul-claro e toalhas de mesa de linho impecáveis. De alguma maneira, a paisagem faz você ansiar por frutti di mare, e o menu o leva a isso, com preparos extraordinários da alta culinária italiana como risoto com truta coral e orégano, ou o saboroso ensopado de peixe à moda de Ancona.

Com vários pontos abaixo na escala de preços, embarque num trem CityRail em direção ao bairro estudantil Newtown, cujo minúsculo café branco e preto ⓷⓺⓻ Oscillate Wildly (275 Australia Dr.; ⓒ 61/2/9517 4700) tem a tradição de contratar ousadas futuras estrelas da culinária como chefs. O último deles, Karl Firla, começou lá em janeiro de 2009. Os experimentos de gastronomia molecular por aqui incluem ovas de salmão sobre camada de purê de couve-flor e chocolate branco; ou beef cheek (bochechas de boi) com espuma de melancia e feijão preto. Precisa dar um tempo nas invenções culinárias? Vá "down the loo", ou seja, para o bairro de Woolloomooloo, no ⓷⓺⓼ Harry's Café de Wheels (Cowper Wharf Rd.; ⓒ 2/9357 3074; www.harryscafedewheels.com.au). Agora oficialmente decretado um marco da cidade, esse trailer de comida vem servindo tortas de carne substanciosas, desde 1938. Até o mais moderno dos nativos de Sydney não resiste a uma parada ocasional tarde da noite no Harry's, para uma torta de carne coberta de purê de batatas, ervilhas e molho.

✈ Aeroporto Internacional de Sydney

🛏 $$ **Ravesi's On Bondi Beach**, esquina da Hall St. com Campbell Parade, Bondi Beach (ⓒ 61/2/9365 1481; www.ravesis.com.au). $$ **The Russell**, 143A George St., The Rocks (ⓒ 61/2/9241 3543; www.theRussell.com.au).

A vista do Quay engloba o porto de Sydney, a Ópera e a silhueta da cidade.

Viagens de Degustação

Existem não menos do que 60 vinícolas na Península de Mornington, e sem dúvidas uma das melhores é a Stonier's. Em 1978, quando não se falava em indústria do vinho por aqui, Brian Stonier comprou um pedaço de terra na região, esperando fazer algo especial para o casamento de sua filha, fabricando o seu próprio vinho espumante. Em sua nova terra, ele plantou as varietais clássicas de champagne, a Chardonnay e a Pinot Noir (obviamente, foi um longo noivado). Por pura sorte, o clima marítimo frio de Mornignton mostrou ser perfeito para a produção de vinhos com acidez vibrante, e os vinhos varietais da Stonier's logo ganhavam prêmios ao redor do mundo. (Sua Pinot Noir em particular foi declarada como a melhor do planeta por vários críticos). O próprio Stonier hoje é considerado como um dos fabricantes de vinho mais notáveis da Austrália. Ele foi muito além das espumas do casamento.

A nova vinícola de Stonier, construída em 2001, é um arranjo surpreendente de paredes onduladas cinzas e brancas. Aqui, os membros da equipe da vinícola conduzem tours excelentes e informativos; suas degustações também incluem travessas de comida que mostram a produção rica da Península.

A Península de Mornington tem seu próprio charme, que vale a excursão de Melbourne. Tradicionalmente, uma zona agrícola e retiro de final de semana, "a península" (como os australianos a chamam) passou por um renascimento recente. Os turistas e pessoas que vêm para final de semana ainda procuram as praias de estilo Mediterrâneo, mas eles também vêm em bandos aqui para conferir as vinícolas da região, e uma nova onda de fazendas de oliveiras. Conhecida como a cesta de frutas de Victoria, a península tem vários mercados do produtor, com tudo, desde pêssegos até os aspargos em exposição abundante. Os artistas instalaram ateliers, e os antiquários estão abertos para atrair o turista que passeia. Há um parque nacional para caminhar na ponta da península, e longos piers onde você pode ver o pôr-do-sol.

Mas seja lá o que for fazer, não se esqueça da champagne.

ⓘ **Stoniers**, Frankston Flinders Rd. e Thompsons Lane, Merricks (ⓒ **61/3/5989-8300**; www.stoniers.com.au).

✈ Aeroporto de Melbourne (114 km/70 milhas).

🛏 $$ **Crown Promenada Hotel**, 8 Whiteman St., Southbank (ⓒ **61/3/9292-6688**; www.crownpromenade.com.au). $$$ **Lindenderry**, 142 Arthurs Seat Rd., Red Hill (ⓒ **61/3/5989-2933**; www.lindenderry.com.au).

Hemisfério Sul 369

McWilliams Mount Pleasant Estate
Getting High on Mount Pleasant
Vale Hunter, Austrália

Em 1962, os residentes do Vale Hunter notaram um novo tipo de erva crescendo nas canaletas e diques do vale desse rio, duas horas ao norte de Sydney. A tenaz planta logo começou a aparecer em todo lugar, ao longo dos riachos e rios, canaletas e canais de irrigação. Quando o Departamento de Agricultura e Pesca foi chamado, eles a identificaram como a canabis, causando sensação na imprensa (e animação nos círculos universitários). A polícia prometeu acabar com tudo em um verão. Eles não conseguiram.

A erva desenfreada logo cobria 30 km^2 (18 milhas^2) e tinha tomado conta de campos inteiros, alguns com até oito hectares (19 acres). Um jogo de gato e rato começou entre a lei e os amantes da cannabis, com os últimos fazendo caças noturnas e colhendo as mudas da erva para a secagem e distribuição em Sydney. No final, as autoridades tiveram

370 Vasse Felix

que trazer aviões agrícolas e produtos químicos poderosos para combater a infestação. A erradicação acabou levando nove anos.

Felizmente, o Vale do Huntes é mais famoso por outro tipo de substância intoxicante que se chama vinho. A região mais antiga de vinhos na Austrália se estabeleceu já no ano de 1830; ela contém mais de 200 vinícolas, a maior parte delas na parte baixa do Vale Hunter. Esse relevo aberto, pitoresco, com montanhas ligeiras e planícies férteis, faz uma viagem de um dia de Sydney muito procurada – a maioria das vinícolas está aberta aos visitantes, e percorrem a gama desde a grande, e de alta tecnologia, até a pequena e rústica.

Uma das mais famosas vinícolas do Vale Hunter, a McWilliams foi fundada em 1921 pelo lendário fabricante de vinho, Maurice O'Shea, um dos pioneiros a reconhecer a promessa do vinho fino do terroir australiano. A vinícola é particularmente conhecida por seu único vinhedo de Semillon, com frequência, considerado o melhor do mundo. Ao visitar a McWilliams, você irá admirar a sede da fazenda com sua varanda ao redor e vista para os vinhedos. Cercas bem podadas fazem divisa com um gramado cuidado, e escadas levam a um grande pátio com uma fonte. Dentro da casa estão salões grandes com tetos de vigas cruas e uma amostra fotográfica fascinante, detalhando uma história de 60 anos da fabricação de vinhos.

O Elizabeth's, o restaurante da vinícola, é muito recomendado por seu menu do estilo de tapas, onde cada pequena porção de comida é harmonizada com um vinho em particular.

A própria vinícola é um depósito gigantesco atrás da sede da fazenda, onde a equipe excelente e bem treinada de McWilliams conduz tours informativos e degustações. Ao ver as instalações modernas e um pouco industriais, você acredita que esta é a maior vinícola Famíliar da Austrália. Não perca a degustação do Semillon – ele é excelente, forte e encorpado. Quando você roda o copo, entende porque ele é um dos poucos vinhos brancos que podem ser envelhecidos com sucesso. Só certifique-se que não seja um vinho dos anos 1960 – isso pode dar novo significado ao termo "gosto de erva".

ⓘ **Mc Williams**, Marrowbone Rd., Pokolbin (✆ **61/2/4998-7505**; www.mountpleasantwines.com.au).
✈ Internacional de Sydney (173 km/107 milhas).
🛏 $$ **The Kirketon Hotel**, 229 Darlinghurst Rd., Darlinghurst (✆ **61/2/9332-2011**; www.kirketon.com). $$$ **Patrick Plains Estate**, 647 Hermitage Rd., Pokolbin, NSW (✆ **61/2/6574-7071**; www.patrickplains.com).

361 Hemisfério Sul

Vasse Felix
Walkabout in Margaret River
Rio Margaret, Austrália

Os vizinhos devem ter pensado que ele era doido. O Dr. Tom Cullity se levantava às 3h da manhã todo sábado e dirigia três horas ao sul de Perth até o Rio Margaret. Ele passava o final de semana vagando pela região de florestas, furando o barro com uma furadeira manual, e dormindo, à noite, em uma tenda. Parecia a encarnação moderna do ritual Aborígene conhecido como walkabout.

Cullity fez isso por mais de um ano antes de encontrar o que buscava – o solo de pedregulhos, que ele tinha lido ser essencial para o plantio das vinhas. Isto foi nos anos de 1960, quando o Rio Margaret era um lugar atrasado e inóspito do oeste australiano, com uns poucos fazendeiros e alguns surfistas corajosos. O governo da Austrália tentou incentivar ali o assentamento nos anos 1920, mas com

329

Viagens de Degustação

resultados desanimadores. A terra não era simplesmente adequada para o gado leiteiro. Ninguém pensou em plantar parreirais, exceto pelo Dr. Cullity.

Tendo finalmente encontrado seu retalho de solo adequado, Cullity comprou 3,2 hectares (8 acres) por $ 75 o acre. Sua primeira safra em 1972 foi um desastre, mas Cullity estava aprendendo ao longo do caminho, e sua curva de aprendizado foi íngreme. (Um erro que ele cometeu foi borrifar a plantação com remédio veterinário. Porém até 1974, seu Riesling e Cabernet Sauvignon estavam ganhando prêmios e as pessoas começaram a notar. Logo as grandes vinícolas do leste estavam mandando espiões para testar o ar do Rio Margaret, e o preço da terra disparou. O Rio Margaret agora tinha 100 vinícolas produzindo 20% do vinho premiado da Austrália; ela é uma das regiões que cresce mais rápido na Austrália, tudo por causa da indústria do vinho em expansão.

Quando você entra na pastoral Vasse Felix, nota o gavião no brasão na entrada de pilares de pedra – as aves de rapina já foram usadas para barrar os pássaros olho-branco que comem uvas. Uma estrada longa de três pistas leva ao bosque e riachos rodeados por vinhedos. A sala de degustação é um chalé de pedra e madeira com uma lousa do tipo de pub na grande porta de entrada, anunciando a lista de preços. Parte da vinícola é uma galeria de arte que parece um hangar; também há um agradável restaurante com um deck com vista para as vinhas.

Enquanto você degusta alguns dos excelentes tintos da vinícola, reflita sobre o fato de que muitas das vinícolas mais famosas australianas foram iniciadas por médicos (outras incluem Penfolds, Cullen e Lindeman). Deve haver alguma ligação entre o vinho e a saúde. Ou, como uma pessoa da região colocou em poucas palavras quando provava um Vasse Felix, em 1974: – Foi – disse o humilde pedreiro – como colocar combustível de carro de corrida em uma retroescavadeira.

ⓘ **Vasse Felix**, Caves Rd. e Harmans Rd. S., Rio Margaret (✆ **61/897/565000**).
✈ Perth (282 km/175 milhas).
🛏 $$$ **Basildene Manor**, Wallcliffe Rd., Margaret River (✆ **61897/573140**; www.basildene.com.au). $$ **Adamson's Riverside**, 71 Bussell Hwy., Margaret River, (✆ **61/897/572013**; www.adamsonsriverside.net.au).

Hemisfério Sul 371

Stony Ridge
Paradise Island
Waiheke Island, Nova Zelândia

– Cristo de bicicleta! — exclama o estrangeiro alto de shorts e chinelo de dedo. Ele acabou de provar o famoso Stony Ridge Larose, e a julgar pela expressão em seu rosto, ele gostou.

– Isto é ouro, amigo, eu dou minha palavra – ele elabora, antes de secar o copo complemente.

Tal elogio é merecido. Stony Ridge produz uma mistura de estilo Bordeaux que tem mais emoção do que toda a esquadra do famoso time de rugby da Nova Zelândia, os All Blacks. O vinho geralmente supera as notas dos melhores da Europa e da Califórnia; ele é até listado nos menus dos restaurantes com estrelas do guia Michelin, em Paris. O tinto poderoso se tornou um favorito de colecionadores, e como muitos outros vinhos da Nova Zelândia, ele tem um preço muito melhor em prateleiras estrangeiras do que as alternativas de outros países.

Antigamente, a única coisa redonda e encorpada que vinha da Nova Zelândia era a ovelha. Essa nação ilha verdejante ainda é muito agrícola, ao passo que diversifica o seu produto doméstico; ela entrou no paraíso gastronômico das frutas, vegetais, nozes, azeite, e mais notadamente de vinhos – parti-

372 Craggy Range Winery

cularmente um Sauvignon Blanc azedinho e herbáceo, que se tornou a uva de marca reconhecida do país.

Os vinhedos tinham invadido o comprimento e a largura do país, tanto na Ilha do Norte como do Sul, inclusive das regiões de vinho com nomes Maori exóticos como Wairarapa, Aawatere e Otago. O clima marítimo fresco com bastante sol significa que o país pode produzir tanto os tintos como os brancos, com muito sabor e vigor.

Stony Ridge está localizada na ilha Waiheke, uma pequena coleção de montes a 40 minutos de balsa da maior cidade do país, Auckland. Barcos à vela estão nas águas espelhadas, enquanto as suaves montanhas verdes sobem na direção de uma árvore solitária ou retalho branco de rede que protege as vinhas dos pássaros. A ilha costumava ser uma paragem de hippies, cheia de indivíduos procurando um estilo alternativo ao movimento da cidade moderna. Agora ela é um retiro de final de semana com 20 e poucas vinícolas para se visitar, restaurantes excelentes com frutos do mar fantásticos, e adoráveis passeios na praia para ajudar os visitantes a digerir esta mesma comida.

Stony Ridge evoca o Mediterrâneo com suas paredes rosa antigo e molduras de janelas azul céu. O tanque prateado gigante ao lado entrega o principal passatempo aqui. Do lado de fora, uma varanda charmosa cambaleante de grade verde e os beirais do telhado contêm um restaurante ensolarado no terraço, com vista para os vinhedos ondulantes. A cozinha do Mediterrâneo é ideal para acompanhar os tintos profundamente deliciosos de Stony Ridge – como disse o estrangeiro — isto é ouro, amigo.

ⓘ **Stony Ridge**, 80 Onetangi Rd., Waiheke Island (✆ **64/9/372-8822**; www.stonyridge.co.nz).
✈ Aeroporto Auckland (55 km/34 milhas).
🛏 $$ **Villa Pacifica**, Half Moon Bay, Waiheke Island (✆ **64/9/372-6326**; www.villapacifica.co.nz). $$ **Walheke Midway Motel**, 1 Whakarite Rd., Ostend, Waiheke Island (✆ **64/9/372-8023**; www.waihekemotel.co.nz).

372 Hemisfério Sul

Craggy Range Winery
Where the World Is Your Oyster
Hawkes Bay, Nova Zelândia

Steve Smith é obcecado por sujeira. Ele se preocupa particularmente com a lama negra que alimenta o seu vinhedo de Hawkes Bay. Ele está chateado que ela não seja um pouco mais como a lama famosa de Bordeaux, que é pincelada com pedras de cor clara que reflete o calor para cima. Smith até considerou colocar tecido refletindo ao longo do chão para ganhar o mesmo efeito, mas no final se contentou com algo mais prático: conchas de ostras esmagadas do mar próximo dali. Elas agora agem como um fertilizante e refletor de calor, banhando o dossel com luz do sol e produzindo um vinho mais aveludado.

Smith é um fabricante de vinhos resolvido em uma vinícola que produz vinhos de um único vinhedo. Craggy Range tem despertado a todos para o fato que este canto longínquo do mundo do vinho está fazendo não só um grande Sauvignon Blanc, mas tintos soberbos também. A atenção meticulosa de Smith ao detalhe é criar misturas de estilo de Pinot Noir, Merlot, e Bordeaux que ultrapassem seus vizinhos australianos e rivais mais longínquos na Europa.

O complexo de vinícolas – chamadas de Vinícola do Gigante, por conta de uma lenda Maori – é tão ambicioso quanto. É um projeto austero onde Bordeaux medieval encontra a Nova Zelândia – casa de celeiro, estruturado com bom e antigo aço, e vidro. Esse complexo, à beira do lago, esparramado de prédios em estilo de armazém, termina em uma casa redonda de pedra: o local do restaurante da vinícola, Terroir; nos vinhedos distantes há uma pousada de luxo para

Viagens de Degustação

Os picos que dão nome à vinícola Craggy Range.

os hóspedes. Basta dizer que é impressionante. Na distância estão as montanhas em uma fileira rochosa, a Craggy Range é o título da vinícola. Surgindo acima de tudo está o Pico Te Mato, uma montanha sagrada Maori, considerada muito poderosa e serena.

Ancorada ao lado da cidade Art Deco de Napier, a região de Hawkes Bay se espalha ao longo da costa leste da North Island, conhecida como o "jardim da Nova Zelândia". Ela não só exibe umas 30 vinícolas para visitar, mas é famosa por sua comida integral, a maior parte de plantio orgânico. Uma boa parte desta comida local acaba no menu do Terroir, onde é cozida em um fogo aberto na frente dos convivas. O menu é calcado na carne e frutos do mar nos, inclusive ostras. Afinal, Steve Smith tem que tirar suas conchas de ostra de algum lugar.

Craggy Range, 253 Wairnrama Rd., Havelock North (*C*) **64/6/8730143**; www.craggyrange.com).
Wellington (304 km/188 milhas).
$$ **Pebble Beach Motor Inn**, 445 Marine Parade, Napier, Hawkes Bay (*C*) **64/6/835-7496**; www.pebblebeach.co.nz). $$ Motel de la Mer, 321 Marine Parade, Napier, (*C*) **64/6/8356-7001**; www.moteldelamer.com.nz).

Hemisfério Sul

373

Montana Winery
A Whale of a Time
Marlborough, Nova Zelândia

Na indústria do vinho, o grande não é grandioso. Geralmente, quanto maior a vinícola, menos bem considerado é seu vinho. Operações industriais grandes acham difícil convencer o consumidor de que seus vinhos são tão bons quanto o suco mimado de uma boutique, a vinícola de produção baixa com um único e fabricante de vinho apaixonado.

A vinícola Montana, porém, prova ser uma exceção à regra. A maior vinícola da Nova Zelândia costumava ser um peixe grande em um pequeno lago. Até agora os vinhos do país se tornaram tão populares, que Montana passou a ser a marca campeã. Seus vinhos têm atingido status de Cult ao redor do mundo, particularmente o seu aromático Sauvignon Blanc herbal.

Montana ainda faz 70% da produção da Nova Zelândia; ela tem vinhedos espalhados por todo o país, inclusive em Gisborne e Hawkes Bay. O centro de sua operação, porém, é no núcleo verdejante de fabricação em Kiwi, no Vale da Costa de Wairau, na extremidade norte de South Island. Junto com as calmas águas azuis de Marlborough Sound, procurada por marinheiros e turistas, as marés brancas e espumosas borrifam os despenhadeiros baixos, coroados de cercas verdes e vinhedos. A vasta planície verde do Vale de Wairau se espalha a oeste da região da descontraída cidade de Blenheim.

Tradicionalmente uma terra agrícola, nos últimos 30 anos, essa área substituiu os pastos de carneiros e vacas, por linhas cuidadas de vinhedos com véu branco de seda da rede contra os passarinhos. Montana parece um château francês mais do que uma vinícola do Novo Mundo, com seu telhado alto e íngreme, e a torre que cobre um belo prédio cor de creme de frente para um gramado valoroso. Contudo, quando você se aproxima dele, vindo do portão de pedra, percebe que está em uma instalação moderna. Dentro encontra-se um centro de visitantes desembaraçado com salas de degustação, loja de vinhos, e um pequeno teatro; o restaurante do local serve excelentes frutos do mar, tais como os mexilhões e salmões de fazendas ao longo da costa. Há até um parque infantil com tema de vinhos. Lareiras abertas, construídas em pedras de rio, estão espalhadas em volta para esquentar seus pés na estação fria.

Por falar em frio, Montana tem um grande problema com o gelo. Um congelamento tardio na primavera pode destruir a colheita, antes mesmo que ela comece. Máquinas gigantescas de vento pontuam o relevo para criar a circulação de ar, a fim de levantar a temperatura e salvar a vinha. Em noites muito frias, as vinícolas na área alugam até 100 helicópteros para voar por cima das vinhas e derrubar o Senhor Frio. Tal fabricação de vinho de alta tecnologia se reflete na vinícola, com seu ultramoderno coquar press. O único instrumento desse tipo no Hemisfério Sul, esse esmagador de uvas francês garante um suco mais limpo e frutado. Montana também investiu em inovadores tanques de uva que você não verá em nenhum outro lugar.

Montana é uma parada popular no circuito turístico, então espere multidões, especialmente na alta estação. Enquanto estiver aqui, experimente a observação da baleia na baía de Marlborough – dessa maneira você poderá ver dois peixes grandes em um lago.

ⓘ **Montana Winery**, RD4, Blenheim (✆ **64/9/3368300**; www.montana.co.nz).
✈ Christchurch (311 km/193 mihas).
🛏 $$ **Marlborough Vintners Hotel**, 190 Rapaura Rd. (✆ **64/3/572-5094**; www.mvh.co.nz). $$ **Château Marlborough**, High and Henry Sts. (✆ **64/3/578-0064**; www.marlboroughnz.co.nz).

374 Hemisfério Sul

Two Paddocks
Hidden Drama
Central Otago, Nova Zelândia

O relevo de Central Otago é certamente dramático – florestas escuras e charnecas, rodeadas por montanhas com topos de neve e riachos entrecortados. Famoso por suas trilhas antigas de caminhadas, estações de esqui, e minas de ouro abandonadas, esta parte de South Island é o último lugar onde você esperaria encontrar uma região de vinicultura. Mesmo assim, há umas 80 vinícolas na área, todas produzindo Pinot Noir de primeira classe.

A um primeiro olhar, no entanto, Two Paddock é uma das vinícolas menos dramáti-

Viagens de Degustação

cas da região. Uma cabana simples, porém atraente, fica rodeada por canteiros de lavanda em um cenário bucólico. Um terraço alto de madeira leva à instalação em estilo de celeiro com escritórios e uma sala de degustação que parece uma cozinha minimalista. Os prédios se misturam com o meio ambiente. O nome two paddocks refere-se ao vinhedo em volta.

Essa vinícola de perfil simples, pé no chão não dá a você motivo para desconfiar que pertence a um dos nomes mais famosos da Nova Zelândia – o ator Sam Neil, estrela de filmes como Jurassic Park e O Piano. Chame isso da maneira dele de voltar às suas raízes da Nova Zelândia. Neill começou a fazer vinho em 1997 para a sua família e amigos. Logo ele percebeu que estava tão bom que poderia ser vendido – e, francamente, bom demais para seus amigos, que "beberiam qualquer coisa". Ele prosseguiu instalando essa vinícola maravilhosa em Central Otago, uma das regiões de vinho mais notáveis da Nova Zelândia. Ao manter o seu poder de estrela fora do centro das atenções, ele permite que os vinhos em si brilhem.

A fabricação de vinho em Central Otago é um fenômeno relativamente recente. Um francês chamado Jean Desire Feraude na verdade produziu um Pinot Noir ganhador de prêmios aqui, em 1895, mas quando ele não pôde convencer os mineiros do local a deixar a bebida pesada, sua empresa faliu. A terra retornou às ovelhas e coelhos. Foi só nos anos 1980 que os vinhedos começaram a aparecer novamente. Agora o Pinot Noir aqui é considerado como um dos melhores do mundo, subindo em popularidade que esse vinho sutil tem desfrutado ultimamente.

A fabricação de perfil baixo de Neill não faz tours formais, mas os visitantes que fazem a longa viagem até a vinícola são recebidos com entusiasmo. O vinho é tão rico e em ebulição como o dono da vinícola, que declara em seu site da internet:

– Triunfos e calamidades, escândalos e despachos, heróis e monstros, bobos e bocós, charlatães e sumidades... Bem-vindos!

ⓘ **Two Paddocks**, Clyde (ⓒ **64/3449/2756**; www.twopaddocks.com).
✈ Queenstown (80 km/50 milhas).
🛏 $$$ **The Glebe**, 2 Beetham St., Queenstown (ⓒ **64/3441/0310**; www.theglebe.co.nz). $$ **Crowne Plaza Queenstown**, Beach St., Queenstown (ⓒ **64/800/444-944**; www.crowneplaza.com).

6 Boas Bebidas

Cervejarias... 336
Destilarias... 359

Bourbon da Reserva Woodford, a destilaria mais antiga do Kentucky.

Boas bebidas

Cervejarias 375

A Romaria de Pilsen
Cheque a Tcheca
De Praga a Plzen, República Tcheca

As estatísticas da indústria cervejeira mostram que os tchecos bebem mais cervejas per capita do que qualquer outro povo – em média, 160 litros de cerveja por ano (comparados com 65 litros dos americanos). Mas uma vez que você tenha bebido a cerveja tcheca, tudo faz sentido perfeitamente: a cerveja dourada que os tchecos chamam de pivo é o que o resto dos cervejeiros do mundo apenas esperam imitar.

Comece o seu tour na floresta da Bohemia, no berço da cerveja (dez se narodilo piv): a cidade de Plzen (88 km/55 milhas a sudoeste de Praga). Esse tem sido um centro cervejeiro desde o século XIV, graças às leis de direitos de fabricação de cerveja da nobreza do Rei Václav II. Mas esse momento de glória veio em 1842, quando os cervejeiros da cidade uniram forças para desenvolver um novo processo de fermentação: o método Pilsen, que envolve a fermentação de fundo e sob calor direto em chaleiras de cobre. Tristemente destroçada na Segunda Guerra Mundial, Plzen é hoje uma cidade industrial sem beleza, mas o motivo que o traz aqui é um conjunto de prédios de pedra a oeste do Rio Rabduza: **Plzenský Pivovary** (U Prazdroje 7; ✆ 420/377/062-888; www.pilsnerurquell.com), onde a famosa cerveja Pilsen Urquell ("autêntica Pilzn") é feita, assim como a marca doméstica popular Gambrinus. Construída em 1869, a fábrica (hoje pertencente à SAB-Miller) não mudou quase nada desde então; o tour de uma hora inclui visitas às adegas frias de fermentação de pedra-sabão e às salas de fabricação com chaleiras de cobre, assim como uma degustação da cerveja recém-fermentada, com aquela textura especial que só a água alcalina de Plzen produz. Logo ao entrar nos arcos esculpidos dos portões da cervejaria, o restaurante **Na Spilce** serve bons schnitzel, goulash e svicková na smetane (lombo de porco com molho de creme). Também há um museu charmoso da cerveja em um pub antigo próximo dali, o **Pivovarké muzeum** (Veleslavínova 6; ✆ 420/377/235-574; www.prazdroj.cz).

Dirija-se para o sudeste por 116 km (72 milhas) no número E49 da Ceské Budejovice, berço da cerveja Budweiser original, que foi feita pela primeira vez em 1895: **Budejovický Budvar** (Karolíny Svetlé 4; ✆ 420/387/705-341; www.budvar.cz). A cervejaria ainda é propriedade do governo para protegê-la contra a Anheuser-Bush, que tem lutado pelo nome durante anos. Comparada à Bud americana, a delicada cerveja Budvar semidoce – feita com malte Morávio, água do poço artesiano, e fermento pesado Budvar – é uma fermentação totalmente diferente, considerada altamente superior pela maior parte dos bebedores. Telefone com antecedência para arrumar um tour de uma hora de duração na moderna fábrica que é um brinco. Apesar de a maior parte do tour ser uma apresentação de multimídia, uma degustação de cerveja fina acontece no final. Após a sua visita, faça uma refeição no restaurante recém-restaurado **Masné Krámy** (Krajinská 13; ✆ 420/603/154 649), onde eles servem a Budvar não pasteurizada direto da torneira.

Outros 147 km (91 milhas) ao norte na E55, você chegará à capital tcheca, Praga, e à sua última visita a uma cervejaria: a venerável **U Fleku** (Kremencova 11; ✆ 420/224/934-019; www.ufleku.cz). Apesar de a U Fleku ter sido originalmente fundada em 1499, as instalações atuais datam apenas do início de 1900. Seus tonéis de resfriamento empilhados e os fermentadores massivos de carvalho ainda parecem pitorescamente históricos. Não perca o museu da cerveja ao lado em uma antiga casa de malte, que inclui uma réplica da era da Renascença, de uma sala de secagem de malte. Pare no pub ao lado para mais degustações da única cerveja U Fleku, uma cerveja-preta não filtrada com um sabor in-

376 Uma Cerveja da Floresta Negra

crivelmente forte e complexo. Também visite o Pub de cervejas **Novoměstský Pivovar** (Vodickova 20; ✆ 420/222/232-448; www.npivovar.cz), onde você pode jantar e beber nas adegas restauradas bem ao lado do aparato de fabricação da cerveja. Quando ela abriu em 1993, foi a primeira nova cervejaria em Praga por quase um século, apesar de toda uma nova geração de microcervejarias terem desabrochado desde então. O Novomestský serve duas cervejas soberbas, ambas sem filtrar – uma escura e outra clara (apesar de mesmo a clara ser mais âmbar do que dourada). Como os tchecos gostam de dizer:
– Não há cerveja como a cerveja.

✈ Aeroporto Ruzyne, Praga (45 km/28 milhas). 🛏 $$$ **Hotel Pariz**, U Obecniho domu 1, Praga (✆ 420/222/195-195; www.hotel-pariz.cz). $$ **Hotel Malý Pivovar**, Ulice Karla IV 8-10, Ceske Budejovice (✆ 420/386/360-471; www.malypivovar.cz). $ **Pension K**, Bezrucova 13, Pizen (✆ 420/377/329-683).

376 Cervejarias

Um Tour de Cerveja da Floresta Negra
Levantando uma Caneca Fina
Baden-Württemberg, Alemanha

Enquanto os cervejeiros da Bavária recebem toda a atenção de Oktoberfest, algumas das melhores cervejas da Alemanha hoje são feitas no sudoeste de Baden-Württemberg, onde tanto o rio Neckar como o Danúbio começam na planície alta de Swabian. Uma coleção de cervejarias do século XIX ainda despeja uma excelente gama de cervejas – não só as cervejas pilsen, tipo lager, mas também as especialidades regionais como a forte escura doppelbock, cervejas escuras maltadas Dunkel, e a cerveja pálida efervescente de trigo chamada de Weissbeer.

Inicie com o relevo mais bonito da região – as montanhas fechadas da Floresta Negra, e o adorável mercado medieval da cidade de Freiburg im Breisgau. Fundado em 1865, a bela fábrica amarelo, claro administrada pela família **Brauerei Ganter** (Schwarzwaldstrasse 43; ✆ 49/761/21850; www.ganter.com) pode ser conhecida mediante uma reserva para tour, e no verão, concertos de música ao ar livre acontecem no pátio de paralelepípedo. Como a maior parte dessas cervejarias, Ganter produz várias cervejas, mas as melhores são as douradas pilsen lagers e a sua aromática cerveja escura de trigo, a Badish Weinzen Hefedunkel. Também na cidade, a **Hausbrauerei Feierling** (Gerberau 346; ✆ 49/761/243-480; www.feierling.de) é uma reencarnação de uma cervejaria de 1877, do outro lado da rua. Desde 1999, a nova operação se tornou orgânica, com uma fermentação lenta de seis dias e um processo de quatro semanas de fabricação de cerveja tipo lager. Você pode fazer um tour dessa cervejaria mediante reserva, ou só aproveitar a fabricação maravilhosamente complexa da casa de Inselhof, juntamente com as especialidades alemãs como o Inselschnitzel ou o Rostbratwurst com chucrute. Os visitantes jantam em um pub com lambri de madeira ou, quando o tempo está bom, no jardim de cervejas.

Você terá uma viagem maravilhosa para o leste, através da Floresta Negra, ao longo da Rota 31 e então a Rota 500 por 58 km (36 milhas) até a cidade histórica da Renascença de Donaueschingen, fonte do rio Danúbio. O feudo dos príncipes de Fürstenberg por séculos, ele é o berço de sua cervejaria ancestral, a **Fürtlich Fürstenbergische Brauerei** (Postplatz 1-4; ✆ 49/771-860; www.furstenberg.de), fundada em 1283. A cerveja escura Salvator de Fürstenberg foi a preferida do chanceler Otto Von Bismarck, enquanto o Kaiser Wilhelm preferia a sua pilsen dourada saltitante. Apesar de a Heineken ter comprado a cervejaria em 2004, as muitas cervejas Premium produzidas aqui ainda são cheias de caráter regional. Reserve com antecedência

337

Boas bebidas

para os tours diários da cervejaria de tecnologia de ponta, que inclui, claro, uma sessão de degustação. Também há um museu de equipamento de cervejaria histórico de tamanho considerável, e você pode comer e beber de maneira substanciosa no restaurante Braüstüble no local.

Então, o que faz essas cervejas do sul da Alemanha tão deliciosas? Os amantes da cerveja dizem que é por causa dos "saltos nobres" que crescem nas planícies, bem ao norte das águas preciosas do Bodensee, conhecida na Suíça como Lago Constance. Dirija para o sudoeste por 111 km (69 milhas) na A81 e então pela A98 de Donaueschingen até Tettnang, capital desse ponto quente de plantação do lúpulo. Você pode comer, beber, e fique de um dia para o outro, no prédio cor de cereja da **Brauerei & Gasthof Zur Krone** (Bärenplatz 7; (✆ **49/7542/7452**; www.krone-tettnang. de). Essa pequena e maravilhosa cervejaria artesanal, fundada em 1847, ainda perten-

ce à família e produz uma gama de cervejas, algumas delas orgânicas. Há tours regulares aos sábados à tarde com, o mestre cervejeiro Franz Tauscher; outros dias estão disponíveis mediante reserva. Apesar dos quartos de hóspedes serem surpreendentemente brancos e modernos, o centro do local é um pub antigo, cheio de entalhes de madeira escura elaborados. O menu apresenta especialidades robustas da região da Swabia, como: a sopa de cerveja com bacon e bolinhos, peixe branco frito pescado no lago ali perto, lentilhas amargas com Saitenwürstle e spatzle, ou um assado de carne bovina com cebolas e macarrão caseiro – acompanhamentos perfeitos para a cerveja.

✈ Stuttgart (207 km/128 milhas).
🛏 $$ **Zum Roten Bären**, Oberlinden 12, Freiburg im Breisgau (✆ **49/761/387870**; www.roter-baeren.de). $$ **Brauerei & Gathof Zur Krone**, Bärenplatz 7 (✆ **49/7542/7452**; www.krone-tettnang.de).

Cervejarias **377**

Abbaye de Notre Dame de Scourmont
O Templo da Cerveja Belga
Chimay, Bélgica

Desde a Idade Média, a pequena nação burguesa da Bélgica elevou o artesanato da fabricação de cerveja a um nível de arte superior; sua reputação tão grande no mundo da cerveja é de tamanho completamente fora de proporção. Hoje, produzem por volta de 450 cervejas diferentes, desde as pilsens douradas como a Stella Artois, até a lambics efervescentes, as bocks duplas e triplas, pretas e fortes. Para muitos aficionados, porém, as cervejas belgas essenciais são as ricas, complexas e escuras, feitas pelos monges trapistas reclusos em seis monastérios belgas: Orval, Rochefort, Sint-Benedictus de Achel, Westmalle, Westvleteren, e a mais conhecida de todas, a Abbaye, de Notre Dame de Scourmont em Chimay.

O trabalho manual é considerado uma forma de meditação por esses monges, e eles se orgulham muito de seus métodos consagrados e zelosos guardando suas receitas e linhas de fermento. As operações de cervejaria são a maior fonte de renda, ajudando os monastérios a angariar fundos para suas obras de caridade. Porque eles são comunidades religiosas tão rígidas, as cervejarias em si não são abertas ao público – mas com um pouco de engenhosidade, você pode chegar perto da fonte.

A caminho de Bruxelas até Chimay, no Sul da Bélgica, a oeste de Namur, você pode ver uma morada monástica medieval na **Abadia Cisterciana de Floreffe** (7 rue du Séminaire, Floreffe; (✆ **32/81/44**

377 Abbaye de Notre Dame de Scourmont

53 03; www.abbaye-de-floreffe.be). Depois de fazer o tour da abadia – que pertence a uma ordem menos rígida do que a dos trapistas – você pode experimentar algumas das cervejas tradicionais ainda feitas na Abadia, em um antigo moinho na propriedade. Com aquele modelo monástico em mente, trace seu caminho para o sul pela N92 para explorar as cervejas mais artesanais da Bélgica. Na vila pitoresca de Ardennes de Purnode (pegue a N937 para leste), faça o tour da cervejaria Famíliar do século XIX, **Brasserie du Bocq** (rue de la Brasserie 4, Purnode; 32/82/61 07 90; www.bocq.be); suas cervejas de trigo branco Triple Moine são especialmente boas. Em Falmignoul (pegue a N95 e a N96 para o sul), confira a **Brasserie Caracole** (Côte Marie Thérèse 86; 32/82/74 40 80; www.brasserue-caracole.be; ligue com antecedência para um tour), instalada em um prédio rústico do século XVIII; a cerveja branca de trigo Troublette e a cerveja preta Nostradamus são complexas e deliciosas.

Dali é mais ou menos uma hora de carro a leste na N99 para dar um destaque à sua visita, a **Abbaye de Notre-Dame de Scourmont**, onde os monges têm feito a cerveja Chimay desde 1862. Apesar de você não poder fazer um tour na cervejaria, beba na atmosfera serena e contemplativa ao caminhar pelos jardins da abadia e da igreja. Então vá até o **L'Auberge de Poteaupre**, uma velha escola que os monges transformaram em restaurante-hotel, com bastante cerveja Chimay fresca, direto da torneira.

As três cervejas Chimay têm códigos de cores – o rótulo vermelho é uma cerveja dupla (7% de álcool), o rótulo é triplo (8% de álcool) e a azul Grand Reserve é uma cerveja escura forte (9% de álcool). Encorpadas, com colarinho cremoso e texturas suaves aveludadas, essas são algumas das melhores cervejas do mundo – bebê-las

No restaurante do L'Auberge de Poteaupre, em Chimay, Bélgica, os visitantes podem provar a cerveja que tem o nome da cidade.

A Abadia de Notre Dame de Scourmont, onde os monges têm fabricado cerveja Chimay desde 1862.

tão perto de sua fonte sagrada pode parecer uma experiência religiosa.

ⓘ **Abbaye de Notre-Dame de Scourmont**, Route de Rond Point 294, Chimay-Forges (32/60/21 30 63; www.chimay.be).

✈ Brussels (138 km/86 milhas).

🛏 $$ **Auberge de Poteaupré**, Rue de Poteaupré 5, Bourlers (32/60/21 14 33; www.chimay.be). $ **L'Auberge des Bouvignes**, Rue Fétis 112, Dinant (32/82/61-16-00; www.aubergedebouvignes.be).

Boas bebidas

Cervejarias 378

Cervejaria Carlsberg
O Elefante Nunca Esquece
Copenhagen, Dinamarca

Apesar de ser a fábrica principal da quinta maior empresa de cerveja do mundo, de alguma forma, a Cervejaria Carlsberg, de Copenhagen, ainda tem no espírito o coração carinhoso do seu fundador do século XIX, J. C. Jacobsen. Um filantropo e colecionador de arte, ele também fundou o museu de arte proeminente da cidade, o **Ny Carlsberg Glyptotek** (Dantes Plads 7; ✆ **45/33/41-81-41**). Uma instalação industrial imensa da era Vitoriana, construída em 1847, tem sua própria graça imponente, com janelas em arco neoclássicas e duas chaminés quadradas erguendo-se sobre os telhados. Há um tipo de capricho a respeito desse Portão Elefante de marca registrada, um prédio de entrada agraciado por quatro estátuas enormes de elefantes. Observe as suásticas na armadura dos elefantes. A suástica era o símbolo da marca registrada da Carlsberg muito antes de Hitler adotá-la, apesar de que depois da era Nazista, a empresa logo parou de usá-la e colocou ênfase nos próprios elefantes. (A cerveja com assinatura da Carlsberg Elephant – *Stoerk som en Elefant!*, o que significa *forte como um elefante!* – foi feita, pela primeira vez, em 1959). Um marco arquitetônico como esse, ainda é uma fábrica em funcionamento, produzindo pelo menos três milhões de garrafas de cerveja por dia.

Agora que tanto a Guinness, em Dublin, como a Heineken, em Amsterdam, transformaram seus tours da cervejaria em meras simulações de multimídia (o armazém da Guinness e a Experiência Heineken, respectivamente), a cervejaria Carlsberg, de Copenhagen, é a última das cervejarias comerciais grandes da Europa que você pode visitar de verdade. Você apenas será capaz de olhar o funcionamento de uma galeria de observação com parede de vidro da casa de cerveja, mas ainda parece ser acessível, especialmente desde esta adição de 2005, onde a empresa está retornando às suas raízes artesanais, fazendo quatro novas microcervejarias "afiliadas", comercializadas sob o nome de marca Jacobsen. No centro de visitantes, uma série de telas de vídeo e placas de informação, todas traduzidas para o inglês, delineiam o processo passo a passo, e narram o histórico das duas cervejas da empresa, a Tyborg e a Carlsberg.

Você também verá uma cópia da famosa estátua da Pequena Sereia do porto de Copenhagen (um presente de 1913 de J. C. Jacobsen à cidade) e a surpreendente gama de garrafas da maior coleção do mundo, com mais de 16.600 tipos diferentes de garrafas. É claro que há uma garrafa de brinde no final – à sua escolha, das várias cervejas da empresa. Se você quiser continuar bebendo, pode fazê-lo no pub do local. Não perca a chance de pedir a cerveja Elephant, uma bock forte e escura que só está disponível aqui na Dinamarca.

ⓘ 11 Gamle Carlsberg Vei (✆ **45/33/27 13 14**; www.visitcarlsberg.dk).

✈ Aeroporto Copenhagen Kastrup

🛏 $$$ **Kong Frederik**, Vester Voldgade 25 (✆ **800/448-8355** nos E.U.A., ou 45/33/12-59-02; www.remmen.dk). $ **Copenhagen Crown Hotel**, Vester-brogade 41 (✆ **45/33/21-21-66**; www.profilhotels.dk).

379 Cervejarias

Cervejarias Black Sheep & Theakston
Tudo em Família
Masham, Yorkshire, Inglaterra

Faça uma excursão pelo relevo dramático de Yorkshire Dales, entremeado de riachos descendo e pequenas cachoeiras se precipitando, e você entenderá por que a água de Dales é tão pura e clara. Graças a essa água e uma pequena ajuda do bom lúpulo inglês, North Yorkshire produz algumas cervejas tradicionais destacadas. Não uma, mas duas das melhores são feitas aqui, na pitoresca cidade de mercado georgiana de Masham.

Não é coincidência, na verdade – há uma história e tanto por trás das duas firmas, uma que vale um romance de Trollope. Tudo começou em 1827, quando Robert Theakston alugou o Black Bull Inn e cervejaria em Masham, e começou a desenvolver uma linha sublime de cervejas fermentadas de maneira tradicional. Em 1875, o seu filho, Thomas, construiu uma cervejaria completa em uma área de Masham conhecida como "Campos do Paraíso". Essa é a cervejaria de pedras rudes na qual você pode fazer um tour hoje, **T&R Theakston** (Red Lane; ✆ **44/1765/680 000**; www.theakstons.co.uk), uma fábrica evocativa em estilo de torre antiga, onde a gravidade leva a cerveja de um estágio do processo até o outro. É uma das poucas cervejarias que ainda faz seus próprios tonéis; você pode até ver uma demonstração dessa fabricação durante o seu tour. Mais conhecida por sua cerveja escura clássica Old Peculier, e pela encorpada e avermelhada XB ale, a Theakston cresceu ao longo dos anos, adquirindo várias outras cervejarias locais, até que ela mesma foi adquirida em 1987, pelo conglomerado Scottish & Newcastle. Essa batalha de aquisição rancorosa terminou quando a família Theakston finalmente recuperou o controle em 2004.

Felizmente, as cervejas Theakston continuam sendo de alta qualidade durante todo este período. Mas antes da trégua, em 1992, o herdeiro da cervejaria, Paul Theakston decidiu iniciar sua própria cervejaria artesanal em Masham. Em vez de se rebaixar aceitando um emprego com a Theakston, pertencente ao conglomerado, ele decidiu disputar cabeça a cabeça com eles. Ele comprou uma casa de malte abandonada da era Vitoriana de uma cervejaria extinta, que seu avô tinha adquirido há muitos anos e a abasteceu com uma coisinha aqui e outra ali de equipamentos antigos, recuperados de várias cervejarias que estavam saindo do ramo. Agora ela é a premiada **Black Sheep Brewery** (Wellgarth, Masham; ✆ **44/1765/680 100**; www.blacksheep.co.uk), um nome que se refere não só aos mercados históricos de carneiros de Masham, mas também à sua revolta contra os negócios da família. Desde o início, tours da cervejaria e um pub de cervejas/bistrô do lado foram parte dos planos de negócio do Black Sheep; tours de uma hora da fábrica, com sua instalação no topo da montanha sobre o Rio Ure, devem ser reservadas com antecedência. Você caminhará pelas enormes chaleiras de fermentação da cervejaria, os tonéis com lateral de carvalho para a mistura de fermentação, e um conjunto de recipientes fundos e quadrados de fermentação. (Porque as cervejas do Black Sheep, como as do Theakston, são ales em vez de lagers, elas são fermentadas com o fermento por cima). Você pode até subir no alto do telhado dos tanques condicionados para uma vista estupenda de Dales. No final do tour, descanse no pub suave da cervejaria e saboreie a melhor bitter da Black Sheep, e você talvez concorde – a perda da Theakston foi o ganho do mundo da cerveja.

ⓘ www.visitmasham.com.

✈ Internacional de Leeds-Bradford (52 km/32 milhas).

🛏 $$ **Kings Head Hotel**, Market Place (✆ **44/1765/689295**; www.kingsheadmasham.co.uk). $$ **White Bear Hotel**, Wellgarth (✆ **44/1765/689319**).

Boas bebidas

7 Lugares Para se Comer em . . . Copenhagen, Dinamarca

Conhecida por muito tempo como a "capital da diversão na Escandinávia", Copenhagen tem sido o lugar onde as pessoas desfrutam prazer comendo. Mas uma explosão culinária, nos últimos anos, fez do jantar fora a diversão do momento na cidade, e a onda de restaurantes novos é animada, tanto do ponto de vista arquitetônico como gastronômico.

Instalado em um depósito antigo com lateral de pedra em Christianshavn, o ❸❽⓿ Noma (Strand-gade 93; ⓒ 45/32/96-32-97; www.noma.dk) domina a cozinha do frio Atlântico Norte (o nome do lugar é uma corruptela de nordatlantiskl mad, ou comida do Atlântico Norte). Importando peixe e mariscos ultrafrescos três vezes por semana da Groenlândia, Islândia e das Ilhas Faroe, eles cozinham, grelham, conservam, defumam e até salgam de acordo com as tradições nórdicas. O treinamento do Chef Rene Redzepi, do French Laundry, aparece nas apresentações lapidadas de seus pratos; tendo também passado um tempo no El Bulli, ele não está livre de jogar um pouco de uma espuma de sabor intenso também. Em seu interior, o Noma parece simples e branco como uma pedra de gelo do Atlântico. Em contraste, há a confusão aconchegante de cores quentes do ❸❽❶ MR (5 Kultorvet, ⓒ 45/33/91-09-49; www.mr-restaurante.dk), que recebe o seu nome das iniciais do chef/proprietário Mads Reflund. Ele tem gerado muito falatório e com seus menus prestabelecidos sempre renovados (quatro a sete pratos), apresentando pratos como as vieiras e a língua de pato com cogumelos funghi e cebolas, ou lagostim em pele de leite com aspérula e sambucos. A cozinha com toques franceses de Kristian Moller e Rune Jochumsen é tudo menos simples, apesar do nome de seu café minimalista chique ser traduzido como "fórmula básica": ❸❽❷ Formel B. (Vesterbrogade 182, ⓒ 45/33/25-1066; www.formel-b.dk). Eles são fanáticos por ingredientes frescos – verduras da fazenda em Lammefjordn, cogumelos funghi e champignons chanterelle da sua própria plantação de cogumelos, produtos de laticínios de Grambogárd – e eles os transformam em itens de estação do menu, tais como: o monkfish com chutney de limão, a codorna laqueada com cogumelos cantharelus, ou a travessa de vitela com foie gras e cerejas frescas.

Enquanto lugares veneráveis com estrelas Michelin, como o Kong Hans Kaelder e o Kommandanten ainda atraem a multidão de milionários, ultimamente eles têm enfrentado a competição de um impertinente novo rival, ❸❽❸ The Paul (Vesterbrogade 3; ⓒ 54/33/75-07-75), localizado no Glassalen que parece uma estufa, no parque pitorescamente histórico de Tivoli Gardens. O senso de capricho do chef de origem britânica, Paul Cunningham, expressa-se não só na decoração fora no convencional pós-moderna, mas também no serviço simpático e descontraído; aqui os assentos da mesa do chef Cunningham (a primeira na Dinamarca) são muito disputados. Sua

O nome do Noma vem de nordatlantiskl mad, que em Dinamarquês quer dizer comida do Atlântico Norte.

7 Lugares Para se Comer em... Copenhagen, Dinamarca

mistura exuberante de tradições e ingredientes produz pratos como o frango caipira Bornholm servido com um confit de arinelas de vitela, ou um turbot assado com tutano bovino defumado, raiz de aipo e cebolinhas.

Quando o parque está fechado, de outubro a abril, Cunningham viaja o mundo coletando novas ideias.

Para uma experiência mais pé no chão de Tivoli, experimente a comida Dinamarquesa substanciosa do Faergekroen Bryghus (Verterbrogade 3; 45/33/12-94-12; www.faergekroen.dk), um chalé cor-de-rosa com metade feita de madeira à beira de um lago.

Até aqui há inovação, com duas cervejas da casa, produzidas nos tonéis brilhantes da nova microcervejaria local. A comida é o que você esperaria de uma fazenda dali – Wiener schnitzel, perna de carneiro de panela, solha frita com manteiga derretida, e uma gama de sanduíches abertos smØrrebrØd – servidos em um ambiente cordial com música ao vivo na maioria das noites. Se a cerveja é a sua praia, vá também ao bairro de NØrrebro, com o NØrrebroBryghus (Ryesgade 3; 45/35/30-05-30; www.norrebrobryghus.dk), que se espalha em dois andares de uma fundição de metal do século XIX restaurada. Você pode experimentar dez diferentes cervejas fermentadas no local, assim como vários pratos de panela, fritos, ou cozidos na cerveja – coisas como o peixe branco frito crocante, servido com aipo assado em cerveja Pacific Pale Ale, ou filé de carne bovina cozido com ervilhas, mini cenouras e vagem, sob um molho de sálvia perfumado com a cerveja La Granja Stout. Reserve um lugar na mesa do "mestre cervejeiro" para um menu especial preestabelecido.

O campo de vegetais do Noma com solo de malte de ervas.

Você não pode sair de Copenhagen sem experimentar algum *smØrrebrØd* – mas os sanduíches abertos no restaurante de design clean Aamanns (Oster Farimagsgade 10, 45/35/55-33-44; www.aamanns.dk) smØrrebrØd como você nunca viu antes. Você mal consegue um lugar para sentar nesse pequeno café da moda, nos horários das refeições, em que multidões jantam essas obras de arte em miniatura – peixe defumado e carne precisamente fatiada em pão de centeio extremamente fresco, cobertos com medalhões de queijo cremoso e saborosos vegetais crocantes. Felizmente, eles também servem para viagem.

✈ Aeroporto Copenhagen Kastrup (70 km/43 milhas).
🛏 $$$ **Kong Frederik**, Vester Voldgade 25 (800/448-8555 nos E.U.A. ou 45/33/12-59-02; www.remmen.dk). $ **Copenhagen Crown Hotel**, Vesterbrogade 41 (45/33/21-21-66; www.profilhotels.dk).

Boas bebidas

Cervejarias 387

Cervejaria Fuller's
Orgulho de Londres
Londres, Inglaterra

Você irá vê-la da janela do carro enquanto estiver chegando em Londres pela A4 – um complexo de prédios industriais pesados de tijolos da era Vitoriana ao longo do rio Tâmisa, com o nome Fuller's escrito nas finas chaminés. Apesar de não ser pitoresca, essa Cervejaria Griffin representa uma tradição histórica de fabricação de cerveja, sendo a última família tradicional da cervejaria que sobrou em Londres (procure a figura dourada do grifo em cada rótulo de cerveja). Com tantas outras marcas históricas britânicas – Bass, Whitbread, Courage, Worthington – engolidas por conglomerados multinacionais, a própria sobrevivência da Fuller's dá a ela um selo nostálgico.

Desde os dias de Oliver Cromwell, a cerveja foi fermentada nesse local, originalmente como uma fabricação particular no jardim da Bedford House, quando Chiswick era um retiro de campo pastoral para a aristocracia. O Fuller original, John Fuller, se juntou ao negócio de cervejaria da Griffin, em 1829; até 1845, quando sua fábrica foi construída, ela se tornou Fuller, Smith & Turner, que ainda é o seu nome. Apesar de ter se tornado uma companhia limitada em 1929, membros das três famílias ainda estão envolvidos – que é o motivo pelo qual a chamam uma "empresa Familiar", apesar de não ser mais tecnicamente considerada como pertencente a uma família.

A Fuller's também tem mais de 350 pubs e bares ligados a ela por todo o país, que acima de tudo vendem suas marcas de cerveja, tanto em garrafa como em tonéis (cervejas condicionadas em barris são projetadas para terminar sua fermentação na adega do pub, em vez de na cervejaria). A marca mais famosa da Fuller's é provavelmente a rica, cor de mogno London Pride, a cerveja de barril líder Premium do Reino Unido; ela também é conhecida por cervejas premiadas como a Chiswick Bitter, a ESB (que significa Extra Special Bitter), e a de lúpulo escuro, rico, London Porter, com frequência considerada a melhor cerveja Porter do mundo. Sua exportação principal para os Estados Unidos é a Fuller's IPA, uma Ale com cor delicada de âmbar, e a India Pale, que só está disponível no Reino Unido em algumas estações do ano. Eles também fazem várias outras cervejas de estação, e uma safra especial de Ale que vem em uma nova receita a cada Natal.

Passeios turísticos da Cervejaria Griffin ficam lotados rapidamente – certifique-se de reservar com antecedência. Ela é definitivamente um local industrial, cheio de tonéis pesados, correias barulhentas e maquinário de bombeamento estridente. Contudo, é uma experiência rara caminhar em volta da casa de cerveja; as salas de fermentação são quentes, diferente do que requerem as adegas de lager frias; a parte de engarrafamento; e os suportes imensos de tonéis. Com tanto território para cobrir, os tours duram quase duas horas, apesar de também incluírem uma sessão completa de degustação no pub dentro da cervejaria, o Mawson Arms.

ⓘ **Fuller's Griffin Brewery**, Chiswick Lane South (✆ **44/20/8996-2048**; www.fullers.co.uk).
✈ Heathrow (24 km/15 milhas); Gatwick (40 km/25 milhas). 🛏 $$$ **22Jermyn St.**, 22 Jermyn St., St. James (✆ **800;682-7808** nos E.U.A., ou 44/20/7734-2353; www.22jermyn.com). $$ **Vicarage Private Hotel**, 10 Vicarage Gate, South Kensington (✆ **44/20/7229-4030**; www.londonvicaragehotel.com).

Cervejarias

Cervejaria Traquair House
Estes Escoceses Econômicos
Interleithen, Escócia

Deve ter sido um grande e surpreendente momento de descoberta. Quando Peter Maxwell – conhecido como o proprietário da Traquair no século XX – encontrou um conjunto completo de equipamentos de cervejaria do século XVIII, enfiado num canto de seu castelo antigo, na fronteira da Escócia, viu uma oportunidade que só ocorre uma vez na vida. Com um golpe de sorte, ele, que tinha sido um executivo na destilaria de uísque Haig, sabia como transformar esse emaranhado de coisas velhas em uma empresa lucrativa para o precário castelo da família, que precisava de reparos urgentes.

Atualmente, a Traquair House Brewery produz de 600 a 700 barris da tradicional cerveja todos os anos, com o mesmo equipamento antigo usado no século XVIII, na fabricação de cerveja para o uso doméstico. A cerveja é igualmente fermentada nos barris originais de madeira. (Nos dias de hoje, uma mão-de-obra fora de moda). A cerveja da Traquair é feita com os ingredientes mais simples e de alta qualidade – cevada e malte de Munton vindos de Suffolk, lúpulo de Golding do East Kent e água clara fresca de uma fonte subterrânea descoberta na propriedade. Se você visitar a antiga cervejaria, verá os antigos métodos de produção, incluindo o processo de maceração, a fermentação nos antigos barris por, pelo menos, uma semana, e um longo período de maturação em tanques de armazenamento frios. (Não há visitas agendadas, mas arranjos podem ser feitos). A Traquair não usa conservantes ou enzimas estabilizadoras – o que se degusta é praticamente a mesma coisa que os ancestrais de Maxwell devem ter bebido. Enquanto a maior parte da produção é vendida em barris de chope, também são colocadas no mercado 200.000 garrafas, de espessos vidros marrom-escuro. Com a expansão de Traquair, são produzidas agora três cervejas: a cerveja de malte âmbar Bear Ale, a deliciosa, escura e amadeirada Traquair House Ale e a mais forte de todas, a aromática, achocolatada e agridoce Traquair Jacobite Ale.

O sucesso da cervejaria permitiu que Maxwell e sua esposa deixassem o resto da propriedade em excelentes condições. Traquair House é considerada a mais antiga casa habitada da Escócia – uma cabana de caçador datada de 1107, e mais tarde, um lugar secreto para os padres católicos durante a perseguição protestante. Reconstruída e fortalecida muitas vezes nesses anos tumultuados, hoje é uma mansão graciosa e branca, com telhado cinza-escuro e torres angulosas estreitas, situada em 41 hectares (100 acres) de florestas e gramados, incluindo um labirinto florestal, algumas das mais antigas árvores da Escócia e um antigo jardim murado – local de um agradável restaurante onde, claro, as cervejas Traquair são servidas. Pavões passeiam pelos gramados e cisnes deslizam pelos lagos. Não somente a própria casa é fascinante à visita. Três quartos estão disponíveis como acomodações com café da manhã. Cerveja no café é opcional.

ⓘ **Traquair House**, off the 8709, Innerleithen (✆ **44/1896/830323**; www.traquair.co.uk . Fechado de dezembro a fevereiro).
✈ Edinburgh Airport (7 km/29 milhas).
🛏 $$$ **Traquair House**, Interleithen (✆ **44/1896/830323**; www.traquair.co.uk). $$ **Traquair Arms Hotel**, Traquair Rd., Interleithen (✆ **44/1896/830229**; www.traquairmshotel.co.uk).

Boas bebidas

Cervejarias 389

Popping Cork
Tudo Sobre a Stout
Cork, Irlanda

Os irlandeses a chamam de leann dubh – cerveja preta – um nome tão bom quanto qualquer outro para essa icônica bebida irlandesa. Originalmente, era só mais um nome para a English Porter – "stout" significava uma forte variante para Porter – mas através dos anos, a stout irlandesa desenvolveu sua própria personalidade: tostada, menos doce e, com teor alcoólico surpreendentemente menor do que as outras cervejas. Por muitos anos, a Dublin's Guinness tem dominado o mercado, seja no país ou no exterior. Porém, Cork, genuína à sua natureza rebelde tradicional, lealmente prefere suas marcas domésticas. Vá a qualquer bar e peça a "home and away" e você receberá uma dose de Guinness e uma de Murphy's ou Beamish.

O futuro da Cork stout, entretanto, pode estar em risco. Em 1993, a Heineken comprou a Murphy's e mudou o nome histórico da Lady's Well Brewery da Murphy's para Heineken Ireland. O sabor da Murphy's permanece o mesmo. Considerada como tendo um sabor menos amargo do que a Guinness, mas ambas, a Murphy's stout e a popular Murphy's Irish Red são cervejas feitas em outros locais também. A cremosa, leve, Beamish Stout é feita somente em Cork, com água pura de Cork pela cervejaria **Beamish & Crawford** (South Main St.; ✆ 353/21/4911100; www.beamish.ie). Depois de uma longa série de aquisições, entretanto, a Heineken adquiriu a Beamish, em 2008, e a expectativa de saber se a gigante holandesa produzirá duas stouts rivais na mesma cidade permanece.

Fundada em 1791, ao lado de uma cervejaria do século XVII, a Beamish ocupa uma espalhafatosa construção de arquitetura Tudor, que é um marco kitschy local. O local de fabricação da cerveja fica do outro lado da estrada, num monstruoso agrupamento, estilo 1960, de imensos tanques de aço e barris.

Entre em contato com a cervejaria para agendar uma visita e preste especial atenção à etapa da produção, que faz com que a stout seja diferente das outras cervejas: o malte é assado antes de fermentar. Após sua visita à Beamish, pare do outro lado da estrada para levantar uma caneca no **An Spailpin Fanac** (28-29 S. Main St. ✆ 353/21/427-7949), um adorável bar do século XVIII, com tetos pouco iluminados, pisos de ladrilhos e lareiras, onde música tradicional irlandesa é tocada quase todas as noites.

Graças a uma iniciativa de redução de impostos, o futuro da cultura da cervejaria Cork pode ficar sossegada junto com microcervejarias independentes como a **Franciscan Well Brewery** (North Mall, Cork; ✆ 353/21/421-0130; www.franciscanwellbrewery.com), inaugurada em 1998, ao lado de um antigo mosteiro do século XIII. As visitas não são permitidas, mas você pode sentar no pátio externo ladrilhado e olhar direto para as operações de confecção de cerveja enquanto entorna sua caneca. Os monges também faziam sua cerveja aqui, usando o poço que se acredita ter poderes curativos. Atualmente, os mestres da cervejaria usam esse mesmo poço para fazer as cervejas premiadas da choperia: a Rebel Lager (feita com lúpulo alemão e tcheco), a Rebel Red, amarelada, a Blarney Blonde cor de palha, a cremosa Shandon Stout e a Friar Weisse, uma cerveja branca não filtrada de estilo alemão. O que é interessante é a variedade cosmopolita de tipos de cerveja que a Franciscan Well oferece. Será que os bebedores irlandeses poderiam finalmente desistir de sua stout?

✈ Internacional de Cork (100 km/76 milhas sul do Internacional de Shannon).

🛏 $$$ **Hayfiled Manor Hotel**, Perrott Ave. (✆ **800/525-4800** ou 353/21/431-5600; www.hayfieldmanor.ie). $$ **The Gresham Metropole**, MacCurtain St., Tivoli (✆ 353/21/450-8122).

390 Cervejarias

Cervejaria Biddy Early's
Os Cervejeiros Artesanais do County Clare
Ennis, County Clare, Irlanda

Essa é a mais turística foto da Irlanda – campos verdes enevoados, estradas sinuosas, rebanho de ovelhas em pastos firmes, pequenos vilarejos limpos e, claro, um bar alegre de vila em madeira com piso de pinho, lareira e, talvez, alguns cavalheiros com olhares sorridentes em felpudos suéteres, abrindo tampinhas.

Apesar de tudo isso combinar com esse cartão-postal, a Biddy Early's Brewery em Inag (15 km/10 milhas a noroeste da sede do município de Ennis na N85), não é nenhum bar antigo. Ela é a primeira cervejaria aberta na Irlanda em anos. Sem dúvida, a Biddy Early se beneficia da proximidade com as maiores atrações turísticas, como as vistas maravilhosas do oceano no Cliffs of Moher e o espetacular cenário estranhamente pedregoso do Burren. Mas, mesmo se não fosse por esse circuito, os amantes de cerveja a procurariam por causa de suas misturas premiadas: uma cerveja celta tradicional avermelhada com sabor de ervas (a Red Biddy), uma cerveja de lúpulo vermelho acondicionada em barril (a Real Biddy), uma pilsen dourada e picante (a Blonde Biddy) para aqueles que têm um gosto mais continental, e várias cervejas sazonais e especiais.

Fundada em 1995 pelo químico industrial Dr. Peadar Garvey, cuja família continua a administrar o bar, a Biddy Early's produz pequenos lotes de cerveja artesanal sem conservantes, enzimas ou aditivos artificiais. Os ingredientes são tão locais quanto possível – cevada cultivada na Irlanda, a carragen local para ajudar a refinar a cerveja, bago do mirtilo para dar o sabor, e lúpulo estrangeiro cuidadosamente selecionado (o lúpulo não cresce bem no clima úmido da Irlanda). Você pode olhar a cozinha de fermentação diretamente do bar adjunto e ver os resplandecentes tonéis de aço inoxidável e caldeiras de cobre usados para moer, macerar, ferver e refinar os grãos em líquido. Os tonéis de fermentação e maturação estão num prédio adjacente. A fermentação total da stout e da cerveja leva cerca de quatro dias, enquanto a fermentação básica da larger leva de uma a duas semanas. Em outra área, a cerveja é despejada em barris e garrafas, onde o acondicionamento final acontece.

O centro de visitação anexo explica o processo antes de você embarcar num tour pela pequena localidade, seguido por uma degustação de cervejas. (Reserve com antecedência para conseguir um lugar no tour diário). Com todas as grandes cervejarias da Irlanda, atualmente pertencentes a conglomerados estrangeiros, cervejarias artesanais, como a Biddy Early's, podem ser a onda do futuro para a cerveja irlandesa. Em termos de charme, não há concorrência.

ⓘ Ennis Rd., Inagh (✆ **353/65/683-6742**; www.beb.ie).
✈ Shannon (32 km/52 milhas).
🛏 $$$ **Old Ground Hotel**, O'Connell St. (✆ **353/65/682-8127**; www.flynnhotels.com). $$ **Cill Eoin House**, Killadysert Cross, Clare Rd. (✆ **65/6841668**; www.euroka.com/cilleoin).

Boas bebidas

Cervejarias 391

As Microcervejarias de Melbourne
O Outro Lado da Foster's
Melbourne, Austrália

Considerando a reputação australiana de bebedores de cerveja de fama mundial, é surpreendente que tenham demorado tanto para pegar o vagão das microcervejarias. Mas em Melbourne – lar das cervejarias gigantes Foster's, cujas principais misturas, mais vendidas, são a Victoria Bitter, a Carlton Draught e a Melbourne Bitter – uma corajosa equipe de pequenas operações independentes começou a pregar a verdadeira cerveja gospel Down Under.

Nas noites de quartas e sextas-feiras, dirija-se para o interior do subúrbio de Richmond para examinar as seções de envasamento na cervejaria **Mountain Goat Beer** (North and Clark sts.; ✆ **61/3/9428 1180**; www.goatbeer.com.au). Aberta em um antigo curtume, em 2004 (apesar de fazer cerveja desde 1997), essa cervejaria artesanal atenta ao meio ambiente ganhou uma enorme quantidade de prêmios por suas cervejas completamente naturais produzidas por dois anos, sua Pale Ale (cerveja em estilo australiano, seca e relvada), e a Hightail Ale (uma cerveja no estilo inglês, encorpada e maltada), assim como a robusta Surefoot Stout no inverno, e a 100% orgânica India Pale Ale, no verão. Nessas duas noites semanais da cervejaria você também pode provar alguns experimentos intrigantes em lotes únicos. Nas noites em que o Mountain Goat não está aberto, vá ao **Royston Hotel** (12 River St.; ✆ **61/3/9421 5000**; www.royston.com.au), um agradável e antigo local da classe operária (na Austrália, "hotel" é um termo comum para um bar da vizinhança), onde trabalhadores de curtume costumavam se reunir depois do trabalho, agora é um bar caseiro dedicado às microcervejarias, com pelo menos, duas das cervejas Mountain Goat na torneira.

No subúrbio, ao norte de Thornbury, a **Three Ravens Brewing Co.** (1 Theobald ST., ✆ **61/3/8480 1046**; www.3ravens.

com.au) abriu um negócio em 2003, fazendo cerveja de alta fermentação, sem pasteurização, acondicionada em barril. Mesmo suas cervejas engarrafadas são acondicionadas em garrafas – a antítese da cerveja comercial aguada. Todas as sextas-feiras à tarde, a cervejaria é aberta para uma prolongada seção de degustação de suas cervejas, cinco vezes premiadas: a White (mais clara), a Blond (altbier), a Bronze (cerveja pálida), a Black (stout), a Dark (cerveja defumada), e a 55 (encorpada cerveja pale em estilo americano). Em South Melbourne, a mais antiga microcervejaria da cidade, começou em 1988, no **Bell's Hotel** (157 Moray ST., ✆ **61/3/9690 4511**; www.bellshotel.com.au), um espaçoso e irregular ponto de encontro, com não menos de quatro bares diferentes em uma construção de pedra da era vitoriana. A cervejaria Bell's produz cinco tradicionais cervejas de fermentação lenta e maceração completa. As favoritas incluem a carro-chefe Hell's Bells, amarga em um método só com grãos e a refrescantemente nítida Black Ban Bitter ale.

No centro da cidade, no renovado Portland Hotel, a elegante **James Squire Brewhouse** (115 Russel St., ✆ **61/3/9810 0064**; www.maltshovelbrewery.com.au) é ligada à cervejaria artesanal Malt Shovel em Camperdown, Sydney. Ela possui uma cervejaria em funcionamento no local que produz pequenas quantidades de cerveja Malt Shovel. A real atração aqui é a excelente comida, como o pargo batido na cerveja ou canguru cozido na cerveja e filé mignon servido num pão com crosta típico. Outra James Squire Brewhouse abriu recentemente na crescente Waterfront City, em Melbourne Docklands.

Agora que a microcervejaria gospel foi espalhada, há até mesmo um operador de turismo

348

especializando-se em visitas a cervejarias artesanais mais longínquas em Victoria. Entre em contato com a **Scruffy Bunch Tours** (✆ **61/3/9859 4932**; www.scruffybunch.com.au) e deixe a direção com eles.

✈ Melbourne (23 km/14 milhas).

③⁹² Capital da Microcervejaria do Maine

🛏 $$$ **The Como Melbourne**, 630 Chapel St., South Yarra (✆ **1800/033 400** na Austrália, ou 800/552-6844 nos E.U.A. e Canadá; www.mirvachotels.com.au). $$ **Fountain Terrace**, 28 Mary St., St. Kilda (✆ **61/3/9593 8123**; www.fountainterrace.com.au).

392 Cervejarias

Capital da Microcervejaria do Maine
Das Pálidas Ales às Porters
Portland, Maine

Todos esperam que Portland, no Oregon, tenha microcervejarias boas para complementar suas excelentes vinícolas e restaurantes de alto nível. Mas de volta à costa leste está a outra Portland – Portland no Maine – que sustenta uma das cenas de artesanato de cerveja dos mais vitais do país. O segredo deles? Talvez seja o frio e, claro, o lago Sebago, que tem um pH ideal para fazer cerveja. Também é provável que seja a massa crítica de habilidosos mestres cervejeiros que atendem uma clientela local cada vez mais entendida do assunto.

A primeira no cenário foi a primeira microcervejaria na Nova Inglaterra – a **D. L. Geary Brewing Co.** (38 Evergreen Dr.; ✆ **207/878-2337**; www.gearybrewing.com; tours mediante hora marcada), que inaugurou em 1986. Criada por Peter Maxwell Stuart, da Traquair House Brewery (veja ➌➑➑), David Geary desenvolveu sua pale ale com assinatura de estilo britânico, seguida pela ale com lúpulo de estilo de Hampshire e uma Porter escura de Londres, que foi considerada como a melhor do mundo. Em 1988, o pub **Gritty's Portland Brew Pub** (desde então renomeado **Gritty McDuff's**, 396 Fore St.; ✆ **207/772-BREW** [207/772-2739]; www.grittys.com) foi inaugurado na área histórica de Old Port. A Gritty's fabrica sua própria ale em bom estilo britânico nas suas instalações para servir junto com seus hambúrgueres, sanduíches e outras comidas de pub. Você pode ver os tonéis e chaleiras de um lugar no bar com tampo de cobre em seu lugar confortável com vigas de madeira e tijolo.

Em 1994, a **Shipyard Brewing Co.** (86 Newbury St.; ✆ **800/273-9253**; www.shipyard.com) apareceu no cenário, funcionando em uma antiga fundição à beira-mar no centro da cidade. Sob seu mestre cervejeiro britânico, Alan Pugsley, agora ela é a maior cervejaria do Maine, e Pugsley agora é mentor de muitos cervejeiros artesanais americanos. Shipyard faz 12 variedades premiadas do verdadeiro estilo de ale inglesa, inclusive a forte ale marrom, uma ale India pale, e sua bandeira, a encorpada Export Ale dourada. Eles não oferecem um tour completo, mas se você visitar a fábrica pode ver um vídeo, observar a linha de engarrafamento e ter uma sessão de degustação – o verdadeiro ponto da visita aqui.

Dando a volta na esquina de D. F. Geary, a **Allagash Brewing Company** (50 Industrial Way; ✆ **800/330-5385**; www.allagash.com) começou em 1995, apresentou algo novo ao movimento de cervejarias artesanais americano – cervejas baseadas no modelo belga no lugar do britânico. Sob o mestre cervejeiro Rob Tod, eles desenvolveram uma gama de cervejas intrigantes, desde a sua bandeira Allagash White, uma cerveja pálida de trigo, até a preta, uma de estilo trapista forte. Tours de meia-hora acontecem regularmente nos dias de semana e incluem degustações. Enquanto isso, a vizinha **Casco Bay Brewing Co** (57 Industrial Way; ✆ **207/797-2020**; www.cascobaybrewing.com; tours disponíveis com reserva) não alcançou seu passo até 1998, quando o mestre cervejeiro Bryan Smith introduziu a linha

Boas bebidas

de cervejas de estilo lager. Smith começou como um humilde trabalhador na linha de engarrafamento, mas logo desenvolveu uma paixão pelo artesanato. Seu pequeno e atrevido funcionamento é mais conhecido por seu estilo típico irlandês, Riptide Red Ale e Carrabasett Pale Ale, que é mais um estilo de cerveja da costa oeste do que uma imitação europeia. Mais ou menos ao mesmo tempo, os companheiros de Casco Bay, na **Stone Coast Brewing** (14 York St.; ⓒ **207/773-BEER** [207/773-2337]; www.stonecoast.com), quebraram a tradição introduzindo cervejas de estilo alemão como a Sunday River Lager e a Sunday River Alt, assim como sua pale ale 420 IPA e uma Black Bear Porter robusta, despertada com certo espírito de rock-and-roll.

Em suma, Portland é uma grande cidade para se beber cerveja – até a última gota.

✈ Portland (4 $1/3$ milhas/7 km).
🛏 $$$ **Portland Harbor Hotel**, 468 Fore St. (ⓒ **888/798-9090** ou 207/775-9090; www.portlandharborhotel.com). $$ **Inn at ParkSpring**, 135 Spring St. (ⓒ **800/437-8511** ou 207/774-1059; www.innatparkspring.com).

Cervejarias 393

Cervejaria Samuel Adams
Fazendo uma Revolução na Cervejaria
Boston, Massachusetts

Nos dias escuros do início dos anos 1980, os bebedores de cerveja tinham pouca escolha quando se falava em fermentação. Os fabricantes mais importantes como o Miller e a Anheuser-Bush dominaram o mercado com cerveja uma tépida se comparada às suas correspondentes encorpadas europeias. Esses que queriam uma cerveja mais substanciosa tinham poucas opções, exceto por poucas importadas como a Beck's.

Isto começou a mudar em 1985, quando Jim Koch abandonou uma carreira em aconselhamento de gerenciamento para reiniciar o negócio de família da fabricação de cerveja. Koch, pertencente a uma geração de cervejeiros, acreditou que se oferecesse às pessoas uma cerveja melhor, elas a escolheriam. Armados de receias guardadas em uma arca no porão, ele e o sócio Rhonda Kallman, revolucionaram o mercado da cerveja. Kock encheu sua velha maleta de garrafas de cerveja caseira, rodando os bares e restaurantes de Boston, com amostras da lager Samuel Adams Boston.

Até abril de 1985, a cerveja – nomeada pelo revolucionário de Boston cujo pai também foi um mestre cervejeiro – debutou em cerca de 24 bares e restaurantes na área de Boston. Até o final do ano, eles tinha alcançado 500 barris e expandido a distribuição para o resto de Massachusetts, Connecticut, e como um testamento real para a qualidade de seu produto, a Alemanha Oriental. Logo em seguida, novas variedades seguiram, inclusive, uma linha de cervejas sazonais. A Samuel Adams Lager tornou-se uma inspiração para outros cervejeiros e mudou para sempre a maneira como os consumidores americanos viam a cerveja.

A Samuel Adams continua a inovar com estilos diferentes de cerveja, inclusive fermentações "extremas" de maior complexidade. Existem cervejarias em Boston; Cincinnati; Rochester, Nova Iorque; e Eden, Carolina do Norte. Tours da cervejaria de Boston são feitos em uma base no atendimento, por ordem de chegada, de segunda a sábado (os passeios turísticos durante o dia são procurados, portanto, chegue cedo no dia). Os tours levam por volta de uma hora e incluem uma visita ao museu da cerveja e loja de presentes.

ⓘ 30 Germania St., Boston (ⓒ **617/368-5080**; www.samueladams.com).

✈ Internacional Boston Logan (8 milhas/13 km)
🛏 $$ **Harborside Inn**, 185 State St., Boston (✆ **61/670-6015**; www.harborsideinnboston.com). $$$ **The Charles Hotel**, 1 Bennett St, Cambridge (✆ **800/882-1818** ou **617/864-1200**; www.charleshotel.com).

394 Cervejarias

Cervejaria Saranac
A Fermentação Regional Consagrada
Utica, Nova Iorque

Enquanto a maior parte das microcervejarias são jovens iniciantes, a cervejaria Saranac tem produzido cerveja desde 1888, quando do F. X. Matt I, um imigrante de origem alemã, fundou uma cervejaria na encosta das montanhas Adirondack, no Estado de Nova Iorque. Hoje, a Saranac produz uma gama variada de cervejas e refrigerantes, inclusive a Utica Club, a primeira cerveja cuja venda foi permitida pelo governo, depois da lei seca. Ela continua a ser um conhecido pilar e, como todas as cervejas Saranac, é feita de ingredientes naturais de alta qualidade, desde os grãos colhidos na região até a água pura que flui das Adirondack. Protegendo a tradição de fermentar apenas os ingredientes mais frescos, um membro da família Matt tem estado à frente da Matt Brewing Company por quatro gerações.

Como a maior parte das pequenas cervejarias, a Saranac oferece uma ampla variedade de cervejas durante o ano todo, com edições limitadas e algumas sazonais servidas na torneira em diversos tempos. A Saranac Imperial Stout é parte de uma linha de cervejas rica em complexidade, sabor e – como se deve observar – conteúdo alcoólico. Essas são cervejas para se bebericar em vez de dar goles. A maioria dos aficionados fica com as excelentes ales e lagers (sendo a Three Stooges Ale a mais excêntrica). A linha de refrigerantes da Saranac inclui favoritos como a root beer junto com ofertas mais extravagantes, como a Shirley Temple e orange cream.

Apesar de a Saranac ser uma antiga cervejaria, seu compromisso com a reciclagem e o meio ambiente é totalmente atual. Eles vendem os grãos usados para fazendeiros como ração para o gado e reciclam todos os materiais na fermentação e embalagem, inclusive o alumínio, vidro, tiras de plástico e papelão. A cervejaria em si emprega um sistema para cortar o gasto de energia durante os horários de pico e eliminou o ar-condicionado, entre outros consumos de energia não essenciais nos escritórios da empresa (quando você tem sorte suficiente para trabalhar nessas florestas deliciosamente frescas do norte, o ar-condicionado é decididamente opcional).

Os tours estão disponíveis de junho a agosto, durante os sete dias da semana; de setembro a maio, os tours estão disponíveis às sextas e sábados. Separe duas horas para fazer o tour e visitar a loja de presentes e a taverna. Naturalmente, duas amostras, seja de cerveja ou de refrigerante, são oferecidas ao final do tour.

ⓘ 830 Vanick St., Utica, Nova Iorque (✆ **800/765-6288** ou 315/732-0032; www.saranac.com).
✈ Internacional de Syracuse Hancock (58 milhas/93 km).
🛏 $$ **Hotel Utica**, 102 Lafayette St. (✆ **877/906-1912** ou 315/724-7829; www.hotelutica.com).

Boas bebidas

Cervejarias 395

Great Lakes Brewing Co.
Cervejaria Ecológica
Cleveland, Ohio

Quando os irmãos Patrick e Daniel Conway fundaram a Great Lakes Brewing Company, eles queriam fazer a cerveja mais fresca possível, enquanto criavam uma empresa que respeitasse o meio ambiente. Desde 1988, eles têm feito cervejas artesanais no local que foi, uma vez, o centro da indústria de cerveja de Cleveland. O pub cervejaria é formado, na verdade, por dois prédios históricos que se uniram, um deles foi notável como o pub principal para Eliot Ness, o agente da lei seca, conhecido por perseguir o gangster Al Capone e sua gang de falsificadores de bebidas. Hoje, você pode se refrescar com um copo de Eliot Ness Amber Lager enquanto se senta no bar mais antigo de Cleveland, ou aproveita uma refeição no Beer Garden, um restaurante ecologicamente correto dedicado a servir comida tão fresca quanto a cerveja artesanal.

O interesse de Patrick Conway pela cerveja começou quando ele trabalhava em um bar para juntar dinheiro para pagar a faculdade. Depois de uma viagem para a Europa, que incluiu tours de várias cervejarias, ele ficou tão encantado com o estilo europeu de cervejas que degustou, que juntou forças com seu irmão, um banqueiro comercial com uma apreciação compartilhada por cervejas tradicionais. Assim começou o sonho deles de estabelecer a primeira microcervejaria de Ohio.

Logo no início, no entanto, eles adotaram uma declaração de missão que consideravam a consciência social tão importante quanto fazer uma grande cerveja. O compromisso da cervejaria para o meio ambiente é evidente: eles usam apenas veículos movidos à óleo vegetal do restaurante, e conservam a energia tão completamente, que mantém os custos de aquecimento do restaurante em menos de oito dólares por dia.

As cervejas dos Grandes Lagos incluem stouts, ales e uma IPA, assim como a Edmund Fitzgerald Porter, uma fermentação complexa com um gosto doce-amargo, chocolate-café. Cervejas sazonais também estão disponíveis. Mesmo se você não puder vir a Cleveland, pode encontrar cervejas dos Grandes Lagos por toda Illinois, Indiana, Kentucky, Michigan, Nova Iorque, Pennsylvania, West Virgínia e Wisconsin.

Passeios turísticos públicos estão disponíveis às sextas e sábados, e tours particulares com hora marcada.

ⓘ 2516 Market Ave. (✆ **216/771-4404**; www.greatlakesbrewing.com).
✈ Internacional Cleveland (10 milhas/17 km).
🛏 $$ **Radisson Hotel Cleveland Gateway**, 651 Huron Rd. (✆ **800/333-3333** ou 216/377-9000; www.radisson.com). $$ **Glidden House**, 1901 Ford Dr. (✆ **800/759-8358** ou 216/231-8900; www.gliddenhouse.com).

O longo bar na Great Lakes Brewing Company, em Cleveland, Ohio.

396 Sprecher Brewing Company & Lake Front Brewery

Cervejarias

Cervejarias Sprecher Brewing Company & Lake Front

As Cervejas que Fazem Milwaukee Famosa

Milwaukee, Wisconsin

Quando a maioria das pessoas pensa em Milwaukee, pensam em cerveja, e com razão. Nos anos de 1800, graças à herança dos imigrantes alemães, a cidade abrigava mais de 100 cervejarias, inclusive gigantes como Miller, Pabst, Blatz, e Schlitz. Não foi por acidente que o seriado dos anos 1970, Laverne & Shirley, colocaram as duas heroínas de Milwaukee como trabalhadoras nas cervejarias. Hoje só umas poucas cervejarias comerciais permanecem – a Miller's é a única grande que sobrou –, mas Milwaukee está passando por um renascimento com um número de boas microcervejaria. Por definição, uma microcervejaria produz menos de 1500 barris por ano (comparados a 20-40 milhões de barris produzidos pelas cervejarias corporativas maiores). A ênfase na qualidade sobre a quantidade é aparente ao primeiro gole.

Uma operação, em particular, tem ganhado renome e prêmios, tanto pela sua cerveja como pelos refrigerantes de marca. A **Sprecher Brewing Company** (701 W Glendale Ave. Glendale; 414/964-2739; www.sprecherbrewery.com) foi fundada em 1985 por Randall Sprecher, um antigo supervisor de cervejaria para a Pabst. Sprecher começou a fazer suas cervejas distintas — europeias e tradicionais — no bairro de Walker Point, apesar de que, quando a demanda aumentou, ele teve que mudar dez anos depois para um prédio maior no subúrbio, próximo de Glendale. As variedades de cerveja aumentaram juntamente com a demanda. Como uma fábrica pequena, a Sprecher pode produzir pequenos lotes para quase qualquer evento; cervejas especiais incluem um Stout irlandesa, fermentada para a festa anual irlandesa de Milwaukee. Os tours (todos os dias da semana, no verão, e sextas durante o resto do ano) incluem uma visita ao museu cheia de memorabilia da cerveja, a casa da cerveja, e uma adega grande agraciada por murais da Bavária, assim como uma sessão de degustação em uma tenda do lado de fora. Depois do tour, pare no jardim interno de cerveja que apresenta música de impacto para combinar com a bebida da casa.

A cervejaria inovadora de Milwaukee, a **Lake Front Brewery** (1872 N. Commerce St., Milwaukee; 800/328-7275; www.lakefrontbrewery.com), começou como uma rivalidade entre Russ Klisch e seu irmão Jim sobre quem poderia fazer a melhor cerveja caseira. Depois do incentivo de sua própria família, os irmãos abriram para o público em 1988, com uma cervejaria pequena no local de uma pizzaria. O negócio cresceu, eles se mudaram para o local atual, com um jardim de palmeiras que abriga um peixe frito às sextas, à noite. As cervejas do Lake Front incluem ales, lagers e cervejas especiais como sua premiada Pumpkin Ale. Os irmãos Klisch pensam fora do convencional: fazer uma cerveja sem glúten, para pessoas que não toleram o trigo, eles desafiaram uma exigência do governo, de que toda a cerveja deveria ser feita com 25% de cevada maltada. O tour da cervejaria (ligue antes para saber os horários) também não é nada ortodoxo. Por um motivo, eles começam direto com uma sessão de degustação, em vez de esperar até o final para oferecer as mercadorias.

✈ Internacional de Milwaukee (15 milhas/24 km).

🛏 $$$ **Pfister Hotel**, 424 E. Winsconsin Ave. (800/472-4403 ou 414/273-8222; www.thepfisterhotel.com). $$ **Ambassador Hotel**, 2308 W. Wisconsin Ave. (888/322-3326 ou 414/345-5000; www.ambassadormilwaukee.com).

A Lager Oktoberfest da Sprecher.

Boas bebidas

7 Lugares para se Comer nas . . . Twin Cities

Olhando através de um alongamento angular, não ainda no extremo norte do rio Mississipi, Mineapolis e St. Paul ainda continuam rivais. Os habitantes de St. Paul são orgulhosos de sua fidelidade às tradições, enquanto os de Mineapolis se orgulham de sua sagacidade e vigor. Mas esse oásis cosmopolita, na interseção das Great Plains e do North Country, se une em um ponto: a sinergia inflamada da sua cena culinária, com vários chefs renomados se inspirando nos ingredientes abundantes no meio-oeste. Os pratos que eles inventam se arvoram muito além dos prime steaks, da cozinha caseira escandinava, e das comidas reconfortantes alemãs, que costumavam ser os pratos quando se comia fora aqui.

O primeiro lugar para a maioria dos que gostam de gastronomia é o ❿397 La Belle Vie 510 Groveland Ave., Mineapolis; ℅ **612/874-6440**; www.labellevie.us), próximo ao parque Loring. A elegância muda da sala de refeições – com suas paredes de lambri, madeiras escuras e couros, e toalhas de mesa de linho branco – faz o cenário principal para a cozinha francesa, inspirada no mediterrâneo de Tim McKee. Os menus de cinco ou oito pratos de degustação são a melhor maneira de se experimentar uma gama completa do que ele pode fazer com pratos como um galeto assado com bacon caramelizado, brócolis, e beringela, ou filet mignon de carne bovina grelhado com cogumelos chanterelle e alcachofras. (O outro restaurante de McKee, o Solera, é outro favorito de Mineapolis). O La Belle Vie inaugurou em 1998; no ano seguinte, Alex Roberts abriu o ❿398 Restaurant Alma (528 University Ave. SE, Mineapolis; ℅ **621/379-4909**; www.restaurantalma.com), com um menu igualmente refinado da nova América. As madeiras claras e as linhas simples desse restaurante fazem com que pareça mais casual, mas não há nada offhanded a respeito do menu de preço fixo do Roberts, que se concentra nos ingredientes orgânicos, plantados de forma sustentável. Para cada um dos três pratos, você escolhe entre quatro ou cinco opções, tais como: um

O interior elegante do La Belle Vie, de Tim McKee, em Mineápolis.

7 Lugares para se Comer nas . . . Twin Cities

peixe-espada com erva-doce cristalizada, ou um peito de pato de panela com mostarda sauté, lentilhas, e figos cristalizados.

Com o amadurecimento da cena gastronômica das Cidades Gêmeas, a segunda geração de estrelas surgiu com o ❸❾❾ 112 Eatery (112 N 3rd St., Mineápolis, © 612/343-7696; www.112eatery.com), um bistrô com parede de tijolos aberto em 2005, no bairro de depósitos. Depois de polir sua reputação com duas outras cozinhas estimadas na cidade (o D'Amico Cucina e o Café Lurcat), o chef-proprietário Isaac Becker traz charme para cada item do café, como o seu filé mignon com uma capa de nori, o tagliatelle com almôndegas de foie gras, e até o sanduíche diferenciado de bacon e ovos, com molho apimentado harissa. Então há o longo e moderno ❹⓿⓿ Spoonriver (750 S.2nd St., Mineápolis, © 612/436-2236; www.spoonriverrestaurant.com), que abriu no riverfront Plaza, do outro lado do teatro Guthrie, em 2006. A chef Brenda Langton reprisa a comida fresca e saudável locavore de seu aclamado café anterior, o Brenda. O seu menu é, de certa maneira, de alto nível e caseiro ao mesmo tempo, com muitas saladas artísticas, charcuteria, patês e terrinas, e especiais vegetarianos. Lenny Russo – que ganhou suas estrelas no W. A. Frost & Co., e é preferência há muito tempo em St. Paul – abriu o ❹⓿❶ Heartland (1806 St. Clair Ave., St. Paul; © 651/699-3536; www.heartlandrestaurant.com) em 2002. A decoração em estilo do campo do Heartland combina com o menu do meio-oeste inspirado no mercado do produtor. A oferta diária de entradas inclui o coelho assado, elk chops de panela, a truta frita, o eperlano do Lake Superior curado no sal, a bratwurst de bisão, ou o prosciutto de pato.

Rebanho Locavores para Spoon-River nas margens do Mississipi.

A cena é tão quente que até os chefs nacionalmente aclamados estão tentando penetrar. Wolfgang Puck recentemente abriu o ❹⓿❷ 20.21, como o house café do soberbo Walker Art Center 1750 Hennepin Ave., Mineapolis; (**612/253-3420**; www.wolfgangpuck.com). Vários itens do menu, inclusive algumas sobremesas fantasiosas esculturais, são projetados especificamente para complementar as obras de arte de Walker dos séculos XX e XXI. Obras de arte também forram as paredes no ❹⓿❸ Chambers Kitchen, o restaurante de hotel hip de George Vongerichten, no Chambers Hotel (901 Hennepin Ave., Mineapolis; © 621/767-6979; www.chambermineapolis.com), que apresenta a marca registrada de Vongerichten com acento asiático na culinária francesa, em um espaço minimalista informal moderno, com uma cozinha aberta.

✈ Internacional Mineapolis/St. Paul (10 milhas/16 km).
🛏 $$$ **Graves 601 Hotel**, 601 First Ave. N, Mineapolis © 866/523-1100 ou 612/677-110; www.graves601hotel.com. $$ **Saint Paul Hotel**, 350 Market St., St. Paul © 800/292-9292 ou 651/292-9292; www.stpaulhotel.com).

Boas bebidas

Cervejarias 404

Cervejaria Anchor
Da Corrida do Ouro até a Ale Âmbar
San Francisco, Califórnia

Não permita que essa bela e aerodinâmica fábrica de cerveja dos anos 1930 lhe engane. A cervejaria Anchor está no ramo por mais tempo – desde a época da segunda corrida do ouro da Califórnia. A primeira leva de Anchor Steam foi fermentada para matar a sede de todos os recém-chegados para brigar na miríade de tavernas e saloons de San Francisco, em 1896. Ninguém sabe, de verdade, o significado do termo "steam beer", apesar de muito provavelmente ele se referir ao tempo que a cerveja era fermentada, sem o facilitador do gelo. De qualquer maneira, a sua cor profundamente âmbar e o gosto envolvente lembram as cervejas europeias tradicionais.

Mas enquanto as boas lagers da Anchor têm um gosto maravilhosamente suave, a sua história foi qualquer coisa, menos suave. Em 1906, o fogo que seguiu o grande terremoto de San Francisco consumiu a cervejaria original. No ano seguinte, um novo prédio foi construído e o comércio aproveitou um curto período de sucesso, até a lei seca, em 1920. Muitas cervejarias sobreviveram durante esses anos fazendo refrigerantes, mas a Anchor permaneceu na escuridão até 1933, quando a lei seca foi cancelada. A fabricação de cerveja iniciou, mas o negócio foi abatido pelo gosto do público, por uma cerveja mais leve de produção em massa. Em 1959, a cervejaria fechou novamente.

Em 1960, um novo proprietário resgatou a marca Anchor, ao reabrir a cervejaria em outro local. Os negócios cambalearam até 1965, quando Fritz Maytag tomou as rédeas, salvando-a da falência e trazendo-a de volta à solvency. Em 1971, um plano para renovar a empresa finalmente colocou a Anchor Steam em garrafas, em vez de só em barris, e acrescentou quatro outros tipos de fermentação à linha de fabricação.

Apesar de ser uma marca estabelecida há muito tempo, a Anchor se encaixa perfeitamente no ethos da revolução da cervejaria artesanal. Suas cervejas são feitas de forma caseira, de uma esmaga só de malte — e uma casa de fermentação com uma chaleira de cobre brilhante — que ainda segue as técnicas de fermentação tradicionais da Alemanha. Juntamente com seu pilar original, a Anchor Steam Beer, a companhia faz várias ales, uma bock rica, e cervejas sazonais como a Christmas Ale e a leve cerveja Summer, com base no trigo, que se acredita ser a primeira cerveja de trigo fermentada na América depois da lei seca. Porque eles fazem entregas relativamente pequenas, a Anchor também produz cervejas de edição limitada, como a sua Liberty Ale, que foi feita pela primeira vez em 1975, para comemorar o bicentenário da empreitada de Paul Revere. Tours públicos e degustações são oferecidos durante a semana à tardes, apenas com reserva prévia; ligue com mais ou menos um mês de antecedência para reservar um lugar.

🛈 1705 Mariposa St. (✆ **415/863-8350**; www.anchorbrewing.com).
✈ Internacional de San Francisco (14 milhas/23 km).
🛏 $$$ **Hotel Adagio**, 550 Geary St. (✆ **800/228-8730** ou 415/775-5000; 5000; www.thehoteladagion.com). $ **Hotel des Arts**, 447 Bush St. (✆ **600/956-4322** ou 415/956-3232; www.sfhotelsdesarts.com).

Cervejarias

405

Fazendo um Giro em San Diego
Fermentação à Beira da Praia
San Diego, Califórnia

Deixe que o Norte da Califórnia tenha a sua indústria do vinho. Ao sul, na praiana e casual San Diego, a cerveja é a bebida que concentra a atenção dos gourmets, com toda uma colheita de cervejeiros talentosos da região — colecionando prêmios a cada ano — em eventos como o Beer Cup e o Great American Beer Festival.

San Diego tem uma história da fabricação de cerveja mais antiga do que se pode pensar, iniciando em 1896 com a enorme **San Diego Brewing Company**. Apesar de a empresa original ter fechado durante a Segunda Guerra Mundial, o rótulo foi revivido em 1993, como uma cervejaria artesanal, situada em uma pequena faixa perto do Qualcomm Stadium (10450-L Friars Rd.; ✆ **619/284-2739**; www.sandiegobrewing.com). Sete cervejas em pequenas levas são fermentadas no local; a campeã de vendas é a acobreada San Diego Amber, apesar da Friars IPA e da Old Town Nut Brown também serem destacadas. As janelas no bar convivial fornecem uma vista do aparato de fabricação de cerveja. A cerveja fresca flui diretamente dos tonéis para as torneiras do bar. Com 50 torneiras operando, o pub cervejaria também apresenta uma coleção de "cervejas convidadas".

A cervejaria mais conhecida de San Diego é uma viagem de meia-hora de carro pela I-15, no subúrbio de Escondido no North County. Fundada em 1996, a **Stone Brewery** (1999 Citracado Pkwy., Escondido; ✆ **760/471-4999**; www.stonebrew.com) oferece tours e degustações em sua nova fábrica de cerveja com tecnologia de ponta, a energia solar, com 55.000 pés quadrados (5.110 m²). O **World Bistro and Gardens** ao lado é um cavernoso pub cervejaria, com interior cheio de vida e um jardim irregular com pedras espalhadas. O menu aventureiro do bristrô, fincado na filosofia da Slow Food, coleciona resenhas divergentes. Mas não há como se enganar sobre a qualidade das cervejas artesanais, inclusive as variedades como a Arrogant Bastard Ale e a Stone Ruination IPA. Eles também servem um menu enorme de chopes e cervejas engarrafadas dos concorrentes locais, sem mencionar uma gama impressionante de cervejas importadas.

A maior distribuidora de microcervejarias do Sul da Califórnia, a **Karl Strauss Brewing Company** (www.karlstrauss.com), foi fundada em 1989 por dois colegas de faculdade, Chris Kramer e Mat Rattner. Chris alistou seu tio, um mestre cervejeiro alemão (que dá o nome ao lugar, Karl Strauss) para fiscalizar o processo de fermentação. Apesar das sete cervejas assinadas por Strauss estarem nas torneiras de muitos bares locais, o melhor lugar para desfrutar o rótulo é nos quatro pubs de cervejaria da companhia em San Diego – 1157 Columbia St. Downtown (✆ **619/234-2739**); 1044 Wall St., La Jolla (✆ **858/551-2739**); 9675 Scranton Rd., Sorrento Mesa (✆ **760/431-2739**). Experimente parar em um deles na primeira quinta-feira do mês, quando eles servem na torneira, um barril da verdadeira ale especial acondicionada em tonéis.

Do outro lado da rua do majestoso Coronado Bridge, na ilha resort de Coronado, um local que acolhe famílias, o Coronado Brewing Company (170 Orange Ave., Coronado; ✆ 619/437-4452; www.coronadobrewingcompany.com) serve uma gama eclética de suas próprias cervejas – as pilsens douradas, as ales de cor marrom-castanho, as robustas porters escuras e as stouts, cervejas de trigo não filtradas, as ales avermelhadas de malte doce, e especialidades sazonais intrigantes. Pizzas assadas no forno à lenha, hambúrgueres, e, claro, os tacos de peixe de San Diego estão no menu de coisas para beliscar no pub.

Duas outras microcervejarias locais são superlativas. A **AleSmith Brewing** (93868 Cabot Dr.; ✆ **858/549-9888**; www.alesmith.com), dirigida pelo aclamado mestre cervejeiro Peter Zien, ganhou mais de 400 prêmios pela ales artesanais não pasteurizadas de estilo europeu. Os tours da cervejaria refrescante de pequena es-

Boas bebidas

cala acontecem no último sábado de cada mês. **Ballast Point Brewing** (5401 Linda Vista Rd., ✆ **619/298-2337**; e 10051 Old Grove Rd., ✆ **858/695-2739**, www.ballastpoint.com) conduz degustações diárias de suas múltiplas cervejas premiadas de estilo alemão e belga. Mesmo se você não puder ir até as fábricas, pode experimentar ambas as cervejas na torneira pela cidade toda.

✈ San Diego (15 milhas/24 km). 🛏 $$$ **Catamaran Resort Hotel**, 3999 Mission Blvd., San Diego (✆ **800/422-8386** ou 858/488-1081; www.catamaranresort.com). $ **Park Manor Suites**, 525 Spruce St. (✆ **800/874-2649** ou 619/291-0999; www.parkmanorsuites.com).

Cervejarias

406

Bavarian Biergärtens
Levantando um Caneco

Munique, Alemanha

A Bavaria é o berço dos estabelecimentos biergärten a céu aberto, onde os bebedores – e, com frequência, famílias inteiras – relaxam no verão em mesas simples, tradicionalmente instalados sobre pedregulhos e sombreados por castanheiras. Em um jardim clássico de cerveja, clientes trazem a sua própria comida, apesar da maioria dos jardins de cerveja também servirem especialidades regionais substanciosas. Os cidadãos de Munique – que detêm o recorde mundial de consumo de cerveja per capita (280 litros/73 gal. por ano) – valorizam tanto esses estabelecimentos que eles protestaram nas ruas contra a proposta de 1995, de diminuir o horário de funcionamento dos populares jardins de cerveja. Você não precisa esperar pela Okoberfest para levantar um caneco com uma Münchner; o verão todo você pode experimentar a alma da capital da Baviera num destes pubs gemütlich.

Os maiores atrativos para turistas são o alegre jardim de cerveja no coração central de Munique, no Viktualienmarkt, que vende apenas cervejas fermentadas nos limites da cidade, e o imenso **Hirchgarten** (Hirschgarten 1; ✆ **49/89/179 99 117**), a oeste em Neuhausen, que pode receber 10.000 clientes. É tão grande que pode ter até o próprio parque de veados. Também em Neuhausen, o **Augustinerkeller** (Arnulfstrasse 52; ✆ **49/89/59 43 93**) é uma escolha mais relaxada, onde os cientes sentam abaixo das árvores bebendo chope Augustiner, uma das poucas cervejas ainda servidas a partir de tonéis de madeira.

Ou vá até o Englischer Garten, o maior parque de Munique, que tem um número de jardins de cerveja entre os quais se pode escolher, inclusive, um pagode ornamental popular em volta da base da **Chinese Tower** (Englisher Garten 3; ✆ **49/89/39 50 28**). O **Biergarten Chinesischer Turm** (Englisher Garten 3; ✆ **089/383 87 30**), adjacente ao bairro artístico Schwabing, é uma preferência em particular por seus bolinhos e linguiças, assim como um sauerbraten feito à moda da Baváriá, com porco no lugar de carne bovina. Há também o sombreado **Aumeister**, no extremo norte do parque (Sondermeier-strasse 1; ✆ **49/89/32 52 24**); o descontraído Hirschau (Gysslingstrasse 15; ✆ **49/89/322 10 80**), conhecido por seu jazz ao vivo; e o lugar apinhado à beira do lago Seehaus (Kleinhesselohe 3; ✆ **49/89/381 61 30**).

Próximo do parque em Schwabing, o **Max Emanuel** (Adalbertstrasse 33; ✆ **49/89/2715158**) é um pequeno, porém amigável jardim de cervejas que dá uma sensação maravilhosa de reclusão nas noites de verão; Löwenbrau e Franziskaner são house beers.

✈ Internacional Franz-Josef-Strauss (29 km/18 milhas). 🛏 $$ **Hotel St. Paul**, St-Paul-Strasse 7 (✆ **49/89/5440-7800**; www.hotel-stpaul.de). $ **Am Markt**, Heiliggeistrasse 6 (✆ **49/89/22 50 14**; www.hotelinmunich.de).

407 Destilarias

Um Tour de Bourbon no Campo Bluegrass
A Rebelião do Whiskey
Lexington, Kentucky

Foi a Rebelião do Whiskey que fez isso. O imposto de consumo de 1791 sobre o uísque mandou multidões de fabricantes de bebidas alcoólicas do nordeste para a fronteira do território de Kentucky, a fim de fugir dos impostos. Quando eles degustaram os primeiros uísques feitos com as águas claras de pedra calcária do Kentucky, misturadas de seu milho, centeio e cevada nativos e envelhecidos por meio do seu ciclo distinto das estações – bem, eles nunca mexeram novamente. A maior parte do território nessa época foi chamado de Bourbon County, recebendo o nome da dinastia francesa. Quando o uísque do Kentucky foi transportado pelo rio a Ohio, para o Mississipi e no sul, ele começou a ser chamado de "Bourbon whiskey", e o nome pegou. (Por um desvio estranho da história, o Condado de Bourbon, o menor dos dias modernos é "seco", o que significa que o álcool não pode ser servido em público ou vendido).

Várias das melhores destilarias dos Estados Unidos estão abrigadas em volta do relevo bucólico e ondulado entre Lexington e Louisville, também reverenciado por suas fazendas de cavalos puro-sangue. Apesar das distâncias serem curtas, visitar todos eles levaria alguns dias; traga um motorista designado, se você tem planos de exagerar nas sessões de degustação. Pegue a U.S. 60 por 16 km (10 milhas) a oeste de Lexington para visitar as destilarias mais velhas do estado, **Woodford Reserve** (7855 McCracken Pike, Versailles; ✆ **859/879-1812**; www.woodfordreserve.com; fechado segunda; e aos domingos, de novembro a março). Essa destilaria pitoresca, um marco histórico nacional datando de 1812, é um conjunto de

Tonéis de Bourbon na Woodford Reserve.

Boas bebidas

A destilaria Wild Turkey em Lawrencebut, Kentucky.

rústicos prédios de pedra com cem anos de idade, às margens de um riacho de pedra calcária. Uma leva pequena do Bourbon premium artesanal, a Woodford Reserve é tão prestigiada que é o uísque oficial do Derbi de Kentucky. O tour completo aqui é especialmente informativo, um ótimo curso relâmpago sobre a boa arte de fabricação do Bourbon. Pegue a U.S. 62 por outros 16 km (10 milhas) a oeste para Lawrenceburg para visitar o **Wild Turkey Distillery** (1525 Tyrone Rd., Lawrenceburg; ℗ **502/839-4544**; www.wildturkeybourbon.com; fecha aos domingos). Fundado em 1869, a destilaria Austin Nichols rebatizou o seu melhor uísque em 1940, quando um dos amigos de caça de um executivo da destilaria implorou que ele trouxesse de volta a mesma bebida divina que ele havia servido em sua última caçada ao peru. Apesar da fábrica do Wild Turkey (agora pertencente a Pernod) parecer mais industrial do que a de Woodford, ainda é fascinante ver e sentir o cheiro dos imensos alambiques de cobre, tonéis de aço gigantescos de mistura de fermentação, e dezenas de milhares de barris de carvalho branco levantados, ligeiramente queimados, para dar ao uísque a sua doçura defumada e o tom avermelhado.

Vá para o sul para pegar a panorâmica Blue Grass Parkway e vire oeste por mais ou menos 64 km (40 milhas) para desviar na rodovia estadual 49, que leva ao sul para Loretto, berço de outra pequena produção de Bourbon, o **Maker's Mark** (3350 Burks Spring Rd., Loretto; ℗ **270/865-2099**; www.makersmark.com; fecha aos domingos em janeiro – fevereiro). Um conjunto irregular de prédios de tábuas de madeira, do século XIX, centrados em volta de um moinho de aveia de 1805, essa destilaria em uma grande atmosfera de capoeiras, possui moinhos antigos de grão e tonéis de fermentação de madeira de cipreste. Mesmo nos anos de pico, essa destilaria de boutique não produz mais do que 38 barris, então degustar uma amostra desse Bourbon suave de seda, é um deleite e tanto.

Voltando na mesma direção para Louisville, o fanático pelo Bourbon também pode querer parar para visitar os pacotes turísticos mais espertos nas **Heaven Hill Distilleries** (1064 Loretto Rd., Bardstown; ℗ **502/348-3921**; www.heaven-hill.com), os produtores do Bourbon Evan Williams, e o **Jim Beam Disillery** (149 Happy Hollow Rd., Sheperdsville; ℗ **502/543-9877**; www.jimbeam.com). Saúde!

✈ Aeroporto Blue Grass, Lexington (17 milhas/28 km).

🛏 $$$ **Gratz Park Inn**, 120 W. Second St., Lexington (℗ **800/752-4166** ou 859/231-1777; www.gratzparkinn.com). $$ **Camberley Brown**, 4th St. e West Broadway, Louisville (℗ **502/583-1234**; www.thebrownhotel.com).

408 Destilarias

Destilaria Jack Daniels
Uma Observação de Maceração do Sr. Jack
Lynchburg, Tennessee

Uma dessas coisas que fazem o Bourbon ter um gosto tão diferente dos uísques europeus é o mash – esse tonel fervente cheio de milho, cevada e centeio ground – é impulsionado com uma dose de sobra da mistura já azedada da destilação anterior. É esse "sour mash" que dá ao bourbon essa pegada ácida vigorosa, uma substância satisfatória que se prolonga em uma destilação completa e envelhecimento no barril de carvalho. Apesar dessa técnica ter sido introduzida pela primeira vez na destilaria Old Oscar Pepper (hoje em dia, conhecida como Reserva Woodford, veja 407), todos os bourbons corretos hoje usam esse processo, mas nenhum deles usa de maneira mais eficiente do que o Jack Daniels.

Instalando o seu comércio no Tennessee, o próximo Estado ao sul do Kentucky, a Jack Daniels não poderia chamar esse produto de uísque "Bourbon" quando ela destilou a sua primeira safra em 1866, logo depois da Guerra Civil. Até hoje, você notará que o rótulo antigo preto e branco se refere ao Whiskey Sour Mash. No entanto, o que o Mr. Jack (como as pessoas do local o chamam) destilou foi muito parecido com o que os colegas do Kentucky fizeram, exceto por dois fatores: a água pura, livre de ferro da fonte da cave que alimenta a destilaria, e o carvão do açúcar de plátano, por meio do qual ele filtrou a bebida alcoólica destilada. Ambos ainda são partes da produção de uísque, dando um gosto suave e terroso, que é imediatamente reconhecido.

A destilaria só fica a uma hora de carro a sudeste de Nashville, em uma pequena Lynchburg, no Tennessee, com a população de menos de 400 habitantes. Tours gratuitos da destilaria são feitos com frequência; espere caminhar muito enquanto você cambaleia da casa de fermentação ao alambique, para o depósito abarrotado de barris. Depois de fazer um tour da destilaria, você pode observar o escritório usado pelo Mr. Jack e ver o cofre de ferro batido que quebrou o seu pé em 1911, levando-o finalmente a morte por envenenamento do sangue. Pode-se apenas ter esperança de que beberica doses regulares de uísque do Tennessee tenha ajudado a diminuir a dor de seus últimos dias.

Enquanto você estiver aqui, também pode querer examinar algo da cozinha caseira do sul na **Miss Mary Bobo's Boarding House** de madeira branca de um século de idade (ligue antes para reservar, ✆ **931/759-7394**). Se você quiser levar para casa uma garrafa de Jack Daniels, pode comprá-la aqui na destilaria, mas não há degustações. Lynchburg fica no pequeno condado de Moore, um dos muitos condados "secos" do Tennessee, que não permite que se sirva ou, se venda álcool.

ⓘ 280 Lynchburg Hwy. (TN 55), Lynchburg (✆ **931/759-4221**; www.jackdaniels.com).
✈ Nashville (89miles/142km).
🛏 $$$ **The Hermitage Hotel**, 231 6th Ave. N (✆ **888/888-9414** or 615/244-3121; www.thehermitagehotel.com). $$ **Wyndham Union Station**, 1001 Broadway (✆ **615/248-3554**; www.wyndham.com).

Boas bebidas

Destilarias 409

A Trilha do Malte de Whisky
A Respeito do Whisky
Speyside, Escócia

Algumas pessoas vêm à Escócia para jogar golfe. Alguns vêm para explorar castelos românticos. Outros vêm para comprar casacos rústicos, jaquetas de tweed, e kilts. Mas então há os que visitam a Escócia simplesmente para se entregar ao gosto suave, turfoso do uísque escocês – de preferência os uísques Premium de malte único, com seus sabores complexos, profundos e distintos — enquanto os uísques blended são mais baratos, com frequência mais suaves e melhores em misturas; não há comparação para os aficionados.

Ao leste de Inverness, no coração das Highlands escocesas, metade das destilarias de malte da Escócia está espalhada no vale do rio Spey. A Câmara de turismo o vende como o **Malt Whisky Trail**, uma rota de 113 km (70 milhas) através dos vales de Speyside, conectando várias destilarias boas que aceitam visitantes, geralmente de março a outubro.

Comece em Keith com a mais antiga destilaria em funcionamento nas Highlands, a **Strathisla Distillery** (Seafield Ave.; © **44/1542/783-044**; www.chivas.com), datando de 1786. Com suas chaminés que parecem pagode chinês kiln, em frente dessa destilaria aconchegante de pedra está a parte mais pitoresca da trilha. A maior parte do seu uísque é spirited off, para ser blended em Chivas Regal, mas a pequena quantidade de malte único que eles engarrafam é excelente, ligeiramente doce e frutado.

Logo na saída da A941, em Craigellachie, a **Macallan Distillery** (© **44/1340/872-**

Os grounds da destilaria Balvenie de malte único, em Dufftown, Escócia.

A Trilha do Malte de Uísque

O Glenfiddich foi o primeiro malte único exportado da Escócia.

280; www.themacallan.com) foi construído em volta de uma mansão Jacobina, em um topo de montanha dramático, com vista para o Spey; ela é rodeada por seus próprios campos dourados de cevada e uma fonte pura de água da montanha no local. Tours guiados (a reserva prévia é essencial) permitem que você veja, estranhamente, pequenos alambiques e barris de carvalho feitos à mão, que dão à The Macallan a sua suavidade encorpada – que, é claro, você poderá saborear nas sessões de degustação pós-tour.

O epicentro deste universo do uísque parece estar um pouco abaixo na A941, em Dufftown, que tem não menos do que sete destilarias. A mais conhecida é a **Glenfiddich** (A941; ⓒ **44/1340/820-373**; www.glenfiddich.com), ainda pertencente à família Grant, que a fundou em 1887. A Glenfiddich foi o primeiro malte único a ser exportado para a Escócia; hoje, quase 90% do seu uísque é vendido como um malte único. Com seus silos brancos e chaminés, não é tão pitoresca quanto as outras, mas os guias de kilt fazem um tour informativo e a degustação no final do tour lhe dá a sensação satisfatória de um uísque dourado suave. A outra destilaria excelente da família Grant, em Dufftown, **The Balvenie** (ⓒ **44/1340/820-373**;

www.balvenie.com) agora faz um número limitado de tours profundos desses maltes de cem anos de idade: casa de esmaga, fabricação de tonéis, e alambiques. Eles são caros, mas valem o preço. Os tours saem da fábrica de Glenfiddich; a reserva antecipada também é essencial.

Um grande local para terminar o seu tour é ao sul da A95, na **Glenlivet Distillery** (B9008, 16 km/10 milhas norte de Tomintoul; ⓒ **44/1340/821-720**; www.glenlivet.com). Instalada próximo do Rio Livet, um tributário do Spey, essa destilaria foi fundada em 1824. Os prédios atuais de pedra rústica, rente ao chão, datam apenas de 1958, contudo, substituem uma fábrica anterior que pegou fogo. Loucamente popular no mundo todo, o Glenlivet tem um gosto doce, redondo, com traços de amargo intrigantes. O cenário da destilaria, um terreno pantanoso castigado pelo vento, irá tirar o seu fôlego.

✈ Inverness (66 km/41 milhas).
🛏 $$$ **Minmore House Hotel**, Glenlivet (ⓒ **44/1807/590-378**; www.minmorehousehotel.com). $$ **Grange House**, Grange (próximo a Keith; ⓒ **44/1542/870-206**; www.aboutscotland.com/banff/grangehouse.html).

Boas bebidas

Destilarias 410

Maltes Islay
Por conta do Peat
Ilha de Islay, Escócia

Abraçando a costa entrecortada do oeste da Escócia, as ilhas Hebrides têm essa aparência incrivelmente selvagem e romântica down Pat. Dubbed a "Rainha das Hebrides", Islay (pronuncia-se "eie-la") fica a meros 26 km (16 milhas) da península de Kintyre, mas essa distância é o suficiente para preservar o seu charme remoto e isolado. É uma ilha de pântano intocada, lagos repletos de salmão, ruínas de castelos, cruzes celtas com musgo, e despenhadeiros rochosos com depressão de cavernas, onde os contrabandistas de uísque do passado escondiam seu líquido saqueado.

Sim, uísque, porque essa ilha cheia de ventania é firme devota do malte único. Longe dos fiscais de impostos do continente, os destiladores renegados de Islay fizeram um negócio e tanto de saquê de uísque no século XVIII; uma vez que o imposto de consumo foi cancelado, a ilha ficou perfeitamente equilibrada para se tornar uma força motriz na fabricação de uísque. A água marrom turfosa de Islay infunde os maltes locais com seu azedo terroso; toques de sal briny e até um pouco de alga com musgo também pode ser detectada. Ela tem um sabor forte, mais concentrado pelos métodos antiquados de pote de alambique, usados pelas destilarias da ilha. Alguns bebedores de uísque se decepcionam com o gosto; outros o consideram a expressão mais fina e verdadeira de malte de uísque.

Já que o turismo é a outra indústria principal de Islay, quase todas as destilarias fazem tours o ano todo, de segunda a sexta; certifique-se de ligar antes para marcar uma hora. Comece pelo sul em Port Ellen — com **Laphroaig** (1,6 km/1 milha a oeste de Port Ellen; ✆ **44/1496/302-418**; www.laphroaig.com) — uma fábrica arrumada de paredes brancas aninhada na costa rochosa de uma caverna. Desde 1994, Laphroaig tem carregado o timbre de uma autorização real do Príncipe Charles, apesar de alambiques ilegais funcionarem na fazenda Johnston durante anos antes da destilaria ser oficialmente fundada, em 1815. O seu sabor doce e defumado resulta em parte do envelhecimento em tonéis reciclados de bourbon americano (a maioria dos outros maltes usam tonéis de cerejeiras). A uns minutos de carro, a leste de Laphroaig, a rival de muitos anos, a **Lagavulin** (3 km/2 milhas a leste de Port Ellen; ✆ **44/1496/302-730**; www.malts.com), parece virtualmente o mesmo e se tornou legal quase ao mesmo tempo, em 1816. Usando alambiques únicos em formato de pérola, os destiladores Lagavulin acrescentam um tempo extra ao processo em cada estágio – destilando, fermentando, envelhecendo – para fazer desse uísque escuro e tur-

A destilaria Laphroaig na costa rochosa de uma enseada na ilha de Islay.

foso, um sabor especial, profundo e redondo. Subindo a costa por uma milha, mais ou menos, vindo do século XIX, o **Ardbeg** (Ardbeg; ✆ **44/1496/302-244**; www.ardbeg.com) abandonou o negócio nos anos de 1980, mas foi reavivado o negócio em 1997 por Glenmorangie, que com dificuldade replicou e restaurou os antigos alambiques, fornalhas cobertas de cobre, e os enormes tonéis de mistura para produzir um malte turfoso — um clássico de Islay.

Nas profundezas das encostas do lago Indaal, na costa oeste de Islay, **Bowmore Distillery** (School St., Bowmore; ✆ **44/1496/810-671**; www.morrisonbowmore.com) é a mais antiga da ilha, fundada em 1779; aqui você verá uma das fabricações de malte mais antigas do país, onde o mestre do malte mexe o malte de cevada usando uma colher de pau; também é destilado para ser mais claro do que o Laphroaig ou Lagavulin. Do outro lado do lago, a pequena **Bruichladdi-** ch, que é de propriedade particular, (✆ **44/1496/850-190**; www.bruichladdich.com), é outra destilaria artesanal revivida do século XIX. Com seu alambique antigo de boca estreita na frente, esse vivaz recém-chegado faz um malte mais delicado e claro, usando a cevada sem turba e água clara da fonte. Na costa noroeste, visite também a **Bunnahabhain**, 5 km (3 milhas) ao norte de Port Askaig (✆ **44/1496/840-646**; www.bunnahabhain.com), conhecida por seu suave malte Islay.

✈ Aeroporto de Islay, Port Ellen (11 km/6 ¾ milhas).
Ferry: Port Ellen ou Port Askaig (2hr. de West Tarbert, Kintyre, via vapor de MacBrayne; ✆**44/1880/730-253**; www.calmac.com.uk).
🛏 $$$ **Harbour Inn**, The Square, Bowmore (✆ **44/1496/810-330**; www.harbour-inn.com). $$ **Bridgend Hotel**, Bridgend (✆ **44/1496/810-212**; www.bridgend-hotel.com).

411 Destilarias

Destilaria Talisker
O Rei dos Drinks
Ilha de Skye, Escócia

Como Robert Louis Stevenson escreveu certa vez: "O rei dos drinks, na minha concepção. Talisker, Islay de Glenlivet". Ele não foi específico ao dizer sobre qual Islay malte ele se referia, e provavelmente apenas colocou o Glenlivet para rimar. Mas Talisker – este sim é um uísque a respeito do qual um escocês como Stevenson tinha que ser parcial.

Enquanto a ilha de Islay está cheia de destilarias, há apenas uma magnífica na ilha de Skye, que fica no alto da costa oeste da Escócia. A maior das Hébridas interiores, desde 1995, Skye finalmente se conectou ao continente por meio de uma ponte. Se isso melhora ou não a vida na ilha de Skye é um assunto altamente contestado, mas com certeza facilita para os visitantes que viajam acima da acidentada costa da ilha em direção ao mar, indo para a pequena cidade de Carbost, à sombra da recortada cordilheira escura de Cuillin Hills. Aqui, na costa do Lago Harport, a destilaria Talisker tem feito o uísque de malte único, desde 1830. A Talisker tem passado por altos e baixos em seus negócios desde que inaugurou, e agora pertence ao conglomerado multinacional Diageo (que também é dono do uísque blended Johnny Walker – uma marca que inclui uma linhagem de Talisker para dar à mistura uma injeção revigorante de turfa). Durante todas as mudanças de proprietários, porém, o uísque continuou a ser um superlativo.

A Talisker tira a água para o seu uísque das fontes turfosas que nascem próximo dali, nas montanhas Hawks (procure os peregrinos circulando lá em cima). O resultado é um defumado único, um uísque picante com gosto da essência das Highlands. Depois do desastroso incêndio em 1960, a fábrica simples de paredes brancas foi imensamente reconstruída, com réplicas feitas dos cinco alambiques antigos – dois

Boas bebidas

alambiques de lavagem para a primeira destilação, e três alambiques de álcool para a segunda destilação (até 1928, Talisker até destilava o álcool em uma cara terceira destilação). Você também observará no seu tour, que a maior parte do uísque está envelhecendo em tonéis reutilizados de bourbon americano, sendo durante anos o padrão da indústria.

Quando você ligar com antecedência para reservar um lugar, considere o tour Connoisseur da tarde, que inclui uma sessão extensa de degustação. Não há outra destilaria para onde ir em seguida – por isso aproveite o tempo para saborear o gosto da Skye.

Carbost (44/1478/614-308; www.malts.com).
Inverness (129 km/80 milhas).
$$ **Sligachan Hotel**, Sligachan (44/1478/650-204; www.sligachan.co.uk).
$$$ The Cuilllin Hills Hotel, Portree (44/1478/612-003; www. Cuiliinhills.demon.co.uk).

Destilarias 412

Destilarias Jameson Whiskey
É Tudo História de Alambique

Dublin/Midleton, Irlanda

Apesar de serem as duas ligadas ao uísque mais famoso da Irlanda, o Jameson's, essas duas atrações apresentam ao turista do uísque uma devil of a choice. Qual visita você prefere? – o sofisticado espaço reformado em Dublin, onde John Jameson começou verdadeiramente a produzir o uísque, em 1780 – ou a parte maravilhosamente histórica da fábrica na região rural de Cork, onde o Jameson's é feito hoje em dia?

Se você for o tipo de viajante que precisa pisar o próprio chão onde os eventos importantes aconteceram, opte pela atração de Dublin, oficialmente chamada de **Old Jameson Distillery**. O uísque não é mais feito aqui, mas o prédio de paredes de tijolos, com vigas de madeira bem ao norte de Liffey é a mesma fábrica onde John Jameson começou a fazer uísque, em 1780. Naquela época, Dublin era a cidade que mais produzia uísque no mundo, e até 1805, o Jameson's era a marca número um do mundo. Durante os dois séculos seguintes, ele conseguiu sobreviver ao movimento de temperança da Irlanda, o crescimento dos blended whiskeys escoceses, as guerras irlandesas de independência e, finalmente, a lei seca nos Estados Unidos (Por outro lado, ele se beneficíou grandemente da epidemia de phyloxera do século XIX, que prenderam os europeus bebedores de vinho por muitos anos). Quando você caminha pela "experiência", a história da Jameson e os métodos tradicionais de produção são iluminados em vídeos, slides e réplicas de antigos equipamentos. Apesar de ter um quê de Disneylândia (você quase espera que as figuras em molde saiam cantando), os guias são dedicados e, é claro, há uma generosa sessão de degustação no final.

Se você for o tipo de viajante, porém, que gosta de entrar em um cenário autêntico que evoca uma sensação sonhadora do passado, vá até Midleton, uma viagem curta de carro, a leste da cidade de Cork, para um tour guiado da **Old Midleton Distillery/Jameson Heritage Center**. Depois que Jameson uniu forças com seus principais rivais irlandeses, em 1966, formando o Irish Distillers Group (agora pertencente a Pernod), a Jameson's mudou a fabricação para uma nova destilaria moderna próxima dali; essa série de prédios rústicos de pedra, no luxuriante interior de Cork, foi a destilaria precursora de 1825.

Você ficará ao lado do poço gigante que fornecia energia ao moinho da destilaria, verá o local de fabricação dos tonéis onde os barris envelhecidos são feitos, e visitará um chalé típico onde o destilador morava.

Os cavalos entram numa corrida desenfreada pelo pátio, puxando carroças cheias de sacos com cevada irlandesa; uma parte dela é transformada em malte e outra permanece verde para produzir o sabor distintamente complexo do Jameson's. Na casa de fermentação, você pode ver o pote de alambique de cobre original do Jameson's, o maior do mundo. Claro que esse tour termina com – como você pode adivinhar – uma sessão de degustação generosa.

Hmmm... Pensando bem, por que não fazer os dois tours?

ⓘ **The Old Jameson Distillery**, Bow St., Smithfield Village (✆ **353/1/807-2355**; www.jamesonwhiskey.com). **Jameson Heritage Center**, Distillery Rd., Midleton (✆ **3353/21/461-3594**; www.jamesonwhiskey.com).
✈ Dublin/Cork (11 km/7 milhas).
🛏 $ **Abbott Lodge**, 87-88 Lower Gardiner St., Dublin (✆ **1/836-5548**; www.abbot-lodge.com). $$$ **Hayfield Manor Hotel**, Perrott Ave., Cork (✆ **800/525-4800** ou 353/21/431-5600; www.hayfieldmanor.ie).

413 Destilarias

Destilaria Cruzan Rum
Ho Ho Ho & Um Barril de Rum
St. Croix, Ilhas Virgens

Não é por acaso que a maioria dos resorts do Caribe recebe os hóspedes com um copo de ponche, essa deliciosa mistura tropical de sucos de frutas e rum. For better or worse, a história do Caribe é reforçada com rum. Quando os primeiros colonizadores europeus da ilha descobriram que seus escravos da plantação estavam aproveitando uma bebida potente, feita com o melaço fermentado, a borra do processo de refino da cana-de-açúcar, eles o venderam por todo o mundo (durante anos a Marinha Real Britânica parecia ser movida grandemente pelo grogue do navio). O comércio de açúcar em franca expansão criou uma necessidade maior de se usar os escravos africanos, os piratas chegaram para alimentar cargas lucrativas de escravos e rum, e a cultura das ilhas tropicais mudou para sempre.

O local da primeira chegada de Colombo no Novo Mundo, St. Croix, teve muitos governantes diferentes ao longo dos anos – os espanhóis, os ingleses, os franceses, e até os cavaleiros de Malta – mas depois que os holandeses tomaram conta, em 1733, St. Croix realmente explodiu. A cana-de-açúcar foi seu claim to fame (apenas Barbados produzia mais açúcar) e há certo ponto umas 150 plantações de St. Croix tinham fábricas fazendo melado e rum.

A única que sobrevive hoje é a destilaria Cruzan (que se pronuncia cru-chan, o apelido dos residentes de St. Croix), fundada em 1760 na extremidade oeste da ilha luxuriante. Ainda pertencente à família Nelthorpp, a Cruzan cresceu tornando-se uma das marcas mais respeitadas do mundo, produzindo variedades claras e escuras de rum. Seu melhor, o Cruzan Single Barrel, de 12 anos, ganhou o título de melhor rum do mundo em várias competições.

Explorando a propriedade em um tour guiado de meia-hora, você verá os resquícios dos prédios da plantação original da Propriedade Diamond – a casa grande em uma mansão de madeira verde, uma chaminé quadrada de pedra do século XIX, a ruína da base de um antigo moinho (St. Croix foi uma vez toda ponteada de moinhos). Enquanto você faz um tour da pequena fábrica, descobrirá alguns dos fatores que fazem esse rum ser tão bom. O gosto ligeiro de alcaçuz do Cruzan é característico da cana-de-açúcar de St. Croix, você vai descobrir que o álcool consegue uma suavidade extra ao ser misturado à água pura da chuva da ilha. Os alambiques que eles usam têm cinco colunas de aço inoxidável, para refinar a bebida cinco vezes. (O destilado sai de uma cor de cristal claro; a cor âmbar do rum

Boas bebidas

vem dos barris de carvalho branco onde são envelhecidos. O aroma açucarado por toda a fábrica é intoxicating. Apesar do ambiente industrial, não é difícil imaginar que os habitantes despojados da ilha, que trabalham ali, emprestam alguma da sua própria suavidade à bebida.

Tudo isso e uma sessão de degustação também – você ficará feliz por interromper o seu descanso na praia por meio-dia.

ⓘ Estate Diamond 3 (✆ 340/692-2280; www.cruzanrum.com).
✈ St. Croix (7 km/4 1/3 milhas).
🛏 $$$ **The Buccaneer**, Gallows Bay (✆ **800/255-3881** ou 340/773-2100; www.thebuccaneer.com). $ **Pink Fancy**, 27 Prince St., Christiansted (✆ **800/524-2045** nos E.U.A., ou 340/773-8460; www.pinkfancy.com).

Destilarias 414

Um Gosto de Tequila
Do Asteca à Alta Tecno
Tequila, México

Não, ele não vem com uma minhoca na garrafa – isso que você está pensando é o mescal, a outra maldosa bebida potente destilada do México. (E até o mescal não tem mais uma minhoca na garrafa mesmo, só uma taturana de plástico). Com gosto suave, adocicado, flamejante, essa bebida alcoólica forte, bebida pela primeira vez pelos astecas, é o embaixador alcoólico do México para o mundo, consumido agora em muito mais formas do que aquele antigo acompanhamento do coquetel margarita. O México conferiu à tequila um status de nome restrito, o que significa que não há bebida alcoólica que possa receber o rótulo de tequila, se não for destilada no Estado de Jalisco – melhor ainda, em sua fonte tradicional, uma cidade chamada (você adivinhou) Tequila.

A apenas uma hora de Guadalajara, essa pequena cidade colonial construiu sua indústria do turismo em torno de tours de suas muitas destilarias de tequila. No seu caminho até lá, irá notar os agaves azuis pontudos crescendo nos vastos campos, até onde os olhos alcançam. A tequila é feita do centro da piña do agave, ou abacaxi, que é cozido até a polpa e esmagado para remover seus sucos; os sucos são então fermentados, destilados, e envelhecidos em tonéis de madeira empilhados (é a idade do envelhecimento que dá à tequila sua gama de cores, desde o blanco claro até o suave dourado añejo, envelhecido por mais tempo).

No centro da cidade, os maiores draws são o **Mundo Cuervo** (75 Calle José Cuervo; ✆ **52/374/742-2170**; www.mundocuervo.com) e **Sauzo** (80 Francisco Javier Sauza; ✆ **866/510-2250** ou **52/374/742-4140**; www.sauzatequila.com). A Mundo Cuervo faz a famosa marca José Cuervo, que data de 1795, e seus tours slick bem conduzidos oferecem snazzy audiovisuais, um café, e uma galeria de arte (apresentando várias estátuas do corvo negro que dá nome à destilaria). A Sauzo, fundada em 1873, foi a primeira companhia a exportar tequila além do México. Seus tours têm uma aura de México antigo – o pátio com fonte, os murais coloridos, as sessões de degustação em um jardim agradável – e terminam com uma caminhada nos campos reais de agave. Apesar de não ser um tour de fábrica, o **Museu da Família Sauza** (Vicente Albino Rojas #22; ✆ **52/374/372-0247**) representa uma parada interessante. Ele mostra fotos históricas de ferramentas antigas, no que foi uma vez a casa da família, seguido de uma degustação da Tequila Los Abuelos, a tequila artesanal que Guillerno Erickson Sauza começou a fazer depois que sua família vendeu a fábrica, em 1988 (nos E.U.A. ela é vendida como Fortaleza). Na cidade, há também o

414 Um Gosto de Tequila

pequeno **Museo Nacional de Tequila** (Ramón Corona 34; ⓒ **52/374/742-0012**) cheio de fotos, obras de arte, e artefatos sobre a história da bebida.

Fora da cidade, a **La Cofradia** (Calle La Cofradia; ⓒ **52/374/742-1015**; www.tequilacofradia.com), fabricantes da tequila Casa Noble, dá mais uma sensação de uma propriedade rural. Os visitantes se misturam aos trabalhadores da fazenda, enquanto fazem um tour da destilaria, adega, museu no local, e galeria de arte. E ainda mais um cenário rural está na **Hacienda San José del Refugio** (ⓒ **800/710-9868** ou **52/333/942-3900**; www.herradura.com), em Amatitan, só a 27 km (17 milhas) de Guadalajara. Administrado pelos fabricantes da tequila Herradura, ele preservou vários aposentos de barro de sua fábrica de destilação original, para que você possa comparar os métodos antigos, com o processo da destilaria dos dias de hoje. Os tours levam 90 minutos com uma sessão de degustação; reserve com antecedência.

Seja lá qual for o tour que você pegar, nas sessões de degustação, fique atento que os mexicanos não irão brincar lambendo um pouco de sal de suas mãos e chupar uma fatia de limão, depois de uma dose de tequila. Esse ritual elaborado é uma invenção puramente americana. Tipo a da minhoca.

✈ Guadalajara (954 km/593 milhas).
🛏 $$ **Old Guadalajara**, Belén 236, Guadalajara (ⓒ **33/3613-9958**; www.oldguadalajara.com). $$$ **Villa Ganz**, López Cotilla 1739, Guadalajara (ⓒ **800/728-9098** nos E.U.A. ou 866/818-8342 no Canadá; www.villaganz.com).

7 O zum-Zzum-zum da Cafeína

Café... 371
Chá... 388

Serviço de chá de classe tradicional.

Café

Museu Bramah do Chá & do Café
Tome um Cafezinho
Londres, Inglaterra

Aqui na terra do chá das cinco, é justo que você encontre o primeiro museu dedicado inteiramente à história do chá e do café — fundado em 1992, pelo falecido Edward Bramah, um viajante inveterado, plantador de chá e corretor de café.

Devido à Inglaterra ser mais frequentemente associada ao chá – afinal foi o preço do chá que finalmente levou suas colônias norte-americanas a se rebelarem. Mas o café também teve seus dias na Grã-Bretanha, desde a era da Restauração em meados de 1700, quando os cafés eram pontos essenciais para os escritores, políticos e intelectuais (a famosa companhia de seguros Lloyds, de Londres, teve o seu humilde começo em um café) até os bares de café expresso da moda do Soho dos anos 50 e os modernos cyber-cafés dos dias de hoje. Os conjuntos de chá de porcelana, as complicadas cafeteiras, os mapas antigos, conhecimentos de embarque, caixas pintadas, entalhes de navios Clipper, imagens de anúncios antigos – tudo fala da história de como o Império Britânico se espalhou pelo globo, desde a Índia, Ceilão, África e China, perseguindo o chá e o café. O museu não é grande – afinal esta é uma coleção bastante especializada – mas suas amostras — fazem um trabalho admirável da cobertura, de uma só vez, de quatro séculos de história comercial e social —.

Naturalmente, há uma sala de chá cor de rosa refinada, onde as chaleiras contêm infusões com folhas em vez de saquinhos, e o café é passado pelo método tradicional de coador. Os sanduíches de pepino, os *crumpets* (torrada de bolo) e os tradicionais *cream teas* – com creme maturado, geleia, e *scones* – também estão disponíveis. A loja ao lado também vende as marcas de chá de folhas próprias do Bramah e pó de café do mundo todo. O museu é apropriadamente localizado na margem sul do rio Tamisa, em um bairro de depósitos transformados perto do Butler's Wharf, onde os grandes navios de chá antigamente descarregavam suas cargas; ele é convenientemente próximo do Borough Market e do **George Inn** (77 Borough High St.; ℂ **207407 2056**), um antigo albergue que preservou sua sala de café original do século XVII, um lugar da preferência de Charles Dickens.

ⓘ 40 Southwark St. (ℂ **44/20/7403 5650**; www.teaandcoffeemuseum.co.uk).

✈ Heathrow (24km/15 milhas); Gatwick (40 km/25 milhas).

🛏 $$$ **Covent Garden Hotel**, 10 Monmouth St., Covent Garden (ℂ **800/553-6674** nos E.U.A., ou 44/20/7806-1000; www.firmdale.com). $$ **B+B Belgravia**, 64-66 Ebury St. , Belgravia (ℂ **800/682-7808** nos E.U.A., ou 44/20/7734-2353; www.bb-belgravia.com)

O zum-Zzum-zum da Cafeína

Café **416**

Museu Johann Jacobs
Onde a Kaffekultur é Rainha
Zurique, Suíça

Mesmo que você não seja um viciado em café, esse esperto museu à beira do lago fatalmente o seduzirá a compartilhar sua visão *cafezística* do mundo.

A cada ano, uma exposição profunda explora a história cultural do café – não importa o quão antigo esse tópico possa soar, eles conseguem fazê-lo ficar fascinante.

Aberto desde 1984, o Museu Jacobs (o nome de um comerciante de café do século XIX, de Bremen, Alemanha) concentra-se menos na ciência do que nas dimensões do café – como o comércio do café influenciou o desenvolvimento econômico global, como a cultura da casa de café divergia de um país para outro, de classe para classe e de gênero para gênero; os rituais complicados associados com o coar, forma de servir, e empacotamento do café, e imagens populares do café de geração para geração.

O museu desenvolve essas exposições com material de sua própria e extensa coleção de arte, literatura e artefatos ligados ao café – que inclui tudo, desde os bibelôs de porcelana até todos os formatos de bules de café de prata, diários de viagem ilustrados do século XVII e tratados médicos do século XIX sobre os horrores causados pelo café. A coleção de arte é particularmente abrangente, com gravuras e pinturas de uma gama de artistas, que inclui William Hogarth, Henri Toulouse-Lautrec, e Roy Lichtenstein – todos eles com alguma relação tangencial com o café. É uma pena, realmente, que apenas uma parte esteja exposta ao público de cada vez.

A instalação em si vale a pena uma visita – uma Villa barroca de pedra-sabão, construída em 1913 com uma entrada de mármore e uma bela vista do Lago Zurique. O café no andar acima defende uma seleção Premium de bebidas ao redor do mundo (o negócio de Joahnn Jacobs finalmente chegou a ser um importante importador de café alemão, agora pertencente a Phillip Morris), mas o bar no andar de baixo serve café de graça, em um tipo de cyber-café que também apresenta vídeos informativos e exposição de fotos.

Um dos muitos bules de café novelty, de Johann Jacobs.

Uma ilustração do Museu Johann Jacobs, dedicado à história do café.

ⓘ Seefeldquai 17 (✆ **41/44/388 6151**; www.johann-jacobs-museum.ch).

✈ Internacional de Zurique (17 km/10 milhas).
🛏 $$$ **Hotel Ambassador**, Falekenstrasse 6 (✆ **41/44/258-98-98**; www. ambassadorhotel.ch). $$ **Lady's First**, Mainaustrasse 24 (✆ **4144380-80-10**; www. ladysfirst.ch).

417 Café

Plantação de Café Don Juan
O Grão Dourado
Monteverde, Costa Rica

O próprio nome Costa Rica já significa que a costa é rica, e qualquer um que procurar nas densas florestas da nação da América Central pode adivinhar que o seu solo vulcânico rico seria o sonho de qualquer agricultor – se, pelo menos, a plantação certa pudesse ser encontrada. Em 1748, as primeiras mudas de café Arábica, trazidas de Cuba, foram plantadas nas encostas da alta floresta, cobertas de nuvens, onde as temperaturas eram moderadas e o clima úmido – e tornou-se claro que o café (ou o "grão dourado", como os costa-riquenses o chamam) tinha encontrado um lar apropriado.

O café costa-riquenho – premiado por seu sabor suave, quase como o colombiano – tornou-se um dos melhores cafés do mundo. Isso pode ter algo a ver com o fato de que quase três quartos da colheita do país é feita em pequenas fazendas familiares, que podem dar conta de práticas trabalhosas e que produzem grãos de alta qualidade, tais como o plantio de contorno e a colheita manual.

O café era a principal fonte de renda da Costa Rica, até 1990, quando os preços do café no mundo começaram a cair. Desde então, foi substituída pelo turismo, apesar de o turismo do café ser uma tendência em crescimento. Enquanto meio milhão de turistas aprenderam sobre a indústria do café da Costa Rica pelo pacote turístico esperto do **Café Britt** (✆ **800/GO-BRITT** [800/462-7488]; www.cafebritt.com), no subúrbio de San Rafael de Heredia, amantes fanáticos do café farão uma viagem muito mais adiante, até Monteverde, para ver a propriedade de café **Don Juan**. Essa plantação orgânica de comércio justo iniciará os visitantes nos mistérios da plantação cafeeira, e a sociedade de Preservação Biológica da Floresta Tropical Nublada de Monteverde próxima dali.

Na plantação Don Juan, os visitantes andam em um carro de boi com pintura exagerada, em volta dos pomares com plantações de arbustos de café de vários tamanhos, vindos de mudas de veteranos de 30 anos. (Se você vier no inverno, na estação da colheita, verá os trabalhadores examinando meticulosamente as frutas vermelhas do café para ver quais estão prontas para serem colhidas). Você irá caminhar pela máquina de café, ou *benefício,* onde a casca é removida; o grão cru fica imerso na água, e, então, os grãos são separados em um cocho longo cheio de água (os grãos inferiores flutuam na superfície, os grãos superiores afundam). Você vai dar uma olhadela em uma estufa onde os grãos ficam secando por seis semanas – leva mais tempo nesse clima superúmido – e termina na máquina onde os grãos são finalmente descascados e torrados.

Apesar de processos maiores terem mais máquinas e atalhos, a processadora Don Juan, que está no ramo desde os anos 1950, segue métodos consagrados, como explicam os guias bilíngues. É interessante como a maioria das máquinas do *benefício* parece primitiva – mas elas fazem o trabalho. O tour demora cerca de duas horas e termina no café da plantação, onde você apreciará cada gota que degustar do café Don Juan.

ⓘ 2 km (1 ½ milhas) fora de Santa Elena (✆ **506/2645-7100**; www.donjuancoffeetour.com).
✈ Internacional Juan Santamaria, San José (161 km/100 milhas).
🛏 $$ **Monteverde Lodge** (✆ **257-0766** em San José ou 645-5057 em Monteverde, www. costaricaexpeditions.com). $$ **Hotel El Establo** (✆ **645-5110**; www.hotelelestablo.com).

O zum-Zzum-zum da Cafeína

Café 418

As Plantações do Panamá
Use seu Chapéu Panamá
Boquete, Panamá

Boquete, no Panamá – uma charmosa cidade colonial com flores caindo das janelas por todo canto – não é mais algo fora do normal, agora que eles foram avaliados como um dos melhores lugares do mundo para aposentados. Mas, para os amantes do café, vale a pena uma viagem para lá por outro motivo. Alguns dos melhores grãos arábicos do mundo estão plantados nas montanhas a oeste, bem em torno de Boquete.

Nas ricas encostas vulcânicas do vulcão Baru, a montanha mais alta do Panamá, os cafezais ainda são plantados de maneira tradicional – combinados com árvores que fazem sombra, uma técnica que não só previne a exaustão do solo como permite que variedades que gostam de sombra, como a typica ou a geisha, se desenvolvam. Em um passeio turístico pelas plantações, você observará também que os trabalhadores geralmente são nômades indígenas, o povo Nigöbr Buglé, que durante gerações cuidaram das colheitas aqui, e colheram na mão suas frutas vermelhas de café. É um modelo perfeito de sustentabilidade, provando que as fórmulas antigas, às vezes, são as melhores.

Três produtores locais de alto nível oferecem excelentes tours de suas plantações e máquinas de processamento. O **Café Ruiz** (✆ 507/720-1000; www.caferuiz-boquete.com), pertencente a uma família por três gerações, oferece tours começando por sua loja de beira de estrada, logo ao norte do centro de Boquete, em Palmira. Os tours vão a fundo especialmente a respeito de sua máquina de processamento, que também processa o café para mais de 300 pequenos fazendeiros na região. Na década passada, por três vezes, o Café Ruiz ganhou prêmios internacionais pelo melhor café do mundo. E nos anos que ele não ganhou, o café da **Propriedade Kotowa Coffee** (em Palo Alto, a leste de Boquete, ✆ 507/720 3852; www.kotowacoffee.com) levou o prêmio no lugar deles. O abrangente passeio turístico de Kotowa pela plantação reforça o contraste entre a máquina original de 100 anos atrás, e a máquina de processamento com tecnologia de ponta (com todas as adaptações para colaborar com o meio ambiente). A **Finca Lérida**, em Alto Quiel, a noroeste da cidade, oferece um tour mais luxuoso – uma excursão de um dia até a encosta da montanha na casa do rancho da família Colins, cujo passeio pelos cafezais e a máquina de processamento é seguido por um almoço de pratos panamenhos. Você pode ficar por uma noite na pousada ecológica da Finca Lérida (veja a hospedagem abaixo), uma opção que também está disponível em chalés abrigados no arvoredo da fazenda de café de Barry e Jane Robbins (**The Coffee Estate Inn**, ver hospedagem abaixo). Traga seus binóculos, ambos os lugares também oferecem oportunidade de observar os passarinhos. É isso que a plantação ecológica de café faz por você.

✈ David (45 min. de Boquete).

🛏 $$ **La Montaña Y El Valle/Coffee State Inn**, Jaramillo Arriba (✆ 507/720-2211; www.coffeeestateinn.com). $$ **Finca Lérida**, Alto Quiel (✆ 507/720-2285; www.fincalerida.com).

419 Café

Propriedade de Café Filadelfia
Levante-se & Sinta o Café
Antigua, Guatemala

Aqui está uma reviravolta de romance: você não só faz um tour nessa plantação, na verdade, fica para passar a noite lá. Ao acordar de manhã, sentirá o perfume intoxicante do café sendo torrado em uma máquina por perto.

Ao sair da cidade de Antigua, esse pequeno refúgio de luxo campestre, há uma plantação de 360 hectares (900 acres), que pertence a Don Roberto Dalton, com vistas de um azul nevoento do Agua Volcano, na distância próxima. (Lembre-se que solo vulcânico é o mesmo que grãos de café Premium). Construído em estilo de pedras do campo, com telhados tradicionais vermelhos, isso não é só um alojamento transformado, mas um resort com instalações cinco estrelas, um restaurante, uma piscina e quadras de tênis, cavalos para montaria, arranjos com um campo de golfe e um SPA, até mesmo lençóis de linho e conexão Wi-Fi em todos os dormitórios. Então não se esqueça de onde você está, pois os arbustos verdes de café cobrem as encostas das montanhas, e os grãos de café secam ao sol em grandes pátios bem ao lado dos prédios do hotel, arrumados em um projeto geométrico que tem uma qualidade de um jardim zen.

Se você não ficar no resort, ainda pode fazer um tour de 2 horas na plantação e em seu benefício, traçando os vários estágios da cadeia do café desde as frágeis mudas verdinhas até o grão torrado. O café premiado da Filadélfia é feito de grãos arábicos, transplantados das mudas nos viveiros até as encostas no alto da montanha, a uma altura de 1.950m (6500 pés; altitudes também fazem grãos de café Premium), cujos participantes de tours atingem em lombos de mula ou de jipe. O tour termina com uma sessão de xícaras no "laboratório de café" da plantação, onde os hóspedes aprendem como distinguir entre os diferentes tipos de café.

O ataque de Don Roberto – acrescentando um hotel à sua antiga propriedade – fez com que ele permanecesse no negócio do café, mesmo quando os preços caíram no mundo todo. E seus trabalhadores de tantos anos continuam empregados, então é uma situação em que todos saíram ganhando.

✈ Cidade da Guatemala (47km/29 milhas).
🛏 $$$ **Filadelfia Coffee Resort** & Spa, San Felipe de Jesus, Antigua (© **502/7728-0800**; www.filadelfiaresort.com).

420 Café

A Costa Kona
A Terra do Kona Gold
Big Island, Havaí

Dirigindo ao longo da costa sudoeste da Big Island, em uma extensão de 32km (20 milhas) da Mamalahoa Highway, você não pode deixar de notar as plantações verdes luxuriantes, acarpetando as encostas íngremes dos dois lados. Esses não são simples cafezais; eles são o único café plantado de maneira doméstica na América – o Kona, uma

O zum-Zzum-zum da Cafeína

linha de grãos Arábicos que veio originalmente da Ethiopia, via Brasil, e então para Oahu. Maui recentemente reviveu sua agricultura também. Foi o solo rico vulcânico de Kona – você está, na verdade, nas encostas mais baixas de Mauna Loa – que tem produzido grãos consistentemente melhores no Havaí.

O café da indústria de Kona começou em 1828, lançado pelo missionário americano Samuel Ruggles. Inicialmente, alguns grandes produtores dominaram a área, mas depois que eles mudaram para colheitas de açúcar, no início de 1900, vários fazendeiros pequenos tomaram as rédeas (principalmente os imigrantes japoneses que já estavam trabalhando nas grandes fazendas durante anos). Umas 600 fazendas de café estão cheias ao longo da costa, hoje em dia, a maior parte de operações pequenas, administradas por famílias. (Por muitos anos, as escolas locais funcionavam de dezembro a agosto, para que as crianças ficassem livres durante o mês de setembro para a colheita). A época da primavera é adorável aqui, com as encostas das montanhas reluzentes com botões brancos ("o show de Kona"), mas o outono é a melhor época, quando o aroma do grão de café torrado permeia o ar ao longo da costa.

Várias propriedades oferecem tours guiados e degustações de café para uma visita informal (com a expectativa, claro, de que você vá comprar alguns grãos caros e frescos de Kona para levar para casa). Se você já experimentou o café Kona e não ficou muito bem impressionado, não o despreze. O café é, com frequência, rotulado como "Kona" mesmo que ele contenha apenas 10% de grãos Kona genuínos. O gosto do café Kona Premium puro deve restaurar a sua fé, especialmente se você bebê-lo diretamente da costa, onde ele é plantado.

Logo ao sul de Lallua-Kona, na pequena cidade de Holualoa, uma das maiores propriedades, a **Kona Blue Sky Coffee Company** (76-973ª Hulalai Rd.; Ⓒ **808/322-1700**) possui 400 acres (160 hectares), e os mesmos proprietários que administram a empresa de café de Holualoa Kona **Lea Plantatio**n (77-6261 Mamaloa Hwy./Hwy 180; Ⓒ **808/322-9937**), onde é possível fazer um tour por cafezais orgânicos, assim como de uma torrefação que serve a 100 outras fazendas locais.

Mais ao sul em Kalakekua, depois que a Mamalahoa Hwy. se junta com a Hwy.11, você poderá fazer um tour da propriedade de 35 acres (24 hectares) **Greenwell Farms** (81-6581 Mamaloa Hwy.; Ⓒ **808/323-2862**), ainda tocada pelos descendentes de Henry Nicholas Greenwell, um pioneiro precoce da exportação de café em Kona. Para uma perspectiva mais histórica, continue ao sul até a vila de Captain Cook e a **Kona Coffee Living History Farm** (82-6199 Mamalahoa Hwy.; Ⓒ **808/323-2006**; www.konahistorical.org), uma fazenda de 5 ½ acres (2,2 hectares) cujo guias vestidos a caráter conduzem tours da casa da fazenda dos anos 1920, dos pomares de macadâmia e cafezais centenários, o *kuriba* (máquina de processamento), *hoshidana* (terreiros de secagem) e uma tradicional casa de banhos japoneses. Ligada a uma das máquinas de processamento, está o **Royal Kona Coffee Museum** (83-5427 Mamalahoa Hwy.; Ⓒ **808/328-2511**), que é um pouco mais do que uma galeria mostrando fotos das plantações antigas, são oferecidas amostras gratuitas de café Kona e bolo de rum. Antes de sair de Captain Cook, saia um pouco na incrivelmente tortuosa Napoopoo Road, que leva até a baía de Kalakekua, para experimentar os grãos torrados por você mesmo, no bar da Ueshima Coffee Company, **Expresso Bar and Roastery** (82-5810 Napoopoo Rd.).

✈ Kona (9 ½ milhas/15 km).
🛏 $$$ **Holualoa Inn**, 76-5932 Mamalahoa Hwy. (Ⓒ **800/392-1812** ou 808/324-1121; www.holualoainn.com). $$ **Areca Palms Estate Bed & Breakfast**, saída da Hwy. 11, South Kona (Ⓒ **800/545-4390** ou 808/323-2276; www.konabedandbreakfast.com).

Refúgio da Plantação Paradisa
Uma Parte Picante do Paraíso
Kerala, Índia

O Paraíso de verdade. Instalado nas encostas de montanhas abrigadas por florestas de uma plantação de café e temperos, nas montanhas Cardamom — no sudoeste da Índia — há uma pousada tranquila. A viagem é longa até se chegar, mas uma vez ali, você se sente como se estivesse em outro mundo.

A palavra "refúgio" no título não poderia ser mais apropriada, também. Os hóspedes ficam em Villas individuais de teca, construídas em estilo arquitetônico típico do Kerala e decorados com colunas antigas e rebuscados entalhes de jacarandá. Cada Villa espaçosa tem suas próprias instalações e uma vista estupenda de montanhas de um denso verde dominando os campos de caça do antigo maharajah. Você pode nadar em uma piscina em forma de pé, em um terraço na encosta da montanha; fazer aulas de yoga e tratamentos ayurvédicos; jogar golfe em um clube histórico dos fazendeiros, próximo dali; enxergar elefantes selvagens e talvez até tigres no Santuário Perlyar Wildlife, do outro lado das montanhas. Ou simplesmente caminhar pelos campos de plantação luxuriante, onde as orquídeas desabrocham, os macacos tagarelando e o perfume dos temperos selvagens pairam no ar de uma forma sedutora (não é à toa que chamam essas montanhas de Cardamom). Assista a colheita do café, do cravo e da pimenta, visite a fábrica ali perto, onde o cardamomo é processado, ou dê um pulo até Munnar para ver a fábrica de chá Tata e o museu.

O café da manhã é servido em um adorável terraço e até se você não tiver o hábito constante de tomar café, o cheiro do passado fresco – plantado organicamente bem ali – pode ser estonteante. No pavilhão de pedra, a céu aberto da área central de refeições, o anfitrião Simon Paulose transforma cada refeição em uma ocasião social. Com apenas

O refúgio da Plantação Paradisa, nas montanhas Cardamomono, sudoeste da Índia.

O zum-Zzum-zum da Cafeína

7 Lugares Para se Comer em . . . Istanbul, Turquia

Straddling, a Ásia e a Europa pelo estreito do Bósforo, o grande e glorioso caldeirão de culturas que é Istanbul, em todos os sentidos, deve ser uma das grandes cidades gastronômicas do mundo. Porém, muitos visitantes permanecem limitados à área do Sultanahmet, explorando os locais próximos ao Palácio Topkapi, a Mesquita Azul, o museu Ayasofya, e o Grande Bazaar, atrações irresistíveis. Os cafés dessa região parecem dobrar-se aos turistas, extorquindo-os com preços altos, chamados de agressivos, e a comida de medíocre. É uma pena, realmente, porque uma vez que você se aventura um pouco mais longe, descobrirá todas as nuances saborosas que fazem a comida Turca tão deliciosa.

Do sopé das montanhas do Edirnekapi, próximo da igreja de St. Saviour, em Chora, o restaurante no hotel Kariye ④²² **Asitane** (Kariye Camii Sok. 18; ℂ **90/212/534-8414**; www.asitanerestaurant.com) apresenta um dos primeiros menus fusion do mundo – receitas pesquisadas a muito custo, que foram servidas um dia na corte Otomana dos sultões, como o Mehmet, o conquistador, e Suleiman, o Magnífico. Essa mistura imperial de influências do árabe, grego, persa e norte-africano, resulta em pratos suculentos como a beringela recheada com codorna grelhada, o frango da primavera ensopado com amêndoas, damasco seco, uvas, mel e canela, ou *nirbach*, um ensopado de carneiro cortado em cubos, almôndegas, cenouras e nozes, temperado com coentro, gengibre, canela, e xarope de romã. Não espere uma decoração artificial imitando o histórico – a aparência dourada e branca do Asitane é de bom gosto e restrita ao moderno, dando ênfase principalmente onde ela deve estar: na própria comida. Receitas similares foram atualizadas no ④²³ **Feriye** (Çiragan Cad. 124; ℂ **90/212/227-2216**), com sua localização surpreendente em Ortaköy, um imponente prédio neoclás-

O marmelo recheado e o *mutanjene* no Asitene.

428 7 Lugares Para se Comer em . . . Istanbul, Turquia

sico do século XIX, que está de frente para o Bósforo. Nos verões, você pode comer fora em um terraço com vista para o mar – um cenário ideal para os pratos de frutos do mar como o turbot grelhado com açafrão, as bolinhas de abobrinha, e o purê de framboesa, ou os medalhões de peixe-espada com ragu de frutos do mar. Os pratos otomanos clássicos incluem a *pastirma*, uma carne bovina curada, embrulhada em folhas de uva.

A carne é um elemento essencial da comida turca tradicional, e a carne é especialmente boa na moderna churrascaria 424 Dükkan (Fatih Sultan Mehmet Mah, Atatürk Cad. 4; ✆ **90/212/277-8860**; www.dukkanistanbul.com), bem ao norte do anel viário E-80, no bairro de Armutlu. Você percebe que os bifes maturados e as linguiças artesanais são frescos, porque são feitos um pouco abaixo, na mesma rua, em seu próprio açougue especializado. Ao lado do mercado de peixe em Samatya, não muito longe do aeroporto, o café carro-chefe do 425 Develi (Gümüsyüzük Sok. 7; ✆ **90/212/529-0833**) se supera nos köftes, uma variedade de carnes moídas-altamente temperadas, do sudeste turco – saborosos bocados úmidos como o *çig köfte* (almôndegas incrivelmente picantes de carne bovina crua, embrulhadas em uma folha de alface), o *findik lahmacun* (pizza de estilo turco com massa fina), ou a linguiça de carneiro e *kebab* de pistache. Seu terraço a céu aberto é um local glorioso para se sentar quando está quente.

Em Beyoglu, onde muitos habitantes locais vivem e comem, você encontrará uma quantidade de aconchegantes *meyhanes*, ou tavernas, que servem bebidas alcoólicas potentes, *raki* de uva e anis em doses frias, juntamente com uma série de *mezes*, o equivalente turco para as tapas – vários pratos pequenos que foram desenvolvidos, diz a lenda, para que os degustadores do sultão pudessem testar se sua comida estava envenenada. Um procurado restaurante de rua, próximo do apinhado mercado de peixe, e uma das melhores escolhas, é o 426 Boncuk (Nevizade Sok. 19; ✆ **90/212/243-1219**), um ponto sem frescuras, geralmente cheio de gente, apresenta manjares como o *kizir* (salada temperada de trigo e tomate); polvo frito; folhas de uva recheadas com peixe, pinoli e passas; ou *topic*, uma especialidade armênia de grão-de-bico, amassado com cebolas e passas. Dentro do próprio mercado de peixe, procure pelo oásis civilizado do 427 Degustasyon Lokantasy (Balikpazari, Beyoglu; ✆ 90/212/292-0667), onde a enorme seleção de *mezes* inventivas inclui receitas armênias e turcas, como o pão de fava e um purê de beringela perfeitamente temperado.

Se a fome chegar enquanto você estiver fazendo seu passeio turístico no Sultanahmet, evite as armadilhas turísticas e vá ao 428 Tarihi Meshur Sultanahmet Koftecisi (DivanYolu 12A; ✆ **90/212/513-1438**). Por mais sem graça que possa parecer, se vendo da rua, essa pequena frente de loja limpa, barata e genial, tem servido confiáveis delícias de almondegas *köfte*, desde 1920.

✈ Internacional de Atatürk, Istambul (12 km/7 ½ milhas).

🛏 $$$ **Çiragán Palace Hotel Kempinski Istanbul**, Çiragán Cad. 84 (✆ **800/426-3135** nos E.U.A., ou 90/212/258-3377 em Istambul; www.ciraganpalace.com). $$ **Mavi Ev** (Casa Azul), Dalbasti Sok. 14 (✆ **90/212/638-9010**; www.bluehouse.com.tr).

O zum-Zzum-zum da Cafeína

12 unidades na propriedade, o número de hóspedes, a qualquer momento, é equivalente ao de um jantar íntimo. E as refeições são uma delícia inacreditável, exemplos sublimes da cozinha refinada do Keralan, que alguns dizem ser a melhor do sul da Índia: finas panquecas crocantes *dosa*, frutos do mar abundantes, a riqueza penetrante do leite de coco, e os ensopados e curries profundamente picantes.

Ver onde os temperos são plantados e depois degustá-los em seu jantar é um tipo todo especial de experiência da fazenda para a mesa, da variedade mais exótica e luxuosa. Se estiver intrigado com essa extraordinária combinação de sabores, você pode combinar uma aula de culinária com o *chef*, que irá ensiná-lo como recriar qualquer prato do menu. É uma maneira de levar para casa um pedaço do paraíso.

ⓘ Na saída da Kottayam-Kumily Rd. Murinjapuzha (✆ **91/469/270-1311** para reservas, 91/4869/288-119, ou 0944/7088-119; www.paradisaretreat.com).
✈ Aeroporto Internacional de Kochi (140 km/87 milhas).
🚆 Kottayam (70 km/43 milhas).

Os grãos de café plantado organicamente da Plantação Paradisa.

Café **429**

O Kahvehane Turco
Coado no Bósforo
Istambul, Turquia

Se não fosse pela Turquia, talvez o mundo ocidental nunca conheceria o café. Existem relatos apócrifos de uma loja de café em Constantinopla (Istambul dos dias de hoje) que datam do ano de 1475; não se sabe se isso é verdade ou não, o certo é que, em meados de 1500, Constantinopla tinha casas de café (kahvehanes, em Turco) servindo o tipo de café preto e amargo adotado pelas terras árabes vizinhas. Desde então, o hábito espalhou-se para a parceira constante de negócios de Constantinopla, Veneza, de onde se disseminou para a Inglaterra e para a Alemanha. Em 1683, os invasores turcos trouxeram sua bebida preferida com eles, quando invadiram Viena, e o resto, dizem eles, foi história.

Nos dias áureos do império Otomano, as casas de café eram lugares essenciais de reunião, onde os clientes (homens, claro) se reclinavam em *kilims,* admiravam a vista panorâmica ou a piscina que refletia, fumavam água esfumaçada (*narghiles*), jogavam gamão, e discutiam assuntos do dia. Um ritual complicado de coar o café se desenrolava – para cada indivíduo servido, os grãos eram torrados artesanalmente em uma bandeja de metal, e moídos com um pilão até ficar um pó bem fino, misturado com água fria de açúcar (e, às vezes, Carmamomo) em um bule de cobre especialmente projetado (um *ibrik*), e fervido várias vezes até que a espuma de cima ficasse perfeita. Ela era despejada, com cuidado, em uma pequena xícara sem asa e servida com um copo de água fria. A pessoa esperava um minuto ou dois para que o café moído se assentasse então saboreie em pequenos goles. A lama amarga de grãos, que fica no fundo da xícara, podia ser despejada em um pires para que uma sortista lesse.

As casas de café tradicionais da Turquia, porém, são uma espécie em extinção nos dias de hoje, já que os turcos passaram a beber chás com sabores, e (é triste constatar) café instantâneo. A maior parte das *kahvahnes* é em bairros residenciais, onde os residentes locais podem exagerar depois de um dia de trabalho. Se você tiver bastante sorte para conhecer um frequentador de uma delas, seja um bom amigo, porque é a sua melhor porta de entrada nesta cultura única. O **Les Arts Turcs** (✆ **90/212/527 68 59**; www.bazaarturkey.com) oferece tours de meio-dia-de café turco e degustação de chá que proporcionam uma visão do *kahvehane*.

Se você não tiver sorte suficiente de ter um residente local que saiba das dicas, ainda pode degustar um autêntico café turco no famoso **Pierre Loti Café** (Gumüssuyu Balmumcu Sok. 1 ✆ **90/212/581 26 96**). Os garçons até usam roupas do século XIX, nesse aconchegante café no topo da montanha do Cemitério Sultan Eyup, próximo da Mesquita Eyup, que é um marco arquitetônico. Sua vista deslumbrante do Bósforo e da linha do horizonte de Istambul, fazem dele uma experiência imperdível, vale a pena a árdua escalada. Se estiver passando pelo Grand Bazaar – que pode ser uma experiência exaustiva e desorientadora – prove o bom e tradicional café na **Fez Café** (Halicilar Cad. 62; ✆ **90/212/527-3684**) ou **Café 1st** (Tarkçilar Caddesi; ✆ **90/212/527-9353**). O café tradicional é uma especialidade na **Casa de Café Turco Fazil Bey's**, uma das lojas mais antigas do Kadiköy bazaar, do lado asiático de Istambul. Apesar de a decoração ser formal e moderna (ele se transformou recentemente em uma cadeia), o Fazil Bey se orgulha em servir o café turco à moda antiga, até aquele resíduo de lama que prevê o futuro em cada xícara.

✈ Internacional de Atatürk, Istambul (12 km/7 ½ milhas).

🛏 $$$ **Çiragán Palace Hotel Kempinski Istanbul**, Çiragán Cad. 84 (✆ **800/426-3135** nos E.U.A., ou 90/212/258-3377 em Istambul; www.ciraganpalace.com). $$ **Mavi Ev (Blue House)**, Dalbasti Sok. 14 (✆ **90/212/638-9010**; www.bluehouse.com.tr).

---

430 Café

O Qahwas do Cairo

Hookah

Cairo, Egito

A grande atração dos qawhas (cafés) egípcios não são o café e os vários chás servidos, mas o *sheesha* ou cachimbo hookah. Servindo como tradicionais pontos de encontro do bairro, as mesas na calçada dos qahwas são bastiões masculinos onde os homens egípcios podem escapar de suas casas superlotadas, discutir política e religião (no, Egito os dois são intercambiáveis), jogar xadrez e dominó, e soltar fumaça dos cachimbos de água.

O público feminino pode atrair a atenção de maneira irritante, apesar de um pouco menos se estiverem acompanhadas por um homem (melhor ainda se for um egípcio). O café servido é invariavelmente forte, lamacento, de estilo turco (às vezes, perfumado com tamarindo), servido a preços ridiculamente baixos.

A não ser que você esteja com pessoas nativas do Cairo, provavelmente se sentirá mais

O zum-Zzum-zum da Cafeína

confortável visitando certas casas de café que são conhecidas por receber estrangeiros. Perto do mercado Islâmico do Cairo, o abarrotado Khan al-Khalili, o **Al Fishawi's** está no ramo desde 1772, e abre 24 horas por dia (exceto durante o Ramadan), em uma alameda na saída do Midan Hussein. Turistas como você estarão por ali também, amontoados em volta de pequenas mesas de metal, sob os espelhos barrocos e a cobertura de madeira trabalhada, mas é uma opção confiável e surpreendente, nessa parte da cidade.

No coração do bairro Bab al-Luk, no centro da cidade, a praça que se chama Falaki, abriga um mercado de comida, inclusive vários comerciantes de café; o espaçoso **Café Hurriya**, no lado norte da praça, tem estado no ramo desde 1930. Apesar de parecer desgastado, ele ainda é um clube, de fato, para muitos escritores e intelectuais. O público artístico também frequenta o **Café Ta'kiba**, uma pequena caminhada da rua Nabrawy, virando a esquina da Galeria Town House, museu de arte contemporânea.

Outra casa de café antiga no centro da cidade é o **Groppi's**, na Midan Talaat Harb, que tem estado no ramo desde 1924 (observe as colunas maravilhosas com mosaico de azulejos dos dois lados da entrada). O café do Groppi's não é tão distintamente egípcio – já que se tornou uma rede, a ênfase agora é nos cappuccinos de estilo europeu, chás elaborados, sucos exóticos, e massas ricas, e você pagará preços de extorquir turistas. Mesmo assim, vale a pena passar um tempo sentado no jardim do terraço sombreado do Groppi's, que serviu como um clube informal dos oficiais britânicos, durante a Segunda Guerra Mundial – uma fatia diferente da história do Cairo, mas tem a sua própria atmosfera.

✈ Internacional do Cairo (18 km/11 milhas). $$$ **Semiramis InterContinental**, Cornich El-Nil, Cairo (✆ **88/424-6835** ou 20/2/2795-7171; www.ichotelsgroup.com). $$ **The Nile Hilton**, 1113 Corniche El-Nil (✆ **800/HILTONS** [800/445-8667] ou 20/2/2578-0444; www1.hilton.com).

Café **431**

Os Cafés de Paris
Concentrado no Ambiente
Paris, França

O ato de tomar café está tão impregnado na cultura francesa que inspirou o seu próprio gênero de restaurante, o café. No entanto, muitos visitantes de Paris ficam surpresos – horrorizados! – ao descobrir o quão medíocres os cafés servidos em cafés parisienses podem ser, pelo menos pelos padrões da Nação do Starbucks.

A verdade é que a qualidade do café é quase sem importância em um café parisiense; é o ambiente que conta. Na moderna Paris, os cafés se misturam a bar e restaurante, onde os clientes pedem o café principalmente porque é a maneira mais barata de se manter uma mesa durante horas (e portanto, os proprietários sabem que eles podem economizar na qualidade do produto que compram). Para os parisienses, os cafés são pontos de encontro – todos têm o seu – onde eles comem, bebem, trabalham, encontram os amigos, e, acima de tudo, vêem as pessoas. Eles costumavam fumar também — até que em 2008 uma proibição de fumo em restaurantes entrou em vigor — o cheiro forte dos cigarros Gauloises e Gitanes pairava em cada café Parisiense. O que a proibição fará com a cultura do café ainda é um mistério.

No antigo Quartier Latin, no 6º arrondissment, era tradicionalmente o Cafe Central, e seus famosos cafés eram conhecidos por atrair turistas, o café envernizado de alto nível **Le Procope** (13 rue de l'Ancienne-Comédie), fundado em 1686, e antigamente frequentado por Voltaire e Victor Hugo; ou o trio de

Bares Expresso

cafés rivais, que já receberam intelectuais na margem esquerda do Sena, como Jean-Paul Sartre, Camus e Picasso – a **Brasserie Lipp** (151 bd. St-Germain), fundado em 1865; o **Café de Flore** (172 bd. St-Germain), fundado em 1870; e **Les Deux Magots** (6 place St-Germain-des-Prés), fundado em 1875. Para uma experiência mais local vá aos mais recentes: **La Palette** (43 rue de Seine), com seus murais vintage dos anos 1930, ou o **Le Rouquet** (188 bd. St-Germain), fundado em 1922, com decoração dos anos 1950.

No 8º arrondissement, os cafés mais elegantes ao longo da Champs-Elysées são projetados para observar as pessoas ostentando, das mesas colocadas em terraços largos à sombra de dosséis, e ladeados por floreiras recheadas. Os lugares chiquérrimos para ver e ser visto são o **Fouquet's** (99 av. des Champs Elysées) e **Le Deauville** (75 av. des Champs-Elysées); os residentes locais vão ao mais simpático (e barato) **Café Le Paris** (93 av. des Champs-Elysées). Em frente ao Opera, a elegância de *fin de siècle*, do **Café de la Paix** (no Grand Hotel, 12 bd. Des Capucines) é outro cenário de glamour para ver pessoas.

Na Place de la Bastile, o adjacente **Café des Phares** (7 place de la Bastille) e o **Café Le Bastille** (8 place de la Bastille) tem se reinventado como *philocafés*, onde grupos de pessoas se encontram para discutir grandes ideias. No Marais da moda, o **La Belle** Hortense (31 rue Vieille du Temple, 4e) tem paredes cheias de livros e leituras de poesia constantemente marcadas. No alto de Montparnasse, o local onde Ernest Hemingway gostava de ficar, a **Closerie des Lilas** (171 bd. du Montparnasse), aberto desde 1847, preservou sua decoração vintage dos anos 1920, com banquetas de couro, mesas de madeira e luminárias vermelhas aconchegantes. O seu concorrente – do tipo celeiro **La Coupole** (102 bd. du Montparnasse) – já frequentado por Josephine Baker, Henry Miller, Salvador Dali, e Samuel Beckett – foi reformado até ficar irreconhecível. Em Montmartre, o **Café des Deux Moulins** (15 rue Lepic, 18e; ☎ **01-42-54-90-50**) preserva a aparência dos anos de 1950, até o teto amarelado e as cortinas de renda (partes do filme *Amélie*, de 2001, foram filmadas aqui).

✈ De Gaulle (23 km/14 milhas); Orly (14 km/8 2/3 de milha).

🛏 $$$ **Hôtel Luxembourg Park**, 42 rue de Vaugirard, 6e (☎ **33/1/53-10-36-50**; www.luxembourg-paris-hotel.com). $$ **Hôtel Saintonge**, 16 rue Saintonge, 3e (☎ **44/1/42-77-91-13**; www.saintongemarais.com).

432 Café

Bares Expresso
Só em Pé
Roma, Itália

Em Paris, o café é, com frequência, só uma desculpa para se ficar por horas a fio à mesa; os italianos, por outro lado, ficam de pé no balcão para despejar cafezinhos antes de sair pela porta em dez minutos. É claro, eles irão repetir o processo várias vezes por dia, durante esse tempo os parisienses não terão se movido de seus escritórios/salas de visitas instalados no café.

Talvez seja por isso que há um bar de expresso quase que em cada esquina de Roma, servindo doses revigorantes de café forte para ajudar os romanos a enfrentarem o seu dia. Em um local típico de expresso italiano, um barista habilidoso executa uma dança contínua, elegantemente balançando as alavancas e torneiras sibilantes de suas máquinas de expresso, centenas de vezes em cada turno. A aparência preferida para um bar de expresso é brilhante e moderna, com balcões de cromo, placas de neon, e limpeza impecável – esqueça as aparências vintage que são vistas nos cafés parisienses. Há um limite para a modernidade, porém. Um

O zum-Zzum-zum da Cafeína

Os clientes bebem e saem correndo nos bares de expresso em Roma.

expresso genuíno é sempre servido em uma xícara de cerâmica, nunca em copos de papelão ou plástico "para viagem".

A casa de café mais antiga da cidade, fundada em 1760, é o **Antico Caffé Greco**, próximo às escadarias da praça de Espanha (Via Condotti 84, ✆ **06-6791700**). Apesar de tais estrangeiros notáveis como Stendhal, Goethe, Keats, Liszt, e Mendelsohn estarem entre os clientes anteriores, ele quase não conta mais como um bar de expresso, assim, arrumado como é, em um restaurante romântico com mesas de tampo de mármore e cadeiras de veludo vermelho.

Diz o folclore que os melhores cafés ficam perto do Pantheon, por causa da qualidade superior do fornecimento de água, canalizada através de um aqueduto antigo do Império Romano, que traz a água de uma fonte pura como cristal de fora da cidade. Se isso tem alguma base em fatos científicos ou não, os bares de expresso estão aglomerados nesse bairro, inclusive dois citados com frequência como os melhores da cidade: o **La Tazza D'Oro** (Via Degli Orfani 85 A) e o **Sant' Eustachio** (Piazza Sant' Eustachio 82). No Tazza d'Oro, que também torra seus próprios grãos no local, sacas cheias de café brasileiro ficam empilhadas perto do balcão e os frequentadores as usam informalmente para sentar. Vários outros torrefadores se alinha na próxima Via di Tor Cervara, informalmente apelidada de Caminho do Café de Roma.

Em outros bairros, um grupo de artistas frequenta o café da moda **Rosati** (Piazza Del Popolo 5), nesse ponto de encontro público que é a Piazza Del Populo. Do outro lado do Tibre, em Trastevere, o **Café-Bar di Marzio** (Piazza di Santa Maria em Trastevere 15) é um caloroso ponto convidativo com uma vista para a famosa fonte.

Para a maior parte dos Romanos, o bar de expresso favorito é simplesmente aquele que tem a localização mais conveniente; a qualidade do café é geralmente alta em qualquer lugar onde você pare. Há muitas variações na tiragem direta do expresso, além de só acrescentar o leite para fazer o cappuccino (que recebeu esse nome por causa das batinas de cor marrom-clara dos monges Capuchinos). Os clientes podem pedir seus expressos *ristretto* (curto e denso) ou *lungo* (diluído); se você quiser só uma gota de leite, peça o *macchiatto*, se quiser um shot de brandy ou qualquer outra bebida alcoólica, peça um café *corretto* (ou "café revisado"). Peça um café *Americano* e você irá obter uma xícara maior do que um café mais diluído. Você mesmo pode adoçar o seu café ou pedir para o barista fazê-lo.

Os bares de expresso geralmente servem comidas leves também, mas os conhecedores não aconselham aqueles que oferecem comidas quentes – afinal de contas, a comida quente significa comida que exala cheiro, e quem quer um aroma que venha competir com o glorioso perfume do café?

✈ Aeroporto Internacional Leonardo da Vinci (Flumicino, 30 km/19 milhas).

🛏 $$$ **Hotel de Russie**, Via de Babuino 9 ✆ **800/323-7500** nos E.U.A. e Canadá, ou 39/6/328881, www.roccofortehotels.com). $ **Hotel Grifo**, Via Del Boschetto 144 ✆ **39/6/4871395**; www.hotelgrifo.com).

433 Café

Inteligentsia Roasting Works
Torrefação de Celebridades
Chicago, Illinois

Olhando para trás, é difícil acreditar que os americanos costumavam beber xícaras sem fim de café, sem ter ideia de onde vinham os grãos. Essa era bendita terminou nos anos de 1990, quando uma colheita de negócios de torrefação gourmet brotou em toda a América. De repente, os viciados em café podiam se reinventar como conhecedores do café, fazendo parte de *"cuppings"* (o equivalente do café para a degustação do vinho) e usando um vocabulário dos interados para descrever notas, nuances, variedades, e graus ideais de torrefação.

Enquanto é fácil copiar o aparato de esnobismo do café, a torrefação de boutique resgatou a América da era das cafeteiras e dos cristais de café secos por congelamento. O melhor café é o que é torrado imediatamente antes de se beber. Então, as torrefadoras locais importam os grãos crus (tecnicamente chamados de grãos verdes, apesar de serem mais cinzas do que verdes) – em vez de deixar os grãos pré-torrados permanecerem em armazéns perdendo o sabor.

Aberto em 1995, o Inteligentsia Roasting Works é uma empresa de café artesanal que vende tanto o café de origem única como suas próprias misturas padronizadas. Os peripatéticos clientes do Inteligentsia buscam grãos de nações produtoras de café ao redor do mundo – Tanzânia, Nicarágua, Honduras, Kenya, Sumatra, Colombia, El Salvador, Brasil – trabalhando o máximo possível com pequenos proprietários em vez de atacadistas. A empresa agora fornece para muitos dos melhores restaurantes e opera em três bares de café na cidade (3132 N. Broadway em Lakeview, 53 W. Jackson Blvd., e 53 E. Randolph St. no Loop), e outra no bairro de Silver Lake, em Los Angeles (3922 Sunset Blvd.).

Com o crescimento do negócio, a fábrica de torrefação também cresceu, e o Inteligentsia agora oferece pequenos tours guiados da instalação, um sábado por mês. Enquanto a maior parte de nós já viu pequenos torrefadores em funcionamento em lojas especializadas de café, estes não se comparam aos torrefadores de ferro fundido e aço na fábrica do Inteligentsia – uma máquina de torrefação de 51 libras (23 kg) e dois números de 198 libras (90 kg), cada um de uma cor vibrante diferente, todos feitos manualmente nos anos 1950 pelo mesmo fabricante alemão, Gothat (a Mercedes Benz dos torrefadores de café). Ao passar ao lado, você pode ouvir os grãos estalando dentro do tambor de torrefação, liberando aquele aroma divino que permeia a fábrica. A entrada para o tour inclui uma sessão de degustação com bastante café ou chá fresco, além de um pacote de meia libra de café torrado para levar para casa.

ⓘ 1850 W. Fulton St. (1850 W. Fulton St. (✆ **312/52107962**; www.intelligentsiacoffee.com).
✈ Internacional O'Hare (18 milhas/29 km).
🛏 $$ **Homewood Suites**, 40 E Grand St., Chicago (✆ **800/CALL-HOME** ou 312/644-2222; www.homewoodsuiteschicago.com).
$$ **Hotel Allegro Chicago**, 171 N Randolph St., Chicago (✆ **800/643-1500** ou 312/236-0123; www.allegrochicago.com).

O zum-Zzum-zum da Cafeína

Café 434

Tour das cafeterias de Seattle
Muito Além do Starbucks
Seattle, Washington

Não há lugar melhor nos Estados Unidos para uma overdose de expresso do que Seattle, Washington. A cidade que deu ao mundo o Starbucks, por bem ou por mal. Seattle provavelmente tem mais bares de café per capita do que qualquer outra cidade americana, e a qualidade é consistentemente alta. Os habitantes de Seattle geralmente se inserem em algum princípio imutável da cultura da casa de café do século XXI – optando por contâineres recicláveis, açúcar não refinado, e leite orgânico, enquanto discutem acaloradamente os méritos de diferentes torrefações e países de origem, separando os melhores pontos da técnica de barista.

A loja original do **Starbucks**, que abriu em 1971, ainda funciona como um balcão de serviço no mercado de Pike Place (1912 Pike Place). Você o reconhecerá pela placa com a sereia seminua, que apareceu em milhões de copos de papel desde então. Porém, a casa de café mais antiga de Seattle, fica lá perto da Universidade de Washington, o **Café Allegro** (4214 University Way NE; ✆ **206/633-3030**), o preferido dos estudantes abrigado em uma alameda na esquina da "the Ave", como a Univeristy Way é conhecida. (Contudo, o café pode ser ainda melhor no confortável **University Zoka**, próximo dali, no 2901 E Blakely St.).

As melhores coffeehouses de Seattle continuam levantando o nível. O método perfeccionista de David Schomer para o

A Vashon Roasting Company – berço original dos melhores cafés de Seattle.

434 Um tour das Coffeehouses de Seattle

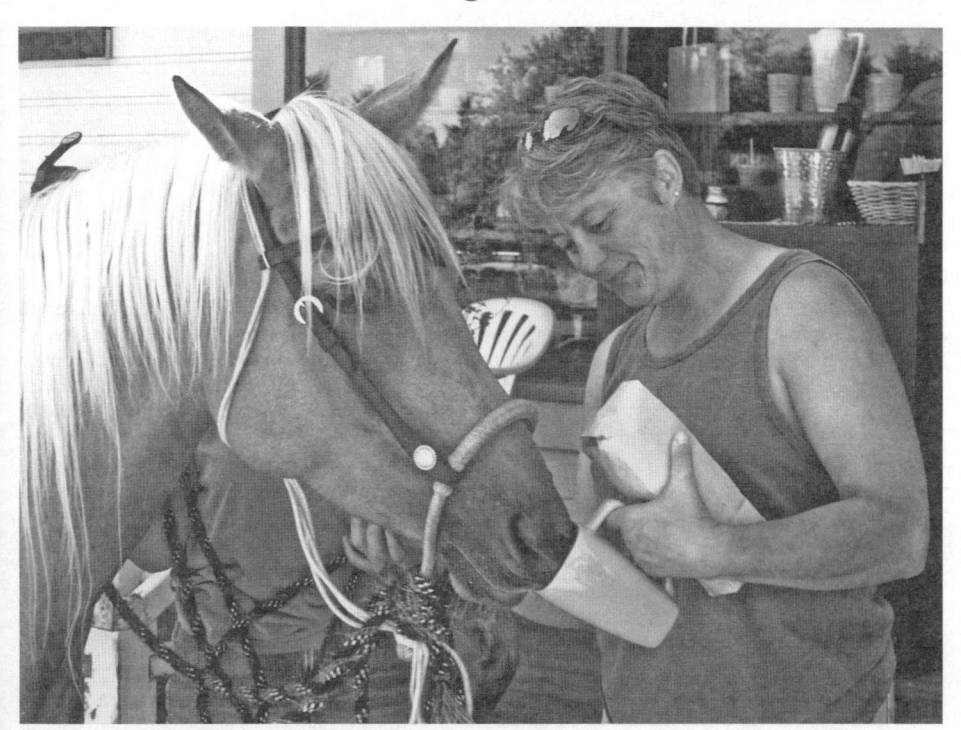

O cafezinho da Vashon Roasting Company tem muitos cavalos.

expresso colocou o café da **Expresso Vivace** (227 Yale Ave. N) ombro a ombro acima da concorrência, mas o **Victrola Coffee** (em Capitol Hill no número 411 da 18th Ave. E ou no centro da cidade no 310 E. da Pike St.) tem seu bando fiel de partidários, que também preferem a vibração artística do Victrola. Quando você quiser dar um tempo do expresso, experimente os cafés latinos, como o café Cubanos e o café con leche no **El Diablo Coffe Co.** (1811 Queen Anne Ave. N). Essa área, o Upper Queen Anne, é só um tipo de bairro aburguesado, onde as coffeehouses se espalham como mato. Há uma filial particularmente acolhedora da excelente rede local **Caffe Ladro**, no alto da rua, no número 2205 da Queen Anne Ave. N. Na parte mais baixa da avenida Queen Anne, você pode experimentar as misturas Premium do torrefador local **Caffe Vita** (813 Fifth Ave. N), outra rede que vale a pena procurar pela cidade.

Só a uma distância de um passeio de balsa, na descontraída Vashon Island, o

The Vashon Island Roasting Company (19529 Vashon Hwy SW) compartilha as instalações com uma loja de comidas orgânicas, a Minglement, em um prédio de estrutura branca com uma varanda de frente pendurada. Por mais que aparente ser despretensioso, ele é um marco. O pioneiro nos cafés de especialidade, Jim Stewart, inaugurou pela primeira vez o Wet Whisker aqui, em 1968, e finalmente o tornou o mélhor café de Seattle (uma cadeia que agora pertence ao Starbucks). Cafés de preço justo, a relíquia de sombras de árvores, ainda são a especialidade aqui – o mais longe possível do Nescafé.

✈ Internacional de Seattle Tacoma (14 milhas/23 km).
🛏 $$$ **Inn at the Market**, 86 Pine St. ✆ **800/446-4484** ou 206/443-3600; www.innatthemarket.com. $$ **Bacon Mansion Bed and Breakfast**, 959 Broadway E ✆ **800/240-1864** ou 206/329-1864, www.bacon-mansion.com).

O zum-Zzum-zum da Cafeína

Chás 435

Altos Chás em London
Desfrute da Tarde
Londres, Inglaterra

Nenhuma viagem a Londres seria completa sem um tradicional chá das cinco. As xícaras têm que ser de porcelana, o açúcar servido em cubos, e a infusão do chá é feita com folhas, sem nenhum saquinho de chá à vista se quer. Para fazer uma refeição adequada disso, esse bule de chá é acompanhado por sanduíches delicados, *scones,* ou alguns bolos doces. Coloque um creme duplo de Devonshire e geleia nesses *scones,* e você terá um *"cream tea".*

Várias instituições londrinas preencherão a sua fantasia de um chá completo. Por 25 libras ou mais, você se sentirá como se tivesse entrado em uma casa de campo Eduardiana de final de semana, apesar de ser preciso reservar a sua mesa com semanas de antecedência. Na loja de departamentos **Harrods** (veja 19), a sala Georgiana do quarto andar se dedica ao chá, assim como o restaurante St. James e o Fountain Room, no **Fortnum & Mason's** (veja 450). A maioria dos hotéis de luxo de Londres também oferecem serviços de chá da tarde caros, os mais abundantes são na sala de leitura do **Claridge**'s (55 Brook St. W1; ✆ **44/20/7409-6307**), o Palm Court no Ritz Hotel (Piccadilly, W1; ✆ 44/20/7493-8181), o **Palm Court no Sheraton Park Lane Hotel** (Piccadilly, W1; ✆ **44/20/7499-6321**), ou o **Conservatory at The Lanesborough** (Hyde Park Corner, SW1; ✆ **44/20/7259-5599**).A hora do chá é um pouco mais reservada e aristocraticamente descontraída no **Brown's Hotel** (30 Albemarle St., W1; ✆ **44/20/7493-6020**).

Para uma tarde com mais colorido, menos turística, por um preço razoável, aventure-se além da esnobe Mayfair e Knightsbridge. No Soho, residentes locais artísticos descansam em sofás aconchegantes e descombinados no The Blue Room (3 Bateman St. W1; ✆ **44/20/7437-4827**), ou se curvam sobre as mesas lotadas do acolhedor Patissiere Valerie (44 Old Compton St; ✆ **44/20/7473-3466**). Em Holborn, o antigo centro financeiro de Londres, **The Old Bank of England** (194 Fleet St.; ✆ **44/20/6430-2255**) serve um chá calmo e íntimo, no aposento forrado de tapeçaria, que poderia facilmente ser pomposo, mas não é. Lá em Chelsea, o despojado **Tearoom at the Chelsea Physic Garden** (66 Royal Hospital Rd., SW3; ✆ **44/20/7352-5646**) fica aberto quatro dias por semana, mas nesses dias você pode beberica seu chá dentro dos limites dessas paredes de tijolos de um jardim desgrenhado, que tem sido prezado como um laboratório de botânica desde o início do império britânico. Ou dirija-se até o norte de Londres para encontrar o **High Tea of Highgate** (50HighgateHigh St., N6; ✆ **44/20/8348-3162**), Um acanhado mas chique salão de chá vende chás orgânicos e tortas caseiras. Em Kensington, você pode escolher entre palácios -- seja o em constante expansão **Tea Palace** (175 Westbourne Grove, W11; ✆ **44/20/7727-2600**), um empório de chá sério que oferece mais de 200 misturas, ou o pavilhão do jardim do século XVIII do palácio real, no **The Orangery** (Kesington Palace, W8; ✆ **44/20/7376-0239**), onde você beberica um cream tea entre urnas de pedras cobertas de musgo e fileiras de laranjeiras plantadas em vasos.

✈ Heathrow (24 km/15 milhas); Gatwick (40 km/25 milhas).

🛏 $$$ **Covent Garden Hotel**, 10 Monmouth St., Covent Garden (✆ **800/553-6674** nos E.U.A., ou 44/20/7806-1000; www.firmdale.com). $$ **B+B Belgravia, 64-66 Ebury St.**, Belgravia (✆ **800/682-7808** nos E.U.A., ou 44/20/7734-2353; www.bb-belgravia.com).

436 Chás

Os Jardins de Chá de Shizuoka
O Caminho do Chá
Shizuoka, Japão

A China e a Índia são os únicos lugares onde o chá cresceu naturalmente, mas os chineses e os indianos consideravam a planta (Camellia sinersis) como mero remédio. Precisou que os japoneses elevassem a bebida do chá a uma forma de arte.

A infusão tradicional do Japão é o chá verde, uma variedade um pouco diferente, processada de uma forma diferente do chá preto – menos oxidada, para que os sucos mais delicados permaneçam na folha. As primeiras sementes de chá verde chegaram à província de Shizuoka, em 1241, quando um monge chamado Soichi Kokushi as trouxe para casa, de suas viagens para Sung, China. Com boa água pura e um clima úmido e fresco, ideal para a plantação do chá, essa prefeitura, a sudoeste de Tóquio, produz quase metade dos chás do Japão hoje em dia. Como a principal região fornecedora de chá do Japão, Shizuoka especializa-se no *sencha*, que vem das primeiras colheitas, e é mais exposto à luz do sol enquanto cresce.

Em Shimada, na propriedade do chá de Makinohara – a primeira plantação comercial grande de chá do Japão – o **Museu World Tea** (Ocha-no-Gou, 3053-2 Kanaya; ⓒ 81/47/46-5588) é um bom lugar para se começar qualquer tour de chá do Japão. Ele tem exposições detalhadas sobre o chá, salas de degustação, salas de cerimônia do chá e uma casa de chá japonesa restaurada, do século XVI, que foi uma vez usada por Enshu Kobori, um grande mestre da cerimônia do chá. O chá usado em cerimônias do chá clássicas, é o chá verde em pó, ou *matcha*, em infusão seguindo um ritual prescrito e servido com alimentos preparados de maneira precisa; as cerimônias do chá podem durar até quatro horas e seguir um protocolo complicado (não se preocupe, nessas sessões educativas os seus anfitriões irão guiá-lo a cada passo). Mesmo de uma maneira breve, esse ritual elaborado se torna um exercício de tranquilidade, respeito, e harmonia – uma experiência essencial japonesa.

Os visitantes podem experimentar a colheita em campos antes de provar a tradicional cerimônia do chá japonesa no **Kaori-no-Oka Chapia** (casa de chá "Montanha Fragrante") e, Fukuroi (7157-1 Okazaki; ⓒ 81/538/44-1900; www.chiapia.net). (A colheita é mais difícil do que parece – os trabalhadores devem pegar apenas duas folhas e um botão por vez). A fábrica de chá demonstra um manual antigo do processo de chá, que preserva melhor o sabor delicado do *sencha* de qualidade.

Também próximo na região de Suruga, o **Fore Nakakawane Chamelkan Hall** (71-1 Mizukawa, Kawanehon-cho, Habara-gun) é um parque temático que se concentra no chá de Kawane. Enquanto muitas outras atrações são mais divertidas do que informativas (as crianças parecem adorar o *sukinkutsu*, um tipo de ornamento de jardim japonês que ecoa sons suaves), há uma exposição que ensina a técnica clássica de fazer a infusão do chá.

Conclua o seu passeio por Shizuoka na cidade de Kakegawa, no histórico Castelo de Kakegawa. O castelo é cercado de belos jardins, onde o **Ninomaru Tearoom** de estilo tradicional está fixado como uma jóia – um ótimo lugar para se provar o chá local.

🚆 Estação de trem Atami (107 km/66 milhas Sudoeste de Tóquio).
🛏 $$$ **Taikanso**, 7-1 Hayashigaokacho, Cidade de Atami (ⓒ **0557/81-8137**; www.heartonhotel.com/taikanso). $$$ **Hotel Century Shizuoka**, 18-1 Minami-Cho, Suruga-Ku, Shizuoka (ⓒ **81/54/2840111**; www.centuryshizuoka.co.jp)

O zum-Zzum-zum da Cafeína

7 Lugares Para se Comer em . . . Tóquio, Japão

Em questão de energia urbana, não se pode bater Tóquio – densamente populosa, afluente, animada pela sede de tudo o que é novo. Mesmo se a demanda cultural para o entretenimento corporativo não tivesse estimulado o sortimento de restaurantes da cidade, suspeita-se que os cidadãos de Tóquio encontrariam seus motivos para jantar fora constantemente. Quando se vive em apartamentos tão pequenos, o que mais se pode fazer a não ser viver intensamente em ambientes públicos?

No ocidente, temos uma categoria geral para a comida japonesa, mas, no Japão, há uma gama completa de cozinhas, cada uma para satisfazer um tipo de fome diferente. O sushi, claro, é a comida típica do Japão, e os sushi bars de alta qualidade em Tóquio servem sushi, que é um salto quântico acima daquele que se come em outros países. Um dos mais estimados é o ⑭ Fukusushi (5-7-8 Roppongi; ✆ 81/3/3402-4116; www.roppongifukusushi.com), no animado Roppongi, que foi fundado no Hokkaido, em 1917, e se mudou para cá em 1968. Passando o seu sereno pátio tradicional, você vai penetrar em um interior esperto, em preto e vermelho, que faz com que você se sinta dentro de uma caixa bento. Menus fixos mudam de acordo com a estação para fazer uso dos ingredientes mais frescos – destaques incluem o ouriço do mar, na primavera, o molusco da Califórnia, no verão, o delicado *hirome* (solha), no outono, e a barriga de atum macia que se desmancha (*otoro*) no inverno.

O ⑱ Hayashi (2-22-5 Kabuki-cho; ✆ 81/3/3209-5672; também na 2-14-1 Akasaka, ✆ 81/3/3582-4078) tem um clima um pouco mais rústico, com um interior

Sushi no estilo de Tóquio.

ⓐ 7 Lugares Para se Comer em... Tóquio, Japão

importado intacto da região da montanha de Takayama. Um oásis no meio dos arranha-céus de Shinjuku, esse pequeno restaurante intimista fornece uma versão Zen da experiência no Benihana, já que você poderá cozinhar o seu próprio menu preestabelecido no grill de carvão *sumiyaki*, em sua própria mesa (mulheres vestidas de quimono estão lá para ajudá-lo). A técnica de cozinhe você mesmo é parte da diversão também no alegre e eficiente ⓐ Shabusen (Core Bldg. 2F, 5-8-20 Ginza; ⓒ 81/3/3571-1717), no coração da movimentada cena de compras de Ginza, onde os convivas fritam suas próprias fatias finas de carne e vegetais, em uma caçarola fervendo de um caldo temperado de algas; aqui você pode sentar à mesa ou em um balcão arredondado.

Uma preferência de muito tempo pelo *tonkatsu* (costeleta de porco empanada) é o ⓐ Maisen; enquanto há algumas filiais espalhadas pela cidade, a da moda no Harajuku (4-8-5 Jingumae ⓒ 81/3/3470-0071) é o mais interessante, ocupando uma casa de banhos dos tempos antes da Segunda Guerra Mundial, reformada, com pé direito alto e detalhes de arquitetura original. O Maisen é conhecido especialmente por seu porco escuro, original da China, e prestigiado por seu sabor doce e intenso. Para o macarrão soba – a comida caseira japonesa fundamental – experimente o ⓐ Matsugen (Hagiwara Bldg., 1-3-1 Hiroo; ⓒ 81/3/3444-8666), um restaurante serenamente poupado no meio de um grupo de lojas de macarrão, no bairro de vida noturna de Ebisu. Sente-se em uma mesa comunitária e observe os *chefs* desenrolarem o macarrão de trigo sarraceno na mão, comido frio — seja mergulhado no molho de soja temperado ou puro — os sabores terrosos sutis do macarrão são uma revelação.

A experiência de comer fora no Japão é uma refeição completa kaiseki, uma série de pequenos pratos de ritual, preparados de forma elaborada e servidos com grande cerimônia enquanto você se senta no chão, em uma sala de tatami. A complexa progressão de sabores, texturas, aromas e cores (até as vasilhas para servir são definidas pelo costume) eleva o nível da refeição a arte. Não economize no kaiseki; vá a um lugar clássico como o caro ⓐ Takamura (3-4-27 Roppongi; ⓒ 81/3/3585-6600), uma casa graciosa de 60 anos, escondida por jardins na encosta de uma montanha na beira de Roppongi. Parecido com o kaiseki, mas um pouco menos formal (e menos caro), as refeições *kappo* permitem que um *chef* individual seja mais criativo com seus pratos, precisamente coreografados; um dos *kappo chefs* mais respeitados da cidade é Hiromitsu Nozaki em ⓐ Waketokuyama (5-1-5 Minami-Azbu; ⓒ 81/3/5789-3838), próximo da estação Hiroo, no bairro Minato. Experimente pegar um lugar no balcão do *chef* para uma olhada nos preparos complicados – é um dos melhores teatros da cidade.

✈ Internacional de Narita (66 km/40 milhas).
🛏 $$$ **Capitol Tokyu Hotel**, 2-10-3 Nagata-cho, Chiyoda-ku (ⓒ **800/888-4747** nos E.U.A. e Canadá, ou 03/3581-4511; www.capitoltokyu.com). $$ **Park Hotel Tokyo**, 1-7-1 Higashi Shimbashi, Minato-ku, Ginza (ⓒ **03/6252-1111**; www.parkhoteltokyo.com).

O zum-Zzum-zum da Cafeína

Chás **444**

O Coração da Terra do Chá
A Capital do Chá no Mundo
Assam, Índia

A Índia defende que é o berço do chá, mas graças a uma equipe agressiva de fazendeiros britânicos do século XIX, a Índia finalmente se tornou a maior nação produtora de chá, fornecendo aparentemente uma linha sem fim de infusões fragrantes de bules, para o mundo todo. A indústria do chá na Índia vacilou nos anos de 1990 – quando a União Soviética (seu maior mercado de exportação) entrou em colapso. Tanto o Sri Lanka como o Quênia aumentaram a produção, ao passo que os produtores de chá da Índia trabalham para recuperar o campo perdido; eles se concentram na venda de chás top de linha e abrem suas propriedades históricas para os turistas – o que é uma boa notícia para os conhecedores de chás.

Assam é onde tudo começou, em 1820, quando os oficiais do exército britânico notaram os Singhos tomando uma bebida restauradora de um arbusto da região chamado Camellia sinensis; Assam ainda é a região mais produtiva de chá hoje em dia. No melhor do seu *golden tipped*, o Assam é preferido por seu sabor encorpado e sua forte cor marrom, que fazem dele um chá revigorante para o café da manhã. Muito chá Assam é processado para o mercado doméstico, usando a técnica CTC – que significa esmagar, rasgar e enrolar – processo que produz uma infusão mais vermelha.

A maioria das plantações fica em volta de Jorhat, que se vende como A Capital do Chá no mundo. Há um festival de chá, aqui, todo mês de novembro, e até um instituto de pesquisa do chá – o Centro Teklai Experimental – (em Chinnamara, 5 km/3 milhas de Jorhat). Ao dirigir em volta de Jorhat, você irá notar arbustos de chá verde-esmeralda plantados dos dois lados da estrada, intercalados por árvores frondosas (o chá é uma planta perene que adora a sombra). Os trabalhadores apanham as folhas, continuamente, colhendo os arbustos a cada sete dias durante a estação da colheita, do final de junho até o início de outubro (que também é, por acaso, a estação das monções). Tanto as propriedades de chá Gatoonga como a Sangsua fora de Jorhat tem chalés antigos espalhados, onde se pode passar a noite. Com moldura de teça, pé direito alto, pisos de madeira, ventiladores de teto e varandas espaçosas, esses chalés parecem ter saído de um conto de Sommerset Maugham.

Mais ou menos no meio, entre Jorhat e Guawahati, na margem norte do rio Brahmaputra, perto de Tezpur, a propriedade de chá Adabari da era Vitoriana com seu chalé branco, hoje está aberta aos visitantes, assim como o **Wild Mahseer Lodge**. Mais adiante, seguindo rio acima, o **Mancotta Chang Bungalow**, perto de Dibrugarh, tem mais de 140 anos. Um *"chang"* tradicional, ou chalé de plataforma. Ele foi construído originalmente pelos fazendeiros escoceses, mas hoje ele pertence ao Jalans, uma das famílias pioneiras do chá Assam. Crescendo em suportes para proteção contra os predadores da floresta – inclusive os tigres e os rinocerontes de um chifre só – Mancotta quase parece flutuar acima do verde esfuziante dos arbustos de chá, das plantações em volta.

✈ Jorhat/Dibrugarh

🛏 $$$ **Mancotta Chang Bungalow**, 12 km (7 ½ milhas) de Dibrugarh (✆ 91/373/2301120; www.purviweb.com). $$$ **Wild Mahseer Lodge**, Balipura (✆ 91/3714/234354). $$ **Mistry Sahbi's Bungalow**, Gatoonga Tea Estate, Jorhat (✆ 91/11/46035500 para reservas, www.welcomeheritagehotels.com). $$ **Burra Sahbi's Bungalow**, Sangsua Tea Estate, Jorhat (✆ 91/11/46035500 para reservas, www.welcomeheritagehotels.com).

Operadora de Turismo: Travel Plus, New Delhi (✆ 91/011/43436666; www.plustours.com). Namaste Tours (✆ 91/124/4040636; www.namastetoursindia.com). **Flamingo Travels** (✆ 91/361/2454669; www.flamingotravels.com).

445 Chás

As Propriedades de Chá Darjeeling
A Champagne dos Chás
Darjeeling, Índia

Apesar de corresponder a apenas 3% do total da produção de chá da Índia, Darjeeling conquista toda a glória – e merece. É uma área romanticamente remota por um motivo: fica em volta de uma estação de montanha pitoresca, para onde o exército britânico foi no passado, fugindo dos verões brutais da Índia. Você pode atravessar suas encostas vertiginosas em trens azuis a vapor, tão pequenos e engenhosos, que foram apelidados de Trem de Brinquedo. Mas essa localização evocativa é uma coisa: o aroma delicadamente floral do chá Darjeeling é o verdadeiro motivo da fama da região.

Com frequência chamadas de "jardins", 87 propriedades se espalham por essas encostas íngremes e nevoentas. Em março, os trabalhadores (a maior parte mulheres de etnia nepalesa) apanham habilidosamente a primeira colheita tão elogiada do *"first flush"*, de Darjeeling. Dos arbustos verdes espigados, os chás colhidos em maio e junho são ligeiramente menos soberbos. A propriedade mais prestigiada na área – aquela cujos chás rotineiramente abarcam os prêmios mais altos do mundo é a **Makaibari**, logo ao sul de Kurseong (25 km/16 milhas ao sul de Darjeeling), que tem sido administrada pela família Banerjee desde 1840. Sob o comando de seu dono empreendedor de quarta geração, o Rajah Banerjee, os campos de plantação que abraçam as encostas da montanha, agora são orgânicos e biodinâmicos, ele até acrescentou chalés e apartamentos à casa de pedra de época, para que os turistas tenham onde passar a noite. Depois de caminhar pelos campos, você pode explorar a fábrica da era Vitoriana, onde as folhas são processadas pelo método chamado de "ortodoxo": secas em grandes tinas, enroladas por rolos de aço para liberar os sucos naturais, deixadas em uma sala fria para fermentar, então assadas, separadas, graduadas e embaladas para serem despachadas. Naturalmente, uma degustação de chá se segue.

Só a 6 km (3 ½ milhas) abaixo de Kurseong, você pode fazer um tour de outra renomada propriedade de produção (orgânica/biodinâmica), a **Ambootia**. Fundada em 1861, é um exemplo inspirador de como uma antiga plantação, virtualmente exaurida nos anos de 1990, restaurou o solo com novas técnicas de agricultura e desenvolveu uma marca de chá de boutique orgânico. Para ver uma história parecida de Cinderela em progresso, visite o **Happy Valley Tea Estate** só a 3 km (2 milhas) ao norte de Darjeeling. Estabelecido em 1854, agora está sendo revivido pelos mágicos orgânicos de Ambootia.

Também em Kurseong (o nome significa "terra da orquídea branca"), a **propriedade Goomtee Tea** oferece acomodações em uma casa de fazenda de gosto ímpar, com grandes janelas, com vista para os magníficos jardins em volta. Plantados em 1899, os campos de Goomtee são orgânicos, a fábrica de processamento é ortodoxa, e as refeições são totalmente vegetarianas, o que parece combinar com a calma Zen do lugar. A caminhada montanha acima é desgastante, mas as vistas no topo valem a pena (se necessário, eles podem levá-lo de carro).

A **propriedade Glenburn Tea** proporciona as acomodações mais luxuosas da região, a uma hora e meia de Darjeeling. Os visitantes ficam em uma casa de fazenda centenária restaurada, à beira de um platô, com uma vista que parece Shangri-La, ao longo do vale do rio Rangeet. Essa plantação de 648 hectares (1.600 acres) foi fundada em 1860, como uma companhia de chá escocesa; hoje em dia é administrada pela família Prakash e produz sua própria marca de chá de alto nível. Os hóspedes podem ver os campos, observar a fábrica no local, aproveitar a sessão de degustação, ou visitar o viveiro de mudas de chá, com seu próprio bosque de laranjas – fonte das geleias servidas à tarde na varanda.

O zum-Zzum-zum da Cafeína

Glenburn pode estar ganhando certa competição com o novo Tumsong Retreat, um esconderijo de alto nível – de quatro quartos – em um chalé branco avarandado de fazenda, na propriedade Tumsong, próximo de Ghoom, logo ao sul de Darjeeling (é a parada mais alta da rota do trem de brinquedo). Tumsong pertence à companhia de chá Charmung, que tem 13 propriedades no distrito de Darjeeling; hospedarias similares estão planejados para quatro outras. Todas as estadias, claro, incluirão um tour na propriedade/fábrica de chá.

Na cidade de Darjeeling, abra o seu caminho pela apinhada seção de baixo, do bazar de Darjeeling, com fileiras de lojinhas e bancas em barracas, onde o aroma do chá paira convidativo no ar. Não perca a vista do nascer do sol estupendo da montanha Tiger, a 13 km (8 milhas) da cidade. Olhar o sol explodir sobre os picos do Himalaia é um tipo de experiência transcendental que se tem poucas vezes na vida.

ⓘ ✆ 91/34/54050; www.wbtourism.com/darjeeling.
✈ Aeroporto de Bagdogra, Siliguri (90 km/56
🛏 $ **Makalibari**, Kurseong (✆ **91/354/233-0181** ou 91/33/2287-8560; www.makalibari.org). $$$ **Glenburn** (✆ **91/33/2288-5630**; www.glenburnestate.com). $$ **Goomtee**, Hill Cart Rd, Kurseong (✆**91354/233-5066** para reservas; www.darjeelingteas.com). $$$ **Tumsong Retreat** (✆ **91/33/3093 6400**; www.chiabari.com).
Operadora de Turismo: Fair Trade Teas (✆ **615-335-4063**; www.fairtradeteas.com). **Help Tourism Heritage Tours** (✆ **91/353/2535893** ou 91/33/24550917; www.helptourism.com).

Chás
446

As Plantações do Antigo Ceilão
Um Pouco de Pekoe
Nuwara Elia, Sri Lanka

Talvez a menção do chá do Sri Lanka não faça soar o alarme – mas quando chamado pelo seu nome de colônia, o chá do Ceilão, os tomadores de chá ao redor do mundo todo ficam de orelha em pé. Confira dentro de uma caixa de chá Lipton e veja o que você encontra: Ceylon Orange Pekoe.

Os comerciantes portugueses e holandeses do século XV foram os primeiros europeus a explorar essa ilha tropical, ao sul da costa da Índia. Ela se tornou uma colônia britânica em 1796, mas primeiramente foi o café que os britânicos plantaram nessas montanhas frescas e úmidas. Então veio o fungo do café nos anos de 1840, e os fazendeiros do Ceilão mudaram desesperados para o chá, sabendo que a Companhia do Chá do Oriente tinha acabado de fechar na China, e precisava de novos recursos. Felizmente, a colheita prosperou, e o Sri Lanka, um Estado soberano desde 1972 – é hoje um dos principais produtores de chá do mundo.

Logo ao sair da cidade, entre as montanhas altas de Kandy, conhecidas por seus templos budistas e jardins botânicos, a Câmera de Chá do Sri Lanka abriu o **Tea Museum**, em Hantana. (Procure o logo do leão da Câmera de Chá estampado no chá com certificado do Ceilão). Pequeno, porém, abrangente, o museu mostra máquinas de processamento de chá restauradas, e o restaurante serve uma boa variedade de chás locais, também à venda na loja do museu.

Nuwara Eliya é o centro da região produtora do melhor chá do Sri Lanka. Você poderá fazer um sensacional passeio de trem muito além de Colombo, sobre as encostas forradas de florestas com cascatas. Logo você notará os campos de chá de um verde vibrante ao longo dos trilhos, e esforçados trabalhadores abaixados sobre os arbustos baixos. A parte final íngreme da viagem, de Nanu Oya, é acessível apenas de ônibus. Uma vez que você chega a Nuwara Eliya, pode ser que seja pego de surpresa, pois o lugar parece estranhamente britânico. Fazendeiros de chá expatriados criaram uma nostálgica pequena Inglaterra para eles aqui, com gramados cuidados e vilas de estilo Georgiano, ao longo de uma quadra de cricket, um campo de pólo, e um campo de golfe bem tratado.

Do lado de fora de N'Eliya, em Kandapola, o hotel **Tea Factory** é, como sugere o nome, uma fábrica antiga de chá britânica transformada. Os hóspedes podem colher suas próprias folhas e processá-las na fábrica em miniatura de chá do hotel. Também fora de N'Eliya, siga a estrada Ramboda para visitar a **Oliphant Tea Estate**, a primeira propriedade da região onde o Sir Anthony Oliphant plantou 30 pés de chá chinês, nos anos de 1830. Hoje, pertencente aos chás Mabroc, é conhecida por seu chá verde particularmente bom e delicado, raro para o Ceilão. Você também pode visitar a **Pedro Tea Estate**, em Borolanda, a 3 km (2 millhas) da cidade, que ainda utiliza algum maquinário antigo em sua fábrica de processamento, ou a **Labookele Tea Estate** (Kandy Rd.) que fornece tours da fábrica e em um café.

No caminho de carro de volta a Colombo, pela estrada Hatton, um ponto de parada para descanso essencial é o **St. Clare Tea Centre**, em Talwakalee (150 km até a placa), uma chácara secular de plantação que foi reformada como uma casa de chá pelos atuais proprietários das terras, a plantação Maskeliya. Aqui, os visitantes podem provar uma ampla gama de chás do Ceilão – orange pekoe tradicionais, assim como silver tips, golden tips, e chás de ervas. Além do chá, a grande atração são as vistas panorâmicas de duas das mais dramáticas quedas d'água do Sri Lanka, a St. Clair's Falls e a Devon Falls, que recebem o nome de dois grandes fazendeiros da área.

ⓘ **Nuwara Eliya Tourism** (www.nuwaraeliya.org).
✈ Colombo (180 km/11 milhas)
🛏 $$$ **Grand Hotel**, Grand Hotel Rd, (✆ **94/52/2288-105**; www.tangennehotels.com/thegrandhotel/index.htm). $$$ **The Tea Factory**, Kandapola, (✆ **94/52/2229600**; www.atkenspencehotels.net).
Operador de Turismo: The Tea House (✆ **630/961-0877**; www.theteahouse.com).

447 Chás

Casa de Chá Luk Yu
Dim Sum & Bo Lai
Hong Kong, China

Se você estivesse fechando um negócio ou arbitrando uma disputa, na China Antiga não iria a um escritório de advogado ou contador. Todas as partes interessadas se encontrariam em uma casa de chá, onde os negócios poderiam ser amigavelmente acordados com um bule de chá e um pouco de *dim sum*. Ao contrário dos japoneses cuja cerimônia é elaborada e formal, os chineses respeitavam o ato de tomar chá como um rito de companheirismo. E na Hong Kong mercantilista, a camaradagem da casa de chá era medida pela maneira como o negócio corria suave sobre os trilhos.

A casa de chá clássica de Hong Kong é uma espécie em extinção, mas você ainda vê homens de negócios discutindo negociações com seus bules de chá à mesa na casa de chá Luk Yu, no movimentado bairro central. Inaugurada em 1933, ela é uma sobrevivente adorada, um vestígio da velha Hong Kong que recebeu esse nome em homenagem ao mestre do chá da dinastia Tang, que escreveu o Cho Ching, o tratado da China do século VIII sobre os rituais do chá.

O zum-Zzum-zum da Cafeína

Apesar da elegância aerodinâmica de sua decoração Art Deco, o restaurante está cheio de detalhes antiquados – ventiladores de teto pretos, escarradeiras, boxes individuais, tampos de mesa de mármore, lambris de madeira e murais de vitral. Os frequentadores assíduos gravitam na sala do andar superior, onde eles podem fazer seus negócios por baixo dos panos com calma.

A especialidade da casa é o clássico cantonês *dim sum,* servido das sete da manhã às cinco e meia da tarde, a partir do meio-dia da manhã. Os clientes pedem não pelo cardápio, mas por menus de fotos (uma concessão recente ao serviço ao cliente – os garçons, famosos por seu mau-humor, também moderaram o seu atendimento resmungão). É um dos melhores lugares para se experimentar alguns chás chineses, inclusive o bo lai (um chá preto fermentado que é o chá mais comum em Hong Kong, também se escreve bo lay), jasmim, lung ching (um chá verde), e o suis in (narciso).

Depois que tiver experimentado o ambiente clássico do Luk Yu, vá para o seu equivalente mais barato, no tradicional bairro do Oeste, a **Lin Heung Lau Tea House** (160-164 Wellington St., Sheung Wan; ⌀ **2544-4556**). As salas de refeição parecem definitivamente desgastadas, mas o dim sum é delicioso. Observe que aqui, o chá é feito em estilo antigo com xícaras tampadas, em vez de nos bules – outra tradição que está morrendo no rolo da moderna Hong Kong.

ⓘ 24-26 Stanley St. (⌀ **852/2523-5464**).
✈ Internacional de Hong Kong (26 km/ 16 milhas).
🛏 $$$ **Conrad International Hong Kong**, 88 Queensway, Pacific Place, Central District (⌀ **800/CONRADS** [800/266-7237] nos E.U.A. e Canadá, ou 852/25213838; www.conradhotels.com). $$ **Stanford Hillview Hotel**, 13-17 Observatory Rd., Tsim Sha Tsui, Kowloon (⌀ **852/27227822**; www.stanfordhillview.com).

Chás **448**

Bebendo Chá de Menta
O Whisky Marroquino
Marrakesh, Marrocos

Marroquinos descrevem sorrindo o chá de menta para os ocidentais como "whisky marroquino". Nesse país predominantemente islâmico, onde o álcool é oficialmente proibido, o chá de menta – *atei benna'na'* – é a bebida da nação marroquina, e está disponível em todo lugar, o tempo todo.

Os soldados ingleses foram os primeiros a introduzir o chá em Tangiers, durante a guerra da Crimeia, em meados do século XIX, mas os marroquinos adicionaram o seu próprio tempero no mesmo, quase que do início. Eles misturaram as folhas do chá com menta fresca, deixaram de lado o leite, que os ingleses geralmente acrescentavam, e foram direto para o açúcar – muito açúcar, servido em quantidades grandes. O chá de menta pode ser encontrado em cafés e *snack* restaurantes espalhados pelo país todo, apesar do calor do deserto, os residentes locais geralmente o bebem bem quente, quase sempre acompanhado por massas doces marroquinas com muito mel ou com cobertura de açúcar de canela.

O chá de menta faz um intervalo particularmente bem-vindo em Marraquesh, onde os viajantes com frequência sucumbem à tentação de se exaurir dando voltas na *medina*, enfrentando os passeios turísticos, fazendo trocas de souvenires e tirando fotos com sua câmera. Ele está disponível em quase todos os lugares, mas alguns dos melhores pontos é o terraço no telhado do artístico **Café des Épices** (place Rahba Qedima; ⌀ **212/24/3917770**), o terraço do Café-Restaurant Argana, na agitada praça principal da medina (place Jemaaa el Fna; ⌀ **212/24/445350**), galeria literária café com arte Dar Cherifa (Derb Cherifa Lakbir na saída da rue Mouassine;

© **212/24/426463**), ou o *salon de thè* com ar-condicionado no fundo da Patisserie des Princes (32 rue Bab Agnaou; © **212/24/443033**).

Os residentes locais bebem o chá em copos – nunca em xícaras de porcelana – e fazem o chá de acordo com um ritual estabelecido há muito tempo: eles o esquentam devagar em um pequeno bule, de preferência em um fogo à lenha, e despejam de longe no copo para aerar a infusão. Eles fazem esse passo duas ou três vezes, provando depois de cada despejada, até que considerem que está pronto para beber. O tempo e a altura de despejar podem variar, dependendo do local e da inclinação do seu garçom ou anfitrião. Espere o seu chá pré-adoçado, a não ser que o peça *la sukka* (se pronuncia la suca).

✈ Internacional de Marrakesh.
🛏 $$$ **La Sultana**, 403 rue de la Kasbah (© **212/24/388008**; www.lasultanamarraquech.com). $$ **Dar Vedra**, 3 Derb Sidi Ahmed ou Moussa (© **212/24/389370**; www.darvedra.com).

449 Chás

Marlage Frères
Les Gentilhommes des Thè
Paris, França

Por gerações, os irmãos Marlage sempre foram os caras, quando se fala de chá. Apesar de Henri e Edouard não terem encontrado a sua empresa de importação de chá até o ano de 1854, seus antepassados já importavam chás do Oriente, desde 1660, quando Nicolas e Pierre Marlage trabalhavam para Louis XIV para abrir as rotas em nome da Companhia das Índias Orientais Francesas. Isso é que é um negócio de família.

Quando a neta Marthe finalmente começou a vender diretamente para o público nos anos 1980, a firma fornecia exclusivamente para a clientela de alto nível. Apesar de terem uma impressionante seleção de 500 chás, vindos de 35 países diferentes, cada um deles é top de linha. O lugar é decorado como uma antiga farmácia. Ficar em pé na loja olhando para a longa parede onde as caixinhas de chá são armazenadas, cada uma no seu compartimento de madeira, pode ser arrebatador. Os clientes do Marlage Frère provam obsessivamente a safra de cada ano e anunciam o novo Darjeeling do ano com a mesma fanfarra que os comerciantes oferecem o Nouveaux Beaujolais da estação. Eles criam misturas expressivas que você não irá encontrar em nenhum outro lugar, dando a elas nomes sugestivos como Marco Polo, Genghis Khan, Elixir do Amor, ou chá do Poeta Solitário. Chá branco, chá verde, chá preto, perfumado com flores, com especiarias, com frutas – você nunca soube que poderiam haver tantas variedades.

A sala de chá do Marlage Frères.

O zum-Zzum-zum da Cafeína

O Marlage Frères está no ramo do chá e temperos na rua Bourg Tibourg, desde 1854.

Não são apenas chás de folhas – eles também vendem chás em tijolos comprimidos, em pó, e até em saquinhos de chá feitos apenas com a mais fina musselina.

Os conjuntos de chá e os bules vendidos nessa loja foram desenhados exclusivamente para a Marlage Frères, feitos desde cerâmicas finas como casca de ovo e vidro assoprado à mão, até o robusto ferro fundido japonês. Eles vendem doces com sabor de chá, velas com aroma de chá, até um chocolate com sabor de chá de uma receita que foi desenvolvida em 1860. A loja leva naturalmente a um tranquilo salão de chá, decorado com rattan e palmeiras coloniais, silenciosamente animado pelo murmúrio da conversa e o bater das xícaras brancas de porcelana. Um almoço geral é servido entre meio-dia e 3h da tarde; o chá da tarde é das 3h às 7h da noite.

Agora que entrou na onda empreendedora, Marlage Frères se expandiu além da sua localização histórica no Marais, lançando duas outras lojas/salões em Paris (13 rue des Grands-Augustins no 6.o arrondissment e no número 260 da Faubourg Saint-Honoré no bairro elegante de compras do 8.o), assim como em Berlim (Französiche Strasse 23) e outra em Tóquio (Suzuran-Dori, 5-6-7 Ginza). Você pode até pedir o seu chá Marlagre Frères pela internet hoje em dia – mas que experiência sem graça, quando comparada ao passeio em frente a essa parede de chá em Paris.

ⓘ 30 rue du Bourg-Tibourg, 4e (✆ **33/1/42 72 28 11**; www.marlagefreres.com).
✈ De Gaulle (23 km/14 milhas); Orly (14 km/8 2/3 de milha).
🛏 $$ **La Tour Notre Dame**, 20 rue du Sommerard, 5e (✆ **33/1/43-54-47-60**; www.la-tour-notre-dame.com). $ **Hotel de la Place des Vosges**, 12 Rue de Birague, 4e (✆ **33/1/42-72-60-46**; www.hotelplacedesvosges.com).

450 Chás

Fortnum & Mason
O Armazém da Coroa
Londres, Inglaterra

A Fortnum & Mason tem importado chá mais ou menos desde que os ingleses começaram a bebê-lo. Dado o fato que sua loja elegante de Piccadilly perdeu muito de seu apelo esnobe ultimamente – hoje em dia ela está geralmente inundada de turistas americanos e japoneses. Mas os londrinos ainda entram secretamente de vez em quando para comprar três luxos: champagne, caviar e chás inigualáveis.

Tendo se instalado em 1707, o armazém Fortnum & Mason fez o melhor que pôde de suas conexões com o palácio. Fortnum foi um lacaio da Rainha Anne e foi aceito para trabalhar na Companhia das Índias Orientais, quando foi fundada em 1740. Eles nunca foram só comerciantes de chá; a loja também comercializava rapé para os dândis de Regency, cestos de piquenique abastecidos de forma refinada para aristocratas vitorianos, e mercadorias exóticas enlatadas para a elite Eduardiana. Mas o chá foi a primeira especialidade importada deles, e os chás de qualidade sempre foram o pilar de seu negócio.

Ainda há certa nobreza sobre o prédio de sete andares da Fortnum. O nome está escrito discretamente no pórtico verde claro e a comida é exibida de maneira suntuosa em uma série de vitrines em arco. O decorado relógio mecânico sobre a porta mostra figuras pintadas do Sr. Fortnum e do Sr. Mason tocando a cada hora. O piso térreo está maravilhosamente decorado com colunas imponentes, candelabros, e uma escada de mármore que arrasa; os vendedores usam fraques e os comestíveis – chocolates, caramelos, biscoitos, caviar, geleia, café – com a marca da loja são maravilhosamente empacotados, com o selo de garantia real da loja mostrado discretamente.

Uma boa regra geral: se tiver o rótulo da Fortnum & Mason, compre. Despreze os andares superiores, que são apenas mais uma loja de departamentos; até a seleção de comida fresca, no andar superior, não se compara com o Harrods (19). Mas o piso térreo é cheio de comestíveis de luxo que você não encontra em nenhum outro lugar, nem mesmo no site do F&M na internet. Com conexões estabelecidas há muito tempo com propriedades de chá no mundo todo, o Fortnum vende um número impressionante de chás de uma única propriedade e misturas exclusivas (vários com nomes de monarcas do passado que os inspiraram), tudo em latas magníficas estampadas em relevo. Junto com os chás está um conjunto de exóticas conservas para enfeitar a mesa do chá – geleia de pétalas de rosa, conserva de groselha e sabugueiro, coalho de limão e *marmalade* de grapefruit rosa.

O Fortnum & Mason tem fornecido os chás da rainha desde que foi formada a Companhia de Chá do Oriente, nos anos de 1740.

O zum-Zzum-zum da Cafeína

Por anos, o restaurante Fortnum's Fountain foi um ponto icônico para o chá da tarde – um salão charmoso dourado, escondido atrás do departamento de comidas no piso térreo. Infelizmente o serviço de chá de mudou para o quarto andar, onde ele meramente sobrevive da sua reputação, enquanto o Fortnum promove os seus outros cinco restaurantes espalhados pela loja. Você tem que aplaudir a Fortnum & Mason por não fazer um clone de si mesma em filiais por todo o mundo.

ⓘ 181 Piccadilly (✆ **44/20/7734-8040**; www.fortnumandmason.com).
✈ Heathrow (24 km/15 milhas) ou Gatwick (40 km/25 milhas).
🛏 $$$ 22Jermyn St., 22 Jermyn St., St. James (✆ **800;682-7808** nos E.U.A., ou 44/20/7734-2353; www.22jermyn.com). $$ **Vicarage Private Hotel**, 10 Vicarage Gate, South Kensington (✆ **44/20/7229-4030**; www.londonvicaragehotel.com).

O Fortnum & Mason se especializa em champanhe e caviar assim como em chás únicos.

Chás

Salões de Chá de Cotswolds
Bolos de Chá no Campo
Em torno de Broadway, Inglaterra

Nenhuma parte da Inglaterra é mais pitoresca como um cartão-postal do que os Cotswolds, com suas baixas montanhas arredondadas, suas frondosas alamedas tortuosas, e vilas ajeitadas, construídas com a aconchegante pedra dourada do Cotswold. Porque fica a apenas duas horas de carro de Londres, o charme bucólico de Cotswold é dificilmente escondido dos turistas. Venha em um dia de semana quando não for alto verão, e você poderá facilmente imaginar a vida aqui no século XVI, quando a lã do carneiro Cotswold fez essas vilas prósperas.

Parece que cada cidade no Cotswold tem seu salão de chá nostálgico, onde as corjas de visitantes podem encontrar refresco. Bem na High Street, na cidade mercado de Broadway – a base mais popular para o turismo nesta área – o **Tisane's Tea Rooms** (21 The Green; ✆ **44/1386/853296**; www.tisanes-tea-rooms.co.uk) está instalado em um prédio de pedra do século XVII, com a janela da frente em arco. (A bicicleta antiga de entregas estacionada na calçada do lado de fora é um toque pitoresco). Além de servir o café da manhã, almoços leves, e o chá da tarde, a loja vende bules de chá e de café, e, em vez dos souvenires vulgares de Cotswold, uma linha de conservas, mostardas e temperos de uma firma especializada que se chama Elizabethan

England. A lista abrangente de chás inclui 30 chás de todo o mundo, inclusive uma mistura suave que se chama Cotswold Afternoon. Como sugere o nome da loja – *tisanes* é o nome francês para infusões – eles também lidam com diversas bebidas de infusão de ervas e frutas (não confunda com chá de ervas, que tecnicamente precisa conter chá). Itens fortes do menu incluem massas assadas na hora e sanduíches de pão de grãos.

A Sudoeste de Broadway na A44, na cidadezinha menor de Moreton-On-Marsh, você pode parar também no **Marshmellow Tearooms** (High St.; 44/1608/651536), com uma aparência mais de casa de fazenda aconchegante, o seu menu de chá da tarde concentra-se em clássicos da hora do chá tradicional inglês, como: as torradas de bolo, *crumpets, scones,* bolo de cenoura, e a torta Bakewell, todos feitos no local. A sudoeste de Broadway, na vila de Winchcombe, você terá que reservar com antecedência para o seu chá da tarde no **Jurl's – The Old Bakery Tea Shoppe** (High St.; 44/1242/602-469; www.jurls-tearoom.co.uk), aberto apenas de quinta a domingo. Os produtos de panificação desse charmoso salão de chá de paredes de pedra são notáveis, e a lista de chás é cuidadosamente selecionada. O próprio Jurl é de descendência japonesa, o que explica o número de chás verdes no menu, inclusive a cerimônia do chá *matcha*.

✈ London Heathrow (136 km/84 milhas).
🛏 $$$ **The Lygon Arms**, High St., Broadway (44/1386/852255; www.thelygonarms.co.uk). $$ **The Falkland Arms**, Great Tew (no número B4022) perto de Chippin Norton (44/1608/683653; www.falklandarms.org.uk).

452 Chás

Tomando Chá em Bath
O Chá com Creme em uma Cidade de Banhos
Bath, Inglaterra

Os americanos sofrem para pronunciar o nome desta cidade, o A tem que ser bem longo "baaath", não bat como em Batman, mas a cidade de banhos romanos do século XVIII continua sendo uma das preferidas dos turistas no coração da Inglaterra, com os banhos romanos e a impressionante arquitetura georgiana. E quando os ônibus de turismo começam a se retirar no meio da tarde (eles têm que dar uma passada em Salisbury antes de escurecer), o ambiente elegante de Bath se torna leve, enquanto você vagueia sobre um ponto de encontro de chá.

O lugar para ver e ser visto em Bath sempre foi o Pump Room, um salão neoclássico pitoresco, construído em 1795, com vista para a fonte natural de águas quentes borbulhantes. (Você ainda pode comprar uma garrafa de água quente direto da fonte aqui – há quem jure que ela é medicinal, apesar de francamente ter um gosto horrível). O salão de chá no local, o **Searcy's** (Stall St.; 44/1225/444477; www.searcys.co.uk), poderia sem dúvida sobreviver do simples fato que os turistas terem que passar por aqui de qualquer maneira, mas, em vez disso, a sua administração se esforça para servir bolos, pães, salmão defumado, sanduíches, e o famoso trio de *scones*, de geleia de morango e creme talhado, que são conhecidos como *cream tea,* tudo da mais alta qualidade. As instalações de cor creme com acabamento de madeira são formais com toalhas de linho nas mesas, prata pesada e porcelana fina. A experiência é cara, mas gastar com prazeres da carne, não é a essência de Bath?

Virando a esquina, a experiência do chá é um pouco menos aristocrática no **Sally Lunn's** (4N Parade Passage; 44/1226/461634; www.sallylunns.co.uk), que costuma estar no roteiro dos pacotes turísticos. Instalado em um estreito prédio com estrutura de madeira, que é supostamente a casa mais antiga de Bath (construída em 1482), esse comércio funciona ali desde o final do século XVII, quando uma refugiada hugue-

O zum-Zzum-zum da Cafeína

note chamada Sally Lunn começou a vender pãezinhos famosos, que pareciam broches, para as famílias aristocráticas. Mais levedados de doces do que os *scones*, os pãezinhos de Sally Lynn fazem uma variação interessante no *cream tea*; eles também são bons torrados e servidos com coalho de limão. Mesmo se você não escolher se apertar no atulhado salão de chá, pode comprar misturas de chás na loja do porão.

Os entusiastas de Jane Austen sabem que a escritora viveu em Bath, de 1800 até 1806, e a usou como ambientação para seus romances *Persuasão* e *Abadia de Northanger*. A bela casa georgiana que contém o Centro Jane Austen, no seu piso térreo, agora tem um salão de chá no piso superior, o **Regency Tea Rooms** (40 Gay St.; ✆ **44/1225/442187**). Cuidadosamente decorado com paredes de cerâmica Wedgewood azul e mesas com tecido drapeado, ele oferece uma gama considerável de chás, inclusive uma mistura especial Jane Austen. Apesar de o menu ser cheio de nomes bonitinhos que aludem a personagens de romances de Jane Austen, a comida é boa e do tipo comum da hora do chá. (Em que outro lugar você poderia pedir uma salada s*alma-gundi* à moda antiga?) Calcula-se que Jane aprovaria.

🚆 Bath (3 km/ ¼ de milha).
🛏 $$$ **The Royal Crescent Hotel**, 15-16 Royal Crescent ✆ **888/295-4710** nos E.U.A., ou 44/1225/823333; www.royalcrescent.co.uk). $$ **Badminton Villa**, 10 Upper Oldfield Park (✆ **44/1225/426347**; www.smoothhound.co.uk/hotels/badminton.html).

Chás 453

Betty's Café
O Chá da Tarde no Brejo de Yorkshire
Harrogate, Inglaterra

Segundo conta a história, um jovem confeiteiro suíço chamado Frederick Belmont chegou à adorável cidade da era georgiana de banhos de Harrogate, por acaso, em 1918 (algo a respeito de ter pego o trem errado em Londres). Acontece que foi um feliz acaso, porém, ele logo se apaixonou com o relevo de Yourshire Dales, que parecia com os Alpes, e abriu o Betty's Café no ano seguinte. Apesar de ninguém saber bem ao certo quem foi a Betty, ou como ela apareceu na história, o café com seu nome tem estado no ramo desde então.

A seleção aqui é um pouco impressionante – o menu lista mais de 300 pães, bolos e chocolates, assim como 50 chás e cafés diferentes. Mas todos os artigos de panificação são feitos na casa, na própria padaria artesanal da Betty, que o empreendedor Belmont fundou em 1920. (Desde então o Betty's abriu cinco filiais em volta de Yorkshire, mas a empresa se compromete a não se expandir além da distância, onde a entrega da padaria é possível). Os chás são todos fornecidos pela companhia de alto nível especializada em chás, a Taylor's de Harrogate, que foi fundada em 1886, mas que fundiu-se com o Betty's nos anos de 1960. Sua mistura Premium é o chá Yorkshire Gold, uma mistura substanciosa de umas 20 folhas diferentes de chá, que foi formulada especialmente para que a infusão ficasse boa na água de Dales. O catálogo amplo de chás é fornecido por muitos lugares do mundo, a maior parte por um preço justo.

A decoração Art Nouveau do lugar original, em Harrogate, tem bastante ferro fundido em arabesco e um interior que lembra um conservatório ventilado. Os funcionários estão continuamente passando perto de sua mesa com bolos e pães em carrinhos, algo difícil resistir. O artigo de panificação icônico do Betty's é o *Fat Rascal* – um *scone* grande recheado com casca de frutas cítricas, amêndoas, e cerejas. A torta de coalho de Yorkshire e a *Swiss chocolate torte* também são preferência de muitos anos. Se você pedir uma chá da tarde completo, a sua mesa vai ficar lotada de sanduíches fininhos,

454 O Mundo dos Salões de Chá em San Francisco

bolos pequenos, um *scone* de passas com todos os ingredientes e um bule de chá. Isso deverá satisfazê-lo até a hora do jantar.

ⓘ 1 Parliament St. (✆ **44/423/502746**; www.bettys.co.uk).

✈ Internacional de Leeds-Bradford (19 km/12 milhas).
🚆 Harrogate (15 km/9 ½ milhas).
🛏 $$ **Arden House Hotel**, 69-71 Franklin Rd (✆ **44/1423/509224**; www.ardenhousehotel.co.uk). $$ **Applewood House**, 55 St. Georges Rd. (✆ **44/1423/544549**; www.apple woodhouse.co.uk).

454 Chás

O Mundo dos Salões de Chá em San Francisco
A Festa do Chá da Golden Gate
San Francisco, Califórnia

San Francisco tem sido sempre um caldeirão tão grande de culturas, que é natural que ele deveria trazer coisas do mundo todo quando se fala de chá.

Um lugar natural para se começar é em Chinatown, no **Imperial Tea Court** (1411 Powel St.; ✆ **800/567-5898** ou 415/ 788-6080). Reserve com antecedência para uma degustação nesse salão com lambri de madeira, que é como ir a um seminário. Eles podem lhe oferecer algumas comidas leves, mas o foco é, sem dúvidas, no que está na sua xícara. A extensiva lista de chás deles inclui verdes, oolongs, pretos e alguns brancos e de ervas. (Os proprietários, Roy e Grace Fong, também tem um comércio de chá na internet, no www.imperialtea.com). Cada chá que você degusta será feito de forma precisa à sua mesa, seja na xícara tampada (ou *gaiwan*) ou em um pequeno bule (ou *gongful*), de acordo com o método que melhor se adequa a um chá em particular. Pode ser que você aprenda a diferença entre o floral Keemun Mao Feng e o defumado Lapsang Soulong, porém mais do que isso, você vai perceber o quão vasto o campo da sabedoria do chá pode ser.

No sul do bairro do mercado, o **Samovar Tea Lounge** (730 Howard St.; ✆ **415/626-4700**; www.samovartea.com) é o tipo de boteco fetichista do chá, que só poderia existir numa cidade tão ligada à comida como San Francisco. No terraço superior dos Jardins Yerba Buena, a decoração do tipo bazar é uma mistura aconchegante de almofadas coloridas e cadeiras de rattan. (Uma segunda filial é o Castro, no número 498 da Sanchez St.). A lista de chás é estupendamente grande e exótica, incluindo várias misturas exclusivas e chás de propriedades únicas, com ênfase nas variedades orgânicas artesanais e de comércio justo. Mas a melhor coisa a respeito do Samovar é a variedade global dos menus de chá da tarde que eles amealharam: o refogado e o *dumpling* para a China (harmonizados com bom oolong); uma harmonização de curry-e-chai representando a Índia, as raízes, o peixe branco, e o pão de cevada combinam com o samovar Russo do chá preto, e assim por diante. (Pobre América representada pelo insignificante sanduíche de ovo e a batata chips com o chá gelado).

Se você está em busca de um chá da tarde tradicional inglês, também poderá tê-lo, no **Lovejoy's** em Noe Valley (1351 Church St.; ✆ **415/648-5895**; www.lovejoystearoom.com), um pequeno ponto aconchegante com mobília antiga desemparelhada e prateleiras forradas de bules de porcelana vintage. Os chás Taylor da Harrogate aparecem no menu de 20 chás. Você também pode pedir *scones*, *crumpets*, sanduíches de pepino, *sheperds pie* (torta feita de carne com purê de batata), rolinho de salsicha, salada de pêra com queijo stilton, ou pastéis com *baked beans* (feijão com molho de tomate). É um sonho anglófilo.

✈ Internacional de San Francisco (23 km/14 milhas).
🛏 $$$ **Hotel Adagio**, 550 Geary St. (✆ **800/ 228-8830** ou 415/775-5000; www.thehoteladagion.com). $ **Hotel des Arts**, 447 Bush St. (✆ **800/956-4322** ou 415/956-3232; www.sfhoteldesarts.com).

8 Só Sobremesas

O Mundo do Chocolate... 405
O Melhor da Panificação... 419
Sorveterias... 432

Uma torta da padaria Macrina em Seattle.

455 O País do Cacau

O Mundo do Chocolate

O País do Cacau
De Volta ao Grão
Tabasco, México

Tudo começou no México, realmente muitos séculos atrás, os antigos Olmecas e Maias tomavam uma bebida amarga de chocolate feita com os grãos de uma árvore de cacau local. Fiéis ao seu xocolatl – parecido com o chocolate quente, porém mais forte –, eles cultivaram o cacau nas terras baixas de florestas tropicais do sul do México. Foi ali que os conquistadores espanhóis descobriram a bebida e imediatamente enviaram-na de volta à Europa. E enquanto o chocolate hoje é plantado em climas equatoriais ao redor do mundo – da Costa do Marfim até a Indonésia, dos Camarões até a Costa Rica, do Panamá até a Nova Guiné – o México é um dos poucos países produtores de cacau que ainda consome a maior parte de sua própria produção de chocolate. E eles ainda o bebem quente na maior parte do tempo, exatamente como os antigos Maias faziam.

Em volta da cidade de Comalcalico, em Tabasco, você encontrará os descendentes desses antigos maias trabalhando nas plantações de cacau. A **Finca Cholula**, de 12 hectares (30 acres), logo a leste das ruínas (estrada Cardenas Paraiso ℂ **52/933/33-4-38-15**; www.fincacholula.com.mx), planta seus grãos utilizando práticas totalmente orgânicas, o que nem sempre é fácil, considerando o complexo ecossistema tropical, onde as árvores de cacau florescem. Para manter essa delicada floresta pluvial feliz, esses fazendeiros permitem que ela seja rodeada pela sombra de uma cobertura de árvores pesadas (diferentemente de muitas plantações onde as árvores são plantadas em fileiras ordenadas). A vegetação úmida da floresta ajuda a atrair mosquitos que ajudam a polinizar as flores brancas do cacau, que crescem bem na haste das árvores. O cacau requer temperatura e chuva consistente durante o ano todo, porque ele não tem estações; ele produz frutos continuamente – as longas bagas enrugadas que contêm os grãos do cacau. Tanto as flores como o fruto podem estar na árvore ao mesmo tempo, e os trabalhadores podem colher sempre.

Você também pode visitar a grande propriedade da Cacep Chocolates, a **Hacienda Cacaotera Jesus Maria** (Rancheria Sur 5ª seção, estrada Tulipán; ℂ **933/33-76176** ou 933/32-53504, www.cacep.com), que oferece tours de seus viveiros, plantações e máquina de processamento. Depois que os trabalhadores removem os grãos das bagas, você verá as caixas onde são fermentados, o pátio onde eles são espalhados para secar, e então os fornos onde eles são torrados. A Cacep usa própria fábrica de chocolate também, onde os grãos são processados em pasta de cacau; na *hacienda*, há uma relíquia de uma antiga usina chontal para o processamento do chocolate.

Outra propriedade importante de cacau que recebe visitantes, a ampla **Hacienda La Luz** (Blv. Engenheiro Leandro Rovirosa Wade; ℂ **52/933/334-1129**), que fica perto do centro da cidade. Aqui, visitantes podem investigar um informativo Museu do Cacau e Chocolate antes de fazer um tour da plantação das áreas de processamento, da bela casa de rancho em estilo rústico, e os fantásticos jardins botânicos.

✈ Villahermosa (78 km/48 milhas).
🛏 $$$ **Best Western Hotel Maya Tabasco**, Bulevar Ruiz Cortines 907, Villahermosa (ℂ **800/528-1234** nos E.U.A. e Canadá, ou 52/993/358-1111, ramal 822; www.bestwestern.com). $$ **Hotel Plaza Independencia**, Independencia 123 (ℂ **52/993/312-1299** ou 993/312-7541; www.hotelplaza.com.mx).
Operadora de Turismo: Mayatabasco (www.mayatabasco.com).

Só Sobremesas

O Mundo do Chocolate 456

Rua Mina
A Avenida do Chocolate
Oaxaca, México

Embora a maior parte dos grãos de cacau cresça nas vizinhas Chiapas e Tabasco, a graciosa cidade antiga de Oaxaca tornou-se o epicentro do chocolate na nação que o inventou, graças a uma rua alinhada por lojas de especialistas em chocolate: a Rua Mina.

Trace seu caminho pelas ruas coloniais e praças sombreadas de Oaxaca para encontrar o Mercado 20 de Noviembre, bem ao sul do centro da cidade. A Rua Mina está ao lado sul do mercado – você provavelmente será capaz de achá-la seguindo os fortes aromas de chocolate. As lojas na Rua Mina não vendem somente chocolate, eles os fazem no local, moendo grãos de cacau com amêndoas e canela até obter uma pasta ou pó fino e pressionando em barra ou tabletes que podem ser dissolvidos em leite ou água. (Para a surpresa de alguns chocólatras, os moradores de Oaxaca acreditam que o chocolate é mais apreciado como doce do que como bebidas quentes ou em caldas). Os três maiores fornecedores são: **Chocolate Mayordomo** (esquina das ruas Mina com 20 de Noviembre; ℂ **52/951/516-0246**), **Chocolate La Soledad** (Mina 212; ℂ **52/951/516-5841**), e, o pouco menor, administrado pela família, **Guelaguetza Chocolate** (rua 20 de Noviembre 605; ℂ **52/951/516-3513**). Qualquer uma dessas lojas armazena chocolates personalizados para você com qualquer ingrediente que desejar. Morda os tabletes de chocolate e verá que eles são mais granulados e mais doces do que chocolate que está acostumado a comer, mas ainda assim delicioso.

As lojas de chocolate também têm bares de chocolate no local, isto é, balcões onde o chocolate quente é servido. Há três tipos de bebidas de chocolate: chocolate de *agua* (feito com água), chocolate de *leche* (feito com leite) e *champurrado*, uma bebida espessa que tem milho misturado com o cacau. Há também, é claro, a *tejate*, uma delícia de Oaxaca que já foi reservada somente para os governantes dos índios zapotecas. Ela é feita de milho, cacau torrado, sementes de *mamey* e flores *rosita*, laboriosamente misturados à mão e servidos em uma cabaça pintada chamada de *jicara*. Para experimentar o *tejate*, você terá que explorar o interior do mercado para encontrar um boxe de alimentos que o serve – procure pilhas de cabaças. Também dentro do mercado encontramos alguns boxes que vendem cerâmica, onde se pode comprar xícaras e jarras feitas de maneira tradicional para servir chocolate, assim como utensílios para a confecção de chocolate à moda antiga, como *metotes* (uma pedra lisa usada para moer os grãos de cacau) e *molinillos* (pilões de madeira usados para bater a bebida até transformar-se em espuma).

Outro ótimo uso do chocolate em Oaxaca é para fazer a pasta *mole* para uso culinário. Na verdade, das sete *moles* usadas na culinária de Oaxaca, só a variedade preta (*negro*) inclui chocolate, porém é a mais conhecida delas. Os proprietários da **Casa Crespo** (veja hospedagem abaixo) conduz aulas de culinária em língua inglesa sobre chocolate, que inclui um passeio com guia para compras no mercado.

✈ Cidade de Oaxaca (3,6 km/2 ¼ milhas).
🛏 $ **Chocolate Posada**, Mina 212 (ℂ **52/951/516-5760**). $$ **Casa Crespo**, Crespo 415 (ℂ **52/951/514-1102**; www.casacrespo.com).

457 O Mundo do Chocolate

Cacao Sampaka
Ultrapassando as Fronteiras
Barcelona, Espanha

Temos que agradecer aos espanhóis por terem trazido o chocolate para a Europa, portanto talvez não seja surpreendente que uma das melhores lojas de chocolate da Europa esteja na Espanha – ou mais precisamente na Catalunha, na grande cidade culinária de Barcelona.

A estilosa, impecável e minimalista, a Cacao Sampaka é a loja carro-chefe do fabricante de chocolate artesanal, que fornece os seus próprios grãos de cacau e produz chocolate de qualidade em sua própria fabriqueta. (Também há boutiques da Cacao Sampaka em Madri, Málaga, Torrelodones, Valencia, Lisboa e Berlim). Suas caixas de chocolate seguem diferentes temas de sabores – misturados com frutas secas e nozes, com essências de ervas e flores, recheados com licor, com recheio de frutas, em forma de trufas ou em estilo picante mexicano – assim como uma linha exclusiva de chocolates feitos do raro *criolla*, ou o grão "branco" de cacau. Passeando pela loja com acabamentos de madeira clara, você encontrará caixotes de bocadinhos excepcionais como o milho frito com chocolate amargo, casca de laranja coberta com chocolate, semente de girassol salgada coberta com chocolate amargo – experiências que nem sempre são bem-sucedidas, mas certamente mexem com a imaginação. (É preciso dar crédito a seus designers por terem ultrapassado as fronteiras). Potes com todos os tipos de pastas de chocolate e molhos estão em exposição, assim como uma ampla seleção de sorvetes (todas as variações de chocolate, claro). Você só pode ficar maravilhado com as combinações criativas. E o melhor de tudo, há uma parede inteira de barras de chocolate, em todos os tipos de sabores intensos projetados.

Apesar de haver também uma loja na parte histórica da cidade (Calle Ferran 43; ✆ 34/93/304-1539), vale a pena ir até a loja matriz no bairro de Eixample. O pequeno café da moda local serve bebidas de chocolate quente e frio, mousses, pães e bolos, e uma gama de sobremesas de chocolate. O lugar tem um ar super descolado, você nem sente que é um exagero.

ⓘ **Calle Consell de Cent 292** (✆ **34/93/272-0833**; www.cacaosampaka.com).
✈ El Prat (13 km/8 milhas).
🛏 $$$ **Montecarlo**, Les Ramblas 124 (✆ **34/93/412-0404**; www.montecarlobcn.com). $$ **Duques de Bergara**, Bergara 11 (✆ **34/93/301-5151**; www.hoteles-catalonia.com).

458 O Mundo do Chocolate

A Capital do Chocolate
Uma Paixão Crocante
Bruxelas, Bélgica

A Bélgica pode ser um país pequeno, mas não há nada de pequeno a respeito da paixão pelo chocolate belga – especialmente pelos confeitos cobertos de chocolate que eles chamam de *pralines*. De acordo com o departamento de turismo belga, essa pequena nação

Só Sobremesas

7 Lugares Para se Comer em . . . Puebla, México

Embora seja a quarta maior cidade do México, Puebla não se sente uma metrópole. O estilo mouro-espanhol de sua arquitetura colonial permaneceu maravilhosamente intacto e a forma de vida local é graciosa, relaxante e acolhedora para os visitantes. Mas a verdadeira estrela de Puebla – o motivo pelo qual você deve ter vindo – é a comida. Entre os mexicanos, ela é reverenciada como o berço da comida mexicana, a fonte original dos icônicos pratos picantes como o molho *mole poblano* (uma mistura complexa de ingredientes incluindo canela e chocolate), *pipión* (um molho similar cuja base são sementes de abóbora tostadas e moídas), *mixiotes* (carne, porco ou carneiro assado em molho vermelho), e *chilles en nogoda* (*poblano chillies* recheados com carne doce em molho cremoso de nozes, um deleite consumido só no verão).

As habilidades culinárias parecem estar geneticamente impressas aqui, como Anthony Bourdain revelou em *Kitchen Confidencial,* milhares de pueblanos se mudaram para o norte da fronteira (geralmente sem documentos) para cozinhar em restaurantes finos, em toda parte dos Estados Unidos. Apesar desse êxodo, o grupo de cozinheiros habilidosos da cidade não mostra sinais de esgotamento. Um dos clássicos lugares que mostram o que é a cozinha regional de Puebla é o ⓸⁵⁹ **Fonda de Santa Clara** (Calle 3 Poniente 307; ✆ **52/222/242-2659**; www.fondadesantaclara.com), somente 1 ½ quadra ao oeste de *zacalo*, ou praça central. Com sua mobília festiva vermelha e azul e bandeiras tremulantes no teto, é um pouco turístico, mas não há como contestar a excelência de seus pratos: *robust mole* e *chillies em nogada*. Orgulhando-se de pre-

O Mesón Sacristia de La Compañia é um restaurante, hotel e loja de antiguidades

❹⁶⁵ 7 Lugares Para se Comer em . . . Puebla, México

servar o passado, eles oferecem diversas especialidades sazonais intrigantes – onde mais no mundo você pode experimentar ovos de formiga ou minhocas fritas *maguey*? Um restaurante um pouco mais refinado é o ❹⁶⁰ Mesón Sacristia de La Compañia (6 Sur 304, Callejón de los Sapos; ℂ 52/222/232-4513; www.mesones-sacristia.com), uma mansão do século XVIII que também é um hotel e uma loja de antiguidades (e uma escola de culinária de meio período). O pátio azulejado é um lugar especialmente convidativo para jantar pratos de *mole* ou as excelentes *chalupas*, tostadas fritas cobertas com frango desfiado, carne, pimentas e molho. Faça um passeio pela vida noturna na Avenida Juarez para encontrar o ❹⁶¹ Mi Ciudad (Av. Juarez 2507; ℂ 52/222/231-5326), uma grande e vibrante sala de refeições com murais, apresentando excelente *mole* e molhos de *pipión* (em variedades verde e vermelha), assim como sopas cremosas como a *Chile atole* e *sopa poblana*.

No atualizado Hotel Purificadora, uma conversão elegante de um antigo depósito de gelo, o ❹⁶² Purificadora Restaurant (Callejon de La 10 Norte 802; ℂ 52/222/309-1920; www.lapurificadora.com) exibe um contorno mexicano novo, cortesia do melhor chefe da cidade do México, Enrique Olivera. Suas receitas rompem o padrão, misturando criativamente técnicas europeias com sabores mexicanos, em pratos como frango cozido lentamente com *pipión* verde, ou camarões jumbo com *chipote hollandaise*. Essa fusão similarmente criativa acontece no intimista ❹⁶³ La Conjura (Calle 9 Oriente 201; ℂ 52/222/232-9693), onde as *tapas* e as entradas usam ingredientes locais mexicanos na essência da culinária espanhola – coisas como arroz *negro con calamares* (arroz com lulas cozidas em sua tinta) ou *huachinango en alberino* (peixe no molho de vinho coberto com mariscos, moluscos e camarões).

A culinária de Puebla é muito baseada em ingredientes frescos da fazenda. Para entender essa conexão, passeie pelo mercado de alimentos ❹⁶⁴ Mercado El Carmem (21 Oriente entre Dos Sur e Cuatro Sur). Enquanto estiver lá, pare no boxe Cernitas Poblanos para um sanduíche parecido com torta *cernita*, um pãozinho fofo tradicionalmente recheado com carne, pimenta *poblano*, queijo branco, suculentas fatias de abacate e um toque de *chipotles* (pimenta de *jalapeño*). Há um mercado ainda mais animado na pequena cidade vizinha de Cholula (local de uma imensa ruína pré-colombiana, a Grande Pirâmide), a dez minutos de carro de Puebla. O ❹⁶⁵ Mercado de Cholula (Camino Real a Cholula e Calle 20 Norte) tem não só muitos açougueiros, peixeiros, produtores de verduras e vendedores de temperos, como também alguns lugares que vendem *quesadilla* na parte de trás, onde as *tortillas* de milho vêm recheadas de queijo fresco, cogumelos, flores de abóbora e nuggets de pele de porco frita.

✈ Internacional de Puebla (20 km/12 milhas).
🛏 $$$ **NH Puebla**, Calle 5 Sur 105 (ℂ **888/726-0528** nos EUA, ou 52/222/309-1919; www.nh-hotels.com). $ **Hotel Royalty**, Portal Hidalgo 8 (ℂ **52/222/242-4740** ou 01-800/638-9999 no México; www.hotelr.com).

Só Sobremesas

O museu do cacau e do chocolate em Bruxelas.

55) vende medalhões distintamente elegantes de rico chocolate, que se desmancham totalmente na sua boca. Há também um café e um pequeno museu, onde eles desempenham uma demonstração prática aos sábados (www.planetechocolate.be). Mais ao sul, na localização de Grand Sablon (também notável pela vistosa igreja gótica Notre-Dame du Sablon), a **Wittamer Chocolate** (✆ **32/2/546 11 10**) vende uma linha sedutora de crocantes feitos à mão; algumas portas abaixo, funciona um café de alto nível e uma loja de panificação. Para oeste, perto do Park van Brussel, existem duas lojas de chocolate sublimes para se conferir: o *petite* **Chocolatier Mary** (rue Royale/Konigstraat 73; ✆ **32/2/217-45-00**), que fornece seus crocantes suaves feitos à mão para a corte real belga; e o **Le Chocolatier Manon** (rue du Congrès/Congresstraat 24; ✆ **32/2/425-26-32**), uma lojinha branca arrumada com toldos vermelhos que vende crocantes tão lindos, que você quase sente culpa por mordê-los. Se ainda não tiver tomado uma overdose, pode

produz 172.000 toneladas de chocolate por ano e tem mais de 2.000 lojas de chocolate – a maior parte delas de *chocolatiers* artesanais, até nas cidades menores. Com tal competição intensa, e um paladar tão refinado do consumidor, não é suficiente que seus doces sejam gostosos – também espera-se que eles sejam pequenas obras de arte.

Na capital, Bruxelas, o chocolate é tão onipresente que você quase espera que da escultura mascote da cidade, o *Maneken Piss*, jorre uma fonte de chocolate quente. Inicie o seu tour do chocolate no **Museu do Cacau e Chocolate** (rue de la Tête d'Or/Guldenhoofdstraat 9-11; ✆ **32/2/514 20 48**; www.mucc.be), um adorável pequeno museu instalado em uma boa casa antiga com escadaria de pedras próximo do Grand Place. Três andares de exposições descrevem a história e a fabricação do chocolate em detalhe, mas a atração real aqui, são as demonstrações de fabricação diária de chocolate.

Depois do museu, chegou a hora de ir para as ruas. Algumas ruas ao sul de Grand Place, o **Planete Chocolat** (rue du Lombard/Lombardstraat 24; ✆ **32/2/511 07**

Crocantes da Le Chocolatier Manon em Bruxelas.

voltar à área de Grand Place, para o **La Maison du Chocolat Artisanal** (rue Marché aux Herbes/Grasmarkt 67; ✆ **32/2/513 78 92**), uma loja apinhada e movimentada que vende uma variedade de crocantes de fabricantes de chocolate de várias partes deste país, apaixonado pelo chocolate.

✈ Buxelas (14 km/9 milhas).
🛏 $$$ **Le Dixseptième**, rue de la Madeleine/Magdalenastraat 25 (✆ **32/2/502-57-44**; www.ledixseptieme.be). $$ **Mozart**, rue du Marché-aux-Fromages 23 (✆ **32/2/502-66-61**; www.hotel-mozart.be).

466 O Mundo do Chocolate

Um Tour do Chocolate em Paris
Les Chocolats Supremes
Paris, França

Os franceses levam o chocolate a sério. É verdade, os franceses levam todos os assuntos culinários a sério, mas nos últimos anos, Paris tem visto um ressurgimento arrasador na arte da fabricação do chocolate, liderado por um pelotão de mestres *chocolatiers,* que ganharam nível de celebridade de estrelas do rock. Usando apenas os ingredientes mais refinados, esses *artistes du chocolat* produzem confeitos muito pitorescos para serem engolidos impensadamente.

O nome que a maioria dos fanáticos respira primeiro é **Christian Constant** (37 rue d'Assas 6e; ✆ **33/1/53 63 15 15**), que tem vendido seus chocolates deliciosos desde 1970. É a qualidade de seus ingredientes que atrai fãs para essa loja da moda próxima dos Jardins Luxembourg – um chocolate aveludado com essência de flores e ervas exóticas, ou transformados em manjares como o *ganache* de framboesa, *aiguillettes* de mandarins sicilianos, ou trufas atraentes. Enquanto estiver por aqui, suba a rua até o **John-Charles** Rochoux (16 rue d'Assas, 6e; ✆ **33/1/42 84 29 45**), onde o chocolate suculento é transformado em esculturas comestíveis impressionantes. (Se a obra de arte parecer muito preciosa para ser comida, não se preocupe – você também encontrará quadrados de chocolate suaves e confeitos artesanais).

O *chocolatier* super-star Robert Linxe veio, em 1977, para abrir a **La Maison du Chocolat** (225 rue du Faubourg St. Honore, 8e; ✆ **33/1/42 27 39 44**) na região mais elegante de compras em Paris. Famosa por seus ganaches suaves e um sabor particularmente doce de chocolates (o La Maison usa apenas 65% de cacau para evitar o amargor), Linxe alcançou a fama imediata. Ultimamente, alguns amantes do chocolate reclamam que o La Maison se expandiu – há filiais em Londres, Nova Iorque, e Tóquio, e seis outras lojas ao redor de Paris – mas a loja da rue Francois 1er (✆ **33/1/47 23 38 25**) também vale particularmente a pena visitar, para participar de suas sessões especiais de degustação. Dirija-se a leste na direção das Tuileries, onde a Faubourg se torna simplesmente rue St-Honoré, e você encontrará dois outros artesãos de alta qualidade; **Jean-Louis Hevin** (231 rue St-Honoré, 1e; ✆ **33/1/45-51-99-64**), conhecido por suas combinações celestiais surpreendentes de chocolate e queijo (não faça gozação antes de experimentar), e **Michel Cluizel** (201 rue St. Honoré, 1e; ✆ **33/1/42 44 11 66**), cuja atenção fanática com o processamento de seu cacau cuidadosamente selecionado resulta em um sabor de chocolate maravilhosamente complexo, porém equilibrado. Se você ainda não tiver tomado uma overdose, continue a leste para o Marais, onde o **Josephine Vannier** (4 rue du Pas de la Mule, 3e; ✆ **33/1/47 53 74 40**) é famoso, com razão, por suas caprichosas esculturas de chocolate, apesar de que até uma simples barra de chocolate ao leite dessa loja é um regalo.

Atrás do Left Bank, próximo ao Les Invalides, o ex-aluno de La Maison **Michel Chaudun** (149 rue de l´Université, 7e; ✆ **33/1/47 53 74 40**) é reconhecidamente famoso por suas exóticas esculturas de chocolate, embora

Só Sobremesas

até mesmo uma simples barra de chocolate ao leite dessa loja seja uma delícia

Dirija-se a leste daqui até o Boulevard St-Germain, onde encontrará dois outros lugares obrigatórios do chocolate – o posto avançado em Paris da **Richart** (258 bd St-Germain, 7e; ℂ **33/1/45 55 66 00**), um fabricante de chocolate com base em Lyon, que vende espetaculares caixas para presente, e **Patrick Roger** (108 bd. St-Germain, 6e; ℂ **33/1/43 29 38 42**), cujas combinações de ingredientes destacam sabores e texturas em voos poéticos de inspiração.

✈ De Gaulle (23 km/14 milhas).

🛏 $$$ **Hôtel Luxembourg Parc**, 42 rue de Vaugirard, 6e (ℂ **33/1/53-10-36-50**; www.luxembourg-paris-hotel.com). $$ **Hôtel Saintonge**, 16 rue Saintonge, 3e (ℂ **44/1/42-77-91-13**; www.saintonge-marais.com).

O Mundo do Chocolate **467**

Londres: O Caminho do Chocolate
Uma Suíte de Doces
Londres, Inglaterra

Estudos mostram que o Reino Unido está em primeiro lugar no consumo per capita de chocolate no mundo. Em um país com um apetite tão furioso por doces nacionais, os chocolates artesanais ficam quase insignificantes; a maior parte dos britânicos se satisfaz perfeitamente ao devorar uma barra de Mars ou um Kit Kat, ou uma seleção inteira de Dairy Milk, contanto que eles possam ter sua dose diária. Talvez seja por isso que as boutiques de luxo de chocolate de Londres tenham que se esforçar mais ainda, seduzindo os clientes com embalagens adoráveis e sabores românticos demais.

Uma preferência sentimental é o **Charbonnel & Walker** (28 Old Bond St., na Royal Arcade; ℂ **44/20/7491-0939**; www.charbonnel.co.uk), que está no ramo desde 1875 e conta com o Príncipe de Gales como um de seus primeiros clientes. Chocolates artesanais, eles podem ser, mas oh! As caixas onde eles vêm! Chapeleiras florais, latas branco creme com toques dourados, *bonbonnieres* folheadas a ouro, todas trazem o logo Charbonel da era Vitoriana, e o selo de garantia real como um fabricante de chocolate da família real.

Perto de Piccadilly, a **Prestat** (14 Princes Arcade; ℂ **44/20/8896 8699**) também é dos velhos tempos, fundado em 1902, mas a decoração *fin de siècle* chamativa da loja faz com que ela pareça uma recém-chegada ousada. Há um senso de humor a respeito de suas embalagens, com letras douradas que parecem tiradas de um antigo pôster de teatro. Sob os cuidados dos novos proprietários, a Prestat pode ser qualquer coisa menos dorminhoca, oferecendo chocolates de origem única e orgânicos, assim como uma linha de trufas artesanais (afinal, o fundador da firma, Antoine Dufour, veio da família francesa que inventou as trufas).

Em contraste, a nova linhagem de *chocolatiers* de Londres está fazendo sua marca com sabores e técnicas únicos. Em Chelsea, **Demarquette** (285 Fulham Rd.; ℂ **44/20/7351 5476**; www.demarquette.co.uk) usa chocolate suave como base para expressar uma ampla gama de sabores, desde o chá Earl Grey, até o uísque com malte escocês, da canela de Java até a pimenta rosa do Brasil, e a lavanda da Provença. Confira os eventos de degustação habituais, uma ótima maneira de ser conduzido por essa variedade de sabores. Apesar do nome que soa francês, Marc Demarquette é nascido e criado em Londres, porém, aprendeu sua arte na França. No rival de Demarquette de Chelsea, o **L'Artisan du Chocolat** (89 Lower Sloane St.; ℂ **44/20/7824 8365**; www.artisanduchocolat.com), o *chocolatier* nascido na Irlanda faz seu chocolate do zero, moendo os grãos de cacau na manufatura da firma (eles chamam de "atelier") em Ashford, Kent – onde, por sinal, eles oferecem sessões de degustação nos finais de semana. Esse chocolate refinado é então usado para envolver todos os tipos de mimos do chocolate, notavelmente, os caramelos salgados, trufas, e os O's – discos incrivelmente finos de chocolate, recheados com sabores que inundam o paladar como o maracujá, o pistache ou a menta picante.

🛦 Os Picos do Chocolate Suíço

✈ Heathrow (24 km/15 milhas); Gatwick (40 km/25 milhas).

🛏 $$$ **22 Jermyn St.**, 22 Jermyn St., St. James (✆ **800;682-7808** nos E.U.A., ou 44/20/7734-2353; www.22jermyn.com). $$ **Vicarage Private Hotel**, 10 Vicarage Gate, South Kensington (✆ **44/20/7229-4030**; www.londonvicaragehotel.com).

468 O Mundo do Chocolate

Os Picos do Chocolate Suíço
Artesãos de Família Suíça
Zurique, Suíça

Chocolate suíço – a própria frase traz imagens de vaquinhas felizes pastando nos campos frescos alpinos e os chalés de madeira abrigados abaixo dos picos com brilho de neve. O fato de que nenhum grão de cacau foi jamais plantado nesse país é praticamente irrelevante.

Então, como o chocolate suíço se tornou tão famoso? Por um motivo, os chocolates Sprüngli estabeleceram um nível alto, desde que o negócio começou em 1836. Uma vez combinado com o rival do chocolate Lindt (eles se separaram em 1892, o **Confiserie Sprüngli** (Paradeplatz; ✆ **44/224-47-11**) continuou sendo um negócio refinado de família, funcionando em sua reluzente loja carro-chefe, no coração do centro de Zurique (enquanto a Lindt escolheu o caminho do gigante multinacional). Sim, eles têm 17 filiais na área de Zurique, e, sim, seus chocolates agora são fabricados a dez minutos de distância em Kilchberg, em vez de no fundo da loja –, mas ainda são admiravelmente focados nos confeitos artesanais. As vitrines de vidro da loja mostram uma gama impressionante de reluzentes chocolates recheados, trufas ricas, wafers de chocolate *graufrette*, frutas de marzipan brilhantes, e os *luxemburgerli* em cores pastel, além dos sanduíches de biscoitinhos de amêndoas (*macaroon*) recheados com creme, que são a paixão local. Ao lado da loja, você encontra um café, um pequeno restaurante, e um salão exclusivo para enviar presentes de chocolate pelo correio para os seus amigos e família no exterior.

Em uma ruela de paralelepípedos na cidade antiga, a pequena loja **Teucher** (Storchengasse 9; ✆ **41/44/211-5153**) é o berço dessa linha famosa de chocolates epicúreos, fundada nos anos 1930 pelo fabricante de chocolates suíços Adolf Teucher. Apesar do charme do velho mundo de seu prédio feito metade de madeira do século XVII, Teuscher instalou as maiores janelas de vidro liso que poderiam ser colocadas no local, o melhor possível para encher de anúncios deslumbrantes. A Teuscher agora se expandiu pelo mundo todo, particularmente no mercado norte-americano, mas ainda é administrado pela família, com um controle de qualidade alto. Apesar de também fazerem barras de chocolates e crocantes, as trufas suaves são uma especialidade da Teuscher; eles vêm em chocolate ao leite, escuro, e branco com sabores exóticos com amêndoas, laranja, framboesa, *butter crunch*, caramelo, kirch, *Bailey's Irish cream*, champagne, e chá de jasmim. Um sortimento de souvenires da Teuscher, com fotos coloridas de Zurique e seu lago na frente da caixa, podem parecer um pouco cafonas, mas eles são eternos campeões de venda. Não pode esperar para chegar em casa e experimentar o chocolate Teuscher que acabou de comprar? A Teuscher também serve especialidades de chocolate no **Café Schober** (Napfgasse 4;

Só Sobremesas

℃ **41/44/251-80-60**), localizado no prédio antigo do século XIV, próximo dali.

✈ Zurique (16 km/10 milhas).

🛏 $$$ **Hotel Ambassador**, Falkenstrasse 6 (℃ **41/44/258-98-98**; www.ambassadorhotel.ch). $$ **Lady's First**, Mainaustrasse 24 (℃ **41/44/380-80-10**; www.ladysfirst.ch).

O Mundo do Chocolate 469

Chocolate Bolonhesa
Onde o Chocolate Italiano Começou
Bolonha, Itália

Qualquer tour gastronômico da Itália tem que incluir Bolonha, a cidade que deu o seu nome aos molhos mais clássicos de carne, sem mencionar o molho sublime de mortadela, que tem tanta semelhança com o bolonhesa de estilo americano quanto o frango Marengo tem com o McNuggets. Os italianos a chamam de "Bolonha, a Gorda," e por um bom motivo; seus restaurantes são de alto calibre para uma cidade do seu porte, e o número de lojas gastronômicas excelentes, e das lojas de especialidade é extraordinário. Ao passear pelo Pescherie Vecchie, a área do mercado da cidade próxima do marco Due Torri, é fácil perder a noção de tempo. Mas para satisfazer o seu desejo por doces, passe pelas salumerias, lojas de queijos, fábricas de massa, padarias, frutas e verduras, e você pode visitas duas das lojas de chocolates mais veneradas da Itália.

Perto do Pescherie Vecchie, a **Roccati** é um negócio de família fundado em 1909, em Trentino; os proprietários atuais, uma equipe de marido e mulher, se mudaram para Bolonha há uns anos atrás. A Roccati ainda é comemorada por seu chocolate *gianduja* de laranja que seus ancestrais fizeram especialmente para a princesa de Savoy há um século. Em sua elegante loja moderna, você verá algumas esculturas impressionantes – livros feitos de chocolate, cavalos e casinhas de passarinho de chocolate, há até uma caixa de chocolate, que é literalmente uma caixa de chocolate. Em seu laboratório a céu aberto, você pode assistir esses deleites sendo feitos artesanalmente. A única pegadinha é que a loja fecha no verão, mas essa é uma estação delicada para o chocolate de qualquer maneira.

Algumas ruas ao sul da Piazza Maggiore, na Via Carbonesi, a **Majani** defende que é a loja mais antiga da Itália, no ramo desde 1796. Por trás da loja à moda antiga com lambri de madeira, letras douradas resplandecentes e brasão de armas, você encontrará uma ampla variedade de chocolates, feitos artesanalmente, com ingredientes de alta qualidade (apesar de terem mudado o endereço da fábrica de chocolate dos fundos da loja para uma fábrica na cidade próxima de Crespellano). Suas especialidades incluem uma maravilhosa barca de chocolate cintilante, pequenos ganaches em formato de tortellini deliciosos, e seu confeito clássico: Fiats que derretem na sua boca, cubos de camadas acetinadas de chocolate, inventadas em 1912, em homenagem ao carro italiano do mesmo nome.

ⓘ Majani, Via Carbonesi 5 (℃ **39/51/234302**; www.majani.it). Roccati, Via Clavature 17° (℃ **39/51/261964**; www.roccaticioccolato.com).

✈ Internacional Marconi (6 km/3 ¾ milhas).

🛏 $$$ **Grand Hotel Baglioni**, Via dell'Indipendenza 8 (℃ **39/51/225445**; www.baglionihotels.com). $ **Albergo Della Drapperie**, Via della Drapperie 5 (℃ **39/51/223955**; www.albergodrapperie.com).

470 O Mundo do Chocolate

Valle di Cioccolato
Chocolate Slow Food
Toscana, Itália

A Toscana não tem uma tradição de muitos anos na fabricação de chocolate como a Bolonha; ainda assim, ela tem algo que é tão vital quanto – uma reverência de *Slow food* para os artesãos da culinária. Apesar de não plantarem grãos de cacau nas montanhas arredondadas da Toscana, como plantam uvas e azeitonas, uma vez que eles importam os grãos, uma nova geração de confeiteiros agora produz chocolates sofisticados da mesma maneira que os seus colegas produzem vinho e azeite de oliva – em pequenas levas, com atenção fanática para os ingredientes.

Com um ponto de partida em Florença, você pode provar produtos de vários desses artesãos no sempre apinhado **Hemingway** (Piazza Piattellina 9/r; ✆ **39/55/284-781**), um pequeno café-bar no coração do centro histórico, que se especializa em um rico chocolate quente, prazerosos bolos com caramelo e crocantes feitos artesanalmente. A loja à moda antiga de alimentos finos **Procacci** (via Tornabuoni 64/r; ✆ **39/55/211656**), que data do ano de 1885, vende chocolates e misturados top de linha também, na rua de compras mais estilosa da cidade. Preste atenção especialmente nas barras de chocolate e nos crocantes com o rótulo da **Amadei Chocolate**. Usando grãos da sua própria plantação na América do Sul, a Amadei produz esses chocolates excepcionais em um pequeno atelier alegre próximo de Pisa, em Pontedera (ligue para ✆ **39/587/484849** e talvez você consiga marcar o seu tour). Outro paraíso do chocolate em Florença é a **Vestri** (Borgo degli Albizi 11/r; ✆ **39/55-284-781**), que vende chocolates feitos na fábrica da família, em Arezzo; seus sabores intrigantes variam desde a noz-moscada até a pimenta chili e o chá Earl Grey.

Mas isso é só o começo: dirija até a estrada E76 entre Pisa e Florença e terá que parar em todos os poucos quilômetros para visitar artesãos de chocolate. Uma parada absolutamente essencial está na pequena cidade de Algiana, na metade do caminho entre Prato e Pistoia, para experimentar os produtos de **Roberto Catinari** (via Provinciale 378; ✆ **39/574/718506**; www.robertocatinari.it), geralmente considerado como um padrinho dessa nova linha de *chocolatiers* da Toscana. Seus crocantes são joias precisamente esculpidas, incluindo uma linha de chocolates com sabor de nozes, que se parece estranhamente com as próprias nozes. Também em Algiana há o laboratório do chocolate **Mannori Espace** (via G Bruno 12; ✆ **39/574/719557**; www.mannoriespace.it). Onde a jovem dinâmica *chef* de panificação Luca Mannori tem se aventurado profundamente na arte de fazer chocolate. Confira para ver se há alguma aula de fabricação de chocolate ou demonstrações marcadas enquanto estiver aqui. Ele também tem uma loja em Prato, na via Lazzerini 2(✆ **39/574/21628**).

Em Pistoia, você pode experimentar tradicionais chocolates feitos à mão da **Corsini** (Piazza San Francesco 42; ✆ **39/573/20138**; www.brunocorsini.com), vendidos nessa loja desde 1918. A leste de Pistoia, aventure-se saindo da estrada para encontrar o **Slitti Cioccolate e Caffé** (Via Franceso Sud 1268, Monsummano Terme; ✆ **39/572/640-240**; www.slitti.it), onde as esculturas de parar o quarteirão de Andrea Slitti e os fabulosos crocantes são feitos de chocolate excepcionalmente encorpado. E quando você chegar a Pisa, vá direto para a **DeBondtChocolate**, Lungarno Pacinotto 5, Pisa (✆ **39/50/316-0073**; www.debondtchocolate.com), onde o fabricante de chocolate Paul DeBondt incrementa o sabor de seus chocolates com essências exóticas como o jasmim, o gengibre, o chá, o cardamomo, a erva-doce, a canela e o lima-limão. Tours e degustações acontecem nesse pequeno laboratório-fábrica

Só Sobremesas

em Visignano, próximo de Navacchio (Via Sant'Antioco 31; (C) **39/50/779042**)

✈ Florence (5 km/3 milhas).

🛏 $$$ **Hotel Monna Lisa**, Borgo Pinti 27 (C **39/55/247-9751**; www.monalisa.it). $ **Hotel Abaco**, Via Dei Banchi 1, Florence (C **39/55-238-1919**; www.abaco-hotel.it).

O Mundo do Chocolate 471

A Terra dos Doces em Wisconsin
Derrete na Boca e Mais
Nortdest de Wisconsin

Embora Wisconsin seja famosa por seus rebanhos leiteiros, a maior parte do leite está direcionada para os queijos. A tradição imigrante alemã do Estado está mais inclinada para a cerveja e o salsichão do que para o schokolade. Há, porém, um canto dos loucos por doces no Estado – a área em torno do Lago Winnebago, próxima o suficiente de Milwaukee para ser percorrida em um longo mergulho de um dia, em açúcar. Aqui, muitas gerações de negócios Famíliares funcionam em lojas como nos velhos tempos, onde os trabalhadores, usando pás de madeira, mexiam jarras de cobre cheias de chocolate derretido, no qual mergulhavam, com as mãos, caramelos, punhados de nozes e licores – passando a vida em uma caixa clássica de chocolates americanos.

Diversas cidades são abençoadas não somente com um, mas dois fabricantes de chocolate Premium. Na metade do caminho da costa oeste do Lago Winnebago, Oshkosh nutre-se uma longa rivalidade dos chocolates entre a **Oaks Candy Corner** (1206 Oregon St.; C **920/231-3660**; www.oakscandy.com) e a **Hughes Homaid Chocolate Shop** (1823 Doty St.; C **920/231-7232**). A Oaks está no ramo desde 1890, em sua loja imitando estilo Tudor no sul do rio (agora eles têm mais dois outros endereços, na 9 Waugoo Ave.; C **920/231-2323**; e na 3001 S. Washburn St. C **920/230-4548**). Mas a Hughes Homaid não é nada nova. Desde 1942, ela opera em uma pequena casa de fórmica perto do lago, onde os chocolates são feitos no porão. Para aumentar essa rivalidade ainda mais, as duas lojas se orgulham da mesma confecção deliciosa – chocolates derretidos tradicionais Midwestern. As pessoas em Oshkosh são ferrenhamente parciais a favor de qualquer uma das marcas que eles têm comido todo natal desde a infância. Felizmente, se você não tiver nascido em Oshkosh, poderá experimentar os dois e decidir.

No final do rio, ao norte, em Appleton, você tem a **Wilmar Chocolates** (1222 N. Superior St.; C **920/733-6182**; www.wilmarchocolates.com) concorrendo de igual para igual com a **Vande Walle's Candies** (400 N. Mall Dr.; C **920/738-7799**; www.vandewallecandies.com). A Wilmar tem vendido chocolates em sua loja de esquina charmosamente fora de moda, desde 1956, embora em seu interior esteja uma operação extremamente sofisticada. Olhe as vitrines de sua cozinha de chocolates e observe os confeiteiros trabalhando. O negócio foi inaugurado em 1974, mas as receitas da família Vande Walle datam dos anos de 1920. Lá, você pode visitar a área de confecção de chocolates do segundo andar e, talvez, provar algumas amostras. Compare o Wilmar Wilmarvel (castanha de caju coberta de caramelo e enrolada em chocolate) com o Angelfood Candy (centro aerado coberto de chocolate, não disponível no verão) do Vande Walle's. Melhor ainda, experimente o chocolate derretido nos dois lugares e veja qual prefere.

Os moradores de Green Bay têm que fazer malabarismos com uma rivalidade tripla – o **Kaap's Old World Chocolates** (1921 S. Webster Ave.; C **920/430-9041**; www.kaapscandy.com), o **Beerntsen's Green Bay**

(2000 N. Broadway; ✆ **920/437-4400**; www.chocolatescandies.net), e **Seroogy's Chocolates** (no subúrbio de DePere, 144 N. Wisconsin St.; ✆ **920/336-1383**; www.seroogy's.com). Eles são todos veteranos – o Seroogy's está na área desde 1899, o Kaap's, desde 1907, o Beerntsen's continua em seu lugar original, com caixas de vidro brilhante, repletas de chocolates. Naturalmente, cada um deles afirma fazer o melhor chocolate solúvel. Parece que um teste no escuro precisa ser feito – algum voluntário?

✈ Milwaukee (75 milhas/121 km from Oshkosh; 100 milhas/161 km de Green Bay)
🛏 $$ **CopperLeaf Hotel**, 300 W. College Ave., Appleton (✆ **877/303-0303** ou 920/749-0303; www.copperleafhotel.com) $$ **Hotel Sierra Green Bay**, 333 Main St. Green Bay (✆ **888/695-7608** ou 920/432-4555; www.hotel-sierra.com).

472 O Mundo do Chocolate

Jin Patisserie
Talento Artístico em Chocolate
Venice, Califórnia

A elegância New Age dessa loja no meio da Abbott Kinney Road cria seu próprio oásis no refúgio surfista da moda, que é Venice. É uma cafeteria elegante, é um jardim de chá agradável – mas também é um lugar para encontrar alguns dos mais refinados chocolates do mundo.

A proprietária do Jin's, Kristy Choo, veio para a arte de confeccionar chocolates com uma visão global. (Em sua carreira, trabalhou como aeromoça internacional, depois como chef de panificação no Raffles Hotel, e na multicultural Cingapura. Assim, uma cultura diversificada é natural para ela). A partir de uma base de chocolate com excepcional leveza e complexidade, ela recheia seus chocolates para presente com várias essências de um jardim botânico de sabores – lavanda, crisântemo, bergamota, jasmim, citronela, gengibre, cravo-da-índia, alecrim, gergelim, lichia e assim por diante. Impressionante, assim como a combinação desses ingredientes, é que ela, quase sempre, tem sucesso. Não é somente adicionar sabores, mas cobrir o chocolate com sabores que brincam de maneira intrigante com seu aroma terrestre. Choo, então, pinta a parte de cima com delicados adereços de cores que, de alguma forma, expressa a personalidade da confecção. Refinadas embalagens de presente em caixas de madeira no estilo dos monges ou em longas caixas de seda indianas são só o glacê do bolo.

A tranquilidade zen desse café no pátio sombreado deixa você no humor certo para experimentar as sutilezas desses chocolates. Ao som de uma fonte, como pano de fundo, sombreado por bananeiras e tufos de junco atrás do pequeno e limpo bangalô azul, você pode se sentar e pedir doces deliciosos – muitos deles com influência asiática ou com sabor de chás – assim como uma variedade de chás do mundo todo. (Frequentadores assíduos cometem sacrilégios por seus atraentes macaroons). Apesar de essa refeição ser chamada de chá da tarde, não há absolutamente nada démodé a respeito dela.

ⓘ 1202 Abbott Kinney Rd., Venice (✆ **310/399-8801**; www.jinpatisserie.com).
✈ Internacional de Los Angeles (63/4 milhas/11 km).
🛏 $$$ **Peninsula Beverly Hills**, 9882 S.Santa Monica Blvd. (✆ **800/462-7899** ou 310/551-2888; www.peninsula.com). $ **Best Western Marina Pacific Hotel**, 1697 Pacific Ave., Venice (✆ **800/786-7755** ou 310/452-1111; www.mphotel.com).

Só Sobremesas

O Mundo do Chocolate 473

Tour de Chocolate na Baía de San Francisco
Califórnia Dreaming
San Francisco/Berkeley, Califórnia

Houve um tempo em que falar sobre o chocolate de San Francisco era provavelmente falar em **Ghirardelli**, a reverenciada empresa de doces, fundada em 1852, por Dominico Ghirardelli. A Ghirardelli continua a produzir um elegante chocolate em estilo americano, mas ela vem tristemente decrescendo desde que sua fábrica ícone do século XIX foi drasticamente transformada no ímã turístico de três níveis, a Ghirardelli Square (900 North Point St.; ⓒ **415/474-3938**; www.ghirardelli.com). Embora a Ghirardelli movimente toneladas de chocolate em sua loja e fonte de refrigerante, sempre cheia, os doces agora são confeccionados em um local de produção gigantesco em East Bay, e vem perdendo seu toque de classe antigo.

Felizmente, uma nova liga de artesões de chocolate assumiu, elevando o status de San Francisco como capital da culinária. Primeiro, há o chocolate **Scharffen Berger**, vendido somente em barras e quadrados com uma simplicidade de embalagens, disponíveis em lojas de alimentos elegantes por toda a cidade e na loja Scharffen Berger, no Ferry Building Marketplace (ⓒ **415/981-9250**). Inaugurada em 1996, o apelo da Scharffen Berger's é muito típico de Berkeley – eles estão menos preocupados em fazer confeitos sofisticados do que em fornecer ingredientes finos, sustentáveis e transformá-los em chocolate puro, com um sabor intenso. Vale a pena uma visita a sua matriz em Berkeley (914 Heinz Ave.; ⓒ **510/981-4066**; www.scharffenberger.com) para um tour na fábrica, onde você pode assistir os grãos de altíssima qualidade, vindos do mundo todo, sendo transformados em chocolate bem em frente a seus olhos. Belas máquinas antigas europeias levam os grãos por todas as etapas do processo – assando, moendo, mexendo, temperando, moldando – trabalhando pequenas porções para o melhor controle de qualidade. Não é à toa que esses quadrados de chocolate derretem em sua boca.

Do outro lado a **Joseph Schmidt Confections** (3489 16th St., ⓒ **800/861-8682** ou 415/861-8682; www.josephschmidtconfections.com), fundada em 1983 e localizada no distrito do Castro, expressa toda a arte do treinamento de Schmidt em confeitarias europeias. Os hummm dos clientes surgem pelos seus maravilhosos e esculturais pedaços de chocolates, como as tulipas altas, tigelas coloridas e caixas em forma de coração. Elas são tão bonitas que você fica em dúvida na hora de mordê-las. As trufas em forma de ovo, marca registrada da Schmidt, são densamente atraentes, muitas delas com sabor de licor. Outra delícia intrigante são os mosaicos, confeitos de chocolate pequenos, com a cobertura maravilhosamente pintada.

Outro artista do chocolate de alto nível, antigo confeiteiro, o chef Michael Recchiuti, vende seus chocolates exclusivamente por meio da Williams-Sonoma e na pequena instalação da **Recchiuti**, no Ferry Building Marketplace (ⓒ **415/826-2868**; www.recchiuti.com). O estilo da Recchiuti é o minimalismo refinado. Os desenhos sobre alguns chocolates para presentes parecem tão delicados quanto os desenhos japoneses feitos com caneta tinteiro. O sabor é intenso. Experimente os corações de gengibre (chocolate escuro recheado com gengibre coberto com um chocolate branco venezuelano vidrado), os caramelos fleurs de sel (na verdade, chocolates mastigáveis salgados) ou as divinas trufas de caramelo queimado.

✈ San Francisco International (14 milhas/ 23 km).

🛏 $$$ **Hotel Adagio**, 550 Geary St. (ⓒ **800/228-8830** ou 415/775-5000; www.thehoteladagio.com). $ **Hotel des Arts**, 447 Bush St. (ⓒ **800/956-4322** ou 415/956-3232; www.sfhoteldesarts.com).

O Melhor da Panificação

474

Sampling Sacher Torte
Princely Pastry
Vienna, Áustria

Em 1832, um aprendiz de confeiteiro austríaco, chamado Franz Sacher, substituindo seu chefe que estava doente, foi incumbido de criar uma sobremesa especial para o poderoso Príncipe Metternich. O jovem misturou um denso pão-de-ló de chocolate, pôs uma camada de geleia de abricó por cima e cobriu com glacê de chocolate preto, polvilhou com raspas de chocolate e serviu com chantilly (mit Schlagobers). O príncipe adorou, claro. A carreira de Franz Sacher estava feita.

Em sua nação obsessiva por doces, não é surpresa que a criação de Franz Sacher, a torta Sacher, continue a ser servida hoje. O elegante **Hotel Sacher Wien** (Philharmoni-kerstrasse 4; **01/514560**; www.sacher.com), fundado pelo filho de Sacher, orgulhosamente apresenta a torta Sacher em uma caixinha de joias de brocado em um café. Os bolos são vendidos em caixa de presente de madeira na confeitaria dentro do hotel, assim como na filial do hotel em Salzburg (Schwarzstrasse 5-7; **43/662/889770**) e nos cafés Sacher, em Innsbruck (Rennweg 1; 43/512/565626) e Graz (Herrengasse 6; 43/316/80050). Você pode pedir para entregar no exterior 43/1/51 456 861; www.sacher.com). Um selo de chocolate moldado sobre o glacê certifica uma torta Sacher.

O Hotel Sacher naturalmente registra a marca desse bolo, e isso foi, por anos, envolvido em um litígio contra outra marca de Vienna, a esplêndida barroca **Café Demel** (Kohlmarkt 14; **43/1/53511717**), por chamar sua própria versão de torta Sacher "original". (Elas diferem no lugar da camada da geleia de abricó). Mas todo mundo nas cafeterias e cafés de Viena serve a mesma versão da torta Sacher – sempre com Schlagobers. O chocolate amargo, o bolo levemente seco e não totalmente doce, geralmente surpreende os que preferem as sobremesas açucaradas e úmidas, mas os vienenses consideram-na a sobremesa perfeita.

Entre St. Stephen's e a State Opera, experimente o bolo na **Gerstner** (Kämtnerstrasse 11-15, **43/1/512-49360**), uma das confeitarias mais famosas de Viena, desde 1847. Do outro lado de Hofburg, a torta Sacher é servida no **Café Central** (Herrengasse 14, **43/1/5333764**), com sua entrada neogótica e interior abobadado, um famoso ponto de encontro da elite intelectual do século XIX. Aberto em sua primeira locação do Ring, em 1873, o lustroso Art Nouveau **Café Landmann** (Dr. Karl-Lueger-Ring 4; **43/1/241000**) tem servido a torta Sacher para comemorar a clientela desde a época de Sigmund Freud. Perto do museu de arte moderna MUMOK, você pode conseguir um pedaço da torta Sacher no aconchegante e decorado em madeira **Café Sperl** (Gumpendorferstrasse 11; **43/1/5864158**), que não mudou muito desde sua inauguração, em 1880. Ou, se estiver visitando o Castelo Schönbrunn, experimente a torta Sacher no **Café Dommayer** (Auhofstrasse 2; **43/1/8775465**), um salão de teto alto preto e branco do século XVIII onde Johann Strauss Jr. estreou seu musical em 1844. A torta Sacher pode muito bem ter sido servida nessa noite também – quem sabe?

✈ Vienna International (22 km/14 milhas).
🛏 $$$ **Hotel Sacher Wien**, Philharmoni-kertrasse 4 (**43/1/514560**; www.sacher.com). $ **Hotel Kärntnerhof**, Grashofgasse 4 (**43/1/5121923**; www.karntnerhof.com).

Só Sobremesas

O Melhor da Panificação 475

The Art of French Pastry
Patisseries com o Poder das Estrelas
Paris, França

Parte do prazer de umas férias em Paris é encontrar suas pequenas divinas e confeitarias, que lá estão para serem descobertas em toda a cidade. Mas não se pode negar que dois patissiers deixaram suas marcas na Paris moderna. Eles são os mestres a quem todos os outros imitam ou desafiam.

O primeiro é **Gaston Lenôtre**, o lendário chef confeiteiro que, em 1957, abriu sua primeira loja em Paris, na 44 rue d-Austeuil, perto do Bois de Boulogne. Apesar de seu sucesso, Lenôtre nunca desistiu de expandir seu negócio. Ele publicou livros e receitas, iniciou uma escola de culinária, abriu restaurantes e reproduziu sua confeitaria de Paris diversas vezes. (Outras filiais mais centrais estão no número 10 da rue St Antoine, na beira do Marais e perto da Bastille, e na 35 av. de La Mot Picquet, perto do Champs dês Mars no 7º. arrondissement). A cadeia Lenôtre tem 16 lojas estilosas e reluzentes na França, mais filiais pelo mundo, de Tóquio a Las Vegas. A qualidade dos doces permanece impecavelmente alta, ou há, muito pouco a corrigir, e qualquer visitante a Paris que estiver interessado em comida deve parar em uma delas para ver a extraordinária variedade de mille-feuilles enfeitados, merengues leves como plumas, densos bolos-mousse de chocolate, tortas de frutas brilhosas, bombas rechonchudas, chocolates parecidos com joias e sorvetes suaves – o artesanato é simplesmente extraordinário.

Como de costume, o mestre foi finalmente desafiado por seus aprendizes. **Pierre Hermé** começou sua carreira aos 14 anos como um aprendiz de Lenôtre, mas 25 anos depois, em 2001, abriu sua própria confeitaria parecida com joalheria em Paris, na artística margem esquerda no número 72 da rue Bonaparte. Agora ele tem uma segunda loja modernosa, no número 185 da rue de Vangirard. A decoração dramática dessas lojas é bem diferente do estilo corporativo das lojas de Lenôtre – o que não é surpresa, dado ao talento de vanguarda de Hermé. Ele é conhecido por combinações surpreendentes de ingredientes, pelos efeitos esculturais e pelos "temas" intrigantes que organizam cada coleção da estação de confeitos, quase como uma coleção de alta costura. Você pode ver isso em itens assinados como a torta Ispahant com camadas de framboesa, o efeito trompe l'oeil de sua torta de baunilha infinity, ou o caprichoso bolo mosaico, com sua cobertura de pistache em flocos parecendo uma miniatura de um jardim zen. Visitar a loja Hermé é quase como caminhar por uma galeria de arte – não é por menos que a revista Vogue

A boutique Pierre Hermé.

476 Espai Sucre

conferiu a ele o título de "o Picasso do mundo da panificação."

A pergunta que não quer calar: qual massa você preferiria comer – as delícias clássicas que se desmancham em flocos do Lenôtre ou a moderna visão inventiva sobre panificação do Hermés? Por que não experimentar as duas e julgar por si próprio?

ⓘ **Lenôtre**, 44 rue d-Auteuil (metro: Michel-Ange-D'Auteuil), 16e (☏ **33/1/45 24 52 52**; www.lenotre.fr). **Hermé**, 72 Rue Bonaparte (metro: St.-Germain-des-Prés), 6e (☏ **33/1/354 47 77**; www.pierreherme.fr). ✈ De Gaulle (23km/14 milhas); Orly (14 km/82/3 de milha). 🛏 $$$ **Hôtel Luxembourg Parc**, 42 rue de Vaugirard, 6e (☏ **33/1/53-10-36-50**; www.luxembourg-paris-hotel.com). $$ **Hôtel Saintonge**, 16 rue Saintonge, 3e (☏ **44/1/42-77-91-13**; www.saintongemarais.com).

Macarons do Hermé em Paris.

476 O Melhor da Panificação

Espai Sucre
Quando os finalmente nunca chegam tarde

Barcelona, Espanha

Ele é considerado o primeiro restaurante de sobremesas do mundo – talvez um grande elogio, mas o Espai Sucre leva os seus doces muito a sério. É a ideia original do chef Jordi Butrón e do confeiteiro Xano Saguer I Gregori, dois homens que morrem de paixão por massas de restaurante de parar o quarteirão. A escola de cozinha que eles têm no prédio vizinho reconhece a realidade que a fabricação da massa é a sua própria disciplina, a maioria dos chefes de massas seguem uma linha inteiramente separada de escola de culinária, e muitos restaurantes de alto nível promovem seus chefs de panificação como estrelas por si só. No Espai Sucre, eles são as únicas estrelas que contam.

Localizado no coração do centro histórico medieval de Barcelona, esse café chique moderno se destaca com sua entrada de vidro fumê e mármore, piso de madeira polida, mesas pretas sofisticadas, e cadeiras de couro bege, a antítese sofisticada de uma confeitaria ou sorveteria bonitinha. Mais do que um cartão de visita para a escola, ela é uma operação por si só. Só abre à noite (só isso para aqueles de nós que adorariam se fartar de comer doces no meio da tarde), com lugares reservados das 8h30 até às 11h da noite, nos finais de semana (durante a semana, o fluxo é um pouco mais casual). Eles oferecem vários menus fixos, inclusive uma série de doces só de chocolate; dois dos menus de degustação incluem alguns pratos também,

Só Sobremesas

se você desejar uma refeição completa. As harmonizações de vinhos são sugeridas para todos os menus.

As sobremesas inovadoras do Espai Sucre introduzem elementos surpreendentes, desafiando as expectativas sobre o que é doce e o que é salgado – você encontrará itens como a sopa fria com maçã verde e sorvete de iogurte; um bolo de azeitona com pêssegos brancos, azeitonas verdes, e queijo; um creme de baunilha com café, cardamomo negro, e banana; ou um pudim de pão com sorvete de bacon e abacaxi. A ideia é não procurar um alto teor de açúcar de glutão, mas comparar e contrastar distinções delicadas de sabor. Claro que as sobremesas do Espai Sucre são apresentações espetaculares – fatias cortadas de forma precisa de bolo denso, empilhadas com uma precisão quase matemática, divididas por crocantes wafers suaves, e por cima bolas de creme ou sherbet, respingada com molhos de cor de pedras preciosas, acompanhadas por frutas cristalizadas ou galhinhos de ervas, colocados em poças de chocolate ou calda de caramelo ou licor de limão, ou qualquer coisa criativa que o criativo panificador possa sonhar.

Você não entra no Espai Sucre para uma beliscada rápida – ele é o foco da sua noite, um evento para se levar a sério. Se você for um desses convivas que sente não poder fazer justiça a uma sobremesa decente depois de uma refeição gastronômica completa, então o Espai Sucre é o lugar para você: aqui você pode pular a refeição e ir direto para o que é bom.

ⓘ C. Princesa 53 (✆ **34/93/268-1523**; www.espaisucre.com).
✈ El Prat (13 km/8 milhas).
🛏 $$$ **Montecarlo**, Les Ramblas 124 (✆ **34/93/412-0404**; www.montecarlo-bcn.com). $$ **Duques de Bergara**, Bergara 11 (✆ **34/93/301-5151**; www.hoteles-catalonia.com).

O Melhor da Panificação **477**

Gerbeaud Cukrászda
O Coração de Pasta de Peste
Budapeste, Hungria

Iluminada à noite, a frente desse antigo café famoso em uma das praças de pedestres mais agitadas de Budapeste, quase parece um bolo de noiva, com todos os arcos de pedra branca e balanços esculturais. No passado, a Gerbeaud era a casa de café onde a elite de Budapeste se encontrava para ver e ser vista; hoje em dia é muito mais democrática, apesar de ainda ser cara (não espere ver estudantes ou poetas com roupas rasgadas ocupando as mesas por horas). Claro, está listada em quase todos os guias turísticos da cidade, mas a Gerbeaud é um desses marcos provados e aprovados que ainda merece uma visita.

Fundado pelo confeiteiro Henrik Kugler, em 1858, o café se mudou para este majestoso prédio neobarroco, em 1870; hoje ela recebe, porém, o nome de Emil Gerbeaud, um panificador suíço que veio como um sócio nos anos 1880, e impulsionou o café para o sucesso. Ao acrescentar elementos franceses como os recheios de creme e as coberturas de chocolate aos tradicionais bolos de massa esponjosa dourada, e aos recheios de fruta das sobremesas húngaras, a Gerbeaud quase sozinha transformou Budapeste em uma das capitais da panificação da Europa.

Os excelentes cafés de estilo vienense vêm em uma gama ampla de sabores, mas os pães e bolos ainda são a pedida, assados no local, seguindo as receitas de Gerbeaud. São o local definitivo para se provar sobremesas como a Dobos torte, com ricas camadas de chocolate, a Punch torte embebida, em rum, a salgada pogácsa, as szilvás lepény (tortas úmidas de ameixa), o somloi (bolo esponjoso com creme chantilly e chocolate, e, claro, uma variedade de strudels com massa artesanal. Se a rica doçura densa das massas húngaras não faz o seu gosto, experimente os sorvetes, que também são supremos. A loja ao lado vende alguns desses regalos assim como chocolates artesanais, como a marca registrada da Gerbaud, o konyakos meggy, um doce feito com chocolate escuro, em volta de uma cereja embebida em conhaque.

Durante os anos do comunismo, quando o governo desencorajou as casas de café vistas como um foco para discórdia, o café Gerbeaud começou a parecer largado e surrado. Mas no final dos anos de 1990 finalmente recebeu uma reforma necessária, do chão ao teto. Agora cada lustre de cristal, espelho com moldura dourada, e mesa com tampo de mármore no interior com pé direito alto, brilha como novo. Claro, dentro não é o lugar para se sentar; se o tempo estiver bom, procure uma mesa com guarda-sol no lado de fora do café, o melhor lugar para ver as pessoas.

ⓘ Vörösmarty Ter 7 (✆ **36/1/429-9000**; www.gerbeaub.hu).
✈ Budapeste (22 km/13 milhas).
🛏 $$ **Hotel Erzébet**, V. Károlyi Mihály u. 11-15, Budapest (✆ **36/1/889-3700**; www.danubiusgroup.com). $$ **Hotel Papillon**, II. Rózsahegy. u. 3/b (✆ **36/1/212-4750**).

478 O Melhor da Panificação

NYC: Nova Iorque Cupcakes
A Guerra dos Cupcakes de Sex & the City
Nova Iorque, Nova Iorque

O seriado Sex & the City é o culpado por ter entregado o ouro – Carrie e as meninas estavam sempre loucas pelos red velvet cupcakes ,escandalosamente ricos na padaria Magnolia de estilo do sul no Greenwich Village (não faz mal que nenhuma delas parecesse exagerar comendo docinhos). Longas filas logo se formaram à porta da pequena padaria caseira – acabaram-se os segredos guardados.

A boa notícia é que a **Magnolia Bakery** (401 Bleecker St.; ✆ **212/462-2572**; www.magnoliacupcakes.com; agora também no Columbus Ave.) não é a única fonte de cupcakes de Manhatan, de maneira nenhuma. Na verdade, bem antes da Magnolia ter chegado, podia-se arranjar cupcakes úmidos com cobertura de flores de creme de manteiga no cativante e desajeitado **Cupcake Café** (545 9th Ave.; ✆ **212/268-9975**) na encardida 9ª. Avenida do West Midtown (o Cupcake Café agora também tem uma filial no chique Chelsea, no número 18 da W. 18th St.; ✆ **212/465-1530**). Mas a partir de 1999, no auge do sucesso galopante da Magnolia Bakery, padeiros dissidentes da Magnolia abriram lojas rivais por toda a cidade, oferecendo os mesmo cupcakes grandes do tipo caseiro, cobertos por colheradas enormes de glacê, feita com manteiga, açúcar e farinha de qualidade. Conservantes não são necessários – esses cupcakes são feitos para levar na embalagem para viagem e comer no caminho.

Primeiro, veio o arrumado **Buttercup Bake Shop** (2nd Ave.; ✆ **212/250-4144**; agora também no 141 W. 72nd St.) lançado pela cofundadora do Magnolia, Jennifer Appel, em um local em Midtown conveniente para um exagero na hora do almoço (sem falar nos pedidos para festas em escritórios). Os cupcakes da Buttercup enfatizam a cobertura de glacê sobre o bolo, suas vitrines são cheias de deslumbrantes confeitos em tons pastel; uma janela grande no fundo da loja permite que você aprecie os padeiros trabalhando. Alguns anos mais tarde, no meio das galerias de Chelsea, outros alunos da Magnolia abriram a **Billy's Bakery** (184 9th Ave.; ✆ **212/647-9956**), com aparência retrô dos anos 1940, servindo cupcakes úmidos e amanteigados, cobertos com glacê, que não são muito doces. Com seu simpático ambiente nostál-

Só Sobremesas

gico, Billy's oferece todo tipo de produtos de panificação clássicos americanos, inclusive a pecan pie e o bolo de abacaxi caramelado. No lado cada vez mais descolado do Lower East, o **Sugar Sweet Sunshine** (126 Rivington St.; ℡ **212/995-1960**; www.sugarsweetsunshine.com), inaugurado por dois dissidentes do Buttercup, se esforçam por manter uma aparência alegre de brechó; a qualidade é superior aqui (seus seguidores defendem que os sabores de baunilha e tempero de abóbora superam os do Magnolia). No Upper East Side (mas na seção mais despretensiosa de Yorkville), a aconchegante **Two Little Red Hens** (1652 2nd Ave.; ℡ **212/453-0476**; www.twolittleredhens.com) vende cupcakes esplendidamente cobertos por glacê e uma ampla gama de muffins e outros bolos.

A **Crumbs Bake Shop** (321 Amsterdam Ave.; ℡ **212/721-9800**; também no número 1371 da 3rd Ave., 43 W. 42nd St., 37 E. 8th St., 87 Beaver St., www.crumbsbakeshop.com) também pega o enorme trem do cupcake, mas em um ambiente de café onde você pode ficar, vários de seus saborosos cupcakes vem cobertos com complementos divertidos como Oreos ou M&Ms esmagados. Você pode evitar as linhas do Magnolia e ainda assim ter cupcakes de autêntico estilo sulino, se você subir até o Harlem e ir ao **Make My Cake** (121 St. Nicholas Ave.; ℡ **212/932-0833**). E na região excêntrica e chique de Red Hook, no Brooklyn, confira o **Baked** (359 Van Brunt St.; ℡ **718/222-0345**), que serve cupcakes arrasadoramente ricos, em ambiente de brechó do Soho.

✈ Internacional John F. Kennedy (15 milhas/24 km) Internacional Newark Liberty (16 milhas/ 27 km); LaGuardia (8 milhas/ 13 km).

🛏 $$$ **Carlton Hotel on Madison Avenue**, 88 Madison Ave. (℡ **212/532-4100**; www.carltonhotelny.com). $$ **Washington Square Hotel**, 103 Waverly Place (℡ **800/222-0418** ou 212/777-9515; www.washingtonsquarehotel.com).

O Melhor da Panificação

479

Apple Pie Bakery Café
As Sobremesas de Ontem dos Melhores Chefes de Amanhã

Hyde Park, Nova Iorque

Para quase todos nós, esse é o ponto mais próximo que vamos chegar de estudar no Culinary Institute of America, a escola que forma chefs americanos notáveis como Todd English, Charlie Palmer, Larry Forgione, Alfred Portale, John Besh, e Anthony Bourdain (não é uma coincidência que a maior parte dos vencedores de reality shows como Top Chef, Iron Chef e Hell's Kitchen tenham se formado ali). Mas mesmo se não tiver uma fantasia secreta de se revestir de um toque e sauté com os profissionais, esse pequeno café no vale do Hudson, logo ao norte de Poughkeepsie, é uma aula deliciosa sobre a Grandiosa Sobremesa Americana.

O campus da CIA, em Nova Iorque, opera quatro outros restaurantes públicos em seu campus no norte do Estado de Nova Iorque – o St. Andrews Café (especialidades locavore do Hudson Valley), restaurante Caterina de Medici (alto nível italiano), o restaurante Escoffier (clássico francês), e o restaurante Bounty American (nova americana) – mas o Apple Pie Bakery Café é o mais casual, e o único no qual você não precisa de reserva prévia. Ele está instalado no imponente Roth Hall de construção Georgiana de tijolos vermelhos – o prédio central no campus, um antigo seminário jesuíta com vista para o rio Hudson. Por dentro o café tem paredes de tijolos, azulejos rústicos, murais campestres, e janelas altas com acabamento de madeira. O menu completo de almoço inclui sanduíches, sopas, saladas e pizzas; os alunos de panificação da CIA fornecem todo um espectro de pães, desde ciabattas e foccacia até o hoagie Rolls. Eles também servem café da manhã, com uma variedade criativa de croissants, muffins, brioches, scones e massas recheadas.

Mas a atração real é o trabalho manual dos estagiários de panificação da CIA, aperfeiçoando suas habilidades de panificação, em itens típicos como o strawberry shortcake, a torta merengue de limão, os devil's food cupcakes, a torta creme de banana, e o cheesecake em estilo nova--iorquino (apesar de, por estranho que pareça, nada de torta de maçã). Claro, eles também oferecem itens mais exóticos como a vanilla panna cotta, o chocolate, pots de creme, o tiramisu, um gâteau de crocante e caramelo, mas esses também são americanos à sua maneira. Não espere uma simplicidade do tipo feito-pela-mamãe – esses são alunos da escola de culinária, afinal de contas, e eles estão aqui para aprender as nuances da distinção entre seus cremes frâiches e seus cremes anglaises. Eles simplesmente não estão livres pelas torres do capricho e em voos de confeiteiros de fantasias. Não até que tenham dominado o básico.

ⓘ **Culinary Institute of America**, 1946 Campus Dr. (Rte. 9), Hyde Park (☏ **845/471-6608**; www.ciachef.edu).
✈ Internacional John F. Kennedy Internacional/ Internacional Newark Liberty/ La Guardia (aprox. 2 horas). Aeroporto de Albany (aprox. 2 horas).
🛏 $$$ **Inn at the Falls**, 50 Red Oaks Mill Rd., Poughkeepsie (☏ **800/344-1466** ou 845/462-5770; www.innatthefalls.com).

480 O Melhor da Panificação

Cannolis on the Inner Harbor
A Outra Little Italy
Baltimore, Maryland

A Little Italy de Baltimore pode não ser tão famosa como aquela da costa de Nova Iorque, mas se julgamos as suas Little Italys de acordo com onde se consegue os biscotti e cannolis – bem, Baltimore alcança o melhor lugar.

Durante a onda de imigração do século XX, Baltimore foi o porto que mais recebeu, e muitos imigrantes italianos nunca passaram desse bairro à beira do mar de ruas estreitas e casas de frentes de tijolo. E, ao contrário da Little Italy de Nova Iorque, Baltimore tem permanecido principalmente ítalo-americana. A revitalização dos anos de 1980 da região próxima de Inner Harbor e o aburguesamento da vizinha Fells Point foram um golpe de sorte para o rebanho de restaurantes e tratorias de Little Italy, que se alinham em High Street e Eastern Avenue (prove o **Della Notte** no número 801 da Eastern Ave., ☏ **410/837-5500**; ou o **Sabatino's** na esquina da High com a Fawn Street, ☏ **410/727-9414**). É uma volta simples de táxi por barco a partir de Federal Hill, ou você pode caminhar de Inner Harbor pelas pontes dos canais de Pratt Street e Lombard Street.

A padaria típica italiana da cidade é a **Vaccaro Italian Pastry Shop**, fundada em 1956 pelo cidadão nascido em Palermo, Gioacchino Vaccaro, e ainda administrada pela família Vaccaro. Muito procuradas, suas especialidades são os preferidos Sicilianos – bolo de rum, cassata (camadas de bolo esponjoso recheados com creme cannoli), e, claro, o próprio cannoli, que você pode comprar tanto recheado como sem recheio, com uma embalagem de creme cannoli suave e rico para você mesmo rechear as casquinhas crocantes fritas. O gelato e granita (raspadinha de gelo italiana) são atrações especiais no verão. Se você só quiser pegar uma massinha ou uma caixa de biscoitos italianos maravilhosos, pode fazê-lo nas bancas da Vaccaro no Harborplace, na Market House,

Só Sobremesas

em Anápolis, e na Union Station em Washington, D.C.; a expansão não parece ter afetado nem um pouco a qualidade. Mas a localização na esquina da Albermarle Street, no coração de Little Italy, é aquela com um café animado, onde você pode aproveitar o seu bolo de rum ou cannoli com um cappuccino espumoso – quer dizer, depois que tiver esperado na fila para arrumar uma mesa.

Depois de todos esses anos, porém, o Vaccaro's entrou em uma concorrência séria com a **Piedigrotta Bakery**, que abriu em 2002, a quatro quadras a leste na Central Avenue. Ele é administrado por Carminantonio Iannaccone, um nativo de Nápoles que afirma ter inventado o tiramisu em Treviso, em 1969. Se isso é verdade ou não – as origens do tiramisu são debatidas de forma acalorada – Iannaccone com certeza faz sfogliatelles admiravelmente escamosos, fofos profiteroles recheados com creme, e bombas suaves, assim como bons cannolis e biscoitos, nessa lojinha despretensiosa. Não há espaço para assentos, mas vale a pena uma pequena caminhada para provar as massas de mestre de Iannaccone. E com duas ótimas padarias italianas, a Little Italy de Baltimore sai mesmo na frente.

ⓘ **Vaccaro's**, 222 Albernarle St. (✆ **410/685-4905**; www.vaccaropastry.com). **Piedigrotta Bakery**, 319 S. Central Ave. (✆ **410/522-6900**; www.piedigrottabakery.com).

✈ Internacional Baltimore-Washington (10 milhas/16 km).

🛏 $$$ **Baltimore Marriot Waterfront Hotel**, 700 Aliceanna St., Inner Harbor East (✆ **410/385-3000**; www.baltimoremarriotwaterfront.com). $$ **Brookshire Suites**, 120 E. Lombard St. (✆ **866/583-416**2 ou 410/625-1300; www.harbormagic.com).

O Melhor da Panificação

481

Lucy's Sweet Surrender
Quando se Tem Fome na Hungria
Cleveland, Ohio

Há 40 anos, Cleveland tinha mais habitantes húngaros do que Budapest – e esses húngaros transplantados precisavam de seu strudel. A Lucy's Sweet Surrender veio resgatá-los, com strudels leves como pluma da loja que parece feita de chocolate na Buckeye Road, no meio daquele que era um bairro de imigrantes húngaros no sudeste de Cleveland.

Os tempos mudaram. A própria Lucy morreu, e a região da Buckeyed Road virou uma vítima da praga urbana; os habitantes de Cleveland estão mais propensos a comprar seus pães no Starbucks ou no balcão de um megassupermercado na região refinada de Shaker Heights, a leste da cidade. Mas na Lucy's – agora pertencente a Michael Feigenbaum, que cresceu comendo o strudel da Lucy – o strudel ainda é aberto à mão todos os dias, sobre mesas de madeira na cozinha do fundo, camadas de massa dourada enrolada em volta de recheios que são um deleite – maçã, cereja, queijo, queijo com damasco, pêssego com damasco, até variações do Leste Europeu, como semente de papoulas e strudel de repolho, que são quase impossíveis de se encontrar em qualquer outro lugar. Claro que tudo é preparado do zero, apesar dos dois padeiros só conseguirem fazer 72 strudels caseiros tradicionais por dia – dificilmente será o suficiente nos dias em que as férias se aproximam e os habitantes de Cleveland de repente anseiam por mimos dos velhos tempos da infância. (Lucy's também tem um bom negócio despachando strudel para moradores de Cleveland que se mudaram).

Há mais do que strudel aqui – a padaria tem 150 itens em seu repertório: bolos, tortas,

482 Boule Patisserie

densos biscoitos tradicionais, pães doces de nozes, pães doces de semente de papoula, pães doces de café (danish), cinnamon rolls, pães de creme azedo, tortas europeias como a Dobos e a Sacher, até o exótico confeito húngaro de chocolate e amora chamado de zserbo. Apesar da aparência um pouco lúgubre da loja, as sobremesas da Lucy's são servidas em restaurantes conceituados por toda a cidade (inclusive em seu restaurante do mesmo grupo, o Café Marika, no número 57601 da Waterloo Rd.). Há algumas mesinhas no interior se, por acaso, quiser comer ali – mas prepare-se, a padaria fecha às 4h da tarde (exceto aos domingos, quando não abre).

Os métodos de panificação caseiros da Lucy's e as receitas tradicionais são perfeitamente adequados à cena locavore da área do mercado do produtor, onde o Box da Lucy's é uma instalação semanal. É o tipo de preocupação artesanal independente, que diz respeito à Slow Food. E mais, é uma pequena fatia da história do Meio-Oeste, embrulhada em camadas finas de massa de strudel.

ⓘ 2516 Buckeye Rd. (✆ **216/752-0828**; www.lucysweetsurrender.com).
✈ Internacional de Cleveland (24 milhas/15 km).
🛏 $$ **Radisson Hotel Cleveland Gateway**, 651 Huron Rd. (✆ **800/333-3333** ou 216/377-9000; www.radisson.com). $$ **Glidden House**, 1901 Ford Dr. (✆ **800/759-8358** ou 216/231-8900; www.gliddenhouse.com).

---

482 O Melhor da Panificação

Boule Patisserie
A Loucura do Biscoito de Amêndoa
Los Angeles, Califórnia

Na L.A. da consciência corporal, uma panificadora tem que oferecer algo verdadeiramente especial para inspirar um exagero calórico. A Boule Patisserie parece ter acertado em uma fórmula vencedora: massas de vanguarda com sabores exóticos, que parecem pequenas obras de arte engenhosas, e ainda dispensam um desejo e tanto por açúcar. Se forem um pouco caros, tanto melhor – isso só acrescenta ao seu status de luxo.

O nome é francês, e a decoração séria de paredes azuis claras, tem um certo ar francês chique, mas isso aqui não tem nada a ver com os pães franceses – coisas como uma rica torta de chocolate diabólica, enrolada em uma fina capa de chocolate suave, um cheesecake macio como travesseiro feito de queijo branco da Cowgirl Creamery, ou o bolo de especiarias marrom úmido grudento. Há toda uma linha de chocolatinhos artesanais com infusão de todos os tipos de sabores globais, tais como os limões asiáticos, a pimenta habañero, o chá Lapsang souchong, ou os feijões tonka da América do Sul. A seção de sorvetes oferece uma seleção rotativa de delicados sorbets e de sorvetes cremosos com alto teor de gordura e sabores vívidos.

No entanto, o item em que os frequentadores mais se ligam são os macarons de estilo europeu – biscoitos de amêndoa mais leves que o ar, em forma de sanduíche, ao redor de vários recheios de creme, e coloridos com nuances intensas para combinar. (Eles são um assunto totalmente diferente dos macaroons double-o americanos). O jogo de textura e gosto pode ser como uma sinfonia quando funciona direito, combinando a casquinha levemente estaladiça com o interior um pouco puxa-puxa, e um gostinho doce que derrete na sua boca. Uma ampla gama de sabores na vitrine chega a confundir, uma mudança constante de sabores como amora, água de rosas, chocolate venezuelano, coco, limão Meyer, maracujá, maçã com canela, lavanda ou café. (Inevitavelmente, quando você descobre o que você gosta, ele não vai estar disponível da próxima vez que você vier até a loja).

Boule é a ideia mãe da premiada chef de panificação Michelle Meyers, uma cofundadora dos restaurantes Sona e Comme Ça, e

Só Sobremesas

conquistou tanto seus críticos como os partidários. Como uma inovadora da panificação que está ligada no radar da gastronomia, Meyers ultrapassa os limites com frequência; nem todas as suas combinações de gosto controverso funcionam. Não importa. Você tem que experimentar a Boule quando estiver em Los Angeles, nem que seja só para citar o nome no próximo coquetel que for convidado.

ⓘ 420 N. La Cienega Blvd. (✆ **310/289-9977**; www.boulela.com). Também no número 413 da Bedford Rd., em Beverly Hills (✆ **310/273-4488**).

✈ Internacional de Los Angeles (12 milhas/19 km).

🛏 $$$ **Peninsula Beverly Hills**, 9882 S. Santa Monica Blvd. (✆ **800/462-7899** ou 310/551-2888; www.peninsula.com). $ **Best Western Marina Pacific Hotel**, 1697 Pacific Ave., Venice (✆ **800/786-7789** ou 310/452-1111; www.mphotel.com).

Chocolates da Boule Patisserie, em Los Angeles.

O Melhor da Panificação 483

Macrina Bakery
Como Rolam os Biscoitos
Seattle, Washington

Com bastante frequência, padarias de varejo desprezam o humilde biscoito, esse bastião da panificação caseira. Não é o que acontece na panificadora Macrina, no bairro Beltown, em Seattle.

A proprietária Leslie Mackie não é só uma aclamada fabricante de pães artesanais – apesar de sê-lo também. Ela é uma seguidora apaixonada da importância das refeições em criar uma comunidade. Os pães e assados da Macrina, sempre que possível, incorporam ingredientes da região local (orgânicos e naturais, nem precisava dizer), mas eles também buscam as antigas tradições rústicas, as comidas caseiras originais.

Desde que inaugurou o café, em 1993, itens caseiros como os muffins, os scones, os biscoitos de leite amanteigados, e os coffee cakes têm se destacado no menu. Clientes antigos, porém, sempre voltam por conta dos biscoitos – substanciosos biscoitos essencialmente americanos como o de melado e gengibre, os snickerdoodles, de pasta de amendoim, chocolate chip, e shortbread de açúcar mascavo. Se você quiser ficar fantasiando, há um biscoito de pasta de amendoim com aveia e chocolate chip, e o biscoito de chocolate, damasco e expresso. Os brownies, as barras de aveia e frutas, os macarrons (do tipo puxa-puxa com coco) e os austeros bolinhos de aveia escoceses – esses são os tipos de doces simples que a Macrina serve. Nesses tempos de biscoitos produzidos em série, cheios de gorduras transgênicas e conservantes, o simples prazer de um biscoito caseiro à moda antiga – feito com os ingredientes mais puros – não pode ser desprezado.

Enquanto cada vez mais moradores de Seattle se tornam frequentadores assíduos da Macrina, o local em Belltown acabou se expandindo em mais de uma padaria, servindo um menu limitado de saladas, sanduíches, e pequenas pizzas. Locais menores no bairro de Queen Anne (615 W. McGraw St.; ✆ 206/283-5900) e em Vashon Island (19603 Vashon Hwy. SW; ✆ 206/567-4133) também foram acrescentados. Agora que Mackie publicou o livro de receitas da Macrina, e seus pães rústicos estão à venda em lojas especializadas por toda a cidade, o lugar não parece mais um segredo do bairro. Esteja preparado para esperar por até uma hora por uma mesa no ponto de Belltown; o serviço pode ser descuidado.

Para os fãs dos cookies, porém, tudo isso não tem importância. Eles se posicionam perto da vitrine de pães de estilo antigo perto do balcão, com intenção de pegar as delícias consistentes, úmidas e puxa-puxa de hoje. Agora só acrescente um filão desse pão fresco divino à sua sacola e você está pronto para ir embora.

ⓘ 2408 First Ave. (✆ 206/448-4032; www.macrinabakery.com).

✈ Internacional Seattle-Tacoma (14 milhas/ 23 km).

🛏 $$$ **Inn at the Market**, 86 Pine St. (✆ **800/446-4484** ou 206/443-3600, www.innatthemarket/com). $$ **Bacon Mansion Bed & Breakfast**, 959 Brodway E (✆ **800/240-1864** ou 206/329-1864; www.baconmansion.com).

Artigos de panificação da Macrina, em Seattle.

O Melhor da Panificação

484

Golden Gate Fortune Cookies Co.
Uma Sobremesa que se Pode Ler
São Francisco, Califórnia

Pode ser turístico, mas essa pequena fábrica abrigada em uma alameda de Chinatown oferece um olhar para uma rua lateral intrigante da história da cozinha americana: o fortune cookie.

Por mais que possa ser difícil para a maioria dos americanos acreditar, os fortune cookies não são o fim tradicional para uma refeição chinesa na China, mas uma estratégia dos imigrantes chineses do século XX para conquistar os americanos, que adoram sobremesas para irem a seus restaurantes. (Os chineses mesmo costumam terminar a refeição com uma fruta). O que eles inventaram não era nem mesmo chinês, mas um cookie novo, que foi feito pela primeira vez no Japão; um wafer açucarado crocante, dobrado em forma de meia-lua, com dizeres do tipo koan, em tirinhas de papel assadas dentro. Transplantados para os Estados Unidos, a indústria do cookie cresceu, apesar de continuar dominada por negócios de famílias japonesas. Mulheres imigrantes japonesas

Só Sobremesas

7 Lugares Para se Comer em . . . Bruxelas, Bélgica

Com mais estrelas do guia Michelin per capita do que qualquer outra cidade do mundo – sim, até mais do que Paris – Bruxelas não fica atrás de nenhum outro lugar no que diz respeito à comida. Os residentes de Bruxelas são apaixonados por comer, seja em elevados palácios gastronômicos em volta da Grand-Place, nas lanchonetes étnicas ao longo da estreita rua de paralelepípedos de Bouchers ou no mais humilde dos vendedores de rua. Não espere surpreendentes lançamentos de moda – Bruxelas é uma cidade de culinária profundamente tradicional – mas com tradições assim saborosas, ela pode se dar ao luxo.

Comer bem em Bruxelas não significa reservar uma mesa em um restaurante do momento. Também pode significa entregar-se a duas das comidas de rua mais deliciosas do mundo. Os waffles quadrados e grossos da Bélgica, cheios de açúcar de confeiteiro, são oferecidos em bancas de waffle em toda a cidade; os residentes apostam na variedade um pouco mais doce de Liege, vendida pela cadeia ⓘ **Belgaufra**, com várias filiais pela cidade. Então há as frites belgas, talvez as melhores batatas fritas do mundo, fritas duas vezes para uma casca crocante; a cidade está lotada de barracas vendendo as frites em cones de papel, tipicamente com cobertura de maionese (apesar de muitos outros molhos serem oferecidos como um extra). Geralmente pode-se levar as suas frites para um bar próximo para acompanhar a sua bebida – procure as placas que dizem frites acceptés. Cada habitante da cidade tem a sua barraquinha preferida, mas uma que se destaca é a ⓘ **Maison Antoine**, na Place Joudanplein, próxima do Parlamento Europeu.

Outro ótimo prato local de Bruxelas são os mexilhões no bafo (os mussels de Brussels – até rima!), servidos em grandes tigelas, tipicamente em um caldo feito com vinho branco e alho. O enorme, apinhado ⓘ **Chez Léon** (rue des Bouchers 18; ⓒ **32/2/511-14-15**; www.chezleon.be) tem sido o melhor ponto da cidade para os mexilhões, desde 1893. Apesar de ter aberto várias filiais, esse salão barulhento na rue de Bouchers, com suas toalhas de papel xadrez e sua cozinha aberta, ainda serve

O Comme chez Sol é uma máquina do tempo de desenho Art Nouveau e da cozinha clássica francesa.

491 7 Lugares Para se Comer em ... Bruxelas, Bélgica

os mexilhões mais saborosos – fritos, assados e gratinados no bafo, até crus na estação – sem mencionar as frites maravilhosamente crocantes. Seu rival mais próximo é o simpático restaurante local com acabamento em madeira 488 **Au Vieux Bruxelles** (Rue St-Boniface 35; ℂ **32/2/503-31-11**; www.auvieuxbruxelles.com), datando do ano 1882, que apresenta mais algumas maneiras ousadas de se servir os mexilhões – com molho curry, por exemplo, ou com queijo roquefort. Ambos também servem uma gama de outros pratos tradicionais belgas, como o waterzooi (um guisado rústico) ou a enguia em molho verde.

Todo visitante de Bruxelas deve gastar com pelo menos uma noite em um dos melhores pontos de jantar finos da cidade. A reserva que você deve fazer bem antes da sua chegada é para jantar no 489 **Comme chez Soi** (Place Rouppe 23; ℂ **32/2/512-2921**; www.commechezsoi.be). Ele não é apenas uma pérola do design de Art Nouveau (uma das especialidades arquitetônicas de Bruxelas), ele também exibe uma das cozinhas clássicas mais elaboradas da Europa. O menu muda com frequência, mas o faisão com alecrim, medalhões de lagosta com risoto, ou coelho com crosta de cardamomo com linguiça de arinelas de vitela estão entre os tipos de pratos principais a serem esperados. Peça uma mesa na cozinha, onde poderá assistir o chef principal Pierre Wynants, trabalhando. Outro vencedor da cozinha clássica francesa, o 490 **Le Maison du Cygne** (Grand-Place 9; ℂ **32/2/511-82-44**; www.lamaisonducygne.be), tem uma localização imbatível bem na Grand-Place, um arranjo perfeito para um cartão-postal da empena da prefeitura do século XVI, a vista arquitetônica mais famosa de Bruxelas. Com suas paredes polidas em cor de castanha, as luminárias de parede de bronze, e o veludo verde, o Le Maison de Cygne tem haute cuisine por todo canto, e carrega muito bem a sua imagem, com clássicos executados de maneira suprema como o faisão assado, os tournedos de carne bovina com fígado de pato, as ostras no champanhe, e o lambari com crosta de sal.

Enquanto estiver na área de Grand-Place, porém, não ignore o restaurante de adega com teto em arco de tijolos, o aconchegante 491 **'t Kelderke** (Grand-Place 15; ℂ **32/2/531-73-44**). Para a cozinha substanciosa destacadamente belga – bloedpens (linguiça de sangue), stoemp (purê de batata com vegetais) com boudin (linguiça), lapin à la gueuze (coelho na cerveja de Bruxelas), ou o robusto carbonnades à la flamande (guisado flamengo de carne bovina) – é imbatível; você verá tanto os residentes de Bruxelas como turistas apinhando suas longas mesas de madeira.

✈ Bruxelas (14 km/9 milhas)
🛏 $$$ **Le Dixseptième**, rue de la Madeleine/Magdalenastraat 25 (ℂ **32/2/502-57-44**; www.ledixseptieme.be). $$ **Mozart**, rue du Marché-aux-Fromages 23 (ℂ **32/2/502-66-61**; www.hotel-mozart.be).

Só Sobremesas

forneceram a mão-de-obra barata para o trabalho complicado de dobrar cuidadosamente os cookies à mão, antes que eles endurecessem no ar frio. (Leia no fascinante livro de Jennifer 8. Lee The Fortune Cookie Chronicles, para ver a história completa desse fenômeno).

A fábrica pode ser difícil de localizar, porque os números das ruas nem sempre aparecem em Chinatown, mas siga o cheiro dos cookies assando e você irá encontrar o seu caminho até essa fabriqueta estreita e abarrotada. No ramo desde 1962, a Golden Gate Fortune Cookies Co. não é mais uma produtora de fortune cookies importante – ela foi superada por outras companhias com plantas maiores e mais automatizadas, que podem fabricar cookies em um volume muito maior. Nessa máquina mais velha, porém, você tem uma visão mais clara do fino wafer marrom vindo dos discos de ferro fundido da prensa de cookies; a destreza das mulheres colocando as sortes dentro e dobrando os cookies é mesmo impressionante.

Apesar de não cobrarem a entrada, há um acordo tácito de que você irá comprar alguns cookies em retribuição. Você pode comprá-los em pequenos pacotes ou no atacado; mas você pode trazer as suas próprias mensagens e vê-las serem colocadas nos cookies frescos à sua frente. Os cookies vêm em muitos sabores diferentes inesperados – morango, amêndoa, gergelim, chocolate – e eles têm um gosto maravilhoso quando ainda estão frescos e quentes. (Você percebe, de repente, o quanto os cookies que você come, na maior parte dos restaurantes chineses, estão velhos). O tour não leva mais do que alguns minutos, e a fábrica é tão pequena, que não há espaço para se ficar. Mas você nunca comerá um cookie da sorte novamente sem se lembrar desse pequeno seminário aconchegante.

ⓘ 56 Ross Alley, entre as ruas Washington e Jackson, (✆ **415/781-3956**).
✈ Internacional de San Francisco (14 milhas/23 km).
🛏 $$$ **Hotel Adagio**, 550 Geary St. (✆ **800/228-8830** ou 415/775-5000; www.thehoteladagion.com). $ **Hotel des Arts**, 447 Bush St. (✆ **600/956-4322** ou 415/956-3232; www.sfhotelsdesarts.com).

Sorveterias 492

French Vanilla & Beyond
Berthillon
Paris, França

A máquina de sorvete foi uma consideração tardia quando Raymond Berthilon abriu seu café, em 1954, em seu pequeno hotel na aristocrática Ille St-Louis. Mas quando uma porção de crianças das escolas locais fez fila para comprar seus sorvetes todas às tardes, logo os adultos na vizinhança começaram a prestar atenção. Eles descobriram que os glacês Berthilion eram arrebatadores – feitos com ovos frescos, leite integral, açúcar puro, e sabores cuidadosamente procurados – eram mais do que delícias de crianças. No final, Berthillon se entregou a esse destino; ele deixou o negócio da hotelaria e se concentrou no sorvete, diversificando apenas ao acrescentar uma linha de sorbets de fruta alguns anos depois.

Vá para frente um século, e os descendentes de Raymond ainda estão vendendo ricos glacês cremosos na loja original com lambri de madeira, nessa ilha do Sena, a leste da Ile de la Cité de Notre-Dame. Há alguns anos, eles acrescentaram um café ao lado onde eles servem artigos de panificação, sucos, café e chá – apenas chá de Marlage Fréres, naturellement. Todo o sorvete ainda é feito dentro das instalações, com leite e creme entregues frescos toda manhã. Apesar dos sabores natuais dependerem de quais ingredientes os fabricantes

Vivoli Gelato

de sorvete foram capazes de obter naquele dia, a longa lista de possibilidades inclui inúmeras variações de chocolate e caramelo, assim como pistache, castanha, pinholi, laranja, menta, banana, melão, laranja siciliana, café, cappuccino, e até sorvetes com Grand Marnier ou uísque. Além de um número surpreendente de sorbets de frutas (inclusive de grapefruit cor-de-rosa, ruibarbo, damasco, lichia), eles também fazem alguns sabores com base de licor como cassis e coquetel exótico.

Com sabores tão exóticos quanto os deles – só tente imaginar o gosto que tem o crocante com limão e coentro! – até sabores básicos como o chocolate e a baunilha são transformados quando eles são feitos com manteiga de cacau da Costa do Marfim ou vagens de baunilha vindas do Madagascar. E, nas palavras de Raymond Berthillon, você sempre pode saber quando um fabricante de sorvete é bom pela qualidade do seu sorvete de baunilha. A prova está na fila do lado de fora, especialmente quando o clima está quente: o sorvete de Berthillon vale a pena a espera.

ⓘ Rue St-Louis 29 (☏ **33/1/43 54 31 61**; www.berthillon.fr).
✈ De Gaulle (23 km/14 milhas); Orly (14 km/ 8 2/3 milhas).
🛏 $$ **La Tour Notre Dame**, 20 rue du Sommerard, 5e (☏ **33/1/43-54-47-60**; www.la-tour-notre-dame.com). $ **Hotel de la Place des Vosges**, 12 Rue de Birague, 4e (☏ **33/1/42-72-60-46**; www.hotelplace-desvosges.com).

Sorveterias

493

Vivoli Gelato
A Capital do Sorvete do Mundo
Florença, Itália

Aqueles que apreciam um sorvete costumam falar de Florença à boca pequena, como a capital do sorvete do mundo. Desde o século XVI, quando era a sobremesa preferida da dinastia Medici, a qual estava no poder, essa cidade famosa do Renascimento tem sido conhecida por seu sorvete sublime, feito com base de gema de ovos, que o torna denso e cremoso. Tanto a quantidade como a qualidade da sorveteria de Florença, nos dias de hoje, são inigualáveis, e todo conhecedor com estilo próprio tem o seu preferido secreto. Mas, no final, quase todo mundo concorda que a sorveteria mais importante de Florença é: a Vivoli.

Fundada em 1930, a Vivoli ainda tem apenas uma loja, e uma que é despretensiosa, uma frente de estuque liso com janelas pequenas e uma placa de neon cor de laranja quase insignificante. As receitas tradicionais da loja, porém, produzem um sorvete excepcionalmente rico, com uma textura aveludada que parece mágica na boca. Os gelatos de

O sorvete da Vivoli, em Florença.

433

Só Sobremesas

chocolate são especialmente intensos; eles também servem alguns sabores de mousse que são extremamente leves. Pedacinhos de fruta ou caramelo podem estar misturados no gelato para realçar o sabor também. A Vivoli só serve gelatos que sejam feitos no dia, portanto, pode ser que o sabor que você deseje não esteja disponível, mas é mais um motivo para se aventurar a experimentar mais sabores, como o de pêra com caramelo ou de mousse de cassis. Também seguindo a tradição, a Vivoli serve o seu gelato em xícaras – não há casquinhas na loja.

A Vivoli fica quase sempre cheia de turistas – com essa localização central próxima da Santa Croce, fica fácil para quem está passeando por ali – e com essa ligação como o turismo, eles foram capazes de alcançar preços acima da média, e porções menores do que o normal. Especialmente no verão, residentes locais desdenhosos podem se refugiar no Perchè Noi (Via dei Tavolini 19/r; (39/55/239869) ou na Gelateria del Neri (via del Neri 20-22; (39/55/210 034), duas outras excelentes gelaterias no centro da cidade. (Como é fácil ser um esnobe do gelato, se você tem a sorte de morar em Florença!) A solução para qualquer visitante equilibrado, claro, é ser imparcial e experimentar todos – se possível duas ou três vezes.

ⓘ 7 via Isole delle Stinche (ⓒ **39/55/292334**; www.vivoli.it).

🛏 $$$ **Hotel Monna Lisa**, Borgo Pinti 27 (ⓒ **39/55/247-9751**; www.monalisa.it). $ **Hotel Abaco**, Via Dei Banchi 1 (ⓒ **39/55-238-1919**; www.abaco-hotel.it).

Sorveterias 494

Il Gelato di San Crispino
A arte e a Ciência do Gelato
Roma, Itália

Por mais de um século, a gelateria mais antiga de Roma, a brilhante **Giolitti** (40 via Uffici Del Vicario; (ⓒ **39/6/6991243**, próximo à Piazza Navona), domina a cena dos gelatos de Roma com uma enciclopédia de sabores inventivos e sundaes extraordinários, servidos em seu café logo ao lado. Mas isso foi antes dos irmãos Alongi instalarem a sua loja na suburbana Via Acacia, em 1993. Inspirados pelos gelatos que provaram quando eram estudantes em Florença – especialmente o gelato da Vivoli (veja acima) – Giuseppe e Pasquale Alongi, junto com a mulher de Giuseppe, Paola, decidiram que chegara a hora de reinventar o gelato.

Os irmãos Alongi não são apenas artesãos do sorvete, eles são cientistas do sorvete. Eles são cuidadosos não só a respeito da pureza e frescor de seus ingredientes, mas sobre o controle da temperatura na qual eles são armazenados. (Porque eles não usam conservantes químicos ou emulsificantes, as temperaturas de congelamento são essenciais para prevenir que estrague e conservar a textura de suavidade uniforme). Eles desenvolveram uma receita distinta – ou talvez devesse se chamar uma fórmula – para cada sabor de gelato, com proporções precisas calibradas para garantir que a textura, o aroma, o equilíbrio dos sabores esteja exatamente correto. Eles se recusam a acrescentar corantes para colorir seus gelatos – não pense que vai encontrar aqueles costumeiros efeitos de arco-íris nas suas vitrines. E como a Vivoli, eles servem em tigelas, não em casquinhas. Na teoria, o gosto da casquinha altera o sabor do gelato.

Os sabores mais conhecidos da San Crispino incluem o zabaglione, feito com ovos orgânicos e vinho Marsala envelhecido; o sabor da "casa" da San Crispino, feito delicadamente com mel de alta qualidade, e, as sempre populares, castanhas e pistaches, feitos com as frutas frescas moídas manualmente. E ao passo que o verão traz uma quantidade de sabores de frutas celestiais –

495 La Sorbetteria Castiglione

coisas exóticas como romã e grapefruit cor-de-rosa, e um sorvete de pêra simplesmente divino – eles se recusam a fazê-los fora da estação quando a fruta local não está madura.

Estimulados pelo louco sucesso da loja da Via Acacia (a certo ponto, a cidade teve que destacar policiais para gerenciar as filas do lado de fora), os Alongis abriram mais filiais em volta de Roma, mais notadamente uma na via della Panetteria, onde o trânsito de turistas à pé vindos da próxima Fontana di Trevi, garante um fluxo de comércio constante. Eles dizem, porém, que nunca abrirão uma filial fora da Itália, temendo que os produtos locais alterem suas fórmulas ou que o transporte vindo de distâncias muito longas possa interferir em seu rígido controle de temperatura. Com dom para o marketing, eles mobilizaram as lojas com uma aparência moderna e aerodinâmica que parece mais um laboratório do que uma sorveteria – os funcionários até usam jalecos brancos.

ⓘ Via Della Panetteria (✆ **39/6/679 39 24**); Via Acaia 56 (✆ **39/6q704 504 12**); também na Via Collatina, na Piazza della Maddalena, e no aeroporto Flumincino; www.ilgelatodisancrispino.it.

✈ Aeroporto Internacional Leonardo da Vinci (Flumicino, 30 km/19 milhas).

🛏 $$$ **Hotel de Russie**, Via de Babuino 9 (✆ **800/323-7500** nos E.U.A. e Canadá, ou 39/6/328881, www.roccofortehotels.com). $ **Hotel Grifo**, Via Del Boschetto 144 (✆ **39/6/4871395**; www.hotelgrifo.com).

495 Sorveterias

La Sorbetteria Castiglione
Congelado no Tempo
Bolonha, Itália

A terceira do trio de destinos de loja de gelato na Itália é, de certa maneira, a mais evocativa. Ela está instalada no limite do centro histórico de Bolonha, um panorama estarrecedor dos prédios cor de barro, calçadas de mármore, e pórticos em arco; ao caminhar aqui, em uma noite suave de verão, para a sua dose noturna de gelato, você se sente quase como se estivesse em um filme de Merchant-Ivory. A placa deliberadamente antiga sobre a **La Sorbetteria Castiglione** faz com que ela pareça estar ali há muito mais tempo do que desde 1994.

Por dentro, é uma loja que brilha, você irá notar que os funcionários estão tirando o gelato de recipientes de aço inoxidável intocados – um bom sinal de que ele é feito no local em vez de transportado de uma fábrica em baldes de plástico. Você também vai notar os pedaços de chocolate, frutas frescas, frutas secas cristalizadas, até figos caramelizados misturados no gelato feito com uma base de ovo. E olhando para o menu colocado sobre o balcão, você verá os sabores típicos com nomes charmosos que vêm dos filhos dos proprietários Giacomo e Marina Schiavon (como o creme Michelangelo, com crocante de amêndoas, o creme Edoardo, mascarpone com pinholi caramelado, ou o dolce Karin, chocolate branco e crocante de avelã); o menu em si é impresso sobre fotos em preto e branco das crianças.

A La Sorbetteria Castiglione é o tipo de fabricante de gelato artesanal que se espera encontrar na capital gastronômica da Itália. Os Schiavons também tocam uma confeitaria um pouco abaixo, na mesma rua (**Il Coccolato**, Via Castiglione 44/B) que vende alguns chocolates artesanais maravilhosos, provavelmente o mesmo chocolate que criva o rico gelato straciatelle e que faz do gelato de chocolate escuro uma experiência reveladora. Como a maioria dos gelatos de Bolonha, a La Sorbetaria não tem gelatos muito doces, permitindo que os vários sabores se destaquem; os Schiavons não oferecem tantos sabores quanto alguns de seus rivais, mas isso permite que eles se concentrem nos

Só Sobremesas

sabores que fazem melhor. O fato de La Sorbetteria Castiglione ser citada com frequência como o melhor gelato da Itália (o que provavelmente faz dele o melhor gelato do mundo também), é um belo atestado da paixão dos Schiavons pelos ingredientes frescos e a escrupulosa mistura manual.

Só ser considerado o melhor fabricante de gelatos em Bolonha já seria um prêmio suficiente. Os outros melhores concorrentes de Bolonha são muito bons também: o **Gianni's** (via Monte Grappa 11/A, (✆ **39/51/233 008**; via S. Stefano 14/A,(✆ **39/51/238 949**), conhecido por seus sabores de nomes criativos fora do convencional; o Stefino (via Galiera 49/b; (✆ **39/51/246 736**), admirado por seus gelatos de chocolate denso; e o Gelatauro (Via San Vitale 98; (✆ **39/51/230**

049), que tem uma aprovação especial por usar apenas produtos orgânicos e ingredientes exóticos como o jasmim, a bergamota, a abóbora, as sementes de erva-doce e a canela. Você deve a si mesmo uma estadia em Bolonha por tempo suficiente para experimentar todos os quatro.

ⓘ La Sorbetteria Castiglione, via Castiglione 44 (✆ **39/51/233 2587**; www.lasorbetteria.it).
✈ Internacional Marconi (6 km/3 ¾ milhas).
🛏 $$$ **Grand Hotel Baglioni**, Via dell'Indipendenza 8 (✆ **39/51/225445**; www.baglionihotels.com). $ **Albergo Della Drapperie**, Via della Drapperie 5 (✆ **39/51/223955**; www.albergodrapperie.com).

Sorveterias 496

Heladería Coromoto
Uma para o Livro de Recordes
Mérida, Venezuela

Em 1981, quando o imigrante português Manuel da Silva Oliveira abriu sua sorveteria nessa pitoresca cidade colonial, não havia nenhuma indicação de que o prédio de estuque cor de laranja de um só pavimento fosse se tornar uma das maiores atrações turísticas de Mérida. A maior parte dos visitantes dessa cidade universitária no oeste da Venezuela, era do tipo que aprecia a vida ao ar livre, e vinham para cá interessados em subir no bondinho mais alto e de percurso mais longo do mundo numa viagem de tirar o fôlego até o Pico Espejo, com 4.765 m (15.629 pés) de altura. Quem tinha ouvido falar de sorvete?

Oliveira, um trabalhador da construção civil e antigo chef, começou o negócio oferecendo apenas quatro sabores básicos de um sorvete decente, mas comum. Em seu tempo livre, porém, Oliveira passou a experimentar com outros sabores, começando com o de abacate. Foi um sucesso imediato e com o passar do tempo ele se tornou cada vez mais ousado. Até a Heladeria Coromoto acabar entrando para o Livro Guinness de Recordes Mundiais, com uma lista contendo por volta de 900 sabores de sorvete, escritos em papéis colados em duas paredes formando uma louca colcha de retalhos. (A outra parede é coberta de recortes de jornais e cartões-postais de clientes satisfeitos). Seguindo um sistema de rotatividade, uma média de 75 sabores está disponível diariamente atrás do comprido balcão de vidro; apesar do serviço eficiente, as filas se movem lentamente, enquanto cada consumidor luta para escolher apenas um ou dois sabores.

Alguns sabores da Coromoto, embora pouco convencionais, fazem um doce sentido, como o sorvete com sabor de Coca-Cola, ou as variedades de abóbora, champanhe, feijão preto, gengibre ou de flor de laranjeira. Mas também há sabores que chegam a ser ultrajantes como alho, truta defumada, atum, caranguejo, sardinha, abacate, cebola, lula, pimenta, hambúrguer, aspargos ou toucinho de porco frito. A maioria dos consumidores prova esses sabores apenas pela novidade, e ficam agradavelmente surpresos ao descobrir que afinal são saborosos. Parte do segredo de Oliveira é que ele realmente mistura pedacinhos dos alimentos na base de sorvete, em vez de utilizar sabores artificiais. (Bem, com exceção do sorvete sabor

Viagra – que contém apenas afrodisíacos tradicionais como mel e pólen, embora possa haver um efeito placebo, só pelo nome). Já que veio até aqui, saiba que a Coromoto's fecha às segundas e não abre antes das 2h da tarde.

ⓘ Av. 3, #28-75 (ⓒ **274/252-3525**); também na Calle 29 em frente à Plaza el Llano.

✈ Mérida (25 km/15 milhas).

🛏 $$ **Hotel & Spa La Sevillana**, Sector Pedregosa Alta (ⓒ **274/266-3227**; www.andes.net/lasevillana). $ **Posada Casa Sol**, Avenida 4 (ⓒ **274/252-4164**; www.posadacasasol.com).

497 Sorveterias

Four Seas Ice Cream (Sorvetes Quatro Mares)
Clássico Americano
Centerville, Massachusetts

Talvez tenha algo a ver com o quanto o verão da Nova Inglaterra pode ser curto – as águas do Atlântico são de gelar os ossos até o fim de junho, e já no meio de agosto, as noites ficam frias novamente. É por isso que os habitantes da Nova Inglaterra tendem a ser tão apaixonados pelos prazeres do verão como os clam-bakes, o minigolfe, as tortas de mirtilo, e o sorvete – especialmente o sorvete. Por que não, quando você tomar um sorvete de uma barraca de beira de estrada antiga como a Four Seas?

Aberta apenas do meio de maio até o início de setembro, a Four Seas está no ramo desde 1934, apesar do prédio de telhado baixo que ela ocupa – uma loja de ferragens antiga – ser ainda mais velho. Ao cruzar Centerville através da rua principal vindo da próxima Hyannis, você não pode deixar de ver a placa de neon azul e branca – é um pulinho a leste do único semáforo da cidade, com apenas uma jarda do asfalto irregular entre a estrada e a sua frente de venezianas de alumínio. Todo o sorvete é feito no local, e servido por honestos e bem-arrumados alunos do ensino médio das escolas locais (é um dos trabalhos mais procurados no verão na região). Geralmente, há dezenas de sabores disponíveis todos os dias, inclusive alguns frozen yogurts e sherbets, mas o sorvete aqui é tão prazerosamente cremoso em sua gordura, os frequentadores assíduos tendem a abrir mão de suas dietas por eles, noite após noite. A fila é, na maior parte das vezes, por sabores como pêssego, banana, nozes com maple, amoras pretas, coco, crocante amanteigado, e menta – alguns deles tão dependentes do frescor e da qualidade dos ingredientes que fica difícil encontrá-los em qualquer outro lugar.

No interior, há alguns recantos de madeira apinhados, mas o Four Seas fica geralmente tão cheio a cada noite de verão, que tudo o que você pode fazer é se apertar pela porta basculante, pedir o seu sorvete no balcão de fórmica desgastado, e sair. Além disso, ficar no caído estacionamento de cascalho com mato em volta é parte essencial da experiência toda. Os vizinhos do verão compartilham histórias passo a passo de dias de passeio de barco ou partidas de golfe, enquanto as crianças queimadas de sol, ainda em suas roupas de banho e sujas de areia, correm descalças atrás dos carros e lambem o sorvete que escorreu pelos pulsos. De vez em quando, um cachorro late rouco, e se prestar bem atenção, você vai ouvir o gralhar das gaivotas, ou o soar da boia na contígua Craigville Beach – todos os sons de um perfeito verão da Nova Inglaterra.

ⓘ 360 S. Main St. (ⓒ **508/775-1394**; www.fourseasicecream.com).

✈ Hyannis (2 milhas/3 km).

🛏 $$$ **Centerville Corners Inn**, 1338 Craigville Beach Rd., Centerville (ⓒ **800/242-1137** ou 50/775-7223; www.centervillecorners.com). $$ **SeaCoast Inn**, 33 Ocean St., Hyannis (ⓒ **800/466-4100** ou 508/775-3828; www.seacoastcapecod.com).

Só Sobremesas

Sorveterias 498

Churrascaria Doumar's
Casquinha doce Casquinha
Norfolk, Virgínia

Deixe as lojas de gelato italianas esnobarem e servir seus confeitos cremosos em casquinhas, a maneira clássica de aproveitar o sorvete americano é em cima de uma casquinha de waffle. E temos que agradecer um imigrante sírio chamado Abe Doumar por ter inventado essa casquinha. A lenda diz que o vendedor de rua, Doumar, inventou a casquinha em um surto de inspiração, ao enrolar o waffle crocante de um vendedor vizinho de uma maneira casual, para vender o sorvete sem servir tigelas na feira mundial de St. Louis, de 1904.

Logo depois do seu triunfo mundial, Doumar abriu uma barraca de sorvete na casquinha no parque de diversões de Norfolk Ocean View. O seu irmão George transportou o comércio para esse local, em 1934, expandindo-o completamente para um novo tipo de restaurante – um restaurante de drive-in, para investir na cultura crescente do automóvel nos Estados Unidos. O filho de George, Albert, que administrou o local por anos, ainda aparece quase toda manhã para assar casquinhas nas máquinas originais de waffle, apesar da geração mais jovem dos Doumars estar à frente do negócio hoje em dia.

Com suas garçonetes e serviço no carro, o Doumar's Barbecue tem um grande ambiente nostálgico do tipo *American Graffiti*, e os hambúrgueres e sanduíches de carne desfiada de porco desfiada são os preferidos locais. Mas a placa histórica do lado da estrada proclama – o nome de Doumar ladeado por duas casquinhas de sorvete em neon gigantescas – o sorvete ainda é o carro-chefe do Doumar's. Dentro, a aparência é de uma loja clássica de refrigerantes, com piso xadrez preto e branco, nichos de corino vermelho com mesas com tampo de fórmica, e listas vermelho cereja de aço correndo ao longo do balcão. O Doumar's ainda serve muito sorvete nos cones de waffle; quando o

O Doumar Barbecue apresenta garçonetes, serviço no carro e casquinhas de sorvete feitas no local.

tempo está bom, eles até levam a máquina de fazer casquinhas para a calçada da frente para que as crianças possam vê-la funcionando. O sorvete colocado com uma pá nessas casquinhas é uma porção fofa particularmente cremosa, que vem só em quatro sabores – chocolate, baunilha, morango e pecan – e tão diferente do Dairy Queen quanto poderia ser. (Eles também fazem um milkshake fantasticamente grosso).

ⓘ 1919 Monticello Ave. (✆ 757/627-4163; www.doumars.com).
✈ Aeroporto Internacional de Norfolk (5½ milhas/9 km).
🛏 $$$ **Page House Inn**, 323 Fairfax Ave. (✆ **800/599-7659** ou 757/625-5033; www.pagehouseinn.com). $$ **Tazewell Hotel & Suites**, 245 Granby St. (✆ **757/623-6200**; www.thetazewell.com).

499 Sorveterias

Beantown's Creamiest
A Bola da Vez
Boston, Massachusetts

Quem sabe por que Boston é um lugar onde o sorvete é tão bom? Não fica em um estado produtor de leite, ou mesmo em um clima quente, e, no entanto, os moradores de Boston são abençoados com um número extraordinário de sorveterias de nível internacional, lugares que servem sorvetes de gastronomia feitos com gordura e muitas misturas e sabores exóticos de gourmet.

Vamos começar o nosso tour onde tudo começou: na **Herrell's** (15 Dunster St., Harvard Square; ✆ **617/497-2179**), administrada por Steve Herrel, que, em 1973, inventou a ideia de misturar cookies esmagados e balas no sorvete de alta qualidade em sua loja original em Somerville, a Steve's Ice Cream (já vendida). Os ingredientes de qualidade e a produção em pequenas quantidades mantêm a Herrell's no topo da lista dos apreciadores de sorvete no mundo. Depois veio a **Emack & Bolio's** 290 (290 Newbury St., ✆ **617/536-7127**; 255 State St., ✆ 617/367-0220; 140 Brookline Ave., ✆ 617/262-1569; 23 White St., Cambridge, ✆ 617/492-1907; www.emackandbolios.com), fundada em 1975 por dois advogados que deram à sua loja o nome de dois sem teto que estavam entre os seus clientes. Apostando em sua moda da contracultura, a E&B cortejou uma base de clientes da madrugada do rock 'n roll com sabores inventivos, como o original sorvete de Oreo Cookie; eles ainda têm a vibração da moda, com sabores fora do convencional, como o Cosmic Crunch, o Deep Purple Cow, e o Trippin no Espresso.

Em 1981, veio o bem-arrumado **Toscanini's** na Central Square de Cambridge (899 Main St.; ✆ **617/491-5877**), um café que serve café e sorvete convenientemente próximo, tanto do campus de Harvard quanto do MIT; ele é conhecido por seu sorvete suave, cremoso, de alto nível e em sabores elegantes como o caramelo queimado e o Bourbon pimenta do reino. Almoços nos finais de semana no Toscanini são famosos com razão. Fundado no mesmo ano no subúrbio de Jamaica Plain, o **JP Licks Ice Cream Café** tem mais uma imagem do mundo todo, valorizando o sorvete feito a partir do zero e os cafés orgânicos com respeito ao comércio justo. Além do café original (659 Centre St,, Jamaica Plain; ✆ **617/524-6320**), ele se expandiu para Boston (352 Newbury St., ✆ 617/236-1666; e 1618 Tremont St., ✆ 617/566-6676), Cambridge (1312 Massachusetts Ave.; ✆ 617/492-1001), e outros subúrbios.

Faz sentido que uma cidade com tantos estudantes de faculdade seja um ótimo mercado para as lojas de sorvete, que é o motivo pelo qual existem tantas na região de Cambridge, cheia de estudantes. Além desses listados acima, os sorvetes substanciosos e os picantes sorbets da **Christina's** (1255 Cambridge St., Inman Sq.; ✆ **617/492-7021**), que ultrapassa o limite com sabores exóticos, como o de erva-cidreira, o cardamomo, ou as cinco especiarias chinesas de chocolate. Outro imigrante empreendedor é o **Lizzy's** (29 Church St., próximo da

Só Sobremesas

Harvard Sq.; ✆ **617/354-2911**), uma loja para viagem estreita que se orgulha de seus sundaes decadentes.

✈ Internacional Boston Logan (8 ¾ milhas/ 14 km)

🛏 $$ **Harborside Inn**, 185 State St., Boston (✆ **61/670-6015**; www.harborsideinn-boston.com). $$$ **The Charles Hotel**, 1 Bennett St, Cambridge (✆ **800/882-1818** ou 617/864-1200; www.charleshotel.com).

Sorveterias 500

A Sorveteria da Fazenda Woodside
A Conexão do Pasto para a Casquinha
Hockessin, Delaware

A família Mitchell tem trabalhado na fazenda Woodside desde 1796, e até 1961, ela sempre havia sido uma fazenda de laticínios. Durante os 35 anos seguintes, os Mitchells continuaram trabalhando na fazenda, mesmo quando os subúrbios a oeste de Willmington, gradativamente, invadiram sua extensão de pasto. Então, em 1995, em vez de vender a fazenda da família, a geração atual dos Mitchells lançou uma nova linha de gado leiteiro, a ética da fazenda para a mesa. Eles não iriam mais somente ordenhar suas vacas e despachar o leite para algum grande laticínio industrial; eles iriam transformar esse leite em pequenas levas de sorvete natural e vendê-lo ali mesmo, na fazenda.

Um passeio de carro até a fazenda Woodside é como fazer uma visita a uma fazenda modelo, um tour de uma fabricação artesanal, e um esbanjar de sorvete, em um pacote só. Como Jim Mitchell gosta de dizer a seus clientes: – Há uma semana, este sorvete, que vocês estão comendo era grama – e cada estágio do processo de uma semana acontece bem aqui. Enquanto você está sentado tomando seu sorvete em uma mesa de piquenique, do lado de fora do quiosque de sorvete feito de madeira (um barracão de fazenda reformado), você pode admirar os pastos verdes onde um rebanho de cerca de 30 vacas Jersey pastam placidamente livres em uma mistura luxuriante de alfafa, trevo, grama de centeio e de pomar. Às manhãs e às noites, as vacas são levadas para a sala de ordenha para serem ordenhadas (pergunte se você pode ver as ordenhadeiras); o leite delas, rico em gordura é enviado para o laticínio local para ser pasteurizado e homogeneizado, então combinado com açúcar e ovos para fazer um "creme doce"; em um pequeno prédio ao lado da sala de ordenha, o creme doce é manualmente combinado com vários ingredientes para o sabor, então congelados em pequenas porções em um freezer misturador de aço inox.

Juntamente com uma ampla gama de sabores mais tradicionais, os funcionários alegres do Woodside servem sabores inovadores como o de pasta de amendoim com geleia, Fluffernutter, o trovão (thunder) de chocolate, o turtle (caramelo e pedaços de pecã em sorvete de chocolate), o dirt (Oreos esmagados e minhocas de gummy em sorvete de chocolate – um grande sucesso com as crianças), e o motor oil (que eles descrevem como o "depósito do motor de combustão de trator, com gosto de chocolate" – mas, com certeza, tem gosto de sorvete de café com um rodamoinho de calda de chocolate e um material viscoso de caramelo com tinta verde). Falando em calda, a fazenda Woodside também vende uma seleção de tremendas caldas densas artesanais. O quiosque de sorvete só está aberto do início de abril até outubro – como bons fazendeiros, eles respeitam os ritmos das estações.

ⓘ 1310 Little Baltimore Rd. (✆ **302-239-9847**; www.woodsidefarmcreamery.com).

✈ Aeroporto do New Castle County, Wilmington (10 milhas/16 km).

🛏 $$$ **Inn at Montchanin Village**, Rte. 100 e Kirk Rd., Montchanin, Delaware (✆ **800/ COWBIRD** [800/269-2473] ou 302/88-2133; www.montchanin.com). $ **Fairfield Inn Wilmington Newark**, 65 Geoffrey Dr., Newark, Delaware (✆ **800/228-2800** ou 302/292-1500; www.marriott.com).

Calendário de Feiras & Festivais Gastronômicos

JANEIRO
Ice Wine Festival (Festa do Ice Wine) Sun Peaks, British Columbia
Na vila em estilo alpino do resort de esqui de Sun Peaks, esta comemoração que dura uma semana de vinhos de inverno de boutique do Vale do Okanagan inclui jantares, seminários de mestres de vinhos e uma degustação avançada de gala
ⓒ 800/807-3257; www.sunpeaksresort.com

Lowcountry Oyster Festival (Festa da Ostra) Mount Pleasant, Carolina do Sul
Acontecendo em um domingo de janeiro, o maior assado de ostras do mundo alimenta 10.000 pessoas com 29.000 quilos de ostras na propriedade Boone Hall Plantation. Destaques incluem: concursos de comilança de ostras e competição de receitas de ostras.
ⓒ 843/452-6088; www.charlestonrestaurantassociation.com/oyster_festival.php

FEVEREIRO
South Beach Food & Wine Festival (Festa de Gastronomia e do Vinho) Miami, Florida, USA
Patrocinado pelas revistas Food Network e Food & Wine, esta exibição de 3 dias inclui degustações, seminários, demonstrações de culinária, jantares e presença de famosos em vários hotéis e ambientes abertos na área de Miami.
ⓒ 877/762-3933; www.sobefest.com

Competição Nacional Mexicana de Chili Ajijic, Jalisco, México
Este evento ao ar livre de 3 dias à beira do Lago Chalapa levanta fundos para instituições de caridade locais; festividades incluem barracas de comida, bandas de mariachi, cavalos dançantes, competições para os melhores molhos de chili verde e vermelho e uma competição internacional de chili.
www.mexicanchillicookoff.com

Le Fête du Citron (Festa do Limão) Menton, França
Um dos eventos de inverno mais coloridos da Riviera, este carnaval de 3 semanas inclui uma exposição, placas iluminadas no parque, esculturas cívicas monumentais feitas com limões, e desfiles durante o dia e a noite.
ⓒ 33/4/92-41-76-76 para informações, ou 33/4/92.41.76.95 para ingressos; www.feteducitron.com

Food and Fun (Gastronomia e Diversão) Reykjavik, Islândia
Durante este evento de 4 dias, 13 chefs internacionais convidados, cada um designado a um restaurante diferente de Reykjavik, compete para criar o melhor menu feito com ingredientes puramente islandeses.
www.foodandfun.is

MARÇO
National Maple Syrup Festival (Festa Nacional do Xarope de Bordo) Medora, Indiana, USA
Em 2 finais de semana consecutivos de Março, a fazenda Burton's Maplewood no sul das montanhas de Indiana apresenta xaropes de bordo (maple) de todo o país. O evento inclui um dia todo de panquecas para comer, demonstrações de artesanato da fronteira, música ao vivo, e colheita do bordo.
ⓒ 8121966-2168; www .nationalmaplesyrupfestival.com

Calendário de Feiras & Festivais Gastronômicos

Melbourne Food and Wine Festival (Festa de Gastronomia e Vinho) Melbourne, Austrália
Mais de 150 degustações, jantares, aulas de mestres, e seminários acontecem durante 2 semanas, em locais ao redor do estado de Vitória, inclusive o Almoço mais Longo do Mundo, com mais de 1.000 assentos arrumados em uma mesa longa à beira do rio Yarra.
✆ 61/3/9823-6100; www.melbournefoodandwine.com.au

Cioccolato Torino, Itália
Torino comemora o seu papel como o berço do chocolate sólido com 10 dias saborosos de competições de comida, demonstrações, degustações, workshops de Slow Food, leituras, concertos musicais e por volta de 75 quiosques dos principais fabricantes de chocolate instalados na Piazza Vittorio Veneto.
✆ 39/11/818-5011; wwwcioccola-to.com

ABRIL
Ponchatoula Strawberry Festival (Festa do Morango) Ponchatoula, Louisiana, USA
O Segundo maior evento de Louisiana depois do Mardi Gras, este evento de um final de semana apresenta boxes, concursos de panificação, um show de talentos, uma corrida à pé, entretenimento ao vivo, e um desfile enorme com bandas marchando, carros alegóricos, e a rainha do morango com sua corte.
✆ 800/917-7045 ou 985/370-1889; www.lastrawberryfestival.org

World Grits Fest St. George, Carolina do Sul, USA
Demonstrações de esmagamento de cereais, uma competição de comida de cereais, e de rolar croquete nos cereais, e jantar de cereais são destaques deste festival de final de semana descontraído nas redondezas de Charlestown, que aconteceu pela primeira vez em 1986; também há um desfile, exibições, uma corrida a pé, dança folclórica, e música ao vivo.
✆ 843/563-8187; www.worldgritsfestival.com

National Grits Festival Warwick, Georgia, USA
Desde 2002, esta cidade na Georgia a beira do lago Blackshear tem sediado seu show de um dia de comilança de cereais, culinária de cereais, descascar o milho, e competição de rolar nos cereais; espere encontrar muitas barracas de comidas, entretenimento ao vivo, carros antigos, e uma Rainha dos Cereais.
✆ 229/881-6297; www.gritsfest.com

Blue Ridge Food & Wine Festival (Festa de Gastronomia e Vinho) Blowing Rock, Carolina do Norte, USA
A comemoração de quatro dias inclui tanto competições de vinhos comerciais como amadores, jantares de taberneiro, seminários, aulas de culinária, o popular desafio do chef Fire on the Rock, e um evento de degustação de vinhos formidável no Chetola Resort.
✆ 877/295-7965 or 828/295-7851; www.blueridgewinefestivalcom

Sugar Festival (Festa do Açúcar) Clewiston, Florida, USA
À beira do Lago Okeechobee, Clewiston honra sua principal colheita, a cana de açúcar, com uma feira do campo que engloba 2 finais de semana. Os principais eventos incluem um desfile, demonstração de esmagamento da cana, show de carros antigos, rodeio, competição de pesca, e competição de culinária de confeitaria.
✆ 863/983-7979; www.clewiston.org

Festival de Nopales (Cactos) San Bernardino Tlaxcalancingo, Puebla, México
Honrando os nopales, o tronco comestível do espinhoso cacto pear e uma conhecida comida da quaresma, esta feira de final de semana em uma cidade remota a sudoeste do centro de Puebla apresenta saladas e guisados, de nopal, nopales recheados, e até sorvete de nopal.
✆ 52/222/246-2044

Calendário de Feiras & Festivais Gastronômicos

MAIO

Artichoke Festival (Festa da Alcachofra) Castroville, Califórnia, USA
Esta festa ao ar livre de 2 dias fundada em 1959 tem um desfile, demonstrações de culinária, arte com frutas e vegetais, degustações de vinho, um mercado do produtor, artesanatos, jogos, música ao vivo, tours dos campos de alcachofra, e vendedores servindo alcachofras grelhadas, fritas, no bafo, em conserva, ou em forma de creme em sopa.
✆ **831/633-2465**; www.artlchoke-festival.org

Blue Crab Festival (Festa do Caranguejo Azul) Little River, Carolina do Sul, USA
Infestando a orla desta histórica cidade ao norte de Myrtle Beach, esta festa de rua que dura 2 dias na primavera, apresenta artes e ofícios, quiosques de comida, música ao vivo, e atividades Famíliares.
www.bluecrabfestival.org

The International Bar-B-Q Festival (Festa Internacional do Churrasco) Rainhasboro, Kentucky
Todos os anos durante a segunda semana de Maio a cidade de Rainhasboro, Kentucky, se enche com o aroma de churrasco defumado com nogueira amarga, trazendo especialidades regionais como o burgoo e o carneiro assado. Os eventos incluem uma competição de comer tortas, desfile da Miss do churrasco, o jogo de ferradura, e muita música ao vivo.
www.bbqfest.com

Vegas Uncork'd Las Vegas, Nevada, USA
Esta demonstração de culinária de 4 dias patrocinada pela revista Bon Appétit estrela importantes chefs de Las Vegas (o que significa alguns dos maiores nomes da culinária do mundo), com workshops, competições, degustações, e almoços e jantares de gala.
www. bavegasuncorked.com

Feria de La Pina (Festa do Abacaxi) Loma Bonita, Oaxaca, México
O maior evento do ano nesta cidade tropical no norte de Oaxaca, esta feira agrícola dedicada aos suculentos abacaxis locais apresenta corridas à cavalo, lutas de galo, danças folclóricas, fogos de artifício, e um desfile com carros alegóricos e uma rainha do abacaxi.
www.visitmexico.com

Stilton Cheese Rolling Festival (Festa do Queijo Stilton) Stilton, Inglaterra
Todo ano no feriado do dia do trabalho, equipes competem para rolar bolas de queijo Stilton abaixo da High Street da vila do mesmo nome do queijo. As festividades também incluem um poste enfeitado, dança folclórica, desfile de fantasias, música ao vivo e muita comida e bebida.
www.stilton-about.org

Sagra dei Limoni (Festa do Limão) Monterosso al Mare, Itália
Homenageando os pomares de limão desta histórica cidade ligúria a beira-mar, este festival em um sábado inclui competições para o maior limão local e melhores decorações de vitrine, junto com os quiosques de comida e música ao vivo durante o dia todo.
✆ **39/187/817-525** para o escritório da prefeitura; www.cinqueterre.it

JUNHO

Great Wisconsin Cheese Festival (Festa do Queijo) Little Chute, Wisconsin, USA
Iniciando o Mês do Laticínio em Junho no estado que tem o apelido de Terra do Laticínio na America, este evento de 3 dias no Doyle Park traz degustação de queijos, escavação de queijo, uma competição de cheesecake, competições de comilança de queijo cottage, música ao vivo, um carnaval, um grande desfile de queijo, e um grande café da manhã de queijos.
✆ **920/788-7380**; www.littlechutewi.org .

443

Calendário de Feiras & Festivais Gastronômicos

Georgia Peach Festival (Festa do Pêssego) Byron e Fort Valley. Georgia, USA
A maior torta de pêssegos do mundo é a estrela deste festival de 8 dias no coração do campo de plantação da Georgia, com fogos de artifício, jogos, tours de uma fábrica de embalagem de frutas, um café da manhã de panquecas, música ao vivo, um desfile e um show artístico.
www.gapeachfestival.com

American Craft Beer Fest (Festa da Cerveja) Boston, Massachusetts, USA
Sediado no Seaport World Trade Center, este evento de 2 dias patrocinado pela Beer Advocate traz quiosques de comida, seminários, palestrantes convidados e degustações contínuas de umas 300 cervejas de mais de 75 cervejarias de todo o pais.
www.beeradvocate.com/acbf

Food & Wine Classic (Clássico da Gastronomia e do Vinho) Aspen. Colorado, USA
Patrocinado pela revista Food & Wine, este importante colóquio de culinária traz comidas adornadas por celebridades e degustações de vinhos, seminários, demonstrações de culinária, competições de chefs e um grande jantar de degustação preparado pela revista "Best New Chefs".
www.foodandwine.com/promo/classic

Festa do Camarão Oostduinkerke, Bélgica
O único lugar do mundo onde os Pescadores de camarão puxam suas redes com cavalos, esta cidade a beira-mar no oeste flamengo celebra sua herança única com competições de puxar redes, uma procissão de fantasias, a coroação da rainha do camarão e um banquete de camarão.
✆ 32158151-29-10; www.koksljde.be

Festa dei Risotto (Festa da Colheita do Arroz) Villimpenta, Itália
No coração da planície da Lombardia, esta histórica cidade murada a leste de Mantua comemora a colheita de sua lavoura mais importante de arroz com 3 finais de semana de concertos de música ao vivo, e, claro, festeja com tanques de risoto.
✆ 3913761667-508 www.comune.villimpenta.mn.it

JULHO
Mandeville Seafood Festival (Festa de frutos do mar) Mandeville, Louisiana, USA
Acontece no Fontainebleau State Park no final de semana do dia quatro de julho, este evento de 3 dias à beira do Lago Pontchartrain apresenta música ao vivo, barracas de artesanato, uma exposição de carros, fogos de artifício e uma praça de alimentação cheia de culinária do estilo de Nova Orleans e frutos do mar frescos.
www.seafoodfest.org

National Cherry Festival (Festa da Cereja) Traverse City, Michigan, USA
Mantendo-se desde 1926, esta imensa comemoração de uma semana de duração inclui entretenimento, alimentação, artesanato, eventos esportivos, tours, refeições de gala, um desfile, um show de talentos, um jogo gigantesco de Cerejópolis, uma competição de culinária de sobremesas de cereja, e competições de cuspe de caroço de cereja e de comilança de cereja.
✆ 800/968-3380 or 231/947-4230; www .cherryfestival.org

Yarmouth Clam Festival (Festa do Marisco) Yarmouth, Maine, USA
Pegue os seus mariscos fritos, no bafo, em bolinhos de siri ou em caldeiradas neste festival da costa do Maine; eventos de final de semana por toda a cidade incluem uma exposição de arte, competições de corrida, competição de canoa, desfile. Batalha de bandas, música ao vivo. atividades Famíliares, e cafés da manhã de panquecas.
✆ 207/846-3984; www.clamfestival.com

Calendário de Feiras & Festivais Gastronômicos

Gilroy Garlic Festival (Festa do Alho) Gilroy, Califórnia, USA
Tendo iniciado em 1979, esta comemoração de final de semana dedicada ao alho serve pão de alho, fritas com alho, sanduíches de salsicha de alho, frango frito com alho, camarão ao alho, pipoca com alho, até um sorvete de alho, com entretenimento, um concurso de beleza, e a disputada Competição Culinária de Alho.
Ⓒ **408/842-1625**; www .gilroygarlicfestival.com

Maine Lobster Festival (Festa da Lagosta) Rockland. Maine, USA
O Rei Netuno e a Rainha do Mar reinam por 5 dias de festa de carnaval, música ao vivo, exposições de arte e ofícios e jogos, tours de barco, competição de culinária de frutos do mar, cafés da manhã de panqueca, um desfile. Uma corrida carregando bacalhau, corridas com caixote de lagosta, e 9.000 quilos de lagosta consumidos.
Ⓒ **800/LOB-CLAW** (800/562.2529) ou 207/596-0376; www.mainelobsterfestival.com

Sardine Festival (Festa da Sardinha) Scala Kallonis, Lesvos. Grécia
No final de julho ou início de agosto, festividades noturnas na praça da deste porto de peixe na ilha de Lesvos inclui ouzo (bebida alcoólica típica da Grécia) e sardinhas grelhadas gratuitas, uma banda ao vivo e danças tradicionais.
www.lesbos.co.uk or www.lesvos.com

AGOSTO
Sweet Corn Festival (Festa do Milho Verde) West Point, Iowa, USA
A maior quadrilha (hoedown) da colheita do estado do milho, uma comemoração de 4 dias com desfiles de carnaval, corridas, artes e artesanatos, música, competições de trator, jogo da ferradura, uma rainha do milho e desfile. E 17 toneladas de milho verde na espiga gratuito consumido junto com churrasco de frango e costelinhas de porco.
Ⓒ **319/837-6313**; www.westpointcornfestival.com

National Blueberry Festival (Festa do Mirtilo) South Haven, Michigan, USA
Iniciando com uma reunião de tortas de mirtilo, este evento de quatro dias a beira do Lago Míchigan, apresenta quiosques de comida, um desfile, uma exposição de carros, uma corrida de 5 quilômetros, um competição de escultura na areia, música ao vivo, e claro, diariamente cafés da manhã com panquecas.
Ⓒ **800/SO-HAVEN** (800/764-2836) or 269/637.5252 for South Haven informações ao visitrante; www.blueberryfestival.com

Mendota Sweet Corn Festival (Festa do Milho Verde) Mendota, Illinois, USA
Acontecendo desde 1947, este festival de colheita toma o centro da cidade de Mendota com quiosques de comida, artesanato e jogos, desfiles de carnaval, uma praça de cerveja, competição de talentos, competição de receitas de milho, um desfile, e montanhas de milho na espiga com manteiga de graça.
Ⓒ **815/539-6507**; www .sweetcornfestival.com

Fisherman's Feast (Festa do Pescador) Boston, Massachusetts, USA
Desde 1911, esta feira italiana de 4 dias envolve tradições tão típicas de uma vila de Pescadores na Sicília como a benção das águas, uma procissão da Madonna, e "anjos" voando em meio a uma chuva de confeti. Quiosques de comida, artesanato, jogos, e variedade de entretenimento.
www.fishermansfeast.com

Great Taste of the Midwest (Sabor do Meio Oeste) Madison, Wisconsin, USA
Reserve com antecedência (pessoalmente ou por pedido pelo correio) para esta festa ao ar livre da cerveja com reservas sempre esgotadas em meados de agosto a beira do Lago Monona, onde 5.000 apreciadores da cerveja sortudos podem degustar cervejas de mais de 100 pubs e micro cervejarias de todo o meio oeste.
www.mhtg.org

Calendário de Feiras & Festivais Gastronômicos

La Pourcailhade (Festa do Porco) Trie sur Baise, França
Evento colorido de um dia em uma cidade rural dos Pirineus inclui competições para a melhor pintura de vitrine, melhor refeição de salsicha, corrida de porcos, e adivinhação do peso do porco. Culminando com uma competição para a melhor imitação de gritos dos porcos. Mais de 60 quiosques e refeições festivas também.
✆ 33/5/62-35-44.08; www.pourcailhade.com

SETEMBRO
Jackson County Apple Festival (Festa da Maçã) Jackson, Ohio, USA
Fundada em 1937, esta comemoração de 5 dias da colheita da maçã no sul de Ohio apresenta um desfile de gala, desfiles de carnaval, quiosques de comida, jogos, corridas e música ao vivo, assim como a fabricação de manteiga de maçã, competição de descascar maçãs, e julgamento de tortas de maçã.
www.jacksonapplefestival.com

Great Chowder Cook-off (Grande competição de Caldeirada) Newport, Rhode Island, USA
A orla histórica de Newport sedia esta competição de um dia, onde restaurantes de todo o condado compete pelos prêmios de Melhor Caldeirada e Melhor bolinho de marisco, enquanto os visitantes consomem mais de 11.000 litros de caldeirada e desfrutam entretenimento ao vivo em três palcos.
www.newportfestivals.com/chowder-cook.off

Great American Beer Festival (Grande Festa da Cerveja Americana) Denver, Colorado, USA
Este evento de 3 dias no Centro de Convenções de Colorado recebe quase 500 cervejarias de todos os Estados Unidos, servindo quase 3.000 cervejas. Mais de 40.000 visitantes fazem fila para sessões de degustação, seminários, sessões de harmonizações gastronômicas, jantares, e um cruzeiro da Cervejaria Boulder County.
✆ 888/822-6273 ou 303/447-0816; www.beertown/events/gabf

Great British Cheese Festival (Grande Festa do queijo Britânico) Cardiff, Wales
Acontecendo no Castelo Cardiff, este enorme festival de 2 dias segue o jantar de Premiação do Queijo Britânico com aulas de mestres, workshops de vinho, demonstrações de fabricação de queijo, jogo de queijo e boliche com queijo, e um mercado com mais de 100 fabricantes de queijo e comércios relacionados.
✆ 44/2920/872-087; www.thecheeseweb.co.uk

Oktoberfest die München (Oktoberfest de Munique) Munique, Alemanha
O prefeito de Munique abre a torneira para o primeiro barril do ano, seguido de 2 semanas de goles de cerveja dia e noite em mais de uma dúzia de barracas instaladas ao longo do Theresienwiese, acompanhadas por desfiles, passeios e outras festividades. A primeira festa ocorreu em 1810.
✆ 49/89/232.3900 or 49/89/500-77500; www.oktoberfest.de

OUTUBRO
Circleville Pumpkin Show (Exposição da Abóbora) Circleville, Ohio, USA
Com mais de um século, esta feira agrícola de 4 dias inclui sete desfiles separados, quiosques de comida e displays, demonstrações de culinária e artesanato, desfiles de carnaval, pesagem de abóbora gigante, escultura em abóbora, comilança de abóbora, e um concurso da abóbora mais bonita.
✆ 740/474-7000; www.pumpkinshow.com

World Beer Festival (Festa Mundial da Cerveja) Raleigh e Durham, Carolina do Norte
Barracas enchem o parque atlético de Durham Bulls por um dia, apresentando cervejas de mais de 150 cervejarias do mundo todo, da Alemanha e Bélgica até a Lituânia e o Sri Lanka, junto com várias cervejarias artesanais dos E.U.A. Quiosques de comida e música ao vivo movimentam a festa.
✆ 8001977.2337; www.allaboutbeer.wbf

Calendário de Feiras & Festivais Gastronômicos

Fiera dei Tartufo (Festa das Trufas) Alba, Itália
Esta cidade histórica do Piemonte comemora a trufa branca com um mês de festividades – degustações, demonstrações de culinária, prêmios, concertos, um festival literário, uma exposição de artes, um mercado gourmet de alimentos, um leilão importante de trufas, e o histórico Palio.
✆ 39/173/361.051; www.fieradeltartufo.org

Zweibelmarkt (Mercado de Cebola) Weimar, Alemanha
A festa de três dias por toda a cidade (aconteceu pela primeira vez em 1658) inclui uma competição pela mais longa réstia de cebolas intercalada com flores, e mais de 500 quiosques vendendo artesanato, salsichas, queijo, e, claro, sopa de cebola e bolo de cebola.
✆ 49/36431745-0; www.weimar.de

NOVEMBRO
Wurstfest New Braunfets, Texas, USA
Esta saudação de uma semana à herança alemã do Leste do Texas oferece salsichas, cerveja, e chucrute no Landa Park junto com bandas estridentes, cantores tiroleses, sapateados com tamancos, e coros de crianças, mais eventos esportivos, tours, uma exposição de arte, e diversão para a família.
✆ 830/25.9167; www.wurstfest.com

Festa de vinho Trois Glorieuses Beaune, França
Um dos eventos mais prestigiosos do mundo do vinho, ele acontece desde 1851, esta comemoração de 2 dias inclui entretenimento de rua, degustações e jantares de gala, culminando com o leilão anual de vinho em benefício do Hopsices de Beaune.
✆ 33/3/80-26-21.30; www.beaune-burgundy.com

Fête du Hareng Roi (Festa do Arenque King) Etaples, França
Ao longo do porto desta cidade de Pescadores da Bretanha, este evento anual de 2 dias tem pescadores vestidos com trajes típicos locais demonstrando métodos tradicionais de pesca, seguidos por apresentações de música, dança folclórica, e banquetes de arenque grelhado, batatas assadas, e vinho quente.
✆ 33/3/21-09.56-94; www .etaples-tourisme.com.

DEZEMBRO
Tamale Festival Indio, Califórnia, USA
O maior tamale do mundo é o centro das atenções deste festival no centro de Indio, comemorando a herança mexicana da região com um desfile, desfiles de carnaval, dança folclórica, uma competição de comilança de tamale, uma competição de culinária de tamale, bandas mariachi, e outras músicas ao vivo.
✆ 760/391-4175; www.tamalefestival.net

Pig's Ear Beer e Cider Festival Hackney, Londres, Inglaterra
"Pig's Ear" é uma gíria Cockney da rima com beer, e mais de 100 verdadeiras ales e cidras são servidas durante esta competição anual de 5 dias de bebida de cerveja em Ocean (270 Mare St.) no leste de Londres, dirigido pela CAMRA, a Campanha pela Verdadeira Ale.
www.pigsear.org.uk

La Noche de los Rabanos (Noite do Rabanete) Oaxaca, México
Todo ano no dia 23 de dezembro, se iniciam as festividades de Natal em Oaxaca no zácalo desta reunião inigualável que já existe há um século. Os cidadãos se reúnem para exibir complicadas esculturas de rabanetes vermelhos e brancos e ganhar prêmios em dinheiro, seguidos de fogos de artifício e banquetes.
www.christmasinoaxaca.com

447

Os Estados Unidos

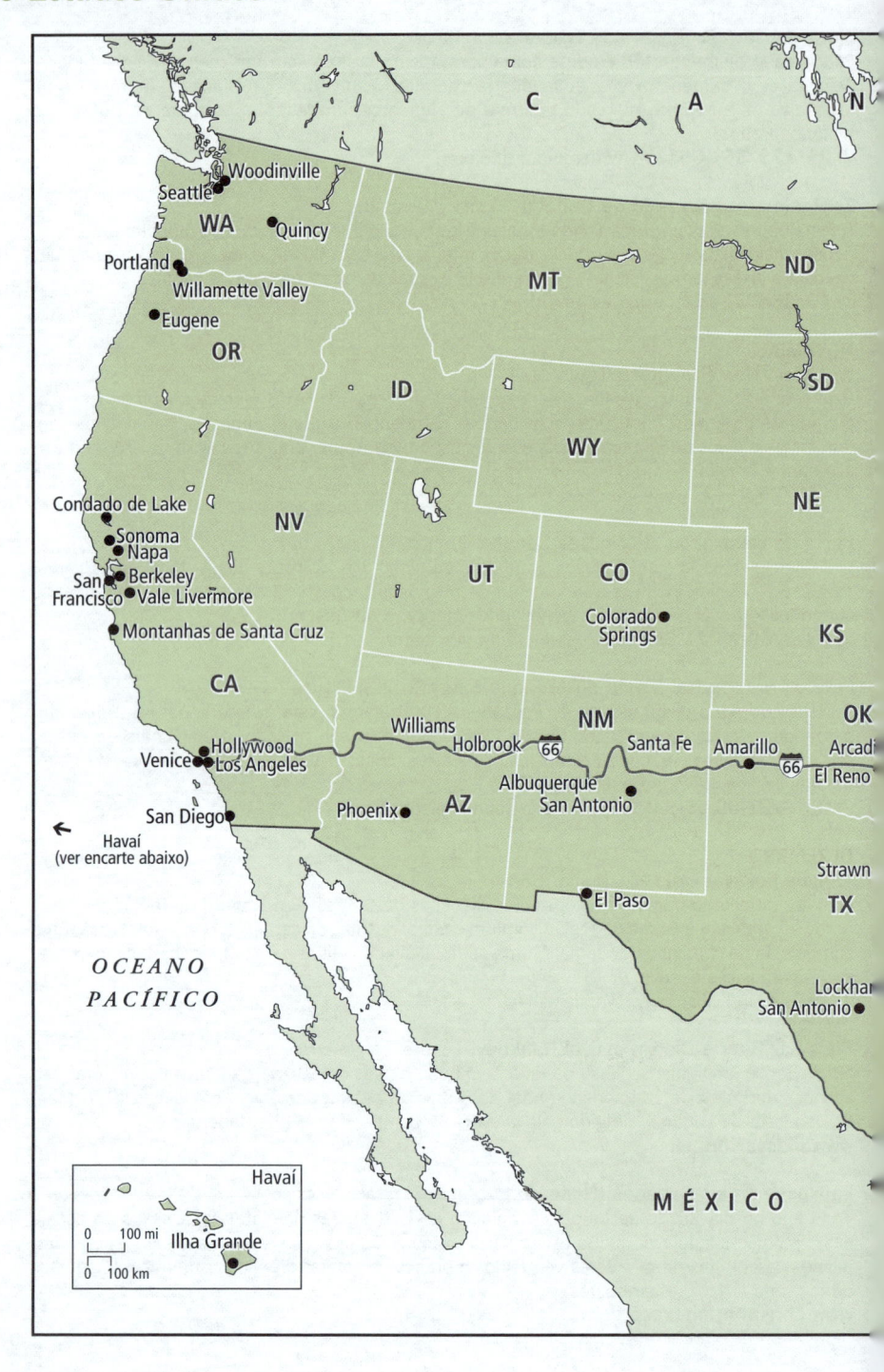

0
300 mi
0
300 km
N
A
D
A
Lago Superior
Lago Michigan
Lago Huron
Lago Ontario
Lago Erie
MN
WI
MI
IA
IL
IN
OH
NY
VT
NH
ME
MA
RI
CT
PA
NJ
MD
DE
WV
VA
KY
MO
NC
TN
SC
AR
GA
AL
MS
LA
FL
St. Paul
Northeast Wisconsin
Oshkosh
Milwaukee
Mount Horeb
Traverse
Ann Arbor
Chicago
Cleveland
Essex Junction
Bennington
Utica
Lodi
Ancram
Hyde Park
Leroy
Buffalo
Portland
Kittery
Centerville
Boston
Essex
Ipswich
Providence
Baía de Narraganse
Noank
New Haven
Cutchogue
New York
Hackensack
Philadelphia
Hockessin
Baltimore
Washington DC
Eastern Maryland
Washington
White Sulphur Springs
Cincinnati
Blue Ridge Mountains
Norfolk
Kansas City
66
Lexington
Owensboro
Blowing Rock
Lexington
Ayden
Nashville
66
Lynchburg
Memphis
Athens
Taylor
Bessemer
Charleston
Dallas
OCEANO ATLÂNTICO
Amelia Island
Pass Manchac
Nova Orleães
Miami
Golfo do México
CUBA
N
Tortola
Salt Island
St. Thomas
ILHAS VIRGENS
Mar do Caribe
0
20 mi
0
20 km
Buck Island
Santa Cruz
Inset
Santa Cruz, Ilhas Virgens (veja encarte na esquerda)

Europa

Golfo da Bótnia
SUÉCIA
Estocolmo
Golfo da Finlândia
0 250 mi
0 250 km
N
Reservatório de Rybinsk
ESTÔNIA
RÚSSIA
LETÔNIA
Mar Báltico
Moscou
LITUÂNIA
BIELORRÚSSIA
POLÔNIA
UCRÂNIA
REPÚBLICA CHECA
Viena
ESLOVÁQUIA
Mád, Tokaji
ÁUSTRIA
Budapest
HUNGRIA
MOLDOVA
SLOVÊNIA
Mar de Azov
CROÁCIA
ROMÊNIA
BÓSNIA E HEZERGOVINA
Mar Negro
IGOSLÁVIA
BULGARIA
Mar Adriático
MACEDÔNIA
Istanbul
ITÁLIA
ALBÂNIA
GRÉCIA
Mar Aegean
TURQUIA
Lesbos
Lago Tuz
Mar Jônico
Atenas
Rhodes
Creta
SÍRIA
Chipre
Mar Mediterrâneo

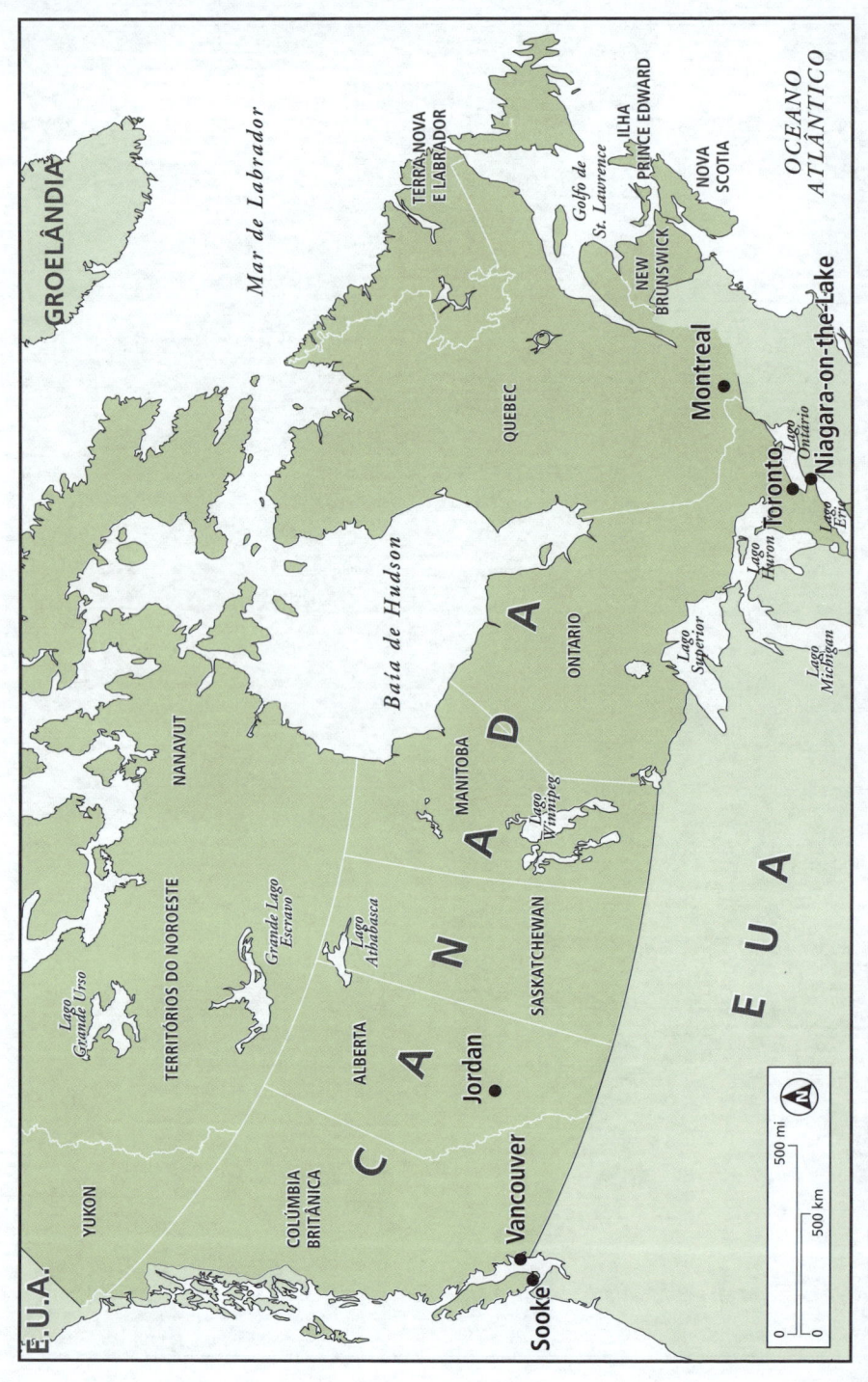

Canadá

Ásia

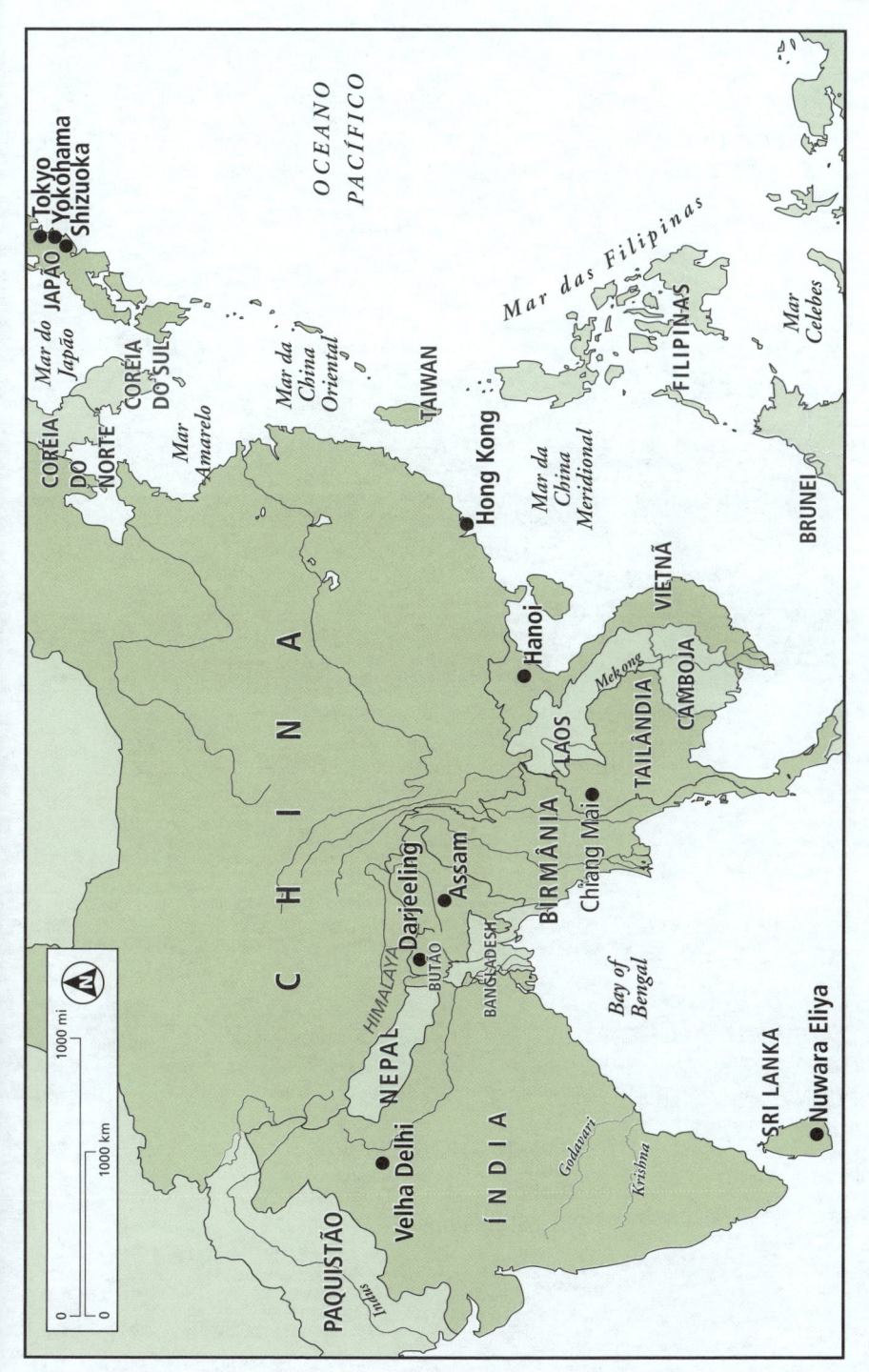

África

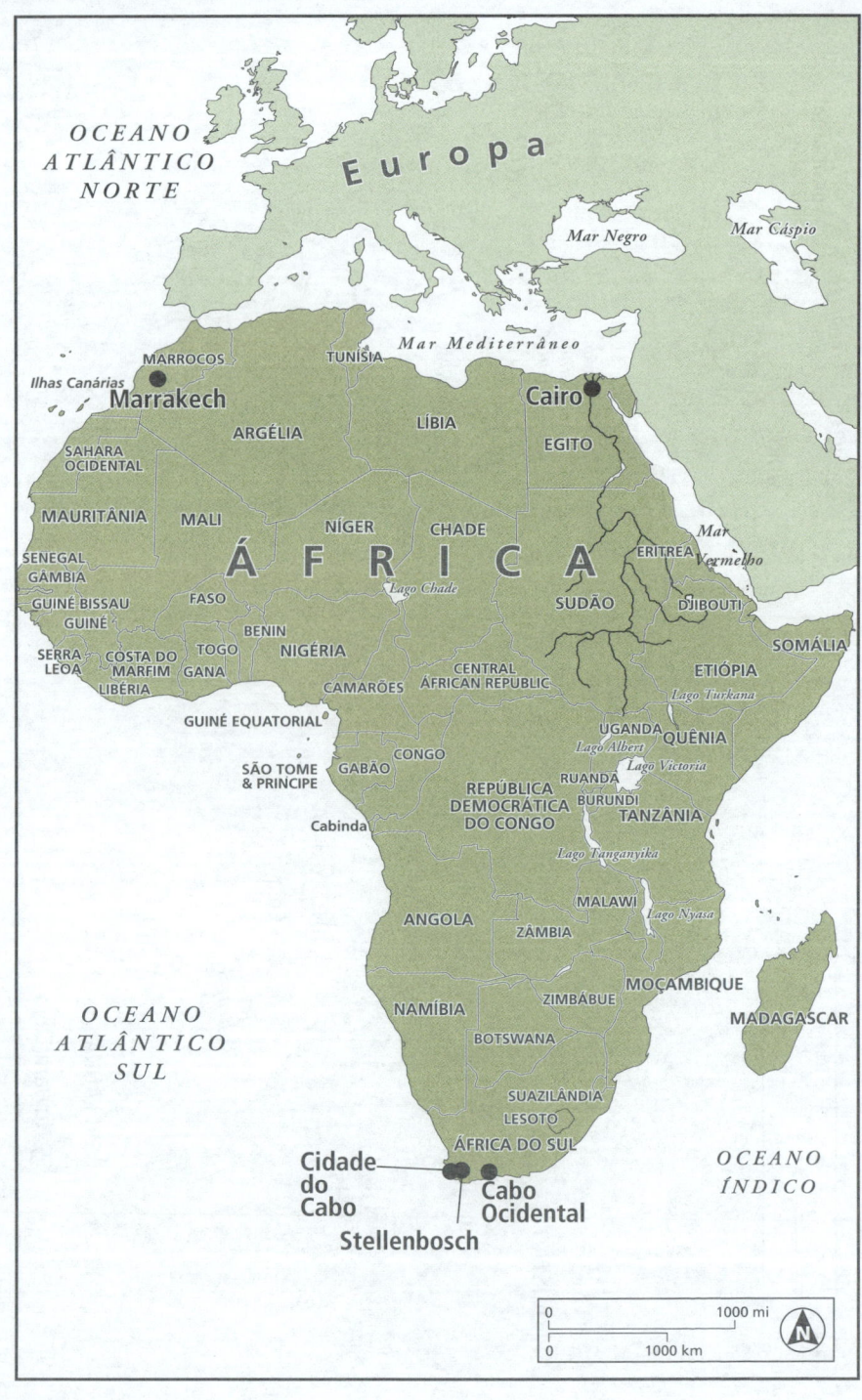

Mapa da África com países, cidades, corpos d'água e regiões identificados:

- **Oceanos e Mares**: Oceano Atlântico Norte, Oceano Atlântico Sul, Oceano Índico, Mar Mediterrâneo, Mar Negro, Mar Cáspio, Mar Vermelho
- **Europa** (ao norte)
- **Cidades destacadas**: Marrakech, Cairo, Cidade do Cabo, Stellenbosch, Cabo Ocidental
- **Ilhas**: Ilhas Canárias, São Tomé & Príncipe, Madagascar

Países / Regiões:
Marrocos, Tunísia, Argélia, Líbia, Egito, Sahara Ocidental, Mauritânia, Mali, Níger, Chade, Eritrea, Senegal, Gâmbia, Guiné Bissau, Guiné, Faso, Benin, Nigéria, Serra Leoa, Costa do Marfim, Libéria, Togo, Gana, Camarões, Central African Republic, Sudão, Djibouti, Somália, Etiópia, Guiné Equatorial, Gabão, Congo, República Democrática do Congo, Cabinda, Uganda, Ruanda, Burundi, Quênia, Tanzânia, Angola, Malawi, Zâmbia, Moçambique, Namíbia, Zimbábue, Botswana, Suazilândia, Lesoto, África do Sul

Lagos: Lago Chade, Lago Turkana, Lago Albert, Lago Victoria, Lago Tanganyika, Lago Nyasa

Escala: 0 — 1000 mi / 0 — 1000 km

América do Sul

ESTADOS UNIDOS DA AMÉRICA

OCEANO ATLÂNTICO

Golfo do México

MÉXICO
- Puebla
- Tabasco
- Coahuila
- Tequila
- Oaxaca
- Antígua

Ilhas Barramas
Ilhas Turcas & Caicos
CUBA
Ilhas Cayman
HAITI
REPÚBLICA DOMINICANA
Ilhas Virgens
PORTO RICO
JAMAICA

Mar do Caribe

BELIZE
GUATEMALA
HONDURAS
NICARAGUA
COSTA RICA
PANAMÁ
- Monteverde
- Boquete

TRINIDAD & TOBAGO

VENEZUELA
- Mérida

COLÔMBIA

GUIANA
SURINAME
GUIANA FRANCESA

EQUADOR

Ilhas Galápagos

PERÚ

BRASIL

BOLÍVIA

OCEANO PACÍFICO

CHILE
PARAGUAI
- Salta

- Casablanca
- Colchagua Valley
ARGENTINA
- Mendoza
- Santiago

URUGUAI
- Patagônia

- Neuquén

ILHAS FALKLAND/MALVINAS

Mar de Scotia

0 — 1000 mi
0 — 1000 km
N

Hemisfério Sul

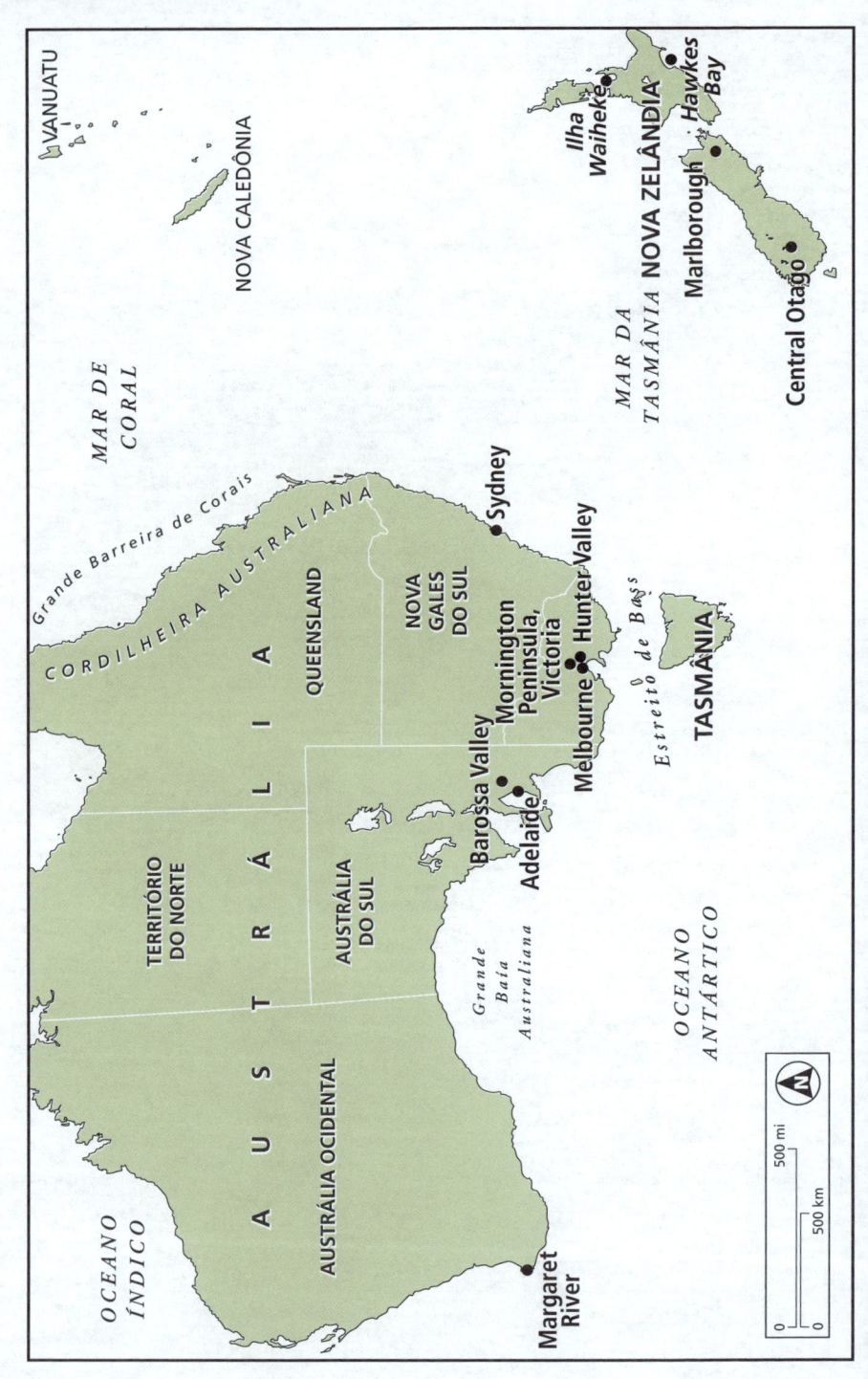

Índice Remissivo

A

Abadia de Notre Dame de Scourmont 339
Abbott's in the Rough 215
Achaval Ferrer 313, 313
Acme Bread Company 17
A Costa Kona 375
Adegas Bedell 272
Adegas Cave Spring 276
Adegas de Vinho Lamoreaux Landing 274
Albert Bichot 285
Alimentarium 54
Alinea 115
Allegrini 86
Altos Chás em London 388
amador 249
Apple Pie Bakery Café 424
Archaion Gefsis 180
Archery Summit 267
Ardy & Ed's Drive-In 237
A Romaria da Pizza Napolitana 36
Arrowood Vineyards 257
As Microcervejarias de Melbourne 348
A Sorveteria da Fazenda Woodside 440
As Plantações do Antigo Ceilão 394
As Plantações do Panamá 374
As Propriedades de Chá Darjeeling 393
A Terra dos Doces em Wisconsin 416
Auberge de Soleil 254
Au Pied du Cochon 177

B

bagels 40
Bancas de Vendedores Ambulantes 35
bares de expresso 384
Bavarian Biergärtens 358
Benegas Lynch 313
Betty's Café 402
Bife de Frando Frito 194
bife excelente em Kansas City 240
Blue Benn Diner 234
Blue Hill at Stone Barns 166
Bob Sykes Bar-B-Q 208
bolinhos de siri 444
Bonny Doon 265
Bordeaux Quay 170
Boule Patisserie 427
Boutari Fantaxometoho 311
Bowen's Island Restaurant 219
Buffalo Wings 184
burgoo 443

C

Cacao Sampaka 407
Cachorros quentes 41
Calendário de Feiras & Festivais Gastronômicos 441
Campos de Treinamento da CIA 93
Canlis 147
cannolis 425
Capital da Microcervejaria do Maine 349
casa de chá Luk Yu 395
Casa Lucio 470
Casa Madero 321
Castello Banfi 299
Cavas Freixenet 306
Central Michel Richard 158
cerveja Pilsen 336
cerveja preta 339
cervejaria Anchor 356
Cervejaria Biddy Early 347
Cervejaria Carlsberg 340
Cervejaria Fuller's 344
cervejarias 444
Cervejaria Samuel Adams 350
cervejaria Saranac 351
Cervejarias Black Sheep & Theakston 341
Cervejarias Sprecher Brewing Company & Lake 353
Cervejaria Traquair House 345
chá Assam 392
chá de menta 396
Charlie Trotter's 127
Château de Beaucastel 290
Château de Chassagne-Montrachet 284

Índice Remissivo

Château du Clos de Vougeot 286
Château Lascombes 293
Château Les Crayères 70
Château Lynch-Bages 292
Château Smith Haut-Lafitte 294
Chateau Ste. Michelle 161
Chez Panisse 33
Chez Schwartz's Charcuterie Hébraïque de Montréal 223
Chinatown 242
Chinatown de San Francisco 242
Chinatown de Toronto 244
chocolate 34, 407
chocolates 248
chocolatiers 410
Churrascaria Doumar's 438
churrasco de costela 209
Churrasco Hill Country 210
Cincinnati Chili 189
Clam Alley 213
Clássicos Tex-Mex 225
Clos Pegase 256
Colborne Lane 133
Colomé 317
comidas reconfortantes 354
Commerç 135
Concannon Vineyard 262
Cookbook Store 50
Cooks Library/Livros de Receita 49
Country-Style Fried Chicken 190
Cozinhando com Giuliano Hazan 87
cozinha romana 296
cream tea 371
Cruzeiros de Gastronomia e Vinho 79
Cruzeiros West Coast Wine Country 79
Crystal Food & Wine Festival 75
cupcakes 423

D

Dallmayr 26
Das Wirtshaus zum Herrmannsdorfer Schweinsbräu 169
David Bruce Winery 266
DB Bistro Moderne 156
Destilaria Cruzan Rum 367
Destilaria Jack Daniels 361
Destilarias Jameson Whiskey 366
Destilaria Talisker 365
Domaine Carneros 251
Domaine Henri Bourgeois 279
Domaine Tempier 291
Domaine Weinbach 283
doner kebab 34

Don's Drive-In 236
Duboeuf en Beaujolais 287

E

El Bulli 107
escola de culinária Ballymaloe 81
Escola de Culinária Chiang Mai Thai 89
Escola de Culinária de Santa Fé 100
Escola de culinária Ritz Carlton Amelia Island 92
Espai Sucre 421

F

Família Schroeder 316
Fauchon 24
Fazenda Blackberry 102
Fazenda de Ervas 161
Fazenda Patowmack 163
fazenda Philipkutty 105
Fazendas Maverick 101
F. Cooke's Pie & Mash Shop 175
Finca Buenvino 84
Florio 303
Fonda El Refugio 173
Fontanafredda 303
Fortnum & Mason 471
Four Seas Ice Cream (Sorvetes Quatro Mares) 437
Frakkar 470
Frango quente de Nashville 192
French Country Waterways 80
Front Brewery 353

G

galeria Jell-O 58
gelato 425
Gerbeaud Cukrászda 422
G. H. Mumm 280
Golden Gate Fortune Cookies Co 432
Gordon Ramsay at Claridge's 134
Grace 145
Green Chili Burgers 195
Guigal 288
Guy Savoy 119

H

Hainle Vineyards 276
Harrods Food Halls 20
Heladería Coromoto 436

Índice Remissivo

High Tea 388
Hôtel-Restaurant Troisgros 69
Hyotei 182

I

Inn at Little Washington 470
Inniskillin 277
Inteligentsia Roasting Works 385
International Cooking School
 of Italian Food & Wine 85
Istambul 378

J

Janos 144
Jin Patisserie 417
Joe T. Garcia's 226

K

Khari Baoli 11
King Estates 270
Kitchen Arts & Letters 45
Konstam at the Prince Albert 171
Központi Vásárcsarnok 10

L

Lacroix 129
Langtry Estate Vineyards 260
lantern 321
L'Arpège 164
L.A.'s Deli Wars 224
L'Atelier de Joël Robuchon 151
Le Bar Lyonnais 157
Le Bernardin 123
Le Gavroche 121
Le Manoir aux Quat' Saisons 68
L'Etoile 162
Lexington Barbecue 207
Librairie Gourmande 43
Lilly's 141
livros de culinária 107, 270
Livros de Culinária 1
Locanda dell'Amorosa 246
Loma Linda 228
Louis' Lunch 229
Lucy's Sweet Surrender 426
Lugares para se Comer ao Longo da... Rota 66 196
Lugares Para se Comer em... Bruxelas, Bélgica 430
Lugares Para se Comer em... Copenhagen, Dinamarca 342
Lugares para se comer em... Miami, Flórida 90
Lugares para se Comer em... Providence, Rhode Island 216, 240
Lugares Para se Comer em... Puebla, México 408
Lugares Para se Comer em... San Sebastian, Espanha 110
Lugares para se comer em... Santa Fé, Novo México 98
Lugares Para se Comer em... Tóquio, Japão 390
Lugares para se Comer nas... Twin Cities 354
Lüke 159
Lupa 155

M

Madeira Wine Company 308
maine 63
Maltes Islay 364
Manny's 470
Manresa 165
Marché D'Aligre 5
Mariage Frères 471
mariscos 444
Marques de Riscal 305
Martinelli Winery 259
McWilliams Mount Pleasant Estate 328
Mercado 210
Mercado Agricultor 18
Mercado Borough 4
mercado central 3
Mercado de Peixe Tsukiji 12
Mercado de Pike Place 16
Mercado Ferry Plaza 17
Mercado Queen Victoria 13
Mercado St. Lawrence 19
Mercat de La Boqueria 8
Mercearia Lankford 232
Merriman's 148
Michel Bras 74
Middendorf's 220
Millennium 136
Minibar 130
Mi Tierra 227
Moët & Chandon 282
Momofuku Ko 128
moto 470
Mount Nelson Hotel 470
Museu Bramah do Chá & do Café 371

Índice Remissivo

Museu da Mostarda Mount Horeb 59
Museu Johann Jacobs 372
Museus Gastronômicos de Parma 51
Museu Shin-Yokohama Ramen 52

N

Napa Valley 254
Na Rue Tatin 82
Naschmarkt 9
Na Trilha das Tapas 38
Nova Iorque Deli Classics 220
No. 9 Park Street 140
Nobu Fifty-Seven 125

O

O Broadmoor 63
O Centro de Artes Culinárias de Greenbrier 95
O Coração da Terra do Chá 392
O. Fournier 314
O Gosto Salgadinho da Baía Narragansett 214
O Kahvehane Turco 380
O Mundo do Chocolate 413
O Mundo dos Salões de Chá em San Francisco 403
O Museu da Boa Mesa & da Bebida do Sul Americano 55
O Museu Holland Kass 53
O River Café 122
Os Cafés de Paris 382
Os Jardins de Chá de Shizuoka 389
Os Picos do Chocolate Suíço 413
Ostermalms Saluhall 2
Outstanding in the Field 168
O Velho Mercado Inglês 3

P

padaria Macrina 404
Peck 27
Penfolds 323
Philly Cheese Steak 185
Pink's Hot Dogs 239
pizzarias 36
Pizzarias 183
Pizzeria Bianco 203
Pizzeria Mozza 204
Places to Eat in . . . Sydney 327
Plantação de Café Don Juan 373
plantações de cacau 405

Poilâne 470
Portland 268
Praça de Alimentação KaDeWe 6
Prime Burger 230
Propriedade de Café Filadelfia 375
Pure Food & Wine 138

Q

Qahwas do Cairo 381

R

Refúgio da Plantação Paradisa 377
Restaurante de l'Hôtel de Ville 120
Restaurante Fearing's 132
restaurante Gary Danko 146
restaurantes de New Orleans 159
restaurantes de São Paulo 152
restaurantes de Vancouver 44
Retiro de Culinária & Hospedaria da Fazenda Fairburn 103
Rhode Island Road Trip 214
Ridge Vineyards 264
Robert Mondavi Winery 249
Route 1's Roadside Seafood 212
Rota 66 196
Rover's 137
Royal Tokaji 310
Rua Mina 406
Ruca Malen 312
Ruffino 301

S

Sacher Torte 419
Salões de Chá de Cotswolds 400
Salumeria Garibaldi 28
Salumi 155
Sama Sabo 176
Schloss Vollrads 309
schwa 26
Se Abastecendo no Pho 37
Seasons of my Heart 470
Seven Seas 76
Silversea 77
Skylight Inn 206
Sonny Bryan's & Angelo's 211
Sonny's Grill 235
Sooke Harbour House 470
sorvete 108
Sorvete 437
souvlaki 39

Spoon 150
Stag's Leap Wine Cellars 247
Sterling Vineyards 253
St. John 109
Stonier's Winery 325
Stony Ridge 330
Strewn Winery Cooking School 96

T

tacos de peixe 198
T'Afia 142
Taghkanic Diner 470
Taillevent 118
Taittinger 251, 280
Taylor's Port 307
Tendrils/Cave B Inn em SageCliffe 64
tequila 130
That Catfish Place 191
The Art of French Pastry 420
The Fat Duck 470
The French Laundry 254
The Inn at Essex 95
The Varsity 238
Thiptara 181
Three Chimneys & the House Over-By 66
Tour das cafeterias de Seattle 386
Trattoria Sostanza 179
Trilha do Malte de Whisky 362
two paddocks 334

U

Uma semana na Provença 84
Um Tour de Bourbon no Campo Bluegrass 359
Um Tour de Cerveja da Floresta Negra 337
Um Tour do Chocolate em Paris 411

V

Valvona & Crolla 23
Vasse Felix 329
Vergelegen 323
Victualienmarkt 7
Villa Cafaggio 295
Viña Indómita 321
Viña Montes 318
Vinhedo Linden 274
vinhedos Beringer 146
vinícola Cerretto 302
vinícola Craggy Range 332
vinícola da família Benziger 258
vinícola Hess Collection 248
vinícola Montana 333
Vinícola Seppelt 324
Viu Manent 319

W

WD-50 113
Wente Vineyards 263
White Manna 231

Y

Yeliseyevsky Gastronom 29

Z

Zabar's 30
Zingerman's Deli 31

Créditos Fotográficos

p. 1: © Aaron Kohr; p. 3: © Anthony Woods; p. 4: © Borough Market; p. 9: © Neil Sclecht; p. 16: © Courtesy Pike Place Market PDA; p. 18: © Gary Morgret; p. 21: © Courtesy Harrod's; p. 22: © Ethel Davies; p. 25: © Matthieu Alexandre for Poilâne; p. 27: © Courtesy Peck; p. 32: © Courtesy Zingerman's; p. 38: © Courtesy Taller de Tapas; p. 39: © Courtesy Taller de Tapas; p. 41: © Courtesy Superdawg Drive-In, Inc.; p. 42: © Dean Cambray Photography; p. 44: © Courtesy Barbara-Jo's Books to Cooks; p. 45: © Kitchen Arts & Letters; p. 46: © Chris Mason Stearns; p. 47: © John Sherlock; p. 49: © Mark Berndt; p. 56: © Shawn Colin; p. 57: © Courtesy Herbsaint; p. 60: © 2006 The Culinary Institute of America; p. 61: © Courtesy The Inn at Little Washington; p. 62: © Gordon Beall; p. 66: © Sooke Harbour House; p. 67: © Alan Donaldson; p. 69: © Courtesy Troisgros; p. 71: © Courtesy Locanda dell'Amorosa; p. 73: © Courtesy Mount Nelson Hotel; p. 80: © French Country Waterways, Ltd.; p. 81: © Courtesy Ballymaloe Cookery School; p. 85: © Davide Maestri; p. 88: © Courtesy Seasons of my Heart; p. 89: © Courtesy Chiang Mai Thai Cookery School; p. 90: © Simon Hare Photography; p. 91 bottom: © Alyssa Dragun; p. 91 top: © Courtesy Talula's; p. 94: © 2006 The Culinary Institute of America; p. 97: © Stephen Elphick; p. 98: © Addison Doty; p. 99: © Addison Doty; p. 103: © Courtesy Fairburn Farm; p. 104: © Andrei Federov; p. 106: ©Tracey Kuziewicz; p. 108: © Courtesy The Fat Duck; p. 110: Courtesy Arzak; p. 111: © Courtesy Arzak; p.112: © Patricia Niven; p.114: © Takahiko Marumoto; p. 119: © Laurence Mouton; p.122: © Matteo Piazza; p. 125: © Courtesy Nobu Restaurants; p. 126: © Deborah Jones; p. 128: © Kipling Swehla; p. 131: © Darko Zagar; p. 137: © 2008 Lara Ferroni, Plates & Packs; p. 138: © Charles Schiller; p. 141: © Natalie Ross; p. 143: © Sharon Engelstein; p. 145: © Andrea Wyner; p. 147: © Kingmond Young; p. 149: © Sean M. Hower; p. 152: © Courtesy Figueira Rubaiyat; p. 153: © Tadeu Brunelli; p. 155: © Courtesy Babbo; p. 160: © Aya Brackett; p. 166: © GoodEye Photography/Chris Schmauch; p.167: © Jen Munkvold; p. 172: © Eliane Excoffier; p. 174: © Courtesy 3 Frakkar; p. 178: © Courtesy Casa Lucio; p. 183: © Courtesy Superdawg Drive-In, Inc.; p. 185: © Courtesy Pat's; p. 187: © Obrycki's 2008; p. 188: © Nizam Ali; p. 189: © Courtesy Camp Washington Chili; p. 195: no credit; p. 196: © Courtesy Pops; p. 197: © Courtesy Pops; p. 198: © Courtesy Manny's Buckhorn Tavern; p. 199: © John E. Hall; p. 202: © Courtesy Pizzeria Uno; p. 204: © John Hall Photography; p. 205: © Barry Michlin; p. 211: © Courtesy Sonny Bryan's Smokehouse; p. 214: © Courtesy The Clam Box; p. 216: © Courtesy Al Forno; p. 218: © Courtesy Abbott's in the Rough; p. 221: © Courtesy Carnegie Deli; p. 229: © Courtesy Louis' Lunch; p. 233: © Courtesy The Taghkanic Diner; p. 238: © Courtesy The Varsity; p. 241: © Myndi Pressley/The Square Studio; p. 246: © Courtesy Locanda dell'Amorosa; p. 247: © Erhard Pfeiffer 2007; p. 248: © Courtesy The Hess Collection Winery; p. 250: © Jerry Alexander/Lonely Planet Images; p. 253: © Courtesy Beringer Vineyards; p. 254: © Scott Nugent/designthis.com; p. 255: © Deborah Jones; p. 259: © Jason Tinacci/Trellis-Creative.com; p. 261: © Jay Graham; p. 268: © Courtesy Higgins; p. 269: © John Valls; p. 271: © Kevin Cruff; p. 273: © Kristian S. Reynolds; p. 277: © Courtesy Inniskillin; p. 278: © Courtesy Inniskillin; p. 282: © Courtesy Johansen Krause; p. 283: © Courtesy Moet & Chandon; p. 289: © Courtesy Guigal; p. 292: © Courtesy Château Lynch-Bages; p. 296: © Checchino Restaurant; p. 297: © Lisa Romerein/Getty Images; p. 298: © Courtesy Castello Banfi; p. 315: © Courtesy Bodega Benegas Lynch; p. 319: © Courtesy Viu Manent; p. 320: © Courtesy Viu Manent; p. 326: © Earl Carter; p. 327: © Courtesy QUAY; p. 332: © Courtesy Craggy Range Vineyards Ltd.; p. 335: © Courtesy of Woodford Reserve; p. 339 top: © Bières de Chimay; p. 339 bottom: © Bières de Chimay; p. 342: © Ditte Isager; p. 343: © Ditte Isager; p. 352: © Russell Lee; p. 353: © Courtesy Sprecher's; p. 354: © Craig Bares; p. 355: © Mette Nielsen; p. 359: © Courtesy of Woodford Reserve; p. 360: no credit; p. 362: © John Paul; p. 363: © John Paul; p. 364: © Paul Bock; p. 370: © Hollenbeck Productions; p. 372 top: © Courtesy of Johann Jacobs Museum, Zürich; p. 372 bottom: © Courtesy of Johann Jacobs Museum, Zürich; p. 377: © Courtesy Paradisa Plantation Retreat; p. 378: © Courtesy Asitane; p.

Créditos Fotográficos

380: © Courtesy Paradisa Plantation Retreat; p. 384: © Vanessa Berberian; p. 386: © Courtesy Vashon Island Coffee Roasterie; p. 387: © Courtesy Vashon Island Coffee Roasterie; p. 390: © JTB Photo/AGE Fotostock, Inc.; p. 397: © Courtesy Mariage Frères; p. 398: © Courtesy Mariage Frères; p. 399: © Courtesy Fortnum & Mason; p. 400: © Courtesy Fortnum & Mason; p. 404: © Courtesy Macrina Bakery; p. 408: © Courtesy Meson Sacristia; p. 410 top: © Mary Anne Evans; p. 410 bottom: © Courtesy Le Chocolatier Manon; p. 420: © Courtesy Pierre Hermé Paris; p. 421: © Courtesy Pierre Hermé Paris; p. 428: © Fran Collin; p. 429: © Courtesy Macrina Bakery; p. 430: © Blueclic.com/G. Miclotte; p. 433: © Melanie Acevedo/Jupiter Images; p. 438: © Courtesy Doumars

Impresso na Rotaplan Gráfica e Editora LTDA
www.rotaplangrafica.com.br
Tel.: 21-2201-1444